KB247278

성학집요

성학집요

【 성인이 갖추어야 할 배움의 모든 것 】

율곡 이이 지음 ― 김태완 옮김

청어람미디어

일러두기

1. 『성학집요』 원서에서는 출전을 책 이름까지만 밝혔지만 이 번역서에서는 편 이름까지 찾을 수 있는
대로 찾아서 수록했다.

2. 경전과 역사서 외에 개인 문집의 제호(題號)는 CD-롬으로 보급되어 있는 『사고전서』에 따랐다.

3. 흔히 '아무개가 말했다(曰).'로 되어 있는 것을 문맥에 따라 '물었다.'와 '대답했다.'로 바꾸기도 하였다.

4. 용어 가운데에는 한자음 그대로 둔 것도 있고 우리말로 푼 것도 있는데 어느 것이라도 읽기에 순하
고 이해하기 쉬운 쪽으로 하였다.

5. 원서에 가장 작은 글자로 된 행간의 주석은 인용한 원문에 원래 수록된 것도 있고 이이가 단 것도 있
지만 여기서는 일괄적으로 이이가 단 것으로 처리하여 번역하였다.

6. 본문 아래에 실은 주석은 모두 옮긴이의 주이다.

7. 인물목록에서 생몰연대가 없는 것은 생몰연대를 알 수 없는 사람들이다.

8. 인물목록은 『성학집요』 원서에 따라 자호를 표제어로 하였다.

성학집요 1

성학집요 2

성학집요 3

성 학 집 요 8

성학집요 1

성학집요를 올리는 차자[進聖學輯要箚]

홍문관 부제학 신 이이는 생각건대, 소신은 땅강아지나 개미같이 보잘것 없는 존재인데도 하늘과 땅과 같은 큰 은혜를 입어서 은혜가 강이나 바다같이 깊고 의리가 언덕이나 산같이 무겁습니다. 슬기를 다하고 정성을 다하여 만분의 일이라도 갚고 싶지만, 오직 타고난 기질이 잡박(雜駁)하고 공부도 얕아서 재주를 말하자면 엉성하고 빈틈이 많아 실용에 적합하지 않고, 배움을 말하자면 거칠고 다 잊어버려서 실효(實效)를 보지 못하였습니다. 안으로는 시종(侍從)의 직책을 맡고서도 왕의 계책을 도와서 빛내지 못하였고, 밖으로는 감사(監司)의 직책을 맡고서도 덕의 교화를 선포하지 못하였습니다. 그래서 아무리 생각해도 벼슬을 내놓고 고향으로 돌아가는 수밖에 달리 계책이 없습니다. 다만 임금을 사랑하는 일념만은 타고난 도리에 근거한 것이라 녹여 없앨 수 없었습니다. 여러 번 망설이고 간절히 그리워하며 물러갔다가 또다시 나왔습니다. 반드시 나무하고 꼴을 베는 어리석은 시골뜨기와 같은 생각이나마 임금께 남김없이 모두 아뢰어 물방울이나 먼지와 같이 아주 적은 도움이나마 드린 뒤라야 마음 편히 먹고 쉴 수 있을 것 같습니다.

가만히 생각건대, 제왕의 도는 미묘한 마음 씀씀이에 뿌리를 두고 나온 것으로서 글로 뚜렷이 표현되어 있습니다. 성인과 현자가 대대로 일어나서 때에 따라 이론을 세우고 반복하여 미루어 밝혔기 때문에 서적이 점점 많아졌습니다. 경훈자사(經訓子史)[1]가 수천 질, 수만 권이나 되는데 어느 것인들 도를 실은 글이 아니겠습니까?[2] 지금 이후로 성현이 다시 일어나더라도 더

---

1 경(經)은 유가의 경전으로서 흔히 주요한 것을 들어서 사서삼경, 또는 사서오경이라 하거나 전체를 들어서 십삼경이라 한다. 훈(訓)은 유가 경전에 대한 해설을 말한다. 자(子)는 원래는 제자서(諸子書)라고도 하며 유가에서 받드는 성현 이외 춘추 전국 시대 이래 여러 사상가의 저서를 말하는데 여기서는 유학자의 저술을 말하는 것으로 보인다. 사(史)는 역사서로서 『사기』, 『한서』와 같은 공식 역사서와 『자치통감』 같은 역사 기록을 말한다. 과거 동아시아에서는 모든 서적을 위의 경, 사, 자에 개인 문집을 포함하여 경사자집(經史子集)으로 분류하였다.

이상 다하지 못한 말이 없을 테니 다만 이런 말을 근거로 하여 이치를 살피고, 이치를 밝혀서 실행에 옮겨 자기를 완성하고 다른 사람과 사물을 완성하는 노력을 다할 뿐입니다.

후세에 도학(道學)이 밝지 않고 행해지지 않는 것에 대해서는 널리 독서를 하지 못한 것을 걱정할 것이 아니라 이치를 정확하게 살피지 못하는 것을 걱정해야 하며, 지식과 견문이 넓지 못한 것을 걱정할 것이 아니라 독실하게 실천하지 못하는 것을 걱정해야 합니다. 이치를 정확하게 살피지 못하는 것은 요점을 깨닫지 못하였기 때문이며, 독실하게 실천하지 못하는 것은 정성을 다하지 않기 때문입니다. 요점을 깨달은 뒤에 그 의미를 알게 되고, 의미를 안 뒤에 정성을 다할 수 있습니다.

신이 이 말을 외운 지는 오래입니다. 일찍이 여러 글귀를 모아 차례를 매겨 책으로 엮어서 요점을 깨닫는 도구로 삼아 위로는 우리 임금께 바치고 아래로는 후학을 가르치려고 했으나 자신을 반성해 보니 부끄러운 점이 많아서 생각만 있을 뿐 뜻을 이루지 못하고 있었습니다. 계유년(1573)에 특별히 부름을 받아[3] 감히 굳게 사양하지 못하고 명을 받들어 직무를 맡아 여러 관료와 함께 일을 수행하였지만 나라에는 공을 세우지 못하고 배움에는 해가 되어서 큰 은혜를 저버리고 책임을 다하지 못하는 것을 스스로 한탄하였습니다. 비로소 책을 엮어 보려는 계획을 세우고서 경전과 해설서[經傳]를 찾아보고 역사책을 고르고 추리다가 일을 절반도 마치지 못하고 병으로 조정을 떠났습니다. 시골에 살면서도 작은 정성이나마 그치지 않고 한가하게 홀로 거처하면서 나머지 작업을 계속하였습니다. 미처 탈고(脫稿)하기도 전에

---

2 성리학의 문장관인 재도론적(載道論的) 문장론을 말한다. 재도론적 문장론이란 문학을 인간의 정감을 표현하는 것이 아니라 성정(性情)을 교화하는 계몽적 성격으로 파악하여 유학의 도를 전달하는 수단으로 보는 것을 말한다.

3 이이는 이 해 7월에 홍문관 직제학(弘文館直提學)에 제수되어 병으로 사직하였으나 윤허를 받지 못하여 세 차례나 상소를 하여 윤허를 받고 8월에 율곡으로 돌아갔다. 9월에 또 직제학에 제수되어 사양하였으나 윤허를 받지 못하였다.

또 황해도 관찰사에 제수되어 갖가지 공문서를 처리하느라 바빠 일에만 매달릴 수 없었습니다. 게다가 병이 나서 여러 달 동안 일에 손도 대지 못하고 있다가 올해 초가을에 비로소 편찬을 마무리하여 『성학집요』라고 이름 붙였습니다.

이 책은 제왕이 학문할 때 근본이 되는 것과 말단이 되는 것, 정치를 할 때 먼저 해야 할 것과 나중에 해야 할 것에 관한 것으로서, 덕을 밝힘으로써〔明德〕 얻는 실제 효과와 백성을 새롭게 하는〔新民〕 실제 자취의 얼개를 모두 대충이나마 드러냈습니다. 작은 일을 유추하여 큰일을 파악하고 자기를 근거로 삼아 대상을 밝힌다면 온 세상의 도가 실로 여기서 벗어나지 않습니다. 이는 신의 글이 아니라 성현의 글입니다. 비록 신의 식견이 비루하고 편집한 차례도 두서(頭緖)가 없지만 모은 말은 한 글귀가 곧 한 가지 약처럼 어느 하나 몸에 절실한 교훈 아닌 것이 없습니다.

정자(程子)는 "학문은 경지에 오르지 못하였지만 말은 올바르게 하는 사람이 있다. 그런 사람의 말이라도 따르면 도에 들어갈 수 있다."고 했습니다. 설사 이 책이 신의 손에서 나온 것이라 하더라도 또한 사람이 변변찮다고 하여 그 말까지 버려서는 안 될 터인데 하물며 성현의 말씀이겠습니까? 이제 만 번 죽음을 무릅쓰고 삼가 세 책을 흰 보에 싸서 절하고 대궐에 바칩니다. 혹시라도 이 책을 열람하여 지난 성현의 교훈을 깊이 음미하고, 더욱더 선왕의 빛나는 업적을 계속 이어서 빛내도록 노력하여, 높고 밝게 만물을 덮어주고 넓고 두텁게 만물을 싣는 덕을 갖추는 경지에 이르게 된다면 충성을 다하기를 원하는 소신의 구구한 뜻을 조금은 펼 수 있겠습니다.

가만히 생각건대, 제왕의 학문은 기질(氣質)을 변화시키는 것보다 절실한 것이 없고 제왕의 정치는 정성을 다하여 현명한 이를 등용하는 것보다 먼저 할 것이 없습니다. 기질을 변화시키는 일은 마땅히 병을 살펴서 약을 쓰듯이 해야 성공하고, 정성을 다하여 현명한 이를 쓰는 일은 마땅히 위아래가 틈이 없어야 결실을 얻을 수 있습니다. 엎드려 뵈니 전하께서는 역대의 왕들 가운데 남달리 뛰어나게 아주 총명하고 지혜로우며, 천성으로 효도·우애·공손·검소함을 타고나셨으며, 음악을 즐기고 여색을 찾고 이익을 추구하고 욕망을 충족하려는 마음은 뿌리에서부터 끊었으니 지난 역사에서 찾아보아도 견줄 왕이 드뭅니다. 이 때문에 신은 임금께 마음을 쏟고 궁궐에 정을 맺어 두고서 반드시 덕을 닦아 삼황오제(三皇伍帝)의 뒤를 따르는 것을 보고자 하는 것입니다.

다만 문제점을 논하자면, 영특한 기질을 너무 드러내서 착한 것을 받아들이는 도량이 아직 넓지 못하고, 쉽게 화를 내어서 남을 이기기 좋아하는 사사로운 마음을 아직 극복하지 못했습니다. 이런 단점을 제거하지 않으면 참으로 도에 들어가는 데 방해가 됩니다. 이런 까닭에 온순한 말과 겸손한 말을 하는 사람은 많이 채용하여 받아들이고, 바른말과 면전에서 잘못을 나무라는 말을 하는 사람은 반드시 거스르는 데 이르게 됩니다. 이는 아마도 자기를 비우고 남을 따르던 거룩하고 현명한 제왕의 도리가 아닌 듯합니다.

이제 여러 일에서 드러난 것을 말씀드리겠습니다. 전하께서는 평소 부인과 내관을 매우 엄격하게 대하여 사랑에 이끌리고 얽매이는 생각은 없지만, 한쪽을 두둔한다고 지적하는 사람이 있으면 번번이 언성을 높여 도리어 한쪽을 두둔하는 뜻을 보이십니다. 나랏일이 날로 퇴폐해지는 것을 보고 바로잡아 개혁하려는 뜻이 없지는 않지만, 관행을 그대로 굳게 지킨다고 비판하는 사람이 있으면 번번이 완강하게 거부하고 도리어 굳게 지키려는 뜻을 보이십니다. 대체로 이런 식으로 말씀하고 일 처리를 함은 비록 여러 신하가 임금의 마음을 알지 못하는 탓도 있지만 또한 전하께서 도량이 아직 넓지 못하고 사사로운 마음을 아직 극복하지 못하셨기 때문입니다.

고대의 성스러운 제왕은 그렇게 하지 않았습니다. 위대한 순 임금은 결코 게으르고 놀기나 하고 오만하고 포악한 행동을 하지 않았지만 백익(伯益)은 "단주(丹朱)처럼 하지 말라."[4]고 경계하였습니다. 무왕은 사소한 행실도 결코 조심하지 않은 것은 아니지만 소공(김소)은 "한 삼태기에서 공이 무너진다."[5]고 경계하였습니다. 위대한 순 임금과 무왕은 마음을 비우고 경건하게 받아들였으니 서로를 알지 못하는 유감이 어찌 털끝만큼이라도 있었겠습니까?

지금 전하께서는 자질이 순수하고 아름다우며, 학문이 고명하여서 순 임금이나 무왕 같이 되는 것을 누구도 감히 막지 못할 텐데 어찌해서 확고하게 뜻을 세우지 않고 널리 착한 것을 취하지 않습니까? 뭇 신하가 잘못을 들추어내어 바로잡아 허물이 없는 경지에 이르게 하려고 하면 반드시 '서로를 알지 못한다.'고 의심하고, 착한 말을 아뢰고 어려운 일을 권하여 요순의 도로 이끌려고 하면 반드시 '감당하지 못한다.'고 거절하십니다. 전하께서 한가한 때나 혼자 계실 때 무슨 책을 완미(玩味)하고 무슨 일을 하시는지 알지 못하겠습니다. 자질이 아름다워도 배양하지 못하고 병이 깊어도 치료하지 못한다면 어찌 신하들만 아래에서 통탄하고 있겠습니까? 아마도 또한 하느님과 조종께서도 반드시 위에서 근심하고 계실 것입니다.

엎드려 바라건대, 전하께서는 먼저 큰 뜻을 세우셔서 반드시 성현을 표준으로 삼고 삼대(三代)를 기약하소서. 온 마음을 다 기울여 글을 읽고 대상 사물에 나아가 이치를 탐구하소서. 마음에 거슬리는 말을 하면 반드시 도리에 맞나 따져 보고, 뜻에 맞는 말을 하면 반드시 도리에 맞지 않는가 따져 보소서. 곧은 여론을 즐겨 듣고 뜻을 어기는 것을 싫어하지 말아서 착한 것을 받아들이는 도량을 넓히며, 의리가 귀결되는 곳을 깊이 살피고 자신을 굽히는 것을 부끄러워하지 말아서 남을 이기려는 사사로운 마음을 버리소서. 일상 생활에서 성실하게 실천하여 한 가지 일이라도 실수가 없고, 조용하게 혼자

---

4 단주는 요 임금의 맏아들이었다. 요 임금이 왕위를 물려줄 만한 사람을 묻자 여러 사람이 단주를 추천하였는데, 요 임금은 그가 말에 신용이 없고 말로 다투기를 잘하며 오만하다고 거절하고 결국 순에게 물려주었다.

5 아홉 길이나 되는 산을 만들려고 흙을 퍼다 붓다가 한 삼태기를 덜 부어서 지난 공이 다 허물어진다는 말에서 나왔다. 사소한 일이라도 소홀히 하지 말고 끝까지 노력을 기울여야 목표를 달성할 수 있다는 뜻이다. 『서경』 「여오(旅獒)」

있을 때 마음가짐을 순수하고 돈독하게 지켜서 한 가지 생각이라도 잘못이 없게 하소서. 중도(中途)에서 게으르지 말고 작은 성공에 만족하지 말며, 병의 뿌리를 모두 제거하고 아름다운 자질을 완전하게 하소서. 이렇게 하여서 제왕의 학문을 이루신다면 이루 다행함이 없을 것입니다.

신은 또 엎드려 보건대, 전하께서는 맡겨진 무거운 책임을 깊이 생각하고 시운(時運)이 쇠퇴함을 개탄하셔서 온 힘과 정신을 다 쏟아 잘 다스리려고 도모하고, 어진 이를 예로 대하고 선비를 겸손하게 대하며, 대신을 어른처럼 공경하고 신하를 벗처럼 여기시며, 백성이 혹시라도 다칠까 봐 걱정하시니 삼대 이후 참으로 볼 수 없었던 일입니다. 이 때문에 신은 제 분수도 헤아리지 않고 대궐문 앞에서 하늘과 땅을 움직이듯이 세상의 도를 일변시키는 것을 보고 싶다고 함부로 부르짖는 것입니다. 다만 임금과 신하 사이에 진실한 마음으로 서로 믿지 못하여 신하의 마음이 임금에게 전달되지 못하고 임금의 뜻을 신하가 깨닫지 못하는 일이 있으니 아마도 책임을 맡기고 임무를 완성하도록 독촉하여서 이상 정치를 이루어 내지 못할까 걱정입니다.

예로부터 임금과 신하가 서로 마음을 알지 못하고서도 공적을 이루었다는 말은 들어보지 못했습니다. 삼대 이전은 애초에 따질 것도 없습니다. 광무제(光武帝)가 관중(關中)을 마음에 두고 있으면서도 풍이(馮異)를 깊이 믿은 것은 그가 반드시 함양왕(咸陽王)을 일컫지 않을 것을 알았기 때문이며[6], 황권(黃權)이 길이 막혀 위(魏)에 투항하였지만 소열제(昭烈帝)를 깊이 믿은 것은 그가 반드시 처자를 죽이지 않을 것을 알았기 때문입니다[7]. 이런 일은 모두 평소에 충성과 신뢰가 마음으로 맺어져서 헐뜯고 사이를 갈라놓는 말이 들어갈 데가 없었던 것입니다. 하물며 성스러운 임금과 현명한 신하가,

---

6 풍이는 처음에 왕망(王莽)을 위해 일하였으나 나중에 광무제 유수(劉秀)에게 귀순하여 후한 건국을 도왔다. 특히 적미적(赤眉賊)을 평정하고 관중(關中)을 차지하는 데 공을 세워서 유수의 깊은 신임을 받았다. 관중을 평정한 뒤 풍이가 '관중왕'이 되려고 한다는 소문이 나자 풍이가 불안하여 처자식을 낙양에 두겠다고 하였으나 유수는 풍이에게 가족을 데리고 함께 관중으로 가도록 명하여 신임을 표시하였다. 함양(咸陽)은 관중 평원에 있다.

뜻이 같고 도가 일치하여 물고기가 물을 만난 듯이 기뻐하며 하루에 세 차례나 만나서 훈도하고 서로 도움을 주고받아서 말하면 무엇이나 들어주고 충고하면 무엇이나 좇았으니 어떤 착한 일인들 실행하지 못하였겠으며 무슨 일인들 이루지 못하였겠습니까? 이는 후세 임금이 마땅히 본받아야 할 것입니다.

후세의 임금은 그렇지 않았습니다. 높고 깊은 궁궐 깊숙이 거처하고 신하를 멀리하여 착하다는 것을 알면서도 등용할 뜻을 보이지 않고, 악한 것을 보고서도 물리치라는 명을 내리지 않으며, 스스로 나라의 정치와 관련된 중요한 기밀은 아랫사람이 함부로 엿보거나 헤아리지 못하게 하는 것이 참으로 임금의 체통을 얻은 것이라 여기니, 마침내 군자는 정성을 다하지 못하고 소인은 그 틈을 타니 거짓과 바름이 섞이고 옳음과 그름이 모호해져서 나라를 다스릴 수 없게 되었습니다. 이는 경계로 삼을 수 있는 것입니다.

지금 전하께서는 착한 것을 지극히 좋아하지만 또한 사류(士類)가 반드시 참으로 옳은 것은 아니니라 의심하며, 악한 것을 깊이 미워하지만 또한 비열한 사람이 반드시 참으로 그른 것은 아닐 것으로 의심하십니다. 그러므로 정직한 선비와 겉으로만 강직한 체하는 소인이 똑같이 과격하다는 평판을 얻어서 현명한 사람은 충성을 다하지 못하며, 아첨하는 사람과 노성한 사람이 똑같이 순박하고 중후하다는 평가를 받아서 어리석은 사람은 더욱 절도를 잃어버립니다. 게다가 신하를 만나 보는 일은 아주 드물고 감정과 뜻이 가로막혀서 정령(政令)이 천심(天心)에 부합한 것을 볼 수 없고, 등용과 축출이 나

---

7 황권은 처음에 익주목(益州牧) 유장(劉璋)을 섬겼고 소열제 유비(劉備)에게 맞서기도 하였으나 유장이 투항하자 유비에게 귀순하였다. 유비가 오(嗚)를 정벌하려고 하자 황권은 선봉을 자원하고 유비에게 후방을 지휘하며 전선에서 모험을 하지 말라고 건의하였다. 이 말을 듣지 않은 유비가 패전하였고, 철수할 때 도로가 오나라 군사에게 봉쇄되었기 때문에 황권은 위에 투항하였다. 사람들이 황권의 가족을 체포하자고 건의하였는데 유비는 황권의 잘못이 아니라 자기 잘못이라고 하며 그의 가족을 이전과 다름없이 대하였다. 촉(蜀)에서 투항한 어떤 사람이 유비가 황권의 가족을 죽였다고 전하였지만 황권은 헛소문인줄 알고 상을 입지 않았다. 나중에 확실한 소식이 전해졌는데 황권이 믿고 있던 대로였다.

라 사람〔國人〕의 평판[8]에 따른 것을 볼 수 없습니다. 유학자의 주장은 시행되지 않고 한갓 과장된 말이라는 비평만 받게 되며, 백성에게 해를 끼치는 법은 제거되지 않고 오히려 경장(更張)으로 인한 과오만 근심합니다. 이 때문에 착한 것을 좋아하지만 현자를 등용한 실상이 없고 악한 것을 미워하지만 간사한 사람을 제거한 이익이 없습니다. 정치의 견해는 이리저리 갈래가 많고 옳고 그름의 기준은 정해지지 않아서 충성스럽고 현명한 사람에게는 굳게 믿고 일을 맡기지 못하고 간사한 소인배에게는 분에 넘치는 욕망을 펼 수 있는 길이 있으니, 모르겠습니다만 전하께서는 어린 후손을 누구에게 부탁하겠으며, 지방의 정사를 누구에게 맡기겠습니까? 성상의 마음에 반드시 생각해 둔 것이 있겠지만 뭇 신하는 그것을 알지 못합니다. 이 어찌 위아래가 틈이 없는 실상이 아니겠습니까?

엎드려 바라건대, 전하께서는 반드시 진실하고 올곧아서 믿을 만한 대신에게 보좌의 중책을 맡겨서 그의 말을 듣고 그의 계책을 좇으며, 처음부터 끝까지 한결같이 믿고 의심하지 마소서. 그리고 또 학문에 밝고 행실이 조촐한 사람을 뽑아서 경연(經筵)에 두고 시도 때도 없이 드나들고 늘 좌우에서 모시고 온 마음을 다하여 지성껏 임금을 깨우치게 하여서 이 시대의 사류가 모두 일어날 뜻을 품게끔 하소서. 깊숙이 숨어 있는 현자까지도 정성을 다하여 불러내어 재능을 헤아려서 벼슬을 주고 반드시 쓸모 있는 자리에 두며, 끝내 불러오지 못하는 사람도 표창하고 장려하여서 그 높은 뜻을 이루어 주소서.

가령 시의(時宜)를 헤아리고 역량을 생각할 때 비록 갑자기 세상의 도를 변화시킬 수는 없다 하더라도 조정에서 항상 굽히지 않고 맑은 논의를 할 수 있도록 하여서 착한 것을 좋아하는 실상을 다 발휘하소서. 왜곡된 주장을 제

---

8 맹자가 사람을 등용하고 물리칠 때 가까운 신하나 귀족관료의 판단을 따르지 말고 나라 사람〔國人〕의 판단을 따르라고 한 데서 따왔다. 나라 사람이란 생산자 농민까지 포함한 영토 안의 모든 사람이라는 뜻이 아니라 도성 안에 살면서 여론을 주도하는, 신분이 있는 사람들을 가리킨다. 『맹자』 「양혜왕 · 하」

창하여 선왕의 도를 드러내 놓고 배척하거나, 겉으로만 혁신하는 것처럼 꾸미고 속으로는 열심히 일하는 세력을 남몰래 방해하는 색다른 사람이 있어서 모습과 자취가 이미 드러나서 가릴 수 없다면 마땅히 멀리 귀양을 보내고 죽여서 악한 것을 미워하는 실상을 다 발휘하소서. 반드시 현자를 등용하고 못난 사람은 멀리 물리쳐서 위에서는 가리는 것이 없고 아래에서는 의심하는 것이 없어서 위아래가 서로 진심으로 대하고, 온 나라 사람들까지도 청천백일(靑天白日)과 같아서 털끝만큼도 다하지 못함이 없는 성상의 마음을 우러러볼 수 있으며, 군자는 믿는 것이 있어서 정성을 다하고 재능을 펴며 소인은 두려워하는 것이 있어서 잘못을 뉘우치고, 착한 것을 좇아서 올바른 원기가 자라나고 국가의 명맥이 씩씩해지며, 기강이 진작되고 선정(善政)이 행해져서 제왕의 다스림을 이룬다면 이루 다행함이 없을 것입니다.

아! 현명한 임금이 나타나는 것은 천 년에 한 번 있을까 말까 하고 세상의 도는 물과 같이 더욱 하락합니다. 지금 급히 구원하지 않으면 후회하더라도 소용이 없습니다. 옛사람은 "어리석은 임금을 원망하는 것이 아니라 현명한 임금을 원망한다."고 하였습니다. 아마도 어리석은 임금은 훌륭한 일을 하려고 하여도 하지 못하기에 백성이 아예 바랄 것이 없지만 현명한 임금은 할 수 있는데도 힘쓰지 않아 백성이 더욱 깊이 원망하기 때문일 것입니다. 어찌 크게 두려워할 만한 일이 아니겠습니까?

신이 바야흐로 엮은 책을 바치면서 다시 다른 군더더기 말씀을 드리지 않아야 옳지만 그래도 몇 마디 말씀드리는 것은 참으로 전하께서 기질을 변화하는 공부를 하지 않거나 정성을 다하여 현자를 등용하는 실상이 없다면 비록 이 책을 드리더라도 역시 헛된 말이 되고 말 것이기 때문입니다. 그러므로 분수에 넘치게도 이런 말씀까지 드립니다. 엎드려 바라건대, 전하께서는 어리석고 망령된 점을 용서하시고 사랑을 베풀어 살펴서 받아 주소서. 받아들이든지 물리치든지 뜻대로 하소서.

서(序)

신이 생각건대, 도는 오묘해서 형체가 없으므로 글로써 도를 표현하는데, 사서(四書)와 육경(六經)에서 이미 도를 밝히고 구비하였으니 사서와 육경의 글로써 도를 추구하면 이치가 다 드러날 것입니다. 다만, 사서 육경이 너무나 방대하여〔浩澣〕 요령을 얻기 어려워 선현〔先正〕이 『대학』을 내세워서〔表章〕 규모를 세웠는데 성현의 수많은 가르침〔千謨萬訓〕이 모두 여기서 벗어나지 않으니, 이 책이야말로 요령을 얻는 방법입니다. 서산 진씨(西山眞氏, 眞德秀)는 이 책의 요지를 미루어 넓혀서 『대학연의(大學衍義)』를 만들었습니다. 『대학연의』는 경전을 널리 인용하고, 역사책을 두루 끌어들여서 학문의 근본과 다스림의 차례가 환하게 체계적으로 드러났으면서도, 임금의 몸에 중점을 두었으니 참으로 제왕이 도에 들어가는 지침〔指南〕입니다. 다만, 권수〔卷帙〕가 너무 많고 문장이 산만하며, 사건의 경과를 기록한 글〔紀事〕과 같고 참다운 학문〔實學〕의 체계가 아니어서 참으로 아름답기는 하나 모두 좋지는 않습니다.

학문을 할 때는 본래 널리 배워야지 지름길을 따라 요약해서는〔徑約〕 안 됩니다. 다만, 배우는 사람이 방향을 정하지 못하고, 마음을 굳게 세우지 않은 상태에서 먼저 넓히는 것만 일삼으면 마음과 생각〔心慮〕이 한곳에 집중되지 않아 취하고 버리는 것이 정확하지 못하고, 혹 본질에서 벗어나〔支離〕 진실을 잃을 염려가 있습니다. 그러니 반드시 먼저 요긴한 길〔要路〕을 찾아서 확실하게 문과 뜰〔門庭〕을 열어 놓은 다음에라야 제한된 분야가 없이 널리 배울 수 있고, 한 가지 사례를 유추하여 앎을 확장시킬 수 있을 것입니다〔觸類而長〕. 하물며 임금의 한 몸은 나라의 모든 일〔萬機〕이 모이는 곳이기 때문에 일을 처리하는 때는 많고 글을 읽는 때는 적으니, 만약 그 강유(綱維)[9]를

---

9 강령 · 벼리 · 큰 줄거리

붙잡고 그 종지(宗旨)[10]를 정립하지 않고서 오로지 넓히는 데만 힘쓰면 문장을 기억하고 외는[記誦] 습관에 얽매이거나 문장을 화려하게 꾸미고 다듬는 데 빠져서 진리를 탐구하고[窮理], 마음을 바로잡으며[正心], 자신을 수양하고[修己], 남을 다스리는[治人] 도에 관해서는 반드시 참으로 터득하는 것이 없을 것입니다.

신은 썩어빠진 선비[腐儒]인데도 좋은 때를 만나 전하를 우러러 뵈니, 전하께서는 총명과 지혜를 하늘로부터 타고나셨습니다[天資]. 참으로 학문에 힘을 써서 마음과 본성을 간직하고 길러서[涵養] 성취하여 기량을 가득 채운다면 우리나라[東方]에서도 요·순 임금의 이상적인 정치를 볼 수 있을 것이니 천 년에 한 번밖에 없는 기회를 잃어서는 안 될 것입니다. 돌아보건대 신은 경솔하고 건성건성하며[輕疎], 들뜨고 천박하며[浮淺] 재능과 그릇이 작은데다 거칠고 조잡하여 되는 대로 일을 처리하며[鹵莽滅裂], 학술 또한 거칩니다. 해바라기[葵藿]처럼 임금님을 향한 정성은 비록 간절하나 충성을 다할[效忠] 길이 없었습니다. 가만히 생각건대, 『대학』은 본래 덕으로 들어가는 문인데 진씨(眞氏)의 『연의』는 오히려 간결하게 요점을 잡지 못하였습니다. 참으로 『대학』의 취지를 본떠서 차례를 나누고 성현의 말씀을 정갈하게 가려 뽑아서 내용을 채우며 절목(節目)을 자세히 밝혀 간략한 말로 이치를 다 갖춘다면 요령을 깨닫는 방법이 여기에 있다 할 것입니다. 이것을 우리 임금님께 올리면 마치 어리석은 농부가 봄 미나리와 봄볕[芹曝]을 바치려고 한 것처럼 주변 사람들의 비웃음을 면하지 못할 것입니다. 그렇지만 반딧불이나 촛불[螢燭]같이 작은 빛이라도 해와 달의 빛을 더 밝게 할 수 있듯이 보잘것없는 이 책이 임금님을 밝히는 데 도움이 될 것입니다. 그래서 다른 일을 젖혀두고 오로지 요령을 간추리는 것을 일삼아서 사서(四書)·육경(六經)

---

10 주장이 되는 요지나 근본이 되는 중요한 뜻

은 물론 선현의 학설과 역대의 역사서까지 깊이 탐색하고 널리 찾아 그 고갱이만 채집하여 분류하고 차례를 매긴 다음, 번거로운 것을 삭제하고 요약하여, 깊이 파고들어 음미하고 사색하고 거듭 수정하여〔隱括〕두 해에 걸쳐 모두 다섯 편으로 편집하였습니다.

1편, 통설(統說)은 수기(修己, 자기 수양)와 치인(治人, 남을 다스림)을 합하여 말한 것인데, 『대학』의 이른바 명명덕(明明德, 밝은 덕을 밝힘), 신민(新民, 백성을 새롭게 함), 지어지선(止於至善, 지극한 선에 머묾)입니다.

2편, 수기(修己, 자기 수양)는 『대학』의 이른바 밝은 덕을 밝힘인데, 모두 열세 항목입니다. 1장은 총론입니다. 2장은 입지(立志, 뜻을 세움), 3장의 수렴(收斂, 거두어들임)은 방향을 정하고 흩어진 마음을 구하여서 『대학』의 기본을 세우는 것입니다. 4장의 궁리(窮理, 진리 탐구)는 『대학』의 이른바 격물치지(格物致知)[11]입니다. 5장은 성실(誠實), 6장은 교기질(矯氣質, 기질을 바로잡음), 7장은 양기(養氣, 기를 기름), 8장의 정심(正心, 마음을 바르게 함)은 『대학』의 이른바 성의(誠意, 뜻을 성실하게 함)와 정심(正心, 마음을 바로잡음)입니다. 9장의 검신(檢身, 몸을 검속함)은 『대학』의 이른바 수신(修身, 몸을 닦음)입니다. 10장은 회덕량(恢德量, 덕의 역량을 넓힘), 11장은 보덕(輔德, 덕의 역량을 보좌함), 12장의 돈독(敦篤, 도탑고 독실함)은 뜻을 성실하게 함, 마음을 바르게 함, 몸을 닦음의 나머지 뜻을 거듭 논한 것입니다. 13장은 자기 수양의 효과를 논한 것인데, 자기를 수양해서 지극한 선〔至善〕에 머무는 것입니다.

3편은 정가(正家, 집안을 바로잡음)입니다. 4편의 위정(爲政, 정치를 행함)은 『대학』의 이른바 백성을 새롭게 함인데, 집안을 바로잡는 것은 집안을 가지런하게 다스림〔齊家〕을 말한 것이고, 정치를 행하는 것은 나라를 다스림〔治國〕과 세상을 평화롭게 함〔平天下〕을 말하는 것입니다. 집안을 바르게 함은

---

11 주장이 되는 요지나 근본이 되는 중요한 뜻

여덟 항목입니다. 1장은 총론입니다. 2장은 효경(孝敬, 효도와 공경), 3장은 형내(刑內, 아내에게 본보기가 됨), 4장은 교자(敎子, 자식 교육), 5장의 친친(親親, 친족을 친하게 대함)은 어버이에게 효도하고 아내와 자식에게 본보기가 되며 형제간에 우애하는 도리를 말한 것입니다. 6장은 근엄(謹嚴), 7장의 절검(節儉, 절약과 검소)은 다 설명하지 못한 뜻을 풀어낸 것입니다. 8장은 집안을 바로 잡음의 효과를 말한 것인데, 집안을 가지런하게 다스려서 지극한 선에 머무는 것입니다.

위정(爲政, 정치를 행함)의 항목은 열 개입니다. 1장은 총론입니다. 2장은 용현(用賢, 현명한 이를 등용함), 3장의 취선(取善, 선을 취함)은 『대학』의 이른바 "어진 사람만이 사람을 제대로 사랑하고 미워할 수 있다."는 뜻입니다. 4장은 식시무(識時務, 시무를 앎), 5장은 법선왕(法先王, 선왕을 본받음), 6장의 근천계(謹天戒, 하늘의 경계를 조심스럽게 지킴)는 『대학』에서 인용한바, "마땅히 은나라에서 볼지어다. 하늘이 내린 큰 사명을 지키는 것은 쉽지 않다."라는 뜻입니다. 7장의 입기강(立紀綱, 기강을 세움)은 『대학』의 이른바 "나라를 소유한 사람은 삼가야 한다. 한쪽으로 치우치면 온 세상으로부터 죽임을 당할 것이다."라는 뜻입니다. 8장은 안민(安民, 백성을 편안히 함), 9장의 명교(明敎, 교화를 밝힘)는 『대학』의 이른바 "군자에게는 혈구〔絜矩〕의 도가 있다. 백성이 효도하고 공경하게 되면 배반하지 않는다."라는 뜻입니다. 10장은 정치를 행함의 효과를 가지고 매듭을 지은 것인데, 나라를 다스리고 세상을 평화롭게 하여 지극한 선에 머무는 것입니다.

5편 성현도통(聖賢道統, 성현의 계통과 진리의 전승)은 바로 『대학』의 이념이 실현된 자취입니다. 이상을 모두 합하여 『성학집요』라고 이름을 붙였습니다. 이것을 바치는 것은 결국 도를 전하는 책임을 전하게 바라는 것이라 해도 지나친 말이 아닙니다.

전하께서는 500년쯤 지나면 반드시 성인이 나타난다는 그런 기회[12]를 맞이하여 정치적, 정신적 지도자〔君師〕의 지위에 있으면서 선한 것을 좋아하는 지혜〔智〕, 욕심이 적은 어짊〔仁〕, 일을 결단하는 용기〔勇〕를 가지고 계시니, 참으로 처음부터 끝까지 그치지 않고 계속하여 부지런히 학문에 힘쓴다면〔典學〕 어떤 중대한 책임과 원대한 사업인들 감당하고 이루어내지 못하겠습니까? 다만, 어리석은 신은 견문이 넓지 못하고 지식과 생각이 투철하지 못하여 가려 뽑고 차례를 매기는〔詮次〕 데 순서를 잃은 것이 많으나, 인용한 성현의 말씀은 모두 천지(天地)에 내세워도 어긋나지 않고 귀신에게 따져보아도 의심스러운 것이 없으며 뒷날의 성인이 보더라도 의혹할 것이 없는 것들입니다. 어리석은 신이 조리를 잘못 나누었다고 해서 이전 왕들의 교훈〔前訓〕을 대뜸 가볍게 여겨서는 안 됩니다. 혹 어리석은 신이 깨달은 설명을 그 사이에 섞어 넣은 것이 있으나 모두 성인의 가르침〔謨訓〕을 신중하게 상고하여 그것에 견주어서 글을 꾸민 것이며, 함부로 되지 않은 말〔贅言〕을 내뱉어서 종지를 잃지는 않았습니다. 제 정력을 여기에 다 쏟았으니 만일 늘 책상 위에 놓아두고 보신다면 전하께서 천부적인 덕성〔天德〕과 왕의 도리〔王道〕를 배우는 데 아마도 작으나마 도움이 없지는 않을 것입니다.

　이 책은 비록 임금이 배워야 할 학문을 주로 하였으나 실제로는 위아래 누구에게나 통하는 내용입니다. 배우는 사람들 가운데서 널리 공부를 하여 차고 넘치기는 하나 귀결할 곳이 없는 사람은 마땅히 이 책을 통해 공부한 것을 수렴하여 요약〔反約〕하는 방법을 얻고, 배울 기회를 얻지 못하여〔失學〕 고루하고 견문이 좁은 사람은 마땅히 이 책에 힘을 들여 학문을 하는 방향을 정해야 합니다. 이렇게 한다면 배움에는 빠르고 늦음이 있으나 모두 유익할 것입니다. 이 책은 사서(四書)와 육경(六經)의 입문서〔階梯〕입니다. 만약 부지런히 노력하는 것에 싫증을 내고 간편한 것을 편안히 여겨서 학문을 하는 노력이 이 책에서 그친다면 문과 뜰만 찾고 방 안〔堂室〕에는 들어가려고 하지 않는 것과 같습니다. 이는 신이 이 책을 엮은 의도가 아닙니다.

---

12 『孟子』「公孫丑·下」

만력(萬曆) 3년 을해년(1575) 가을 7월 16일〔旣望〕 통정대부 홍문관 부제학 지제교 겸 경연 참찬관 춘추관 수찬관(通政大夫 弘文館 副提學 知製敎 兼 經筵 參贊官 春秋館 修撰官) 신 이이(李珥)는 손을 모아 엎드려 절하고 삼가 서문을 씁니다.

범례(凡例)

1. 먼저 요점을 추린〔撮要〕 말을 들어서 장(章)으로 삼고 곧 큰 글자로 된 본문〔大文〕입니다. 여러 설을 인용하여 주(註)로 삼았습니다. 장은 사서·오경을 위주로 하고 간간이 선현의 말로 부족한 점을 보충하였으며, 주는 주자(朱子)의 주석을 위주로 하여 경전과 여러 책에서 다양하게 인용하였습니다.

1. 인용한 책은 모두 시대의 선후를 따르지 않고 한결같이 공부의 선후와 글 뜻이나 어조〔語勢〕에 따라 차례대로 배열했습니다. 비록 공부하는 차례대로 선후를 나누었으나 반드시 한 가지를 남김없이 깨끗이 다 공부한 뒤에 다시 다른 한 가지 공부를 해야 하는 것은 아닙니다. 간혹 한 가지 일을 두 장으로 나눈 것이 있으나, 예를 들어 '경건〔敬〕'은 '수렴(收斂, 거두어들임)장'에도 속하고 또 '정심(正心, 마음을 바르게 함)장'에도 속하며, '욕심을 막음〔窒慾〕'은 '교기질(矯氣質, 기질을 바르게 함)장'에 속하고 '욕구를 줄임〔寡欲〕'은 '양기(養氣, 기를 기름)장'에 속하는 것과 같습니다. 장마다 각각 별도 항목의 공부가 되어 칼로 자른 듯이 서로 무관한 것은 아닙니다.

1. 인용한 본문〔大文〕은 모두 원래 책 이름만 아래에 기록하고 일일이 아무개의 말이라고 하지 않았으며, 만약 본문에 "아무개가 말했다.……" "공자가 말했다.", "맹자가 말했다."와 같은 것입니다. 한 것도 본문을 따랐습니다. 혹 본문에는 비록 명칭이 없으나 반드시 명칭으로써 그 뜻을 나타내야 할 것은 "아무개가 말했다."라고도 하고 혹은 아래에 주를 달기도 했습니다. 가령 "순임금

이 우에게 명령했다."라거나 "이윤이 태갑에게 훈계했다."라고 한 따위입니다. 다른 것도 다 이와 비슷합니다. 『주역』과 『시경』은 반드시 책 이름을 위에 표시하고 괘 이름과 편명을 아래에 주로 달았는데, 그 글이 다른 책과 다르기 때문입니다. 다만, 『주역』 가운데 공자의 말씀은 이런 예에 얽매이지 않았습니다.

1. 모든 주는 "아무개가 말했다."라고 쓰고 원래 책 이름은 기록하지 않고 글자를 생략했습니다.

1. 한 장 안에서도 비록 한 책의 말이지만 말의 뜻이 이어지지 않으면 동그라미로 표시하여 구별하였고, 비록 다른 책의 말이라도 말의 뜻이 서로 이어지면 굳이 동그라미로 구별하지 않았습니다. 주에는 단락마다 모두 동그라미로 표시했고, 한 사람의 말을 잇달아 인용할 경우에는 "또 말했다."로 시작했습니다.

1. 인용한 옛말은 모두 비록 성현의 말이 아니더라도 이치에 맞으면 취하였습니다. 사람이 어떻다고 해서 그 말까지도 버리지는 않았습니다.

1. 모든 인용한 설은 문장을 잘라버리고 뜻만 취하기도 하고 그 사이의 어구를 버리기도 하였으며, 같은 시대의 말이 아니더라도 합하여 한 단락으로 만들어 빠짐이 없도록 하였는데, 모두 본문에 얽매이지 않고 융통성 있는 방법을 사용하였습니다. 다만, 구절을 삭제한 것은 있으나 감히 한 자도 덧붙이지는 않았습니다.

1. 선배 유학자의 성(姓)·관향(貫鄕)·별호(別號)는 쓰기도 하고 쓰지 않기도 하였는데, 모두 본문에 따랐습니다. 글의 뜻에 관계되지 않기 때문입니다. 주돈이〔周子〕·정호와 정이〔程子〕·장재〔張子〕·소옹〔邵子〕·주희〔朱子〕 다섯 선생은 반드시 자(子)라고 칭하였고, 정자는 『사서집주(四書集註)』의 예에 따라 형〔伯〕과 아우〔叔〕를 구분하지 않았습니다.

1. 모든 장의 끝과 단락에 비평할 것이 있으면 주제넘게 신의 의견〔管見〕을 진술했는데, 반드시 "신이 생각건대"라고 써서 구별했고, 또 키를 낮추어 썼

습니다.

1. 작은 주는 대체로 신의 의견이지만, 만약 선현의 말씀을 인용할 적에는 "아무개가 말했다."라고 써서 구별하였습니다. 글자의 뜻과 소리와 새김, 그리고 사소한 어귀는 일일이 그 출처를 기록하지 않았습니다.

목록 그림

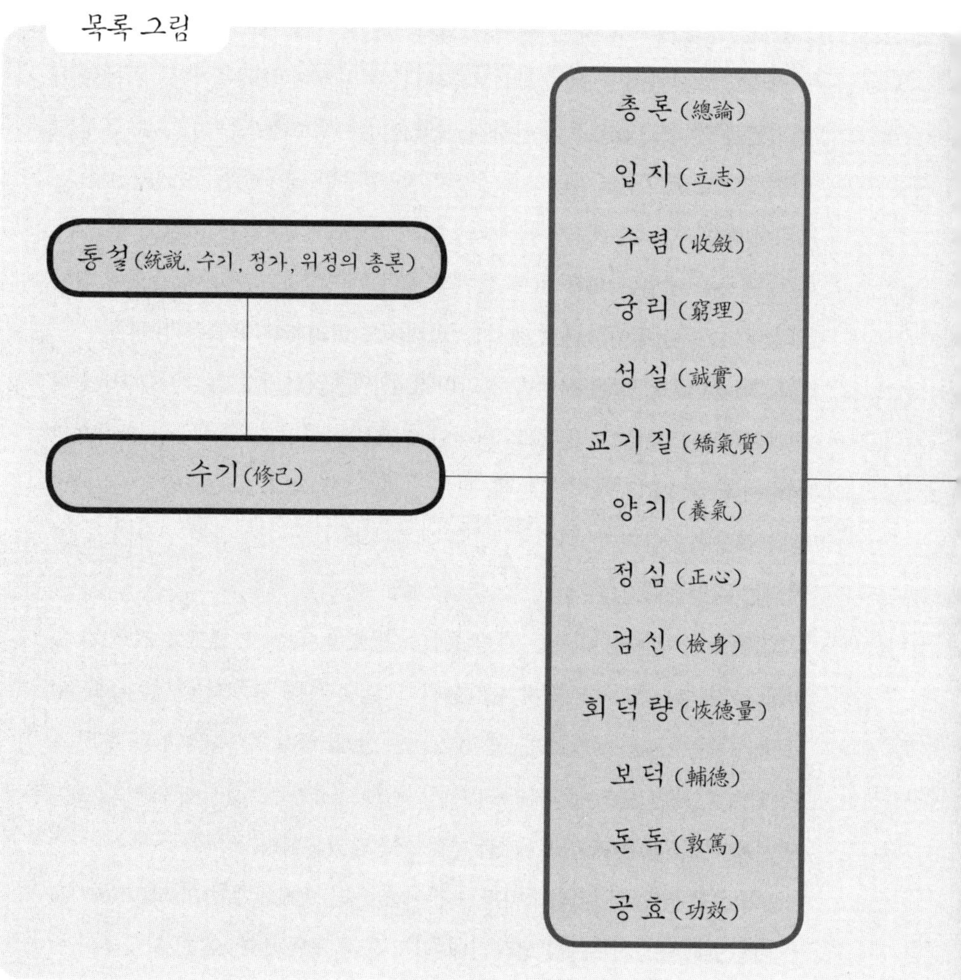

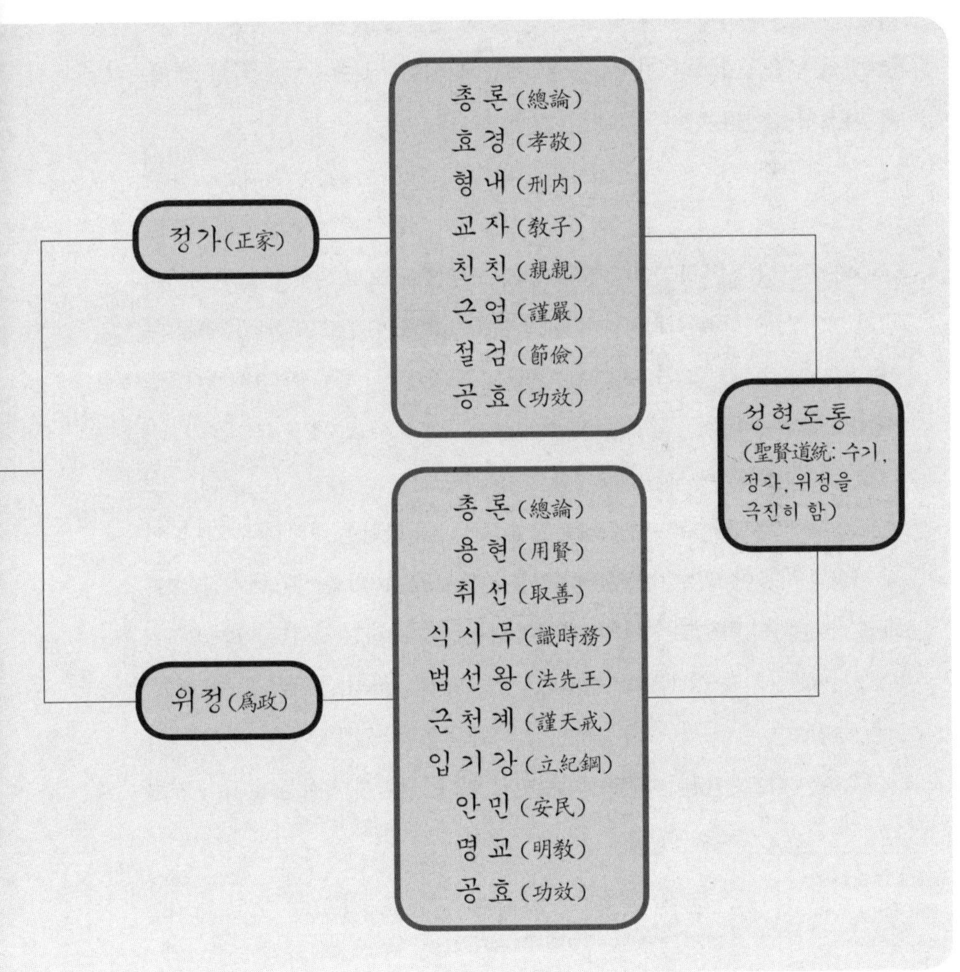

정가(正家)

총론(總論)
효경(孝敬)
형내(刑內)
교자(教子)
친친(親親)
근엄(謹嚴)
절검(節儉)
공효(功效)

위정(爲政)

총론(總論)
용현(用賢)
취선(取善)
식시무(識時務)
법선왕(法先王)
근천계(謹天戒)
입기강(立紀鋼)
안민(安民)
명교(明教)
공효(功效)

성현도통
(聖賢道統: 수기,
정가, 위정을
극진히 함)

신이 생각건대, 성현의 말씀은 에둘러〔橫〕 말하기도 하고 바로〔竪〕 말하기도 하여 한 마디 말로 본체〔體〕와 작용〔用〕을 다 말한 것도 있고, 여러 가지 말을 했지만 한 가지 문제〔一端〕만 말한 것도 있습니다. 이제 본체와 작용을 총괄한 말씀을 취하여 첫 편으로 삼았습니다.

하늘이 명령〔命〕하여 사물에 내려 준 것을 본성〔性〕이라 하고, 본성을 따르는〔率〕 것을 도(道)라 하며, 도를 등급에 따라 나누어 마름질한 것〔修〕을 가르침〔敎〕이라 한다.

『중용』입니다. 아래도 같습니다.[1]

주자가 말했다.[2] "하늘이 음양(陰陽)과 오행(五行)으로 온갖 만물을 지어서 생겨나게〔化生〕 하였는데, 기(氣)를 가지고 형체를 이루고 또한 이(理)를 부여하였으니 이(理)와 기(氣)는 원래 서로 떠나지 못하는 것이니, 기가 있으면 이가 바로 그 가운데 있습니다. 이 말은 음양에 의해 만물이 변화하고 생겨난다는 말을 이어서 말했기 때문에 기를 가지고 형체를 이루고 이를 또 부여했다고 한 것이지 먼저 기가 있은 뒤에 이가 있다는 것은 아닙니다. 말에 얽매여 뜻을 놓쳐서는 안 됩니다. 마치 명령을 내린 것과 같다. 이에 사람과 사물이 생겨나면 저마다 하늘이 부여한 이(理)를 얻어서 건순(健順)과 오상(五常)의 덕으로 삼는데, 이것이 본성이라고 하는 것이다. 건(健)은 양의 이이고 순(順)은 음의 이입니다. 오상의 덕은 인(仁)·의(義)·예(禮)·지(智)·신(信)인데, 이것은 오행(五行)의 이입니다.

솔(率)은 따르는 것이다. 도(道)는 길과 같다. 사람이나 사물이 각각 저절

---

1 『中庸』 1章

2 『中庸章句』 1章. 『中庸』은 四書의 하나를 말하고, 『中庸章句』는 朱子가 주석을 붙인 集註本을 가리키는 것으로 구분한다. 앞으로 四書와 朱子의 註는 일일이 밝히지 않는다.

로 그러한〔自然〕 본성을 그대로 따르면 일상생활에서 어디에나 저마다 마땅히 따라야 할 길이 있다. 이것이 이른바 도라고 하는 것이다. 주자가 말했습니다. "본성을 따른다는 것은 사람이 본성을 이끌어가는 것이 아니다. 다만, 본래 그러한 내 본성을 따르면 저절로 수많은 도리가 있게 된다. 어떤 사람은 본성을 따르는 것을 성명(性命)의 이치〔理〕를 따르는 것이라고 하는데, 그렇다면 도리가 사람에 의해 비로소 있게 된다는 것이다."

수(修)는 어떤 것을 등급에 따라 나누어 마름질한〔品節〕 것이다. 본성과 도는 비록 누구나 똑같이 가지고 있으나 후천적으로 타고난 기질〔氣稟〕이 서로 다를 수 있다. 그러므로 지나치거나 미치지 못하는〔過不及〕 차이가 없을 수 없다. 성인은 사람과 사물이 마땅히 행동해야 할 것을 가지고서 등급에 따라 나누어 마름질해서 온 세상〔天下〕의 법으로 삼았는데 이것을 교육 제도〔敎〕라 한다. 예절〔禮〕·음악〔樂〕·법률〔刑〕·행정〔政〕 따위가 이것이다.

일반적으로 사람들은 자기가 본성을 갖고 있다는 것은 알지만 그것이 하늘에서 나온 것인 줄을 알지 못하며, 일에 도가 있다는 것은 알지만 그것이 본성에서 나온 것인 줄을 알지 못하며, 성인이 교육 제도를 마련한 것은 알지만 그것이 나에게 본래부터 있던 것을 가지고서 마련했다는 것은 알지 못한다. 그러므로 자사(子思)가 여기에서 맨 처음으로 이런 사실을 밝혔다. 동자(董子, 董仲舒)가 '도의 큰 근원은 하늘에서 나왔다.'라고 한 것도[3] 또한 이런 뜻이다."

도라는 것은 잠시도 떠날 수 없는 것이다. 떠날 수 있는 것이라면 도가 아니다. 이런 까닭에 군자는 남들이 보지 못하는 데서도 경계하고 조심하며, 남들이 듣지 못하는 데서도 두려워하고 무서워한다.

주자가 말했다. "도는 일상생활에서 마땅히 따라야 할 이치이다. 모든 도

---

3 『漢書』「董仲舒傳」

는 본성의 덕으로서 마음에 갖추어져 있는데, 도를 갖추지 않은 사물이 없고 도가 있지 않은 때가 없다. 그러므로 잠시도 떠날 수가 없는 것이다. 만약 떠날 수가 있다면 어찌 본성을 따르는 것을 도라고 했겠는가? 이런 까닭에 군자의 마음은 항상 경건하고 두려워하여 비록 남들이 보고 듣지 않을 때라도 감히 소홀히 하지 않는다. 그 때문에 본래 그러한 천리(天理, 천부적인 이치)를 보존하여 아주 잠깐 동안이라도 떠나지 않게 한다."

은미한 것[隱]보다 더 드러나는 것[現]이 없으며, 미세한 것[微]보다 더 뚜렷한 것[顯]이 없다. 그러므로 군자는 홀로 있을 때 삼간다[愼獨].

주자가 말했다. "은미한 것이란 어두운 곳이고 미세한 것이란 자질구레한 일이다. 홀로 있을 때란 남은 알지 못하고 자기 혼자만 아는 경지이다. 깊고 어두운 곳과 자질구레한 일은 비록 자취가 아직 드러나지 않았으나 낌새가 이미 보이고, 남들은 아직 알지 못하나 자기 혼자만은 알고 있으니, 온 세상의 일 가운데 이보다 더 뚜렷이 드러나고 분명하게 나타나는 것이 없다. 이 때문에 군자는 늘 경계하고 두려워하면서도 홀로 있을 때 더욱 삼간다. 그 까닭은 인욕(人欲, 인간적인 욕구)이 막 싹트려고 할 때 미리 이를 막아서, 은밀하고 미세한 가운데 속으로 살그머니 자라나서 도를 멀리 떠나는 지경에까지 이르지 않도록 하려는 것이다." ○ 도향 추씨(道鄕鄒氏)가 말했다.[4] "홀로 있을 때 삼가는 것이 도에 들어가는 최고의 요령이다. 홀로 있을 때라고 하는 것은 한가하고 조용하게 거처하는 것만이 아니다. 이미 마음에 생각 하나가 싹 트는 것도 홀로 있을 때라고 한다. 이런 것에서부터 온 힘을 다 한다면 잘못이 있을 까닭이 없다. 그러므로 『중용』은 이 말을 첫 편으로 삼았다."

---

4 鄒浩. 송 晉陵 사람. 자는 志完, 호는 計過齋, 道鄕 先生, 시호는 忠이다. 元豐 때 진사. 哲宗 때 右正言을 지냈는데, 章惇 때문에 삭직되었다가 徽宗 때 관직을 회복하였다.

○ 정자가 말했다. "하늘과 같은 덕[天德]을 소유하고 있으면 곧 제왕의 도[王道]를 말할 수 있다. 그 요령은 다만, 홀로 있을 때 삼가는 데 있다." 하늘과 같은 덕은 곧 자기 수양의 효과이고, 제왕의 도는 곧 집안을 바르게 함, 정치를 행함의 법도[規矩]이며, 홀로 있을 때 삼가는 것은 자기 수양, 집안을 바르게 함, 정치를 행함 세 가지 일의 중요한 핵심[樞紐]입니다.

기쁨[喜]·노여움[怒]·슬픔[哀]·즐거움[樂]이 드러나지 않은 것[未發]을 중(中, 마음의 본모습)이라 하고, 이것이 드러나서 모두 절도에 맞는 것[中節]을 화(和, 조화)라고 한다. 중이란 온 세상의 큰 근본[大本]이요, 화란 온 세상의 공통된 도[達道]이다.

주자가 말했다. "희·노·애·락은 감정[情]이고, 그것이 아직 드러나지 않은 것은 본성이다. 치우치거나 기울어짐이 없기 때문에 중이라 한다. 드러나서 모두 절도에 맞는 것은 감정의 바른 상태인데 어긋나고 온당하지 않음이 없기 때문에 화라고 한다. 큰 근본이란 하늘이 명령하듯이 내려준 본성이다. 온 세상의 이치가 다 중으로 말미암아 나오게 되니, 중이란 도의 본체이다. 공통된 도란 본성을 따르는 것을 말한다. 온 세상 누구나 언제 어느 때나[天下古今] 함께 말미암는 것이니, 화란 도의 작용이다. 이것은 본성과 감정의 덕을 말함으로써 중은 본성의 덕이 되고 화는 감정의 덕이 됩니다. 도는 떠날 수 없다는 뜻을 밝힌 것이다." 이것은 본성과 감정의 덕의 구조[體段]가 이와 같다는 것을 말한 것이지 공부를 가리켜 말한 것이 아닙니다. 위 글의 경계하고 두려워하는 것과 홀로 있을 때 삼가는 것이 곧 아래 글의 중화(中和)를 이루는 공부입니다. ○ 또 말했다. "마음은 몸에서 주인이 되는데, 작용할 때나 하지 않을 때를 막론하고 언제나 한결같다[動靜無間]. 마음이 작용을 하지 않아 고요할 때는 일과 사물이 마음에 들어오지 않고 생각이 아직 싹트지 않아서 한 본성[一性]이 전체적으로 꽉 차 있으며[渾然] 도덕과 의리가 완전히 갖추어져 있는데 이것을 중이라 한다. 이것은 마음의 본 모습[體]으로서 마음이 고요히 움직이지 않는 것[寂然不動]이다. 마음이 작용하여 움직이면 일과 사물이 서로 마음에 들어오고 생각이 싹트며, 일곱 가지 감정[七情]이 서로 작용하여 저마다 주된 기능을 하는 것이 있는데 이것을 화라고 한다. 이것은 마음의 작용으로서 마음이 자극을 받아서 마침내 통하는 것[感而遂通]이다." ○ 호계수(胡季隨)가 말했다. "경계하고 두려워하는 것은 기쁨·노여움·슬픔·즐거움이 이미 드러난 뒤에 성찰하는 것이다." 간직하고 기르며[涵養] 성찰한다는 말이 여기서 처음 나타납니다. 자세한 것은 아래 '정심(正心)'장에 나옵니다.

중화(中和)를 이루면[致] 하늘과 땅이 제자리를 잡고[位] 만물이 자라난다[育].

주자가 말했다. "이룬다는 것은 미루어서 끝까지 간 것이다. 제자리를 잡는다는 것은 있는 곳에서 편안한 것이요, 자라난다는 것은 그 삶을 완수하는 것이다. 경계하고 두려워하는 것에서부터 시작하여 그것을 요약하여 지극히 고요한 본래 상태인 중에 이르러 치우치고 기울어진 것이 없고 그 상태를 잃어버리지 않고 지키면 그 중을 끝까지 다 하여서 하늘과 땅이 제자리를 잡을 것이다. 홀로 있을 때 삼가는 것에서부터 시작하여 그것을 정밀하게 하여 사물에 반응하는 곳에까지 이르러 조금도 어긋나는 것이 없고 어디에 적용하더라도 그 상태를 유지하면 그 화를 끝까지 다 하여서 만물이 자라날 것이다. 하늘과 땅과 만물은 본래 나와 한몸이기 때문에 내 마음이 바르면 하늘과 땅의 마음도 또한 바르고, 내 기가 순하면 하늘과 땅의 기도 순하게 된다. 그러므로 그 효험이 이런 경지에까지 이르는 것이다. 이것이 학문의 궁극적인 공효이며, 성인이 할 수 있는 일이다. 이것은 처음부터 외부의 도움이 필요하지 않는 것이며, 도를 닦는 교육 또한 이 가운데 있다. 비록 하나[位]는 본체이고 다른 하나[育]는 작용이어서 움직이고 고요한 차이가 있으나, 반드시 그 본체가 선 뒤에라야 작용이 이루어지는 것이니 실제로 두 가지 일이 있는 것은 아니다. 그러므로 여기서는 두 가지를 합해서 말함으로써 위 글의 뜻을 맺었다." ○ 서산 진씨(西山眞氏, 眞德秀)가 말했다. "중화를 이루는 공부 방법은 경건을 말한 것에 지나지 않을 뿐이다. 경계하고 두려워하는 것은 고요한 때 경건한 것이요, 홀로 있을 때 삼가는 것은 움직일 때 경건한 것이다. 고요한 때 경건하지 않음이 없는 것은 중을 이루는 방법이요, 움직일 때 경건하지 않음이 없는 것은 화를 이루는 방법이다. 이렇게 해서 중화를 이루면 저절로 하늘과 땅이 제자리를 잡고 만물이 자라난다. 동중서가 '임금이 마음을 바르게 하여 조정과 모든 관리와 온 백성을 바르게 하면, 계절[陰陽]이 조화롭고, 비와 바람이 제때에 알맞게 와서 모든 복이 이른다.' 한 것은 이러한 이치를 말한 것이다." 이 책에서 경건을 말한 것은 여기에서부터 시작됩니다. 경건이야말로 실제로 몸을 닦고 사람을 다스리는 강령입니다. ○ 주자가 말했다. "앞[右]의 말은 자사가 전해 받은 도의 뜻을 서술하여서 공자가 도를 증자에게 전하고, 증자는 자사에게 전하였습니다. 그러므로 자사가 전해 받은 뜻을 서술한 것입니다. 학설을 세운[立言] 것이다. 첫머리에서는 도의 본원(本原)이 하늘에서 나왔기 때문에 바꿀 수 없다는 것과 도는 실제로 내 몸에 갖추어져 있기 때문에 떠날 수 없다는 것을 밝혔다. 다음으로는 본성을 보존하고 기르며, 성찰하는 요령을 말하였다. 끝으로 위대한 성인[聖神]들의 노력과 교화가 궁극적으로 도달하는 경지를 말하였다. 자사의 의도는 배우는 이들이 자신에게 돌이켜 추구하여서 스스로 도를 체득하고, 그것을 통해 사사로이 외적인 유혹을 버리고, 본래 가지고 있는 착한 것을 충실하게 하기를 바란 것이다."

○ 『대학』의 도는 밝은 덕을 밝히는 데[明明德] 있고, 백성을 새롭게 하는 데[親民] 있으며, 지극한 선[至善]에 머무는 데 있다.

『대학』입니다. 아래도 같습니다.[5]

정자가 말했다. "원래는 '친하게 대한다[親].'는 말로 되어 있는데 전체 맥락으로 보아 '새롭게 한다[新].'는 말로 보아야 한다." ○ 주자가 말했다. "『대학』은 대인(大人)이 배우는 학문이다. 앞의 명(明)은 밝힌다는 뜻이다. 밝은 덕[明德]은 사람이 선천적으로 타고난 능력으로서 이 능력을 갖춘 마음은 텅 비어 있으면서도 영민하며 어둡지 않기[虛靈不昧] 때문에 모든 이치를 갖추어 온갖 일[萬事]을 처리하는 것이다. 주자가 말했습니다. "텅 비어 있으면서도 영민하며 어둡지 않은 것이 바로 마음이다. 이 이치가 마음속에 완전히 갖추어져 있어서 조금이라도 결함이 없는 것이 바로 본성이다. 자극을 받고서 움직이는 것이 바로 감정이다." 옥계 노씨(玉溪盧氏)가 말했습니다. "밝은 덕이라는 것은 다만 본래 마음[本心]이다." 다만, 기질적인 품성에 얽매이고 인욕(人欲)에 가려 때때로 어두워지기도 하지만 그 덕의 본체의 밝음은 그친 적이 없다. 그러므로 배우는 이는 밝은 덕이 드러난 것을 근거로 삼아 마침내 그 덕을 밝혀서 처음 상태를 회복하여야[復初] 한다. 주자가 말했습니다. "밝은 덕은 그친 적이 없어서, 일상생활에서 때마다 나타난다. 예를 들어, 어린 아기가 우물에 빠지려 하는 것을 보고 깜짝 놀라는 것, 옳지 않은 것을 보고 부끄러워하고 미워하는 것, 현명한 사람을 보고 공경하는 것, 선한 일을 보고 감탄하고 흠모하는 것이 모두 밝은 덕이 드러난 것이다. 비록 아주 악한 사람이라도 때로 선한 생각을 하는 수가 있는데, 다만, 그 드러난 실마리를 근거로 삼아 계속하여 그것을 빛나게 밝혀야 한다." 새롭게 한다는 것[新]은 옛것을 바꾼다는 말이다. 스스로 자신의 밝은 덕을 밝혔으면 그것을 또 미루어서 남에게 미치게 하여, 그 사람들도 옛날에 물든 자신의 더러운 것을 버리게끔 해야 한다는 말이다. 머문다[止]는 것은 반드시 여기에 이른 다음 다른 데로 옮겨가지 않는다는 뜻이다. 지극히 선한 것이란 마땅히 그러해야 하는 사리(事理)의 극치이다. 주자가 말했습니다. "지극히 선한 것이란, 지극히 좋은 도리가 완전히 끝까지 이른 그곳에 선한 것이 있다는 말과 같다." 밝은 덕을 밝히고 백성을 새롭게 하여서 그것을 모두 마땅히 지극히 선한 경지에 머물게 하여 다

---

5 『大學』經1章

른 데로 옮겨가지 않는 것을 말한 것이다. 대체로 반드시 천리(天理)의 극치까지 다하고 털끝만큼도 사사로운 인욕(人欲)이 없게 한다는 것이다. 어떤 사람이, "지극히 선한 것이란. 이 밝은 덕 밖에 따로 이른바 선한 것이 있다는 말이 아니라 다만, 밝은 덕 가운데에서 극도에 이른 것이 바로 지극히 선한 것이 아니겠습니까?" 하고 물었더니, 주자가 이렇게 대답했습니다. "밝은 덕 가운데에도 지극히 선한 것이 있고 백성을 새롭게 하는 것 가운데에도 지극히 선한 것이 있으니, 모두 그 극도에 이르러야 한다. 이것은 끝까지 이해해야 할 뿐만 아니라 끝까지 실행해야 한다." 이 세 가지는 『대학』의 강령이다."

옛날에 밝은 덕을 온 세상에 밝히고자 하는 사람은 먼저 자기 나라를 다스리고[治國], 자기 나라를 다스리고자 하는 사람은 먼저 자기 집안을 가지런히 하고[齊家], 자기 집안을 가지런히 하고자 하는 사람은 먼저 자기 몸을 닦고[修身], 자기 몸을 닦고자 하는 사람은 먼저 자기 마음을 바르게 하고[正心], 자기 마음을 바르게 하고자 하는 사람은 먼저 자기 뜻을 성실하게 하고[誠意], 자기 뜻을 성실하게 하고자 하는 사람은 먼저 앎을 끝까지 추구하였는데[致知] 앎을 끝까지 추구하는 것은 사물의 이치를 탐구하는 데[格物]에 있다.

주자가 말했다. "밝은 덕을 온 세상에 밝힌다는 것은 온 세상 사람들이 모두 자신의 밝은 덕을 밝히도록 하는 것이다. 주자가 말했습니다. "밝은 덕의 본체와 작용의 전부를 모두 포괄하여 한 마디로 말한 것이다." 신이 생각건대, 자기의 덕을 밝히는 것은 본체요, 백성의 덕을 새롭게 하는 것은 작용이며, 밝은 덕을 온 세상에 밝히는 것은 본체와 작용을 합하여 말한 것입니다. 마음이란 몸의 주인이 되는 것이다. 성실이란 참된 것이고, 뜻이란 마음이 드러난 것이다. 뜻을 성실하게 한다는 것은 마음이 드러난 것을 참되게 하여 반드시 스스로 만족하고 자신을 속이는 것이 없게 하려는 것이다. 끝까지 추구한다[致]는 것은 앎을 미루어서 끝까지 이른다는 것이다. 앎[知]이란 지식[識]과 같은 것이다. 나의 지식을 미루어서 끝까지 이르러 남김없이 다 알지 않음이 없게 하려는 것이다. 탐구한다는〔格〕 것은 앎에 이른다는 뜻이요, 사물〔物〕은 일〔事〕과 같다. 사물의 이치를 끝까지 탐구하여 그 극도에 이르지 않음이 없게 하려는 것이다. 격(格)이라는 글자는 탐구하다〔窮〕와 이르다〔至〕의 두 가지 뜻이 있는데, 격물(格物)의 격(格)은 탐구한다는 뜻이 많고 다음에 나오는 물격(物格)의 격(格)은 다만 이른다는 뜻일 뿐입니다. 이 여덟 가지는 『대학』의 조목이다." 위의 말은 근원으로 거꾸로 미루어가는 공부입니다. ○ 또 말했다. "격물(格物)은 꿈〔夢〕과 깸〔覺〕의 관문이고, 성의(誠意)는 사람과 귀신의 관문이다. 이 두 관문을 지나서 위를 향해 더 공부해 나아가면 한 걸음 나아갈 때마다 더욱 쉬워진다. 나라를 다스리고 온 세상을 평화롭게 하는 데 이르러서는 그 걸음이 더욱 넓어질 것이다. 다만, 모름지기 세심하게 주의해야 한다." ○ 또 말했다. "앎을 끝까지 추구하는 것과 사물을 탐구하는 것은 이 이치를 탐구하는 것이요, 뜻을 성실하게 하는 것, 마음을 바르게 하는 것, 몸을 닦는 것은 이 이치를 몸으로 체득하는 것이요, 집안을 가지런히 하는 것, 나라를 다스리는 것, 온 세상을 평화롭게 하는 것은 이 이치를 미루어 나아가는 것이다. 이렇게 세 절로 나누어 보아야 한다." ○ 또 말했다. "사물의 이치를 탐구하는 것으로부터 온 세상을 평화롭게 하는 데까지는 성인이 앞뒤를 대략 나누어서 사람에게 보여준 것이지, 한 가지를 남김없이 말끔하게 다 처리한 뒤라야 비로소 다른 한 가지를 행할 수 있다는 것은 아니다. 만약 이렇게 한다면 언제 성취할 수 있겠는가."

사물의 이치가 탐구된 뒤에 앎이 끝까지 이르고, 앎이 끝까지 이른 뒤에 뜻이 성실해지고, 뜻이 성실해진 뒤에 마음이 바르게 되고, 마음이 바르게 된 뒤에 몸이 닦여지고, 몸이 닦인 뒤에 집안이 가지런해지고, 집안이 가지런해진 뒤에 나라가 다스려지고, 나라가 다스려진 뒤에 온 세상이 평화로워진다.

주자가 말했다. "사물의 이치가 탐구된다[物格]는 것은 사물의 이치[物理]의 극도에까지 이르지 않음이 없는 것이다. 이 구절은 아래 구절과 상대하여 말한 것이기 때문에 어조가 이와 같으나 그 뜻은 사물의 이치가 극도에까지 이르지 않음이 없다는 것일 뿐입니다. 앎이 끝까지 이른다[知至]는 것은 내 마음의 아는 것이 다하지 않음이 없는 것이다. 사물이 탐구된다는 것과 앎이 끝까지 이른다는 것은 다만, 한 가지 일입니다. 그러나 사물의 이치로써 말하면 사물이 탐구된다고 하는 것이니 사물의 이치가 각각 그 극도에까지 이른 것을 말하는 것입니다. 내 마음으로써 말하면 나의 앎이 끝까지 이른다고 하는 것이니 내 마음이 이르는 곳에 따라 앎이 다하지 않음이 없는 것을 말하는 것입니다. 앎이 이미 끝까지 이르면 곧 뜻이 성실해질 수 있으며, 뜻이 이미 성실하면 곧 마음이 바르게 될 수 있다. 몸을 닦는 것 이상의 조목은 밝은 덕을 밝히는 일이요, 집안을 가지런히 하는 것 이하의 조목은 백성을 새롭게 하는 일이다." 위의 말은 순서대로 미루어가는 공부와 그 효과입니다. ○ 정자가 말했다. "몸을 다스리는 것과 집안을 가지런히 하는 것으로부터 온 세상을 평화롭게 하는 것까지는 다스리는 도(道)이다. 정치의 강령을 세우고, 온갖 직책을 나누어 정비하며, 시대 상황[天時]에 따라 일을 처리하고, 제도를 창제하여 법도를 세워서 온 세상의 일을 다 처리하는 것은 다스리는 법(法)이다. 성인이 온 세상을 다스리는 도리는 오직 이 두 가지뿐이다." 건안 섭씨(建安葉氏)가 말했습니다. "도라는 것은 다스림의 근본이요, 법이라는 것은 다스림의 도구이니 어느 한쪽이라도 폐기해서는 안 된다. 그러나 또한 반드시 근본이 선 뒤에 도구를 사용할 수 있다."

신이 생각건대, 성현의 학문은 자신을 닦고 남을 다스리는 것에 지나지 않습니다. 이제 『중용』과 『대학』의 첫 장의 말씀을 모아 엮었는데, 실제로 이들은 서로 표리가 되며, 자신을 닦고 남을 다스리는 도리가 여기에 다 갖추어져 있습니다. 하늘이 명령하듯이 내려준 본성이란 밝은 덕이 갖추어진 것이고, 본성을 따르는 도리란 밝은 덕을 행하는 것이며, 도리를 닦는 교육이란 백성을 새롭게 하는 법도입니다. 경계하고 두려워하는 것은 고요할 때 본

마음을 보존하고 마음을 바르게 하는 것에 속합니다. 홀로 있을 때 삼가는 것은 움직일 때 성찰하고 뜻을 진실하게 하는 것에 속합니다. 중화(中和)를 이루어 하늘과 땅이 제자리를 잡고 만물이 자라는〔位育〕 것은 덕을 밝히고 백성을 새롭게 하여 지극히 선한 곳에 머물며 밝은 덕을 온 세상에 밝히는 것을 말합니다. 다만 미치는 데 많고 적은 차이가 있으며, 노력한 효과에 넓고 좁은 차이가 있습니다. 곧 중화를 이루는 노력이 한집안에 머물면 곧 한집안의 하늘과 땅이 제자리를 잡고 만물이 생육하여 밝은 덕이 이 한집안에서 밝을 것이고, 한집안에 어찌 따로 하늘과 땅, 만물이 있겠습니까? 다만 부모와 자녀, 부부, 형제가 각각 자기 분수를 바르게 하는 것이 바로 하늘과 땅이 제자리를 잡은 기상(氣象)이며, 자애와 효도, 우애와 공경, 부부가 이끌고 따르는〔唱隨〕 것이 저마다 그 실상대로 이루어지는 것이 바로 만물이 생육하는 기상입니다. 한 나라에 머물면 한 나라의 하늘과 땅이 제자리를 잡고 만물이 생육하여 밝은 덕이 한 나라에 밝아질 것이며, 온 세상에 미치면 온 세상의 하늘과 땅이 제자리를 잡고 만물이 생육하여 밝은 덕이 온 세상에 밝아질〔位育〕 것입니다. 고대 중국의 삼대(三代, 이상적인 세 왕조) 이후에 한집안이 제자리를 잡고 번성한〔位育〕 경우는 세상에 간혹 있었지만 한 나라와 온 세상이 제자리를 잡고 번성했다는 것은 전혀 듣지 못하였습니다. 이 때문에 전하께 간절히 바라는 것입니다.

성학집요
2

[제2절 수기(修己, 자기 수양) 상]

상편 4장, 중편 5장, 하편 4장으로 모두 13장입니다.

신이 생각건대, 『대학』에 이르기를. "천자(天子)에서 서민에 이르기까지 한결같이 모두 몸을 수양하는 것을 근본으로 삼았다. 그 근본이 어지러운데 말단이 다스려지는 일은 없다."라고 하였습니다. 이런 까닭에 제왕의 학문에서 몸을 수양하는 것보다 앞서는 일은 없습니다.

제1장 수기총론(修己總論)

신이 생각건대, 자기를 수양하는 공부에는 앎의 측면과 행함의 측면이 있습니다. 앎으로써 선한 것을 밝히고, 행함으로써 자신을 참되게 합니다. 이제 앎과 행함을 합하여 말한 것을 뽑아서 첫머리에 실었습니다.

군자는 도덕적인 성품[德性]을 존중하고 묻고 배우는[問學] 일을 따라가나니[道], 넓고 큰 경지[廣大]에까지 이르고 정밀하고 미세한 것[精微]까지 다 포함하며, 높고 밝은 것[高明]을 끝까지 추구하고 중용(中庸)을 따르며, 옛것을 익히고[溫故] 새것을 알며[知新], 순박함을 두텁게 하여서[敦厚] 예의를 숭상한다[崇禮].

『중용』입니다.[1]

주자가 말했다. "존중한다는 것[尊]은 공경하여 받든다는 뜻이다. 도덕적인 성품은 내가 하늘에서 받은 바른 이치이다. 따라간다[道]는 것은 말미암는다[由]는 뜻이다. 익힌다는 뜻의 온(溫)은 따뜻하게 데운다[燂溫]고 할 때

---

1 『中庸』 27章

의 온과 같은 것이니 불이 물건을 익히는 것을 심(燖)이라고 합니다. 이전에 배우고 나서 그것을 또다시 때마다 익히는 것을 말한다. 두텁게 한다는 말은 더욱 순박하게 하는 것을 말한다. 도덕적 성품을 존중하는 것은 마음을 보존하여 도체(道體)의 광대함을 끝까지 이르게 하는 것이다. 묻고 배우는 일을 따르는 것은 앎을 끝까지 미루어가서 도체의 세세함을 다하는 것이다. 털끝만큼도 개인적인 뜻으로써 자신을 가리지 않고, 넓고 큰 경지에까지 이르는 것입니다. 털끝만큼도 개인적인 욕심으로 자신을 얽매지 않으며, 높고 밝은 것을 극도에까지 추구하는 것입니다. 이미 아는 것에 푹 젖어들어 함양하고 옛것을 익히는 것입니다. 이미 할 수 있는 것을 더욱 돈독하게 하는 것은 순박함을 두텁게 하는 것입니다. 모두 마음을 보존하는 종류이다. 이치를 분석하면 털끝만큼도 차이가 나지 않게 하며, 정밀하고 미세한 것까지 다 포함하는 것입니다. 일을 처리함에는 지나치거나 미치지 못하는 잘못이 있지 않게 하며, 중용을 따르는 것입니다. 이치와 의리에 대해서는 알지 못하던 것을 날마다 알고 새것을 아는 것입니다. 절도와 꾸밈에 대해서는 아직 삼가지 못한 것을 날마다 삼가는 것은 예의를 숭상하는 것입니다. 모두 앎을 끝까지 미루어가는 종류이다. 마음을 보존하지 않고서는 앎을 끝까지 미루어가지 못하며, 또 마음을 보존했다면 앎을 끝까지 미루어가지 않아서는 안 된다. 그러므로 이 다섯 구절은 크고 작은 것이 서로 바탕이 되고 처음과 끝이 서로 응한다. 동양 허씨(東陽許氏)가 말했습니다. "큰 것은 위의 5절을 말한 것이요, 작은 것은 아래의 5절을 말한 것이다. 처음은 도덕적 성품을 존중하며 묻고 배우는 일을 따른다는 구절을 말한 것이요, 끝은 아래의 4구절을 말한 것이다." 성현이 '덕에 들어가는 방법'으로 보여준 것 가운데 이보다 더 자세한 것이 없으니 배우는 이들은 마음을 다해야 한다."

공자가 말했다. "군자가 글을 통하여 널리 배우고 예로써 요약하면(約) 또한 도리를 배반하지(畔) 않을 수 있을 것이다."

「논어」입니다.[2]

주자가 말했다. "요약한다는 것은 요점을 추린다〔要〕는 것이요, 배반한다는 것은 등진다는〔背〕 등진다는 뜻의 배(背)의 원래 음은 패입니다. 것이다. 군자는 배움에서는 넓어지기를 바라기 때문에 고찰하지 않는 글이 없고, 지키는 것에서는 요점을 취하려고 하므로 반드시 예에 맞게 행동한다. 이렇게 하면 도리에 어긋나지 않을 수 있다." 면재 황씨(勉齋黃氏)가 말했습니다. "'널리'라는 뜻은 두루 취하여서 끝까지 넓혀가는 것이요, 요약하는 것은 돌이켜 단속하여 가장 요점이 되는 것을 포착하는 것이다." ○ 정자가 말했다. "글을 널리 배우기는 하나 예로써 요약하지 않으면 반드시 산만하고 어지럽게 된다. 널리 배웠다면 또 예를 지켜 법도〔規矩〕를 따라가야 도리를 배반하지 않을 수 있다."

신이 생각건대, 자기를 수양하는 공부는 경건을 유지하고〔居敬〕 진리를 탐구하며〔窮理〕 힘써 실행하는 것〔力行〕 이 세 가지에서 벗어나지 않습니다. 이 장에서는 그 실마리를 간략하게 드러냈으며, 자세한 것은 아래에 있습니다.

제2장 입지 (立志, 뜻을 세움)

신이 생각건대, 배움에는 뜻을 세우는 것보다 먼저 할 것이 없습니다. 뜻이 서지 않았는데도 배움을 이룬 사람은 아직 없습니다. 그러므로 수기의 조목에서 뜻을 세우는 것을 맨 앞에 놓았습니다.

공자가 말했다. "도에 뜻을 두어야 한다〔志〕."

『논어』입니다.[3]

주자가 말했다. "뜻이란 마음이 가는 곳을 말하는 것이요, 도란 인간 사회

---

2 『論語』「雍也」
3 『論語』「述而」

〔人倫〕의 일상생활에서 마땅히 실천해야 할 것이다. 이것을 알고 마음이 반드시 그곳으로 향해 가면 나아가는 것이 바르게 되어 다른 길에 마음을 빼앗기지 않을 것이다.” ○ 진씨(眞氏)가 말했다. “뜻은 덕으로 나아가는 기초이다. 성현은 여기에서부터 시작하여〔發軔〕 아무리 먼 곳이라도 이르고 아무리 단단한 것이라도 뚫고 들어간다. 선함과 악함의 두 갈래 길은 오직 도와 이익일 뿐이다. 도에 뜻을 두면 곧 이치와 의리가 뜻의 주인이 되어 사물에 대한 욕구〔物欲〕가 뜻을 바꾸지 못하고, 이익에 뜻을 두면 사물에 대한 욕구가 뜻의 주인이 되어 이치와 의리가 뜻에 들어가지 못한다. 이것이 성인인 요임금과 포악한 걸왕, 성인인 순임금과 악독한 도척이 서로 차이가 있게 된 점이니 어찌 조심하지 않을 수 있겠는가?” ○ 북계 진씨(北溪陳氏)가 말했다. “도에 뜻을 둔다는 것은 이 마음이 완전히 도를 향하는 것이다. 만약 무슨 일을 하다가 말든지 중도에서 물러설 의사가 있다면 이는 그것에 뜻을 두었다고 말할 수 없다.”

맹자는 사람의 본성〔性〕이 착하다고 말했는데〔道〕, 말할 때마다 반드시 요·순을 예로 들었다.

『맹자』입니다. 아래도 같습니다.[4]

주자가 말했다. “도(道)란 말한다는 것이다. 본성이란 사람이 하늘에서 품수(稟受, 선천적으로 타고남)하여 태어난 이치이다. 본성은 전체적으로 꽉 차 있으며 지극히 착해서 애초부터 악한 것이라고는 없다. 사람은 본래 요·순과 조금도 차이가 없지만, 보통 사람은 개인적인 욕심〔私欲〕에 빠져 착한 본성을 잃었고, 요·순은 개인적인 욕심에 가리지 않아서 본성을 충실하게 할 수 있었을 뿐이다. 그러므로 맹자는 본성이 선하다고 말하면서 반드시 요·

---

4 『孟子』「滕文公·上」

순을 예로 들어서 실증하였다. 이렇게 한 것은 인과 의〔仁義〕가 밖에서 구함으로써 얻는 것이 아니며, 배우면 성인이 될 수 있다는 것을 알게 하여 노력을 하는 데 게으르지 않도록 하려고 한 것이다." ○ 또 말했다. "사람은 모름지기 성현과 같이 되는 것을 자기 임무로 삼아야 하는데, 세상 사람들이 대부분 성현은 고상하고 자신은 비천하다고 여기기 때문에 기꺼이 성현으로 나아가려고 하지 않는다. 타고난 성품에서는 성현도 보통 사람과 같다는 것을 모르는 것이 아니라면 어찌 성현과 같이 되는 것을 자기의 임무로 삼지 않을 수 있겠는가?"

안연이 말했다. "순은 어떤 사람이며, 나는 어떤 사람인가? 순과 같이 하면 역시 순과 같이 된다."

주자가 말했다. "사람이 순과 같이 할 수 있다면 모두 순과 같이 된다는 말이다." ○ 또 말했다. "이것은 사람으로 하여금 분발하여 용감하게 앞으로 나아가며, 일상생활에서 사사로운 개인적인 욕심〔人欲〕이 털끝만큼도 머물러 있지 못하게 하는 것이다. 이런 각오로 큰마음을 먹고 떨쳐 일어나 신속하게 행동해야만〔奮迅〕 비로소 발 디딜 곳〔田地〕이 있어서 공부를 할 수 있다. 그렇지 않으면 곧 기름에 그림을 그리고 얼음에 조각을 하는 것〔畫脂鏤冰〕과 같아서 정말로 힘을 쓸 곳〔得力〕이 없다." ○ 또 말했다. "반드시 공부에 착수할 정확하고 안정된 기반이 있어야 한다. 한갓 내가 하는 것과 순이 한 일을 밤낮 재보고 헤아리면서 순과 같지 못할까 안타깝게 걱정만 해서는 안 된다. 예를 들어, 병든 사람이 올바른 순서에 따라 약을 먹고 차차 병을 다스려 기운과 체력을 점점 회복하여 건강한 사람과 같이 된 뒤에 그만두는 것과 같다. 환약 한 알〔一丸〕, 가루약 한 첩〔一散〕을 먹고 잠깐 사이에 효험이 일어나기를 바라고서 성급하게 건강한 사람같이 되지 않는다고 이상하게 여길 수 있겠는가." ○ 또 공부하는 사람들에게 이렇게 가르쳤다. "배운 글을 기억하지 못하면 숙독을 하라. 그리하면 기억할 수 있다. 뜻을 정확하게 알지 못하면 자세히 생각하라. 그리하면 정확하게 알 수 있다. 오직 뜻이 서지 않으면 결국 힘을 쓸 곳이 없다. 지금처럼 이익과 녹[利祿]을 탐내면서 도덕과 의리[道義]는 탐내지 않고, 귀한 사람이 되기만 바라고 좋은 사람이 되기는 바라지 않는 것은 모두 뜻이 서지 못한 폐단이다. 즉시 되풀이 생각하여 폐단을 밝혀내고, 용감하게 분발하여 성현이 말한 온갖 말들이 한 가지도 참된 말[實語]이 아닌 것이 없음을 알아야만 비로소 뜻을 세울 수 있다. 그런 다음 공부를 쌓아서 끊임없이[迤邐] 앞으로 나아가면 할 일은 많다. 여러분들은 이렇게 노력[勉勖]해야 한다. 이것은 작은 일이 아니다."

이상은 뜻을 세움에 대해 일반적으로 말한 것입니다.

○ 하늘과 땅을 위하여 마음을 세우고[立心], 백성을 위하여 도를 세우고, 옛 성인을 위하여 끊어진 학문의 계통을 잇고, 온 세대[萬世]를 위하여 태평을 연다.

『횡거문집』입니다.[5]

섭씨(葉氏)가 말했다. "하늘과 땅은 만물을 낳고 낳는 마음을 갖고 있다. 성인이 하늘과 땅의 생성 작용에 참여해 만물이 생겨나고 자라도록[化育] 도와서[參贊] 만물로 하여금 저마다 자기 본성과 사명[性命]을 바르게 실현하도록 하는 것이 바로 하늘과 땅을 위하여 마음을 세우는 것이다. 의리를 세우고 밝히며, 보편적 윤리[綱常]를 튼튼하게 세우는 것이 백성을 위하여 도를 세우는 것이다. 끊어진 학문의 계통을 잇는다는 것은 진리의 계통[道統]을 잇고 미래를 위해 전승해주는 것[纘述]을 말한다. 태평을 연다는 것은 만

---

5 『張子全書』「性理拾遺」

약 참다운 제왕[王者]이 일어난다면 반드시 그에게 와서 나라를 다스리는 법도를 취해 이익과 혜택을 온 세대에 끼친다는 것이다. 배우는 사람이 이것으로 뜻을 세우면 맡은 책임이 지극히 크고 마음가짐이 지극히 공평할 것이다."

○ 정자가 말했다. "임금의 가장 큰 도리는 올바른 옛 학문[正學]을 깊이 연구하여 선과 악의 귀추를 밝히고, 충성스러움과 간사함이 나뉘는 갈림길을 분별하여 분명하게 바른 도리로 나아가는 데 있다. 그러므로 임금의 뜻이 먼저 정해져야 한다. 임금의 뜻이 정해지면 온 세상은 다스려진다. 이른바 뜻을 정한다는 말은 마음을 한결같이 하고 뜻을 정성스럽게 하여 선한 것을 가려 굳게 지킨다는 것이다. 일반적으로 의리를 먼저 다하지 않으면 많이 들어도 마음이 흔들리기 쉽고, 뜻[志意]을 먼저 정하지 않으면 선한 것을 지키더라도 선에서 벗어나기 쉽다. 오직 성현의 교훈은 반드시 따라야 할 것으로 여기고, 선왕(先王)의 다스림은 반드시 본받아야 할 것으로 여겨야 하며, 후세의 혼탁한 정치에 이끌리거나 얽매이지 않고 세속의 구태의연한 주장에 마음이 흔들려서는 안 된다. 자신을 지극히 분명하게 파악하고 도를 지극히 독실하게 믿으며, 현명한 사람에게 임무를 맡겼으면 달리 생각하지 말며, 거짓을 물리칠 때는 의심하지 말아야 한다. 그래서 반드시 이 시대를 이상적인 삼대의 융성한 시대와 같이 만들고야 말겠다고 기약해야 한다." 이것은 임금이 뜻을 세우는 것을 말한 것이지만 또한 배우는 사람에게도 절실한 것입니다.

이상은 뜻을 세움의 조목을 말한 것입니다.

○ 공자가 말했다. "어짊[仁]이 멀리 있는 것이겠는가? 내가 어질게 되려고 하면 바로 어질게 된다."

『논어』입니다. 아래도 같습니다.[6]

---

6 『論語』「述而」

주자가 말했다. "어짊이라는 것은 마음의 덕(德)으로서, 마음 밖에 있는 것이 아니다. 마음을 놓아버리고 찾지 않기 때문에 멀리 있다고 여기는 사람이 있다. 돌이켜 찾으면 바로 여기 이 마음 안에 있다. 어찌 멀리 있겠느냐?" ○ 정자가 말했다. "어짊을 실천하는 것은 자신으로부터 시작된다. 어짊을 실천하려고 하면 어질게 된다. 어찌 어짊이 멀리 있겠는가?"

참으로[苟] 어짊에 뜻을 둔다면 악(惡)이 없을 것이다.[7]

주자가 말했다. "구(苟)는 참으로[誠]라는 뜻이다. 그 마음이 참으로 어짊에 있으면 반드시 악한 짓을 하는 일이 없을 것이다."

양기(陽氣)가 피어나는 곳에서는 쇠나 돌도 뚫을 수가 있다. 정신이 한 군데로 모이면 무슨 일인들 이루지 못하겠는가?

주자의 말씀입니다.[8]

주자가 말했다. "세속의 학문이 성현의 학문과 같지 않은 까닭을 알기는 어렵지 않다. 성현은 다만, 진실로 학문을 할 뿐이다. 마음을 바로잡음을 말하면 바로 마음을 바르게 하고, 뜻을 성실하게 함을 말하면 바로 뜻을 성실하게 한다. 자신을 수양함과 집안을 다스림도 다 말로만 하는 것이 아니다. 그런데 오늘날 배우는 사람들은 마음을 바르게 함을 말하면 다만, 마음을 바르게 함이라고 한 차례 입으로 읊조리고 말며, 뜻을 성실하게 함을 말하면 또 뜻을 성실하게 함이라고 한 차례 읊조리고 만다. 자신을 수양함을 말하면 성현들이 자신을 수양함에 관해 말한 수많은 말을 입으로만 외거나 읊조리

---

7 『論語』「里仁」
8 『朱子語類』 學2 「總論爲學之方」 驤錄

고 말 뿐이다. 혹은 언어나 주워 모으고 당시 유행하는 글귀나 주워 엮는데, 이렇게 학문을 하고서야 자신에게 무슨 관계가 있겠는가? 이것은 모름지기 정신을 차리고 이해해야 한다. 지금 우리〔朋友〕 가운데 본래 성현의 학문을 듣기 즐거워하는 사람이 있기는 하나 끝내 세속의 고루함을 버리지 못하는 것은 뜻을 세우지 않았기 때문이다. 배우는 사람으로서 가장 중요한 것은 뜻을 세우는 것이며, 배우면 바로 성인이 되려고 해야 한다." ○ 정자가 말했다. "세상에는 자연의 조화(造化)의 힘을 빼앗을 수 있는 세 가지 일이 있다. 나라를 위하여 하늘에 기도해서 나라의 운명을 길이 보전하는 것, 몸을 길러서〔養形〕 오래 사는 것, 배워서 성인에 이르는 것이다. 이 세 가지 일은 분명 사람의 힘으로 자연의 조화를 이겨낼 수가 있는 것인데 사람이 스스로 하지 않을 뿐이다."

이상은 뜻을 세움의 효과를 말한 것입니다.

○ 맹자가 말했다. "자신을 해치는〔自暴〕 사람과는 함께 말할 수 없고, 자신을 버리는〔自棄〕 사람과는 같이 일할 수 없다. 예의를 헐뜯는〔非〕 말을 하는 것을 자신을 해치는 것이라 한다. 내 몸은 어짊에 처하거나 옳은 일을 실천하지 못한다고 하는 것을 자신을 버리는 것이라고 한다."

『맹자』입니다. 아래도 같습니다.[9]

주자가 말했다. "포(暴)는 해침과 같고, 비(非)는 헐뜯음과 같다. 스스로 자기 몸을 해치는 사람은 예의가 아름다운 것임을 알지 못하여 비방을 하고 헐뜯는다. 그래서 비록 그 사람과 함께 예의를 말하더라도 반드시 믿지 않는다. 스스로 자기 몸을 버리는 사람은 그래도 어짊과 옳음이 아름다운 줄을 알고

---

9 『孟子』「離婁 · 上」

있기는 하지만 게으름에 빠져서 실천할 수 없다고 자신에게 말한다. 이런 사람과 함께 일하면 반드시 일을 열심히 하지 못한다." ○ 정자가 말했다. "사람이 참으로 선함으로써 자신을 다스리면 선한 데로 옮겨가지 못하는 사람이 없다. 비록 지극히 어둡고 어리석은 사람이라도 모두 차츰차츰 닦아서 나아갈 수 있다. 오직 자신을 해치는 사람은 거부하고 믿지 않으며, 자신을 버리는 사람은 거절하고 실천하지 않으니, 비록 성인이 이런 사람과 같이 있더라도 감화하여 선한 데로 들어가게 하지 못한다. 이것이 '너무 어리석은 사람[下愚]은 변화시키지 못한다[不移].'는 말이다." ○ 또 말했다. "1등은 다른 사람에게 양보하고 2등을 하겠다고 하지 마라. 만일 그렇게 말을 한다면 이것은 바로 자신을 버리는 것이다. 배움을 말하면 곧바로 도를 깨달으려는 뜻을 품고, 사람을 말하면 곧바로 성인이 되려는 뜻을 품어야 한다." ○ 또 말했다. "게으른 마음으로 일생을 살아가는 것이 바로 자신을 해치고 자신을 버리는 것[自暴自棄]이다." ○ 명도(明道, 程顥)가 송의 신종(神宗)에게[10] 정치의 도리[治道]를 극진하게 진술하자 신종이 이렇게 말했다. "이것은 요·순의 일인데, 내[朕]가 어찌 감히 감당하겠는가?" 명도는 이 말을 듣고 슬픈 빛으로[愀然] 말했다. "폐하의 이런 말씀은 국가[宗社]와 백성[生民]에게 복이 되는 말이 아닙니다."

인(仁, 어짊)은 사람이 편안하게 사는 집[安宅]이요, 의(義, 옳음)는 사람이 가야 할 바른 길[正路]이다. 편안한 집을 비워두고[曠] 살지 않으며, 바른 길을 버리고 가지[由] 않으니 안타깝다.

주자가 말했다. "인이란 본마음[本心]의 전체 덕인데, 저절로 그러한[自然] 천리(天理)가 있어서 편안하며, 대상에 빠지는 인욕(人欲)이 없어서 위태롭

---

10 『二程粹言』「聖賢篇」

지 않다. 사람은 마땅히 항상 인 가운데 있어야 하고 잠시라도 인을 떠나서는 안 된다. 그러므로 인을 '편안한 집'이라 한 것이다. 의란 마땅한 것〔宜〕으로서, 마땅히 실천해야 할 천리이며, 간사하고 왜곡된 인욕이 없는 것이다. 그러므로 의를 '바른 길'이라 한 것이다. 광(曠)은 비었다는 것이고, 유(由)는 간다는 것이다. 이것은 도란 본래부터 있는 것〔固有〕인데 사람이 스스로 끊어버리니, 안타깝다는 것을 말한 것이다. 이것은 성현이 깊이 경계한 것이니 배우는 사람이 마땅히 맹렬하게 반성을 해야 할 것이다."

이상은 뜻을 세움에 반대되는 것을 말한 것입니다.

신이 생각건대, 뜻〔志〕이란 기의 장수〔帥〕입니다. 뜻이 하나로 모이면 기가 움직이지 않음이 없습니다. 배우는 사람이 죽을 때까지 글을 읽어도 공부를 성취하지 못하는 것은, 다만 뜻이 서지 않았기 때문입니다. 뜻이 서지 않으면 그 폐단이 세 가지가 있습니다. 첫째는 성현의 가르침을 믿지 못하고〔不信〕, 둘째는 지혜롭지 못하고〔不智〕, 셋째는 용감하지 못한〔不勇〕 것입니다. 이른바 믿지 못하는 것은 다음과 같습니다. 성현이 후학들에게 분명하고도 정성껏 진리를 밝혀주었기〔開示〕 때문에 그 말씀을 따라서 차례대로 차츰차츰 나아가면 반드시 성인도 되고 현인도 될 수 있습니다. 성현이 되기 위해 노력하고서도 성현이 되지 못하는 사람은 없습니다. 저 믿지 못하는 사람은 성현의 말이 사람을 꾀려고 만들어 놓은 것이라 생각하고, 그 글만 읊조릴 뿐 몸으로 실천하지는 않습니다. 이런 까닭에 읽는 것은 성현의 글이지만[11] 행동은 세속의 행위를 따릅니다. 이른바 지혜롭지 못한 것은 다음과 같습니다. 사람의 기품(氣稟)은 저마다 달라서 같지 않으나〔有萬不齊〕 앎에 힘쓰고 행함에 힘쓰면 성공해서는 똑같습니다. 맹자는 애도를 표하고 발을 구르며 장사 지내

---

11 원문은 諫으로 되어 있는데, 맥락으로 볼 때 讀이 옳을 것 같다. 여기서는 讀으로 보았다.

는 놀이를 했지만 마침내 아성(亞聖)[12]이 되었고, 정자는 저녁에 돌아오다가 사냥하는 것을 보고 기뻐하는 마음이 생겼었지만〔暮歸喜獵〕[13] 마침내 위대한 현인이 되었으니, 어찌 반드시 나면서부터 아는 사람이어야만 덕을 이룰 수 있겠습니까? 그러나 저 지혜롭지 못한 사람은 자질이 빼어나지 못하다고 스스로 한계를 긋고 뒷걸음치며 자기합리화 하고〔退託〕 안주하여 한 걸음도 나아가지 않습니다. 이런 사람은, 나아가면 성인도 되고 현인도 되며, 뒷걸음치면 어리석은 사람도 되고 못난 사람도 되는 것이 모두 자기가 하기에 달렸다는 것을 전혀 알지 못합니다. 이런 까닭에 읽는 것은 성현의 글이지만 지키는 것은 기품에 얽매인 것일 뿐입니다. 이른바 용감하지 못한 것은 다음과 같습니다. 사람들은 성현이 우리를 속이지 않으며, 기질을 변화시킬 수 있다는 것을 조금은 알지만 늘 정체된 상태를 편안하게 여기기 때문에 분발하고 떨쳐 일어나지 않습니다. 이런 사람은 어제 한 일을 오늘에 바꾸기 어려워 하고, 오늘 좋아하는 일을 내일에 고치려고 하지 않습니다. 이와 같이 옛날 하던 그대로 유지하기만 하고 한 치를 나아가면 한 자씩 후퇴하고 맙니다. 이것은 용감하지 못한 결과입니다. 이런 까닭에 읽는 것은 성현의 글이지만 편안히 여기는 것은 케케묵은 지난날의 관습입니다. 사람들에게 이 세 가지 폐단이 있기 때문에 군자가 세상에 나오지 못하고, 여섯 경전〔六籍〕은 빈말이 되고 맙니다. 아! 안타깝기 그지없습니다.

참으로 성현의 말을 깊이 신뢰하고 아름답지 못한 자질을 바로잡고 다스려 실제로 백 가지 천 가지 노력을 기울여 끝내 물러서지 않을 때, 큰 길이 앞에서 성인의 영역을 가리켜줄 텐데 어찌 도달하지 못할까 근심하겠습니까? 사람은 작은 몸으로 하늘과 땅의 작용에 참여하여 병립(並立)하며, 학문

---

12 공자 다음 가는 성인이라는 뜻으로 맹자를 가리키는 말
13 程顥는 사냥을 좋아했는데 사냥이 학문에 방해가 된다고 여겨 사냥을 좋아하는 마음을 버렸다. 12년째 되던 해 저녁 무렵 집으로 돌아오다가 사냥하는 것을 보고 자기도 모르게 기쁜 마음이 생겼다. 그래서 정호는 고질적인 습성이 된 것은 그만큼 고치기 어렵다고 탄식했다고 한다.

의 노력은 궁극적으로 모든 것이 제자리를 잡고 제대로 생육하도록〔位育〕 돕는 것을 능사로 삼기 때문에, 보통 사람〔匹夫〕이라도 오히려 자기를 써주는 유능한 임금을 얻게 되면 자기가 능력을 발휘하지 못하여 정치적 혜택을 입지 못하는 사람이 한 사람이라도 있을까 걱정합니다. 그런데 하물며 임금은 정치적·정신적 지도자〔君師〕의 지위를 겸하고, 백성을 가르치고 기르는〔教養〕 책임을 지며, 온 나라〔四方〕의 표준이 되었으니 그 책임이 얼마나 무겁겠습니까? 한번 생각을 잘못하면 정치에 해를 끼치고, 한마디 말의 실수가 일을 망칩니다. 도에 뜻을 두고 도를 따라 행동하여 이로 말미암아 한세상을 태평한 세상〔唐虞〕으로 만드는 것도 나에게 달려 있고, 욕심에 뜻을 두고 욕심을 따라 행동하여 이로 말미암아 한세상을 말세〔叔季〕가 되게 하는 것도 나에게 달려 있습니다. 임금은 더욱 뜻이 향하는 곳을 조심하지 않으면 안 됩니다. 설문청(薛文清)은 "내 마음이 참으로 배움에 뜻을 둔다면 하늘이 내 소원을 이루어줄 것이다."라고 하였고, 또 "배움이 진보하지 않는 것은 모두 옛날 하던 그대로 따라가기만 하기 때문이다."라고 하였습니다. 엎드려 바라건대 전하께서는 유념하시기 바랍니다.

제3장 수렴 (收斂, 거두어들임)

신이 생각건대, 경건〔敬〕이란 성인이 되기 위한 학문〔聖學〕의 시작이자 끝입니다. 그러므로 주자가 "경건을 유지하는 것〔持敬〕은 진리 탐구〔窮理〕의 근본이다. 아직 알지 못하는 사람은 경건하지 않으면 알 수 없다."라고 하였고, 정자가 "도에 들어가는 데는 경건만한 것이 없다. 앎을 극도에까지 미루어 갔으면서도〔致知〕 경건하지 않은 사람은 없다."라고 하였습니다. 이것은 경건이 배움의 시작이라는 말입니다. 주자가 "이미 안 사람은 경건이 아니면 아는 것을 지킬 수 없다."라고 하였고, 정자가 "경건과 의리가 서면 덕이 있어서 호응하는 사람이 있기 때문에 외롭지 않다〔德不孤〕. 성인이라 하더라도 또한 이런 경지에 머물 뿐이다.”라고 하였습니다. 이것은 경건이 배움의 끝이라는 말입니다. 이제 경건에서 학문이 시작된다는 내용을 취하여 ‘궁리(窮理)’ 앞에 놓고 ‘수렴’이라는 제목을 붙여 소학(小學)의 공부에 해당시켰습니다.

공자가 말했다. “군자는 무게[重]가 있지 않으면 위엄[威]이 없다. 배워도 배운 것이 든든하지[固] 못하다.”

『논어』입니다.[14]

주자가 말했다. “중(重)은 중후함이요, 위(威)는 위엄이요, 고(固)는 견고함이다. 밖으로 경박한 사람은 반드시 안으로 견고할 수 없다. 그러므로 중후하지 않으면 위엄도 없고, 배운 것도 역시 견고하지 못하다.” ○ 장자(張子. 張載)가 말했다. “의리(義理)의 학문은 모름지기 깊이 잠겨들어야 비로소 이룰 수 있는 것이지 얕은 지식과 가볍고 들뜬 자세로 얻을 수 있는 것이 아니다.”

군자는 평소에 여유 있고 우아한[舒遲] 모습을 지니며, 존경하는 사람을 만났을 때에는 조심조심하고[齊] 재계(齋戒)하는 것입니다 삼가야[遬] 한다.

『예기』입니다. 아래도 같습니다.[15]

진씨(陳氏)가 말했다. “서지(舒遲)는 여유 있고 우아한[閒雅] 모양이요, 재(齊)는 두려워 떨며 몸가짐을 바르게 한다[夔夔齊慄][16]고 할 때의 재(齊)와 같다. 속(遬)은 삼가고 방종하지 않는다는 말이다.”

발걸음은 묵직하고[足容重], 손가짐은 공손하며[手容恭], 눈매는 단정하고[目

---

14 『論語』「學而」
15 『禮記』「玉藻」
16 『書經』「大禹謨」祗載見 瞽瞍 夔夔齊慄

容端], 입매는 다물고 있으며[口容止], 말소리는 조용하고[聲容靜], 머리 모양은 곧으며[頭容直], 호흡은 엄숙하고[氣容肅], 선 자세는 후덕하며[立容德], 얼굴빛은 씩씩하여야[色容莊] 한다.

진씨가 말했다. "중(重)은 발을 가볍게 옮기지 않는다는 것이다. 공(恭)은 게으르고 느슨하지[慢弛] 않은 것이다. 단(端)은 흘겨보지[睇視] 않는 것이다. 지(止)는 입을 함부로 놀리지[妄動] 않는 것이다. 정(靜)은 혹시라도 말을 할 때 침을 튀기거나[喊] 기침을 하지[咳] 않는 것이다. 직(直)은 혹시라도 머리를 비스듬이 기울이거나 고개를 돌리지[傾顧] 않는 것이다. 숙(肅)은 숨을 죽이는[不息] 것과 같은 것이다. 덕(德)은 한가운데 똑바로 서서 한쪽으로 치우치지 않는 것이니[中立不倚], 의젓하게 덕이 있는 기상이다. 장(莊)은 자신을 다스려서 장중한[矜持] 모습이다." ○ 어떤 사람이, "사람이 한가하게 있을 때[燕居]에 몸가짐[形體]은 소홀하더라도 마음만 나태하지 않으면 괜찮습니까?" 하고 묻자, 정자가 이렇게 대답했다. "두 다리를 뻗고 앉아 있으면서 마음이 나태하지 않은 사람이 어디 있겠는가? 전에 여대림(呂大臨, 與叔)이 6월에 구지(緱氏)로 나를 찾아왔는데, 그가 혼자 있을 때 내가 가만히 보니 반드시 의젓하게 꿇어앉아[危坐] 있었다. 참으로 몸가짐이 돈독한 사람이라고 할 수 있다. 배우는 사람은 모름지기 공손하고 경건하여야 하지만 그렇다고 너무 여기에 얽매이고 빡빡해서는[拘迫] 안 된다. 얽매이고 빡빡하면 오래 유지하기 어렵다." ○ 요진경(廖晉卿)이 "무슨 책을 읽어야 하겠습니까?" 하고 묻자, 주자가 이렇게 대답했다. "그대가 마음을 놓아버린 지 이미 오래이니, 정신(精神)을 거두어들여 가다듬고, 『예기』의 「옥조」에서 말한 아홉 가지 몸가짐[九容]을 자세히 몸으로 터득하여[體認] 뜻이 선 뒤에 글을 읽어야 좋을 것이다." ○ 또 말했다. "경건을 말하는 사람은 이 마음만 간직할 수 있으면 저절로 이치에 맞을 것이라고 하면서 몸가짐과 말씨 같은 것은 전혀 공부를 하지 않는 경우가 많다. 설령 이렇게 해서 진짜로 마음을 간직할 수 있다

하더라도 또한 불교, 도교의 주장과 무엇이 다르겠는가? 더구나 마음과 생각이 흐리멍덩해서〔荒忽〕 참으로 마음을 보존하지 못하는 경우에는 말할 것도 없다." ○ 절효 서적(節孝徐積)이 처음에 안정 호원(安定胡瑗) 선생에게 배웠는데, 그때 일을 스스로 이렇게 말했다. "처음 선생님을 뵈올 적에 머리 모양이 조금 기울었다. 안정 선생님이 갑자기 언성을 높여서 말씀하셨다. '머리 모양을 곧게 하라.' 나는 이 가르침을 듣고 이렇게 생각하였다. '머리 모양만 곧게 할 것이 아니라, 마음도 역시 곧아야 한다.' 그로부터 감히 비뚠 마음〔邪心〕을 품지 않았다." ○ 주자가 말했다. "이통(李侗) 선생님은 하루종일 단정히 꿇어앉아 있어도 정신과 풍채가 반듯하고 깨끗해서 조금도 흐트러지고 게으른 기색이 없었다. 옛 사람이 '종일토록 빠른 말과 급한 기색이 없다.'라고 하였는데, 그분이 참으로 그러했다. 보통 사람들은 가까운 데를 가면 반드시 천천히 걷고 먼 데를 가면 반드시 점점 급하게 걷지만, 선생님은 가까운 데를 가건 먼 데를 가건 언제나 한결같이 급하게 걷지 않았다. 보통 사람들은 사람을 불러서 오지 않으면 반드시 소리를 지르지만, 선생님은 불러서 오지 않더라도 큰 소리로 부르지 않았다. 또 예를 들어, 앉아 있을 때 벽에 글자가 씌어 있으면 머리를 들고 한 번 보게 마련인데, 선생님은 그렇게 하지 않았다. 앉았을 때에는 아예 보지 않았고, 만일 보고 싶으면 반드시 일어나서 벽 아래로 가서 보았다. 그분은 대체로 이처럼 사물에 휩쓸리지 않았다." 연평(延平) 이통 선생은 본래 마음과 본성을 쌓고 기른 것이〔涵養〕 순수하고 무르익어서〔純熟〕 이런 경지에 이르렀지만, 처음 배우는 사람〔初學〕도 이것을 본받아야 합니다.

　　이상은 몸가짐〔容止〕을 거두어들임을 말한 것입니다.

○ 『시경』에서 말했다. "말을 조심해서 하고 몸가짐〔威儀〕을 경건하게 하여 늘 안정되고 착하게〔柔嘉〕 행동하라. 흰 구슬〔白圭〕의 티〔玷〕는 갈아내면 되지만 말의 티는 다듬을 수 없느니라. 경솔하게〔易〕 말하지 말고 구차

하게[苟] 말하지 말라. 내 혀를 붙잡아 줄[捫] 이 없으니 함부로 말을 내뱉지[逝] 말라."

『시경』「대아 · 억」입니다.[17]

주자가 말했다. "유(柔)는 안정된 것[安], 가(嘉)는 선한 것[善], 점(玷)은 이지러진 것[缺]이다. 이(易)는 가벼운 것[輕], 문(捫)은 잡는 것[持], 서(逝)는 가는 것[去]이니, 마땅히 말을 조심해야 한다는 말이다. 구슬이 이지러지고 흠이 난 것은 오히려 갈고 닦아서 반들반들하게 할 수 있지만, 말은 한번 잘못하면 건질 수 없고, 나를 위하여 혀를 붙잡아줄 사람도 없다. 그러므로 말은 나 자신에게서 나오며, 실수하기 쉽기 때문에 늘 잡도리하여 제멋대로 나오도록 놓아두어서는 안 된다. 말을 조심하라는 훈계가 깊고 절실하다."

공자가 말했다. "임금이 말하려는 의도가 실오라기[絲] 같다면 실제로 나타나는 결과는 인끈[綸, 실로 땋은 끈]과 같고, 임금이 말하려는 의도가 인끈과 같다면 실제로 나타나는 결과는 상엿줄[綍]과 같다."

발(綍)의 원래 음은 불(弗)입니다. ○ 『예기』입니다.[18]

진씨가 말했다. "윤(綸)은 인끈[綬]이고, 발(綍)은 관(棺)을 끄는 큰 줄이다."

신이 생각건대, 이는 임금의 말이 비록 자질구레한 것이라도 그 말이 가져오는 이해의 효과는 매우 크니 조심하지 않으면 안 된다는 말입니다.

군자가 방 안[室]에 거처하면서 말을 하여도 그 말이 선하면 천 리 밖에 있는 사람들까지 반응하는데 하물며 가까운 데 있는 사람들이겠는

---

17 『詩經』「大雅 · 抑」
18 『禮記』「緇衣」

가? 방 안에 거처하면서 말을 하여도 그 말이 선하지 않으면 천 리 밖에 있는 사람들과도 뜻이 맞지 않는데 하물며 가까운 데 있는 사람들이겠는가? 말은 자기 몸에서 나와서 백성에게 미치고, 행동은 가까운 데서 나와 먼 곳에서 나타난다. 말과 행동은 군자에게 지도리[19]와 방아쇠[樞機]같이 핵심적인 것이다. 지도리와 방아쇠가 작용하는 데서 영광과 치욕이 결정된다. 말과 행동은 군자가 하늘과 땅을 움직이는 바탕이니 어찌 삼가지 않을 수 있겠는가.”

『주역』「계사전」입니다. ○ 역시 공자의 말씀입니다.[20]

절재 채씨(節齋蔡氏)가 말했다. “말이란 마음의 소리요, 행동이란 마음의 자취이다. 말과 행동은 바로 자극에 반응[感應]하는 지도리와 방아쇠이다. 선한 것이란 이치이다. 선하지 않으면 곧 이치에 어긋난다.” 군자가 말과 행동이 선하면 조화로운 기운[和氣]이 반응하고, 선하지 않으면 어긋난 기운[乖氣]이 반응합니다. 조화로운 기운의 반응이 극도에 이르면 하늘과 땅이 제자리를 잡고 만물이 생육하며, 어긋난 기운의 반응이 극도에 이르면 하늘과 땅이 닫히고 현명한 사람이 숨기 때문에, “하늘과 땅을 움직인다.”고 한 것입니다.

이상은 말을 거두어들임[收斂]을 말한 것입니다.

○ 오만함[敖]이 자라나도록 해서는 안 되고 욕구를 따라서는[從] 원래 뜻대로 하자면 내버려 둔다는 종(縱)입니다. 안 되며, 뜻을 가득 채워서도 안 되고 즐거움을 끝까지 추구해서도 안 된다.

『예기』입니다.[21]

---

19 돌쩌귀, 문장부 따위를 통틀어 일컫는 말
20 『周易』「繫辭 · 上」
21 『禮記』「曲禮 · 上」

응씨(應氏)가 말했다. "경건의 반대가 오만함이다. 감정이 움직이는 것이 욕심이다. 뜻이 가득 차면 넘치고, 즐거움이 극도에 이르면 도리어 괴로워진다〔反〕."

신이 생각건대, 뜻이 가득 찼다는 것은 조금 얻은 것에 만족하면서 거만하게 뻐기고 스스로 대단하게 여기는 것입니다.

맹자가 말했다. "사람이 닭이나 개를 잃어버리면 찾을 줄 알면서 마음을 놓아버리고는〔放心〕 찾을 줄 모른다. 학문하는 방법이란 다른 것이 아니다. 놓아버린 마음을 찾는 것이다."

『맹자』입니다.[22]

정자가 말했다. "마음은 지극히 중요한 것이고 닭이나 개는 지극히 보잘 것없는 것인데, 닭이나 개를 잃어버리면 찾을 줄 알면서 마음을 놓아버리고는 찾을 줄을 모른다. 어찌 지극히 보잘것없는 것은 아끼고 지극히 중요한 것은 잊어버리는가? 이것은 생각을 하지 않아서 그럴 뿐이다." ○ 주자가 말했다. "학문하는 일은 본래 실마리가 하나만이 아니다. 그러나 그 방법은 놓아버린 마음을 찾는 데 있을 뿐이다. 놓아버린 마음을 찾기만 하면 의지와 기운〔志氣〕이 맑고 밝아지며, 의리가 환하게 드러나서 높은 경지에 이를 수 있다. 그렇지 않으면 어리석고 어두워지며 방탕하고 안일해져서 비록 배움을 일삼는다 하더라도 끝내 의리를 깨달아 밝힐 수 없을 것이다. 그러므로 정자가 말하기를 '성현의 천만 마디 말은 사람이 이미 놓아버린 마음을 거두어들여 다시 몸으로 들어오게 하려는 것이다. 놓아버린 마음을 찾았으면 위를 향해 나아가야 한다. 그렇게 해서 평범한 일에서부터 배워서 높은 경지

---

22 『孟子』「告子·上」

에 이르러야 한다.' 맹자는 학문에서 가장 절실하고 중요한[切要] 말을 열어서 보여주었고, 정자는 또 설명하여 그 뜻을 자세히 다 밝혔다. 배우는 사람은 마땅히 마음에 깊이 간직하여 잃어버리지 말아야 한다." ○ 또 말했다. "학문하는 방법에 대하여 맹자는 '놓아버린 마음을 찾는 데 있다.'고 단정하여 말했다. 배우는 사람은 모름지기 먼저 놓아버린 이 마음을 거두어들여야 한다. 그렇지 않으면 이 마음을 놓아버리게 되고 널리 배우는 것[博學]도 등한시하고, 자세히 따져 묻는 것[審問]도 등한시하게 되니, 어떻게 밝게 변별하며[明辨] 독실하게 실천할[篤行] 수 있겠는가? 몸은 집과 같고 마음은 집주인과 같다. 집주인이 있어야 문 앞[門戶]에 물을 뿌리고 쓸며 집안일을 정돈할 수 있다. 만약에 주인이 없다면 몸은 황폐한 집에 지나지 않을 것이다." ○ 또 말했다. "이른바 마음을 놓아버린다는 것은 마음이 딴 곳으로 달아나버리는 것이 아니다. 눈 깜짝할 사이에 곧 보이지 않다가 깨달으면 또 곧바로 눈앞에 있기 때문에 거두어들이기 어려운 것이 아니다. 끌어당기면 곧바로 보인다. 만약 마음을 거두어들여 의리(義理)에 안전하게 두고, 이것저것 쓸데없는 생각을 많이 하지 않고서 오래되면 저절로 물욕을 가볍게 여기고 의리를 중요하게 여기게 될 것이다."

이상은 마음을 거두어들임을 말한 것입니다.

○ 마음을 간직하고 배양하려면[涵養] 모름지기 경건해야 한다. 학문으로 나아가는 길은 곧 앎을 끝까지 추구하는[致知] 데 있다.

『정씨유서(程氏遺書)』입니다. ○ 이천(伊川) 선생의 말씀입니다.[23]

정자가 말했다. "근본은 반드시 먼저 북돋우고 길러서 보살펴야 한다. 그

---

23 『二程遺書』「劉元承手編」

런 뒤에야 나아갈 방향을 정립할 수 있다. 나아갈 방향이 바르면 성취하는 정도[淺深]는 부지런히 노력하느냐 노력하지 않느냐 하는 데 달렸다." 섭씨가 말했습니다. "마음의 덕을 간직하고 배양하여 근본을 깊고 두텁게 한 뒤라야 나아갈 방향을 세 위도 어긋나지 않는다. 또 쉬지 않고 부지런히 노력해야 깊은 경지에까지 이를 수 있다." ○ 또 말했다. "배우는 사람은 모름지기 이 마음을 경건하게 지켜야 하며, 급하 게 다그쳐서는 안 된다. 마땅히 이 마음을 깊고 두텁게 길러 그 속에 깊이 잠 긴 뒤라야 스스로 터득할 수 있다. 급하게 다그쳐서 추구하려는 것은 개인 적인 욕망일 뿐 끝내 도에는 이르지 못한다." ○ 주자가 말했다. "함양(涵養) 이라는 공부의 한 단계를 옛날 사람은 곧바로 『소학』에서부터 함양하여 성 취해야 한다고 여겼던 듯하다. 그래서 『대학』의 도는 격물(格物)로부터 시작 이 되는 것이다. 요즘 사람은 종래 먼저 이 공부는 하지 않고, 『대학』에서 격 물을 먼저 하는 것만 보고서 생각과 지식만으로 추구하고, 다시 마음을 잡아 보존하는[操存] 데는 힘쓰지 않는다. 가령 (생각과 지식으로) 헤아리고 살펴 서 충분히 터득했다 하더라도 역시 실제로 의거할 곳이 없다. 대체로 경건이 라는 글자는 위로도 통하고 아래로도 통한다. 격물치지(格物致知)는 그 사이 에서 순서를 밟아 나아가는 것이다." ○ 또 말했다. "지금 사람은 모두 근본 에서 이해하려고 하지 않는다. 예컨대 경건이라는 글자를 입으로만 말하고, 실행하려고 하지는 않는다. 근본이 서 있지 않기 때문에 그 밖에 자질구레한 공부가 귀결할 곳이 없게 되는 것이다. 명도(明道, 程顥)와 연평(延平, 李侗)이 모두 사람들에게 '정좌(靜坐)'를 가르쳤다. 이런 것을 보더라도 반드시 정좌 해야 한다." ○ 또 말했다. "마음이라는 것은 텅 비어 있으며 (시간과 공간의 제약을 받지 않고) 매우 영활하여 그 신묘함을 헤아릴 수 없다. 마음은 항상 몸의 주인이 되며, 모든 일의 기강을 주도하는 것이기 때문에 잠시라도 보 존하지 않으면 안 된다. 마음이 한 번이라도 깨닫지 못하는 사이에 몸 바깥 으로 달려 나가 물질적 욕망[物欲]을 따른다면 몸에는 주인이 없어지고 모든 일에는 기강이 사라져서, 비록 아주 잠깐 동안[俯仰顧眄]이라도 이미 자기 몸이 어디에 있는지도 자각하지 못할 것이다. 그런데 하물며 성인의 말씀을 반복하여 읽고 사물을 참조하고 고찰하여 지극히 합당한 의리가 귀결되게 할 수 있겠는가? 참으로 엄숙하고 공손하며, 삼가고 두려워해서 늘 이 마음을 보존하여 온종일 엄숙하게 물질적 욕구에 사로잡혀 어지러워지지 않게 하여 이것으로 독서하고 이것으로 이치를 관찰하면 어느 것이나 통하지 않는 것이 없고, 이것으로 일을 처리하고 이것으로 사물을 접하면 무엇을 대하더라도 합당하지 않음이 없을 것이다. 이것이 경건을 유지하고 뜻을 지니는 것이 독서의 근본이 되는 까닭이다." ○ 설씨(薛氏)가 말했다. "고요한〔靜〕 가운데 끝없이 오묘한 이치가 모두 드러난다."

이상은 경건을 유지하는 것이 진리 탐구의 근본임을 말하여서 아래 장의 계기로 삼은 것입니다. ○ 신이 생각건대, 남당 진백(南塘陳柏)이 지은 「숙흥야매잠(夙興夜寐箴)」[24]은 배우는 사람이 매우 절실하게 받아들여야 할 것입니다. 그러므로 아래에 조심스럽게 기록합니다. 마음을 거두어들이는 데 가장 힘이 될 것입니다.

「숙흥야매잠」에서[25] 말했다. "닭이 울어 잠에서 깨어나면 생각이 점점 흩어지니 바로 그 즈음에 어찌 마음을 맑게 가다듬지 않겠는가? 지난 허물을 반성하기도 하고 새로 터득한 것을 실마리 삼아 차례대로 조리있게 환하게 속으로 깨달으라. 이상의 내용은 일찍 깨어나는 것〔夙寤〕을 말한 것입니다. 근본이 이미 섰으면 동트기 전에 일어나 세수하고 머리 빗고 옷을 입고 관을 쓰고 반듯하게 앉아서 몸가짐을 가지런히 하며, 마음을 모아 돋는 해처럼 밝게 하여 엄숙하고 가지런히 하며, 비어 있고 밝으며, 고요하고 한결같이 하라. 이상의

---

24 일찍 일어나고 늦게 자면서 부지런히 노력하도록 깨우치는 글
25 『讀書分年日程』 傳1

내용은 새벽에 일어나는 것〔晨興〕을 말한 것입니다. 그런 다음 책을 펴서 성현을 대하면, 공자가 앉아 있고 안연과 증자가 앞뒤에 있는 듯하게 된다. 거룩한 스승 공자의 말씀을 친밀하고 절실한 말씀으로 여겨 경건하게 들으며, 제자들이 묻고 변론한 것을 거듭 참고하여 바로잡으라. 이상의 내용은 독서를 말한 것입니다. 일이 생기면 반응하여 행동으로 증험하고, 환하게 하늘의 밝은 명령을 늘 눈여겨보라. 일에 반응하여 일이 끝나면 이전과 같이 마음을 맑게 하여 정신을 모으고 생각을 그친다. 이상의 내용은 일에 반응함〔應事〕을 말한 것입니다. 움직였다 고요해졌다 돌고 도는 이 마음을 들여다보면서 고요해지면 보존하고 움직이면 살펴서 두 갈래 세 갈래 흩어지지 않게 하라. 글을 읽고 남는 시간에는 틈틈이 마음을 한가롭게 하여 정신을 누그러뜨리고 감정과 본성을 길러라. 이상의 내용은 온종일 부지런함〔日乾〕을 말한 것입니다. 날이 저물면 사람이 나른해져서 기운이 어지러워지기 쉬우니, 공손하고 삼가며 가지런하고 엄숙한 몸가짐으로 정신을 밝게 떨쳐 일으키라. 밤이 이슥하면 자리에 누워 손과 발을 가지런히 모으고 생각을 하지 말며 마음과 정신이 돌아가 잠들라. 이상의 내용은 저녁에도 조심함〔夕惕〕을 말한 것입니다. 이렇게 하여 밤의 기운〔夜氣〕을 함양하여 마음이 곧게 되면〔貞〕 근본으로〔元〕 회복될 것이다. 늘 이것을 생각하여 밤낮으로 부지런히 힘쓰라〔日夕乾乾〕." 이상의 내용은 일찍 일어나고 늦게 자는 것〔夙夜〕을 겸해서 말한 것입니다.

신이 생각건대, 놓아버린 마음을 거두어들이는 것이 학문의 기초입니다. 일반적으로 옛날에는 사람이 태어나서 스스로 밥을 먹고 말할 수 있을 때부터 곧바로 가르쳐서 행동에 혹시라도 잘못이 없게 하고, 생각에 혹시라도 지나친 것이 없게 하였습니다. 양심을 기르고 덕성을 높이는 방법은 어느 때 어느 일이나 다 해당하지 않는 것이 없습니다. 그러므로 격물치지 공부가 여기에 의거하기 때문에 귀착할 곳이 있었던 것입니다. 지금은 어릴 때부터 이런 공부는 하지 않고 곧바로 진리 탐구와 자기 수양만 일삼으려 하기 때문에 마음[方寸]이 어둡고 어지러워지며, 행동이 규범에 어긋나서 공부를 하는 듯 마는 듯하여 결코 성공할 리 없습니다. 그러므로 선현[先正]들이 사람에게 정좌하도록 가르치고 또 아홉 가지 몸가짐[九容]으로 몸가짐을 바르게 하도록 하였던 것입니다. 이는 배우는 사람이 제일 먼저 힘써야 할 것입니다. 그러나 이른바 정좌라는 것은 역시 일이 없을 때 그렇게 하라는 것입니다. 일에 대응하고 사물을 접할 때에는 정좌를 고집해서는 안 될 것입니다. 하물며 임금의 한 몸에는 온갖 일의 기틀[萬機]이 몰려 있는데, 만일 일이 없을 때를 기다려 정좌하고 나서 배우려고 한다면 아마 그럴 겨를이 없을 것입니다. 다만 움직이거나 고요한 것을 막론하고 이 마음을 잊지 않고 마음 지키기를 게을리하지 아니하여, 마치 노재(魯齋, 許衡)가 말한 것처럼 비록 천만 사람 가운데 있더라도 항상 자기 자신이 있다는 것을 안다면 일이 없을 때에는 텅 비고 고요하여 본마음[體]을 기를 수 있고, 일이 있을 때에는 밝게 살펴서 바르게 일을 할[用] 수 있을 것입니다. 성인이 되기를 바라는 학문의 근본이 여기에서 설 것입니다. 성현의 교훈은 분명하여서 사람을 속이지 않습니다. 이 점을 밝히 유념하시기 바랍니다.

제4장 궁리 (窮理, 진리 탐구)

신이 생각건대, 거두어들인 뒤에는 진리를 탐구하여 앎을 극도에까지 미루어야 하기 때문에 '궁리'를 그 다음에 두었습니다. 정자가 말했습니다. "한 사물[物]에는 한 가지 이치[理]가 있으니 모름지기 그 이치를 탐구하여 끝까지 밝혀야 한다. 진리를 탐구하는 데도 많은 실마리가 있다. 혹 책을 읽어서 의리를 밝히기도 하고, 옛날이나 지금의 인물을 논하여 잘잘못을 가리기도 하며, 사물에 대응하고 접촉하여 가부에 따라 처리하는 것이 모두 진리 탐구에 해당한다." 진리 탐구의 공부는 대략 이러합니다. 자세한 것은 다음과 같습니다.

자하가 말했다. "널리 배우고 뜻을 독실하게 하며, 절실하게 묻고 가까운 데서부터 생각하면 인(仁)이 그 가운데 있다."

『논어』입니다. 아래도 같습니다.[26]

주자가 말했다. "이 네 가지는 다 배우고 묻고〔學問〕, 생각하고 따지는〔思辨〕 일일 따름이지, 힘써 실천하여〔力行〕 인을 실천하는 데까지 이르지는 못한 것이다. 그러나 이것을 일삼으면 마음이 밖으로 달아나지 않고 보존하고 있는 것이 저절로 익숙해질 것이다. 그래서 인이 그 가운데 있다고 한 것이다." ○ 정자가 말했다. "가까운 데서부터 생각한다는 것은 유사한 것을 가지고 유추하는 것이다." ○ 소씨(蘇氏, 蘇軾)가 말했다. "널리 배우되 뜻을 독실하게 하지 아니하면 아는 것은 많아도 이루는 것이 없다. 엉성하게 묻고 원대한 것만 생각하면 수고만 하고 결과가 없다."

공자가 말했다. "배우기만 하고 생각하지 아니하면 얻는 것이 없고, 생각만 하고 배우지 아니하면 위태하다."[27]

주자가 말했다. "마음에서 찾지 않기 때문에 어두워서 얻는 것이 없고, 그 일을 익히지 않기 때문에 위태로워서 안정이 되지 못한다. 일반적으로 배움〔學〕이라는 글자는 행함〔行〕이라는 글자의 뜻을 겸하고 있다. 예를 들어 의리를 강구하여 밝히는 것은 배움이지만 배움을 통하여 앞 사람이 하는 일을 본받으면 곧 행함의 의미가 들어있다." ○ 주자가 정윤부(程允夫)에게[28] 답하는 편지에서 말했다. "늘 아우와 더불어 강론하다 보면 아우는 명민하여 문자를 보는 데 힘을 들이지 않아도 쉽고 분명하게 도리를 얻는다는 생각이 든

---

26 『論語』「子張」
27 『論語』「爲政」
28 『晦菴集』「答程允夫」 程允夫는 이름이 洵이며, 朱子의 진외가 육촌 아우이다.

다. 그러나 내용을 깊이 음미하고 실천하는 공부가 부족하여 도리는 분명하게 깨닫고 있는 것 같으나 자기 몸과 마음에는 아무런 관련이 없게 되어 깨달은 기쁨이 오래가지 못하고 조금 지나면 바로 사라져버리니 도리어 공부를 많이 하여서 겨우 깨닫는 느리고 둔한 사람이 깨달은 뜻을 오래 간직하는 것만 못하다. 이것은 근본상의 큰 문제이지 한 마디 말이나 한 가지 뜻의 잘못이 아니다. 전에 고사(高沙)에 있을 적에 아우가 '이와 같이 강론을 해도 그 내용이 귀결될 곳이 전혀 없는 듯하다.'고 하여 '강론을 마치고 바로 실천에 옮기면 곧 귀결될 곳이 있다.'고 대답한 적이 있는데, 이 말이 의미가 있는 듯하니 다시 생각해보라."

선(善)에 밝지 못하면 몸을 성실하게 할 수 없다.

『중용』입니다. ○ 역시 공자의 말씀입니다.[29]

주자가 말했다. "선에 밝지 못하다는 것은 일을 대하였을 때 이치를 탐구하지 못하여 선이 어디에 있는지 참으로 알 길이 없는 것이다." ○ 유씨(游氏)가 말했다. "뜻을 성실하게 하려면 먼저 앎을 끝까지 미루어가야 한다. 선한 것이 무엇인지 분명히 알지 못하면 몸을 성실하게 할 수 없다."

신이 생각건대, 격물치지의 설은 『대학』의 경문에 상세히 언급되어 있지 않습니다. 선현들이 그 뜻을 많이 밝혀내었으나 정자 · 이연평 · 주자 세 선생의 설이 가장 명백하고 절실하기 때문에 그 대략의 내용을 다음과 같이 기록합니다.

물었다. "사람이 배움에 뜻은 두고 있으나 지식이 가려지고 굳어졌거나

---

29 『中庸』 20章

역량이 미치지 못하면 어떻게 해야 합니까?" 정자가 대답했다. "다만, 앎을 끝까지 미루어가야 한다. 만약 지식이 밝아지면 역량은 저절로 발휘될 것이다." ○ 어떤 사람이 물었다. "충직과 신실함이라면 힘쓸 수가 있으나 앎을 끝까지 미루어가는 것이 어려운 것은 무엇 때문입니까?" 정자가 대답했다. "성실과 경건은 본래 힘쓰지 않으면 안 된다. 그러나 먼저 세상의 이치를 알지 못하면 역시 힘써 실행할 수 없다. 그러므로 『대학』의 차례는 앎을 끝까지 미루어감〔致知〕을 먼저 하고 뜻을 성실하게 함〔誠意〕을 나중에 하는 것이다. 그 순서에는 뛰어넘어서는 안 되는 점이 있다. 참으로 성인처럼 총명하지도 않고 밝은 지혜도 없으면서 헛되이 힘을 써서 성인들의 행적만 따르려고 한다면 어찌 성인들처럼 행동거지와 몸가짐, 나아가고 물러남이 언제나 예에 맞을 수 있겠는가? 오직 이치를 분명하게 밝혀야만 힘써 노력하지 않더라도 저절로 즐거이 이치를 따를 것이다. 일반적으로 사람의 본성은 본래 선하지 않음이 없으므로 순리대로 행하면 당연히 어려울 것이 없다. 오직 제대로 알지 못하면서 힘써 행하려고만 하기 때문에 어렵다고 괴로워하며 순리대로 행하는 것이 즐겁다는 것을 알지 못한다. 제대로 알기만 한다면, 이치를 따르면 즐겁고 이치를 따르지 않으면 즐겁지 않을 것인데, 무엇 때문에 괴로워하고 이치를 거스르며 자기의 즐거움을 해치겠는가? 만일 선하지 않은 일을 해서는 안 된다는 것을 안다고 하면서도 오히려 혹 선하지 않은 일을 한다면 역시 아직 참으로 아는 것이 아니다." ○ 물었다. "격물(格物)이란 반드시 모든 사물을 하나하나 탐구하는 것입니까, 아니면 한 가지 사물을 탐구〔格〕하기만 해도 온갖 이치〔萬理〕가 다 통하는 것입니까?" 대답했다. "한 가지 사물을 탐구하여 온갖 이치가 통하는 것은 안자(顔子)라 하더라도 그런 경지에 이르지 못하였다. 오직 오늘 한 사물을 탐구하고, 내일 또 한 사물을 탐구하여 많이 쌓아나간 다음에라야 툭 트여서 하나로 통하는 곳이 있을 따름이다." ○ 또 말했다. "한 몸에서부터 만물의 이치에 이르기까지 많이 알게 되면 저절로 환하게 깨닫는 곳이 있다." ○ 또 말했다. "진리를 탐구한다는 것은 반드시 온 세상의 이치를 모두 탐구한다는 말이 아니며, 또한 한 가지 이치만 탐구하여 깨달으면 된다는 말도 아니다. 다만, 많이 쌓아나간 뒤에는 저절로 환하게 깨닫는 곳이 있다." ○ 또 말했다. "한 가지 일을 다 탐구하면 다른 것은 유추할 수 있다. 만약 한 가지 일을 탐구하여 깨닫지 못했을 때는 또 다른 한 가지 일을 탐구해야 하는데, 저마다 재능의 깊이에 따라 쉬운 것을 먼저 탐구하기도 하고 어려운 것을 먼저 탐구하기도 한다. 비유컨대, 서울[國]로 가는 길이 천 갈래든 만 갈래든 모두 갈 수 있지만, 한 길을 택하여 들어가면 나머지 길도 서울로 통한다는 것을 유추하여 알 수 있는 것과 같다. 만물은 저마다 한 가지 이치를 갖추고 있으며, 만 가지 이치는 모두 한 근원에서 나온다. 이런 까닭에 한 가지 이치를 근거로 삼아 유추하면 통하지 못할 것이 없다." ○ 또 말했다. "사물에는 반드시 이치가 있는데, 마땅히 모두 탐구해야 할 것들이다. 하늘은 높고 땅이 깊은 까닭, 귀신이 숨었다가 나타났다가 하는 까닭 같은 것이 그것이다. 만약에 누군가 말하기를 나는 하늘이 높다는 것만 알고, 땅은 깊다는 것만 알며, 귀신이 숨었다가 나타나는 것만 알 뿐이라고 한다면, 이것은 이미 그러한 사실을 말한 것일 뿐이니 또한 탐구할 수 있는 이치가 무엇이겠는가." ○ 또 말했다. "만약 효도를 하려고 한다면 당연히 효도하는 방법을 알아야 한다. 어떻게 해야 제대로 봉양할까, 언제 따뜻하게 해드리며 서늘하게 해드려야 하는가를 속속들이 안 뒤에라야 효도할 수 있다. 다만, 효(孝)라는 글자 한 자만 지킨다고 해서 효도할 수 있는 것은 아니다." ○ 어떤 사람이 물었다. "사물을 관찰하고서 내 몸을 살핀다고 하는데, 어떻게 사물을 보고 나서 돌이켜 그 이치를 내 몸에서 구할 수 있습니까?" 대답하였다. "반드시 그런 것은 아니다. 사물이나 나나 이치는 하나이다[物我一理]. 사물[役]의 이치를 밝히면 곧 나[此]의 이치가 분명해진다. 이것이 안팎을 합하는 도이다." 또 물었다. "그러면 먼저 사단(四端)[30]

---

30 孟子가 말한 四端, 곧 惻隱之心, 羞惡之心, 辭讓之心, 是非之心은 각각 仁, 義, 禮, 智의 단서이다. 맹자는 이 四端을 그대로 본성이 선한 근거로 말했으나 朱子는 四端을 情으로 仁義禮智를 性으로 구별하였다.

에서 이치를 추구해도 됩니까?" 대답했다. "감정[情]과 본성[性]에서 추구하면 참으로 자신에게 절실하다. 그러나 풀 한 포기, 나무 한 그루에도 모두 이치가 있으니 살피지 않으면 안 된다." ○ 또 말했다. "치지(致知)에서 중요한 것은 마땅히 지극한 선이 있는 곳을 아는 것이다. 예를 들어, 부모는 사랑에 머물고, 자식은 효도에 머무는 따위이다. 만약에 이런 것에 힘쓰지 않고, 건성으로 만물의 이치만 알려고 하면 마치 대군에서 빠져나온 기병이 너무 멀리 나아갔다가 돌아갈 곳이 없어지는 것과 같이 될 것이다." ○ 또 말했다. "격물(格物)은 자신을 살피는 것만 한 것이 없다. 자신을 살피면 더욱 절실하게 터득할 수 있다." 정자는 "반드시 온 세상의 이치를 다 탐구하는 것은 아니다."라고 말하면서도 "사물에는 반드시 이치가 있으니 다 마땅히 탐구해야 한다."라고 하였으며, 또 "풀 한 포기 나무 한 그루도 관찰하지 않으면 안 된다."라고 하였으면서도 "자신에게서 살피는 것만 한 것이 없다. 자신을 살피면 더욱 절실하게 터득할 수 있다."라고 하였습니다. 이런 말은 모두 서로 의미를 드러내어 밝혀주는 것이니 저마다 그 취지를 다한 것입니다. 모름지기 여러 가지 이치에 두루 통하여 이해해야 합니다. ○ 연평 이씨(延平李氏)가 말했다. "학문을 하는 처음에는 늘 이 마음을 보존해야 하고, 다른 일에 마음을 빼앗겨서는 안 된다. 한 가지 일을 접하면 곧 그 일만 반복하여 추구함으로써 이치를 탐구하여 이한 가지 일이 말끔히 해결된 뒤에 차례를 따라 조금씩 나아가면서 다른 일을 탐구해야 한다. 오래도록 이렇게 하여서 쌓은 것이 많아지면 당연히 가슴속이 저절로 시원해진다. 이것은 글이나 말로 도달할 수 있는 것이 아니다." ○ 주자가 말했다. "천도(天道)가 보편적으로 작용하여 조화를 일으켜 온갖 것이 생겨나고 자라나는데, 소리도 내고 색깔도 있으며 모양과 형체를 갖고 있으면서 하늘과 땅 사이에 차 있는 온갖 것이 모두 사물이다. 어떤 사물이 있으면 그 사물로 하여금 그 사물이 되게 하는 당연한 법칙이 있다. 어떤 사물이라도 이 당연한 법칙이 없는 것이 없으며, 스스로 이 법칙의 작용을 그치게 할 수 없다. 이 법칙은 모두 사물이 하늘에서 내려준 것을 갖게 된 것이지 사람의 힘으로 할 수 있는 것이 아니다. 지금 아주 절실하고 가까운 것을 예로 들어 말해보자. 마음이란 물건은 실제로 몸을 주재하고 있는데, 마음의 본체에는 인(仁)·의(義)·예(禮)·지(智)의 본성이 있고, 그 작용에는 측은(惻隱)·수오(羞惡)·공경(恭敬)·시비(是非)의 감정이 있다. 이것들은 마음 가운데 온전히 갖추어져 있다가 자극에 따라 반응하는데, 저마다 주관하는 것이 있어서 어지럽힐 수 없다. 다음으로 몸이 갖추고 있는 것을 말하자면 입·코·귀·눈·팔다리 등의 작용이 있다. 또 그 다음으로 자신과 관련된 관계를 말하자면 군주와 신하·부모와 자식·남편과 아내·어른과 어린이·벗들 사이의 보편적인 인간관계가 있다. 이런 것에는 모두 반드시 당연한 법칙이 있으며, 어느 것이라도 이 법칙의 작용을 그치게 할 수 없다. 이것이 이른바 이치이다. 이치가 밖으로 남에게 미치면 다른 사람의 이치라도 나의 이치와 다르지 않다. 멀리 사물에 미치면 사물의 이치도 사람의 이치와 다르지 않다. 이치를 가장 큰 데 적용해보면 하늘과 땅의 운행과 옛날부터 오늘에 이르기까지 온갖 시간상의 변화가 모두 이치를 벗어날 수 없다. 가장 작은 것에 적용해보면 미세한 먼지 하나, 숨 한 번 쉬는 사이의 잠깐 동안에도 이치를 빠뜨릴 수 없다. 이 이치[理]는 하느님이 내려준 본마음[衷]이며, 모든 백성이 본래부터 지니고 있는 보편적 윤리[彝]이다. 이 이치는 유자(劉子)[31]가 말한 '하늘과 땅의 중심[天地之中]', 공자가 말한 '본성과 천도', 자사(子思)가 말한 '천명(天命)의 본성'이며, 맹자가 말한 '인의(仁義)의 마음', 정자가 말한 '천부적으로 갖추고 있는 중심[天然自由之中]', 장자(張子)가 말한 '만물의 한 근원', 소자(邵子. 邵雍)가 말한 '도의 형체'이다. 다만, 기질(氣質)은 맑

---

31 책 이름으로, 총 10권이다. 일명 新論이라고도 하며 지은이는 알려져 있지 않다. 劉歆이 지었다 하고, 또는 劉晝, 또는 劉孝標가 지었다고도 한다. 「唐志」에 비로소 저록되었다. 古籍을 잡다하게 채록하고 두루 꿰어서 엮은 것이다. 그 가운데 「九流」편은 「隋書」 「經籍志」 子部에서 논한 바와 같다. 목차는 淸神, 防慾, 去情, 韜光, 崇學, 專學, 辯樂, 履信, 思順, 愼獨, 貴農, 愛民, 從化, 法術, 賞罰, 審名, 鄙名, 知人, 薦賢, 因顯, 託附, 心隱, 通塞, 遇不遇, 命相, 妄斷, 適才, 文武, 均任, 愼言, 貴言, 傷讒, 愼隙, 誠盈, 明謙, 大質, 辯施, 和性, 殊好, 兵術, 閱武, 明權, 貴速, 觀量, 隨時, 風俗, 利害, 禍福, 貪愛, 類感, 正賞, 激通, 惜時, 言苑, 九流 등이다.

은 것과 흐린 것[淸濁], 치우친 것과 바른 것[偏正]의 다름이 있고, 물질적 욕
구는 얕은 것과 깊은 것, 두터운 것과 엷은 것의 차이가 있다. 이 때문에 사
람이 사물과 다르고, 현명한 이가 어리석은 이와 서로 달라서 같아질 수 없
는 것이다. 이치[理]는 같기 때문에 한 사람의 마음으로써 온 세상 만물의 이
치를 알지 못할 것이 없지만, 타고난 자질[稟]이 다르기 때문에 이치를 다 탐
구하지 못하는 수가 있다. 이치를 다 탐구하지 못하기 때문에 앎이 극진하
지 못하고, 앎이 극진하지 못하면 마음에서 표현되는 것이 반드시 순수한 의
리에서 나오는 것은 아니어서 개인적인 물욕이 섞이지 않을 수 없다. 이 때
문에 뜻이 성실하지 못하고, 마음이 바르지 못하고, 자신을 수양하지 못하
여 온 세상을 다스리지 못하게 된다. 옛날 성인들은 대체로 이 점을 근심하
였다. 그래서 교육을 시작할 때 먼저 '소학'을 제정하여 성실과 경건을 익히
게 하였는데, 이로써 놓아버린 마음을 거두어들이고 덕성을 기르는 데 언제
나 성실과 경건을 방법으로 삼았던 것이다. 그리고 '대학'으로 나아가서는
또한 일과 사물에 접촉하여 이미 알고 있는 이치를 근거로 삼아 유추하고 탐
구하여 각 대상의 궁극적인 이치에 이르게 하였다. 이렇게 하였기 때문에 나
의 지식도 모든 이치에 두루 통하고 정확하며 절실하여 어디에나 적용할 수
있다. 이치를 탐구하는 방법으로, 때로는 뚜렷하게 드러난 일이나 행위에서
고찰하기도 하고, 혹은 구체적으로 드러나지 않은 사려를 관찰하기도 하며,
때로는 글로 표현된 것을 통해 추구하기도 하고, 혹은 강론을 하는 가운데서
탐색하기도 한다. 이렇게 하여 몸과 마음, 본성과 감정의 기능은 물론 일상
생활에서 보편적으로 적용되는 인륜에서부터 하늘과 땅, 자연[鬼神]의 변화,
새 · 짐승 · 풀 · 나무의 이치[宜]에 이르기까지 모든 사물에는 저마다 거역
할 수 없는 당위적인 법칙과 바꿀 수 없는 필연적인 이치가 있음을 알게 된다.
그리하여 반드시 겉과 속, 정밀한 것과 거친 것을 끝까지 밝혀내고, 또 이를
근거로 유추하여 사리에 통달하면 어느 날 훤하게 모든 사리를 일관되게 통
달할 수 있다. 그렇게 되면 온 세상 만물에 대해서 정밀하고 미묘한 의리를

끝까지 추구할 수 있고, 또 나의 총명과 밝은 지혜도 마음의 본체를 남김없이 다 밝혀낼 수 있다." ○ 또 말했다. "도리(道理)는 형체나 그림자가 없다. 오직 사물이나 언어를 통해서만 알 수 있다. 옳고 그른 것에 대해 아주 자세하게 이해하면 곧 도리도 아주 정밀하고 미묘하게 된다." ○ 또 말했다. "요즘 사람들은 선하지 않은 것을 해서는 안 되는 줄 알면서도 일을 당하면 하는 수가 있는데, 이것은 아는 것이 지극하지 못하기 때문이다. 바곳[烏喙]32을 먹으면 죽기 때문에 먹어서는 안 된다는 것을 알면 끝내 먹지 않는데, 이것은 참으로 아는 것이다. 선하지 않은 일을 해서는 안 된다는 것을 알면서도 혹시라도 한다면 이것은 참으로 아는 것이 아니다." ○ 어떤 사람이 물었다. "일이 없을 때에는 이처럼 옳은 것을 알 수 있지만, 일에 임해서 잘못을 저지르는 것은 무엇 때문입니까?" 대답하였다. "그것은 분명하게 판단하고 조치하지 못하기 때문이다. 그러므로 한가할 때에 격물(格物)을 하여 이해해야지 일에 닥쳐서 이해해서는 안 된다. 한가할 때 도리(道理)를 분명히 알고 있으면 일이 닥칠 때 저절로 쉽게 판단하고 조치할 수 있다."

○ 공자가 말했다. "군자는 아홉 가지 생각하는 것[九思]이 있다. 볼 때는 분명히 볼 것을 생각하고[視思明], 들을 때는 똑똑히 들을 것을 생각하며[聽思聰], 낯빛은 따뜻한 빛을 띨 것을 생각하고[色思溫], 모습은 공손할 것을 생각하며[貌思恭], 말은 충직할 것을 생각하고[言思忠], 일은 경건하게 처리할 것을 생각하며[事思敬], 의심이 생기면 물어볼 것을 생각하고[疑思問], 화나면 화를 내다가 어려운 일을 당할까 생각하며[忿思難], 얻는 것이 있으면 옳은 것인가 생각한다[見得思義]."

『논어』입니다.33

---

32 독성이 강한 풀
33 『論語』「季氏」

주자가 말했다. "보는 데 가리는 것이 없으면 분명해져서 보지 못하는 것이 없다. 듣는 데 막힌 것이 없으면 귀가 밝아져서 듣지 못하는 것이 없다. 낯빛은 얼굴에 드러나고, 모습은 온몸을 말하는 것이다. 물을 것을 생각하면 의심이 쌓이지 않고, 어려운 일을 당할까 생각하면 분하더라도 반드시 자제할 수 있다. 옳은 것을 생각하면 얻는 데 구차하게 얻지 않을 것이다." ○ 어떤 사람이 물었다. "사람은 마땅히 일에 따라서 생각해야 합니다. 만약 아무 일이 없는데도 생각하면 이것은 망상입니까?" 주자가 말했다. "만약 한가한 때에 생각하지 않고 있다가 일을 당하여 생각하면 이미 일에 대처하지 못한다. 일은 모름지기 먼저 그 사리를 깨달아야 한다." 만 가지 일과 만 가지 사물을 다 깨달아야 하지만 자신에게서 살피는 것이 더욱 절실합니다. 그러므로 공자의 말을 인용하여 드러냈습니다.

○ 의리에 의심이 있으면 묵은 견해를 씻어버리고 새로운 뜻을 이끌어내야 한다.

『횡거문집(橫渠文集)』입니다.[34]

섭씨가 말했다. "마음에 의심스러운 점이 있는데 묵은 견해에 가로막히면 편견에 사로잡혀 고리타분하고 인색해지니 새로운 견해가 어디에서부터 생기겠는가." ○ 장자가 말했다. "의심할 줄 모르는 까닭은 실제로 공부하지〔實作〕 않기 때문이다. 실작(實作)이란 실제로 공부를 하는 것입니다. 실제로 공부를 한다면 모름지기 의문이 생겨서 반드시 실행하지 못할 곳이 있다. 이것이 바로 의심하는 것이다." ○ 주자가 말했다. "의리를 깊이 생각하여 실마리를 찾다가 어수선하고 어지러워 막히는 곳이 있으면 모름지기 모든 것을 털어버리고 마음을 텅 비게 해야 한다. 그런 뒤에 다시 문제를 삼아서 한번 살펴보면

---

34 『張子全書』「學大原·下」

곧 귀결되는 곳이 있음을 스스로 깨달을 수 있다. 이전에 이(李) 선생을 뵈었을 때 이 말씀을 들려주셨는데, 오늘에야 비로소 시험해보니 빈말이 아니었다." ○ 또 말했다. "연평 선생이 이전에 이런 말씀을 하셨다. '도리는 해가 떠 있는 동안[日中]에는 낮을 말합니다 깨달아 알고, 밤에는 도리어 조용한 곳에 앉아 생각을 하여야 비로소 터득할 수 있다.' 내가 이 말씀을 따라 해보았더니 참말로 효과가 대단했다." 마음이 고요하면 이치가 밝아집니다.

○ 앎을 끝까지 추구하는 것은 수양하는 데 달려 있고, 앎을 기르는 데는 욕심을 적게 하는 것보다 나은 것이 없다.

『정씨외서(程氏外書)』입니다. ○ 이천 선생의 말씀입니다.[35]

섭씨가 말했다. "밖으로 물욕에 흔들리지 않으면 마음의 경지가 맑아지고, 안으로 평소 덕성을 함양하면 밝은 지혜가 생긴다." ○ 주자가 말했다. "배우는 사람의 공부는 오직 거경(居敬)과 궁리(窮理)에 있는데, 이 두 가지는 상호 보완적이다. 궁리를 하면 거경이 날마다 더욱 진보하며, 거경을 하면 궁리가 날마다 더욱 치밀해진다." ○ 또 말했다. "학문을 강론하는 데 힘쓰는 사람은 실행에 문제가 있는 경우가 많고, 오로지 실행에만 힘을 쏟는 사람은 결국 학문 강론을 쓸데없다고 여긴다. 이런 사람들은, 실행을 통해 학문 강론의 효과를 얻어 아는 것을 더욱 밝게 하면 지키는 것이 날로 단단해져서 자질구레하게 말하거나 듣기만 하는 것과 같이 취급할 수 없다는 것을 도무지 알지 못한다."

이상은 진리를 탐구하고[窮理] 힘써 공부하는[用功] 방법을 말한 것입니다.

진리를 탐구하는 것[窮格]과 실천하는 것[踐履]은 비록 두 가지 서로 다른 공부이지만 모름지기

---

35 『二程外書』「朱公掞問學拾遺」

동시에 진행해야 합니다. 그러므로 위에서는 주로 진리를 탐구하는 것만 거론했지만 실천의 의미도 포함되어 있습니다.

○ 『주역』에서 말했다. "하늘이 산속에 있는 것이 대축괘(大畜卦)이다. 군자는 이를 본받아 이전의 언행을 되새기며 덕을 기른다."

「대축괘 · 상(象)」입니다.[36]

정자가 말했다. "하늘은 지극히 큰 것인데 이것이 산속에 있다는 말은 쌓은 것이 지극히 크다는 것을 상징한다. 군자가 그 상징을 보고서 크게 쌓고 축적한다. 사람은 학문을 통해 많은 것을 쌓고 축적할 수 있다. 옛날 성현의 언행을 많이 들어 그들의 발자취를 상고하여 행실을 관찰하고, 그들의 말씀을 살펴서 마음을 추구하여, 제대로 인식하고 덕을 쌓아 완성하는 것이 대축의 뜻이다."

본심이 타락한 지 오래되면 의리가 투철하게 통하지 못한다. 늘 끊임없이 글을 읽고 이치를 탐구하면 물욕이 이기지 못하여 본심의 의리가 편안하고 단단해질 것이다.

『주자대전(朱子大全)』입니다.[37]

주자가 말했다. "온 세상의 이치는 아주 깊고 오묘하며 정밀하여 저마다 나름대로 합당한 바가 있기 때문에 예로부터 오늘날에 이르기까지 바꿀 수가 없다. 오직 옛 성인만이 이치를 다 밝혔기 때문에 그들의 말이나 행동은 후대의 모든 사람들에게 바꿀 수 없는 법도가 되지 않은 것이 없었다. 그 나

---

36 『周易』「大畜 · 象」
37 『晦菴集』「答 王近思」

머지 이치를 따른 사람은 군자가 되어서 길하고, 이치를 저버린 사람은 소인이 되어서 흉하게 되었다. 크게 길한 사람은 왕이 되어 모범이 되었고, 아주 흉한 사람은 자기 몸도 보전하지 못하여 경계가 되었다. 이것은 아주 분명한 흔적이며 필연적인 효험으로서 경전과 주석서, 역사서에 모두 실려 있다. 온 세상의 이치를 탐구하려고 하면서 이 점을 고려하여 추구하지 아니하면 담을 똑바로 마주하고 선 것과 같다. 이것이 이치를 탐구하려면 반드시 독서를 해야 하는 까닭이다." ○ 또 말했다. "사람이 학문을 하는 까닭은 내 마음이 성인의 마음과 같지 못하기 때문이다. 보통 사람들의 마음이 성인의 마음과 같지 못하기 때문에 이치를 밝히는 데 밝지 않고, 준칙으로 삼을 것이 없어서 자기가 좋아하는 것에 따르기 때문에 자질이 높은 사람은 지나치고, 자질이 낮은 사람은 미치지 못하면서도 스스로 지나치고 미치지 못함을 알지 못한다. 반드시 먼저 깨달은 사람의 말을 바탕으로 삼아 성인의 뜻을 추구하고, 성인의 뜻을 바탕으로 삼아 하늘과 땅의 이치를 깨달아야 한다. 얕은 곳에서 깊은 곳까지 추구하고, 가까운 곳에서 먼 곳까지 이르되 차례에 따라 차근차근 나아가야 하며 급히 서두르거나 절박한 마음으로 구해서는 안 된다." ○ 또 말했다. "글을 읽되 글 읽기를 즐겨하지 않는 사람은 게으르고 소홀하며 중단하는 일이 많아서 성취하지 못한다. 글 읽기를 즐겨하는 사람은 또 많이 읽으려고 탐하고 널리 읽으려고 힘써서 자주 그 실마리도 잡지 못한 채 갑자기 그 끝을 찾으려 하며, 이것을 깨닫지도 못했는데 문득 저쪽에 뜻을 두는 것을 면치 못한다. 이런 까닭에 비록 종일토록 부지런히 노력하고도 쉬지 못하며, 마음이 급하고 항상 분주하게 쫓기는 것 같아서 침착하게 푹 잠기는 즐거움이 없다. 이런 사람들은 스스로 터득한 것을 깊이 신뢰하고 오래도록 싫증을 내지 않을 수가 없기 때문에 게으르고 소홀하며 중단하는 일이 많은 사람과 다를 것이 없다. 공자가 '빨리 이르려고 하면 이르지 못한다.'라고 한 것이나, 맹자가 '나아가는 것이 빠르면 물러나는 것도 빠르다.'라고 한 것은 바로 이것을 말한 것이다. 참으로 이것을 거울로 삼아 반성하면 마음이 한 곳에 가라앉아 오래되어도 흔들리지 않아서 글을 읽으면 뜻이 이어지고 맥락이 통하며 저절로 점점 깊이 배어들어서 흡족하게 되어 마음으로 이치를 깨달아 착한 것에 깊이 권유받고 악한 것을 절실하게 경계하게 될 것이다. 이렇게 차례를 따라 자세하게 읽는 것이 독서의 방법이다." ○ 또 말했다. "글을 읽으면서도 의심할 줄 모르는 것은 처음 배우는 사람의 공통된 문제이다. 이것은 대부분 평소에 많이 읽기만 하고 많이 얻는 데만 힘썼을 뿐 자세하게 터득할 겨를도 없이 서둘러 대충 이것저것 마구 읽은 탓이다. 지금 이런 일을 깊이 경계하여 말끔히 씻어 없애고 따로 규범을 세워 글을 보되, 더욱 중요하고 가장 급한 것을 택하여야 한다. 또한 책 한 권을 보되 하루에 힘을 쓸 수 있는 만큼씩 한두 단락을 보아서 한 단락을 깨달은 뒤 또 한 단락을 보아 책 한 권이 끝나면 다른 책으로 바꾸어야 한다. 먼저 마음을 비우고 기운을 고르게 하여 자세히 읽고 정밀하게 생각하여 한 글자 한 구절이 모두 귀결되는 곳이 있고 여러 학자들의 주석과 풀이가 하나하나 일관되게 통한 다음에라야 옳고 그름을 비교하여 성현이 말씀하신 근본 뜻을 찾을 수 있다. 비록 터득하였다 하더라도 또다시 되풀이하여 되새겨서 의리가 살에 배고 골수에 젖은 다음에라야 학문을 한다고 말할 수 있을 것이다. 윤화정(尹和靖)의 문인들은 자기 스승을 '대단하시다. 위대한 성현의 가르침인 육경(六經)의 글을 듣는 대로 이해하고 마음으로 터득하여 자기의 말을 외우는 것과 같이 하셨다.'라고 칭송하였다. 이러한 경지에 이르러야 비로소 독서하는 사람이라고 할 수 있다." ○ 또 말했다. "글을 읽을 때 처음에는 의문이 있는 것을 알지 못하다가 다음에는 점점 의문이 생기고 중간에는 마디마다 의문이 생긴다. 이런 고비를 지난 뒤 점점 의문이 풀리고 여러 가지 사리에 통하여 의문스러운 것이 모두 없어져야 비로소 배웠다 할 수 있다." ○ 정자가 말했다. "글을 볼 때에는 먼저 문장의 뜻을 깨달은 다음에라야 의미를 알 수 있다. 문장의 뜻도 깨닫지 못하고 의미를 이해할 수 있는 사람은 없다." 이상의 내용은 독서를 할 때 모름지기 지극히 자세하게 해야 하는 것을 말한 것입니다. ○ 구산 양씨(龜

山楊氏)가 말했다. "독서를 하는 방법은 몸으로 체험하고 마음으로 검증하여 그윽하고 한가로운 가운데 조용히 한 곳에 집중하여 마음속으로 깨닫고 책에 씌어진 말과 표현된 의미를 넘어서서 스스로 터득하는 것이다. 나는 대체로 이와 같이 하였다." ○ 주자가 말했다. "독서를 할 때에는 모름지기 몸가짐을 가다듬고 반듯하게 앉아서 눈을 내리뜨고 작은 소리로 읽으며, 마음을 비운 채 푹 젖어 들어〔涵泳〕 푹 젖어 든다는 것은 자세하게 읽고 깊이 음미하는 것을 말합니다. 자신에게 절실하게 성찰하여야 한다. 한 구절을 읽으면 이 한 구절을 장차 어디에 적용할 수 있을까 세심하게 관찰해야 한다." ○ 어떤 사람이 물었다. "평소에 글을 읽을 때에는 깨달은 것이 있는 듯하지만 책을 놓기만 하면 평소 그대로인 것 같은데, 문제의 근원이 어디 있는지 알 수가 없습니다." 주자가 대답했다. "이것은 몸에서 구하지 않고 오로지 책에서만 구하기 때문에 당연히 그와 같이 되는 것이다. 나의 일상생활에서 도가 아닌 것이 없다. 글이란 이 마음을 도와 연결하는 수단일 뿐이다. 그러므로 반드시 먼저 몸에서 찾은 뒤에 책에서 구하여야만 책을 읽어도 바로 참다운 맛이 있다." ○ 정자가 말했다. "책을 볼 때 예컨대 '7년(선한 사람이 7년 동안 백성을 가르치면 전쟁에 내보낼 수 있다)',[38] '1세〔왕자(王者)가 있다 하더라도 반드시 한 세대가 지나야 백성이 어질게 될 것이다〕',[39] '1백 년(선한 사람이 백 년 동안 나라를 다스린다면, 아마 횡포한 것을 물리치고 사형을 없앨 수 있을 것이다)'[40]이라는 내용을 모두 『논어』에 나옵니다. 보면 이를 어떻게 실행할까 생각해보아야 비로소 유익하다." ○ 동래 여씨(東萊呂氏)가 말했다. "지금 사람들은 글을 읽더라도 전혀 쓸모 있는 것으로 보지 않는다. 그래서 어떤 사람이 20~30년을 두고 성인의 글을 읽어도 하루아침에 일을 당하면 곧 거리의 보통 사람들과 다른 것이 없다. 이는 글을 읽더라도 쓸모 있는 것으로 보지 않기 때문이다."

---

38 『論語』「子路」
39 『論語』「子路」
40 『論語』「子路」

이상의 내용은 독서가 실제로 쓰기 위한 것임을 말한 것입니다.

이상은 독서의 방법을 일반적으로 말한 것입니다.

○ 주자의 『소학』은 강령(綱領)이 매우 좋아 일상생활에 가장 절실한 책이다. 비록 『대학』이라 하더라도 여기에서 벗어나지 않는다.

『소학집설(小學集說)』입니다. ○ 진순(陳淳)의 말씀입니다.[41]

과재 이씨(果齋李氏)가 말했다. "선생은 58세에 『소학』을 편집하였다. 책이 완성되자, 그것으로 어린 선비[蒙士]를 가르쳐서 근본을 배양하고 지엽적인 것에 통달하게 하였다. 내편(內篇)은 입교(立敎, 교육의 원리를 세움)·명륜(明倫, 윤리를 밝힘)·경신(敬身, 몸가짐을 경건하게 함)·계고(稽古, 옛일에서 교훈을 얻음)이고, 외편(外篇)은 두 가지인데, 옛날과 오늘날의 아름다운 말을 취하여 뜻을 넓히고 선행의 사례로 내용을 채웠다. 비록 이미 『대학』으로 나아간 사람이라도 나중에 이것으로 아울러서 보완할 수 있으며, 몸을 닦는 큰 법도가 여기에 대략 갖추어져 있다." ○ 주자가 말했다. "옛 사람은 『소학』에서 이미 존양(存養, 자신의 덕성을 보존하고 기름)이 성숙하여 근본[根基]이 저절로 두텁고 깊었다. 『대학』은 『소학』의 바탕 위에 조금 정교하게 꾸며낸 것이다." ○ 어떤 사람이 물었다. "저는 어렸을 때 『소학』을 읽어야 하는 차례를 밟지 못했지만, 저에게 『대학』을 가르쳐주시는 것이 어떻겠습니까?" 주자가 말했다. "내가 『대학』을 가르치기 전에 너는 먼저 『소학』을 보아야 한다. 한 달만이라도 『소학』을 공부해야 한다." ○ 노재 허씨가 말했다. "나는 『소학』을 신명과 같이 믿으며, 부모와 같이 공경한다."

---

41 『小學集註』「總論」

　이상은『소학』을 읽는 법을 말한 것입니다.

○ 처음 배우는 사람이 덕으로 들어가는 문으로는 『대학』만 한 것이
없다.

『정씨유서(程氏遺書)』입니다. ○ 이천(伊川) 선생의 말씀입니다.[42]

　주자가 말했다. "『논어』와 『맹자』는 일에 따라 묻고 대답한 것이어서 요령
을 파악하기 어렵다. 오직 『대학』은 증자(曾子)가 옛 사람들의 주된 학문 방
법에 관한 공자의 말씀을 서술하고, 그의 문인들이 또 이어받아 서술하여 그
취지를 밝힌 것이다. 그래서 앞뒤가 서로 연결되고, 체계〔體統〕가 모두 갖추
어져 있다. 이 책을 깊이 새겨보고 음미하여 옛 사람들이 학문을 하면서 추
구했던 방향을 알고 나서 『논어』와 『맹자』를 읽으면 이해하기가 쉽다. 그 뒤
로도 공부할 것이 많지만 『대학』에서 큰 체계〔大體〕는 이미 확립되었다." ○
또 말했다. "『대학』을 읽는 목적은 그 말씀을 보려는 것이 아니라 바로 마음
에서 그 말씀이 어떠한지 검증하려는 것이다. 예를 들어 '미인을 좋아하듯이
선을 좋아하고, 악취를 싫어하듯이 악을 싫어하라.'는 말씀을 보았다면 내
마음이 과연 이처럼 선한 것을 좋아하고 악한 것을 미워하는지 시험해보며,
'소인은 한가하게 지낼 때 선하지 않은 짓을 한다.'는 말씀을 보았다면 나에
게도 과연 이런 일이 있는지 시험해보아서 한 가지라도 이에 이르지 못한 것
이 있거든 쉬지 않고 용감하게 분발한다. 이렇게 하면 반드시 멀리까지 나아
갈 수 있다. 글을 읽는 지금 이렇게 할 줄 모르면 글은 글대로, 나는 나대로
일 것이니 무슨 유익이 있겠는가?" 진씨(陳氏)가 말했습니다. "일반적으로 모든 독서
는 이렇게 해야 한다. 『대학』만 그런 것이 아니다." ○ 또 말했다. "『대학』이라는 책 한
권에는 '정경(正經, 원래의 경문)'도 있고, '장구(章句, 문장의 장과 절을 나누고

---

42 『二程遺書』「伊川語錄」

구두를 바로잡은 것)'도 있고, '혹문(或問, 어떤 사람의 물음에 답한다는 식으로 기술하는 방법)'도 있다. 이런 것들을 계속 보다 보면 '혹문'을 보지 않고 '장구'만 보더라도 이해할 수 있고, 더 오래되면 '정경'만 보아도 이해할 수 있으며 더 오래되면 『대학』한 권이 저절로 내 가슴속에 들어차 있기 때문에 '정경'을 보지 않아도 된다. 그러나 나만큼 많이 공부를 하지 않으면 내가 본 것을 볼 수 없으며, 성현만큼 많이 공부를 하지 않으면 성현이 본 것을 볼 수 없다."

○ 『논어』라는 책은 그 말씀이 매우 일상적이나 그 취지는 원대하고, 말씀은 한계가 있으나 그 뜻은 무궁하다. 한계가 있는 말씀은 훈고(訓詁)에서 실마리를 찾고, 무궁한 뜻은 정신[神]으로 이해해야 한다.

『논어집주(論語集註)』입니다. 정자의 말씀입니다.[43]

연평 이씨가 말했다. "사람의 몸가짐은 마땅히 공자를 모범으로 삼아야 한다. 그런데 오늘날 공자와 시간적 거리가 천여 년이나 떨어져 있기 때문에 직접 만나 볼 수 없고, 볼 수 있는 것은 다만 『논어』뿐이다. 『논어』에 기록된 것은 공자의 언행이므로 늘 읽어서 음미하고 익혀서 실행한다면 비록 마루에 오르고 방에 들어갈 정도[升堂入室][44]는 되지 못하더라도 사군자(士君子)는 될 수 있을 것이다." ○ 정자가 말했다. "『논어』를 읽는 사람은 다만 여러 제자가 묻는 것을 자기의 물음으로 생각하고, 성인이 대답한 것을 지금 귀로 듣는 것처럼 생각하면 저절로 얻는 것이 있다. 만약 『논어』와 『맹자』의 글 가운데 깊이 탐구하고 음미하면 장차 비상한[甚生] 기질을 함양하여 완성할 수 있을 것이다." 심생(甚生)은 비상함[非常]과 같습니다. ○ 또 말했다. "만약 『논어』를 읽지 않았을 때도 똑같은 사람이요, 읽고 난 뒤에도 똑같은 사람이라면

---

43 『論語集註』「序說」, 小註
44 학문의 수준이 점점 깊어지는 과정을 나타내는 말

곧 읽지 아니한 것과 마찬가지이다."

성인의 도를 보려고 하는 사람은 반드시 『맹자』에서 시작해야 한다.

『창려문집(昌黎文集)』입니다. [45]

정자가 말했다. "안자(顔子)가 죽은 뒤 끝내 성인의 도를 얻은 사람은 증자이고, 성인의 도를 전수한 사람은 자사와 맹자인데, 이들이 주고받은 것은 모두 성인의 학문이다." ○ 또 말했다. "『맹자』가 성인의 문호에 세운 공은 이루 말할 수 없다. 중니(仲尼, 孔子)는 인(仁) 하나만 말씀하셨으나 맹자는 입만 열면 인의(仁義)를 말씀하셨다. 중니는 지(志) 하나만 말씀하셨으나 맹자는 양기(養氣)에 관한 갖가지 이론을 말씀하셨다. 다만 인의와 양기 이 두 글자를 말한 것으로도 공적이 매우 크다."

『논어』와 『맹자』를 읽고도 도를 알지 못한다면, 이른바 "비록 많이 외우고 있다 한들 무슨 쓸모가 있겠는가?"[46] 하는 것과 같다.

『정씨유서』입니다. ○ 이천 선생의 말씀입니다. [47]

주자가 말했다. "『논어』의 말씀은 포함하지 않은 것이 없으나 사람에게 보여주는 것은 모두 조존(操存, 본래의 양심을 바르게 간직하고 지켜서 보존함)과 함양(涵養, 학문이나 식견, 덕성을 쌓고 기름)의 요령이다. 『맹자』 7편의 취지는 탐구하지 않은 것이 없지만 사람에게 보여주는 것은 대부분 체험과 확충(擴充)의 실마리이다." ○ 정자가 말했다. "배우는 사람은 마땅히 『논어』와 『맹자』를 근본으로 삼아야 한다. 『논어』와 『맹자』를 제대로 공부하면 육

---

45 『昌黎文集』 「送王塤秀才序」
46 『論語』 「子路」
47 『二程遺書』 「二先生語六」

경(六經)은 따로 공부하지 않아도 저절로 그 의미가 밝아질 것이다. 글을 읽는 사람은 마땅히 성인이 경(經)을 지은 의도와 성인의 마음 씀씀이, 성인이 성인된 까닭은 물론 자신이 그런 경지에 이르지 못하고 도를 터득하지 못한 까닭을 구절마다 찾아 낮에는 외워서 음미하고, 밤에는 사색함으로써 마음을 고르게 하며, 기운을 평온하게 하고 의심을 버리면 곧 성인의 뜻을 볼 수 있을 것이다." ○ 또 말했다. "사람이 이 두 책만 보면 (이들 책에서 얻은) 자신에게 절실한 가르침을 죽을 때까지 이용해도 다 못한다."

○ 『중용』은 그 공부가 치밀하고 규모가 크다.

『주자대전』입니다.[48]

주자가 말했다. "중(中)은 어느 한쪽으로 치우치지 않고 기울지 않으며, 아직 표현되지 않은 중심〔未發之中〕입니다. 지나친 것도 모자라는 것도 없는 것을 말하는 개념이다. 이미 표현된 중심〔已發之中〕입니다. 용(庸)은 보통 늘 그러한 것〔平常〕이다." ○ 정자가 말했다. "치우치지 않은 것을 중이라 하고, 바뀌지 않는 것을 용이라고 한다. 중은 온 세상의 바른 도리〔正道〕요, 용은 온 세상의 정해진 이치〔定理〕이다. (『예기』에 수록되어 있던) 이 『중용』편은 공자의 문하〔孔門〕에서 전수해준 핵심적인 정신〔心法〕인데, 자사는 오랫동안 전해지면서 어긋난 것이 있을까 걱정하였다. 그래서 그것을 책으로 써서 맹자에게 전수하였다. 이 책은 첫머리에서 한 이치를 말하였고, 가운데에서는 흩어져서 만 가지 일에 적용되었으며, 끝에서는 다시 합해져서 한 이치가 되었다. 풀어놓으면 우주〔六合〕에 가득 차고 거두어들이면 깊숙한 마음속에 감추어져서 그 맛이 무궁하니 모두 참된 학문〔實學〕이다. 읽는 사람이 제대로 잘 읽어서 깊이 새겨 음미하여 터득한 것이 있다면 그것을 죽을 때까지 쓰더라도 다 쓰지 못할 것

---

48 『朱子語類』 「大學1」 德明錄

이다." ○ 주자가 말했다. "『중용』을 읽는 사람은 고상한 경지에 오르려고 애쓰거나 기이한 내용에 놀라서는 안 된다. 반드시 글월과 문장의 뜻에 깊이 잠겨서 그 귀추를 깨닫고, 남들이 보지 못하고 듣지 못하는 곳에서도 반드시 경계하고 삼가며 두려워하고 조심하여 깨달은 것을 실천하여야 한다. 이렇게 거의 느긋하고 만족스럽게 참으로 오랫동안 힘써 쌓으면 자기도 알지 못하는 사이에 문득 넓고 두터우며〔博厚〕, 높고 밝으며〔高明〕, 아득히 멀고 오랫동안 지속되는〔悠久〕 경지에 이를 것이다."

이상은 사서(四書)를 읽는 법을 말한 것입니다. ○ 주자가 말했다. "먼저 『대학』을 읽어서 규모를 정하고, 다음에 『논어』를 읽어서 근본을 세우며, 다음에 『맹자』를 읽어서 탁월한 점을 관찰하고, 다음에 『중용』을 읽어서 옛 사람의 미묘한 뜻을 탐구해야 한다. 『대학』을 처음부터 끝까지 속속들이 이해하여 의문이 없어진 뒤에 『논어』와 『맹자』를 읽을 수 있고, 또 『논어』와 『맹자』에 대해 의문이 없어진 뒤에 『중용』을 읽을 수 있다."

○ 공자가 말했다. "제자들아〔小子〕, 어째서 (『시경』의) 시(詩)를 배우지 않느냐? 시는 감정을 불러일으키기도〔興〕 하고, 사태를 판단하는 기준을 제시하기도〔觀〕 하며, 사회생활의 원칙을 제시하기도〔群〕 하고, 부조리한 현실에 대한 원망〔怨〕을 표현할 수 있게 한다."

『논어』입니다. 아래도 같습니다.[49]

주자가 말했다. "소자(小子)는 제자들이다. 흥(興)은 의지와 뜻을 자극하여 불러일으키는 것이며, 관(觀)은 득실을 따져보는 것이다. 군(群)은 조화를 이루되 휩쓸리지 않는 것이고, 원(怨)은 원망을 하더라도 분노하지 않는 것

---

49 『論語』 「陽貨」

이다." ○ 또 말했다. (『시경』의) "시는 본성과 정감에 근본을 둔 것이어서 그른 것[邪]도 있고 바른 것[正]도 있다. 시에 표현된 말은 알기 쉽고, 또한 읊조리는 가운데 음조의 높낮이가 반복되면서 사람을 쉽게 감동시킨다. 그러므로 배우는 사람이 선한 것을 좋아하고 악한 것을 미워하는 마음을 불러일으켜 스스로 그만두지 못하는 것을 반드시 여기서 얻는다."

시에서 얻은 것을 가까운 데 적용하면 아버지를 섬길 수 있고, 먼 데 적용하면 임금을 섬길 수 있다.

　주자가 말했다. "인륜의 도리는 시에 모두 갖추어져 있는데, 이 두 가지만 말한 것은 중요한 것을 들어서 말한 것이다."

새와 짐승과 나무와 풀의 이름도 많이 알 수 있다.

　주자가 말했다. "그 나머지는 더 많은 지식을 얻는 바탕으로 삼기에 충분하다. 시를 배우는 법을 이 장에서 다 제시하였으니, 이 『시경』을 읽는 사람은 마땅히 온 마음을 다하여야 한다."

시를 배우지 않으면 말을 할 수가 없다.

　주자가 말했다. "시는 사람의 정감에 근본을 두고 사물의 이치를 담고 있는 것이어서 시를 읽으면 풍속의 성쇠를 검증할 수 있고, 정치의 득실을 살펴볼 수 있으며, 사리(事理)에 통달하고, 심기(心氣)가 화평해질 수 있다. 그러므로 말을 할 수 있다." ○ 정자가 말했다. "요즘 사람은 독서를 할 줄 모른다. 예컨대 '『시경』의 시 300편을 다 외울 줄 아는 사람이라도 그에게 정사를 맡겼을 때 통달하지 못하며, 사방에 사신으로 보냈을 때 단독으로 대처하지 못한다면 비록 많이 외우고 있다 한들 무슨 쓸모가 있겠는가.'[50] 공자의 말씀입니다.
한 것과 같다. 아마도 시를 읽지 않았을 때에는 정사(政事)에 통달하지 못하
고, 단독으로 대처하지 못할지도 모르지만 이미 시를 읽은 뒤에는 곧바로 정
사에 통달하고, 사방에 사신으로 가서 단독으로 대처할 수 있어야 한다. 이
렇게 해야 비로소 시를 읽은 것이다. '사람이면서 「주남(周南)」과 「소남(召南)」
을 읽지 않으면 담장을 마주 대하고 있는 것과 같다.'[51] 역시 공자의 말씀입니다.
라고 하였으니 아마도 시를 읽지 않았을 때에는 담장을 마주 대하고 있는 것
과 같을지 모르지만 시를 읽은 뒤에는 곧바로 담장을 마주 대하고 있는 것과
같은 상태에서 벗어나야 비로소 시를 읽은 보람이 있다. 일반적으로 독서는
바로 이런 방법으로 해야 한다."

○ 공자가 말했다. "예(禮)를 배우지 않으면 서지 못한다."

『논어』입니다.[52]

　　주자가 말했다. "예는 공경과 겸손을 근본으로 삼지만 그 가운데 상세한
절도와 형식, 법도와 분수가 갖추어져 있어서 사람의 살과 살갗, 힘줄과 뼈
를 단단하게 만들어준다. 그러므로 배우는 사람이 스스로 우뚝 서서 사물에
흔들리거나 마음을 빼앗기지 않을 수 있는 경지는 반드시 예에서 얻을 수 있
다." ○ 또 말했다. "등급의 차례와 절도〔品節〕가 상세하고 분명하며 덕성이
굳게 정해지기 때문에 설 수 있다." ○ 영가 주씨(永嘉周氏)가 말했다. "경례
(經禮, 예의 큰 줄기) 300가지와 위의〔威儀, 구체적인 예의 절목〕 3,000가지는 모두
본성에서 나온 것이며, 용모와 감정을 거짓으로 꾸며서 나온 것은 아니다.
하늘은 높고 땅은 낮기 때문에 이를 근거로 예가 확립되며, 종류대로 모이고

---

50 『論語』「子路」
51 『論語』「陽貨」
52 『論語』「季氏」

무리에 따라 나누어졌기 때문에 이를 근거로 예가 행해진다. 사람은 하늘과 땅 사이에 자리를 잡고서 만물 위에 서 있으니, 높은 사람과 낮은 사람을 종류대로 분류하지 않아도 밝게 드러난다. 성인은 이것을 좇아서 관혼상제와 국가간의 외교적인 방문[朝聘], 지역사회의 활쏘기 모임[鄕射]과 같은 예법을 제정하여 군주와 신하·부모와 자식·형제·부부·벗들 사이의 도의가 행해지도록 하였다. 예가 형태로 드러난 경우를 들어보면 음식과 그릇, 복장을 사용하는 데서도 찾아볼 수 있고, 형태로 드러나지 않은 초월적인 측면으로는 소리도 없고 냄새도 없는[無聲無臭] 하늘의 미묘한 작용에까지 이른다. 보통 사람은 예를 지키려고 힘써 노력하지만, 현명한 사람은 예를 실행하고, 성인은 저절로 예를 따른다. 그러므로 자신과 집안, 나라, 온 세상을 이끌어가는 방법은 다음과 같다. 이 모든 것은 예가 다스려지면 다스려지고, 예가 어지러워지면 어지러워지고, 예가 존속하면 존속하고, 예가 없어지면 함께 없어진다. 진(秦)은 전적(典籍)을 불사르고 없애버려 삼대(三代)의 예문(禮文)이 크게 무너졌다. 한(漢)이 일어나 전적을 사들였으나 『예기(禮記)』 49편은 여러 선비들의 전해진 기록에 뒤섞여 나온 것이어서 성인의 뜻을 다 얻지는 못하였다. 그 글의 뜻을 따져보면 때로 서로 모순된 것도 있지만 내용이 방대하고 뜻이 넓기 때문에 배우는 사람이 널리 배우고 요약하면 또한 도를 배반하지 않을 것이다. 대체로 그 학설은 사람들을 상대하며 나아가고 물러나는 일에 관한 단순한 것에서부터 도덕과 성명(性命, 인성과 천명을 아우르는 말)의 요지 같은 정밀한 것에 이르기까지 모두 포괄하며, 어린아이의 학습에서 시작하여 성인(聖人)에 이르는 데서 끝난다. 오직 옛 도에 통달한 뒤에라야 그 말을 알 수 있고, 그 말을 안 뒤에라야 예를 터득할 수 있다. 그러므로 예가 예인 까닭은 그 법칙이 사람에게서 멀지 않다."

○ 덕은 본성의 실마리요, 음악은 덕의 꽃이다. 쇠[金]·돌[石]·실[絲]·대[竹]로 만든 악기는 음악의 도구이다. 시는 그 뜻[志]을 말로 표현한

것이고, 노래는 그 소리를 곡조로 읊은 것이며, 춤은 그 용모[容]를 움직임으로 나타낸 것이다. 이 세 가지가 마음에 근본을 둔 뒤에 악기가 뒤를 따른다. 이런 까닭에 감정이 깊으면 꾸밈이 드러나고, 기운이 왕성하면 변화가 신통하다. 조화롭고 순한 것이 속에 쌓이면 그 아름다운 색채가 밖으로 드러난다. 오직 음악은 거짓으로 하지 못한다.

『예기』입니다.[53]

유씨(劉氏)가 말했다. "뜻이란 실마리가 처음 표현되는 것이다. 덕은 마음에 있는 것이고, 본성은 덕의 근본이기 때문에 '덕은 본성의 실마리이다.'라고 하였고, 뜻은 마음이 가는 것이기 때문에 '실마리가 처음 표현되는 것이다.'라고 한 것입니다. 소리와 용모는 활짝 핀 꽃과 같다. 뜻이 움직이면 시가 되고, 시가 이루어지면 길게 소리를 내어 노래한다. 길게 노래하는 것으로도 부족하면 자기도 모르게 손을 흔들고 발을 굴러 용모를 움직인다. 세 가지는 모두 본래 마음이 여러 가지 사물에 자극을 받아 반응한 뒤에 여덟 종류의 악기로 표현되거나 방패, 도끼, 깃발, 꿩의 날개, 쇠꼬리[干戚羽旄]와 같은 도구를 들고 추는 춤으로 표현된다. 마음속에서 감정이 깊이 자극을 받으면 밖으로 분명하게 표현되는 것이다. 예컨대 하늘과 땅의 기운[天地之氣][54]이 나의 내부에서 왕성하면 사물에까지 그 조화가 미치는데, 이런 조화는 헤아릴 수 없이 신묘한 것과 같다. 그러므로 '조화롭고 순한 것이 속에 쌓이면 아름다운 색채가 밖으로 드러난다.'고 했다. 이렇게 보면 거짓으로 음악을 음악답게 할 수 있겠는가?" ○ 주자가 말했다. "음악에는 5성(五聲)과 12율(十二律)이 있는데, 이들을 바꾸어가면서 노래 부르고 번갈아 화답하며 노래와 춤, 여덟 가지 악기로 갖가지 음악이 된다. 이런 음악은 사람의 본성과 감정을 길러서 그르고 더러운 것을 말끔히

---

53 『禮記』「樂記」
54 모든 존재를 구성하는 가장 근원적인 기운

씻어내고, 더러운 찌꺼기를 깨끗이 녹여 없앨 수 있다. 배우는 사람이 의(義)가 정밀해지고, 인(仁)이 무르익는 경지에 이르러서 저절로 도와 덕에 조화를 이루고 따를 수 있는 것은 반드시 음악을 통해서이다.” ○ 또 말했다. “옛날의 음악은 이미 없어져서 다시 배울 수는 없다. 다만, 학문을 강론하고 실천하는 과정에서 남아 있는 뜻을 볼 수 있을 따름이다.” ○ 임천 오씨(臨川吳氏)가 말했다. “『예경(禮經)』 가운데 남아 있는 것은 겨우 지금의 『의례(儀禮)』 17편뿐이고 『악경(樂經)』은 없어졌다. 『악경』은 대부분 소리와 음, 음악, 춤의 절도로 되어 있으며, 읽고 외우고 기억하며 적을 수 있는 것은 적었기 때문에 진이 책을 불사른 뒤에 전하지 못했던 것 같다. 여러 학자들은 음악의 뜻만 말할 수 있을 뿐이다.” ○ 진씨(眞氏)가 말했다. “주(周)가 쇠퇴하면서부터 예와 음악이 붕괴되었다. 그러나 예에 관한 서적은 남은 것이 있어서 제도(制度)와 문장〔文爲〕을 고찰하고 찾아볼 수 있지만 음악에 관한 서적은 모두 없어지고 남아 있지 않았다. 후세에 시행된 예도 이미 선왕의 제도와 맞지 않게 되었지만 음악은 더욱 심하다. 지금 세상에서 쓰이는 음악은 대체로 정(鄭)나라, 위(衛)나라의 음란한 음악에 오랑캐의 음악이 섞인 것일 뿐이어서 사람의 마음을 방탕하게 하고 풍속을 무너뜨리기에 꼭 알맞으니 무슨 도움이 있겠는가? 그러나 예와 음악의 제도는 비록 없어졌으나 예와 음악의 원리는 남아 있다. 장엄하고 경건한 것은 예의 본질이요, 조화롭고 즐거운 것은 음악의 본질이다. 배우는 사람이 참으로 장엄하고 경건한 것으로 몸을 다스리고, 조화롭고 즐거운 것으로 마음을 기르면 예와 음악의 본질을 터득할 수 있을 것이니 충분히 사람답게 처신하고 덕을 이룰 수 있다.”

○ 『서경』을 보거든 2제(二帝)와 3왕(三王)의 도를 보아야 한다.

『정씨유서』입니다. ○ 명도(明道) 선생의 말씀입니다.[55]

---

55 『二程遺書』「伊川先生語十, 鄒德久本」

주자가 말했다. "『상서(尙書)』를 읽고서 역대 세상의 변화를 보기는 어려우니 성인의 마음을 추구하는 것이 더 중요하다. 예를 들어, 요임금에 관한 일을 읽으면 그가 백성을 다스린 방법을 탐구하고, 순임금에 관한 일을 읽으면 그가 임금을 섬긴 방법을 탐구하는 것이다. 또 예를 들어, 「탕서(湯誓)」의 '내가 하느님을 두려워하여 감히 바르게 하지 않을 수 없다.'라고 한 말을 숙독하면 어찌 탕의 마음을 보지 못하겠는가." ○ 또 말했다. "『상서』는 처음 읽으면 너무 어려워서 나와 아무런 관계가 없는 것 같으나 나중에 숙독하면 요·순·우·탕왕·문왕·무왕의 사적이 모두 나에게 절실한 것임을 알게 된다." ○ 무이 채씨(武夷蔡氏)가 말했다. "2제(요임금·순임금)와 3왕(우왕·탕왕·문왕과 무왕)이 천하를 다스린 대경대법(大經大法, 영원히 변하지 않을 보편적인 법도)이 모두 이 책에 실려 있다. 수천 년 뒤에 태어나서 수천 년 전의 일을 탐구하여 밝히려는 것은 역시 어려운 일이다. 그러나 2제와 3왕의 다스림은 도에 근본을 두었고, 2제와 3왕의 도는 마음에 근본을 두었으니, 그들이 지녔던 마음을 터득하기만 하면 도와 다스림을 충분히 말할 수 있다. 왜냐하면 정성스럽고 한결같이 하여 중심을 잡는다(精一執中)는 것은 요·순·우가 서로 전수한 핵심적인 법도(心法)이며, 중심을 세우고 표준을 세운다(建中建極)는 것은 상의 탕왕과 주의 무왕이 서로 전해준 핵심적인 법도이기 때문이다. 어짊(仁)이니 경건(敬)이니 성실(誠)이니 하는 것은 비록 말은 다르나 이치는 하나인데, 모두 이 미묘한 마음을 밝히는 근거이다. 후세의 임금이 2제와 3왕처럼 다스리고자 하는 뜻을 가지고 있다면 그들의 도를 추구하지 않으면 안 된다. 2제와 3왕의 도를 지니고자 하는 뜻을 가지고 있다면 그들의 마음을 추구하지 않으면 안 된다. 그들의 마음을 추구하는 관건을 이 책을 버려두고 달리 어디에서 찾겠는가."

○ 공자가 말했다. "저 역(易)이란 무엇을 위해 만들어진 것인가? 역이란 점을 쳐서 일을 완성하게 하고(開物成務), 온 세상의 도리를 다 담고

있는 것이다[冒天下之道]. 바로 이런 것을 위한 것일 뿐이다. 이 때문에 성인은 역으로써 온 세상 사람들의 뜻을 이루게 하고, 온 세상의 사업을 정하며, 온 세상 사람들의 의혹을 판단하여 결정한다."

『주역』「계사」입니다.[56]

주자가 말했다. "점을 쳐서 일을 완수하게 한다는 것은 사람들로 하여금 점을 쳐서 길하고 흉한 것을 알아서 일을 완성하도록 하는 것이다. 역이 온 세상의 도리를 다 담고 있다는 것은 온 세상의 도리가 모두 그려진 괘와 효 가운데 들어 있다는 말이다." ○ 정자가 말했다.[57] "역은 변하고 바뀌는 것[變易]이다. 때에 따라 변하고 바뀌어서 도를 따르는 것이다. 『주역』의 글은 온 세상의 이치를 모두 담고 있을 만큼 넓고 커서[廣大悉備] 온갖 만물의 타고난 본성[性命]의 이치를 따르고 유형무형[幽明]의 온갖 것의 까닭에 통하고, 사물의 실정을 다 드러낸 것이기 때문에 점을 쳐서 일을 성취하는 도리를 보여 주는 것이다. 역을 지은 성인이 후세를 걱정하는[憂患] 마음이 지극하다 할 수 있다. 이치는 매우 미묘하고, 상(象)은 매우 분명히 드러난다. 본체와 작용이 한 근원에서 나오고[體用一源], 드러난 것과 미묘한 것 사이에 틈이 없으니[顯微無間] 이런 온갖 이치가 모이고 통하는[會通] 기미를 관찰하여 전례(典禮)를 지키면 주자가 말했습니다. "회(會)는 이치가 모이는 것을 가지고서 말한 것이요, 통(通)은 일의 마땅한 것을 가지고서 말한 것이다. 뭇 이치가 모이는 곳에는 곧 어렵고 쉬운 일, 막히고 방해되는 것들이 아주 많다. 반드시 그 가운데서 통하는 곳을 얻어야 시행할 수 있다. 전례는 늘 지켜야 할[典常] 도리이다." 역의 점사(占辭)는 모든 일에 다 적용될 수 있다. 그러므로 잘 배우는 사람은 반드시 가까운 데서 말의 의미를 추구한다. 가까운 데 있는 것을 소홀히 여기는 사람은 말의 의미를 제대로 아는 사람이 아

---

56 『周易』「繫辭·上」
57 『伊川易傳』「序」

니다. 내가 전하는 것은 점사이다. 점사로 말미암아 뜻을 터득하는 일은 사람에게 달렸다."

때를 알고 형세를 파악하는 것이 역을 배우는 최상의 방법[大方]이다.

정자의 『역전(易傳)』입니다.

섭씨가 말했다. "방법은 기술[術]과 같은 것이다. 때에는 성하고 쇠한 것이 있고, 형세에는 강하고 약한 것이 있다. 역을 배우는 사람은 마땅히 시세에 따르되 오로지 변화에 적응하고 오로지 도를 따라야 한다."

○ 맹자가 말했다. "왕자(王者)의 자취가 사라지면서 시가 없어지고, 시가 없어진 뒤에 『춘추(春秋)』를 지었다."

『맹자』입니다. 아래도 같습니다.[58]

주자가 말했다. "왕자의 자취가 사라졌다는 것은 주의 평왕(平王)이 동쪽으로 천도하여 정치와 교화[政教], 제도와 명령[號令]이 온 세상에 미치지 못한 것을 말한다. 시가 없어졌다는 것은 왕도(王都)의 종묘와 궁궐이 무너진 것을 보고 읊은 '저 기장 이삭 늘어졌네.' 하는 '서리(黍離)'의 시가 제후 국가의 가요를 수록한 국풍(國風)의 하나로 격이 떨어졌고, 고전 음악인 아(雅)를 짓는 풍조가 사라진 것을 말한다. 『춘추』는 노나라의 역사를 기록한 역사서의 이름인데, 공자가 원래 기록을 바탕으로 삼아서 필삭(筆削)한 것이다. 노나라 은공(隱公) 원년에서부터 시작하는데, 이는 바로 주 평왕 49년에 해당하는 해이다."

---

58 『孟子』「離婁 · 下」

『춘추』에 기록된 일은 제나라 환공[齊桓公], 진나라 문공[晉文公]과 같은
사람들에 관한 일이며, 그 문장은 사관(史官)이 기록한 역사 기록의 문
체이다. 공자는 이렇게 말했다. "사건의 의미는 내가 사사로이 판단한
것[竊取]이다."

주자가 말했다. "춘추시대에 다섯 패자[五覇]가 잇달아 일어났으나, 제나
라 환공과 진나라 문공이 가장 성대하였다. 사(史)는 사관이다. 사사로이 판
단했다는 것은 자신의 일을 낮추어서 한 말이다.『공양전(公羊傳)』에 '『춘추』
의 기록에 대한 책임은 나에게 있다.'라는 말이 있는데 이 또한 같은 뜻이다.
사건에 대한 판단이 공자 자신에게 있다는 말이다. 이른바 '기록할 만하면
기록하고, 삭제할 만하면 삭제했는데, 학문에 뛰어난 제자인 자유(子游)와
자하(子夏)가 이에 대해 한 마디도 거들 수 없었다'라고 한 것이다." ○ 윤씨
(尹氏, 尹焞)가 말했다. "공자가『춘추』를 지은 것은 또한 사관의 글로 당시의
일을 기록한 것이지만, 그 뜻은 온 세상의 옳고 그름[邪正]을 정하고, 모든
왕[百王]의 큰 법도가 된다." ○ 정자가 말했다. "하늘이 낳은 백성 가운데는
반드시 뭇 사람보다 빼어난 재주를 가진 사람이 있는데, 이런 사람이 일어나
지도자[君長]가 되어서 백성을 다스리자 빼앗고 다투는 일이 그치고, 백성을
이끌자 살림살이가 순조로워지며, 백성을 가르치자 윤리가 밝아졌다. 그런
다음에야 사람의 도리[人道]가 확립되고 자연의 질서[天道]가 이루어지며 땅
의 도리[地道]가 고르게 되었다. 두 임금[二帝] 이전에는 성인과 현자가 대대
로 나와서 때에 따라 문화를 일으켰는데, 시대의 풍조[風氣]에 합당하게 하
였으며, 하늘에 앞서서 사람을 개명시키지 않고 저마다 때에 맞게 정치를 확
립하였다. 세 왕[三王]이 차례로 일어남에 이르러서 정치의 세 요소[三重]⁵⁹
가 다 갖추어졌는데, 시대에 따라 저마다 자월(子月, 음력 11월)·축월(丑月,

---

59 왕도정치의 세 가지 중대한 요소, 곧 議禮·制度·考文

음력 12월)·인월(寅月, 음력 1월)로 정월을 삼고, 서로 충(忠, 충직)·질(質, 질박함)·문(文, 예의 형식과 꾸밈)을 숭상하면서 사람의 도리가 갖추어지고 하늘의 운행이 제대로 순환하였다. 그러나 이미 성왕이 다시는 일어나지 않게 되면서 온 세상을 소유한 사람이 비록 옛날 성대(盛代)의 자취를 모방하려고 하였으나 또한 개인적인 뜻[私意]으로 함부로 행할 뿐이었다. 사리가 그릇된 경우로는 진(秦)이 해월(亥月, 음력 10월)을 세워서 정월로 삼은 것과 도리가 어긋난 경우로는 한(漢)이 오로지 지혜와 힘만으로 세상을 유지한 것을 들 수 있는데, 이런 판국에 어찌 선왕의 도를 알 수 있겠는가? 공자는 주 말엽에 이르러 성스러운 제왕이 다시 일어나지 않고, 하늘에 순종하고 때에 부응하는 다스림이 다시 나타나지 않자 『춘추』를 지어서 모든 왕의 바꿀 수 없는 큰 법도로 삼았다. 이것이 이른바 '『춘추』를 세 왕에게 상고하여 보아도 그들의 정치와 어긋나지 않고, 하늘과 땅에 세워 두어도 자연의 이치에 어긋나지 않으며, 귀신에게 따져보아도 성패의 판단에 의심이 없고, 먼 후대의 성인을 기다려 견주더라도 후세 사람들이 의혹하지 않는다.' 는 것이다. 『춘추』의 큰 의리는 수십 가지이다. 섭씨가 말했습니다. "『춘추』의 큰 의리는, 예를 들어 임금을 높이고 신하를 낮추는 것, 인과 의를 귀하게 여기고 간사한 방법을 천하게 여기는 것, 문화의 나라인 중국을 안으로 하고 오랑캐를 밖으로 하는 따위이다." 그 의리가 비록 크지만 해와 별처럼 밝아서 쉽게 볼 수 있다. 하지만 오직 미묘한 표현과 숨은 뜻을 파악하고, 때에 따라 적합하게 대처하기란 쉽지 않다. 사안에 따라 평가하되 억누르기도 하고 풀어주기도 하며, 지지하기도 하고 비판하기도 하며, 내세우기도 하고 물리치기도 하며, 은밀하게 표현하기도 하고 드러내기도 하여 정의와 이치에 타당하게 하고, 꾸밈과 질박함의 중도에 맞게 하고, 너그러울 때는 너그럽고 사나울 때는 사납게 대하며, 옳고 그름을 공정하게 판단하였다. 그래서 『춘추』는 일을 판단하는 저울[權衡]이며, 도를 헤아리는 모범이다. 후세의 임금이 『춘추』의 의리를 알면 비록 우임금이나 탕임금과 같은 덕을 갖고 있지는 못하다 하더라도 오히려 삼대의 이상적인 정치를 본받을 수 있으며, 『춘추』의 의도를 터득하고 적용을 본받으면 세 왕조의 태평성대를 회복할 수도 있다."

　이상은 육경(六經)을 읽는 방법을 말한 것입니다. ○ 장자가 말했다. "육경은 모름지기 순환적으로 이해해야 한다. 의리가 한없는 만큼 자신이 한 단계 성장하게 되면 또 달리 보일 것이다."

○ 역사서를 읽으면 모름지기 다스려짐과 어지러움의 기틀은 물론, 현자와 군자의 출처(出處)와 진퇴(進退)를 보아야 한다. 이것이 바로 격물(格物)이다.

『정씨유서』입니다. ○ 이천 선생의 말씀입니다.[60]

　정자가 말했다. "무릇 역사서를 읽을 때에는 사건의 자취만 기억할 것이 아니라 모름지기 다스려짐과 어지러움, 편안함과 위태로움, 흥함과 쇠퇴함, 존속과 멸망의 이치를 알아야 한다. 예컨대 「고제기(高帝紀, 漢高祖本紀)」를 읽으면 모름지기 한(漢)이 400년간 어떻게 일어나서 다스려지고 어지러워지고 망했는가를 알아야 하는 것과 같다. 이것 또한 배우는 것이다." ○ 또 말했다. "나는 역사서를 읽을 때마다 반쯤 읽으면 곧 책을 덮어두고 생각하여 성공과 실패를 헤아려본 뒤에 다시 읽으면서 내 생각과 합치하지 않은 곳이 있으면 더 자세하게 생각하곤 하는데, 그 가운데 다행히 성공한 사람도 많았고 불행히 실패한 사람도 많았다. 요즘 사람들은 성공한 사람은 옳다고 생각하고 실패한 사람은 그르다고만 여길 뿐 성공한 사람에게도 옳지 않은 점이 있고, 실패한 사람에게도 옳은 점이 있다는 것은 알지 못한다." ○ 동래 여씨(東萊呂氏)가 말했다. "대체로 역사서를 볼 때 잘 다스린 것을 보면 잘 다스

---

60 『二程遺書』「伊川先生語五, 楊遵道錄」

렸다고 평가하고, 어지러운 것을 보면 어지럽다고 여기는 식으로 한 가지 일을 보면 한 가지 일만 아는 데 그친다면 역사서를 보고서 무엇을 얻겠는가? 모름지기 자신이 그 일의 한가운데 있는 것처럼 사태의 이로운 점과 해로운 점, 시대의 재앙과 어지러움을 보아야 한다. 그래서 반드시 책을 덮고 스스로 내가 이런 일을 당하면 마땅히 어떻게 처리해야 할 것인가를 생각해야 한다. 이렇게 역사서를 본다면 학문도 진보하고 지식도 높아져서 비로소 유익하게 될 것이다." ○ 허씨(許氏)가 말했다. "역사서를 보면 마땅히 먼저 그 사람의 행동의 큰 원칙〔大節〕을 살펴본 뒤에 세세한 행동을 살펴보고서 착한 것은 본받고 악한 것은 경계하여 내가 몸소 실천하는 데 도움이 되도록 해야 한다. 그 사건만 기억하고 그 글만 외우는 것은 배우는 것이라 할 수 없다."

이상은 역사서를 읽는 방법을 말한 것입니다.

신이 생각건대, 독서는 이치를 탐구하는 일의 하나이므로, 독서에도 차례가 있습니다. 그러므로 성현의 말씀을 신중하게 가려모아서 위와 같이 엮었습니다. 다만, 사서(四書)와 육경(六經) 말고도 송대의 참 유학자〔眞儒〕인 주자(周子) · 정자(程子) · 장자(張子) · 주자(朱子) 등의 글도 있는데, 이들의 성리(性理)에 관한 이론은 모두 성인이 되기 위한 학문〔聖學〕에 절실한 것들이니, 자세하게 음미하고 깊이 탐구하지 않으면 안 됩니다. 가만히 생각해보면, 경전이 생겨난 이래 선비라면 누구나 글을 읽었을 터이지만 참 유학자가 일어나기는 드물었고, 임금이라면 누구나 글을 읽었을 터이지만 좋은 정치가 흥하기는 드물었는데, 그 까닭은 무엇입니까? 글을 읽은 것이 귀로 듣고 입으로 말하는 자료가 되었을 뿐 쓸모 있는 도구가 되지 못하였기 때문입니다. 여릉(盧陵)의 나대경(羅大經)은 이렇게 말했습니다. "지금 선비는 요 · 순 · 주공 · 공자의 말이 아니면 말하지 않고, 『논어』 · 『맹자』 · 『중용』 · 『대학』이 아니면 보지 않으며, 말을 하면 반드시 주자(周子) · 정자 · 장자(張子)

· 주자를 일컫고, 학문에 대해서는 반드시 치지(致知)와 격물(格物)을 말한다. 이런 일은 삼대 이후로는 있지 않았던 일이니 대단하다고 할 수 있다. 그러나 호걸스러운 선비가 나오지 않고, 예의를 지키는 풍속이 이루어지지 않으며, 선비의 기풍은 날이 갈수록 비루해지고, 인재는 해가 갈수록 쇠잔해지니 통탄할 일이다." 이 말은 바로 오늘날의 문제점을 말한 것입니다. 아! 선비들이 글을 읽는 것은 부귀와 이익, 출세를 추구하기 위한 것이 되었기 때문에 이런 폐단이 생긴 것입니다. 임금이라면 이미 지극히 높고, 지극히 부귀하기 때문에 진리를 탐구하고 마음을 바로잡는 데만 힘쓰고, 나라의 명운이 영원히 이어지기를 하늘에 비는 것만 추구할 뿐 다른 소망이 없어야 할 터인데, 오히려 잡다하게 널리 조사하고 고찰하려고만 하고 겉을 화려하게 꾸미는 데만 힘쓸 뿐, 자기에게 절실한 일을 실천하지 않는 것은 어찌 깊이 생각을 하지 않기 때문이 아니겠습니까? 엎드려 바라건대, 전하께서는 이런 폐단을 깊이 경계하시고, 성리학을 연구하는 데 힘써서 배운 것을 몸소 실천함으로써 경전을 빈 말이 되지 않게 하신다면 나라에 매우 다행한 일이 될 것입니다.

○ 역(易)에 태극(太極)이 있는데, 이것이 양의(兩儀)를 낳고, 양의는 사상(四象)을 낳고, 사상은 팔괘(八卦)를 낳는다.

『주역』「계사」입니다. 아래도 같습니다.[61]

주자가 말했다. "하나〔一, 太極〕가 늘 둘〔二, 兩儀〕을 낳는 것은 자연스러운 이치이다. 역은 음·양의 변화이며, 태극은 그 이치이다. 양의는 처음으로 한 획이 되어 음·양으로 나뉜 것이다. 사상은 다음으로 두 획이 되어 각각 태(太)와 소(少)로 나뉜 것이다. 팔괘는 다음으로 세 획이 되어 비로소 삼재〔三

---

61 『周易』「繫辭·上」

才, 하늘·땅·사람)의 모습이 갖추어진 것이다. 이 몇 마디 말은 참으로 성인이 역을 만들 때 자연스러운 차례에 따라 만든 것이지 털끝만큼도 인위적인 지혜를 빌어서 이루어진 것이 아님을 말한 것이다."

한 번은 음이 되었다가 한 번은 양이 되었다가 하도록 하는 것을 도라고 한다.

　주자가 말했다. "음과 양이 번갈아가며 운동하는 것은 기(氣)이고, 그 '운동의' 이치(理)가 이른바 도(道)이다. 음과 양은 기이지 도가 아니며, 음이 되고 양이 되게 하는 까닭(所以)이 도이다."

그것을 이은 것(繼)이 선(善)이요, 그것을 이룬 것(成)이 본성(性)이다.

　정자가 말했다. "낳고 낳는 것을 역(易)이라 하는데, 하늘은 낳고 낳음으로써 도를 이룬다. 곧 하늘은 낳는 것을 도로 삼는다. 이 낳는 이치(生理)를 이은 것이 곧 선이다. 선에는 곧 으뜸(元)이라는 뜻이 있는데, 으뜸은 선의 근본(長)이다. 만물에는 다 소생하는 봄의 뜻(春意)이 있는데, 이것이 바로 '그것을 이은 것이 선'이라는 것이다. 이룬다는 것은 만물이 스스로 자신의 본성을 이룸으로써 얻게 된 것이다." ○ 주자가 말했다. "도는 음에 갖추어져 있으면서 양에서 작용한다. '잇는다'는 것은 도가 발현되는 것을 말하고, '선'은 도가 만물을 지어서 이루어낸(化育) 공을 말하는데, 이것은 양의 일이다. '이룬다'는 것은 도가 갖추어짐을 말하고, '본성'은 만물이 받은 것을 말하는데, 만물이 생겨났다고 하면 만물이 본성을 갖고 저마다 이 도를 갖추고 있다는 말이다. 이것은 음의 일이다."

어진 사람은 그것을 보고 인(仁)이라 하고, 지혜로운 사람은 그것을 보고 지(知)라고 하며, 백성은 그것을 날마다 쓰면서도 알지 못한다. 그러므로 군자의 도는 드물다.

　건안 구씨(建安丘氏)가 말했다. "이 말은 이런 뜻이다. 본성이 이루어진 뒤에 양의 동적인 측면을 타고난 사람은 어진 사람이 되고, 음의 정적인 측면을 타고난 사람은 지혜로운 사람이 된다. 오직 타고난 것이 저마다 다르기 때문에 견해가 저마다 치우치게 되는데, 어진 사람은 어짊만 보고 지혜로운 것은 보지 못하므로 그런 사람의 도는 어짊에서 그친다고 한다. 지혜로운 사람은 지혜로운 것만 보고 어짊을 보지 못하므로 그런 사람의 도는 지혜로운 데서 그친다고 한다. 백성은 일상생활에서 먹고 마시는 것이 이 도 가운데서 이루어지지만 이 도가 있는 줄을 알지 못한다. 이것이 군자의 도가 드문 까닭이다." ○ 맹자가 말했다.[62] "행하여도 밝게 알지〔著〕 못하고 익혀도 세밀하게 살피지〔察〕 못하여 죽을 때까지 도를 따라 살면서도 그 도를 알지 못하는 사람이 많은 것이다." 주자가 말했습니다. "저(著)라는 것은 당위적인 법칙〔所當然〕을 밝히는 것이고, 찰(察)이라는 것은 필연적인 까닭〔所以然〕을 아는 것이다."

그러므로 형이상(形而上)의 것을 도(道)라 하고, 형이하(形而下)의 것을 기(器)라고 하며, 이루어진 것〔化〕을 가지고 다듬어내는 것을 변(變)이라 하고, 미루어서 행하는 것을 통(通)이라 하며, 이것을 들어서 온 세상 백성에게 베푸는 것을 사업(事業)이라 한다.

　주자가 말했다. "음과 양은 다 형이하의 것이요, 그 이치가 도이다. 저절로 이루어진 것〔自然之化〕을 가지고 다듬어서 규모를 정하는 것이 변(變)의 뜻이다." ○ 북계 진씨(北溪陳氏)가 말했다. "도는 사물을 떠나서 따로 있는

---

62 『孟子』「盡心·上」

공허한 어떤 것이 아니다. 실제로 도는 사물을 떠날 수 없다. 사물을 떠나면 도라고 부를 만한 것이 없다. 바로 군주와 신하 사이에는 의리가 있는데, 의리는 도(道)이고 군주와 신하는 기(器)이다. 부모와 자식 사이에는 친함이 있는데, 친함은 도이고 부모와 자식은 기이다. 부부 사이라면 부부 사이의 도는 분별에 있고, 어른과 어린이 사이라면 어른과 어린이 사이의 도는 차례에 있고, 벗들〔朋友〕 사이라면 벗들 사이의 도는 믿음에 있다.”

신이 생각건대, 사물에는 반드시 이치가 있으니 모름지기 모든 사물에 나아가 탐구하여야 합니다. 이제 인용한 공자의 「계사」의 말씀은 이학(理學)의 본원이 됩니다. 다음에는 경전의 여러 설을 인용하여 대상 사물〔物〕과 자기〔身〕에게 존재하는 이치를 대략 밝혀서 실마리를 추구하는 바탕으로 삼았습니다. 만일 이미 말한 것을 근거로 삼아서 아직 말하지 못한 것을 미루어 확충시키면 거의 치지(致知)의 공부가 이루어질 것입니다.

○ 무극(無極)이면서 태극(太極)이다.

주자(周子)의 「태극도설(太極圖說)」입니다. 아래도 같습니다.[63]

주자(朱子)가 말했다. “저 높은 하늘에서 일어나는 일은 소리도 없고 냄새도 없으나 참으로 조화의 관건〔樞紐〕이며, 종류대로 나뉜 모든 사물의 뿌리〔品彙〕이다. 그러므로 무극이면서 태극이라고 한다. 그러나 태극 밖에 다시 무극이 있는 것은 아니다.” ○ 또 말했다. “태극은 다만 음양 속에 있다. 요즘 사람들이 음양 위에 따로 형체도 그림자도 없는 어떤 것이 하나 있다고 하여 이것을 태극이라고 하는데, 그렇지 않다.” ○ 면재 황씨(勉齋黃氏)가 말했다. “무극이면서 태극이라는 것은 형체가 없지만 지극히 형체가 있고, 방위(方位)

---

63 『近思錄』 「道體」

가 없지만 크게 방위가 있다고 하는 것과 같다."

태극은 움직이면서〔動〕양을 낳고, 움직임이 끝에 이르면 고요해진다〔靜〕. 고요해지면서 음을 낳고, 고요함이 끝에 이르면 움직임을 회복한다. 움직임과 고요함은 서로 뿌리가 되며, 음으로 나뉘고 양으로 나뉘어 양의(兩儀)가 성립한다.

　주자가 말했다. "태극에 움직임과 고요함이 있는 것이 천명(天命)의 유행(流行, 두루 흘러서 작용함)이다. 태극은 본연의 오묘한 본체〔本然之妙〕이며, 움직임과 고요함은 태극을 태우고 있는 기틀이다. 태극은 형이상(形而上)의 도(道)이고, 음과 양은 형이하(形而下)의 기(器)이다. 이 때문에 드러난 것을 가지고 관찰하면, 움직임과 고요함은 같은 때에 일어나지 않으며 음과 양은 같은 자리에 있지 않으나 태극은 그 어디에나 있다. 미미한 것을 가지고 관찰하면 텅 비고 고요하여 아무런 조짐도 없으나〔沖漠無朕〕 움직임과 고요함, 음과 양의 이치가 이미 그 가운데 모두 갖추어져 있다. 그렇기는 하나 이것을 앞으로 미루어 보아도 처음에 음과 양이 합해지는 것을 볼 수 없고 뒤로 끌어당겨 보아도 마지막에 가서 분리되는 것을 볼 수 없다. 그러므로 정자는 '움직임과 고요함에는 발단이 없고, 음과 양에는 처음이 없다.'라고 말했다. 도를 아는 사람이 아니면 누가 이것을 알 수 있겠는가."

　신이 생각건대, 움직이고 고요해지는 기틀은 그것을 시키는 그 무엇이 있지 않습니다. 이(理)와 기(氣)도 어느 것이 앞이고 뒤인지를 말할 수 있는 것이 아닙니다. 다만, 기의 움직임과 고요함은 모름지기 이를 근저로 삼습니다. 그러므로 "태극은 움직이면서 양을 낳고, 고요해지면서 음을 낳는다."라고 한 것입니다. 만일 이 말에 집착하여 태극이 음양 이전에 홀로 존재하며, 음양이 무(無)에서 나온 것이라고 여긴다면, 이른바 "음과 양에는 처음이 없다."

라고 할 수 없을 것입니다. 이 말은 마땅히 가장 살려서 보고 깊이 음미해 보아야 합니다.

음과 양이 변하고 합해져서 수(水)·화(火)·목(木)·금(金)·토(土)를 낳는데, 이 다섯 기[五氣]가 차례로 펼쳐져서[順布] 네 계절이 돌아간다.

주자가 말했다. "태극이 있으면 한 번은 움직이고 한 번은 고요해져서 양의(兩儀)가 나뉘고, 음과 양이 있으면 하나는 변하고 하나는 거기에 합하여 오행(五行)이 갖추어진다. 그러나 오행은 질(質)이 땅에서 갖추어지고 기가 하늘에서 작용하는 것이다. 질이 생겨나는 차례를 말하면 수·화·목·금·토인데, 수·목은 양이요, 화·금은 음이다. 기가 작용하는 차례를 말하면 목·화·토·금·수인데, 목·화는 양이요, 금·수는 음이다." 어떤 사람이 물었다. "양은 어째서 변한다 하고, 음은 어째서 합한다고 하는가?" 주자가 말했다. "양이 움직이고 음이 그것을 따르기 때문에 변하고 합한다고 한다."

오행은 한 음양이요, 음양은 한 태극인데 태극은 본래 무극이다.

주자가 말했다. "오행이 갖추어지면 만물이 생겨나고 변화하며[造化], 피어나고 자라나는[發育] 질료[具]가 모두 갖추어진다. 그러므로 또 이것을 바탕으로 해서 근본을 추구하여 전체로 하나인 것[渾然一體]이 오묘한 무극[無極之妙]이 아님이 없으며, 오묘한 무극 또한 모든 사물에 저마다 갖추어져 있음을 밝힌 것이다."

오행이 생겨나면 그것은 저마다 한 가지씩 본성을 갖는다.

장남헌(張南軒)이 말했다. "오행이 낳은 질(質)은 비록 같지 않으나 태극의 이치는 어디든 없는 곳이 없다. 오행이 저마다 한 가지씩 가지고 있는 본성은 인(仁)·의(義)·예(禮)·지(智)·신(信)의 이치[理]인데, 오행은 저마다 이 가운데 오로지 한 가지씩 가지고 있다."

참된[眞] 무극과 정(精)한 음양[二], 오행[五]이 오묘하게 결합하여 엉기는데[凝], 하늘의 도[乾道]는 남성[男]을 이루고, 땅의 도[坤道]는 여성[女]을 이룬다. 두 기가 서로 섞이고 감응하여 만물을 이루어 생기게 하니, 만물이 생겨나고 생겨나서 끝없이 변화한다.

주자가 말했다. "참된 것은 이(理)를 말한 것으로서 거짓이 없음[無妄]을 일컫는 것이다. 정한 것은 기를 말한 것으로서 둘이 아님[不二]⁶⁴을 규정한 것이다. 이와 기는 원래 서로 떨어져 있지 않은데 어찌 합하겠습니까? 다만, 섞이고 녹아서 틈이 없이 결합해 있으므로 오묘하게 결합한다고 한 것입니다. 역시 살려 보아야 합니다. 엉긴다는 것은 모인다는 것이다. 기가 모여서 형체를 이룬다. 본성이 주가 되고, 음양과 오행이 날줄과 씨줄처럼 가로 세로로 조리 있게 뒤섞이고, 저마다 종류에 따라 엉기고 모여서 형체를 이룬다. 양이며 강건한 것은 남성을 이루는데 이것이 아비[父]의 도이고, 음이며 순한 것은 여성을 이루는데 이것이 어미[母]의 도이다. 이것이 사람과 사물의 시초인데, 사람과 사물은 모두 기의 변화로 생겨난다. 기가 모여서 형(形)을 이루면 형과 기가 교류하고 감응하여 마침내 구체적인 모습이 갖추어져서[形化] 사람과 사물이 생겨나고 생겨나면서 끝없이 변화한다. 남녀로서 보면 남녀는 저마다 본성을 하나씩 가지고 있으나 남녀는 전체로 한 태극이다. 만물로서 보면 만물은 저마다 본성을 하나씩 가지고 있으나 만물은 전체로 한 태극이다. 합하여 말하면 만물은 전체로 한 태극[統體一太極]이며, 나누어 말하면 한 사물마다 하나씩 태극을 갖

---

64 기는 음과 양으로 나뉘지만 이것은 한 기의 두 양상일 뿐 실제로는 하나임을 뜻한다.

고 있다〔各具一太極〕."

오직 사람만이 빼어난 기운〔秀〕을 얻어 만물 가운데 가장 신령하다. 형체가 생기면 정신〔神〕은 지각 작용을 발휘한다. 다섯 본성〔五性〕이 자극에 따라 반응하여 선과 악이 나뉘고, 온갖 일이 생겨난다.

주자가 말했다. "이 말은 뭇 사람이 움직임과 고요함의 이치를 갖추었으나 늘 움직이는 데에서 이치를 잃는다는 말이다. 사람과 사물이 생겨나면 모두 태극의 도를 가지고 있다. 그러나 음양과 오행의 기질이 교류하여 작용할 때 사람만이 빼어난 것을 타고났다. 그러므로 그 마음이 가장 신령하며, 온전한 본성을 잃지 않는다. 이것이 이른바 하늘과 땅의 마음이요, 사람의 표준〔極〕이다. 그러나 형체는 음에서 생기고 정신은 양에서 나오며, 오상(五常)의 본성이 사물에 자극을 받아 움직일 때 양의 선과 음의 악이 또한 종류에 따라 나뉘며, 특수한 다섯 본성〔五性〕이 흩어져서 온갖 일이 된다. 음양 두 기〔二氣〕와 오행〔五行〕이 만물을 지어서 생겨나게〔化生〕 하는데 사람의 경우에도 마찬가지이다."

성인은 치우치지 않음〔中〕·올바름〔正〕·어짊〔仁〕·의로움〔義〕으로써 만사를 정하고, 고요함을 주로 하여〔主靜〕 사람의 표준〔人極〕을 세웠다. 그러므로 성인은 천지와 같은 덕을 가지고 있고, 해와 달과 같이 밝으며, 사계절의 운행과 일처리가 일치하고, 귀신과 같이 길흉을 판단한다.

주자가 말했다. "이 말은 성인이 움직임과 고요함의 덕을 온전하게 실현하는데, 항상 고요함을 근본으로 삼는다는 말이다. 사람은 음양·오행 가운데 빼어난 기를 받아서 생기는데, 성인은 빼어난 것 가운데서 더욱 빼어난 것을 받은 사람이다. 이 때문에 성인의 행위는 어느 한쪽으로 치우치지 않고[中], 처신은 바르며[正], 감정 표현[發]은 어질고[仁], 일의 판단[裁]은 의롭다[義]. 한 번 움직임과 한 번 고요함이 모두 태극의 도를 온전하게 하여서 이지러짐이 없으면 욕심이 움직이고 감정이 이겨서 이익과 손해가 서로 다투던 것이 여기에서 안정된다. 그러나 고요함은 성실함[誠]이 회복된 것이며 본성의 본모습[貞]이다. 움직임이란 성실함이 통한 것이며 자연운행[天道]의 원(元)과 형(亨)입니다. 고요함이란 성실함이 회복된 것이며 자연운행의 이(利)와 정(貞)입니다. 만약에 이 마음이 본래 그대로 아무런 욕심이 없어서 고요한 상태가 아니라면 무엇으로 사물의 변화에 대응하여 온 세상의 움직임을 하나로 하겠는가? 그러므로 성인은 중·정·인·의로 움직임과 고요함을 두루 행하는데, 움직임은 반드시 고요함을 토대로 삼는다. 이것이 하늘과 땅 사이[中]에 자리 잡고서 하늘과 땅, 해와 달, 사계절, 귀신과 어긋나지 않을 수 있는 까닭이다. 반드시 본체가 확립된 뒤에 작용이 일어날 수 있다. 정자가 하늘[乾]과 땅[坤]의 움직임과 고요함을 논하여, '오로지 한결같지 않으면 곧게 이루어지지 못하고, 거두어 모이지 않으면 펼쳐져 흩어지지 못한다.'라고 한 것도 역시 이런 뜻일 뿐이다."

군자는 사람의 표준을 닦기 때문에 길하고, 소인은 이것을 거스르기 때문에 흉하다.

주자가 말했다. "성인은 태극의 온전한 본체를 갖추고 있어서 한 번 움직이고 한 번 고요한 것이 어디에나 중·정·인·의의 표준에 맞지 않은 것이 없는데, 수양하지 않아도 저절로 그렇게 된다. 군자는 아직 이런 경지에 이르지 못했으나 수양하기 때문에 길하게 된다. 소인은 이것을 알지 못하고 거스르기 때문에 흉하게 된다. 수양하는 것과 거스르는 것은 또한 경건함[敬]과 방자함[肆] 사이에 있을 뿐이다. 경건하면 욕심이 적어지고 이치가 밝아진다. 욕심을 줄이고 또 줄여서 완전히 없어지는 상태에 이르면 고요할 때에는 텅 비고, 움직일 때에는 곧아서 성인을 배울 수 있다."

그러므로 『역』에서는 "하늘의 도로 확립된 것을 음과 양이라 하고, 땅의 도로 확립된 것을 부드러움〔柔〕과 굳셈〔剛〕이라 하며, 사람의 도로 확립된 것을 어짊〔仁〕과 의로움〔義〕이라 한다."고 하였다. 또 "처음을 추구하고 끝을 돌이켜 보면 죽음과 삶의 이치〔說〕를 알게 된다."라고 하였다. 위대하다, 『역』이여! 이 태극도(太極圖)는 『역』의 지극한 이치를 다 드러냈다.

주자가 말했다. "음과 양이 상(象)을 이루는 것은 하늘의 도가 확립되는 까닭이다. 굳셈과 부드러움이 질(質)을 이루는 것은 땅의 도가 확립되는 까닭이다. 어짊과 의로움이 덕이 되는 것은 사람의 도가 확립되는 까닭이다. 도는 하나일 뿐이나 일에 따라 드러나기 때문에 삼재(三才)의 구별이 있다. 그 가운데에서 또 각각 본체와 작용으로 나누어지기는 하나 실상은 한 태극일 뿐이다. 양, 굳셈, 어짊은 사물의 처음이고, 음, 부드러움, 의로움은 사물의 끝이다. 처음을 탐구하여 생겨나는 까닭을 알면 끝을 돌이켜 보아 죽는 까닭을 알 수 있다. 이것은 하늘과 땅 사이 모든 조화의 기강이며, 옛날이나 오늘날이나 두루 작용하는 것으로서 말로 할 수 없이 오묘한 것이다. 성인이 『역』을 지은 큰 뜻도 여기서 벗어나지 않는다. 그러므로 「계사(繫辭)」의 두 말씀을 인용하여서 태극도의 설을 증명하였다." ○ 장자가 말했다. "기는 한없이 아득하고 텅 비어서〔太虛〕 오르내리고 날아오르는데 지금까지 그친 적이 없다. 이것이 빈 것과 찬 것〔虛實〕, 움직임과 고요함〔動靜〕의 기틀이요, 음과 양, 굳셈과 부드러움〔剛柔〕의 시초이다. 위로 떠오르는 것은 양으로서 맑은 것이요, 아래로 가라앉는 것은 음으로서 탁한 것이다. 이 둘이 만나 자극을 받고 뒤엉키며 뭉쳐서 바람과 비가 되고, 서리와 눈이 된다. 온갖 사물〔萬品〕의 형체〔流形〕, 산과 시내의 이루어진 것, 찌꺼기나 불에 탄 재까지 가르침이 아닌 것이 없다." 섭씨가 말했습니다. "끝없이 수만 가지로 변화하는 것은 모두 도의 본체가 유행하는 것이다. 그러므로 지극한 가르침이 아닌 것이 없다고 한다." ○ 또 말했다. "떠도는 기〔游氣〕가 어지러이 움직이다가 결합하여 질료를 이룬 것이 수만 가지 사람과 사물을 낳았으며, 음과 양의 두 발단이 끊임없이 순환하는 것이 하늘과 땅이라는 큰 의로움〔大義〕을 세웠다."

○ 시초〔元〕·성장〔亨〕·결실〔利〕·완성〔貞〕은 자연질서〔天道〕의 한결같은 법칙〔常〕이며, 어짊〔仁〕·의로움〔義〕·예절 바름〔禮〕·지혜로움〔智〕은 인간 본성〔人性〕의 벼리〔綱〕이다.

주자의 「소학제사(小學題辭)」입니다.[65]

정자가 말했다. "원(元)은 만물의 시초요, 형(亨)은 만물이 자라는 것이요, 이(利)는 만물이 결실을 맺는 것이요, 정(貞)은 만물이 완성되는 것이니 건과 곤〔乾坤〕은 이 네 가지 덕을 갖고 있다." 건과 곤은 하늘과 땅의 본성과 정감〔性情〕입니다. ○ 주자가 말했다. "인은 마음의 덕이고 사랑의 이치이다. 의는 마음의 법도이고 일의 당위이다. 의(義)는 당위적인〔宜〕 이치입니다. 예는 하늘의 이치〔天理〕를 절도에 맞춰 꾸며낸 것〔節文〕이요, 사람이 하는 일〔人事〕의 법도〔儀則〕이다." 예는 절도에 맞춰 꾸며낸 이치입니다. ○ 또 말했다. "본성은 이치가 나에게 내재해 있는 것을 가리키는데, 인이란 온화하고 자애로운 도리이며, 의란 판단하고〔斷制〕 처리하는〔裁割〕 도리이다. 예란 공경하고 겸손한〔撙節〕 도리이며, 지란 옳고 그른 것을 가리는 도리이다. 이 네 가지는 사람의 마음에 갖추어진 것으로서 바로 본성의 본체이다." ○ 오씨(吳氏)가 말했다. "온 세대에 걸쳐서 바뀌지 않으므로 한결같은 법칙이라 하고, 온갖 선을 남김없이 통괄하므로 벼리라고 한다."

---

65 『小學集註』 「小學題辭」

신이 생각건대, 태극이 하늘에 있는 것을 도라 하고, 도는 천명(天命)이 유행하는 것을 일컫는 말이며, 본성을 따르는 것[率性]을 도라고 할 때에는 사람과 사물이 마땅히 따라야 할 도를 일컫는 말입니다. 사람에게 있는 것을 본성[性]이라 합니다. 원(元)·형(亨)·이(利)·정(貞)은 도가 유행하는 것이요, 인·의·예·지는 성이 갖추고 있는 것입니다. 원은 계절상으로 봄이고, 사람에게서는 인입니다. 형은 계절상으로 여름이고, 사람에게서는 예입니다. 이는 계절상으로 가을이고, 사람에게서는 의입니다. 정은 계절상으로 겨울이고, 사람에게서는 지입니다. 원·형·이·정은 유행하는 작용으로 차례를 삼고, 인·의·예·지는 서로 상대하여 서는[對待] 본체로 이름을 규정한 것입니다.

만물의 근원이 하나[一原]라는 점에서 보면[觀][66] 이는 같고[理同] 기는 다르다[氣異]. 만물의 개체가 저마다 다르다[異體]는 점에서 보면 기는 오히려 서로 가까우나 이는 절대로 같지 않다. 기가 다르다는 것은 어떤 것은 순수[粹]하고 어떤 것은 잡스럽다[駁]는 것이다. 이가 다르다는 것은 치우친 것[偏]도 있고 온전한 것[全]도 있다는 것이다.

『주자대전』입니다.[67]

주자가 말했다. "바야흐로 만물이 부여된 처음에는 천명의 유행이 똑같기 때문에 이[理]는 같고, 음양·오행의 기에는 맑고 탁한 것, 순수하고 섞인 것이 있기 때문에 기는 다르다. 만물이 이미 얻은 뒤에는 비록 맑고 탁한 것, 순수하고 섞인 것이 같지 않으나 음양·오행의 기를 같이 가지고 있기 때문에 기는 서로 가깝고, 어둡고 밝은 것[昏明], 열리고 막힌 것[開塞]이 서로 멀기 때문에 이는 절대로 같지 않다. 기가 서로 가깝다는 것은 추위와 더위를

---

66 『朱子大全』에는 觀이 論으로 되어 있다.
67 『御纂朱子全書』「答黃商伯」

알고, 배고프고 배부른 것을 느끼며, 사는 것을 좋아하고 죽는 것을 싫어하며, 이익을 따르고 손해를 피하는 것과 같은 것이다. 이런 점은 사람과 사물이 모두 같다. 이가 같지 않다는 것은, 예컨대 벌이나 개미의 군신관계가 다만 의에서만 조금 밝고, 범이나 이리의 부자관계가 다만 인에서만 조금 밝은 것과 같은 것이다. 다른 것은 더 이상 유추하지 않는다." ○ 정자가 말했다. "천지·음양의 변화는 바로 맷돌 두 짝과 같다. 오르락내리락하고, 차고 비고, 굳세고 부드러운 움직임이 애초에 정지하지 않아서 양은 늘 차고, 음은 늘 이지러지기 때문에 고르지 않다. 비유컨대, 맷돌이 도는데 맷돌의 이가 고르지 않은 것과 같다. 이가 고르지 않기 때문에 온갖 변화를 만들어낸다. 그러므로 사물이 고르지 않은 것은 사물의 실정이다."

○ 귀신(鬼神)이란 두 기가 본래 가지고 있는 기능〔良能〕이다.

장자의 「정몽(正蒙)」입니다.[68]

주자가 말했다. "기를 둘로 말하면 귀(鬼)는 음의 신령한 작용이요, 신(神)은 양의 신령한 작용이다. 기를 하나로 말하면 기가 이르러서 펴지는〔伸〕 작용의 측면은 신이요, 돌이켜서 돌아가는〔歸〕 반작용의 측면은 귀이지만 실상은 하나〔一物〕일 뿐이다. 양능(良能)이란 오고 가는 것과 굽히고 펴는 것을 말하는데, 이것은 이치가 저절로 그런 것이지 안배하여 조치하는 것이 있지 않다. 두 기는 곧 음과 양이다. 양능은 그 기의 신령한 측면이다." ○ 정자가 말했다. "귀신은 하늘과 땅의 작용〔功用〕이며 조화의 자취이다." 주자가 말했습니다. "작용이란 드러난 것을 말한 것이다. 예를 들어, 추위가 오면 더위가 가고, 해가 지면 달이 뜨고, 봄에 나고 여름에 자라는 것은 모두 조화의 오묘한 모습인데, 이런 조화는 볼 수가 없다. 다만 기가 오고 가며, 굽고 펴지는 데서 볼 수 있다. 귀신이 아니고서는 조화하는 모습이 드

---

68 『張朱全書』「正蒙·太和篇」

러나지 않는다." ○ 장자가 말했다. "사물이 처음 생기면 기가 나날이 이르러서 번식한다. 사물이 생겨서 가득 차면 다시 기가 나날이 돌이켜서 흩어진다. 이르는 것을 신(神)이라 하는 것은 그것이 펴지기[伸] 때문이고, 돌이키는 것을 귀(鬼)라 하는 것은 그것이 돌아가기[歸] 때문이다." ○ 주자가 말했다. "하늘과 땅 사이에서 사라지는 것은 귀이고 자라나는 것은 신이며, 태어나는 것은 신이고 죽는 것은 귀이다. 사계절에서는 봄과 여름이 신이고 가을과 겨울이 귀이다. 사람에게 혼(魂)은 신이고 백(魄)은 귀이며, 말하는 것은 신이고 말없는 것은 귀이다. 움직이는 것은 신이고 고요한 것은 귀이며, 날숨은 신이고 들숨은 귀이다."

이상은 하늘과 땅, 사람과 사물의 이치를 통틀어 말한 것입니다. 아래는 사람에게 있는 이치만 오로지 말한 것입니다.

○ 사람은 하늘과 땅의 덕이고 음과 양이 교제하는 것[交]이며 귀와 신이 모인 것[會]이고 오행의 빼어난 기운[秀氣]이다. 그러므로 사람은 하늘과 땅의 중심[心]이다.

『예기』입니다.[69]

장자가 말했다. "하늘과 땅의 덕이란 사람의 덕성이 하늘과 땅의 본성과 같음을 말하며, 사람이 귀하다는 것은 바로 이 때문이다. 오행의 기를 타고나서 만물 가운데 가장 신령한데, 이것이 빼어났다는 것이다. 태어나는 것은 바로 펴는 것이고 마치는 것은 바로 돌아가는 것이다. 한몸에 처음과 끝을 겸하였는데, 이것은 귀와 신이 모인 것이다. 모든 사물은 음과 양의 교제, 귀와 신의 모임, 오행의 기로 말미암아 생겨나지만 사람은 모든 요소를 다 갖

---

69 『禮記』「禮運」

추고 있다.” ○ 주자가 말했다. “가르쳐서 변화시키는 일은 모두 사람이 한다. 이런 뜻에서 '사람은 하늘과 땅의 중심'이라고 하는 것이다.” ○ 용천 섭씨(龍泉葉氏)가 말했다. “하늘과 땅의 정감과 본성〔情性〕은 사람이 아니면 체득하여 참여하지 못하며, 하늘과 땅의 작용은 사람이 아니면 살펴서 본받지 못한다. 하늘과 땅이 쉬지 않는 까닭은 사람의 길〔人道〕을 말미암아서 볼 수 있다. 이 때문에 사람은 하늘과 땅의 마음이 된다.”

이상은 사람이 만물보다 귀함을 말한 것입니다.

○ 위대하신〔皇〕 하느님〔上帝〕께서 땅에 있는 백성에게 충심〔衷〕을 내리셔서 백성이 이를 순종하여〔若〕 한결같은 본성을 갖게 되었다.

『상서(尙書)』「탕고(湯誥)」입니다.

채씨가 말했다. “황은 큰 것이고, 충은 중용(中庸)이며, 약은 순종하는 것이다. 하늘이 내린 명령으로서 인·의·예·지·신의 이치를 갖추어 치우치거나 기울지 않는 것을 충(衷)이라 한다. 사람이 받은 명령으로서 인·의·예·지·신의 이치를 얻어 마음과 함께 생겨난 것을 본성〔性〕이라고 한다.” ○ 유강공(劉康公)이 말했다. “백성이 하늘과 땅의 중심〔中〕을 받아서 생겨난 것을 명(命)이라고 한다.”

신이 생각건대, 하늘로 말하면 명령〔命〕이라 하고 사람으로 말하면 본성〔性〕이라 하는데, 실상은 하나입니다.

맹자가 말했다. “사람은 다 남에게 차마 하지 못하는 마음〔不忍人之心〕을 갖고 있다.”

『맹자』입니다. 아래도 같습니다.[70]

주자가 말했다. "하늘과 땅은 사물을 낳는 것을 마음으로 삼고, 하늘과 땅에 의해 생겨난 사물은 이에 따라 저마다 사물을 낳는 하늘과 땅의 마음을 얻어서 마음으로 삼는다. 그러므로 사람은 모두 남에게 차마 하지 못하는 마음을 갖고 있다."

사람이 다 남에게 차마 하지 못하는 마음을 갖고 있다고 하는 까닭은 다음과 같다. 지금 어떤 사람이 갑자기[乍] 젖먹이 아기가 막 우물에 빠지려는 것을 본다면 누구나 깜짝 놀라서[怵惕] 측은(惻隱)한 마음을 갖게 되는데, 이는 아기의 부모와 친하게 지내려는[內交] 것도 아니고, 마을 사람이나 친구들에게 칭찬을 들으려는[要譽] 것도 아니며, 구해주지 않았다고 비난하는 소리[聲]를 듣기 싫어서 그런 것도 아니다.

주자가 말했다. "사(乍)는 '갑자기'와 같은 말이며, 출척(怵惕)은 놀라서 움직이는 모습이다. 측(惻)은 절실하게 상심한 것이며 은(隱)은 매우 깊이 아픈 것이다. 이것이 바로 차마 하지 못하는 마음이다. 납(內)은 맺는 것이고 요(要)는 구하는 것이며 성(聲)은 나쁜 평판[名]이다. 명(名)은 사람을 구해주지 않아서 나쁜 평판을 얻는 것입니다. 갑자기 보았을 때 바로 이 마음이 있어서 보는 것에 따라 이 마음이 나오는 것이지 이 세 가지를 위하여 나오는 것이 아님을 말한다." ○ 정자가 말했다. "몸[腔子]에 가득한 것이 이 측은한 마음이다." 주자가 말했습니다. "강자(腔子)는 몸뚱이[軀殼]라는 말과 같다."

이것으로 본다면 측은히 여기는 마음[惻隱之心]이 없으면 사람이 아니고, 부끄러워하거나 미워하는 마음[羞惡之心]이 없으면 사람이 아니고, 사양하는 마음[辭讓之心]이 없으면 사람이 아니고, 옳고 그른 것을 가리는 마

---

70 『孟子』「公孫丑·上」

음[是非之心]이 없으면 사람이 아니다.

주자가 말했다. "수(羞)는 자기의 선하지 못한 것을 부끄러워하는 것이고, 오(惡)는 남의 선하지 못한 것을 미워하는 것이다. 사(辭)는 풀어서 자기에게서 떠나게 하는 것이고, 양(讓)은 미루어서 남에게 주는 것이다. 시(是)는 선한 것을 알고서 옳다고 하는 것이고, 비(非)는 악한 것을 알고서 그르다고 하는 것이다. 사람의 마음은 이 네 가지에서 벗어나지 않는다. 그러므로 측은한 마음을 논한 것을 바탕으로 나머지를 다 꼽았는데, 사람이 만일 이 마음이 없다면 사람이라고 할 수 없다고 하여서 그 마음이 반드시 있음을 밝혔다."

측은히 여기는 마음은 인(仁)의 실마리[端]이고, 부끄러워하고 미워하는 마음은 의(義)의 실마리이며, 사양하는 마음은 예(禮)의 실마리이고, 옳고 그른 것을 가리는 마음은 지(智)의 실마리이다.

주자가 말했다. "측은, 수오, 사양, 시비의 마음은 감정이다. 인·의·예·지는 본성이다. 단(端)은 실마리이다. 감정이 드러남으로 인하여 본성이 본래 그러함을 볼 수 있다. 마치 사물이 안에 있는데 실마리가 밖으로 드러나는 것과 같다."

사람이 이 네 가지 실마리[四端]를 가지고 있는 것은 팔다리[四體]를 가지고 있는 것과 같다. 이 네 가지 실마리를 가지고 있으면서도 나는 선한 일을 할 수 없다고 하는 사람은 스스로를 해치는 사람이요, 자기 임금이 선한 일을 할 수 없다고 하는 사람은 임금을 해치는 사람이다.

주자가 말했다. "사체(四體)는 사지(四肢)로서 사람이면 반드시 가지고 있는 것이다. 나는 선한 일을 할 수 없다고 하는 사람은 물욕(物欲)에 가렸을 뿐이다."

나에게 있는 네 가지 실마리를 모두 넓혀서〔擴〕 채울〔充〕 줄 알면 불이 처음 타오르는 것과 같고 샘물이 처음 흐르는 것과 같다. 만약에 채울 수만 있다면 충분히 온 세상〔四海〕을 보존할 수 있고, 채우지 못하면 부모도 섬기지 못할 것이다.

  주자가 말했다. "확(擴)은 미루어 넓힌다는 뜻이고, 충(充)은 채우는 것이다. 나에게 있는 네 가지 실마리는 상황에 따라 나타난다. 이에 나아가 미루어 넓혀서 본래의 양대로 가득 채울 줄 알면 날마다 새로워지고 또 새로워져서 스스로 그만두지 못하는 것이 있을 것이다. 이것으로 말미암아 마침내 채워 나가면 온 세상〔四海〕이 비록 멀더라도 또한 내 역량 안에 있어서 어렵잖게 보전할 수 있다. 채우지 못하면 비록 매우 일상적인 일이라도 할 수 없을 것이다. 이 장에서는 사람의 본성과 감정, 마음의 본체와 작용이 본래부터 전부 갖추어져 있어서 이처럼 저마다 조리가 있다는 것을 논했다. 배우는 사람이 여기에서 돌이켜 추구하고 마음속으로 깨달아서 이것을 넓혀서 채우면 하늘이 나에게 준 것을 모두 다 실현할 수 있을 것이다." ○ 정자가 말했다. "네 가지 실마리에서 신(信, 믿음직함)을 말하지 않은 것은 이미 성실한 마음이 있어서 네 가지 실마리가 이루어졌으니 신은 네 가지 실마리 가운데 있는 것이다." 주자가 말했습니다. "네 가지 실마리의 믿음직스러움은 오행(五行)에서 토(土)와 같다. 토는 정해진 위치도 없고, 규정된 이름도 없으며, 전적인 기도 없으나 수·화·금·목이 모두 이것을 기다려서 생겨난다. 그러므로 나머지 사행(四行) 어디에나 토가 들어 있으며, 사계절에서는 계절적 요소가 가장 왕성한 시기에 붙어 있다〔寄王〕. 토의 이치는 네 가지 실마리의 믿음직스러움과 같다." ○ 또 말했다. "마음은 삶의 도리이다. 사람은 이 마음이 있고 이에 형체를 갖추어서 살아간다. 측은한 마음은 사람이 살아가는 도리로서 걸왕과 도척 같은 사람이라도 이것이 없이는 살아가지 못한다. 그들은 이 마음을 해쳐서 하늘의 이치를 없앴을 뿐이다. 처음에는 사물을 아낄 줄 모르고, 조금 있으면 서슴없이 나쁜 짓을 하는 데 이르며, 이런 마음에 안주하여 죽이는 데 이르고, 이런 마음을 채워서 죽이기를 좋아하는 데 이른 것이다. 이것이 어찌 사람의 이치이겠는가."

『시경』에 이르기를 "하늘이 뭇 백성[烝民]을 낳으니 사물[物]이 있으면 법칙[則]이 있네. 백성이 한결같은 성품[秉彝]을 지니고 있어서 이 아름다운[懿德] 덕을 좋아하네."라고 하였다. 공자가 말했다. "이 시를 지은 이는 도리를 아는구나! 그러므로 사물이 있으면 반드시 법칙이 있다. 백성은 한결같은 성품을 간직하고 있기 때문에 이 아름다운 덕을 좋아한다."[71]

주자가 말했다. "시는 「대아(大雅)·증민(烝民)」편이다. 증(烝)은 무리이고 물(物)은 사물[事]이며 칙(則)은 법칙이다. 이(彝)는 한결같은 것이고 의(懿)는 아름다운 것이다. 사물이 있으면 반드시 법칙이 있다는 것은 예를 들어 귀와 눈이 있으면 총명의 덕이 있고, 부자(父子)가 있으면 자애롭고 효도하는 마음이 있는 것과 같다. 이것은 백성이 굳게 간직하고 있는 한결같은 본성이다. 그러므로 인지상정으로 누구나 이 아름다운 덕을 좋아하는데, 여기서 사람의 본성이 선함을 알 수 있다."

만물이 모두 나에게 갖추어져 있다.[72]

주자가 말했다. "크게는 군주와 신하, 부모와 자식, 작게는 미세한 사물에 이르기까지 당연한 이치가 본성의 분수 안에 갖추어져 있지 않은 것은 하나

---

71 『孟子』「告子·上」
72 『孟子』「盡心·上」

도 없다." ○ 또 말했다. "본성은 혼연한 태극의 본체이므로 본래 개념으로 규정하지 못한다. 다만 그 가운데 온갖 이치〔萬理〕가 갖추어져 있는데, 벼리〔綱〕가 되는 큰 이치가 넷이 있다. 그러므로 인·의·예·지라고 명명한 것이다. 공자 때에는 본성이 선하다는 이치가 본래 밝았으므로 비록 그 조목을 자세히 드러내지 않아도 선한 본성의 이론이 저절로 갖추어졌지만, 맹자 때에 이르러서는 이단(異端)이 많이 일어나서 가끔 본성을 선하지 않은 것으로 여겼다. 맹자는 이 이치가 밝아지지 않을까 두려워하여 밝히려고 생각하였다. 그러나 '혼연한 전체'라고만 하면 눈금 없는 저울이나 치수 없는 자와 같아서 마침내 온 세상을 충분히 깨우치지 못할 것이다. 이에 나누어서 말하였는데 넷으로 한정하였다. 사단(四端)이라는 이론이 여기에서 확립되었다. 사단이 드러나지 않을 때에는 비록 고요하여 움직이지 않으나〔寂然不動〕 그 가운데 저절로 조리가 있고, 저절로 얼개가 있으며, 뒤죽박죽 아무런 구분도 없고 아무것도 없는 것은 아니다. 그러므로 외부로부터 자극을 받으면 가운데서 곧바로 반응하는데, 사단이 드러나는 모습은 저마다 다르다. 혼연한 전체 가운데 이와 같이 뚜렷한 조리가 있으니 본성이 선함을 알 수 있다." ○ 진씨(眞氏)가 말했다. "사람의 사람됨이 하늘, 땅과 나란히 서서 삼재(三才)가 되는 까닭은 형체에는 하늘과 땅처럼 큰 것도 있고 사람처럼 작은 것도 있으나 이치〔理〕에는 큰 것, 작은 것이 없기 때문이다. 이치란 무엇인가? 인·의·예·지이다. 자연의 질서〔天道〕로 말하면 원·형·이·정이라고 하는데 실제로는 하나일 뿐이다. 사람은 하늘, 땅과 함께 본래 하나이며 둘이 아닌데 다르게 되는 까닭은, 하늘과 땅은 무심하지만 사람은 욕구가 있기 때문이다. 하늘과 땅의 아름다운 명령은 늘 한결같이 새로워서 시작하면〔元〕 형통하고〔亨〕 형통하면 이롭고〔利〕 이로우면 곧고〔貞〕 곧으면 다시 시작된다. 한 번 통하면 한 번 반복하여 끊임없이 순환한다. 사람은 태어날 때 모두 이 이치를 전부 갖추고 있지만 오직 몸〔形體〕에 얽매어 개인적인 물질적 욕구가 없을 수 없다. 그러므로 측은한 마음이 생길 때 그것을 흔드는 것이 있으면 어짊을 채울 수 없다. 부끄러워하고 미워하는 마음이 생길 때 그것을 빼앗는 것이 있으면 의로움을 채울 수 없다. 공경하는 마음과 사양을 공경이라고도 하였습니다. 옳고 그름을 가리는 마음이 생길 때에도 마찬가지이다. 이 때문에 맹자는 채우라는 말을 매우 간절하게 했던 것이다. 선의 실마리가 나올 때 처음에는 매우 미미하다. 마치 음과 양의 기가 동지와 하지에서 시작되는데, 처음에는 다 극히 작아서 드러나지 않다가 양이 점점 자라나서 정월에 이르면 하늘과 땅의 기가 조화하여 사물이 모두 발달하고, 음이 점점 자라서 7월에 이르면 하늘과 땅의 기가 엄숙하여 사물이 다 수렴되는 것과 같다. 하늘과 땅이 만물을 생성하는 이치는 다 미미한 데서 시작하여 드러나는 데로 이르는데, 어느 해나 그렇지 않은 적이 없다. 사람이 하늘과 땅의 마음을 체득하여 자신의 마음으로 삼아 선한 실마리가 드러나면 보존하고 기르며 부축하고 보살펴서 해치는 것을 제거해야 한다. 불이 붙기 시작하면 부채질 하고 샘물이 솟아나기 시작하면 물길을 터놓는 것과 같이 할 수 있다면 측은한 마음 하나가 온 세대를 윤택하게 하며, 부끄러워하고 미워하는 마음 하나가 만백성을 바르게 할 수 있을 것이다. 요·순의 어짊과 탕왕·무왕의 의로움이 하늘과 땅만큼 컸던 까닭은 어짊과 의로움을 채울 수 있었기 때문이다.”

이상은 본연지성(本然之性)을 말한 것입니다.

신이 생각건대, 사람의 한 마음에는 만 가지 이치가 전부 갖추어져 있어서 요·순의 어짊, 탕왕·무왕의 의로움, 공자·맹자의 도가 모두 본성의 분수 안에 본래 있는 것입니다. 오직 앞으로는 기품(氣稟)에 얽매이고 뒤로는 물질적 욕구에 빠져서 밝은 사람이 어두워지고 바른 사람이 간사하게 되며, 흐리멍덩해져서 어리석은 보통 사람과 같이 되고 새나 짐승과 다름이 없게 되지만 본래부터 갖추어져 있는 이치는 본래 그대로 밝고 바릅니다. 다만 덮여 있을 뿐 끝내 이치는 사라져 없어지지 않기 때문에 참으로 어두운 것을 없애고 간사한 것을 끊어버릴 수만 있다면 바깥의 도움을 빌리지 않더라도 요·순·탕왕·무왕·공자·맹자와 같은 성인이 될 수 있습니다. 비유컨대 어떤 사람이 자기 집에 무진장한 보물이 있는데, 으슥한 곳에 묻혀 있어서 알지 못하고 가난하여 사방을 떠돌면서 구걸하다가 만일 선각자가 나타나 보물이 묻힌 곳을 알려줄 경우 그것을 의심 없이 굳게 믿고 묻힌 것을 파내면 무진장한 보화가 모두 그의 것이 되는 것과 같습니다. 이 이치가 매우 분명한데 사람들이 스스로 깨닫지 못하니 슬픈 일입니다. 다만 마음에 이치가 갖추어져 있다는 것만 알 뿐 가리고 덮인 것을 힘써 없애지 않는다면, 실은 보물이 묻힌 곳을 알지도 못하면서 나는 보물을 가지고 있다고 헛소리하는 것일 뿐이니 무슨 이익이 있겠습니까? 유념하시기 바랍니다.

○ 형체가 있은 다음에 기질의 성[氣質之性]이 있다. 이것을 잘 돌이키면 천지의 성[天地之性]이 거기에 존재한다. 그러므로 군자는 기질의 성을 본성으로 여기지 않는다.

장자의 「정몽」입니다.[73]

주자가 말했다. "천지의 성은 오로지 이(理)를 가리켜 말한 것이고 기질의 성은 이를 기(氣)와 섞어서 말한 것이다. 다만 이 본성이 본연의 성입니다. 기질 가운데 있기 때문에 기질을 따라 그 자체로 본성이 된 것이다. 기질의 성입니다. 성을 물에 비유하면 본래는 다 맑은 것인데 깨끗한 그릇에 담으면 맑고 더러운 그릇에 담으면 흐려진다. 맑게 하면 본래의 맑은 성질은 있지 않은 적이 없다." ○ 섭씨(葉氏)가 말했다. "기가 모여서 형체를 이루는데 본성이 기질에 얽매어 순수한 것과 섞인 것, 치우친 것과 바른 것의 차이가 있다. 이것이 이른바 기질의 성이다. 사람이 착한 도리로 스스로를 돌이킬 수만 있으면 천

---

73 『張子全書』 「正蒙 · 誠明篇」

지의 성이 다시 온전해진다. 그러므로 기질의 성을 군자는 본성이라고 하지 않는다. 기질의 치우친 점을 따르지 않고 반드시 본래의 선을 회복하려는 것이다." ○ 정자가 말했다. "본성은 하늘에서 나오고, 재질[才]은 기질에서 나온다. 기질이 맑으면 재질도 맑고, 기질이 흐리면 재질도 흐려진다. 재질에는 선한 것도 있고 선하지 않은 것도 있지만 본성에는 선하지 않은 것이 없다." ○ 또 말했다. "본성을 논하고 기를 논하지 않으면 갖추어지지 않고, 기를 논하고 본성을 논하지 않으면 밝지 않다. 본성과 기를 둘로 여기는 것도 옳지 않다." 섭씨가 말했습니다. "본성이 선하다는 것만 논하고 기품이 같지 않은 것을 유추하지 않는다면 어찌 지혜로운 이와 어리석은 이가 있을 수 있겠는가? 그러므로 갖추어지지 않았다고 한다. 기품이 다르다는 것만 논하고 본성이 모두 선하다는 것을 탐구하지 않는다면 근본에 이르지 못한다. 그러므로 밝지 않다고 한다. 본성이란 기의 이치이고 기란 본성의 자질이므로 원래 서로 분리되지 못하는 것인데 갈라서 둘로 여기면 또한 잘못이다."

이상은 기질지성(氣質之性)을 논한 것입니다.

신이 생각건대, 본연의 성과 기질의 성은 두 가지 본성이 아닙니다. 기질에 나아가 그 이(理)만을 가리켜서 본연의 성이라 하고 이와 기질을 합하여 기질의 성이라고 명명한 것입니다.

○ 사람이 생겨나서 고요한 것은 하늘의 본성이고 사물에 자극을 받아 움직이는 것은 본성의 욕구이다. 사물이 이르러 지각에 의해 안[知故□] 뒤에 좋아하고 미워하는 것이 나타난다.

『예기』입니다. 아래도 같습니다.[74]

유씨(劉氏)가 말했다. "사람이 태어나서 고요한 것은 희(喜)·노(怒)·애(哀)·락(樂)이 표현되지 않은 중심[中]으로서 하늘이 명한 본성이다. 사물에 자극을 받아 움직이면 본성이 표현되어 감정이 된다." ○ 주자가 말했다. "앞의 지(知) 자는 본체이고 뒤의 지(知) 자는 작용이다.

무엇을 사람의 감정이라고 하는가? 기쁨[喜]·성냄[怒]·슬픔[哀]·두려움[懼]·사랑[愛]·미움[惡]·욕망[欲]의 일곱 가지이다. 이 일곱 가지는 배우지 않고도 표현할 수 있다.

정자가 말했다. "천지가 정기를 쌓은 것 가운데 오행의 빼어난 것을 얻은 것이 사람이다. 사람의 본질은 참되고 고요하며, 그 본질이 아직 밖으로 표현되지 않았을 때에는 다섯 가지 본성의 요소를 갖추고 있다. 그것을 인(仁)·의(義)·예(禮)·지(智)·신(信)이라 한다. 형체가 생기면 외부의 사물이 그 몸을 자극하여 중심을 움직인다. 그 중심이 움직여서 나온 것이 일곱 가지 감정이다. 그것을 희·노·애(哀)·구·애(愛)·오·욕이라 한다. 감정이 거세어서 더욱 들끓으면 본성이 뚫린다. 이 때문에 깨달은 사람은 감정을 절제하여 중심에 합하고 마음을 바르게 하여 그 본성을 기른다. 어리석은 사람은 절제할 줄을 몰라 감정을 풀어놓아서 간사하고 치우친 데 이르러 본성을 속박하여 없애버린다." ○ 어떤 사람이 물었다. "사랑과 욕망을 어떻게 구별합니까?" 주자가 말했다. "사랑은 그 대상을 널리 사랑하는 것이고, 욕망은 반드시 얻는 데 뜻을 두는 것이다."

임금님이 말씀하셨다. "사람의 마음[人心]은 오직 위태롭고[危] 도의 마음[道心]은 오직 미묘하니[微] 오직 정성스럽고[精] 오직 한결같아야[一] 진실로 그 중심을 잡으리라."

「우서(虞書)·대우모(大禹謨)」입니다. ○ 순임금이 우임금에게 명령한 말씀입니다.[75]

주자가 말했다. "텅비고 영활한 마음의 지각능력〔虛靈知覺〕은 하나일 뿐이다. 그러나 인심(人心)과 도심(道心)이 다르다는 것은, 어떤 것은 개인적인 형체와 기질〔形氣〕에서 생기고, 어떤 것은 바른 본성의 명령〔性命〕에 근원을 두어서 지각하는 것이 서로 다르기 때문이다. 이런 까닭에 어떤 것은 위태로워서 편안하지 않고 어떤 것은 미묘하여서 보기가 어려울 뿐이다. 그러나 형체를 갖고 있지 않은 사람은 없기 때문에 비록 아주 지혜로운 이라도 인심이 없을 수 없다. 또한 본성을 갖고 있지 않은 사람은 없기 때문에 비록 아주 어리석은 이라도 도심이 없을 수 없다. 두 가지가 마음〔方寸〕에 섞여 있는데 이것을 다스릴 줄 모르면 위태로운 것〔人心〕은 더욱 위태로워지고 미묘한 것〔道心〕은 더욱 미묘해져서 공평한 천리(天理)가 개인적인 인욕(人欲)을 이기지 못할 것이다. 정성스러우면〔精〕 이 두 가지 사이를 살펴서 섞이지 않고, 한결같으면〔一〕 올바른 본래 마음을 지켜서 벗어나지 않는다. 여기에 일삼아서 조금도 중단함이 없어서 반드시 도심이 항상 한 몸의 주재가 되고 인심이 언제나 그 명령을 듣게 되면 위태로운 것이 편안해지고 미묘한 것이 드러나, 움직임과 고요함, 말과 행동이 저절로 지나치거나 모자라는 잘못이 없을 것이다."○ 오봉 호씨(五峯胡氏)가 말했다. "천리와 인욕은, 행태는 같으나 실정이 다르다." 주자가 말했습니다. "다만 한 사람의 마음이 도리에 합하는 것은 천리이며 정욕에 따르는 것은 인욕이다. 마땅히 두 가지가 갈라지는 경계에서 이해하여야 한다." ○ 잠실 진씨(潛室陳氏)가 말했습니다. "이 말은 깊이 음미하여야 한다. 예를 들어, 음식이나 성적인 욕구는 요·순도 걸·주와 같다. 이치에 맞고 절도에 맞으면 천리가 되고, 이치에 어긋나고 절도에 어긋나면 곧 인욕이 된다." ○ 어떤 사람이 물었다. "음식 가운데서 어느 것이 천리이며 어느 것이 인욕입니까?" 주자가 말했다. "마시고 먹는 것, 그 자체는 천리이지만 맛있는 것을 찾는 것은 인욕이다." ○ 면재 황씨(勉齋黃氏)가 말했다. "요·순은 성인이면서 제왕의 높은 자리에 있었지만 이처럼 스스로 그 마음을 다스렸다. 그런데

---

75 『書經』「虞書·大禹謨」

세상의 배우는 사람이 어찌 이 마음이 중하다는 것을 알지 못한 채 감정을 내맡기고 욕망을 풀어놓아 교만하고 편안함을 추구하며 방탕하고 제멋대로 굴어 생각하고 사려하기를 하늘에 날아오를 듯이 붕 뜨고 못에 빠지듯이 가라앉고 불붙듯이 뜨겁고 얼어붙듯이 차갑기도 하니 어찌 참으로 민망하지 않겠는가? 성현이 내려준 가르침이 환하게 명백한데 배우는 사람이 어찌 깊이 생각하고 익숙하게 음미하지 않겠는가?" ○ 서산 진씨(西山眞氏)가 말했다. "인심유위(人心惟危, 인심은 오직 위태롭다) 이하의 16글자는 바로 요·순·우가 전해준 핵심적인 법칙이며 모든 세대에서 성인이 되는 학문(聖學)의 연원이다. 선배 유학자(先儒)의 훈고와 주석이 비록 많지만 주자의 학설이 가장 정확하다. 좋은 음악을 듣고 미인을 좋아하며 좋은 냄새와 맛을 추구하는 욕망은 이른바 인심이고, 인·의·예·지의 이치는 이른바 도심이다. 인심이 일어나는 것은 날카로운 창이나 사나운 말과 같아서 제어하기 어려우므로 위태롭다고 한다. 도심이 일어나는 것은 불이 처음 붙는 것이나 샘물이 처음 솟아나는 것과 같아서 채우고 넓히기가 어려우므로 미묘하다고 한다. 의리(義理)는 정밀하고 미미하여 보기 어렵기 때문에 미묘하다고 한 것이지 채우고 넓히기가 어려워서 그렇게 이름 붙인 것은 아닙니다. 다만 서산의 설도 통하여 따로 한 가지 학설로 삼을 만하기 때문에 취하였습니다. 오직 평소에 스스로 장중하고 경건한 몸가짐을 지니고, 한 생각이 일어나는 근원을 살펴서 그 생각이 음악(聲)·미인(色)·냄새(臭)·맛(味)을 위해 일어난 것이라면 힘써 다스려 자라나지 못하도록 해야 한다. 그 마음이 인·의·예·지를 위해 일어난 것이라면 한결같은 의지로 지켜서 변하거나 옮겨가지 않게 해야 한다. 이렇게 하면 이치와 의로움(理義)은 늘 보존되어 물욕(物欲)이 물러나고, 이것으로써 온갖 변화에 대응하면 어디를 가나 중도에 맞지 않은 것이 없다." 주자는 만년의 정론(晚年定論)에서 인심을 인욕(人欲)으로 풀이하지 않았는데, 인심은 형기(形氣, 형체와 기운)에서 생겨난 것이기 때문에 비록 성인이라도 갖고 있는 것입니다. 인심이 주재가 되어 바르고 도심의 명령을 듣지 않은 뒤에야 인욕이 됩니다. 진씨의 학설은 비록 인심을 바르게 풀이한 것은 아니지만 천리(天理)와 인욕을 분명하게 논하여 배우는 사람에게 유익하기 때문에 함께 취하였습니다.

마음은 본성과 감정[性情]을 통괄하는[統] 것이다.

『횡거어록(橫渠語錄)』입니다.[76]

주자가 말했다. "통(統)은 주재하는 것이다. 본성은 마음의 이치요, 감정은 마음의 작용이요, 마음은 본성과 감정의 주재인데, 곧 이 이치를 갖추고서 이 감정을 표현하는 것이다. 지혜를 예로 들어 말하자면, 옳고 그름의 이치를 아는 것은 본성이고, 옳고 그름을 알고서 옳다고 하거나 그르다고 하는 것은 감정이며, 이 이치를 갖추고서 옳음과 그름을 깨닫는 것은 마음이다. 이들 사이의 분별은 다만 매우 작은 차이가 있기 때문에 정밀하게 살펴야 알 수 있다." ○ 또 말했다. "마음의 온전한 본체[全體]가 잠잠히 텅 비고 밝아서 온갖 이치가 구비되어 그 유행이 움직임과 고요함에 관통한다. 아직 표현되지 않아서[未發] 온전한 본체로써 말하면 본성이고 표현되어서[已發] 오묘한 작용으로써 말하면 감정이다. 그러나 이런 구분은 하나로 뒤섞여 있는 것 가운데 이미 표현된 것과 아직 표현되지 않은 것을 따로 가리켜서 말한 것일 뿐 본성도 따로 한 곳을 차지하고 있고, 마음과 감정도 따로 멀리 떨어져서 한 자리씩 차지하고 있다는 것은 아니다." ○ 소자(邵子, 邵雍)가 말했다. "본성은 도의 형체이고 마음은 본성의 성곽이며, 몸은 마음의 집[區宇]이고 사물은 몸을 싣는 배와 수레이다."

맹자가 말했다. "사람이 짐승과 다른 까닭은 아주 적다[幾希]. 서민은 그 다른 점을 버리고 군자는 그것을 간직한다."

『맹자』입니다. 아래도 같습니다.[77]

---

76 『張子全書』 「性理拾遺」
77 『孟子』 「離婁 · 下」

주자가 말했다. "기희(幾希)는 적다는 것이다. 사람과 사물은 나면서부터 하늘과 땅의 이치[理]를 같이 얻어서 본성으로 삼고, 하늘과 땅의 기운[氣]을 같이 얻어서 형체를 이루었는데, 다른 점은 사람만 그 사이에서 바른 형기를 얻어서 본성을 온전하게 할 수 있다는 조그마한 차이뿐이다. 적은 차이라고 하지만 사람과 사물이 구분되는 까닭은 참으로 여기에 있다. 뭇 사람은 이것을 알지 못하고 버리기 때문에 명색이 사람이라고는 하지만 실상은 짐승과 다를 것이 없다. 군자는 이것을 알고 보존하여 두려워하고 경계하며 근심하고 염려하여[戰兢惕慮] 끝내 받은바 바른 것을 온전하게 할 수 있다." ○ 또 말했다. "사람과 사물이 같은 것은 이치이고 천지지성(天地之性)은 사람과 사물이 하나입니다. 같지 않은 것은 마음이다. 기에는 치우침과 바름[偏正], 통함과 막힘[通塞]이 있기 때문에 마음은 같지 않습니다. 사람의 마음은 텅 비고 영활하여 밝지 않음이 없지만 짐승은 어두워서 한두 가지 통로로만 밝은 것이 드러난다. 예를 들어, 어미와 새끼가 서로 사랑한다거나 암컷과 수컷이 서로 분별이 있는 것 같은 따위이다. 사람의 텅 비고 영활한 마음은 모든 것에 유추할 수 있지만 짐승은 다른 데로 유추할 수 없다. 사람이 만약 개인적인 욕심으로 이 텅 비고 영활한 마음을 가린다면 바로 짐승과 같다. 사람과 짐승은 이런 사소한 데서 구분되기 때문에 차이가 아주 적다고 한 것이다." ○ 범씨(范氏) 이름은 준(浚)입니다. 는 「심잠(心箴)」에서 이렇게 말했다.[78] "아득한 하늘과 땅[堪輿]은 굽어보고 쳐다봐도 끝이 없네. 그 사이에서 사람은 자그마한 몸을 갖고 있네. 이 몸은 얼마나 보잘것없는지 큰 창고의 쌀알 같네. 하늘, 땅과 함께 삼재(三才)가 된 것은 오직 마음 때문이라! 예로부터 지금까지 누가 이 마음이 없었겠는가? 마음이 몸에 끌리면 짐승이나 새가 되네. 오직 입, 귀, 눈, 손, 발의 움직임이 가만히 틈을 타서 마음의 병이 되네. 미미한 마음을 뭇 욕심이 침공하니 그 마음 간직하는 이가 거의 드물다. 군자가 정성을 다하여 생각하고

---

[78] 『西山讀書記』「心」

경건하면 마음〔天君〕이 태연하여 온몸이 마음의 명령을 따른다."

마음을 다하는 사람은 본성을 안다. 본성을 알면 하늘을 알게 된다.[79]

　주자가 말했다. "마음은 사람의 신명(神明)인데 뭇 이치를 갖추어서 온갖 일에 대응하는 것이고 본성은 마음이 갖추고 있는 이치이며, 하늘은 또 이치가 나오는 근원이다. 하늘은 곧 이치입니다. 이 이치는 본성을 가리켜 말한 것입니다. 하늘은 넓어서 그 끝이 없으며 본성은 하늘의 온전한 성질을 받았기 때문에 사람의 본마음은 그 본체가 드넓고 또한 한계가 없다. 오직 개인적인 형체와 기운〔形氣〕에 얽매이고 보잘것없는 견문에 막혀서 마음이 가려지고 다하지 못하는 점이 있다. 사람이 일과 사물에 나아가 그 이치를 탐구하여 어느 날 모든 것을 송두리째 꿰뚫어 남김없이 이해할 수 있게 되면 본래 그러한 본체〔本然之體〕를 온전히 할 수 있을 것이다. 그러므로 마음의 온전한 본체를 끝까지 발휘하여 다하지 못함이 없는 사람은 반드시 이치를 탐구하여 모르는 것이 없는 사람일 것이다. 이미 그 이치를 알면 곧 그 이치가 나온 근원도 또한 여기에서 크게 벗어나지 않는다. 이를 『대학』의 순서로써 말하면 본성을 아는 것〔知性〕은 대상 사물의 이치를 탐구하는 것〔格物〕이고, 마음을 다하는 것〔盡心〕은 앎을 끝까지 추구하는 것〔致知〕을 말한다."

　이상은 마음·본성·감정을 통틀어서 논한 것입니다.

　신이 생각건대, 사물이나 자기 몸에 있는 이치는 모두 탐구해야 할 것입니다. 다만 사물에 있는 이치는 넓고도 넓어서 대략 말하고 몸에 있는 이치는 중요하고 절실하기 때문에 좀더 자세히 말한 것이지 몸에 있는 이치는 상세히 논

---

79 『孟子』「盡心·上」

하여야 하고 사물에 있는 이치는 간략하게 논해도 된다는 말은 아닙니다. 가까이 일상적인 것에서 생각하여〔近思〕 끝까지 다 유추하면 아무리 작은 물건이나 미미한 일이라도 그 이치를 밝게 통찰하지 못할 것이 없을 텐데 하물며 커다란 하늘과 땅, 신묘한 귀신을 상세히 통찰하지 못할 것이 있겠습니까?

신이 가만히 생각건대, 선배 유학자의 마음·본성·감정의 학설은 자세히 갖추어져 있습니다. 그러나 저마다 강조하는 바가 있어서 말이 똑같지는 않습니다. 그 때문에 후학들이 말에 사로잡혀 뜻을 헷갈리는 경우가 많습니다. '본성이 표현되어 감정이 되고〔性發爲情〕 마음이 표현되어 의지가 된다〔心發爲意〕.'라는 말은 나름대로 뜻하는 것이 있으며 마음과 본성을 두 가지 작용으로 나눈 것이 아닌데 후학들이 마침내 감정과 의지〔情意〕를 두 갈래로 보았습니다. 본성이 표현되어 감정이 된다는 것은 마음이 없다는 것이 아니고, 마음이 표현되어 의지가 된다는 것은 본성이 없다는 것이 아닙니다. 다만 마음은 본성을 다 발휘할 수 있지만 본성은 마음을 단속할 수 없고, 의지는 감정을 움직일 수 있으나 감정은 의지를 움직일 수 없습니다. 그러므로 감정을 위주로 하여 말하면 감정은 본성에 속하고 의지를 위주로 하여 말하면 의지는 마음에 속하지만 실상 본성은 마음이 아직 표현되지 않은 것이고 감정과 의지는 마음이 이미 표현된 것입니다. 사단(四端)은 오로지 이(理)만 말한 것이고 칠정(七情)은 이(理)와 기(氣)를 합하여 말한 것이므로 감정에 두 가지〔二情〕가 있는 것은 아닙니다. 그런데 후세 사람들은 마침내 이와 기가 둘 다 표현된다고〔互發〕 생각하였습니다. 사단은 본성 가운데 본연의 성을 말한 것과 같고 칠정은 본성 가운데 이와 기를 합하여 말한 것과 같습니다. 기질의 성은 기질 가운데 있는 본성이지 두 가지 본성〔二性〕이 있는 것은 아닙니다. 그러므로 칠정은 사단을 포괄한 것이지 두 가지 감정이 아닙니다. 모름지기 두 가지 본성이 있어야 비로소 두 가지 감정이 있을 수 있습니다. 감정과 의지〔情意〕를 두 갈래로 생각하는 것과 이와 기가 모두 표현된다는 설은 분별하지 않으면 안 됩니다. 마음의 본체는 본성이고 마음의 작용은 감정인데 본성과 감정밖에 또 다른 마음은 없습니다. 그러므로 주자가 "마음의 움직임이 감정이다."라고 하였습니다. 주자의 말은 여기서 그칩니다. 감정[情]은 사물에 자극을 받아 처음 표현된 것이고, 의지[意]는 감정으로 말미암아 헤아리고 따지는 것이니 감정이 아니면 의지는 나올 곳이 없습니다. 그러므로 주자가 "의지는 감정에 말미암아 작용한다. 그러므로 마음이 고요히 움직이지 않는 것[寂然不動]을 본성이라 하고 마음이 자극을 받아 드디어 통하는 것[感而遂通]을 감정이라 하며, 마음이 자극을 받아 실마리를 끄집어내고 생각하고 헤아리는 것을 의지라고 한다."라고 하였으니 마음과 본성에 과연 두 가지 작용이 있으며 감정과 의지에 과연 두 갈래가 있겠습니까? 어떤 사람이 물었습니다. "의지는 본래 감정으로 말미암아 헤아리고 따지는 것이지만 사람이 아직 사물과 접촉하지 않아 자극이 없을 때에도 생각과 사려가 일어나니 어찌 반드시 감정으로 말미암는다고 하겠습니까?" 대답하였습니다. "그것도 전에 표현되었던 감정에서 실마리를 끄집어낸 것이다. 당시 비록 아직 사물에 접촉하지 않았다 하더라도 실은 전에 자극을 받았던 사물을 생각하는 것이니 어찌 이른바 감정으로 말미암는 것이라 하지 않겠는가?" 오성(五性, 인 · 의 · 예 · 지 · 신) 외에 다른 본성은 없고 칠정(七情, 기쁨 · 성냄 · 슬픔 · 즐거움 · 사랑 · 미움 또는 두려움 · 욕망) 외에 다른 감정은 없습니다. 맹자는 칠정 가운데 선한 감정만 골라 사단(四端)으로 지목한 것이지 칠정 외에 따로 사단이 있는 것은 아닙니다. 감정의 선과 악이 어느 것인들 본성에서 나온 것이 아니겠습니까? 악한 감정은 본래 악한 것이 아니라 다만 형체와 기운에 가려 지나치거나[過] 미치지 못해서[不及] 악이 됩니다. 그러므로 정자가 "선과 악이 모두 천리이다."라고 하였고, 주자가 "천리가 원인이 되어 인욕이 있다."라고 하였습니다. 그렇다면 사단과 칠정이 과연 두 가지 정이고 이와 기가 과연 모두 표현될 수 있겠습니까? 정자와 주자의 말을 얼핏 보면 매우 놀랍습니다. 그러나 깊이 생각하면 의심할 것이 없습니다. 사람의 희 · 노 · 애 · 락은 성인이나 미치광이나 같이 가지고 있는데 희 · 노 · 애 · 락의 감정이 일어나게 되는 까닭의 이치는 본성입니다. 기뻐하고 성내고 슬퍼하고 즐거워할 줄 아는 것은 마음이며, 일을 만나 기뻐하고 성내고 슬퍼하고 즐거워하는 것은 감정입니다. 기쁜 일을 만나서 기뻐하고 성나는 일을 만나서 성내는 것은 감정의 선한 측면이고, 기쁜 일을 만나지 않았는데 기뻐하거나 성나는 일을 만나지 않았는데 성내는 것은 감정의 선하지 않은 측면입니다. 감정의 선한 측면은 맑고 밝은 기운을 타고 천리를 따라 곧바로 나오는데〔直出〕 그것이 인·의·예·지의 실마리임을 알 수 있기 때문에 그것을 사단으로 지목하였던 것입니다. 감정의 선하지 않은 측면도 이에 뿌리를 둔 것이기는 하지만 이미 더럽고 흐린 기운에 가려서 도리어 저 이치를 해치는데 그것은 인·의·예·지의 실마리라고 볼 수 없기 때문에 그것을 사단이라고 말할 수 없을 뿐 본성에 뿌리를 두지 않고 따로 두 가지 근본이 있다는 것은 아닙니다. 이것이 이른바 '선과 악은 모두 천리이며, 천리가 원인이 되어 인욕이 있다.'는 것입니다. 비록 그렇기는 하지만 마침내 인욕을 천리라고 한다면 도둑을 아들로 인정하는 것입니다. 예를 들어, 여름철에 젓갈에서 구더기가 생기는데 구더기는 본래 젓갈에서 생겼지만 그렇다고 해서 마침내 구더기를 젓갈이라고 여겨서는 안 되는 것과 같습니다. 구더기는 젓갈에서 생겼지만 도리어 젓갈을 망칩니다. 인욕도 천리에서 나왔지만 도리어 천리를 해칩니다. 그와 같은 이치는 마찬가지입니다. 마음과 본성을 두 가지 작용으로 보고 사단과 칠정을 두 가지 감정으로 보는 것은 다 이(理)와 기(氣)를 철저하게 이해하지 못했기 때문입니다. 모든 감정이 표현될 때 표현을 하는 것은 기이고 표현되는 까닭은 이입니다. 기가 아니면 표현할 수 없고 이가 아니면 표현될 내용이 없으니 이와 기는 하나로 녹아 있어서〔混融〕 애초에 서로 분리되지 못합니다. 만일 분리되기도 하고 결합하기도 한다면 움직임과 고요함도 단초가 있고, 음과 양도 각각 시초가 있을 것입니다. 이(理)는 태극이고 기(氣)는 음양인데 이제 태극과 음양이 서로 움직인다〔互動〕고 하면 말이 되지 않습니다. 태극과 음양이 서로 움직일 수 없다면 이와 기가 서로 표현된다는 것이 어찌 오류가 아니겠습니까? 전에 어떤 사람이 표현되기 이전의 마음과 본성의 구별을 물었더니 주자가 이렇게 말했습니다. "마음에는 본체와 작용이 있다. 표현되기 이전은 마음의 본체이고 이미 표현된 것은 마음의 작용인데 어떻게 마음과 본성을 따로 지정하여 말할 수 있겠는가?" 이것으로 볼 때 마음과 본성에 두 가지 작용이 없음을 알 수 있습니다. 마음과 본성에 두 가지 작용이 없다면 사단과 칠정이 어찌 두 가지 감정이겠습니까? 어떤 사람이 "주자는 '감정에 선도 악도 있지만 본성은 완전히 선하다.'라고 하였다. 그렇다면 기질의 성에는 선하지 않은 것이 없는가?" 하고 물어서 신은 이렇게 대답하였습니다. "기질의 성은 본래 선도 있고 악도 있다. 그러나 여기서 본성이라 하는 것은 표현되지 않았을 때의 본성만 가리켜 말한 것이다. 비록 지극히 악한 사람이라 하더라도 표현되지 않았을 때에는 본래 선하지 않은 것이 없으나 표현되기만 하면 바로 선도 있고 악도 있다. 악한 것은 기질과 사물에 대한 욕망에 얽매이고 가리는 데서 나오는 것이지 본성의 본체는 아니다. 그러므로 '본성은 완전히 선하다.'라고 한 것이다." 어떤 사람이 또 "인심과 도심이 이미 두 가지 마음이라면 사단과 칠정은 어찌 두 가지 감정이라고 하지 않을 수 있겠는가?" 하고 물어서 신은 이렇게 대답하였습니다. "이것도 말에 얽매여 뜻이 헷갈린 경우이다. 마음은 하나인데 어찌 두 가지가 있겠는가? 다만 주도적으로 표현되는 것에 두 가지 이름이 있을 뿐이다. 그러므로 주자가 '위태한 것이란 인욕의 싹이고, 미미한 것이란 오묘한 천리이다. 마음은 하나인데 바른 것과 바르지 않은 것 때문에 이름이 다를 뿐이다. 도심이 따로 하나 있고 인심이 따로 하나 있는 것은 아니다'라고 하였다." 이 말을 보면 마음이 두 가지가 아님을 알 수 있습니다. ○ 어떤 사람이 '천리로 인하여 인욕이 있다.'라는 말이 의심스럽다고 하기에 신이 이렇게 해명하였습니다. "천리와 인욕은 처음부터 근본이 둘이 아니다. 본성 가운데는 인·의·예·지만 있을 뿐인데 어찌 인욕이 본성 가운데 뿌리〔根脈〕를 두고 있겠는가? 오직 기에는 맑은 것과 흐린 것이 있어서 맑고 가지런하거나〔修治〕 흐리고 어지럽거나〔汨亂〕 하는 차이가 있을 뿐이다. 그러므로 본성이 표현되어 감정이 될 때 지나치거나 모자람이 있다. 인이 중도에서 벗어나면〔差〕 사랑이 넘쳐서 탐욕이 되고, 의가 중도에서 벗어나면 단호함이 넘쳐서 잔인함이 된다. 예가 중도에서 벗어나면 공경이 넘쳐서 아첨이 되고, 지가 중도에서 벗어나면 슬기가 넘쳐서 속임수가 된다. 이것을 유추하여 그 나머지를 알 수 있다. 본래 모두 천리이지만 이것이 넘쳐서 인욕이 되므로 근본을 탐구해보면 천부적인 본성의 선함을 알 수 있고, 말단을 살펴보면 인욕으로 흐르는 것을 막을 수 있다. 주자가 배우는 사람에게 분명히 보여준 것이 절실하다." ○ 어떤 사람이 "마음은 하나인데 감정〔情〕이라고도 하고 지향〔志〕이라고도 하고 의지〔意〕라고도 하고 상념〔念〕이라고도 하고 사려〔慮〕라고도 하고 사고(思)라고도 하는데 왜 이렇게 이름이 다양하고 한결같지 않은가?" 하고 물어서 신은 이렇게 대답하였습니다. "감정이란 마음이 자극을 받아서 반응하는 것이다. 반응하기만 하면 그것이 바로 감정인데 감정에는 자유로이 하지 못하는 점이 있다. 평소에 기르고〔涵養〕 살피는〔省察〕 노력을 잘하면 감정의 표현이 저절로 이치에 맞고 절도에 맞지만 마음을 다스리는 노력을 하지 않으면 중도에 맞지 않는 경우가 많다. 지향〔志〕이란 마음이 가는 곳이 있는 것이다. 감정이 표현되고 나서 나아가는 방향이 정해진 것이다. 선으로 향하거나 악으로 향하거나 모두 지향이다. 의지란 마음에 헤아리고 따지는 것〔計較〕이 있는 것이다. 감정이 표현되고 나서 생각하고 헤아려서 움직이는 것이다. 그러므로 주자는 '감정은 배나 수레와 같고 의지는 사람이 그 배와 수레를 부리는 것과 같다.'라고 하였다. 상념〔念〕과 사려〔慮〕, 사고〔思〕, 이 세 가지는 모두 의지의 별명인데 사고가 비교적 중요하고 상념과 사려는 비교적 가벼운 것이다. 의지에는 거짓이 있지만 감정에는 거짓이 없다. 그러므로 성실한 의지〔誠意〕라는 말은 있지만 성실한 감정〔誠情〕이라는 말은 없다." 또 "지향과 의지는 어느 것이 먼저이고 어느 것이 나중인가?" 하고 물어서 이렇게 대답하였습니다. "지향은 의지가 정해진 것이고 의지란 지향이 아직 정해지지 않은 것이다. 지향이 의지의 뒤에 생기는 것인 듯하나 지향이 먼저 서고 의지가 뒤따라 생각하는 경우도 있고 의지가 먼저 일어나고 지향이 뒤따라 정해지는 경우도 있어서 일률적으로 논할 수 없다. 감정〔情〕·지향〔志〕·의지〔意〕는 다 한마음의 작용인데, 주도적인 것에 따라 이름이 정해지는 것이지 마음이 여러 가지 모양이 있는 것은 아니다." 또 "인심과 도심은 감정인가 의지인가?" 하고 물어서 이렇게 대답하였습니다. "감정과 의지를 통틀어서 말한 것인데 표현되어 나오는 것은 감정이고 헤아리고 생각하는 것은 의지이다. 사단은 도심만 가리킨 것이고 칠정은 인심과 도심을 총칭한 것이다." 신에게 "이와 기는 하나인가 둘인가?" 하고 묻는 사람이 있어서 신이 이렇게 대답하였습니다. "이전 사람들의 가르침을 고려하면 하나이면서 둘이고〔一而二〕, 둘이면서 하나〔二而一〕이다. 이와 기 사이에는 혼연하게 전혀 간격이 없어서〔渾然無間〕 원래부터 서로 분리되지 못하며 둘이라고 지목할 수 없다. 그러므로 정자는 '기(器)도 도(道)이고 도도 기이다.'라고 하였다. 비록 서로 분리되지는 않더라도 혼연한 가운데 실제로는 서로 섞이지 않으니 하나〔一物〕라고 지목할 수 없다. 그러므로 주자는 '이는 그 자체로 이이고 기는 그 자체로 기여서 서로 섞이지 않는다.'라고 하였다. 두 말을 합하여 음미하고 생각하면 이와 기의 오묘한 관계〔理氣之妙〕를 거의 알 수 있을 것이다. 대강의 구조를 말하자면 이는 형체가 없고 기는 형체가 있기 때문에 이는 통하고〔理通〕 기는 국한된다〔氣局〕. 이가 통한다는 말은 하늘과 땅의 온갖 만물이 한 이치를 같이 가지고 있다는 것입니다. 기가 국한된다는 말은 천지의 온갖 만물이 저마다 기를 하나씩 가지고 있다는 것입니다. 이른바 이는 하나인데 여럿으로 나뉜다〔理一分殊〕는 말은 다음과 같은 말입니다. 이는 본래 하나이지만 기가 고르지 않기 때문에 이는 깃들어 있는 기에 따라 저마다 하나가 됩니다. 이것이 하나인 이가 여럿으로 나뉘는 까닭입니다. 그렇지만 이가 본래 하나가 아니라는 것은 아닙니다. 이는 작위가 없고〔無爲〕 기는 작위가 있기〔有爲〕 때문에 기가 발동하고 이가 탄다〔氣發理乘〕. 음과 양이 움직이고 고요한 운동을 하는데 태극이 여기에 타고 있으니 발동하는 것은 기이고 기틀〔機〕을 타고 있는 것은 이입니다. 그러므로 인심은 지각이 있고 도의 본체〔道體〕는 운동이 없습니다〔無爲〕. 공자는 '사람이 도를 넓힐 수 있는 것이지 도가 사람을 넓힐 수는 없다.'라고 하였습니다. 형체가 없고 작위가 없으면서 형체가 있고 작위가 있는 것의 주재는 이이고, 형체가 있고 작위가 있으면서 형체가 없고 작위가 없는 것의 도구〔器〕는 기이다. 이것이 이와 기를 탐구하는 큰 실마리이다." ○ 또 "이치〔理〕에는 본체〔體〕도 있고 작용〔用〕도 있는데 어떻게 분별해야 하는가?" 하고 물어서 신은 이렇게 대답하였습니다. "『중용』에⁸⁰ '군자의 도는 넓고도〔費〕

은미하다[隱].'라는 말이 있는데, 이 말에 대해 주자는 '비(費)는 작용이 넓은 것이고, 은(隱)은 본체가 은미한 것'이라고 풀이하였다. 사물에 흩어져 있는 이치 가운데서 당위적인 것은 아버지에게서는 사랑이 되고 아들에게서는 효도가 되며, 임금에게서는 의리가 되고 신하에게서는 충성이 된다. 이런 것들이 이른바 넓다는 것이고, 작용이라는 것이다. 필연적인 까닭[所以然]에는 지극히 은미한 것이 들어 있는데 이것이 본체이다. 이치는 사물에 존재하는 측면으로 말한 것이고 도는 유행(流行)하는 것으로 말한 것이지만 실상은 하나일 뿐이다."

○ 맹자가 말했다. "힘으로 인(仁)을 가장하는 사람은 패자(覇者)인데, 패자는 반드시 큰 나라를 소유한다. 덕으로 인을 시행하는 사람은 왕자(王者)인데, 왕자는 큰 나라를 기대하지 않는다. 탕왕(湯王)은 사방 70리 되는 나라로써 왕자가 되었고 문왕(文王)은 사방 100리 되는 나라로써 왕자가 되었다."

『맹자』입니다. 아래도 같습니다.[81]

　주자가 말했다. "힘이란 영토[土地]와 갑옷·무기[甲兵]의 힘이다. 인(仁)을 가장하는 것은 본래 이 마음이 없으나 일을 통해서 이룬 것을 공적으로 삼는 것이다. 패자란 제나라 환공[齊桓公]이나 진나라 문공[晉文公]과 같은 이를 말한다. 덕으로 인을 시행하면 내 마음에 터득한 것을 유추하기 때문에 적용하는 데마다 인이 아닌 것이 없다." ○ 정자가 말했다. "비록 온 세상의 일을 공정하게 처리하더라도 개인적인 뜻[私意]을 가지고 한다면 바로 이것이 사적[私]인 것이다."

---

80 『中庸』 12章
81 『孟子』 「公孫丑·上」

힘으로 남을 복종시키는 사람에게는 마음으로 복종하는 것이 아니라 힘이 넉넉하지[瞻] 못하여 복종하는 것이다. 덕으로 남을 복종시키는 사람에게는 마치 70 제자가 공자에게 복종한 것과 같이 기쁜 마음으로 복종하는 것과 같다. '서쪽으로도 동쪽으로도 남쪽으로도 북쪽으로도 생각하여 굴복하지 않는 이가 없다.'라고 한 시는 이를 두고 한 말이다.

　　주자가 말했다. "섬(瞻)이란 넉넉한[足] 것이다. 시는 「대아(大雅)·문왕(文王)·유성(有聲)」편이다. 왕자와 패자의 마음은 참과 거짓이 같지 않기 때문에 사람들이 이처럼 다르게 반응한다." ○ 진씨(眞氏)가 말했다. "공자는 보통 사람[匹夫]으로서 지위를 얻지 못했지만 70 제자가 죽을 때까지 따랐는데 이것이 누가 시켜서 그런 것이겠는가? 이른바 기쁜 마음으로 복종한 것이다. 왕자가 사람을 복종시키는 것도 이와 같다." ○ 추씨(鄒氏)가 말했다. "힘으로써 남을 복종시키는 사람에게는 남을 복종시키려는 뜻을 가지고 있으므로 사람들이 감히 굴복하지 않을 수 없다. 덕으로써 남을 복종시키는 사람에게는 남을 복종시키려는 뜻을 가지고 있지 않지만 사람들이 복종하지 않을 수 없다. 옛날부터 왕자와 패자를 논한 사람이 많지만 이 장처럼 깊고 절실하며 뚜렷이 드러낸 것은 없다."

어진 사람은 의리[誼]를 바로잡되 이익은 꾀하지 않으며, 도리를 밝히되 공적은 헤아리지 않습니다. 이 때문에 공자[仲尼]의 문하에는 키가 다섯 자밖에 안 되는 어린이라도 다섯 패자[五伯]를 일컫는 것을 부끄러워하였습니다. 패자는 속임수와 힘을 앞세우고 어짊과 의로움을 뒤로 하였기 때문입니다.

『전한서(前漢書)』, 「동중서전(董仲舒傳)」입니다.

　　진씨(眞氏)가 말했다. "맹자 뒤로 다섯 패자를 배척할 수 있었던 사람은 동중서밖에 없었다. 어진 사람은 의리를 바로잡을 줄만 알 뿐 이익이 있고 없음은 논하지 않으며, 도리를 밝힐 줄만 알 뿐 일이 성공하고 실패하는 것은 헤아리지 않는다. 의리〔義〕는 합당한〔合宜〕 이치이고 도리〔道〕는 두루 통하는〔通行〕 길인데 실상은 하나이다. 패자는 이익만 꾀하고 의리는 돌아볼 겨를이 없으며 공적만 꾀하고 도리는 걱정할 겨를이 없다. 이것이 공자의 문하에서 내침을 당하게 된 까닭이다." ○ 정자가 신종(神宗) 황제에게 말했다.[82] "바른 천리를 얻어 지극한 인륜(人倫)을 끝까지 추구하는 것은 요·순의 도이고, 사사로운 마음〔私心〕을 발휘하고 어짊과 의로움을 치우치게 적용하는 것은 패자의 일입니다. 왕도는 숫돌과 같이 평탄하여 사람의 감정에 근본을 두고 예의에서 나오기 때문에 큰길을 가는 것과 같아서 다시 돌거나 구부러지는 일이 없지만 패도는 산길과 같이 험난하여 구부러진 길 가운데에서 머뭇거리고 망설이다 끝내 요·순의 도에 들어가지 못하게 됩니다. 그러므로 참마음으로 왕도를 행하면 왕자가 되고 참마음을 가장하여 패도를 행하면 패자가 됩니다. 이 두 가지는 길이 다르므로 처음부터 잘 살펴야 합니다. 『역』에서[83] '차이가 털끝과 같으나 천 리나 어긋난다.'라고 했으니 처음부터 살피지 않으면 안 됩니다. 폐하께서 이전 성인들의 말씀을 고찰하고 인사(人事)의 이치를 살피며 요·순의 도가 자신에게 갖추어져 있다는 것을 알아서 스스로 반성하여 성실하게 하고 이것을 미루어 온 세상〔四海〕에까지 미치게 한다면 만세(萬世)에 큰 다행이겠습니다."

이상은 왕도와 패도의 대략을 변별한 것입니다.

---

82 『二程文集』「奏疏表·論王覇之辨」
83 이 구절은 현행 『周易』에는 보이지 않고 易緯에 보인다. 宋의 鄭樵의 『六經奧論』에 의하면 漢의 유학자들이 易緯를 經으로 잘못 알고 오류를 범한 것이라 한다. 『左氏傳』에 실려 있는 占筮의 말에도 현행 『周易』에 있는 말이 많은데 이런 것은 다만 卜筮로 占을 판단한 말이거나 『連山易』, 『歸藏易』의 말인데 현행본 『周易』과 달라서 대체로 經의 말로 여긴 것으로 추정된다.

○ 공자가 말했다. "이단(異端)을 오로지 연구하면〔攻〕해로울 뿐이다."

『논어』입니다.[84]

　범씨(范氏)가 말했다. "공(攻)은 오로지 연구하는 것이다. 그러므로 나무, 돌, 쇠, 옥 같은 것을 다루는 작업을 공(攻)이라고 한다. 이단은 성인의 도가 아니라 따로 한 계통이 되는 것인데, 양주(楊朱)와 묵적(墨翟)의 학설 같은 것이다. 이들의 학설은 온 세상 사람들이 가족 윤리를 부정하게〔無父〕하거나 사회 윤리를 부정하게〔無君〕하는 데까지 이르니 오로지 연구하여 자세히 밝힐수록 해가 심하다." ○ 주자가 말했다. "오로지 연구해서는 안 될 뿐만 아니라 대충 이해해서도 안 된다. 만약 자기의 학문이 정립되면 이단의 문제점을 보는 것은 그래도 괜찮다."

○ 맹자가 말했다. "양주는 자기만 위하였는데〔爲我〕, 이는 사회 윤리를 무시한 것〔無君〕이다. 묵적은 사랑을 보편화했는데〔兼愛〕, 이는 가족 윤리를 무시한 것〔無父〕이다. 사회 윤리도 없고 가족 윤리도 없는 것은 짐승이다."

『맹자』입니다. 아래도 같습니다.[85]

　주자가 말했다. "양주는 자기 몸을 아낄 줄만 알고 몸을 바치는 의리가 있는 것은 알지 못하였다. 그러므로 사회 윤리를 무시했다. 묵적은 사랑에 차별을 없애고 부모〔至親〕조차도 보통 사람과 다르지 않게 보았다. 그러므로 가족 윤리를 무시했다. 가족 윤리도 없고 사회 윤리도 없으면 사람의 도리가 끊어진다. 이렇게 되면 짐승일 뿐이다."

---

84 『論語』「爲政」
85 『孟子』「滕文公 · 下」

양주와 묵적을 막을 것을 말할 수 있는 사람은 성인의 무리이다.

　주자가 말했다. "만일 양주와 묵적의 학설을 막을 수 있는 사람이 있다면 그가 지향하는 것이 올바르므로 비록 반드시 도를 알지는 못한다 하더라도 역시 성인의 무리라고 말한 것이다. 거짓 학설이 올바른 가르침을 침해하면 누구라도 이것을 공격할 수 있다. 반드시 성현이라야 하는 것은 아니다. 마치 『춘추』의 법에 난리를 일으키는 신하나 도적은 누구라도 벨 수 있으며, 반드시 재판관〔士師〕이라야만 하는 것은 아니라고 한 것과 같다."

○ 노자(老子)를 배우는 사람은 유학을 배척하고 유학은 또 노자를 배척한다. 도가 같지 않으면 서로 꾀하지 않는다.

『사기』입니다.[86]

　진씨(眞氏)가 말했다. "노자의 학설은 매우 포괄적이다. 무위(無爲), 무욕(無欲)의 학설은 이치에 가까운 말이라, 비록 군자가 거기에서 취할 것이 있지만 양생(養生)의 설은 방사(方士)들이 숭상하고, 빼앗으려면 반드시 먼저 준다는 설은 음모의 말이라 군사를 논하는 사람들이 숭상하고, 사물을 조잡한 흔적으로 여기고 텅 빈 것〔空虛〕을 오묘한 작용으로 삼는다는 설은 고상한 담론〔淸談〕을 하는 사람들이 본받았다. 이치에 가까운 것을 가지고 말하면 참으로 취할 만한 점이 있지만 그런 것이라 하더라도 모두 우리 성인의 가르침에 들어 있다. 이보다 저열한 것은 한쪽에 치우치고〔一偏〕 부분적인〔一曲〕 학문이라 그 폐단을 이루 말할 수 없다. 양생설에서는 신선(神仙)과 비방약〔方藥〕을 추구하는 사람들이 유래하였고, 음모술은 신불해(申不害)·상앙(商鞅)·한비(韓非)와 같은 법가에서 근본으로 삼았으며, 고상한 담론의 재

---

86 『史記』「老莊申韓列傳」

앙은 왕필(王弼)·하안(何晏)에 이르러 극도에 달하였다. 이런 학설은 모두 세상의 군주를 미혹하여 어지럽히고 백성을 해쳤다. 비록 노자와 장자의 학문이라도 처음부터 이런 지경에 이르지는 않았다. 그러나 근본[本原]에서 한 번 차이가 생기면 흘러가서는 반드시 폐단이 심하게 된다. 이로써 말한다면 어찌 아무런 폐단이 없는 요·순·주공·공자의 도를 말미암는 것만 하겠는가?" ○ 기수련[導氣]을 말하는 어떤 사람이 "당신에게도 특별한 양생술이 있습니까?" 하고 물었더니 정자가 대답하였다. "나는 일찍부터 여름에는 칡베옷을 입고 겨울에는 갖옷[裘]을 입으며, 배고프면 먹고 목마르면 마시며, 즐기는 것과 욕구[嗜欲]를 절제하고 마음과 기운[心氣]을 안정시켰을 뿐이다." ○ 어떤 사람이 물었다. "신선의 설이 근거가 있습니까?" 정자가 대답하였다. "말하자면 대낮에 하늘을 날아오르는 것과 같은 따위는 없으나 산림 속에 살면서 몸[形]을 보전하고 기운을 연마하여 오래 살고 목숨을 늘릴[延年益壽] 수는 있다. 비유컨대, 화롯불을 바람 부는 곳에 놓아두면 쉽게 타고 꼭 닫힌 방에 놓아두면 잘 타지 않는 것과 같다. 이런 이치는 있다." 또 물었다. "성인은 이런 일을 할 수 있습니까?" 정자가 대답하였다. "이런 일은 하늘과 땅 사이에서 도적이 하는 일이다. 조화의 기밀을 훔치지 않고서야 어찌 나이를 늘릴 수 있겠는가? 만일 성인이 하려고 했다면 주공이나 공자도 그렇게 하셨을 것이다."

○ 불교는 오랑캐[夷狄]의 학문[法]이다.

『창려문집(昌黎文集)』입니다.[87]

물헌 웅씨(勿軒熊氏)가 말했다. "불교는 후한 때 중국에 들어와서 처음에는 인연과 업보를 논하여 어리석은 백성을 꾀는 데 지나지 않았다. 그 뒤로

---

87 『昌黎文集』「論佛骨表」

마음과 성품을 말하여 비록 총명한 선비라도 빠져들었다. 배우는 사람이 힘껏 살펴서 밝게 분별하지 않으면 안 된다.”

부처의 말은 양주와 묵적에 비하면 더욱 이치에 가까워서 그 폐해가 더욱 심하다. 배우는 사람은 마땅히〔當〕 음란한 음악이나 어여쁜 여자처럼 멀리해야 한다. 그렇지 않으면 점점 그 가운데 빠져들게 된다.

『정씨유서』입니다. 명도 선생의 말씀입니다.[88]

주자가 말했다. “양주와 묵적의 학설은 가장 천박하여 사람을 미혹하지 못하지만 부처의 설은 정교하고 미묘하여 사람을 감동시키는 점이 있다. 그러므로 그 설을 깊이 따를수록 더욱 사람을 해친다.” ○ 정자가 말했다. “만약 석가의 설을 탐구하여 취사선택하려고 하면 그 설을 다 탐구하지도 못한 채 이미 불교 신자로 되어버릴 것이다. 다만 그 자취에서 고찰해야 한다. 교화를 베푸는 것이 이와 같으니 그 마음은 과연 어떤 것이겠는가? 애초에 그 마음은 취하고 그 자취를 취하지 않기는 어렵다. 이 마음이 있으면 곧 이 자취가 있다. 왕통(王通)이 ‘마음과 자취는 분명히 다르다.’라고 한 것은 말이 안 된다. 그러므로 자취에서 이미 성인과 부합하지 않는 것으로 단정하는 것이 좋다. 만일 그 말에 부합하는 것이 있다면 본래 우리 도에 이미 있고, 부합하지 않는 것이 있다면 애초에 취하지 않는다. 이렇게 방향을 정하면 간단하고 쉽다.” 섭씨가 말했습니다. “이 말은 비록 마음을 정하지 못한 초학자를 위하여 말한 것이지만, 맹자가 양주와 묵적을 배척한 것도 그들의 자취를 고찰하고 그들의 마음을 유추하여 그들의 학설이 궁극적으로는 가족 윤리와 사회 윤리를 부정하는 것임을 간파한 데 지나지 않는다. 이것이 참으로 이단을 변별하는 요령이다.” ○ 왕씨(汪氏)가 말했다. “정자와 주자의 시대에도 유학자 가운데 선(禪)에 흘러 들어간 사람이 있었는데 지금의 학자

---

88 『二程遺書』에서는 보이지 않고 『大學衍義補』에 의하면 程頤의 말로 되어있다. 當도 須로 되어 있다.

들은 이에 대하여 일절 말을 하지 않게 되었으니 정자와 주자의 공적이 크다."

　신이 생각건대, 부처의 설은 정교한 것도 있고 조잡한 것도 있습니다. 조잡한 것은 윤회, 응보의 설로서 죄와 복에 대한 관념을 확장시키고 우매한 백성을 유혹하고 협박하여 다투어 공양물을 바치고 떠받들게 하는 것에 지나지 않습니다. 정교한 것은 마음과 성품을 아주 자세히 논하였는데 이를 마음으로 보아[認理爲心] 마음을 모든 존재[萬法]의 근본이라 하고, 마음을 성품으로 여겨[認心爲性] 성품을 보고 듣는 작용이라 합니다. 또한 적멸(寂滅)을 종지(宗旨)로 삼고 천지 만물을 덧없고 허망한 것[幻妄]이라 하며, 속세를 떠나는 것[出世]을 도리로 삼고 모든 사람이 지니고 있는[秉彝] 인륜을 족쇄로 여깁니다. 공부의 요점은 문자를 세우지 않고[不立文字], 사람의 마음을 곧바로 지향하여 본성을 보면 부처가 된다[直指人心, 見性成佛]고 하며, 문득 깨달은[頓悟] 뒤 점차 닦아나가야[漸修] 한다고 합니다. 근기(根機, 부처의 가르침을 받을 수 있는 중생의 능력)가 높은 사람이라면 문득 깨닫고 문득 닦기도[頓修] 합니다. 양 무제(梁武帝) 때 달마(達磨)가 중국으로 들어와 처음으로 그 도를 전하였는데, 선종[禪學]이 이것입니다. 당대(唐代)에 이르러 크게 번성하여 그들 무리가 온 세상에 가득 찼는데, 그들은 눈썹을 찌푸리고 눈을 부라리며[揚眉瞬目], 몽둥이로 때리고 느닷없이 큰 소리로 고함을 지르며 크게 웃는 것으로[棒喝大笑] 깨달았다고 인증(印證)하였습니다. 의지가 없어진 것[無意]을 도를 터득한 것으로 여기며 선과 악은 논하지 않습니다. 의지와 생각으로 터득한 것은 모두 허망한 견해[妄見]라고 하고, 반드시 감정에 맡겨 곧바로 행동하고 의지와 생각을 사용하지 않아야 비로소 참된 견해[眞見]라고 합니다. 이런 경지에 이르지 못한 사람은 반드시 의미 없는 한두 구절의 화두(話頭)를 '강아지에게는 불성이 없다[狗子無佛性].', '뜰 앞의 측백나무[庭前柏樹子]'와 같은 종류입니다. 무한히 오묘한 이치로 보고서 드디어 크게 의심[大疑]을 일으켜 오롯한 마음으로 탐구하고 끝없이 공력을 쌓아서 고요히 좌정한 끝에 엇비슷하게 상상하던 사이에 마음과 성품의 그림자를 대략 본 듯하면 마침내 탁 트이게 크게 깨달았다고〔豁然大悟〕여기고 미친 듯이 제멋대로 함부로 행동하면서 사리를 분명하게 깨달았다고 합니다. 송대 초기까지도 그 무리들이 아직 기세를 떨치고 있었는데 정자와 주자가 깨끗이 청소한 뒤부터 세력이 쇠퇴하기 시작하여 지금은 이른바 선의 학문이 거의 끊어졌습니다. 또 육상산(陸象山, 陸九淵)이라는 사람이 있었는데 주자와 같은 시대에 살았던 그는 앎을 끝까지 추구하는〔致知〕공부를 핵심에서 벗어나고 번잡한 것이어서〔支繁〕진실을 잃어버린 것이라고 여겨 배척하고 오로지 본래 마음〔本心〕공부에만 힘을 쏟았습니다. 육상산의 학문도 마음을 간직하고 기르는〔涵養〕데 도움이 없지는 않지만 배우는 사람은 반드시 앎과 행함이 함께 나아가야 합니다. 만약 도리(道理)를 모르고 옳고 그름을 가릴 줄 모른다면 무엇에 의거하여 마음을 보존〔存心〕하겠습니까? 만약 정좌(靜坐)만 하면 모든 이치〔萬理〕가 저절로 밝혀진다면 공자는 어찌하여 반드시 "글에서 널리 배워야 한다."라고 하였으며[89] 자사는 어찌하여 반드시 "묻고 배우는 길을 따라야 한다."라고 하였겠습니까?[90] 그의 학설은 한쪽으로 치우치고 방탕하며 간사하고 회피하는〔詖淫邪遁〕선의 학문과 거의 가깝지 않겠습니까? 육상산은 이미 죽었으나 그의 학설은 끊어지지 않아 지금은 주자의 정통 학문과 병립하여 서로 대항하는데, 부지런히 노력하는 것을 싫어하고 간편한 것을 즐기는 무리들이 서로 그윽하고 심오하며 황홀한 이론을 만들어 그것과 부합합니다. 아! 이것도 우리의 도〔斯道〕에는 불행입니다. 선의 학문은 비록 사람을 헷갈리게 하지만 그 가르침은 유학이 아니며, 그 행위는 윤리를 절멸하게 하여서 세상에서 보편적인 인륜이 있음을 조금이라도 아는 사람은 애초에 이미 의심하여 막았고 또 정자와 주자가 물리친 뒤로 그 자취가 말끔히 사라진 것도 당

---

89 『論記』「雍也」
90 『中庸』 27章

연한 일입니다. 육상산의 학설은 그렇지 않아서 말은 반드시 공자와 맹자를 일컫고 행위는 반드시 효도와 공경〔孝弟〕에 근본을 두었으나 정밀하고 미묘하게 마음을 쓰는 곳은 바로 선의 학문입니다. 이를 물리치기가 어찌 불교보다 열 배나 힘들지 않겠습니까? 불교의 폐해가 외적의 침략과 같다면 육상산의 피해는 간신이 나라를 그르치는 것과 같습니다. 이것을 몰라서는 안 되기 때문에 여기에 함께 밝혔습니다.

이상은 이단의 폐해를 변별한 것입니다. ○ 신이 생각건대, 탐구할 만한 사물을 다 기록할 수는 없지만 왕도와 패도의 대략적인 것과 이단의 폐해만은 변별하지 않을 수 없어서 간략하게 서술하였습니다. 다른 것은 유추할 수 있을 것입니다.

신이 가만히 아뢰건대, 궁리(窮理)에 관한 성현의 대요(大要)는 이 장에서 인용한 것을 벗어나지 않습니다. 만일 이 말을 따라 실제로 공부하여 차례에 따라 차츰 나아간다면 꿰뚫어 통하는 효과는 기약하지 않아도 저절로 이를 것입니다. 모든 일과 사물은 이치〔理〕를 가지고 있지 않은 것이 없고, 사람의 한마음〔一心〕은 온갖 이치를 포괄하고 있습니다. 그러므로 탐구하지 못할 이치가 없습니다. 다만 마음이 열리고 닫히는 것이 한결같지 않고 때로는 분명하기도 하고 때로는 어둡기도 하여 이치를 탐구하고 대상 사물에 나아갈 때한 번만 생각하고도 곧바로 터득하는 사람도 있고 정밀하게 생각하여 비로소 깨닫는 사람도 있으며, 애타게 생각하고도 깨닫지 못하는 사람이 있습니다. 깊이 생각하고 따져보아 터득한 것이 있어서 말끔하게 풀려서 스스로 확신이 있고〔自信〕, 속 시원하게 기쁘며〔說豫〕, 깨끗하여 말로써 표현할 수 없는 것이 있다면 이것은 참으로 터득한 것입니다. 비록 터득한 것이 있는 듯하더라도 믿는 가운데 의심이 있으며 위태롭고 편안하지 못하여 얼음이 녹고 풀리는 듯한 경지에 이르지 못하면 이것은 억지로 추측한 것일 뿐 참으로 터득한 것이 아닙니다. 이제 사물에 대하여 이해하거나 성현의 말씀을 보는데 마음의 사려가 맑아서 대략 한 번 보자마자 마음으로 이해하여 조금도 의심이 없다면 이것은 한 번만 생각하고도 터득한 것입니다. 만약 다시 의심이 생기면 도리어 참된 견해를 어둡게 합니다. 예를 들어, 명도(明道) 선생이 이전에 창고 속에서 긴 행랑의 기둥을 잠자코 헤아려보고는 확신할 수 없어서 여러 번 헤아려보니 더욱 차이가 나 마침내 사람을 시켜서 기둥을 하나하나 건드리며 헤아려보게 했더니 처음에 잠자코 헤아려본 것과 같았다는 이야기와 같습니다. 만약 생각하고도 터득하지 못했다면 오롯한 마음으로 앎에 이르러 죽도록 싸워서 자는 것도 먹는 것도 잊어버릴 정도가 되어야만 비로소 깨닫는 것이 있습니다. 예를 들어, 연평(延平) 선생이 "하나이므로 신묘하고, 둘이므로 조화를 일으킨다."라는 말을 이해하지 못하여 밤새도록 의자에 앉아서 생각하고 헤아려 그 속으로 파고들어가 몸으로 깨닫고 나서 비로소 평온을 얻을 수 있었다고 한 것이나 "생각하고 또 생각하면 귀신도 통할 것이다. 이는 귀신의 힘이 아니고 정신의 극치이다."라고 한 관중(管仲)의 말은[91] 바로 이런 것을 두고 말한 것입니다. 또 혹은 오랫동안 애를 태워 생각하고서도 마침내 시원하게 풀리지 않아 마음의 사려가 막히고 어지러우면 모름지기 모든 것을 지워버리고 마음속을 깨끗이 비워서 아무것도 없게 한 뒤 들추어내어 정밀하게 생각하고 그래도 오히려 환히 터득하지 못하면 그것을 우선 놓아두고 따로 다른 것을 탐구하는데, 계속해서 탐구하여 차차 마음이 밝아지면 전날에 환히 터득하지 못한 것을 문득 저절로 깨달을 때가 있습니다. 주자가 "한 문제를 이해하지 못하여 오로지 그것만 붙들고 있으면 도리어 어둡게 되니 그때는 모름지기 다른 것을 탐구하여야 한다. 그러면 혹 이것을 바탕으로 저것을 밝힐 수도 있다."라고 한 것은 바로 이것을 두고 말한 것입니다. 이 세 조목은 서로 의미를 드러낸 것으로서 궁리의 중요한 방

---

91 『管子』「內業」

법〔要法〕입니다. 이것을 일삼아 조금도 게으르지 않고, 마음을 고요히 길러 맑게 하여서 근본을 배양하고 묻고 변별하는 것을 바탕으로 삼아서 뜻을 펴며, 오랫동안 공부하여 하루아침에 환하게 꿰뚫어 모든 대상 사물을 탐구하고 온 마음을 다하는 데 이르면 나의 식견이 성현과 부합되어서 좋아하고 즐기려는 욕심〔嗜欲〕의 유혹이나 공리(功利)의 학설, 이단의 폐해가 모두 나의 마음〔靈臺〕을 얽어매지 못하고 탁 트인 큰길을 가듯이 멀리 가더라도 의심이 없을 것입니다. 그것으로 뜻을 성실하게 하고 마음을 바르게 하여서 큰일을 처리하고 대업(大業)을 결정하면 마치 강물을 터놓은 듯하여 아무도 막지 못할 것입니다. 학문을 하고서 이런 경지에 나아가지 못하면 학문을 해서 무엇하겠습니까? 또 생각건대, 임금의 직분은 보통 사람〔匹夫〕과 같지 않습니다. 보통 사람은 반드시 자신을 수양하여 때를 기다리고 임금을 만나서 도를 행하기 때문에 학문이 부족하면 감히 곧바로 나아갈 수 없습니다. 그러나 임금은 그렇지 아니하여 이미 신하와 백성의 주인이 되어 가르치고 길러야 할 책임을 지고 있습니다. 만약에 "나는 지금 나 자신을 수양하고 있으므로 남을 다스릴 겨를이 없다."라고 한다면 나라의 정치〔天工〕가 폐지됩니다. 그러므로 자기를 수양하고 남을 다스리는 도를 모두 함께 이해하지 않을 수 없습니다. 임금은 하루 동안에 세상의 온갖 일〔萬機〕을 접하는데 한 사건을 만날 때마다 반드시 지극히 당연한 이치를 추구하여 그른 것을 버리고 옳은 것을 행하며, 유학하는 신하〔儒臣〕를 가까이 친하여 의리를 강론하여 밝히고 간쟁(諫諍)하는 것을 받아들여서 오직 선을 주로 해야 합니다. 이는 모두 임금이 궁리하는 일입니다. 만일 문장을 찾고 구절을 끄집어내며 아름답고 화려한 말을 주워 모아 빈말만 갖다 붙일 뿐 자기를 수양하고 남을 다스리는 실제 공부〔實功〕를 하지 않는다면 비록 안목이 높고 의론이 정교하다 하더라도 끝내 학문에 힘쓰고 몸을 성실하게 하는 효과를 보지 못할 것이니 또한 무슨 이익이 있겠습니까? 자계 황씨(慈溪黃氏)가 말했습니다. "물을 긷는 사람은 반드시 샘을 쳐야 한다. 샘을 치는 것은 물을 긷기 위한 계책이다. 그런데 샘을 쳐놓고서

도리어 물을 버리고 긷지 않는 것은 무슨 뜻인가? 열매를 먹으려는 사람은 반드시 뿌리에 물을 대주어야 한다. 뿌리에 물을 대는 것은 열매를 먹기 위한 토대이다. 그런데 뿌리에 물을 대놓고서 도리어 열매를 버리고 먹지 않는 것은 무슨 생각인가? 몸소 실천하는 것〔躬行〕을 바르게 하는 사람은 성리(性理)를 정밀하게 연구한다. 성리를 정밀하게 연구하는 것은 몸소 실천하는 것을 바르게 하기 위한 설계이다. 그런데 성리를 정밀하게 연구하고서 도리어 몸소 실천하는 것을 불문에 붙이는 것은 무엇 때문인가?" 이 말은 매우 절실하니 전하께서는 유념하시기 바랍니다.

성학집요 3

제5장 성실 (誠實)

신이 생각건대, 분명하게 궁리한 뒤에야 몸소 실행〔躬行〕할 수 있으며, 반드시 참된 마음〔實心〕이 있어야 실제 공부〔實功〕에 착수할 수 있습니다. 그러므로 성실은 몸소 실행하는 근본입니다.

공자가 말했다. "충실〔忠〕과 믿음〔信〕을 주로 하라."

『논어』입니다. 아래도 같습니다.[1]

주자가 말했다. "스스로 최선을 다하는 것〔盡己〕을 충실이라 하고 결실을 맺는 것을 믿음이라 한다. 충실은 참된 마음이고 믿음은 실제 일〔實事〕로 나타난 것이다. 사람이 충실하고 믿음직하지 못하면 모든 일에 결과가 없을 것이다. 악을 행하기는 쉽고 선을 행하기는 어렵기 때문에 배우는 사람은 반드시 이 충실과 믿음을 주로 삼아야 한다."

자장〔子張〕이 행위〔行〕의 도리를 물었는데, 공자가 이렇게 말했다. "말이 충실하고 믿음직하며〔忠信〕 행실이 독실하고 경건하면〔篤敬〕 비록 오랑캐〔蠻貊〕 나라에 가더라도 행동할 수가 있지만 말이 충실하지도 믿음직하지도 못하고 행실이 독실하지도 경건하지도 못하면 비록 자기 고향 마을이라도 행동할 수 있겠는가?"[2]

주자가 말했다. "자장은 밖으로 행실을 인정받는 데 뜻이 있었기 때문에, 공자는 자기 몸에 돌이켜 말한 것이다. 독(篤)은 도타운 것이다." ○ 남헌 장

---

1 『論語』「學而」
2 『論語』「衛靈公」

씨(南軒張氏)가 말했다. "독경(篤敬)은 경건에 돈독한 것이다."

"서 있으면 그것〔其〕이 앞에서 참여한〔參〕 것을 보고, 수레에 있으면 멍에〔衡〕에 의지한 것을 보아야 한다. 이렇게 한 뒤에라야 행할 수 있다." 자장은 이 말을 잊지 않으려고 큰 띠〔紳〕에 써 두었다.

주자가 말했다. "그것이란 충실함〔忠〕·믿음직함〔信〕·독실함〔篤〕·경건함〔敬〕을 가리켜 말한 것이다. 참(參)은 '가서 참여하지 말라〔毋往參焉〕.'는 참과 같이 읽는다. 「곡례(曲禮)」에는[3] "두 사람이 나란히 앉아 있거나 서 있을 때에 내가 가서 참여하여 셋이 되지 말라."는 말이 있습니다. 나와 함께 서로 참여한다는 말이다. 형(衡) 은 멍에이다. 이 말은 충실함·믿음직함·독실함·경건함을 마음속에 새기고 새겨서 잊지 않고 내가 어디에 있더라도 늘 이 덕목들이 드러나듯이 하여, 주자가 말했습니다. "말은 반드시 충실하고 믿음직하며, 행동은 반드시 독실하고 경건하게 하고자 하여 마음속에 새기고 새겨서 잊지 않아야 마음으로 알고 눈으로 볼 수 있을 뿐이다." 비록 아주 잠깐 동안이라도 떠나고자 해도 떠날 수 없게 된 뒤에라야 말 한마디 행동 하나가 저절로 충실함·믿음직함·독실함·경건함에서 벗어나지 않아서 오랑캐 땅에 가더라도 행할 수 있다는 말이다. 신(紳)은 드리운 큰 띠이다. 띠에 썼다는 것은 그것을 잊지 않으려는 것이다." ○ 정자가 말했다. "큰 임무를 맡으려면 모름지기 독실하여야 한다."

○ 공자가 말했다. "옛날에 배우는 사람은 자기를 위해〔爲己〕 공부하였는데 오늘날 배우는 사람은 남을 위해〔爲人〕 공부한다."

『논어』입니다.[4]

---

3 『禮記』「曲禮·上」
4 『論語』「憲問」

정자가 말했다. "자기를 위한다는 것은 자신에게서 터득하려는 것이고, 남을 위한다는 것은 남에게 알려지기를 바라는 것이다. 옛날에 배우는 사람은 자기를 위해 공부하였지만 마침내 사물을 완성시키는 데〔成物〕까지 이르렀다. 오늘날 배우는 사람은 남을 위해 공부하지만 끝내 자기를 잃어버리는 데 이른다." ○ 또 말했다. "명예를 추구하는 데 뜻을 두면 이미 큰 근본을 잃어버린 것인데 다시 무엇을 배우겠는가? 명예를 좋아하는 것과 이익을 좋아하는 것은 맑고 탁한 차이가 있기는 하지만 이익을 추구하는 마음에서는 같다." ○ 경원 보씨(慶源輔氏)가 말했다. "자기를 위한 배움과 남을 위한 배움은 털끝만 한 차이밖에 없다. 오직 자신에게서 터득하려고 한다면 남에게 알려질 필요가 없다. 조금이라도 남에게 알려지기를 바란다면 반드시 자신에게서 터득할 필요가 없다. 자신에게서 터득하고자 하는 사람은 거두어들이고〔收斂〕 독실하며, 남에게 알려지고자 하는 사람은 가볍고 들떠서 천박하다." ○ 주자가 말했다. "성현들이 배우는 사람의 마음 씀씀이에 대해 득실을 논한 말이 많지만 이 말처럼 절실하고 요령 있는 말은 없다. 이 말을 분명하게 가려서 날마다 반성하면 따라야 할 것에 대해 거의 어둡지 않을 것이다."

○ 뜻을 성실하게 한다는 것은 자신을 속이지 말라는〔毋自欺〕 것이다. 마치 악취를 싫어하듯 악을 싫어하며 미인을 좋아하듯 선을 좋아하는 것이다. 이것을 스스로 만족하는 것〔自謙〕이라고 한다. 겸(謙)은 마음에 흡족하다는 뜻의 겸(慊)입니다. 이 때문에 군자는 반드시 홀로 있을 때〔獨〕 삼간다.

『대학』입니다.[5]

주자가 말했다. "자신의 뜻을 성실하게 한다는 것은 자신을 수양하는 것〔自修〕의 시초이다. 무(毋)는 금지하는 말이다. 자신을 속인다는 말은 선은 행하

---

5 『大學』 傳 6章

고 악은 버려야 한다는 것을 알면서도 마음에서 우러나오는 것이 아직 참되지 못한 것이다. 겸(謙)은 유쾌하고[快] 만족스러운[足] 것이다. 독(獨)이란 남은 알지 못하고 나만 홀로 아는 곳이다. 이 말은 다음과 같은 뜻이다. 자신을 수양하고자 하는 사람은, 선은 행하고 악은 버려야 한다는 것을 알면 마땅히 실제로 힘을 써서 자신을 속이지 말아야 한다. 악을 미워한다면 악취를 싫어하듯 하며 선을 좋아한다면 미인을 좋아하듯이 하여 악은 결단코 버리고 선은 반드시 얻는 데 힘을 써서 스스로 자신에게서 유쾌하고 만족해야지 한갓 구차하게 밖을 좇아서 남을 위해서는 안 된다. 그러나 참되거나 참되지 않은 것은 다른 사람이 알 수 없고 나만 홀로 아는 것이다. 그러므로 반드시 홀로 있을 때 조심해서 그 기미를 살펴야 한다." ○ 또 말했다. "예를 들어, 오훼(烏喙)[6]는 먹을 수 없고 물과 불은 밟을 수 없다는 것을 알면 저절로 먹지 않고 밟지 않는다. 추우면 옷을 입으려고 하고 배고프면 밥을 먹으려고 하는 욕구는 스스로 그만둘 수 없다. 사람이 정말로 선을 보면 배고플 때 밥을 먹고 싶듯이 하고 추울 때 옷을 입고 싶듯이 하며, 악을 보면 오훼는 먹어서는 안 되고 물과 불은 밟을 수 없다는 것을 아는 것처럼 한다면 이 뜻이 저절로 성실해진다." ○ 또 말했다. "자신을 속이는 사람은 반은 알고 반은 모르는 사람이다. 선은 내가 마땅히 행해야 하는 것임을 알면서도 도리어 충분히[十分] 선을 행하지 않고, 악은 절대로 행해서는 안 되는 것임을 알면서도 도리어 자신이 그것을 버리지 못하면 이는 바로 자신을 속이는 것이다." ○ 또 말했다. "만일 의리가 아홉 푼[九分]이 있지만 개인적인 뜻[私意]이 한 푼[一分]이라도 있으면 이것은 곧 자신을 속이는 것이다." ○ 또 말했다. "한 가지 선을 완전하게 다[十分] 실천해도 그 사이에 좋지 않은 뜻이 한 푼이라도 잠재해 있다가 일어나서 나쁜 길로 말미암아 자라나면 도리어 좋지 않은 뜻이

---

6 약재의 이름으로는 草烏頭, 川烏頭라고 한다. 미나리 아재비과의 烏頭의 모근덩이 뿌리로 만든 약재이다. 모근에 붙어서 자란 뿌리를 附子라고 한다. 냄새가 없고 혀를 마비시키며 맛은 맵고 성질은 뜨겁고 독이 있다. 풍한습 사기를 없애며 사지가 오그라들면서 저리고 아픈 증상, 반신불수, 명치와 배가 차면서 아플 때 쓴다.

가득 차고 이전의 선한 뜻은 없어진다.” ○ 정자가 말했다. “배움은 어두운 방에서도 속이지 않는〔不欺暗室〕 데서 시작된다.” ○ 유 충정공(劉忠定公)이 사마 온공(司馬溫公)에게 물었다. “마음을 다하고〔盡心〕 자신에게 실행하는〔行己〕 요지로서 죽을 때까지 실행할 수 있는 것이 무엇입니까?” 온공이 말했다. “그것은 성실이다.” 또 물었다. “실행하는 데는 무엇을 먼저 해야 합니까?” 온공이 말했다. “망령되이 말하지 않는 데서부터 시작하라.” 유 충정공은 처음에 이것을 매우 쉽게 여겼다. 그러나 물러나와 자신에게 맞춰보았더니 하루의 행동이 말한 것과 서로 배치되고 모순된 점이 많았다. 그래서 힘써 7년을 실행한 뒤에야 망령되이 말하지 않을 수 있게 되었다. 이로부터 말과 행동이 일치하고 겉과 속이 서로 맞았으며, 일을 당해도 마음이 평탄하여 늘 여유가 있었다. ○ 사마 온공이 이렇게 말한 적이 있다. “나는 남보다 나은 것이 없다. 다만, 평생에 남에게 털어놓지 못할 일을 하지 않았을 따름이다.” ○ 주자가 말했다. “경전에 이르기를[7] ‘뜻을 성실하게 하고자 하면 먼저 앎을 끝까지 미루어야 한다.’라고 하였고, 또 ‘앎이 이른 뒤에 뜻이 성실해진다.’라고 하였다. 마음의 본체〔心體〕가 조금이라도 밝지 못한 점이 있으면 마음이 작용하더라도 반드시 그 힘을 실제로 쓰지 못하고 구차스럽게 자신을 속이는 일이 있다. 그러나 혹 마음이 이미 밝다 하더라도 조심하지 않으면 밝은 것이 자기 것이 되지 못하며 덕으로 나아가는 터전이 될 수 없다. 이와 같이 차례는 어지럽힐 수 없으며 노력은 빠뜨릴 수 없다.”

성실〔誠〕은 사물의 끝이며 처음이다. 성실하지 않으면 사물이 없다. 그러므로 군자는 성실을 귀하게 여긴다.

『중용』입니다.[8]

주자가 말했다. "'성실하지 않으면 사물이 없다〔不誠無物〕.'라는 것은 사람에게서 말한 것이다. 여기에 성실이 없으면 이 사물이 없다는 말이다. 예를 들어, 보는 것을 분명히 하지 않으면 이 사물을 볼 수 없고, 듣는 것을 또렷이 하지 않으면 이 사물의 소리를 들을 수 없다. 효도를 하더라도 성실하지 않으면 효도가 없고, 공경을 하더라도 성실하지 않으면 공경이 없다. 이것으로 유추하여 추구하면 알 수 있다." ○ 정자가 말했다. "배우는 사람은 성실하지 않으면 안 된다. 성실하지 않으면 선을 행할 수 없고, 성실하지 않으면 군자가 될 수 없다. 학문을 닦는 데 성실히 하지 않으면 배움이 잡되고, 일을 하는 데 성실히 하지 않으면 일이 실패한다. 자기를 위하여 일을 꾸미는 데 성실히 하지 않으면 이는 자기 마음을 속이고 스스로 그 충실을 버리는 것이며, 남과 함께 일하는 데 성실히 하지 않으면 이는 덕을 잃어버리고 남의 원망을 늘리는 것이다. 이제 자질구레한 학문〔小道〕이나 이단의 가르침이라도 또한 반드시 성실히 해야만 터득할 수 있는 것인데, 하물며 군자가 되고자 하는 사람이야 말해 무엇하겠는가? 그러므로 '배우는 사람은 성실하지 않으면 안 된다.'라고 한 것이다. 그렇기는 하나 성실이란 도의 근본을 알아서 그것을 성실히 하는 데 있을 뿐이다."

맹자가 말했다. "성실한 것〔誠〕은 하늘의 길〔道〕이고 성실하려고 생각하는 것〔思誠〕은 사람의 길이다."

『맹자』입니다.[9]

주자가 말했다. "'성실'이란 나에게 있는 이치가 모두 참되고 거짓이 없는 것으로서 본래 그러한〔本然〕 하늘의 길〔天道〕이다. '성실하려고 생각하는 것'이란 나에게 있는 이치가 모두 참되고 거짓이 없고자 하는 것으로서 마땅히

---

9 『孟子』「離婁·上」

그러해야 할〔當然〕 사람의 길〔人道〕이다." ○ 어떤 사람이 물었다. "하늘에는 본래 진실(眞實)한 이치가 있으며, 사람에게는 마땅히 진실한 노력이 있어야 합니다. 성인은 생각하지 않고 힘쓰지 않아도 그대로 도에 적중하여 참된 이치〔實理〕가 행해지지 않는 것이 없습니다. 이것은 성인이 하늘과 일체가 된 것이니 곧 하늘의 길입니다. 아직 성인의 경지에 이르지 못한 사람은 반드시 선을 택하여야만 선을 밝힐 수 있고 반드시 굳게 지켜야만 선을 실천할 수 있습니다. 이것은 사람의 일로서 마땅히 그렇게 해야 할 것이니 곧 사람의 길입니다." 주자가 말했다. "좋은 말이다."

신이 생각건대, 하늘에는 참된 이치가 있기 때문에 기의 작용〔氣化〕이 쉬지 않고 일어나며〔流行〕, 사람에게는 참된 마음〔實心〕이 있기 때문에 배움이 틈이 없이 빛나고 밝아지는 것입니다. 사람에게 참된 마음이 없으면 천리에 어긋나게 됩니다. 어버이를 모시고 있는 사람은 마땅히 효도를 해야 한다는 것을 모르는 사람은 아무도 없지만 효도하는 사람은 드물고, 형이 있는 사람은 마땅히 공경해야 한다는 것을 모르는 사람은 아무도 없지만 공경하는 사람은 적습니다. 입으로는 부부가 서로 공경해야 한다고 하면서도 집안을 가지런히 하는 효과를 거두었다는 말은 듣지 못했습니다. 어른과 어린이 사이의 질서, 벗과 벗 사이의 사귐에서도 또한 그렇지 않은 것이 없습니다. 현명한 사람을 보면 마땅히 좋아해야 한다는 것을 알면서도 마음은 미인을 좋아하는 데로 옮아가고, 간사한 사람을 보면 마땅히 미워해야 하다는 것을 알면서도 아첨하는 사람을 사사로이 사랑합니다. 벼슬자리에 있는 사람은 청렴과 정의를 말하면서도 일을 하는 것은 청렴하지도 의롭지도 않고, 백성에게 임하는 사람은 백성을 기르고〔養〕 가르치는〔敎〕 것을 말하면서도 정치를 하는 데서는 기르지도 가르치지도 않습니다. 또한 혹시 억지로 어짊과 의로움에 힘써서 겉으로는 볼 만한 듯하나 마음속으로 좋아하는 것은 어짊과 의로움이 아닙니다. 속임수는 오래가기 어렵습니다. 처음에는 날래게 일을 하나 나중에는 게을리 합니다. 이런 것들은 모두 참된 마음이 없기 때문입니다. 한마음이 참되지 못하면 온갖 일이 모두 거짓이니 어디로 간들 행할 수 있으며, 한마음이 정말로 참되면 온갖 일이 모두 진실할 것이니 무엇을 한들 이루지 못하겠습니까? 그러므로 주자(周子)는[10] '성실이란 성인의 근본'이라고 하였습니다. 이 점을 유념하시기 바랍니다. ㅇ 신이 또 생각건대, 뜻을 성실하게 하는 것은 자기를 수양하고 남을 다스리는 근본입니다. 지금 비록 따로 한 장을 두어 그 대략을 진술하였습니다만, 성실하게 한다는 뜻은 실로 위와 아래의 여러 장에 일관됩니다. 예를 들어 의지(志)는 성실이 아니면 확립할 수 없고, 이치는 성실이 아니면 깨달을 수 없으며, 기질은 성실이 아니면 변화시킬 수 없습니다. 다른 것도 미루어 알 수 있습니다.

제6장 교기질 (矯氣質, 기질을 바로잡음)

신이 생각건대, 이미 학문을 하는 데 성실하다면 반드시 치우친 기질을 바로잡아서 본래 그러한 성품을 회복하여야 합니다. 그러므로 장자(張子)는[11] "학문을 함으로써 얻는 큰 이익은 기질을 변화시키는 데 있다."라고 하였습니다. 이 때문에 기질을 바로잡는 것이 성실의 다음이 됩니다.

굳은 선(剛善)은 의롭고 곧고 결단력이 있고 엄하고 굳세고 줄기차고 단단한 것이요, 굳은 악(剛惡)은 사납고 좁고 완고하게 기력을 쓰는 것이다. 부드러운 선(柔善)은 자애롭고 순하고 부드러운 것이요, 부드러운 악(柔惡)은 나약하고 결단이 없고 간사하고 아첨하는 것이다.

주자(周子)의 『통서(通書)』입니다. 아래도 같습니다.[12]

---

10 『通書述解』「誠上」
11 『張子全書』「義理」,「語錄」
12 『通書述解』「師」

주자가 말했다. "기품의 굳음과 부드러움은 본래 음과 양으로 크게 나뉘
는데 그 가운데 또 각각 선과 악으로 나뉜다. 악한 것은 애초에 바르지 않
은 것이지만 선한 것도 반드시 모두 중도를 얻은 것은 아니다." ○ 또 말했
다. "목(木)의 기운을 많이 타고나면 굳고 강한 것이 적고, 금(金)의 기운을
많이 타고나면 자애롭고 상서로운 것이 적다. 이를 미루어보면 모든 것이
그러하다."

오직 중도를 지키는 것은 성인의 일이다.

주자가 말했다. "이것은 바른 성품을 얻은 것으로 말한 것이다."

그러므로 성인은 가르침을 세워서 사람으로 하여금 스스로 자신의 악
을 바꾸고 스스로 중도에 이르게 한 뒤 그친다.

주자가 말했다. "악을 바꾸면 굳은 측면과 부드러운 측면의 악이 모두 선
하게 되어 엄하고 굳고 자애롭고 순한 덕이 있으며, 완고하게 기력을 쓰고
나약한 병폐가 없다. 중도에 이르면 혹 엄격하고 굳거나 혹 자애롭고 순하더
라도 모두 절도에 맞아 너무 지나치거나 미치지 못하는 치우침이 없을 것이
다." ○ 정자가 말했다. "강하고 사나운 사람은 억눌러야 하고 두려워서 움
츠리는 사람은 넓혀 보충하고 길러야 한다. 옛 사람이 무두질한 소가죽이나
활시위를 차고 다니면서 수시로 자신을 경계한 것〔韋弦之戒〕[13]은 바로 이것
을 위한 것이었다. 그러나 굳은 사람은 억누르기 쉽다. 예를 들어 자로(子路)
는 처음에 비록 성인도 업신여기는 사람이었으나 뒤에 배움을 알고 나서는

---

13 성질이 급했던 西門豹는 무두질한 소가죽을 차고 다니면서 성급한 성질을 누이려고 했고, 성질이 느린
董安于는 활시위를 차고 다니면서 느린 성질을 고치려고 했다는 고사에서 유래한 말이다.

바로 굳은 성품을 고치고 매우 쉽게 자기를 극복하였다. 두려워서 움츠리는 사람은 기가 본래 유약하기 때문에 반드시 힘껏 노력해야 한다."

세 가지 덕[三德]은, 첫째 바르고 곧음[正直], 둘째 굳게 다스림[剛克], 셋째 부드럽게 다스림[柔克]입니다. 평화로운 사람[平康]은 바름으로써 곧게 하고, 가라앉고 숨는 사람[沈潛]은 강경하게 다스리고, 높고 밝은 사람[高明]은 부드럽게 다스립니다.

『주서(周書)·홍범(洪範)』입니다.[14]

채씨(蔡氏)가 말했다. "가라앉고 숨는 사람은 깊이 가라앉고 물러나 숨어서 중도에 미치지 못하는 사람이다. 높고 밝은 사람은 지나치게 높고 밝아서 중도에서 지나친 사람이다. 평화로운 사람을 바름으로써 곧게 한다는 것은 바로잡고 떨쳐버림을 일삼을 것이 없다. 가라앉고 숨는 사람을 강건하게 다스린다는 것은 강건한 수단으로써 부드러운 것을 다스린다는 말이다. 높고 밝은 사람을 부드럽게 다스린다는 것은 부드러운 수단으로써 강건한 것을 다스린다는 말이다." ○ 주자가 말했다. "극(克)은 다스림이다. 자질이 가라앉고 숨는 사람은 마땅히 강건한 것으로써 다스려야 하고, 자질이 높고 밝은 사람은 마땅히 부드러운 것으로써 다스려야 한다." ○ 황씨(黃氏)가 말했다. "학문을 하는 데는 모름지기 기질에 따라서 치우친 것과 이르지 못한 것을 살피되 가장 절실한 것을 택하여 자기 힘을 기울여야 한다. 약을 쓰는 것에 비유하자면, 옛 사람의 처방[方書]은 대략적인 방법만 말해놓았을 뿐이다. 병의 증세는 여러 갈래이므로 증세에 따라 처방을 신중하게 택해야 한다."

공자가 말했다. "성품은 서로 비슷하나[性相近] 습관은 서로 멀다[習相遠]."

---

14 『書經』「周書·洪範」

주자가 말했다. "기질의 성은 본래 아름답거나 악하여 다른 점이 있다. 그러나 그 시초로 말하자면 서로 아주 멀지 않다. 다만, 착한 것에 습관이 들면 착하게 되고 악한 것에 습관이 들면 악하게 되어서 비로소 서로 멀어질 뿐이다."

이상은 기질이 다르므로 그것을 바로잡는 데도 저마다 방법이 있음을 말한 것입니다.

안연이 인(仁)에 대하여 물었더니, 공자가 말했다. "자기를 극복하여[克己] 예로 돌아가는 것[復禮]이 인을 행하는 것이다. 하루 동안 자기를 극복하여 예로 돌아가면 온 세상이 인에 귀의[歸]할 것이다. 인을 행하는 일은 자기에게 달려 있는 것이지 남에게 달려 있는 것이겠는가?"

『논어』입니다. 아래도 같습니다.¹⁶

주자가 말했다. "인이란 본마음[本心]의 전체적인 덕이다. 경원 보씨(慶源輔氏)가 말했습니다. "인·의·예·지는 모두 마음의 덕이나 인이 의·예·지를 포괄하기 때문에 본마음의 전체적인 덕이라 한다." 극복한다는 것[克]은 이기는 것[勝]이고, 자기[己]는 자신의 개인적인 욕망[私欲]을 말하는 것이다. 복(復)은 돌이키는 것이다. 예(禮)는 천리에 절도를 세우고 꾸며낸 것이다. 인을 행하는 것은 마음의 덕을 완전히 구현할 수 있는 근거이다. 마음의 전체적인 덕은 천리가 아님이 없지만 또한 인욕에 의해 무너지지 않을 수 없기 때문에 인을 행하는 사람은

---

15 『論語』「陽貨」
16 『論語』「顔淵」

반드시 개인적인 욕망을 이겨서 예로 돌아가야 한다. 그렇게 되면 모든 일이 천리에 맞고 본마음〔本心〕의 덕이 다시 나에게서 온전하게 갖춰진다. 귀의한다〔歸〕는 것은 함께한다〔與〕는 것과 같다. 또 '하루 동안 자기를 극복하여 예로 돌아가면 온 세상 사람들이 모두 인에 함께 한다.'라는 말은 그 효과가 매우 빠르고 지극히 크다는 것을 극단적으로 말한 것이다. 또 '인을 행하는 것은 자기에게 달려 있는 것이지 다른 사람이 함께할 수 있는 것이 아니다.'라는 말은 그 동기가 나에게 있기 때문에 어렵지 않다는 것을 보여주는 것이다. 날마다 자기를 극복하되 어렵지 않게 여기면 개인적인 욕망이 깨끗이 없어져 천리가 두루 작용〔流行〕하고 인을 이루 다 쓸 수 없게 될 것이다." ○ 정자가 말했다. "예가 아닌 것이 바로 개인적인 뜻〔私意〕이다. 이미 이것이 개인적인 뜻이라면 어떻게 인이 될 수 있겠는가? 모름지기 자기의 개인적인 것을 다 극복하여 모든 것이 예에 복귀해야 비로소 인이다." ○ 사씨(謝氏)가 말했다. "자기를 극복하는 것은 모름지기 성품이 치우쳐서 극복하기 어려운 곳에서부터 극복해나가야 한다." 이 말은 예를 들어 사람이 성욕〔色欲〕이 지나치면 먼저 성욕을 절제하고, 이익에 대한 욕구가 지나치면 먼저 이익을 끊어버리는 것 따위입니다. 이것이 용맹하게 자신을 극복하는 중요한 방법입니다. ○ 주자가 말했다. "자기 개인적인 것〔私〕이 세 가지 있는데, 첫째 치우친 성질, 둘째 귀·눈·입·코 등과 같은 감각기관의 욕망, 셋째 남과 나 사이에서 시기하고 이기려는 욕망이다. 이것을 자세히 몸으로 깨달아〔體認〕 조금이라도 개인적인 뜻이 있음을 느끼면 바로 극복해야 한다." 설씨(薛氏)가 말했습니다. "개인적인 것은 크고 작은 것을 가릴 것 없이 있다는 것을 느끼기만 하면 바로 극복해야 한다." ○ 또 말했다. "예는 자신에게 본래부터 있는 것이다. 그러므로 돌이킨다고 한다. 이 말은 자기를 극복하고 나서 비로소 예로 돌아간다는 것이 아니다. 인욕을 한 푼 극복하면 바로 천리가 한 푼 회복된다." ○ 물었다. "보통 일을 만났을 때에는 이것은 천리이고 저것은 인욕이라는 것을 알지만 실제로 행동을 할 때에는 인욕에 이끌려 일이 끝난 뒤 후회하게 되는데, 이는 무엇 때문입니까?" 말하였다. "이는 바로 자기를 극복하는 공부가 없기 때문이다. 두 가지가 다투는 이런 곳이 매우 중요하다. 인욕에 이끌릴 때 잘 수습해야 비로소 자기를 극복할 수 있다. 예를 들어 큰 길이 하나 있고 또 작은 길이 있는데, 큰 길로 가야 한다는 것을 잘 알면서도 작은 길 앞에 자기를 끌어당기는 것이 있으면 자기도 모르게 작은 길을 따라가다가 우거진 가시덤불을 만나 후회한다. 이것이 바로 천리와 인욕이 다투는 기틀[機]이다. 모름지기 일을 만났을 때에는 바로 극복해야지 구차하게 지나쳐서는 안 된다."

안연이 "구체적인 조목[目]은 어떤 것입니까?" 하고 물었다. 공자가 말했다. "예가 아니면[非禮] 보지 말고[勿視] 예가 아니면 듣지 말고[勿聽] 예가 아니면 말하지 말고[勿言] 예가 아니면 행동하지 말라[勿動]." 안연이 이 말을 듣고 말했다. "제가 비록 민첩하지는 못하지만 이 말을 따라 행하겠습니다."

주자가 말했다. "목(目)은 줄기와 가지가 되는 조목[條件]이다. 안연은 공자[夫子]의 말을 듣고 이미 천리와 인욕 사이의 어름이 분명해졌다[判然]. 그래서 다시 더 의문을 품지 않고 곧바로 그 조목을 물었던 것이다. 예가 아닌 것이란 자신의 개인적인 것이다. 물(勿)은 하지 말라는 말이다. 예가 아닌 것을 하지 않는 것은 인심(人心)이 주인이 되어서 사적인 것을 이기고 예로 돌아가는 것의 기틀이다. 사적인 것을 이기면 행동과 표정, 사람을 대하는 가운데[動容周旋] 예에 맞지 않는 것이 없고, 일상생활에 천리가 작용하지 않는 것이 없다. 안연은 그 이치를 마음속으로 알아차리고[默識] 스스로 자신을 이길 수 있다는 것을 알았기 때문에 곧바로 그 일을 자기의 임무로 삼고 의심하지 않았다." ○ 또 말했다. "예가 아니면 보지도 듣지도 말라는 것은 밖에서 들어온 것이 안에서 작용하지 못하도록 막는 것이다. 예가 아니면 말하지도 행동하지도 말라는 것은 안에서 나온 것을 가지고 바깥을 대할 때 신중하게 하라는 것이다. 안팎을 함께 닦아 나아가면 인을 행하는 데 남김없이 힘을 쓸 수 있다. 성인의 말씀을 익숙하게 음미하여 안자(顏子)가 힘쓴 것을 탐구하는 기틀은 다만, 예가 아닌 것을 그만두거나 그만두지 않는 데 있을 따름이다. 여기서부터 돌이키면 천리가 되고, 여기서 더 흘러버리면 인욕이 되며, 여기서 잘 생각하면 성인이 되고, 여기서 생각을 하지 않으면 뜻만 높은 사람〔狂〕이 되는데 이것은 다만 털끝만 한 차이일 뿐이다. 배우는 사람이 몸가짐을 삼가지 않을 수 있겠는가?" ○ 어떤 사람이 물었다. "봐서는 안 된다는 것을 분명히 알면서도 저절로 눈을 돌리고, 들어서는 안 된다는 것을 분명히 알면서도 저절로 귀를 기울인다면 어떻게 해야 합니까?" 주자가 말했다. "예에 맞지 않은 미인이 비록 눈앞을 지나간다 하더라도 나에게 그것을 보려는 마음이 있어서는 안 되고 예에 맞지 않은 음악이 비록 귀를 스친다 하더라도 나에게 그것을 들으려는 마음이 있어서는 안 된다." ○ 정자가 말했다.[17] "보고 듣고 말하고 행동하는 이 네 가지는 몸의 작용인데 마음〔中〕에서 나와 밖으로 대응하는 것이다. 밖을 다스리는 것은 마음을 기르는 수단이다. 안연은 이 말을 일삼았기 때문에 성인의 경지에까지 나아갔다. 후대에 성인을 배우고자 하는 사람은 마땅히 이 가르침을 명심하고 잃어버리지 말아야 한다. 이 때문에 '잠(箴)'을 지어 스스로를 경계한다. 「시잠(視箴)」은 이렇다. '마음이란 본래 공허한 것. 사물에 반응하되 자취가 없네. 마음을 간직하는 요령이 있는데, 보는 것이 그 법칙이 되네. 사물이 눈앞을 가리면 마음이 옮겨가니 밖을 다스려서 안을 편안하게 하여야 한다. 자기를 극복하여 예로 돌아가 오래도록 유지하면 성실하게 되리라.' 섭씨가 말했습니다. "눈은 한 몸의 밝은 거울이며 오행(五行)의 정화가 모인 것으로서 마음과 가장 밀접한 것이다. 눈이 움직이면 마음이 반드시 따라가고 마음이 움직이면 눈이 반드시 그곳으로 쏠린다. 텅 비고 신령한 마음은 온갖 변화와 조화를 이루는데 그것을 단속하려면 먼저 보는 것을 준칙으로 삼아야 한다."

---

17 『二程文集』「伊川文集 · 四箴幷序」

「청잠(聽箴)」은 이렇다. '사람에게는 떳떳한 인륜〔秉彝〕이 있으니 타고난 성품〔天性〕에 뿌리를 두었네. 지각이 사물의 유혹을 받아 동화되면 마침내 그 올바름을 잃어버린다. 우뚝한 저 선각자들은 그칠 데를 알아 의지에 방향이 정해지니 사심을 막고 성실을 보존하여〔閑邪有誠〕 예가 아니면 듣지 않았다.' 지각이 사물의 유혹을 받아 동화된다는 것은 마음이 사물의 유혹을 받아 동화되는 것입니다. 마음의 본체는 본래 바르지만 사물의 유혹을 받아 동화됨으로 말미암아 마침내 그 바름을 잃어버리는 것입니다. 「언잠(言箴)」은 이렇다. '마음이 움직임은 말로 인한 것. 조급하게 함부로 말하지 않는다면 마음은 고요하고 오롯해지네〔靜專〕. 하물며 말이란 싸움을 일으키고 우호를 맺는 기틀임에랴! 길하고 흉하고 영예롭고 욕된 것은 오직 말이 불러들인다. 쉽게 말을 하면 허탄하고〔誕〕 번거롭게 말을 하면 뜻에서 벗어난다〔支〕. 함부로 말을 하면 상대편이 싫어하고 가는 말이 어긋나면 오는 말도 어긋난다. 법도가 아니면 말하지 말 것이니 이 가르침을 공경하여 잘 받들라.' 진씨(陳氏)가 말했습니다. "지(支)는 줄기에서 곁으로 뻗어나간 나뭇가지와 같은 것이니 몸통에서 옆으로 뻗어나간 것이다. 곧 마음을 번거롭게 함으로써 생기는 실수이다." 「동잠(動箴)」은 이렇다. '철인(哲人)은 기미를 알아차려 생각〔思〕을 성실하게 하고, 지사(志士)는 행실에 힘을 쏟아 행위에서 뜻을 지킨다. 이치를 따르면 여유롭고 욕망을 따르면 위태롭다. 잠시라도 생각하고 조심하며 경계하여 스스로를 붙들어라. 습관이 성품대로 이루어지면 성현과 같이 된다.'" 주자가 말했습니다. "생각〔思〕은 움직임의 기미이고, 행위〔爲〕는 움직임이 드러난 것이다. 생각은 안에서 움직이는 것이고 행위는 밖에서 움직이는 것이다." ○ 신이 생각건대, 습관이 성품대로 이루어진다는 것은 익숙한 행위가 오래 쌓여 습관이 이루어지면 마치 타고난 성품〔天性〕에서 우러나오는 것과 같이 되는 것을 말합니다. 이른바 '어려서부터 형성된 것〔少成〕은 마치 천성(天性)과 같고 습관은 마치 저절로 그러한 것〔自然〕과 같다.'는 것입니다. 타고난 성품이란 맨 처음에 받은 기질의 성을 말하는 것이지 본연의 성을 말하는 것은 아닙니다. ○ 주자가 말했다. "이 장의 문답은 바로 핵심적인 법〔心法〕을 전수해주는 절실하고 중요한 말이다. 지극히 밝지 않고서는 기미를 살필 수 없고 지극히 굳세지 않고서는 결단을 내릴 수 없다. 정자의 '잠(箴)'은 친절하게 표현하고 밝혔으니 배우는 사람은 더욱 깊이 음미해야 한다."자기를 극복하는 것은 자기에게 절실한 공부이며 기질을 변화시키는 중요한 방법이기 때문에 정자와 주자가 이렇게 말했던 것입니다.

『역(易)』에서 말했다. "산 아래 연못이 있는 것은 손괘이다. 군자는 이것을 본받아 분노를 경계하고 욕심을 틀어막는다[懲忿窒慾]."

「손괘(損卦)·상전(象傳)」입니다.[18]

정자가 말했다. "자기를 수양하는 과정에서 마땅히 덜어내야 할 것은 오직 분노와 욕심이다. 그러므로 분노를 경계하고 의욕(意慾)을 틀어막아야 한다." ○ 또 말했다. "사람의 감정 가운데 일어나기는 쉬워도 다스리기가 아주 어려운 감정은 오직 성내는 것이다. 다만 성이 날 때 얼른 노여움을 잊어버리고 이치의 옳고 그름을 살피면 또한 바깥의 유혹은 미워할 만한 것이 못 됨을 알 수 있고, 도의 경지에서 반은 넘어섰다고 생각할 수 있다." ○ 또 말했다. "분노는 다스리기 어렵고 두려움도 다스리기 어렵지만 자신을 이기면 분노를 다스릴 수 있고 이치를 밝히면 두려움을 다스릴 수 있다." ○ 또 말했다. "『논어』에서[19] '신정(申棖)은 욕심이 많으니 어찌 굳세다[剛] 할 수 있겠는가?' 하였으니, 심하구나, 욕심이 사람을 해침이여! 사람이 선하지 않은 일을 하는 것은 욕심이 유혹하기 때문이다. 유혹을 당하면서도 알지 못하면 결국에는 천리를 없애버리고 돌이킬 줄 모른다. 그러므로 눈이 미인을, 귀가 좋은 음악을 추구하는 데서부터 코가 향기를, 입이 진미를, 팔다리가 편안한 것을 추구하는 데에 이르기까지 모두 그러하다. 이것은 모두 그렇게 시키는 것이 있다. 그러면 무엇으로 욕심을 막을 수 있겠는가? 생각[思]뿐이다. 오직 생

---

18 『周易』「損卦·象傳」
19 『論語』「公冶長」

각으로만 욕심을 막아낼 수 있다. 증자의 세 가지 반성[三省]이 욕심을 막는 방법이다." ○ 주자가 말했다. "산의 모습[象]을 보고 분노를 경계하고, 못의 모습을 보고 욕심을 막는다. 그러므로 구렁을 메우듯 욕심을 막고 산을 무너뜨리듯 분노를 가라앉힌다."

이상은 기질을 바로잡는 방법이 자기를 극복하는 데 있음을 말한 것입니다. 자기에게서 극복하기 어려운 것은 분노와 욕심입니다. 그러므로 이것을 드러냈습니다.

○ 널리 배우고[博學], 자세히 묻고[審問], 신중히 생각하고[愼思], 분명하게 변별하며[明辨], 독실하게 행한다[篤行].

『중용』입니다. 아래도 같습니다.[20]

정자가 말했다. "이 다섯 가지 가운데 하나라도 폐하면 학문이 아니다." ○ 주자가 말했다. "배우면 바로 기질을 변화시킬 수 있다. 만일 책을 읽어 이치를 탐구하거나 경건을 위주로 하여 본심을 보존하지 않고 헛되이 어제와 오늘의 잘잘못[昨非今是]을 따지고 헤아리는 데만 쩔쩔맨다면 아마도 수고만 하고 아무 도움이 없을 것이다."

배우지 않을지언정 배운다면 능숙하지 않고서는 그만두지 않는다. 묻지 않을지언정 묻는다면 알지 않고서는 그만두지 않는다. 생각하지 않을지언정 생각한다면 터득하지 않고서는 그만두지 않는다. 변별하지 않을지언정 변별한다면 분명하지 않고서는 그만두지 않는다. 행하지 않을지언정 행한다면 독실하지 않고서는 그만두지 않는다. 남이 한 번만에 할 수 있다면 나는 백 번이라도 해서 할 수 있게 하고 남이 열

---

20 『中庸』20章

번 만에 할 수 있다면 나는 천 번이라도 해서 할 수 있게 한다.

주자가 말했다. "군자의 학문은 하지 않는다면 그만이지만 한다면 반드시 성취하려고 해야 한다. 그러므로 늘 백배나 더 노력해야 한다." O 동씨(董氏)가 말했다.[21] "학문에 힘쓰면 견문이 넓어지고 지식은 더욱 밝아집니다. 도를 행하는 데 힘쓰면 덕이 날로 일어나 큰 결실을 얻습니다." 증자가 말했다.[22] "들은 것을 존중하면 고명(高明)해지고 안 것을 실천하면 광대(光大)해진다. 고명해지고 광대해지는 것은 다른 데 있는 것이 아니라 뜻을 기울이는 데 있을 뿐이다."

과연 이 도를 따라 할 수 있으면 비록 어리석은 사람이라도 반드시 밝아지고 유약한 사람이라도 반드시 강해진다.

여씨(呂氏, 呂大臨)가 말했다. "군자가 학문을 하는 까닭은 기질을 변화시키기 위해서일 뿐이다. 덕이 기질을 이기면 어리석은 사람이 밝아질 수 있고 유약한 사람이 강해질 수 있다. 덕이 기질을 이기지 못하면 비록 학문에 뜻을 두더라도 어리석은 사람이 밝아질 수 없고, 유약한 사람이 홀로 설 수 없을 것이다. 고르게 선하고 악이 없는 것은 본성인데 본성은 모든 사람에게서 같다. 어둡거나 밝거나 강하거나 약한 기품이 가지런하지 않은 것은 재질〔才〕인데 재질은 사람마다 다르다. 성실하게 하는 것은 같은 점으로 돌아가고 다른 것을 변화시키는 수단이다. 아름답지 못한 자질을 아름답게 변화시키려면 백배로 노력하지 않고서는 성공할 수 없다. 지금 거칠고 경박한〔鹵莽滅裂〕 배움을 가지고 노망(鹵莽)은 마음을 쓰지 않는 것이고, 멸렬(滅裂)은 경박한 것입니다.

---

21 『漢書』「董仲舒傳」
22 『大戴禮記』「曾子疾病」

공부를 하는 둥 마는 둥 하면서 아름답지 못한 자질을 변화시키려다가 결국 변화시키지 못하면 '타고난 자질〔天質〕이 아름답지 못한 것은 배움으로 변화시킬 수 있는 것이 아니다.'라고 한다. 이는 과감하게 자신을 포기하는 것이니 매우 어질지 못한 것이다." ○ 오씨(吳氏)가 말했다. "배움이 기질을 변화시키기에 부족하다면 배워서 무엇을 하겠는가? 세상에는 뜻을 따라 공을 세우고 업적을 이루는 사람도 있고, 감정에 내맡겨 나라를 망치고 백성을 죽게 만드는 사람도 있다. 이런 사람은 굳세거나 유약하거나 선하거나 악하거나 간에 기질의 여하에 맡겨버리고 다시 바로잡고 다스려서 인격을 완성하지 않는 사람이다. 배우는 사람은 이와 같지 않아서 어두운 것을 밝은 것으로 바꾸고 약한 것을 강한 것으로 바꾸고 탐욕을 염치로 바꾸고 잔인한 것을 자애로운 것으로 바꿀 수 있다. 학문의 효용은 이처럼 크다. 기질이 아름답지 못한 사람도 아름답게 변화시킬 수 있는데 하물며 날 때부터 아름다운 사람이겠는가?" ○ 주자가 말했다. "전에 여백공(呂伯恭, 呂祖謙)을 만났더니 그가 이런 말을 했다. '젊었을 때 성품과 기질이 거칠고 난폭하여 음식이 마음에 들지 않아도 그릇〔家事〕을 때려 부수곤 했다. 가사(家事)는 그릇〔器皿〕입니다. 나중에 병을 오래 앓게 되어 『논어』 한 권만 아침저녁으로 보다가 '자신을 꾸짖는 것은 무겁게 하고 남을 꾸짖는 것은 가볍게 한다.'[23]는 대목에 이르러 문득 뜻이 단숨에 평안해지는 것을 깨달았다. 마침내 지금까지 사납게 성내는 버릇이 없어졌다.' 이것은 기질을 변화시키는 법이 될 수 있다."

이상은 기질을 바로잡는 노력이 힘써 행하는 데 달렸음을 말한 것입니다.

신이 생각건대, 근원적인 한 기운〔一氣〕은 맑고 깨끗하며 텅 비어 있으나 오직 양으로서 움직이고 음으로서 고요하며 오르락내리락하면서 어지럽게 뒤섞

---

23 『論語』「衛靈公」

여 질(質)이 되어 마침내 고르지 않게 됩니다. 기질이 치우치고 막혀 있는 사물은 더욱 변화시킬 방법이 없습니다. 오직 사람은 맑고 흐리며, 순수하고 뒤섞인 기질적 차이가 있다고 하더라도 마음〔方寸〕이 텅 비고 밝기〔虛明〕 때문에 변화시킬 수 있습니다. 그러므로 맹자가 "사람은 모두 요순같이 될 수 있다."라고 말했는데[24] 이 말이 어찌 헛소리이겠습니까? 기가 맑고 질이 순수한 사람은 힘쓰지 않아도 알고 행할 수 있으니 더할 나위가 없습니다. 그러나 기가 맑고 질이 뒤섞인 사람이라면 알 수는 있으나 행하지 못하니 실행〔躬行〕에 힘써 반드시 성실하고 독실하게 노력하면 행할 수 있고, 유약한 사람이라도 강하게 될 수 있습니다. 질이 순수하고 기가 흐린 사람이라면 행할 수는 있어도 알지 못하니 묻고 배우는 데 힘써 반드시 성실하고 정확하게 배우면 앎에 통달할 수 있고, 어리석은 사람이라도 현명하게 됩니다. 또한 세상의 온갖 기술〔衆技〕을 누가 나면서 아는 사람이 있겠습니까? 시험 삼아 음악을 익히는 일을 가지고 말씀드리겠습니다. 어린 사내아이나 계집아이가 처음 금과 슬〔琴瑟〕을 배워 손가락을 놀려 소리를 내면 사람들은 귀를 막고 듣지 않으려고 할 것입니다. 그러나 쉬지 않고 익혀서 점점 소리를 제대로 내고 어느 정도 경지에 이르면 맑고 조화로우며 원만하고 부드럽게 흘러 말할 수 없이 오묘하게 연주할 수도 있을 것입니다. 저 사내아이나 계집아이가 어찌 나면서부터〔性〕 음악을 할 수 있었겠습니까? 오직 실제로 익히고 오랫동안 연습하여 능란하고 숙련되었을 뿐입니다. 온갖 기예(伎藝)가 모두 그러합니다. 학문이 기질을 변화시킬 수 있는 것도 이와 다를 것이 없습니다. 아! 온갖 장인〔百工〕의 기예 가운데는 세상에 절묘한 기술과 솜씨를 갖춘 사람이 혹 있지만 학문을 하는 사람으로서 기질을 변화시키는 사람은 아직 보지 못한 것은 다만 학문을 하는 사람이 해박한 지식과 뛰어난 언론에만 힘입을 뿐이기 때문입니다. 그래서 굳센 사람은 끝내 부드러운 선을 갖지 못하고 부드러운 사람은 끝내 굳센 선을 갖지 못하여 탐욕스

---

24 『孟子』「告子·下」 이 말은 원래 曹交가 孟子에게 물은 말인데, 이 물음에 孟子가 그렇다고 답하였다.

러운 사람이 청렴해지고 잔인한 사람이 자애로워지며 경박한 사람이 신중〔沈重〕해지는 것을 아직 보지 못하는 것입니다. 그렇다면 사람들이 실제로 노력하는 것이 다만 온갖 기술〔百工〕과 기예를 익히는 데 있고 학문을 하는 데 있지 않은 것이니 탄식하지 않을 수 있겠습니까? 이 점을 유념하시기 바랍니다.

제7장 양기 (養氣, 기운을 기름)

신이 생각건대, 기질을 바로잡고 다스리는 일은 최선을 다해야〔克盡〕 하며 보존하고 기르는 것〔保養〕은 치밀하게 하지 않으면 안 됩니다. 바른 기운을 보존하고 기르는 것은 바로 객기(客氣)를 바로잡고 다스리는 방법입니다. 이 두 가지가 실로 별개의 일은 아니지만 저마다 주된 점이 있으므로 나누어서 두 장으로 만들었습니다.

맹자가 말했다. "마음을 기르는〔養心〕 데는 욕망을 적게 하는 것〔寡欲〕보다 좋은 것이 없다. 그 사람됨이 욕망이 적으면 비록 마음을 보존하지 못하는 수가 있더라도 그럴 일이 적을 것이요, 그 사람됨이 욕망이 많으면 비록 마음을 보존하는 수가 있더라도 그럴 일이 적을 것이다."

『맹자』입니다. 아래도 같습니다.[25]

주자가 말했다. "욕망〔欲〕이란 입·코·귀·눈·팔다리의 욕구와 같다. 비록 사람에게는 욕망이 없을 수 없지만 욕망이 많은데도 절제하지 못하면 본심을 잃지 않을 수 없다. 배우는 사람이 마땅히 깊이 경계해야 한다." ○ 정자가 말했다. "욕망이란 반드시 깊이 빠져드는 것만을 가리키는 것이 아니다. 향하는 것만 있어도 바로 욕망이다." ○ 「악기(樂記)」에서 말했다.[26] "군

---

25 『孟子』「盡心·下」

자는 도를 얻는 것을 즐거워하고 소인은 욕망을 이루는 것을 즐거워한다. 도로써 욕망을 다스리면 즐거워도 어지럽지 않으며 욕망 때문에 도를 잊어버리면 빠져들어서 즐겁지 않다.” ○ 정자가 말했다. “사람이 천리에 어두운 것은 다만 기호의 욕망〔嗜欲〕이 그를 어지럽히기 때문이다. 장자(莊子)가 ‘기호의 욕망이 깊은 사람은 천기(天機)가 얕다.’[27]라고 했는데 가장 옳은 말이다.” ○ 「오자지가(五子之歌)」에서 말했다. “안으로 여색에 빠지고 밖으로 사냥에 빠지거나, 술을 즐기고 음악을 즐기거나, 집을 높이 짓고 담장을 꾸미는 것 가운데 한 가지라도 있으면 혹시라도 망하지 않는 사람이 없다.”[28] ○ 정자가 말했다. “모든 놀이나 취미〔玩好〕는 모두 뜻을 빼앗아버린다. 심지어 글씨〔書札〕는 학자들〔儒者〕에게 가장 친근한 것이지만 한결같이 이것만 좋아하면 역시 저절로 뜻을 잃어버린다〔喪志〕. 예를 들어 왕희지(王羲之), 우세남(虞世南), 안진경(顏眞卿), 유공권(柳公權)과 같은 사람들은 참으로 좋은 사람이라고 할 수 있다. 그러나 글씨를 잘 쓰는 사람으로서 도를 아는 사람을 본 적이 있는가? 평생 동안 자신의 정력을 글씨 쓰는 데만 쓰는 것은 헛되이 세월만 낭비하는 것일 뿐만 아니라 도에 방해가 되는 점이 있으며 뜻을 잃어버리는 것임을 충분히 알 수 있다.”

신이 생각건대, 앞 장에서는 자기를 극복하는 것을 말했기 때문에 욕심을 막는다〔窒慾〕고 했고, 이 장에서는 마음을 기르는 것을 말했기 때문에 욕구를 적게 한다〔寡欲〕고 했습니다. 욕심을 막는다고 할 때의 욕심이란 오로지 개인적인 욕심〔私欲〕을 가리키는 말이고, 욕구를 적게 한다고 할 때의 욕구는 마음의 욕구를 전체적으로 가리키는 말입니다. 그러므로 사람에게 없을 수 없다고 한 것입니다. 다만 욕구도 많아서 절제하지 못하면 바로 개인적인

---

26 『禮記』「樂記」
27 『莊子』「大宗師」
28 『書經』「五子之歌」

욕심이 됩니다.

이전에 우산(牛山)은 나무가 우거졌다. 그런데 큰 나라 도성의 교외에 있었기 때문에 사람들이 크고 작은 도끼로 마구 잘라냈다. 그러니 나무가 우거질 수 있겠는가? 나무는 밤낮으로 자라기 때문에 비와 이슬을 맞으면 다시 싹이 돋아난다. 그러나 싹이 돋아나면 또 소와 양을 풀어놓아 뜯어먹게 했기 때문에 저렇게 반질반질한[濯濯] 민둥산이 되고 말았다. 그런데도 사람들은 반질반질한[濯濯] 것을 보고 저 산에는 본래부터 나무가 없었던 것이라고 여긴다. 나무가 없는 것이 어찌 산의 본래 모습[性]이겠는가?[29]

주자가 말했다. "밤낮으로 자란다는 것은 기[氣化]가 끊임없이 흘러 작용하기[流行] 때문에 밤낮으로 모든 사물이 생장하는 것이 있음을 말한다."

비록 사람에게인들 어찌 어질고 의로운 마음이 보존되어 있지 않겠는가? 양심(良心)을 놓아버리는 것은 마치 아침마다 크고 작은 도끼로 나무를 찍어내는 것과 같다. 이렇게 하고도 마음이 아름다울 수 있겠는가? 밤 사이[日夜]에 자라는 양심과 이른 새벽[平旦]의 맑은 기운을 가지고서도 좋아하고 싫어하는 것[好惡]이 남과 가까운 점[相近]이 거의 드문 것은 아침과 낮에 저지르는 일이 양심을 속박해서[梏] 없어지게 한 것이다. 되풀이하여[反覆] 양심을 속박해서 없어지게 하면 밤의 맑은 기운[夜氣]을 충분히 보존할 수 없다. 밤의 맑은 기운을 충분히 보존하지 못하면 짐승과 거리가 멀지 않다. 사람들은 짐승 같은 행실을 보고 그는 본래부터 재질[才]이 없다고 생각한다. 이것이 어찌 사람의 실정이겠는

---

29 『孟子』「告子・上」

가? 그러므로 잘 길러내면 자라지 않는 것이 없고, 잘 기르지 못하면 소멸하지 않는 것이 없다.

주자가 말했다. "양심이란 본연의 선한 마음이니 곧 이른바 어질고 의로운[仁義] 마음이다. 이른 새벽의 기운이란 아직 사물과 접촉하지 않은 때의 맑은 기운이다. 좋아하고 싫어하는 것이 남들과 서로 비슷하다는 것은 사람의 마음이 모두 같은 점이 있다는 것이다. 곡(梏)은 차꼬[械][30]이다. 반복이란 여러 번 되풀이하는 것이다. 이 말은 다음과 같은 뜻이다. 비록 사람이 양심을 놓아서 잃어버렸다고 하더라도 밤과 낮 사이에 오히려 반드시 생겨나 자라나는 것이 있다. 그러므로 이른 새벽에 아직 사물과 접촉하지 않아 기운이 맑을 때 양심은 오히려 반드시 피어나 드러난다. 다만 양심이 피어나 드러나는 것은 매우 미약하므로 아침과 낮 동안의 선하지 못한 소행이 뒤따라와 속박하여 없앤다. 마치 산의 나무를 베어버려도 싹은 트지만 그것마저 다시 소와 양을 풀어놓아 뜯어먹게 하는 것과 같다. 낮 동안의 소행이 밤사이에 자라난 양심을 해치고, 밤사이에 자라난 양심이 낮 동안의 소행을 이겨내지 못하므로 번갈아 가면서 서로 해쳐서 밤의 기운이 생겨나는 것이 날로 엷어지고 어질고 의로운 양심을 보존하기에도 어려운 지경에 이르면 이른 새벽의 기운도 맑아질 수 없고 좋아하고 싫어하는 것이 마침내 사람의 보편적인 감정과 멀어지게 된다. 산의 나무나 사람의 마음이나 그 이치는 같다."

나는 나의 탁 트인 기운[浩然之氣]을 잘 기른다. 이 기운은 지극히 크고[至大] 굳세어서[至剛] 올바름으로[直] 기르고 해치지 않으면 하늘과 땅 사이에 가득 찬다.[31]

---

30 죄수를 가두어 둘 때 쓰는 형구
31 『孟子』「公孫丑 · 上」

주자가 말했다. "호연(浩然)이란 성대하게 흘러 작용하는 모습이다. 지극히 크다[至大]는 것은 애초에 한계와 양이 없다는 것이다. 지극히 굳세다[至剛]는 것은 굽히고 휠 수 없다는 것이다. 하늘과 땅의 바른 기운이며 사람을 이루고 있는 기운의 모습[體段]은 본래 이와 같다. 오직 스스로 돌이켜 곧으면[縮] 제대로 기를 수 있고, 또 행위가 그것을 해치지 않으면 본모습[本體]이 이지러지지 않아 하늘과 땅 사이에 빈틈없이 가득 차게 된다.

이 기는 의와 도에 배합하는데[配] 의(義)와 도(道)가 없으면 쭈그러든다[餒].

주자가 말했다. "배합한다는[配] 것은 합하여 도움을 준다는 뜻이다. 의란 사람의 마음을 제재(裁制)하는 것이다. 도란 저절로 그러한 천리이다. 쭈그러든다[餒]는 것은 주리고 결핍하여 기운이 몸을 채우지 못하는 것이다. 이 말은 다음과 같은 뜻이다. 사람이 이 기운을 기를 수 있다면 이 기운은 도의와 배합하여 도움이 되어서 도의를 행하는 데 용감하고 결단성이 있으며 의심과 거리낌이 없게 한다. 이 기운이 없으면 한때의 행위가 비록 반드시 도의에서 나오지 않는 것은 아니라 하더라도 몸에 가득 채우지 못할 것이니 의심과 두려움을 면할 수 없고 충분히 훌륭한 일을 할 수 없다.

이 기운은 의를 모아서[集義] 생기는 것이지 의가 엄습하여[襲] 취할 수 있는 것이 아니다. 행동을 하고 마음에 만족하지[慊] 못한 것이 있으면 이 기운은 쭈그러든다.

주자가 말했다. "집의(集義)란 선을 쌓는다는 말과 같다. 모든 일이 의에 합하기를 바라는 것이다. 습(襲)이란 엄습하여 취하는 것이다. 이 말에는 다음과 같은 뜻이 있다. 기운은 비록 도의와 배합을 이루는 것이기는 하지만 처음에 기운을 기를 때 일이 모두 의에 합하여 스스로 돌이켜 늘 곧기 때문에 부끄러움이 없어서 이 기운이 안에서 저절로 생겨난다는 것이지 한 가지 행위가 우연히 의에 합하면 바로 밖에서 엄습하여 생겨난다는 것은 아니다. 행위가 하나라도 의에 합하지 않는 것이 있어서 스스로 돌이켜서 곧지 못하면 마음이 만족스럽지 못하고 그 몸을 가득 채우지 못한다." ○ 정자가 말했다. "의지〔志〕를 굳게 지니고 그 기운〔氣〕을 사납게 하지 않으면 안팎이 서로를 기른다." 섭씨가 말했습니다. "의지를 굳게 지닌다는 것은 마음속에 지키는 것이 있다는 것이다. 그 기운을 사납게 하지 않는다는 것은 밖에서 기운을 방종하게 하는 것이 없다는 것이다. 그러나 안에 지키는 것이 있으면 기운이 저절로 완전해지고 밖에 방종하게 하는 것이 없으면 의지가 더욱 견고해지기 때문에 서로를 기른다고 한다."

이상은 오로지 의지와 기운을 기름을 말한 것입니다.

○ 공자가 말했다. "군자에게는 경계할 것이 세 가지가 있다. 젊었을 때에는 혈기〔血氣〕가 아직 안정되지 않았기 때문에 성적인 문제〔色〕를 경계해야 한다. 장년이 되면 혈기가 한창 굳세기 때문에 싸움을 경계해야 한다. 늙어서는 혈기가 이미 쇠퇴해졌기 때문에 탐욕〔得〕을 경계해야 한다."

『논어』입니다.[32]

주자가 말했다. "혈기는 몸을 생기게 하는 것으로서 혈〔血〕은 음이고 기〔氣〕는 양이다. 득〔得〕은 얻으려고 탐하는 것이다. 때에 맞게 경계할 줄 알아서 이치〔理〕로써 이겨내면 혈기에 지배 당하지 않게 된다." ○ 범씨(范氏, 范祖禹)가 말했다. "군자는 의지와 기운을 기르기 때문에 혈기에 의해 움직이지 않는다. 그러므로 나이가 많아질수록〔高〕 덕이 더욱 높아진다〔邵〕."

---

32 『論語』「季氏」

『역』에서 말했다. "말을 조심하고[愼言語], 먹고 마시는 것을 절제해야 한다[節飮食]."

「이괘(頤卦)·상사(象辭)」입니다.[33]

정자가 말했다. "말을 조심하여 덕을 기르고, 먹고 마시는 것을 절제하여 몸을 기른다. 지극히 일상적이지만 지극히 큰 결과를 낳는 것으로 말과 음식만 한 것이 없다." ○ 또 말했다. "진원(眞元)의 기는 외기(外氣)와 서로 섞이는 것이 아니다. 다만 외기로 함양할 뿐이다. 물과 물고기로 비유해보자. 물고기는 물에 사는데 물이 물고기의 생명[性命]을 이루어낸 것은 아니다. 다만 물로 길러내야 물고기가 살 수 있다. 물고기가 물에서 살듯이 사람은 하늘과 땅의 기운 가운데에서 산다. 먹고 마심으로써 살아가는 것이 모두 외기로 함양하는 방법이다." ○ 또 말했다. "활동과 휴식을 절도에 맞게 하여 기운을 펴는 것[節宣]으로 생명을 기르고[養生], 음식과 의복으로 몸을 기르며[養形], 위엄과 법도를 지키고 의로운 일을 하여서 덕을 기르고[養德], 나를 기준으로 하여 대상에까지 적용하는 방법으로 사람을 기른다[養人]." ○ 형서(邢恕)가 말했다. "우리는 늘 정력(精力)을 아끼고 길러야 한다. 정력이 조금만 부족해도 느른해져서 일을 할 때도 억지로 하게 되고 성의가 없어진다. 손님을 만나고 말을 하는데도 이런데 큰일을 만나서는 어떻겠는가?"

선생께서는 재계[齋]할 때와 전쟁[戰]이 일어났을 때, 질병[病]에 걸렸을 때 조심하였다.

「논어」입니다.[34]

---

33 『周易』「頤卦·象辭」
34 『論語』「述而」

주자가 말했다. "재(齋)라는 말은 가다듬는다[齊]는 뜻이다. 제사를 앞두고 어수선한 사려를 가다듬어 신명과 만나는 것이다. 정성이 지극한지 아닌지, 신이 제사를 흠향하는지 아닌지가 모두 여기에 달렸다. 전쟁은 백성의 생사와 나라의 존망이 달려 있는 일이고, 질병은 내 몸이 죽고 사는[死生存亡] 까닭이니 조심하지 않으면 안 된다." ○ 또 말했다. "병에 걸렸을 때에는 생각을 깊이 해서는[思慮] 안 된다. 모든 일을 일체 놓아두고 오로지 마음을 보존하고 기를 기르는 것을 힘써야 한다." ○ 정자가 장사숙(張思叔)에게 말했다. "나는 기를 매우 엷게 타고 났는데 서른에 점차 성해지고 마흔, 쉰에 이르러 온전해졌다. 지금은 나이 일흔둘이지만 힘줄과 뼈가 젊은 사람에 견주어도 손색이 없다." 장사숙이 물었다. "선생님, 받은 기가 엷었는데 어떻게 생명을 잘 보전할 수 있었습니까?" 정자가 잠자코 있다가 말했다. "나는 삶을 돌보지 않고 욕심을 좇는 것을 아주 부끄러운 일로 여긴다." 장남헌이 말했습니다. "다른 사람의 양생은 건강하고 튼튼한 것만을 추구하는 것이어서 이기적인 것이다. 이천이 말한 것은 순전히 천리를 추구한 것이다." 또 부주(涪州)에서 돌아왔는데 용모는 물론 기색과 수염이 모두 전[平昔]보다 나았다. 제자들이 어떻게 된 까닭인지 물었더니, "학문을 했기 때문이다."라고 하였다.

이상은 혈기를 기름을 함께 말한 것입니다.

신이 생각건대, 어질고 의로운 마음[仁義之心]은 모든 사람이 똑같이 받았지만 타고난 자질[資禀]은 트인 사람이 있고 막힌 사람이 있습니다. 진원의 기는 모든 사람이 똑같이 가지고 있지만 혈기는 허(虛)한 사람도 있고 실(實)한 사람도 있습니다. 어질고 의로운 마음을 잘 기르면 막힌 사람은 트여서 천부적인 마음을 온전하게 할 수 있고, 진원의 기를 잘 기르면 허한 사람도 실해져서 타고난 명을 보존할 수 있습니다. 타고난 마음과 기를 기르는 방법은 역시 바깥에서 다른 사물의 도움을 받는 것이 아니라 어지럽혀서 손상시키지 않는 것뿐입니다. 하늘과 땅 사이에서 기의 작용〔天地氣化〕은 끊임없이 만물을 낳고 낳으며〔生生不窮〕 잠시도 멈추지 않습니다. 사람의 기는 천지와 서로 통하기 때문에 양심(良心)과 참 기운〔眞氣〕도 천지와 함께 자라납니다. 오직 이것을 상하게 하고 해치는 것이 여러 갈래여서 자라나는 것이 소멸시키는 것을 이기지 못하고 이리저리 속박되어 잃어버리기 때문에 마음이 짐승과 같이 되고 기는 아주 일찍 시들어버리니〔夭札〕 두려워하지 않을 수 있겠습니까? 양심을 해치는 것은 귀 · 눈 · 입 · 코와 팔다리의 욕망이고, 참 기운을 해치는 것도 이 욕망에서 벗어나지 않습니다. 귀가 듣기 좋은 음악을 좋아하고 눈이 미인을 좋아하는 것은 본래 마음에 해로운 것이니 음란한 소리와 미인은 뼈를 깎는 도끼와 톱입니다. 입과 몸이 즐기고 좋아하는 것은 참으로 마음에 해로운 것이지만 입을 즐겁게 하는 맛은 반드시 오장(五臟)을 상하게 하고 안락하고 편안한 것은 힘줄과 맥을 늘어지게 하여 마침내 행동과 휴식이 법도에서 어긋나게 합니다. 기뻐하고 성내는 것이 중용을 잃어버리면 마음이 날로 풀어지고 기가 날로 방탕해져서 끝내 사람과 천지를 관통하고 있는 한 기운이 끊어지고 온몸을 연결하고 있는 유대가 풀어지니 장차 어떻게 천명에 따르며〔立命〕 오랫동안 살아갈〔長世〕 수 있겠습니까? 그러므로 마음을 기르는 것과 기를 기르는 것은 사실은 같은 일입니다. 양심이 날로 자라는데 상하게 하고 해치는 것이 없어서 끝내 가린 것을 모두 제거하면 호연지기가 성대하게 흘러 작용하여서 장차 천지와 같은 몸이 될 것입니다. 살고 죽는 것, 오래 살고 일찍 죽는 것[35]이 정해진 운수가 있다 하더라도 나에게 있는 도리는 다하는 것이니 어찌 스스로 만족스럽지 않겠습니까? 이것을 깊이 유념하시기 바랍니다.

---

35 원문은 脩夭로 되어 있는데, 脩에도 길다는 뜻이 있지만 문맥상 壽夭가 옳을 듯하다.

제8장 정심 (正心, 마음을 바르게 함)

　신이 생각건대, 앞의 두 장의 공부는 모두 마음을 바로잡는 것에 관한 것이지만 각각 중심으로 삼은 것이 있으므로 마음을 바로잡는 것을 주로 한 가르침을 따로 모아 함양과 성찰의 뜻을 상세하게 논하였습니다. 주자는 "경건은 성인의 가르침〔聖門〕 가운데 제일가는 가르침〔第一義〕이기 때문에 처음부터 끝까지 철저하게 지켜야지 사이가 끊어져서는 안 된다."라고 하였습니다. 그러므로 이 장의 요지는 경건을 주로 하였습니다. 제3장의 수렴(收斂)은 경건의 시작이고 이 장은 경건의 끝입니다.

　맹자가 말했다. "마음을 보존하고〔存〕 본성을 기르는 것〔養〕이 하늘을 섬기는〔事天〕 방법이다."

『맹자』입니다. [36]

　주자가 말했다. "보존이란 잡고서 놓지 않는다는 말이다. 기르는 것은 순조롭게 하고 해치지 않는다는 말이다. 섬기는 것은 이어 받들어서 어기지 않는 것이다. 마음과 본성은 모두 하늘이 나에게 준 것인데 그것을 보존하고 기르지 못하여 속박하여 없애버리면 하늘을 섬기는 것이 아니다." ○ 정자가 말했다. "사람은 천리 하나만을 갖고 있을 뿐이다. 그런데 이것을 보존하지 못하면 다시 무슨 사람이 되겠는가?" ○ 또 말했다. "만일 실제로 보존하고 기르지 못한다면 빈말일 뿐이다."

　신이 생각건대, 맹자의 이른바 '존양(存養)'은 움직임과 고요함을 관통하여 말한 것으로서 바로 뜻을 성실하게 하고 마음을 바르게 한다는 말입니다. 다만 선현이 고요할 때의 공부를 논할 때 대부분 존양과 함양을 가지고 말씀

---

36 『孟子』「盡心·上」

을 했으므로 절실하고 중요한 말을 따서 아래와 같이 수록합니다.

정자가 말했다. "함양을 하면 맑고〔淸明〕 드높은 경지〔高遠〕에까지 이를 수 있다." ○ 어떤 사람이 물었다. "희로애락이 일어나기 전에는 움직인다〔動〕고 합니까, 고요하다〔靜〕고 합니까?" 말했다. "고요하다고 해야 옳다. 그러나 고요한 가운데 본래 시작하는 것이 있다. 여기가 바로 어려운 곳이다. 배우는 사람은 먼저 경건을 이해하는 것이 좋다. 경건을 할 수 있으면 저절로 이것을 알 수 있다." ○ 어떤 사람이 말했다. "고요히 앉아 있을〔靜坐〕 때 앞을 지나가는 사물이 있으면 역시 보입니까, 보이지 않습니까?" 말했다. "어떤 일인가에 달려 있다. 가령 제사와 같은 큰일을 예로 들어보자. 이때는 면류관의 구슬〔前旒〕이 눈앞을 가리고, 귀막이 솜〔黈纊〕이 귀를 막고 있어서 앞을 지나가는 어떤 사물도 보이지 않고 들리지 않는다. 아무 일이 없을 때라면 눈에 보이고 귀에 들리게 마련이다." ○ 소병(蘇昞)이 물었다. "희로애락이 일어나기 전에 중용〔中〕을 추구해야 합니까?" 말했다. "그렇게 해서는 안 된다. 희로애락이 일어나기 전에 중용을 추구한다면 그것은 결국 생각하는 것이다. 이미 생각한다면 그것은 이미 표현된 것〔已發〕이다. 이미 표현된 것은 조화〔和〕라고 하며 중용〔中〕이라고 할 수는 없다. 희로애락이 아직 일어나지 않았을 때 보존하고 기른다〔存養〕고 하면 옳으나 희로애락이 아직 일어나기 전에 중용을 추구한다고 하면 옳지 않다." 주자가 말했습니다. "정자가 '생각하기만 하면 바로 이미 표현된 것'이라고 한 구절은 자사(子思)가 말로 드러내지 않은 숨은 뜻을 드러내어 밝힌 것이다. 그 뜻은 희로애락이 표현되지 않았더라도 생각하는 것이 있으면 그것은 바로 이미 표현된 것이라는 말이다. 이 말의 의미는 매우 정밀하고 심오하며 아직 표현되지 않은〔未發〕 경계에 대해 충분히 언급한 것이니 여기에 아무것도 덧붙일 수 없다." ○ 주자가 말했다. "보지 않고〔不睹〕 듣지 않을 때〔不聞〕가 바로 희로애락이 아직 표현되지 않은 곳이다. 이 마음을 늘 일으켜서 여기에서 미리 막아야 한다." ○ 또 말했다. "경계하고 삼가며〔戒愼〕, 무서워하고 두려워한다〔恐懼〕고 하여 너무 심각하게 말할 필요는 없다. 다만 수습해나가면 바로 경계하고 삼가며 무서워하고 두려워하는 것이 여기에 있다. 이천이 말한 '경건[敬]'이 이것이다."

○ 서산 진씨(西山眞氏)가 말했다. "경계하고 삼가며 무서워하고 두려워하는 것은 다만 사물이 아직 형태를 갖추지 않았을 때 늘 경건을 유지하여서 어둡게 되지 않는 것일 뿐이다. 사려가 아직 형태를 갖추지 않아도 지각 능력은 어둡지 않기 때문에 본성의 본래 모습[體段]에는 저절로 가릴 수 없는 것이 있다. '고요함 가운데 사물이 있다.'라고 한 정자의 말은 배우는 사람이 깊이 음미하고 실제로 검증해보면 저절로 당연히 알 수 있다. 오로지 말로써만 추구할 수는 없다."

신이 생각건대, 감정이 아직 표현되지 않았을[未發] 때에는 이 마음이 고요하여[寂然] 애초에 털끝만 한 사려도 없지만 고요한 가운데도 지각작용은 어둡지 않습니다. 마치 고요하고 텅 비어 아무 흔적도 없는 것[沖漠無朕] 같지만 온갖 만물[萬象]이 이미 빽빽하게 갖추어져 있습니다. 이 경지는 이해하기가 지극히 어렵지만 이 마음을 경건하게 지켜서 오랫동안 함양하면 당연히 효과가 있습니다. 이른바 '경건으로써 함양한다.'라는 것은 다른 방법을 말하는 것이 아니라 고요하게 하여[寂寂] 생각이 일어나지 않게 하고 또 렷또렷하게[惺惺] 하여 조금도 어둡지 않게 할 뿐입니다. ○ 어떤 사람이 "감정이 아직 표현되지 않았을 때도 보고 들음이 있는가?" 하고 물어서 신이 대답했습니다. "사물을 보고 소리를 듣는데 생각이 따라서 일어나면 본래 이미 표현된 것[已發]에 속한다. 만약 사물이 눈앞을 지나가는 것을 보기만 할 뿐 보려는 마음을 일으키지 않으며, 귓가를 스치는 소리를 듣기만 할 뿐 들으려는 마음을 일으키지 않으며, 비록 보이고 들리는 것이 있더라도 생각[思惟]을 일으키지 않는다면 아직 표현되지 않은 것이라 해도 문제될 것이 없다. 그러므로 정자가 '눈에 보이고 귀에 들리기 마련이다.'라고 했고, 주자가 '만약에 반드시 아직 보고 듣지 않은 것을 아직 표현되지 않은 것으로 삼는다면 정신과 의식이 흐리멍덩한 사람이 잠을 충분히 자지 못했을 때 다른 사람에 의해 깜짝 놀라 깨어나 아주 잠깐 동안 어디가 어딘지 모르게 되는 것도 이런 상태와 같다고 할 것이다. 성현의 마음은 담담하게 연못처럼 고요하며〔淵靜〕 보고 듣는 것을 분명하게 통달하니 결코 이와 같지 않다.'라고 하였다. 이것으로 보면 아직 표현되지 않았을 때도 보고 들음이 있다." ○ 또 "보통 사람의 마음도 본래 아직 표현되지 않은 때가 있는데, 그 중심의 본체〔中體〕도 성현의 '아직 표현되지 않은 것'과 차이가 없는가?" 하고 물어서 신이 대답했습니다. "보통 사람은 함양하고 성찰하는 공부를 하지 않기 때문에 그 마음이 어둡지 않으면 어지러워서 중심의 본체가 확립되지 않는다. 다행히 아주 잠깐 동안이라도 어둡고 어지럽지 않으면 아직 표현되지 않은 중심은 또한 성현과 차이가 없다. 다만 얼마 안 있어 흐트러지고 방심하며 어그러지고 어지러워 금방 본체를 잃어버리는데, 잠깐 동안 중심을 잡은 것으로 어떻게 온종일 어둡고 어지러운 것을 구하여 큰 근본을 확립할 수 있겠는가?" ○ 또 물었습니다. "연평 선생은 고요한 가운데 '희로애락이 아직 표현되지 않은 중심'을 본다고 하였는데, 아직 표현되지 않은 것은 어떤 상태인가? 그리고 주자는 '이 연평 선생은 고요한 가운데서 큰 근본을 몸으로 터득하였다〔體認〕.'라고 하였는데 이 말은 무슨 뜻인가?" 이에 신이 대답했습니다. "생각하는 것이 있으면 그것이 바로 이미 표현된 것이다. 이미 몸으로 터득한다고 했으니 그것은 성찰의 공부이지 아직 표현되지 않았을 때의 상태는 아니다. 그러므로 주자는 만년의 정론(定論)에서 '몸으로 터득한다.'라는 글자를 중시했다. 이것을 살피지 않으면 안 된다. 다만 배우는 사람이 고요히 앉아 있을 때 이 공부를 하여 아직 표현되지 않았을 때의 상태를 가만히 살펴보면 배움에 나아가고 마음을 기르는 데 반드시 도움이 있을 것이다. 이것도 한 가지 방법이다."

　주자가 말했다. "아직 표현되기 전의 감정에 대해서는 찾을 수 없다. 이미 느낌이 일어난 뒤에는 다시 손을 댈 수 없다. 다만 평소 장중하고 경건하게 함양하는 공부에 최선을 다하고 개인적인 인욕으로 어지럽히지 않는다면 아직 표현되지 않았을 때는 맑은 거울이나 잔잔한 물과 같고 표현되면 모두 절도에 맞을〔中節〕 것이다. 이것은 일상생활의 공부에서 가장 근본이 되는〔本領〕 것이다. 그리고 일에 따라 성찰하고 사물에 나아가 이치를 미루어 밝히는 것도 반드시 이것을 근본으로 삼는다. 여태까지의 강론과 사색은 다만 마음을 이미 표현된 상태로만 여기고 일상생활의 공부도 처음과 끝〔端倪〕을 살펴서 깨닫는 것을 맨 처음 착수할 곳으로 삼았다. 이 때문에 평소 함양하는 공부가 결여되어 사람의 가슴을 어지럽게 하고 깊이 잠기어 한결같이 순수한〔深潛純一〕 맛이 없게 하며, 말을 하고 행동을 할 때에도 늘 급하고 가볍고 노골적이어서 의젓하고 점잖으며 깊고 묵직한 기품이 없게 하였다. 소견이 한 번 어긋나면 그 해가 여기까지 이르니 살피지 않으면 안 된다.”

이상은 함양을 말한 것입니다.

○ 성실함〔誠〕은 인위로 함이 없고〔無爲〕, 기미〔幾〕에는 선과 악이 있다.
주자(周子)의 『통서(通書)』입니다.[37]

주자가 말했다. “참된 이치〔實理〕는 저절로 그러한 것〔自然〕인데 무슨 인위적인 행함이 있겠는가? 아직 마음이 표현되지 않았을 때입니다. 기미〔幾〕는 움직임이 미미한 것으로, 선과 악이 나뉘는 분기점이다.” ○ 조치도(趙致道)가 말했다. “이것은 사람의 마음〔人心〕이 아직 표현되지 않았을 때의 본체를 밝혀서 이미 표현된 것의 발단을 가리킨 것이다. 배우는 사람으로 하여금 아주 미미하게 움직임이 일어날 때 살펴서 판단하고 선택하여 악을 버리고 선을

---

37 『通書解』「誠幾德」

취함으로써 본래 마음의 본체를 잃어버리지 않게 하려는 것이다. 선과 악은 비록 서로 대립하는 것이지만 마땅히 주체(主)와 객체(賓)를 나누어야 하며, 천리와 인욕은 비록 갈래가 나뉘지만 반드시 줄기(宗)와 곁가지(孼)를 살펴야 한다. 성실로부터 움직여서 선으로 나아가는 것은 마치 나무가 뿌리에서 줄기로, 줄기에서 가지로 위아래가 서로 통하는 것처럼 천리가 흘러 작용하는 것으로서 이것이 마음의 본래 주인(本主)이며 성실의 바른 줄기(正宗)이다. 혹이 기생하는 것처럼 곁가지가 더 화려하게 꽃이 피고 옆에서 싹이 자란다면 이것은 비록 성실이 움직인 것이지만 개인적인 욕망이 흘러 작용한 것이므로 이른바 악이니 고유한 마음이 아니라 객체로서 깃든 것(客寓)이며, 성실의 바른 줄기가 아니라 곁가지이다. 빨리 변별하고 정밀하게 가려내지 않으면 객체가 주체를 올라타고 곁가지가 줄기를 대신할 것이다. 배우는 사람이 싹이 트는 것과 기미의 사이에서 표현되는 것의 향배를 관찰할 수 있어야 한다. 곧게 표현되는 것은 천리이고 곁으로 표현되는 것은 인욕이다. 곧게 표현되는 것은 잘 이끌어내고 곁으로 표현되는 것은 막고 끊어야 한다. 이런 노력을 끝까지 기울이면 마음의 표현이 저절로 한길로 나와 하늘의 명령을 지킬 수 있을 것이다." ○ 범양 장씨(范陽張氏)가 말했다. "한 생각이 선하면 하늘의 신과 땅의 신(天神地祇), 상서로운 바람, 온화한 기운이 모두 여기에 있고, 한 생각이 악하면 요망한 별, 사나운 귀신, 흉년, 악성 전염병(札瘥)이 모두 여기에 있다. 그러므로 군자는 홀로 있을 때 삼가야 한다."

성인(聖)이라도 생각을 하지 않으면(罔念) 광인(狂)이 되고, 광인이라도 생각을 할 수만 있으면 성인이 된다.

「주서(周書) · 다방(多方)」입니다.[38]

---

38 『書經』「周書 · 多方」

채씨가 말했다. "성인이 되기는 본래 쉽지 않다. 광인이라도 생각을 할 수만 있으면 성인이 되는 공부를 함에 나아갈 방향을 알 수 있다. 성인은 본래 이른바 생각하지 않음이 없지만 한 생각이 어긋나면 비록 광인에 이르지는 않는다 하더라도 광인이 되는 이치가 또한 여기에 있다."

공자가 말했다. "잡으면[操] 보존되고[存] 놓으면[舍] 없어지며[亡], 드나드는 데[出入] 때가 없고 어디로 가는지[鄕] 알지 못한다는 것은 오직 마음을 두고 하는 말이다."

『맹자』입니다.[39]

주자가 말했다. "마음이란 잡으면 여기에 있고 놓아버리면 잃어버리며, 드나드는 데 정해진 때가 없고 또 정해진 장소도 없다. 움직임이 위태로워서 안정되기가 이처럼 어렵다는 말이다." ○ 또 말했다. "출입(出入)이란 두 글자는 선한 측면도 있고 악한 측면도 있기 때문에 모두 놓아서 없어진 결과라고 말할 수는 없다. 이는 다만 마음의 본체와 작용이 두루 흘러 변화하며, 신령스럽고 밝아서 헤아릴 수 없이 오묘함을 가리켜 말한 것이다." ○ 어떤 사람이 물었다. "불교에는 마음을 관조한다[觀心]는 이론이 있다고 하는데 정말입니까?" 말했다. "마음은 몸의 주인이 되는 것이니 하나이며 둘이 아니다. 지금 다시 어떤 사물이 있어서 돌이켜 마음을 관조한다고 하면 이는 이 마음 밖에 또 마음 하나가 있어서 이 마음을 주관하는 것이 된다. 그러니 이 말은 틀렸다." 또 물었다. "아직 표현되기 전에는 오직 경건으로써 마음을 지니고 길러야 하며, 이미 표현된 뒤에는 마땅히 경건으로써 관찰하여야 합니다. 그러나 이미 표현된 감정은 마음의 작용이기 때문에 여기에서 마음을 살피고 관찰한다면 마음으로써 마음을 관찰하는 폐단을 면할 수 없습니다. 그렇지

---

39 『孟子』「告子·上」

않습니까?" 말했다. "이미 표현된 곳에서 마음의 본체로써 재고 헤아려 마음의 표현된 것을 살피는 것은 가벼움과 무거움, 길고 짧음의 차이가 있을까 봐 그런 것일 뿐이다. 만약에 표현된 마음을 가지고 따로 마음의 본체를 구하려고 한다면 그럴 수는 없다. 무릇 잡아서 보존한다고 말한 것은 저것(표현된 마음)으로써 이것(표현되지 않은 마음)을 잡아서 보존한다는 것이 아니며, 놓으면 없어진다는 것은 저것으로써 이것을 버려두어 없어지게 한다는 것이 아니다. 마음을 두어 스스로 잡으면 없어진 것도 보존되고, 놓아버리고 잡지 않으면 있던 것도 없어질 뿐이다." ○ 정자가 말했다. "사람은 꿈꾸는 동안에도 자기가 배운 것의 깊이를 헤아려볼〔卜〕 수 있다. 꿈자리가 뒤숭숭한 것은 심지(心志)가 안정되지 못하고 잡아서 보존하는 것이 확고하지 못하기 때문이다." 물었다. "사람의 마음에 매어 있는 일이 과연 선한 것이라 하더라도 밤에 꿈속에서 보는 것은 해롭지 않음이 없습니까?" 말했다. "비록 그것이 선한 일이라 하더라도 마음이 또한 움직인다. 일에 조짐이 있어서 꿈에 나타난 것은 오히려 해롭지 않다. 이 밖에는 모두 망동(妄動)이다." ○ 장자(張子)가 말했다. "마음은 맑을 때가 적고 어지러울 때가 많다. 마음이 맑을 때는 밝게 보고 똑똑하게 들으며 온몸을 얽어매어 단속하지 않아도 저절로 공손하고 삼가게 된다. 마음이 어지러울 때는 이와 반대이다. 그 까닭은 무엇인가? 마음 씀씀이가 아직 익숙하지 못하여 쓸데없는 생각〔客慮〕이 많고 한결같은 마음〔常心〕이 적으며, 습속으로 형성된〔習俗〕 마음이 아직 제거되지 않고 참된 마음〔實心〕이 아직 완전하지 못하기 때문이다." ○ 주자가 「주차(奏箚)」[40]에서 말했다. "사대부로서 의견을 올리는 자가 폐하의 몸에 근본을 두지 않고 지엽적인 일에만 매달립니다. 신이 걱정하는 것은 다스림이 나오는 근본을 반듯하게 하고 사물에 대응하는 근원을 맑게 하여 올바르고 원대한 폐하의 의도를 도와서 온 세상의 일이 폐하께서 하시고자 하는 의도대

---

40 『晦菴集』「延和奏箚5」

로 다 이루어지지 못할까 하는 것입니다. 폐하께서는 한 생각이 싹틀 때 반드시 그 마음이 천리에서 나온 것인지, 인욕에서 나온 것인지를 신중하게 살펴서 만약 천리에서 나온 것이면 경건으로 확충하여 조금이라도 막힘이 없게 하고 만약 인욕에서 나온 것이라면 경건으로 극복하여 조금이라도 엉기지 않게 하여 말을 하고 행동을 하며, 사람을 쓰고 일을 처리하는 데 이르기까지 모든 것을 이것으로 결단하여 그 일이 옳다는 것을 알면 그 일을 행하되 힘이 모자랄까 염려하시고 그르다는 것을 알면 버리되 과감하지 못할까 두려워하시기 바랍니다. 이렇게 하신다면 폐하의 마음이 환해져서 안팎이 투철하여 털끝만 한 개인적인 욕망〔私欲〕도 끼어들지 못하고 온 세상의 일이 폐하께서 하시고자 하는 뜻대로 되지 않는 것이 없을 것입니다.”

마음에 성내는 것이 있으면〔身有忿懥〕 바르게 되지 못하고, 무서워하고 두려워하는 것이 있으면 바르게 되지 못하고, 좋아하고 즐거워하는 것이 있으면 바르게 되지 못하고, 근심하고 걱정하는 것이 있으면 바르게 되지 못한다.

『대학』입니다. 아래도 같습니다.[41]

정자가 말했다. “몸에 있다〔身有〕고 할 때의 몸〔身〕은 마음〔心〕으로 해야 한다.” ○ 주자가 말했다. “분치(忿懥)는 성내는 것이다. 이 네 가지는 마음의 작용으로서 사람이라면 없을 수가 없는 것이다. 그러나 한 가지라도 있는데 그것을 살피지 못하면 욕망이 일어나고 감정이 우세하여서 마음의 작용이 바름을 잃지 않을 수가 없다.” ○ 또 말했다. “이 네 가지는 아무런 의도가 없이 나와야지 마음에 미리 의도가 있어서는 안 된다. 예를 들어 분노가 일어나서 죄 있는 사람을 죄에 따라 때리는데 때리고 나서 마음이 바로 평온해

---

41 『大學』傳7章

지면 이는 아무런 의도가 없었던 것이다. 때리고 나서도 마음이 늘 평온하지 않으면 바로 어떤 의도가 있었던 것이다." ○ 또 말했다. "마음은 잠시라도 사물에 얽매이면 바로 움직인다. 마음이 사물에 얽매이는 원인은 세 가지가 있다. 아직 일이 일어나지 않았는데 기대하는 마음을 갖는 것, 일이 이미 지나갔는데 마음에 두고 잊지 못하는 것, 바로 일을 마주했을 때 뜻이 어느 한쪽으로 편중된 것이다. 모두 마음이 사물에 얽매어 이런 일이 생긴다. 그래서 다른 일이 눈앞에 나타나면 그것에 반응하여 곧바로 잘못되니 어떻게 마음이 바르게 되겠는가? 성인의 마음은 맑게 텅비고 밝아서 사물을 보면 크건 작건 사방팔방으로 사물에 따라 반응하지 않음이 없다. 성인의 마음에는 애초에 어떤 것이 들어 있지 않다." ○ 정자가 단주(澶州)에서 다리를 고치는데 긴 들보[梁] 하나가 모자라 민가에서 널리 구한 적이 있었다. 그 뒤로 나들이 할 때라도 좋은 나무를 보면 꼭 쓸모를 재어보는 마음이 생겼다. 이것을 계기로 배우는 사람에게 "마음에 한 가지 일이라도 두어서는 안 된다."라고 경계하였다. ○ 또 말했다. "자신을 벌주고 꾸짖는 일이 없을 수는 없으나 오랫동안 마음속에 두고 뉘우쳐서는 안 된다."

마음이 거기에 가 있지 않으면 봐도 보이지 않고 들어도 들리지 않고 먹어도 그 맛을 모른다.

주자가 말했다. "만약에 마음이 있지 않으면 곧 주재자가 없어서 몸을 검속할 수 없다." ○ 또 말했다. "이 신령스러운 마음은 한 몸의 주인이다. 마음이 바르게 되어 늘 바른 상태를 유지하면 귀·눈·코·입·팔다리와 온몸[四肢百骸]이 마음의 명령을 들어서 각각 작용을 하며 움직임과 고요함, 말하고 침묵함, 들고남, 앉고 섬이 오직 내가 시키는 대로 하여 이치에 합당하지 않음이 없다. 만일 그렇지 않으면 몸은 여기에 있어도 마음은 저기로 달아나 피와 살로 된 몸을 다스리고 단속하는 것이 없어서 '머리를 들어 새를

보다가 고개를 돌려 사람을 대하지' 않는 사람이 드물 것이다." ○ 또 말했다. "오늘날 배우는 사람이 크게 진보하지 못하는 것은 다만 마음이 거기에 있지 않기 때문이다. 이런 일이 떠오른다. 내가 젊어서 동안(同安)에 있을 때의 일이다. 한번은 밤중에 종소리가 들렸는데 처음 소리가 사라지기도 전에 마음은 벌써 제멋대로 달아나기 시작했다. 이것을 계기로 경계하고 반성하여 학문을 하는 것이 모름지기 뜻을 모으는 것임을 알았다." ○ 정자가 말했다. "마음은 몸〔腔子〕 속에 있어야 한다." 강자(腔子)는 구각(軀殼, 몸의 껍질)과 같습니다. ○ 남헌 장씨가 말했다. "마음이 거기에 있는 것을 경건이라 한다." 교봉 방씨(蛟峯方氏)가 말했습니다. "앞에서는 마음이 있는 것〔有心〕의 폐단을 말하고 여기서는 마음이 없는 것〔無心〕의 폐단을 말했다." ○ 신이 생각건대, 이것은 비록 마음이 있고 없는 것의 구별이 있지만 사실 마음이 한쪽으로 얽매는 것이 있으므로 주재자를 확립할 수가 없어서 마음이 있지 않은 것입니다. 그러므로 마음이 있고 없는 것이 두 가지 별개의 병폐는 아닙니다.

이상은 성찰을 말한 것입니다.

○ 이윤(伊尹)이 말했다. "이〔眎〕 하늘의 밝은 명령〔明命〕을 돌아보셨습니다〔顧〕."

「상서(商書)·태갑(太甲)」입니다.[42]

주자가 말했다. "돌아본다〔顧〕는 것은 눈이 항상 그곳에 가 있는 것이다. 시(眎)는 이것〔此〕과 같다. 하늘의 밝은 명령이란 곧 하늘이 나에게 부여한 것이며 내가 덕으로 삼은 것이다. 눈이 항상 그곳에 가 있으면 밝지 않은 때가 없을 것이다." ○ 또 말했다. "다만 도리가 항상 눈앞에 있어서 사물에 의해 가리지 않음을 볼 수 있다는 것이지 (하늘의 밝은 명령이란) 한 물체가 있어

---

42 『書經』「商書·太甲」

서 그 형상을 볼 수 있다고 할 수는 없다." ○ 쌍봉 요씨(雙奉饒氏)가 말했다. "고요할 때 보존하고〔靜存〕움직일 때 살피는 것〔動察〕이 모두 돌아보는 것이다. 고요할 때에는 보지 못하는 곳에서도 경계하고 삼가며 듣지 못하는 곳에서도 두려워하고 무서워하며, 움직일 때에는 사물에 나아가 이치를 관찰하고 일에 따라 타당성을 헤아리는 것을 눈이 항상 그곳에 가 있는 것이라 한다." ○ 호계수(胡季隨)가 말했다. "아직 표현되지 않았을 때는 다만 함양해야 한다. 표현되었을 때에는 바로 성찰의 공부를 해야 한다. 함양이 익을수록 성찰은 더욱 정밀해진다."

불경(不敬)스럽게 하지 말고〔毋〕, 단정하고 공손하기를 생각하듯이 하며, 말을 편안하고 일정하게 하면 백성을 편안히 할 수 있을 것이다.

『예기』입니다.[43]

진씨(陳氏)가 말했다. "무(毋)는 금지하는 말이다." ○ 범씨(范氏)가 말했다. "대체적인 예〔經禮〕300가지와 구체적인 예〔曲禮〕3,000가지를 한 마디로 말하면 불경스럽게 하지 않는 것〔毋不敬〕이다." ○ 정자가 말했다. "불경스럽게 하지 않으면 하느님을 대할〔對越上帝〕수 있다." ○ 또 말했다. "마음이 안정된 사람은 말이 편안하고 조용하며, 마음이 안정되지 못한 사람은 말이 가볍고 빠르다." 이상 네 조항은 경전의 뜻을 풀이한 것입니다. ○ 또 말했다. "마음을 한곳에 집중하는 것〔主一〕을 경건이라 하고 마음이 다른 곳으로 가지 않는 것〔無適〕을 한결같음〔一〕이라 한다." 어떤 사람이 물었습니다. "한곳에 집중하여 다른 곳으로 가지 않는다〔主一無適〕는 것은 무슨 뜻입니까?" 주자가 대답했습니다. "다만 마음이 달아나지 않는다는 것이다. 예를 들어 요즘 사람들은 한 가지 일이 아직 끝나지도 않았는데 또 다른 일을 하려고 하여 마음이 천 갈래 만 갈래로 갈라진다. 학문이란 한곳에 오로지 집중해야〔專一〕한다."

---

43 『禮記』「曲禮・上」

○ 설씨(薛氏)가 말했습니다. "한 걸음을 내딛으면 마음이 한 걸음에 가 있고 두 걸음을 내딛으면 마음이 두 걸음에 가 있는 것을 이른바 경건이라고 한다. 예를 들어 한 걸음을 내딛었는데 마음은 두세 걸음 밖에 가 있고, 두 걸음째 내딛었는데 마음은 대여섯 걸음 밖에 가 있는 것은 경건이 아니다. 글씨를 쓰는 것도 일 처리하는 것도 마찬가지이다. 첫 번째 글자를 쓰면 마음이 첫 번째 글자에 가 있고, 첫 번째 일을 처리하면 마음이 첫 번째 일에 가 있으며, 일마다 한곳에 오로지 집중하는 것이 바로 경건이다." ○ 각헌 채씨(覺軒蔡氏)가 말했다. "한곳에 집중하는 것〔主一〕은 움직임과 고요함을 다 포괄한다. 일이 없을 때에는 이 마음이 담담해서 늘 보존되는데 이것은 고요하면서 한곳에 집중하는 것이다. 일이 있을 때에는 마음이 이 일에 반응하여 다시 다른 일을 생각하지 않는데 이것은 움직이면서 한곳에 집중하는 것이다." ○ 주자가 말했다. "일이 없을 때에는 경건이 속에 있다. 마음속〔心中〕을 말합니다. 일이 있을 때에는 경건이 일에 있다. 일이 있건 없건 내 경건은 끊어진 적이 없다. 그러므로 정자가 배움을 말하면서 오로지 한곳에 집중했을 때 비로소 좋은 것이라고 하였는데 오로지 한곳에 집중하면 일이 있건 없건 모두 이와 같이 된다." ○ 정자가 말했다. "단정하고 가지런하며 엄숙하면〔整齊嚴肅〕 마음이 저절로 하나가 된다. 마음이 하나가 되면 그른 것과 치우친 것〔非僻〕이 침범하지 못한다. 엄격하고 위엄이 있는 것〔嚴威〕이나 근엄하고 삼가는 것〔儼恪〕이 경건의 도리는 아니지만 경건에 이르려면 모름지기 이것을 통해서 들어가야 한다." 주자가 말했습니다. "이천의 '단정하고 가지런하고 엄숙한 것'에 관한 말은 절실하고 지극한 공부를 사람들에게 말해준 것이다." ○ 상채 사씨(上蔡謝氏)가 말했다. "경건은 늘 말똥말똥하게 깨어있는 방법〔常惺惺法〕이다." 주자가 말했습니다. "말똥말똥〔惺惺〕하다는 것은 마음이 어둡지 않다는 말이다. 경건을 단정하고 가지런하고 엄숙한 것으로 말한 것은 본래 옳다. 그러나 마음이 만약 어두워서 이치를 밝히는 데 분명하지 못하면 비록 억지로 경건을 유지하려고 한들 어찌 경건하게 되겠는가?" ○ 화정 윤씨(和靖尹氏)가 말했다. "경건이란 마음을 거두어들여 한 가지 사물도 끼어들지 못하게 하는 것이다." 윤씨가 말했습니다. "경건에 무슨 형체나 그림자가 있겠는가? 다만 몸과 마음을 거두어들이면 바로 그것이 한곳에

집중하는 것이다. 또 예를 들어 사람이 신을 모신 사당에 가서 경배를 드릴 때 마음을 거두어 들이고 다시 털끝만 한 일이라도 들러붙지 않게 하는 것이 한곳에 집중하는 것이 아니고 무엇이겠는가?" ○ 어떤 사람이 물었다. "세 분 선생의 정자, 사씨, 윤씨입니다. 경건에 대한 말씀이 다릅니다." 주자가 말했다. "이 방 안[室]에 들어오는 것으로 비유해보자. 사방에서 모두 방 안에 들어올 수 있는데 만약에 한쪽을 통해 방 안에 들어왔다면 나머지 세 군데를 통해서 들어온 것도 모두 방 안에 들어온 것이다." ○ 요자회(廖子晦)가 말했다. "정자가 말하기를 '주관이 있으면 실해진다.'라고 하고 정자가 말했습니다. "주관이 있으면 실해져서 외부의 근심이 들어올 수 없다." 또 '주관이 있으면 허해진다.'라고 했는데, 정자가 말했습니다. "주관이 있으면 허해진다는 것은 간사한 것이 들어오지 못한다는 말이다." 허하다고 하고 실하다고 한, 두 말이 비록 같지 않지만 모두 경건을 주로 한 말입니다." 주자가 말했다. "자회가 말을 참 잘했다. 경건하면 내부의 욕심이 싹트지 못하고 외부의 유혹이 들어오지 못한다. 내부의 욕심이 싹트지 못하는 것으로 말하면 허하다는 것이고 외부의 유혹이 들어오지 못하는 것으로 말하면 실하다는 것이다. 그러나 두 가지는 모두 동시적인 일이다." 이상의 여덟 조목은 경건이라는 글자의 뜻을 논한 것입니다. 정자는 「표기(表記)」의 "군자는 장중하고 경건하면[莊敬] 날로 강해지고, 편안하고 멋대로 하면 날로 구차해진다."[44]라는 말을 아주 좋아했다. 보통 사람은 거리낌 없이 멋대로 하게 되면 날로 게으르고 방탕해지며[曠蕩], 스스로 검속을 하면 날로 법도[規矩]에 나아가게 된다. ○ 정자가 말했다. "경건은 모든 간사한 것을 이긴다." ○ 주자가 말했다. "경건은 사람을 붙들어 격려하는 도리이다. 사람이 거리낌 없이 멋대로 하고 게으를 때 경건을 하기만 하면 바로 이 마음이 일어나는 것을 붙들어 격려해준다. 늘 이렇게 하면 비록 거리낌 없이 멋대로 하고 간사하고 사치스러운 생각이 조금 있더라도 저절로 물러나게 된다." ○ 또 말했다. "경건은 인욕에 대적하는 수단이

---

44 『禮記』 「表記」

다. 사람이 늘 경건하면 천리가 저절로 밝아져서 인욕이 치솟아 오르지 못한다." 이상의 네 조목은 경건이 인욕을 이기는 것을 논한 것입니다. ○ 주자가 말했다. "고요한 가운데 개인적인 의도가 함부로 넘쳐 나오는〔橫生〕것이 배우는 사람의 공통된 근심거리이다. 마땅히 경건을 위주로 하여 어떤 일에서 개인적인 의도가 많이 싹트는지 깊이 살펴서 중대한 곳을 통렬히 틀어막아야 한다. 이렇게 오래도록 하여 순전하고 능숙해지면〔純熟〕 저절로 효과가 나타난다." ○ 또 말했다. "사람이 한 번 바르게 생각하면 저절로 도리를 분명히 깨닫지만 또 곁에서 다른 자질구레한 생각이 생겨나 점점 멋대로 넓어지니 살피지 않으면 안 된다." ○ 물었다. "평소에 늘 경건을 유지하는 것은 고요할 때가 가장 좋습니다. 그러나 일을 마주하면 싫증을 내고 지겨워하기도 하며 혹은 일을 대하여 힘을 쓰면 혼란해지는 것을 느끼기도 합니다. 그렇지 않으면 한창 경건을 유지하고 있을 때 갑자기 다른 사려에 끌려가버립니다. 이 세 가지 문제를 어떻게 극복하면 좋겠습니까?" 말했다. "지금 사람들이 경건을 따로 한 가지 일로 삼기 때문에 싫증을 내고 지겨워하며 다른 사려에 끌려가버린다. 경건이란 자기 마음이 늘 말똥말똥 깨어 있는 것이지 따로 한 가지 일로 삼아서는 안 된다." ○ 선생이 물었다. "백우(伯羽)는 어떻게 공부를 하는가?" 말했다. "고요히 앉아 있는 것을 배우고 사려가 일어나는 것을 몹시 억누릅니다." 말했다. "사려를 몹시 억눌러서는 안 된다. 다만 물리치는 것〔放退〕이 옳다. 물리치는 것은 다만 생각에 이끌려 함께 가지 않게 하는 것입니다. 또한 전혀 사려가 없어서도 안 된다. 간사한 생각을 하지 않으면 될 따름이다." ○ 물었다. "줄곧 붙잡고 있다가 막 놓아버리면 곧 그처럼 쇠퇴함을 느끼게 되니 어떻게 해야 좋을지 모르겠습니다." 말했다. "이것은 그렇게 잡고 있기만 해서도 안 된다. 만약 붙잡으려고 하면 또한 마음 하나를 더하는 것이 된다. 그대가 놓아버리는 것이 좋지 않다는 것을 알고 들어올리면 그것이 바로 경건이다." 또 물었다. "오랫동안 고요히 앉아 있노라면 다른 생각이 일어나는 것을 면할 수 없는데, 어떻게 해야 합니까?" 말했다. "역시 그 생각이 무슨 일을 하려는 것인지 알아야 한다. 만약에 좋은 일을 하려는 것이라면 마땅히 그 일에 종사해야 한다. 혹 그 일에 대한 생각이 투철하지 못하면 반드시 생각하여서 깨달아야 한다. 만약에 좋지 않은 일이라면 해서도 안 된다. 스스로 이와 같이 깨달으면 이 경건은 바로 여기에 있다." ○ 또 말했다. "마음이 매사에 경건하면 온몸[四體]이 저절로 수렴되며 신경을 써서 조절하지 않아도 온몸이 저절로 편안해진다. 신경을 써서 조절한다면 오래 유지할 수 없고 병이 생길 것이다." ○ 또 말했다. "정돈하여 수렴을 하면 힘을 쏟는 데 빠지게 되고, 조용히 되어가는 대로 내맡겨두면 빈둥거리는 데 떨어지게 된다. 이것이 바로 배우는 사람의 공통된 근심거리이다. 그러나 정자가 이렇게 말한 적이 있다. '모름지기 여기에서부터 공부를 해 나가다가 덕이 성대해지면 저절로 어디에서나 학문의 근원을 얻을 수 있을 것이다.' 지금은 역시 마땅히 정돈하여 수렴을 하는 데서 힘을 쏟아야 한다. 다만 미리 안배하여 기대하고서〔等候〕[45] 그렇게 해서는 안 된다. 그렇게 하면 곧 병만 생길 뿐이다." 이상의 일곱 조목은 문제를 살펴서 해결하는 것을 말한 것입니다. ○ 장자(張子)가 말했다. "마음을 바로잡기 시작할 때 자기 마음을 엄한 스승으로 삼아서 모든 행동을 하게 되면[46] 두려워할 바를 알 수 있다. 이런 방법으로 한 해, 두 해 굳게 지켜나가면 저절로 마음이 바르게 된다." ○ 주자가 말했다. "경건은 섬뜩하여 마치 두려운 것이 있는 것 같다는 뜻이다. 늘 두려워할 만한 것이 있는 듯하면 감히 자신을 속일 수 없고, 성실로 나아갈 것이다." ○ 면재 황씨가 말했다. "경건이란 한곳에 집중하여 마음이 다른 곳으로 가지 않는 것을 말한다고 한 것은 정자의 말이다. 그러나 스승님(주자)은 또 오직 두려워하는 것이 경건이라는 글자의 뜻에 가깝다고 하셨다. 그러니 경건이란 마음이 엄숙하여 두려워하는 것이 있음을 말하는 개념이다. 두려워하면 마음이 한곳에 집중된다.

---

[45] 『聖學輯要』의 원문에는 等侯로 되어 있는데 等候가 옳다.
[46] 『聖學輯要』의 원문에는 원래 凡有動作으로 되어있는데 『張子全書』 「學大原上」에는 凡所動作으로 되어 있다.

예를 들어 종묘(宗廟)에 들어가 임금님[君父]을 뵈올 때에는 저절로 잡념이 없지만 평소에 마음이 풀어져 있을 때에는 온갖 생각으로 어수선하여 한곳에 집중하지 못한다. 이 두 가지 말은 서로 표리(表裏)가 되니 배우는 사람이 체득을 하면 경건이 무엇인지 알 수 있다.” ○ 각헌 채씨가 말했다. “사람의 한마음[一心]의 텅 비고 신령한 지각작용은 늘 숙연하여 어지럽지 않고 환하여 어둡지 않으면 고요하여서 이(理)의 본체가 있지 않음이 없고, 자극을 받아 이(理)의 작용이 행해지지 않음이 없다. 오직 텅 비고 신령한 지각작용이 욕구에 의해 움직이지 않을 수 없어서 이 마음의 본체와 작용도 따라서 어두워지고 어지러워진다. 이 때문에 경건하지 않으면 안 된다. 참으로 두려워 떨고 섬뜩한 심정으로 늘 귀신이나 부모, 스승이 위에 계신 듯하고 깊은 연못이나 살얼음이 아래에 있는 듯이 할 수 있으면 텅 비고 신령한 지각작용이 저절로 어둡고 어지러운 것을 받아들이지 않을 것이다. 이것이 경건이라는 글자의 뜻이 오직 두려워하는 것과 가까운 까닭이다.” 이상의 네 조목은 두려움으로 경건이라는 글자의 뜻을 풀이한 것입니다. ○ 남헌 장씨가 말했다. “이계수(李季修)가 ‘이른바 경건의 설은 마땅히 힘을 써야 할 때 참으로 게을러서는 안 된다는 것입니다만, 저녁이 되어 쉴 때에도 마땅히 때에 따라 힘써야 합니까?’ 하고 물었는데, 내 생각에는 저녁이 되어 쉬는 것이 바로 경건이다. 저녁이 되어 쉬는 것이 게으른 것이 아님을 알면 경건의 이치를 논할 수 있을 것이다.” 이 말은 경건은 있지 않은 때가 없다는 말입니다. 낮에 움직이고 밤에 고요한 것이 중간에 끊어짐이 없어야 합니다. 만약 밤에 쉬는 것을 경건이 아니라고 한다면 경건을 아는 것이 아닙니다. ○ 설씨가 말했다. “옛말에 ‘경건은 덕이 모인 것’이라는 말이 있는데, 이 말을 깊이 체득해야 한다. 도는 헤아릴 수 없이 오묘하며 정해진 것이 없다. 오직 경건하면 엉기고 모인 이 이치가 늘 있게 된다. 예를 들어 마음이 경건하면 엉기고 모인 덕이 마음에 있고, 용모가 경건하면 엉기고 모인 덕이 용모에 있다. 귀 · 눈 · 입 · 코가 모두 그러하지 않음이 없다. 혹시라도 경건하지 않으면 마음[心君]이 멋대로 흩어져 온몸이 풀려서 느슨해진다. 비록 사람의 모습을 갖추고 있다 하더라도 실상은 한 덩어리 피와 기운을 갖춘 몸뚱이어서 다른 사물과 다를 것이 없다. 이 경건이라는 한 글자는 덕을 모으는 바탕이며 꼴대로 갖추어가고 본성을 다 발휘하는[踐形盡性] 요령이다." 이 말은 경건으로써 덕을 모은다는 말입니다.

군자는 경건으로써 안을 곧게 하고[敬以直內] 의리로써 밖을 반듯하게[義以方外] 한다. 경건과 의리가 확립되면 덕이 고립되지 않는다.

『주역』「곤괘(坤卦)·문언(文言)」입니다.

　정자가 말했다. "군자는 경건을 주로 하여 안을 곧게 하고 의리를 지켜 밖을 반듯하게 한다. 경건이 확립되면 안이 곧게 되고 의리가 나타나면 밖이 반듯하게 된다. 의리가 밖에 나타난다는 것은 바깥에 있다는 것이 아니다. 경건과 의리가 확립되면 덕이 성대해져서 덕이 고립되지 않는다[德不孤]." ○ 주자가 말했다. "본령(本領)으로는 마땅히 경건을 주로 삼고 다시 의리를 모으는[集義] 노력을 기울여 이익과 욕망의 가림을 물리치면 경건에 더욱 도움이 된다. 다만 분발시키고 경계하며 채찍질하는 것이 움직임과 고요함에 관통한다. 그러나 일이 없을 때에는 한결같이 경건을 유지하고 길러야 하지만 일이 있는 곳에서는 옳고 그름을 가리며 취하고 버려야 하기 때문에 안을 곧게 하고 밖을 반듯하게 하는 구별이 있는 것이지 움직임과 고요함에 의해 뚜렷하게 둘로 나뉘는 것은 아니다." ○ 정자가 말했다. "보존하고 기르는 것이 익숙해진 뒤 태연하게 실천해나가면 바로 진보하게 된다." ○ 물었다. "사람이 오로지 경건으로 안을 곧게 하는 데만 힘쓰고 밖을 반듯하게 하는 데 힘쓰지 않으면 어떻게 됩니까?" 정자가 말했다. "안에 있는 것은 반드시 밖으로 드러나니 오직 안을 곧게 하지 못할까 두려워할 뿐이다. 안이 곧으면 밖은 반드시 반듯하게 된다." ○ 오봉 호씨가 말했다. "경건을 유지하는 것[居敬]이 의리를 정밀하게 하는[精義] 방법이다." ○ 물었다. "경건으로 안을 곧게 하고 의리로 밖을 반듯하게 한다는 것은 무엇입니까?" 주자가 말했다. "말은 그렇게 했지만 모름지기 스스로 공부를 해야 비로소 이와 같은 것을 알 수 있다. 경건으로 안을 곧게 한다는 것은 털끝만큼도 개인적인 의도가 들어 있지 않고 가슴속이 환하여 위에서 아래에 이르기까지, 겉에서 속까지 한결같은 것이다. 의리로써 밖을 반듯하게 한다는 것은 옳은 것을 보면 결단코 그렇게 하고 옳지 않은 것을 보면 결단코 그렇게 하지 않으며, 자른 듯이 반듯반듯하고 바른 것이다. 이 두 가지는 모름지기 스스로 공부를 해야 한다. 성인의 문하에서는 배우는 사람이 한 구절을 물었을 때 성인이 그 한 구절에 대해 답을 해주면 바로 깨닫고 실제로 실행하려고 하였는데 지금은 말을 아무리 많이 하여도 다만 몸소 실행하려고 하지 않는다. 만약에 실제로 공부를 한다면 다만 경이직내, 의이방외(敬以直內, 義以方外)라는 여덟 글자를 평생 동안 써도 다 못 쓸 것이다."

경건이 게으름을 이기는 사람은 길하고[吉], 게으름이 경건을 이기는 사람은 멸망한다[滅]. 의리가 욕망을 이기는 사람은 순조롭고, 욕망이 의리를 이기는 사람은 흉하다.

『대대례(大戴禮)』 「무왕천조(武王踐阼)」입니다.[47]

　주자가 말했다. "경건하면 바로 서고 게으르면 곧 거꾸러진다. 이치[理]로써 일을 따르는 것은 의리[義]이며, 이치로써 의리를 따르지 않는 것은 욕망이다. 경건과 의리는 본체와 작용이다." ○ 진씨(眞氏)가 말했다. "경건하면 모든 선이 함께 확립되고 게으르면 모든 선이 함께 폐기된다. 의리[義]는 이치[理]가 주인이 되며 욕망[欲]은 사물[物]이 주인이 된다. 길하고 흉한 것,

---

47 『聖學輯要』에서 인용한 『大戴禮』의 원문은 吉과 滅로 되어 있으나 『禮記』 「學記」의 疏에 인용된 원문은 각각 强과 亡으로 되어 있다. 원래 尙父 곧 太公望 呂尙이 周武王에게 전해준 『瑞書』에 吉과 滅로 되어 있는데 다른 본은 『瑞書』에 따라 고친 것이다.

보존되고 망하는 것이 여기서 나뉜다. 아득한 옛날〔上古〕의 성인은 이미 이 것을 아주 조심하였다." 이 단락의 말은 『단서(丹書)』에서 나온 것인데, 『단서』는 황제(黃帝), 전제(顓帝, 顓頊)의 도를 싣고 있습니다. 그러므로 아득한 옛날의 성인이라고 했던 것입니다. ○ 정자가 말했다. "경건과 의리를 함께 지니면 곧바로 이것으로부터 위로 하늘의 덕〔天德〕에 이른다." 주자가 말했습니다. "함께 지닌다는 협지(夾持) 두 글자를 붙인 것이 가장 좋다. 경건은 안에서 주도하고 의지는 밖에서 막아내서 두 가지가 서로 함께 지탱하면 갑자기 버려두려고 해도 되지 않으며 조금도 잃어버리게 할 수 없다. 이와 같이 되면 아래로 물욕에 물들지 않고 위로 하늘의 덕에 이르게 된다."

 신이 생각건대, 경건은 본체이고 의리는 작용이어서 비록 안팎으로 나눌 수 있다 하더라도 실제로는 경건이 의리를 포괄합니다. 안을 곧게 하는 경건은 경건으로써 마음을 보존하는 것이고 밖을 반듯하게 하는 의리는 경건으로써 일에 대응하는 것입니다. 주자의 「경재잠(敬齋箴)」은 (경건을) 아주 친절하게 밝혀 놓았기 때문에 다음과 같이 조심스럽게 기록합니다.

 「경재잠」에서 말했다. "옷과 갓을 바로잡고 눈을 높이 들어 보라. 평소에는 마음에 잠겨 높으신 하느님을 대하라〔對越上帝〕. 이것은 고요함에 어김이 없음을 말한 것입니다. 발걸음은 반드시 묵직하고 손놀림은 반드시 공손하게 하라. 땅을 가려서 밟고 개밋둑〔蟻封〕은 돌아서 가라. 의봉(蟻封)은 개밋둑〔蟻垤〕입니다. 좁은 곳에서도 돌아갈 수 있다는 말입니다. 이것은 움직임에 어김이 없음을 말한 것입니다. 문을 나서면 만나는 사람마다 손님처럼 대하고 일을 하면 제사 모시듯이 하라. 두려워하고 두려워하며, 조심하고 조심하여〔戰戰兢兢〕 혹시라도 함부로 쉽게 여기지 말라. 이것은 겉모습을 바르게 하라는 말입니다. 병 주둥이를 막듯이 입을 막고 성을 지키는 것처럼 뜻을 지켜라. 진실하고 진실하며 조심하고 조심하여〔洞洞屬屬〕 혹시라도 함부로 가볍게 여기지 말라. 이것은 내면을 바르게 하라는 말입니다. 동쪽으로 간다고 했으면 서쪽으로 가지 말고, 남쪽으로 간다고 했으면 북쪽으로 가지 말라. 일을 만나면 그 일에만 마음을 두고 다른 데로 가지 말라. 이것은 마음을 바르게 하여 일을 대하는 것을 말합니다. 두 가지 일이라 하여 두 마음을 갖지 말고 세 가지 일이라 하여 마음을 셋으로 나누지 말라. 오직 마음을 하나로 하여 만 가지 변화를 살피라. 이것은 일에서 하나로 집중하되 마음에 근본을 둔다는 말입니다. 여기에 일삼음을 가리켜 경건을 지킨다〔持敬〕고 하니 움직임과 고요함을 어기지 말고 겉과 속을 서로 바르게 하라. 이것은 윗글의 뜻을 다 맺은 것입니다. 잠깐〔須臾〕이라도 틈이 있으면 개인적인 욕망이 만 갈래로 일어난다. 불이 아니라도 뜨거우며 얼음이 아니라도 차갑다. 수유(須臾)는 시간을 말한 것입니다. 이것은 마음이 다른 곳으로 가는 병폐가 없을 수 없음을 말한 것입니다. 털끝〔毫釐〕만 한 차이가 있어도 하늘과 땅만큼 벌어지니 세 벼리〔三綱〕가 이미 무너지고 아홉 법도〔九法〕[48]도 무너진다. 호리(毫釐)란 일을 말한 것입니다. 이것은 일을 할 때 한곳에 집중하지 못하는 병폐를 말한 것입니다. 아! 애들아〔小子〕! 깊이 생각하고 경건하여라. 묵경(墨卿)[49]에게 경계를 맡겨 감히 마음〔靈臺〕에 고한다.” 이것은 이 글 전체를 총결한 것입니다. ○ 서산 진씨가 말했습니다. “경건의 뜻을 여기에서 남김없이 다 밝혔다. 성인의 학문〔聖學〕에 뜻을 둔 사람은 마땅히 익숙하게 반복해야 한다.” ○ 주자의 집〔堂〕 양쪽에 좁은 방〔夾室〕 두 개가 있었는데, 한가한 날에는 그 방 안에서 조용히 앉아 글을 읽었다. 왼쪽 방의 이름은 ‘경재(敬齋)’, 오른쪽 방의 이름은 ‘의재(義齋)’였다. 방의 이름에 관하여 다음과 같이 기록했다. “전에 『주역』을 읽고 ‘경건으로 안을 곧게 하고, 의리로 밖을 반듯하게 한다.’라는 두 마디 말을 알게 되어서 학문을 하는 요령으로는 이 말과 바꿀 만한 말이 없다고 여겼지만 실천하는 방법을 알지 못했다. 그런데 『중용』을 읽고서 ‘도를 등급에 따라 나누어 마름질한 것이 가르침〔修道之敎〕’이라고 논한 것을 보고 나서 반드시 경계하고 삼가며 무서워하고 두려워하는 것〔戒愼恐懼〕을 출발점으로 삼은 뒤에야 경건을 유지하는 근본을 얻을 수 있었다. 또 『대학』을 읽고 ‘덕을 밝히는

---

48 『書經』 「洪範」편에서 말한 九疇를 가리킨다.
49 먹을 의인화한 말

〔明德〕' 차례를 논한 것을 보고 나서 반드시 대상 사물에 나아가 앎을 끝까지 미루어가는 것을 우선으로 삼은 뒤에야 의로움을 밝히는 실마리를 얻을 수 있었다. 얼마 뒤 이 두 가지 공부는 움직임과 고요함이 서로 작용이 된다는 것과 또 주자(周子)의 태극(太極)에 관한 이론과 부합한다는 것을 본 뒤에 온 세상의 이치가 은밀한 것이든 밝은 것이든, 큰 것이든 미미한 것이든, 먼 것이든 가까운 것이든, 얕은 것이든 깊은 것이든 어느 것 할 것 없이 하나로 꿰어진다는 것을 알았다. 내가 죽을 때까지 음미하고 즐겨도 싫증이 나지 않을 것이니 어느 겨를에 바깥의 것을 사모하겠는가?"

이상은 함양과 성찰을 통틀어서 논한 것입니다.

○ 공자가 말했다. "간사한 것을 막고〔閑邪〕 성실함을 보존한다〔存誠〕."

『주역』「건괘(乾卦)·문언(文言)」입니다.

정자가 말했다. "간사한 것을 막으면 성실이 저절로 보존된다. 예를 들어, 사람이 집을 갖고 있는데 담장을 고치지 않으면 도둑을 막을 수 없다. 동쪽으로 들어오는 도둑을 쫓아내면 다시 서쪽으로 들어오고, 한 사람을 쫓아내면 다시 한 사람이 들어올 것이기 때문에 차라리 담을 고쳐서 저절로 도둑이 들어오지 못하도록 하는 것이 더 낫다. 그러므로 간사한 것을 막으려고 하는 것이다." ○ 또 말했다. "경건은 간사한 것을 막는 길이다. 간사한 것을 막고 성실함을 보존하는 것〔閑邪存誠〕은 다만 한 가지 일이다. 선을 떠나는 것이 바로 악이고, 악을 떠나는 것이 곧 선이다. 비유컨대, 문을 나서지 않았으면 바로 들어와 있는 것이다." ○ 물었다. "사려가 비록 많아도 바른 데서 나온 것이라면 또한 해가 없는 것이 아니겠습니까?" 말했다. "가령 종묘에서는 경건을 주로 삼고, 조정에서는 장중함을 주로 삼으며, 군대〔軍旅〕에서는 엄숙함을 주로 삼는다면 옳다. 그러나 만일 때에 맞지 않게 나와서 절도도

없이 어지럽다면 비록 바른 데서 나온 것이라도 간사한 것이 된다." ○ 주자
가 말했다. "이 선생이 말하기를 '사람의 마음 가운데 매우 악한 생각은 오
히려 제압하기 쉬우나 금방 생겨났다가 금방 사라지며 대수롭지 않게 보이
는 이익과 손해를 따지는 생각이 이것이 뜬구름 같은 생각(浮念)입니다. 서로 끊임
없이 이어지는 것은 몰아내기 어렵다.'라고 했는데, 이제 보니 정말 그렇다."
○ 임천 오씨(臨川鳴氏)가 말했다. "보통 사람도 자못 이것은 이치이고 선이며,
저것은 욕망이고 악이라는 것을 알고 있지만 의지가 기질을 이기지 못하여
한가하게 혼자 있을 때 간사한 생각이 일어난다. 한 번이라도 간사한 생각이
일어나면 곧바로 막고 제압해야 자신을 속이지 않는 성실이 된다. 이미 간사
한 생각이 없으면 생각하는 것이 모두 이치에 맞고 모두 선하게 된다. 그러
나 한 생각이 일어나자마자 또 다른 생각이 싹트고, 한 생각이 아직 사라지
지 않았는데 온갖 생각이 서로 이어지는 것은 두 마음(二)이며 잡된 생각이다.
이런 생각이 욕망도 악도 아니라 하더라도 역시 간사한 것이라고 한다. 반드
시 먼저 간사한 개인적인 욕망과 악한 생각을 막고 끊어버려야만 두 갈래로
갈라진 잡다한 생각을 치료할 수 있다. 그러니 뜻을 성실하게 하고 마음을
바로잡는 차례를 어찌 뛰어넘을 수 있겠는가?"

『시경』의 시 300편은 "생각에 간사함이 없다(思無邪)."는 한 마디 말로 다
덮을 수 있다.

『논어』입니다. ○ 역시 공자의 말씀입니다.[50]

주자가 말했다. "『시경』의 시 가운데 선한 것은 사람의 선한 마음을 자극
하여 일으키고, 악한 것은 사람의 방탕한 생각(逸志)을 징계할 수 있으니 사
람으로 하여금 올바른 감정과 본성으로 돌아가게 하는 작용을 할 뿐이다. 그

---

50 『論語』 「爲政」

러나 시의 말은 은미하고 완곡하며 또한 각각 어떤 일을 근거로 하여 나온 것도 있어서 시의 전체 주제를 직접 가리킨 것을 찾는다면 이 말만큼 명료하고 포괄적인 것이 없다. 그러므로 공자는 ''시경』의 시가 300편이나 되지만 오직 이 한 마디 말로 그 뜻을 다 덮을 수 있다.'라고 했던 것이다. 사람에게 보여주려고 한 공자의 뜻이 깊고 절실하다.''

신이 생각건대, 공자의 이 말은 시를 논하기 위해 한 것입니다. 다만 생각에 간사함이 없는 것이 바로 성실이라고 여겨 '정심(正心)'장에 실었습니다.

정자가 말했다. "다만, '생각에 간사함이 없다.'와 '경건하지 않음이 없다〔毋不敬〕.'는 두 구절을 따라 행동한다면 어찌 잘못이 있겠는가? 잘못이 있는 것은 모두 경건하지 않고 바르지 않은 것을 말미암기 때문이다." ○ 소자(邵子, 邵雍)가 말했다. "입으로 말하는 것은 몸으로 실행하는 것만 못하고, 몸으로 실행하는 것은 마음을 다하는 것만 못하다. 입으로 하는 말은 남이 들을 수 있고 몸으로 실행하는 것은 남이 볼 수 있지만 마음을 다하는 것은 신(神)이 알 수 있다. 사람의 밝은 귀와 눈도 속일 수 없는데 하물며 신의 밝은 귀와 눈을 속일 수 있겠는가? 이로써 입에 부끄럽지 않은 것이 몸에 부끄럽지 않은 것만 못하고 몸에 부끄럽지 않은 것이 마음에 부끄럽지 않은 것만 못하니, 입의 허물은 없애기 쉬우나 몸의 허물을 없애기는 어렵고 몸의 허물을 없애기는 쉬우나 마음의 허물을 없애기는 어렵다는 것을 알 수 있다." ○ 정자가 말했다. "'생각에 간사함이 없는 것'이 성실함이다." ○ 주자가 말했다. "생각은 말과 행동보다 먼저 있다. 생각에 간사함이 없으면 말이나 행동에 모두 간사함이 없을 것이다. 그러나 행동에 간사함이 없는 것은 아직 성실한 것이 아니다. 생각에 간사함이 없어야 성실하다 할 수 있다. 이것은 겉과 속이 모두 간사함이 없는 것이며 철저하게 털끝만 한 부정(不正)도 없는 것이다."

　신이 생각건대, 성실한 것은 하늘의 참된 이치[實理]이며 마음의 본체(本體)입니다. 사람이 본래 마음[本心]을 회복하지 못하는 것은 개인적이고 간사한 것[私邪]이 가리기 때문입니다. 경건을 주로 삼아 개인적인 것과 간사한 것을 모두 다 없애면 본체가 온전해집니다. 경건은 공부를 하는 요령이며 성실은 공부의 결과가 이루어지는 곳입니다. 경건으로 말미암아 성실에 이르는 것입니다.

　이상은 존성(存誠)을 말한 것인데 반복하여 정심(正心)의 뜻을 다 드러냈으며, 또한 함양과 성찰을 겸하여 말한 것입니다.

　신이 생각건대, 마음의 본체는 담담하게 텅 비고 맑아서[湛然虛明] 맑은 거울이나 평평한 저울과도 같은데 사물에 자극을 받아 움직이면서 칠정(七情)이 반응하는 것입니다. 이것이 마음의 작용입니다. 오직 기질이 마음을 얽어매고 욕망이 가려서 마음의 본체가 설 수 없기 때문에 올바르게 작용을 하지 못하는 경우가 있습니다. 이런 병폐는 어둡고[昏] 어지러운[亂] 데 있을 뿐입니다. 어두움의 병폐는 두 가지가 있습니다. 하나는 지적인 어두움[智昏]으로서 진리를 탐구하지 못하여 옳고 그름을 판단하는 데 어두운 것입니다. 또 하나는 기질적인 어두움[氣昏]으로서 게으르고 아무 때나 드러누워[放倒] 늘 잠잘 생각만[睡思] 하는 것입니다. 어지러움의 병폐는 두 가지가 있습니다. 하나는 나쁜 생각[惡念]으로서 외부 사물의 유혹을 받아 따지고 재는 개인적인 욕망입니다. 또 하나는 뜬구름 같은 생각[浮念]으로서 아무렇게나 불쑥불쑥 어지럽게 생각이 일어나[掉擧] 도거(掉擧)는 생각이 일어나는 모양입니다. 끊임없이 이어지는 것입니다. 이런 생각은 선하지도 않고 악하지도 않기 때문에 뜬구름 같은 생각[浮念]이라고 합니다. 보통 사람은 이 두 가지 병폐에 곤란을 겪는데, 사물의 자극을 받지 않았을 때에는 마음이 어둡지 않으면 곧 어지러워서 아직 표현되지 않은 중심[未發之中]을 잃어버리고, 사물의 자극을 받았을 때에는 반응이 지나치지 않으면 미치지 못하니 어찌 이미 표현되었을 때의 조화를 이룰 수 있겠습니까? 군자는 이런 점을 근심하여 진리를 탐구하고 선을 밝히며 의지를 독실하게 다져서 기운을 통솔하고 간직하며 길러서〔涵養〕 성실을 보존하고, 반성하며 살펴서〔省察〕 거짓을 없애 어두움과 어지러움을 다스립니다. 그런 다음에 아직 자극을 받지 않았을 때에는 지극히 텅 비고 지극히 고요하여, 이른바 맑은 거울이나 평평한 저울과 같은 마음의 본체를 지니게 되니 이런 마음의 상태는 귀신이라도 그 끝〔際〕을 엿볼 수 없습니다. 그리고 자극을 받았을 때에는 반응이 절도에 맞지 않음이 없어서 거울처럼 맑고 저울처럼 평평한 작용이 막힘없이 일어나 광명정대한 마음은 천지와 함께 즐거워하고 괴로워할〔舒慘〕 수 있는 것입니다. 배우는 사람이 힘을 써도 가장 효과를 얻기 어려운 것이 뜬구름 같은 생각〔浮念〕입니다. 대체로 나쁜 생각〔惡念〕은 비록 가득 차 있더라도〔實〕 선한 일을 하려는 의지를 성실하게 다지기만 한다면 다스리기 쉽습니다. 오직 뜬구름과 같은 생각은 아무 일이 없을 때에도 불쑥 일어났다가 문득 사라져서 마음대로〔自由〕 할 수 없는 점이 있습니다. 저 뜻을 성실하게 지녔던 사마온공(司馬溫公)도 오히려 마음이 어지러운 것을 근심했는데 하물며 처음 배우는 사람이겠습니까? 정자가 말했습니다. "군실(君實, 司馬光)이 이전에 사려가 어지러워지는 것을 근심하여 때로는 한밤중에도 일어나서 아침까지 자지 않고 앉아 있은 적도 있었으니 스스로 애쓴다〔自苦〕고 할 만하다." 다른 날 또 이렇게 말했습니다. "요사이에는 군실에게 생각이 어지러워지는 병폐가 점차 줄어들어서 조금씩 털어버릴 수 있게 되었다." ○ 신이 생각건대, 배움을 모르는 사람은 마음을 놓아버리고 생각나는 대로 내맡기기 때문에 그런 생각이 뜬구름 같은 생각임을 스스로도 알지 못합니다. 배우는 사람은 고요히 앉아서 마음을 거두어들인 뒤에야 뜬구름 같은 생각이 마음을 어지럽히는 것임을 압니다. 배우는 사람은 모름지기 늘 경건을 주로 하여 잠시라도 잊어버리지 말고, 일을 만나면 한곳에 집중하여 무슨 일이든지 마땅히 머물러야 할 곳에 머무르고, 일이 없어서 고요히 앉아 있을 때에는 생각이 고개를 들면 반드시 그 생각이 어떤 것인가 살피고 깨달아서 만약에 나쁜 생각이면 과감하게 끊어버려서 털끝만 한 싹〔苗脈〕이라도 머물러두지 말고, 만약 선한 생각이면서 마땅히 생각해보아야 할 일이라면 이것은 선한 생각이 그때에 적합한 것입니다. 그 이치를 탐구하여 아직 이해하지 못한 것을 이해하여서 이 이치를 밝게 해야 합니다. 만약에 이해와 관계가 없는 생각이거나 혹은 비록 선한 생각이라도 때에 맞지 않은 것이면 이것은 뜬구름과 같은 생각입니다. 뜬구름과 같은 생각이 일어나는 것을 의식적으로 싫어하면 더욱 어지러워집니다. 이 싫어하는 마음도 뜬구름과 같은 생각인 것입니다. 이것이 뜬구름 같은 생각이라는 것을 깨달은 뒤에는 가볍게 물리치고 마음을 거두어들여〔提撕〕 뜬구름과 같은 생각을 따라가지 못하도록 하면 뜬구름과 같은 생각이 일어나도 다시 그치게 됩니다. 생각이 어지러이 일어날 때 이 마음을 살피고 깨달아서 그것이 뜬구름과 같은 생각임을 알고 그것에 끌려가지 않게 하면 저절로 점점 그치게 됩니다. 이와 같이 공부를 하여 밤낮으로 부지런히〔日夕乾乾〕 힘쓰고, 빨리 결과를 얻으려고 하지 말고 게으른 생각을 하지 않아야 합니다. 만일 힘을 얻지 못하여 혹 가슴이 답답하고 꽉 막히며 무료(無聊)한 때에는 모름지기 정신을 가다듬고〔抖擻〕 마음속을 깨끗이 하여 한 가지 생각〔一念〕도 없게 하여 기상을 맑고 조화롭게〔淸和〕 하여서 오래오래 순수하게 익혀 엉기고 안정이 되면 늘 이 마음이 우뚝 서 있어서 사물에 이끌리거나 얽매이지 않음을 느낄 수 있습니다. 내가 하려고 하는 것이 내 의지와 같지 않음이 없고, 밝은 본체가 가리우지 않고 밝은 지혜가 비추어 헤아리고 재는 것〔權度〕이 어긋나지 않을 것입니다. 장자(張子)가 말했습니다. "안정이 된 뒤에 빛나는 것이다. 만약 늘 바뀌고 옮겨가 안정이 되지 않으면 어떻게 빛이 나겠는가?" 그리고 하루아침에 금방 효과가 나타나기를 바라다 효과가 없으면 곧 물러나고 실망하는 마음을 갖는 것이 가장 좋지 않습니다. 마음을 바르게 하는 것은 죽을 때까지 해야 할 일입니다. 그 요령은 방씨(方氏)가 말한바, "마음이 비어 있으면서〔中虛〕 주재자가 있다."라는 것입니다. 이것을 유념하시기 바랍니다.

제9장 검신 (檢身, 몸을 검속함)

신이 생각건대, 마음을 바로잡는 것은 안을 다스리는 수단이고 몸을 검속하는 것은 바깥을 다스리는 수단이지만 실은 동시에 하는 것이지 오늘은 마음을 바로잡고 내일은 몸을 단속한다는 것이 아닙니다. 다만 그 공부가 안팎으로 나뉘기 때문에 두 장으로 나눈 것입니다.

공자가 말했다. "군자는 경건하지 않음이 없지만 몸가짐을 경건하게 하는 것이 가장 중요하다. 몸이란 것은 어버이에게서 갈라져 나온 가지이니 감히 경건하게 하지 않을 수 있겠는가? 몸가짐을 경건하게 하지 못하는 것은 어버이를 상하게 하는 것이다. 어버이를 상하게 하는 것은 뿌리를 상하게 하는 것이다. 뿌리가 상하면 가지는 따라서 죽는다."

『예기』입니다. 아래도 같습니다. ○ 공자의 말씀은 여기서 끝납니다.[51]

장락 유씨(長樂劉氏)가 말했다. "몸은 비록 내 것이지만 그 기운은 어버이에게서 물려받았고, 할아버지로부터 전해진 것이니, 내가 가볍게 여겨서 욕되게 할 수 있는 것이 아니다.

군자는 간사한 소리에 귀를 기울이지 않고 음란한 여자에 눈을 빛내지 않으며, 음탕한 음악과 사특한 예절에 마음을 쓰지 않고, 게으르고 간사한 기운을 몸에 두지 않으며, 귀·눈·코·입·마음과 지각 등 온 몸을 모두 순하고 바르게 하여 의를 행한다.[52]

서산 진씨가 말했다. "군자가 자신을 수양하는 방법은 다른 것이 없다. 안

---

51 『禮記』「哀公問」
52 『禮記』「樂記」

팎으로 노력을 기울이는 것뿐이다.”

예와 음악은 잠시라도 몸에서 떠나게 해서는 안 된다. 마음[中心]이 잠시라도 화평하고 즐겁지 않으면 비열하고 거짓된[鄙詐] 마음이 들어온다[入]. 걸모습이 잠시라도 장중하고 경건하지 않으면 게으른[易慢] 마음이 들어온다.

　주자가 말했다. “들어온다는 입(入)자는 바로 외부의 유혹을 받아 그렇게 된다는 것이지 본래 마음에 실제로 그런 악이 있다는 것이 아님을 알 수 있다. 비록 본래 있는 것은 아니지만 이미 안을 차지하여 주인이 되었다면 그것은 마음이 아니고 무엇이겠는가?”

사람은 예가 있으면 편안하고 예가 없으면 위태롭다.[53]

　공자가 말했다. “예가 없으면 손발을 둘 데가 없고, 귀와 눈을 돌릴 데가 없으며, 나아가고 물러가며[進退] 고개를 숙이고 사양하는[揖讓] 데 절도가 없다. 이런 까닭에 예가 없으면 일상생활에서 어른과 어린이가 분별을 잃고, 집안[閨門]에서 삼족(三族)[54]이 화목하지 못하며, 조정에서 관리에게 벼슬을 내리는 데 차례가 없어지고, 사냥을 하고 무예를 닦는[戎事] 데 계책이 없어지며, 군대를 동원하여 전쟁을 하는 데 통제를 할 수 없고, 집을 짓는 데 제도가 무너지며, 도량형[量鼎]은 기준이 사라지고, 맛이 때를 잃으며, 음악이 절도를 잃어버리고, 수레가 법도[式]를 잃어버리며, 귀신이 제사를 받을 수 없고, 장사를 치르고 제사를 지내도[喪紀] 슬퍼할 줄 모르며, 변론을 하며 연

---

53 『禮記』「曲禮·上」
54 『禮記』에서는 父, 子, 孫을 가리킨다.

설을 해도 받아들이는 무리[黨] 당(黨)은 무리입니다. 가 없고, 벼슬이 체통을 잃어 정치가 시행되지 못하며, 몸에 지니고 앞에 두는 모든 행동이 타당성을 잃어버린다." ○ 「관의(冠義)」에서 말했다.[55] "사람이 사람인 까닭은 예의가 있기 때문이다. 예의의 시초는 몸가짐[容體]을 바르게 하고, 낯빛을 가지런하게 하며, 말씨[辭令]를 순하게 하는 데 있다. 몸가짐이 바르고, 낯빛이 가지런하며, 말씨가 순해진 뒤에 예의가 갖추어져서 그것으로써 군신의 관계를 바르게 하고 부자를 친하게 하며 어른과 어린이를 화목하게 한다. 군주와 신하가 바르게 되고 부모와 자식이 친해지고 어른과 어린이가 화목한 다음에 예의가 확립된다." ○ 장자(張子)가 말했다. "배우는 사람이 예의를 버리면 온종일 배불리 먹기만 하고, 생각하고 행동하는 것[猷爲]이 없어서 천한 사람[下民]들과 똑같아져서 일삼는 것이라고는 옷을 입고 밥을 먹으며 잔치나 벌이고 노는[燕遊] 즐거움을 넘지 않을 것이다." ○ 어떤 사람이 정숙(正叔, 程頤)선생을 위로하여 이렇게 말했다. "선생께서는 4,50년이나 조심스럽게 예의를 지켰으니 응당 매우 수고롭고 고생을 하셨겠습니다." 선생이 말했다. "나는 날마다 편안한 곳으로만 다니는데 무엇이 수고스럽고 고생스럽겠는가? 다른 사람들은 날마다 위태로운 곳을 다니니 그것이 바로 수고스럽고 고생스러운 것이다."

이상은 몸가짐을 경건하게 하고 예의를 조심스럽게 지키는 공부를 말한 것입니다.

○ 『시경』에서 말했다. "치밀하고 치밀한[抑抑] 위엄과 거동, 반듯반듯한[隅] 덕, 경건하며 조심스러운 위엄과 거동을 갖추어야 백성이 본받으리."

「대아 · 억(抑)」입니다.

---

55 『儀禮逸經』 「冠義」

주자가 말했다. "억억(抑抑)은 치밀한 것이다. 우(隅)는 가장자리에 모가 난 것(廉角)이다." ○ 정씨(鄭氏, 鄭玄)가 말했다. "위엄과 거동을 치밀하게 자세히 살피는 사람은 덕이 반드시 엄격하고 바르다. 그러므로 옛날 현명한 사람은 도를 행하고 마음이 평정하여 밖을 보고도 안을 알 수 있었다. 예를 들어 집을 지을 때 안에서 먹줄을 쳐서 곧게 하면 밖에서는 가장자리의 모가 반듯하다."

증자가 말했다. "군자가 귀(貴)하게 여기는 도에는 세 가지가 있다. 용모(容貌)를 움직일 때에는 거칠고 거만한 것(暴慢)을 멀리한다. 안색을 바르게 하여 믿음(信)을 가까이 한다. 말(辭氣)로 표현할 때에는 비열하고 어긋난(鄙倍) 것을 멀리한다. 제기(籩豆)를 다루는 일은 따로 맡은 사람(有司)이 있다.

『논어』입니다.[56]

주자가 말했다. "귀하다는 것은 소중하다는 것(重)과 같다. 용모는 온몸을 들어서 말한 것이다. 거칠다는 것(暴)은 거칠고 사나운 것(粗厲)이다. 거만한 것(慢)은 멋대로 하는 것(放肆)이다. 믿음은 진실한 것이다. 안색을 바르게 하여 믿음을 가까이 한다면 안색만 장중하게 하는 것이 아니다. 말은 언어이며, 기운은 소리(聲氣)이다. 비열한 것(鄙)은 평범하고 누추한 것이다. 배(倍)는 배(背)와 같으니 이치를 배반한다는 것이다. 변(籩)은 대나무 그릇(竹豆)이고 두(豆)는 나무그릇(木豆)이다. 이 말은 다음과 같다. 도는 비록 없는 곳이 없지만 군자가 중요하게 여기는 것은 이 세 가지뿐이다. 이는 모두 몸을 닦는 요령이며 정치를 하는 근본이니 배우는 사람이 마땅히 잘 보존하고 살펴서(操存省察) 아주 급한 때(造次)나 넘어지는 순간(顚沛)이라도 어겨서는 안

---

56 『論語』「泰伯」

된다. 제기를 다루는 일은 그릇에 관한 자질구레한 일이다. 전체적인 측면에서 보면 도에 포함되지 않은 것은 아니지만 직분으로 보면 맡은 사람[有司]이 따로 있으니 군자가 소중하게 여길 일은 아니다." ○ 또 말했다. "용모와 말씨[辭氣]가 바로 덕의 부호[符]이다." ○ 여형공(呂滎公)이 늘 이렇게 말했다. "나중에 배우는 사람은 모름지기 기상(氣象)을 잘 알아야 한다. 기상이 좋을 때에는 온갖 일이 잘 된다. 기상이란, 말씨[辭令]와 몸가짐[容止]의 가볍고 무거움, 빠르고 느림에서 충분히 볼 수 있다. 군자와 소인만 여기서 나뉠 뿐 아니라 귀하고 천하고 오래 살고 일찍 죽는 것이 다 여기서 정해진다."

앉을 때에는 시동(尸童)처럼 앉고 서 있을 때에는 재계(齋戒)하듯이 선다.
『예기』입니다. 아래도 같습니다.[57]

정씨(鄭氏)가 말했다. "시동[尸]이 신의 자리에 앉아 있을 때에는 반드시 반듯하고 장중해야[矜莊] 한다. 마찬가지로 앉는 법은 마땅히 시동이 앉아 있는 것처럼 해야 한다. 사람이 기대어 서 있으면 대부분 거만하고 공손하지 못하다. 비록 재계하는 경우가 아니라 하더라도 마땅히 제사 지내기 전에 재계하듯이 해야 한다." ○ 사씨(謝氏)가 말했다. "명도 선생은 마치 흙으로 빚은 조각처럼 하루종일 단정하게 앉아 계셨다. 그러나 사람을 대할 때에는 온통 온화한 기운으로 한 덩어리가 되었다. 이른바 '바라보면 위엄이 있고 다가가서 보면 온화하다.'는 것이다." 정자가 배우는 사람에게 이렇게 말했습니다. "그대들[賢]은 나[顥]를 이런 사람으로 보지만 나는 공부에 매우 힘쓴다."

시선이 상대방의 얼굴 위로 올라가면 오만하고, 허리띠 아래로 내려가면 근심스러워 보이며, 곁눈질하면 간사하다.[58]

---

57 『禮記』「曲禮·上」

여씨(呂氏)가 말했다. "얼굴 위로 올라가는 것은 기운이 교만한 것이니 자기를 낮추어 남을 대할 수 없음을 알 수 있다. 허리띠 아래로 내려가는 것은 정신을 빼앗긴 것이니 마음에 근심이 있음을 알 수 있다. 시선이 옆으로 흐르면 얼굴이 돌아가니 반드시 부정한 마음이 가슴속에 있는 것이다. 이는 군자가 삼가야 할 일이다."

반듯하게 썬 것이 아니면 잡숫지 않으셨고 자리가 바르지 않으면 앉지 않으셨다.

『논어』입니다. ○ 공자의 일을 기록한 것입니다.[59]

주자가 말했다. "잠시도 바른 데서 벗어나지 않는 것이다." ○ 사씨가 말했다. "성인은 바른 데서 마음이 편안해지므로 바르지 않은 자리라면 비록 조금이라도 앉지 않았다."

옛날 군자는 반드시 옥을 찼는데, 오른쪽에는 치(徵)와 각(角)의 소리를 내는 옥을 찼고, 왼쪽에는 궁(宮)과 우(羽)의 소리를 내는 옥을 찼다.

『예기』입니다. 아래도 같습니다.[60]

진씨(陳氏)가 말했다. "치(徵), 각(角), 궁(宮), 우(羽)는 각각 옥소리에 해당하는 것으로 말한 것이다. 치의 소리는 일을 나타내고 각의 소리는 백성을 나타낸다. 그러므로 오른쪽에 찬다. 오른쪽은 동작이 일어나는 쪽이다. 궁의 소리는 군주를 나타내고 우의 소리는 사물을 나타낸다. 군주의 도리는 고요하여야 하고 사물의 도리는 쌓여야 하기 때문에 왼쪽에 찬다. 왼쪽은 일이

---

58 『禮記』「曲禮 · 下」
59 『論語』「鄕黨」
60 『禮記』「玉藻」

없는 쪽이다. 상(商)의 소리를 말하지 않는 것은 아마도 서쪽의 싸늘한[肅殺] 소리이기 때문에 버려둔 것이 아닐까?"

채자[采齊]의 시에 맞추어 나아가고[趨], 사하(肆夏)의 시에 맞추어 걸어간다. 빙 돌 때[環]에는 도는 것[旋]입니다. 그림쇠[規]에 맞추고, 꺾어서 돌 때에는 직각자[矩]에 맞춘다. 앞으로 나아갈 때에는 몸을 굽히고[揖] 물러나서는 반듯이 편다[揚]. 그런 뒤에야 옥소리가 울린다. 그러므로 군자가 수레에 있으면 방울[鸞和]소리를 듣고 걸어갈 때에는 패옥(佩玉)이 울리기 때문에 그릇되고 치우친[非僻] 마음이 들어갈 곳이 없다.

진씨(陳氏)가 말했다. "나아갈 때에는 채자의 시를 노래하여 절도를 삼고, 걸어갈 때에는 사하의 시를 노래하여 절도로 삼는다. 그림쇠에 맞추면 원이 되고 직각자에 맞추면 모가 난다. 앞으로 나아가면 몸이 약간 숙여지므로 몸을 굽힌 것 같고, 뒤로 물러난 뒤에는 몸이 조금 들리므로 반듯이 펴진다고 한다. 나아가고 물러나고 숙이고 펴는 것이 모두 절도에 맞으므로 패옥 소리가 쟁쟁하며 들을 만하다." ○ 맹자가 말했다.[61] "몸가짐과 일처리[動容周旋]가 예에 맞는 것은 덕이 지극히 성대한 것이다."

『시경』에서 말했다. "선량한[淑人] 군자는 그 거동[儀]이 어긋나지[忒] 않네. 거동이 어긋나지 않으니 사방[四國]을 바르게 하리."

「조풍(曹風)·시구(鳲鳩)」입니다.

주자가 말했다. "특(忒)은 어긋남[差]이다. 떳떳한 법도[常度]를 지니고 그 마음이 한결같으므로 거동이 어긋나지 않는다. 거동이 어긋나지 않으면 충

---

61 『孟子』「盡心·下」

분히 사방을 바로잡을 수 있다." ○ 북궁문자(北宮文子)가 말했다.[62] "위엄이 있어서 두려워할 만한 것을 위(威)라 하고, 거동이 있어서 따를 만한 것을 의(儀)라 한다. 임금에게 임금의 위의(威儀)가 있으면 신하가 두려워하고 사랑하며 본받고 따르기 때문에 나라를 소유하고 좋은 평판이 장구한 세대에 걸쳐 전해질 수 있다. 신하에게 신하의 위의가 있으면 아랫사람이 두려워하고 사랑하기 때문에 관직을 지키고 겨레를 보존하며 집안을 화목하게 할 수 있다. 그 아래도 모두 이와 같다. 이런 까닭에 위아래가 서로 굳건해질 수 있다. 위(衛)나라의 시[63]에는 "위의가 당당하고 당당하니〔棣棣〕 가릴 수가 없다."라고 했으니, 이 말은 임금과 신하, 윗사람과 아랫사람, 부모와 자식, 형과 아우, 아내〔內〕와 남편〔外〕, 귀족〔大〕과 평민〔小〕이 모두 위의가 있다는 말이다. 주(周)나라의 시[64]에는 "벗들이 검속하는 데 위의로써 검속한다."라고 했으니, 이 말은 벗의 도리는 반드시 위의로써 가르치고 훈계해야 한다는 말이다. 그러므로 군자가 자리에 있으면 두려워할 만하고 혜택을 베풀면 사랑할 만하며, 나아가고 물러나는 것은 법도를 삼을 만하고 일처리 하는 것〔周旋〕은 법칙을 삼을 만하며, 몸가짐은 볼 만하고 일을 하는 것은 본받을 만하며, 덕행은 따를 만하고 목소리는 즐길 만하며, 동작은 무늬가 있고 언어는 빛남이 있어서 이로써 아랫사람을 대하니 이것을 일러 위의가 있다고 한다." 진씨(眞氏)가 말했습니다. "예로부터 위의를 논한 것 가운데 문자(文子)가 논한 것처럼 완비된 것은 없다. 위(威)란 일을 엄격하게 하고 사나운 것이 아니라 옷과 갓을 바로잡고 시선을 높이 들며 엄숙하여(儼) 사람이 바라보고서 두려워하는 것이다. 이런 것을 위라고 한다. 의(儀)란 일을 꾸미는 것이 아니라 몸가짐과 일처리〔動容周旋〕가 예에 맞지 않는 것이 없는 것이다. 이를 의라 한다."

---

62 『春秋左氏傳』「襄公 31年」
63 이 시는 현행 『詩經』에는 「衛風」의 시가 아니라 「邶風·栢舟」의 시이다. 邶·鄘·衛의 시를 모두 衛詩라고 하였다.
64 『詩經』「大雅·旣醉」

이상은 위의(威儀)와 행동거지[容止]의 법칙을 말한 것입니다.

소공(召公)이 무왕(武王)에게 말했다. "아! 밝은 임금은 덕을 조심스럽게 실천하였습니다. 덕이 성대한 사람은 다른 사람을 업신여기지[押侮] 않습니다. 군자를 업신여기면 그들이 마음을 다 쓸지 않고, 소인을 업신여기면 그들이 힘을 다 쓰지 않습니다."

「주서(周書)·여오(旅獒)」입니다. 아래도 같습니다.[65]

채씨(蔡氏)가 말했다. "덕이 성대하면 몸가짐과 일처리[動容周旋]가 모두 예에 맞다. 그런 뒤에 업신여기는 마음이 없어질 수 있다. 덕을 조심스럽게 실천하는 것은 지극하게 하지 않을 수 없다는 말이다. 덕이 지극하지 않으면 업신여기는 마음이 있는 것을 면하지 못한다. 군자를 업신여기면 군자는 안색을 보고 떠날 것이다.[66] 그들은 반드시 고상하게 행동하고[高蹈] 멀찍이 물러나서[遠引] 실망하여서 가버릴 것이니 어찌 그 마음을 다할 수 있겠는가? 소인을 업신여기면 비록 미천하여 위엄을 두려워하며 부리기 쉬울 것 같아도 지극히 어리석은 사람도 신명은 있으니 어찌 그 힘을 다 쓰겠는가?"

귀와 눈에 노예가 되지 않아서 온갖 법도[百度]를 바르게[貞] 하십시오.

채씨가 말했다. "정(貞)은 바른 것이다. 귀와 눈의 좋아하는 것에 노예가 되지 않게 하여 모든 일의 절도를 오직 바르게 할 뿐이다."

아침 일찍부터 밤늦게까지 혹시라도[或] 부지런하지 않음이 없게 하십

---

65 『書經』「周書·旅獒」
66 『聖學輯要』 원문에는 '色斯擧矣'로 되어 있는데 『書經』 蔡沈의 주석에는 '色斯去矣'로 되어 있다. 곧 얼굴빛을 보고 떠난다는 뜻이다.

시오. 작은 행실에 긍지〔矜〕를 갖지 않으면 끝내는 큰 덕에 누를 끼칩니다. 아홉 길이나 되는 산을 쌓는 데 한 삼태기 흙이 모자라서 공이 무너집니다.

채씨가 말했다. "혹시〔或〕라는 말은 만에 하나〔萬一〕와 같다. 긍(矜)은 긍지의 긍이다." ○ 여씨(呂氏)가 말했다. "이것이 곧 조심스럽게 덕을 실천하는 〔愼德〕 공부이다. 혹(或)이라는 한 글자가 가장 의미가 있다. 잠깐 한 번이라도 멈추어 쉬게 되면 조심스럽게 덕을 실천하는 것이 아니다." ○ 채씨가 말했다. "임금의 한 몸은 모든 정치〔萬化〕의 근원이니 만일 이치를 털끝만큼이라도 다하지 못함이 있으면 백성〔生民〕에게 끝없는 해를 끼치는 것이어서 조상들이 세우고 대대로 전해준〔創業垂統〕 계통을 잇는 방도가 아니다. 무왕은 성인이었는데도 소공(召公)이 이와 같이 경계했으니, 후대의 임금이 깊이 생각하고 마음에 되새기지 않을 수 있겠는가?"

이상은 게으름이 없도록 경계하고 타이르는 뜻을 말한 것입니다.

신이 생각건대, 마음은 몸의 주인이고 몸은 마음의 도구〔器〕입니다. 주인이 바르면 도구는 당연히 바르게 됩니다. 다만 저절로 몸이 바르게 되도록 맡겨둔 채 단속하고 다스리지 않아서는 안 되기 때문에 『대학』의 차례에서는 몸을 닦는 것〔修身〕이 마음을 바르게 함〔正心〕 다음에 있는 것입니다. 몸을 단속하고 다스리는 방법은 얼굴 모습과 보고 듣는 것, 말과 행동〔威儀〕을 한결같이 하늘의 법칙〔天則〕을 따르는 것일 뿐입니다. 얼굴 모습과 몸매〔形色〕는 하늘로부터 타고난 것〔天性〕이니 몸의 움직임과 고요함이 어느 것 하나 하늘의 법칙 아닌 것이 무엇이겠습니까? 대상 사물의 이치를 탐구하고 앎을 끝까지 추구하는 것〔格物致知〕은 이 법칙을 밝히는 방법이고, 뜻을 성실하게 하고〔誠意〕, 마음을 바르게 하고, 몸을 닦는 것은 이 법칙을 실천해나가는 방법입니다. 이 두 가지가 갖추어져야 타고난 자질을 실천하는〔踐形〕 경지에 이를 수 있습니다. 세상 사람 가운데에는 얼굴과 거동〔容儀〕은 꾸며서 몹시 볼 만하면서도 안으로는 잡고 보존하는 노력을 하지 않는 사람이 있는데, 이런 사람은 참으로 담을 뚫고 담을 넘는 좀도둑에나 견줄 수 있을 뿐 거론할 것이 못 됩니다. 타고난 자질〔天資〕에 욕심이 적어서 물질의 유혹을 받지 않고 마음이 너그럽고 진솔하여〔坦率〕 혼자서 즐기며, 다만 안으로 마음을 바르게 할 뿐 겉모습에 얽매일 필요가 없다고 여기는 사람도 도에 들어갈 수 없습니다. 끝내 세상 사람들 가운데 좋은 사람〔好人〕 정도에 그칠 뿐입니다. 그런데 하물며 겉모습도 장중하지 않고 속마음도 늘어져서 방탕한 대로 흐르지 않을 것이라 보장할 수 없는 경우이겠습니까? 이 때문에 이미 마음을 바르게 했으면 또한 그 몸을 검속하지 않을 수 없는 것입니다. 저 몸을 검속하지 않는 사람은 마음이 반드시 바르지 않기 때문입니다. 진실로 마음을 바르게 할 수 있다면 일마다 바른 것을 추구하지 않음이 없을 것이니 어찌 제 몸을 부정한 곳에 두고서도 안심할 리 있겠습니까? 그렇다면 몸을 닦지 않는 것은 바로 마음이 바르지 못하기 때문입니다. 이 점을 유념하기 바랍니다.

성학집요 4

[제2절 수기(修己, 자기 수양) 하]

제10장 회덕량 (恢德量, 덕의 역량을 넓힘)

신이 생각건대, 9장에서 이미 자기를 수양하는 차례를 자세히 논하였으므로 여기에서는 다시 덕의 역량을 넓힘〔恢德量〕, 덕을 보좌함〔輔德〕, 돈독함〔敦篤〕 등의 세 장으로 나머지 뜻을 거듭 논하였습니다. 덕의 역량이 넓지 못하면 조금 터득한 것으로도 만족하여 한 분야〔一曲〕에 치우쳐 높고 밝고〔高明〕 넓고 두터운〔博厚〕 경지에까지 나아가지 못합니다. 이런 까닭에 덕의 역량을 넓힘이 몸을 검속함 다음에 옵니다.

공자가 말했다. "잘한 것은 남이 했다고〔稱人〕 하고, 잘못한 것은 내가 했다고〔稱己〕 하면 백성이 다투지 않는다.[1] 그러므로 군자는 자기가 할 수 있는 것을 가지고 남을 헐뜯지〔病人〕 않으며, 남이 하지 못하는 것을 가지고 그 사람을 부끄럽게 만들지〔愧人〕 않는다.

『예기』입니다.[2]

엄릉 방씨(嚴陵方氏)가 말했다. "『서경』에서 이렇게 말했다.[3] '네가 뻐기지 않으면〔不矜〕 온 세상 사람들이 아무도 너와 함께 능력을 다투지 않을 것이다. 네가 자랑하지 않으면〔不伐〕 온 세상 사람들이 아무도 너와 함께 공적을 다투지 않을 것이다.' 잘한 것은 남이 했다고 하고, 잘못한 것은 내가 했다고 한다면 뻐기지 않고 자랑하지 않는다고 할 만하다. 그러므로 백성이 다투지 않는다." 임천 오씨(臨川吳氏)가 말했습니다. "백성이 교화되면 잘한 것을 남에게 양보하며 남과 다투지 않는다." ○ 사람을 부끄럽게 만든다는 것은 그 사람으로 하여금 부끄러움을 느끼

---

1 『禮記』 「坊記」
2 『禮記』 「表記」
3 『書經』 「大禹謨」

게 한다는 것입니다.

잘한 것을 자기 것으로 삼으면 잘한 것을 잃어버리고, 자신의 재능을
뻐기면 그 공적을 잃어버린다.

「상서(商書)·열명(說命)」입니다.[4]

채씨가 말했다. "잘한 것을 자기 것으로 삼으면 자신은 더 이상 힘쓰지 않
아서 덕이 이지러진다. 자신의 재능을 뻐기면 남이 힘을 쓰지 않아서 공적이
무너진다." ○ 동래 여씨(東萊呂氏)가 말했다. "도리는 끝이 없으니 배우는
사람은 먼저 스스로 만족하는 마음을 가져서는 안 된다."

『역』에서 말했다. "땅의 형세가 곤(坤)이다. 군자는 이것을 본받아 두터
운 덕으로 만물을 싣는다."

「곤괘(坤卦)·상사(象辭)」입니다.

정자가 말했다. "군자는 땅의 두터운 모습을 관찰하여 깊고 두터운 덕으
로 만물[庶物]을 받아들여서 싣는다."

포용하고[含] 너그러우며[弘] 빛나고[光] 커서[大] 만물[品物]이 함께 형통한
다[咸亨].

「곤괘·단사(象辭)」입니다.

정자가 말했다. "포용하고 너그러우며 빛나고 크다는 네 가지는 곤(坤)의
도를 그려낸 것이다. 함(含)은 감싸서 받아들인다는 것이다. 홍(弘)은 너그럽

---

4 『書經』「商書·說命」

고 넉넉한 것이다. 광(光)은 빛나고 밝은 것이다. 대(大)는 넓고 두터운 것이다. 땅은 이 네 가지가 있기 때문에 하늘의 일〔功〕을 이어받아 완성하여 모든 사물이 함께 형통하여 이루어진다.” ○ 어떤 사람이 물었다. “사람들이 의론을 할 때 대부분 자기 주장을 펴고〔直己〕 받아들이려는〔含容〕 기세가 없는데 이것은 기가 고르지 못한〔不平〕 것이 아닙니까?” 정자가 말하였다. “본래 이것은 기(氣)가 고르지 못한 것이나 또한 도량〔量〕이 좁은 것이다. 사람의 도량은 식견〔識〕에 따라 자라지만 또한 식견은 높으면서 도량이 자라지 못하는 사람도 있다. 이런 사람은 식견이 실제로 이르지 못한 사람이다. 일반적으로 다른 일은 모두 사람이 억지로 할 수도 있지만 오직 식견과 도량은 억지로 할 수 없는 것이다. 사람에게는 말이나 말가웃〔斗筲〕 되는 도량도 있고 엿 말 넉 되나 열 말〔釜斛〕 되는 도량도 있고 예순너 말들이나 큰 솥〔鐘鼎〕만 한 도량도 있고 강이나 시내와 같은 도량도 있는데 강이나 시내만 한 도량이라면 역시 큰 것이다. 그러나 강이나 시내에는 한계가 있고 때로 가득 차기도 하지만 오직 하늘과 땅의 도량은 차는 일이 없다. 그러므로 성인은 하늘과 땅 같은 도량을 가지고 있다. 성인의 도량은 도(道)이고, 보통 사람 가운데 도량이 있는 사람은 타고난 자질〔天資〕에 의한 것이다. 타고난 자질에 의해 갖춘 도량은 모름지기 한계가 있다. 대체로 여섯 자 되는 몸뚱이를 갖춘 보통 사람의 역량은 다만 이런 정도이니 가득 차지 않는 도량을 갖추려 해도 그렇게 될 수 없다. 예를 들어, 등애(鄧艾)는 정승〔三公〕의 자리에 올랐고 나이 일흔에 처신을 아주 잘 했으나, 촉(蜀)을 멸망시키는 데 공을 세우고부터는 마음이 움직였다. 사안(謝安)은 손님과 바둑을 두다가 사현(謝玄)이 부견(符堅)의 군사를 쳐부수었다는 소식을 듣고서도 기뻐하지 않다가 안으로 들어갈 때에는 (너무도 기쁜 나머지 허둥지둥 달려가다가) 나막신 굽을 부러뜨렸다.[5] 이처럼 억지로 하는 일은 끝까지 갈 수 없다. 또 크게 취한 뒤에 더욱 공

5『晉書』「謝安傳」

손하고 조심하는 사람이 있기도 하지만 더욱 공손하고 조심하는 것은 바로 마음이 그렇게 움직인 것이다. 비록 멋대로 함부로 구는 사람과 같지는 않지만 술에 의해 마음이 움직였다는 점에서는 한가지다. 또 귀공자 가운데 지위가 높을수록 더욱 자신을 낮추고 겸손해지는 사람이 있는데, 낮추고 겸손해지는 것은 바로 마음이 그렇게 움직인 것이다. 비록 교만하고 오만한 사람과 같지는 않지만 지위에 의해 마음이 움직였다는 점에서는 한가지다. 오직 도를 아는 사람만이 도량이 저절로 넓고 커서 억지로 힘쓰지 않아도 이루어진다. 소견이 낮고 보잘것없는 사람이 있는데 그것은 다름이 아니라 식견과 도량이 부족한 것이다." ○ 장자(張子)가 말했다. "마음이 크면 온갖 사물〔百物〕이 다 통하고, 마음이 작으면 온갖 사물이 병든다." ○ 주자가 말했다. "배우는 사람은 모름지기 도량〔氣宇〕을 길러서 넓게 트이도록 해야 한다." ○ 설씨(薛氏)가 말했다. "맨 먼저 넓고 두텁고〔渾厚〕, 포용하며, 조용하고 광대한 기상이 있어야 한다." 도량이 좁은 사람은 남을 용납하지 못합니다. 도량이 좁은 데서 온갖 병폐가 생깁니다.

이상은 덕으로 나아가는 도량을 넓힘을 말한 것입니다.

○ 『주역』에서 말했다. "군자는 무리에 임하는 데 어둠을 써서 밝게 한다."

「명이괘(明夷卦) · 상사(象辭)」입니다.

정자가 말했다. "밝음을 지나치게 쓰면 살피는 데서 손상이 일어난다. 지나치게 살피면 일은 다 처리할 수 있지만 너그럽게 포용하는 도량이 없기 때문에 군자는 밝게 살피는 것을 끝까지 밀고 나가지 않고 어둠을 사용한다. 그런 뒤에야 사물을 받아들이고 무리를 화목하게 할 수 있으며, 무리가 친해지고 안정된다. 이것은 어둠을 쓰는 것이 바로 밝음이 되는 까닭이다. 만약에 자신의 밝음만 믿고 어느 것 하나 살피지 않는 것이 없다면 너그럽고 두터우며 품고 받아들이는 덕이 없어져서 사람들이〔人情〕 의아하게 여기고 불안해 할 것이다. 이것은 무리에 임하는 도리를 잃어버리는 것이니 바로 밝지 못하게 되는 까닭이다.

완악한 사람에게는 성을 내거나 미워하지 말고, 한 사람에게서 모든 것을 다 갖추기를 바라지 말라.

「주서(周書)·군진(君陳)」입니다. 아래도 같습니다.[6]

채씨가 말했다. "아직 교화되지 못한 사람에게 성을 내고 미워하지 않으며, 그 사람이 할 수 없는 것을 다 갖추기를 구하지 않는 것이다." ○ 위개(衛玠)가 말했다. "미치지 못하는 점이 있으면 인정으로 용서하고, 뜻하지 않게 무례한 행동을 하면 도리로써 너그럽게 봐준다. 그러므로 죽을 때까지 기뻐하고 성내는 얼굴을 보이지 않는다."

반드시 참아야〔忍〕 일이 이루어지며〔濟〕, 받아들여야〔容〕 덕이 커진다.

채씨가 말했다. "공자는 '작은 일을 참지 못하면 큰 계획을 어지럽힌다.'[7]라고 하였다. 반드시 참는 것이 있어야 이루는 것이 있다. 그러나 여기에는 오히려 굳게 제어하고 억지로 참으려는 의도가 있다. 만약에 넓고 너그러우며 관대하여 여지가 충분히 있다면 이것이 바로 덕이 큰 것이다. 참는 것은 일을 말하는 것이고 받아들이는 것은 덕을 말하는 것인데 각각 깊고 얕은 것으로써 말했다."

이상은 무리를 받아들이는 도량을 넓힘을 말한 것입니다.

---

6 『書經』「周書·君陳」
7 『論語』「衛靈公」

치우치지[偏] 않고 기울지[陂] 않게 하여 왕의 의(義)를 좇으며, 치우치게 좋아하지[作好] 않음으로써 왕의 도를 좇으며, 치우치게 미워하지[作惡] 않음으로써 왕의 길을 따르십시오. 치우침도 없고 무리를 짓지도[黨] 않으면 왕도가 평탄해질[蕩蕩] 것입니다. 무리를 짓지도 않고 치우치지도 않으면 왕도가 공평해질[平平] 것입니다. 상도(常道)를 배반하는 것[反]도 바르지 않은 것[側]도 없으면 왕도가 바르고 곧을[正直] 것입니다.

「주서·홍범(洪範)」입니다.[8]

채씨가 말했다. "편(偏)은 중도가 아닌 것이다. 피(陂)는 공평하지 못한 것이다. 좋아하고[作好] 미워하는 것은[作惡] 좋아하고 미워함을 더한다는 뜻이다. 장씨(張氏)가 말했습니다. "온 세상에 정의[公]가 있으면 좋아하고 미워하는 것을 치우치게 하지 못한다. 치우친다면 옳지 않다." 당(黨)은 공정하지 않은 것이다. 반(反)은 상도를 배반하는 것이다. 측(側)은 바르지 않은 것이다. 치우치거나 기울며, 좋아하고 미워하는 것은 개인적인 의식[己私]이 마음에서 생겨난 것이다. 치우치고 무리를 지으며, 배반하거나 바르지 않은 것은 개인적인 의식이 일에서 드러난 것이다. 탕탕(蕩蕩)은 넓고 멀리까지 미치는 것이다. 평평(平平)은 공평하고 쉬운 것이다. 바르고 곧은 것은 치우치고 간사하지 않은 것이다." ○ 손씨(孫氏)가 말했다. "큰길은 매우 평탄하지만 백성은 지름길을 좋아한다. 왕의 도, 왕의 길이 이른바 매우 평탄한 길이다." ○ 정자가 말했다. "보편적인 것[公]은 하나이고, 개인적인 것[私]은 만 갈래로 나뉜다. 사람의 얼굴이 저마다 다르듯이 마음이 다른 것은 다만 개인적인 마음[私心]이다." ○ 장자가 말했다. "안팎을 합하고, 사물과 나를 공평하게 대하는 것이 도를 아는 큰 실마리이다." ○ 주자가 말했다. "이 마음이 드넓어서 털끝만큼도 개인적인 의사[私意]가 없으면 바로 천지와 같은 도량을 갖는 것이다. 여기에 바로

8『書經』「周書·洪範」

온 세상을 한 집안으로, 온 나라를 한 사람으로 여기는 뜻이 있다.”

이상은 공평한 도량을 넓힘을 말한 것입니다.

신이 생각건대, 도량이 넓지 못한 것은 기질적인 문제에서 비롯된 것입니다. 덕의 역량을 넓히는 공부는 다름이 아니라 기질을 바로잡는 일 한 가지뿐입니다. 그런데 따로 한 장을 마련한 것은 임금의 덕은 더욱 도량을 크게 하는 데 있기 때문입니다. 그래서 따로 내세운 것입니다. 본래 한 나라〔千乘之國〕를 얻고도 대수롭잖게 여겨 스스로 겸손한 사람이 있는가 하면, 말단 관직〔一命之官〕을 얻고도 대단하게 여겨 스스로 우쭐대는 사람이 있는 것은 도량에 크고 작은 것이 있기 때문입니다. 도량이 작은 사람에게는 세 가지 문제가 있습니다. 첫째, 치우치고 왜곡된 것〔偏曲〕, 둘째, 스스로 긍지를 갖는 것〔自矜〕, 셋째, 이기기를 좋아하는 것입니다. 치우치고 왜곡된 사람은 콱 막히고 두루 미치지 못하여 공평한 마음으로 이치를 관찰하지 못합니다. 스스로 긍지를 갖는 사람은 조금 얻은 것에 만족해서 뜻을 겸손하게 하여 덕으로 나아가지 못합니다. 이기기 좋아하는 사람은 그른 것을 태연하게 꾸며내어 자기를 비워서 선을 따르지 못합니다. 이 세 가지는 모두 개인적인 것일 뿐입니다. 아! 하늘과 사람은 하나여서 다시 분별이 없지만, 오직 하늘과 땅은 사사로움〔私〕이 없고 사람에게는 사사로움이 있기 때문에 사람은 천지와 같이 커지지 못하는 것입니다. 성인은 사사로움이 없어서 덕이 천지와 합합니다. 군자는 사사로움을 제거하기 때문에 행실이 성인과 합합니다. 배우는 사람은 마땅히 사사로움을 극복하고 도량을 넓혀서 군자와 성인에 미치도록 힘써야 합니다. 사사로움을 다스리는 방법은 오직 배움뿐입니다. 배움이 진보하면 도량도 늘어나는 것이니 타고난 자질의 좋고 나쁨은 거론할 것이 아닙니다. 끊임없이 힘쓰고 힘써서 이 마음이 드넓어져 털끝만큼도 개인적인 의사가 그 사이에 끼어드는 일이 없게 되면 순임금, 우임금이 온 세상을 차지하고서도 마음에 두지 않았던 것이나 문왕이 도를 바라보면서도 아직 보지 못한 것처럼 행동했던 것도 여기에 지나지 않을 것입니다. 엎드려 바라건대, 전하께서는 이 점을 유의하십시오.

제11장 보덕 (輔德, 덕을 보좌함)

신이 생각건대, 천자에서부터 보통 사람〔匹夫〕에 이르기까지 모름지기 벗을 사귀어서 덕을 완성하지 않는 사람이 없습니다. 증자(曾子)가 '벗을 사귀어 인(仁)을 돕는다.'[9]라고 한 것이 이것입니다. 자신을 다스리는〔自治〕 조목은 이미 앞에 다 갖추어 놓았으므로 다음으로 덕을 보좌함을 가지고서 바른 선비〔正士〕와 친하고, 충고를 좇아 허물을 고치는 뜻을 논합니다.

공자가 말했다. "이로운 벗이 셋이고 해로운 벗이 셋이다. 곧은 이를 벗하고〔友直〕 믿음직한 이를 벗하며〔友諒〕 많이 들은 이를 벗하면〔友多聞〕 이롭다. 치우친 이〔便辟〕를 벗하고 잘 보이려는 이〔善柔〕를 벗하며 말주변이 좋은 이〔便佞〕를 벗하면 해롭다."

『논어』입니다.[10]

주자가 말했다. "곧은 이를 벗하면 자기의 허물을 들을 수 있다. 믿음직한 이를 벗하면 성실한 데로 나아갈 수 있다. 양(諒)은 믿음직함〔信〕입니다. 많이 들은 이를 벗하면 현명하게 될 수 있다. 편(便)은 익혀서 몸에 익은 것〔習熟〕이다. 치우친〔便辟〕 것은 위엄과 거동에 익숙하나 곧지 못한 것이다. 잘 보이려는 것〔善柔〕은 잘 보여 기쁘게 하는 데는 솜씨가 많으나 믿음직하지 못한 것이다.

---

9 『論語』「顏淵」
10 『論語』「季氏」

말주변이 좋은 것〔便佞〕은 입으로 말하는 데〔口語〕는 익숙하나 견문의 내용이 없는 것이다. 이 세 가지는 이익과 손해가 서로 정반대이다.

신하〔僕臣〕가 바르면 그 임금〔后〕이 바르게 된다. 신하가 아첨하면 임금은 자기가 뛰어난 성인인 줄로 여긴다〔自聖〕. 임금의 덕도 오직 신하에게 달려 있고 부덕도 오직 신하에게 달려 있다.

「주서·경명(冏命)」입니다.

○ 주의 목왕(穆王)이 백경(伯冏)을 태복정(太僕正)으로 삼으면서 한 말입니다.[11]

채씨가 말했다. "자성(自聖)은 스스로 성인이라 여기는 것이다." ○ 여씨(呂氏)가 말했다. "옛날부터 소인이 임금의 덕을 망쳐서 어리석고 사나우며 사치하고 방종하게 만드는 데 어찌 끝이 있겠는가? 임금이 스스로 성인으로 여기는 것의 폐해가 별것 아닌 것 같지만 목왕이 유독 이 말을 가지고 결론 삼아 말한 까닭은 다음과 같다. 대체로 소인이 임금의 마음을 좀먹어서 빈말로 찬양하여 마음을 들뜨게 하면 임금은 오만하게 스스로 성인인 줄 알고 자기와 같은 사람은 아무도 없다고 여기고 자기 말을 아무도 어기지 못하도록 하려고 한다. 그렇게 되면 법도로써 임금을 바로잡는 세습의 신하〔法家〕와 임금을 보필하는 현명한 선비〔拂士〕는 날로 멀어지고, 임금이 뜻을 만족시키고 감정을 마음대로 충족시키는 일을 하더라도 아무도 임금의 뜻을 어기려고〔齟齬〕 하지 않을 것이다. 이런 일은 스스로 성인으로 여기는 증거가 이미 드러난 것이다. 그리고 온갖 폐단이 여기서 나온다. 임금의 어리석고 사나우며 사치하고 방종한 것은 모두 지엽적인 것이니 논할 것도 못 된다."

종축(宗祝)은 사당〔廟〕에 있고, 삼공(三公)은 조정〔朝〕에 있으며, 삼로(三老)는

---

11 『書經』「周書·冏命」

학교에 있다. 왕 앞에는 무당[巫]이 있고 뒤에는 사관[史]이 있으며, 점쟁이[卜筮]와 눈 먼 악사[瞽侑]가 모두 왼쪽과 오른쪽에 있다. 왕은 가운데 있으면서 마음을 쓰는 일이 없고 지극히 바른 것을 지킨다.

『예기』입니다.[12]

진씨(陳氏)가 말했다. "사당에는 종축이 있고 조정에는 삼공이 있고 학교에는 삼로와 오경(五更)이 있어서 예의와 교육[禮敎]을 밝혀 온 세상을 선하게 만드니 왕은 가운데 자리를 잡고 있으면서 이 마음으로 무엇을 일삼겠는가? 지극히 올바른 임금의 도리를 지킬 따름이다." ○ 서산 진씨(西山眞氏)가 말했다. "무당은 제사를 맡아서 귀신과 관련된 일로 왕에게 고하고, 무당이 제사를 맡은 것은 본래 바르지 않은 것이 아니었는데 후세에 잘못 전해져서 간사한 말로 사람을 헷갈리게 하여 마침내 부정한 데 이르렀습니다. 사관은 기록을 맡아서 삼황오제(三皇五帝)의 일로 왕에게 고하며, 점치는 일을 맡은 사람은 길흉을 판단하여 왕에게 간하고, 판수[瞽矇] 늙은이는 눈 먼 악사[瞽侑]이니 음악으로 식사를 돕는[侑食] 관리입니다. 노래와 시로 왕에게 간한다. 이처럼 한 사람의 몸에 전후와 좌우에서 끼고 붙드니 비록 잠시나마 마음대로 하려고 해도 그렇게 할 수 있겠는가?" ○「초어(楚語)」에서 말했다.[13] "옛날에 위나라 무공[衛武公]은 나이 95세였는데, 오히려 온 나라에 경계하여 이렇게 말하였다. '경(卿)에서부터 여러 관직의 우두머리[師長]와 무사[士]에 이르기까지 조정에 있는 사람이라면 누구든지 나를 늙었다고 하여 버리지 말고, 반드시 아침저녁으로 공손하고 조심스럽게 번갈아가며 나를 깨우쳐 달라. 내가 수레를 타면 여분(旅賁)이 바로잡고 『주례(周禮)』에서 이렇게 말했습니다.[14] "여분씨(旅賁氏)는 창과 방패를 들고 수레를 호위하며 달리는 일을 맡았다. 수레가 멈추면 바퀴를 버틴다." 뜰[宁]에 있으면 뭇 관리[官師]가 바로

---

12 『禮記』「禮運」

13 『國語』「楚語·上」

14 『周禮』「夏官司馬·下」

잡으며〔典〕, 안석〔几〕에 기대어 있으면 송훈(誦訓)이 간(諫)을 하고, 관사(官師)는 중간급〔中下士〕 관리입니다. 송훈(誦訓)은 글을 외는 일을 맡은 관리입니다. 침실에 있으면 설어(褻御)[15]가 경계〔箴〕를 하며, 설어(褻御)는 가까이 두고 아끼는〔近習〕 사람입니다. 일을 할 때에는 악관〔瞽〕과 사관〔史〕이 이끌어주고〔道〕, 한가할 때〔宴居〕는 사공(師工)이 좋은 글을 외어주도록 하라. 악관이나 사관은 천도(天道)를 아는 사람입니다. 사공(師工)은 보통 악관(樂官)입니다. 사관은 기록하는 데 실수가 없고 소경 악사〔矇〕는 좋은 글을 외는 데 실수가 없어서 이들이 가르치고 이끌라. 이에 아름다운 글을 지어서 나 자신을 경계한다. 그가 죽자 예성무공(睿聖武公)이라는 시호가 붙었다."

『시경』에서 말했다. "기댈 이〔馮〕도 의지하는 것〔憑〕입니다. 있고 도울 이〔翼〕도 있네. 효도하는 이〔孝〕도 있고 덕 있는 이〔德〕도 있네. 이들이 이끌고〔引〕 도우니 화락한 군자〔豈弟君子〕여! 사방이 그대를 본받으리."

「대아(大雅)·권아(卷阿)」입니다.

주자가 말했다. "빙(馮)은 의지가 될 만한 사람을 말한다. 익(翼)은 도움이 될 만한 사람을 말한다. 효(孝)는 어버이를 잘 섬기는 이를 말한다. 덕(德)은 자기 몸에 터득한 이를 말한다. 이끄는 것〔引〕은 앞에서 인도하는 것이다. 돕는 것〔翼〕은 좌우에서 돕는 것이다. 개제군자(豈弟君子)는 왕을 가리킨다. 왕이 이와 같이 현명한 사람을 얻어서 자신의 도움을 삼는다면 날로 덕이 닦여서 사방이 그를 본받을 것이라는 말이다." ○ 동래 여씨가 말했다. "현명한 사람의 행실이 한 가지만 있는 것이 아닌데 반드시 효도와 덕을 말하는 것은 무엇 때문인가? 대체로 임금〔人主〕이 늘 자애롭고 자상하며 독실한 사람과 함께 있으면 선한 일의 실마리를 일으키고 덕성을 함양하며 조급함을 누

---

15 褻御의 褻이 『聖學輯要』에는 蟄로 되어 있다. 褻의 달리 쓰이는 글자는 褻이다.

르고 바르지 못한 것을 사라지게 하여, 날마다 고치고 달마다 변화하는 것이 말에만 달려 있는 것이 아니기 때문이다."

맹자가 말했다. "사람 잘못 쓰는 것은 나무랄 것〔適〕이 아니고, 정치는 비난할〔閒〕 것이 아니다.[16] 오직 대인(大人)만이 임금 마음의 잘못을 바로잡을〔格〕 수 있다. 임금이 어질면 어질지 않은 사람이 없고, 임금이 의로우면 의롭지 않은 사람이 없으며, 임금이 바르면 바르지 않은 사람이 없다. 한 번 임금을 바로잡으면 나라가 안정된다."

『맹자』입니다. 아래도 같습니다.[17]

조씨(趙氏)가 말했다. "적(適)은 허물하는 것〔過〕이다. 간(閒)은 비난하는 것〔非〕이다. 격(格)은 바로잡는 것이다." ○ 주자가 말했다. "임금이 사람을 잘못 쓰는 것은 꾸짖을 거리가 되지 못하며, 행정의 실무는 비난할 거리가 되지 못한다. 오직 대인(大人)의 덕을 갖추고 있으면 임금의 바르지 못한 마음을 바로잡아 바른 데로 돌아가게 할 수 있고, 나라도 다스려지지 않음이 없을 것이다. 대인은 큰 덕을 갖춘 사람으로서 자신을 바르게 하여 남〔物〕도 바르게 하는 자이다." ○ 정자가 말했다. "온 세상이 다스려지고 어지러워지는 것은 임금이 어진가, 어질지 않은가에 달려 있을 뿐이다. 마음이 그르면 곧바로 정치에 해를 끼친다. 그것이 바깥에서 드러나기를 기다릴 것도 없다. 옛날에 맹자가 제나라 왕을 세 차례나 만나 보았는데 정치〔事〕에 대해서는 한 마디도 하지 않았다. 제자들이 이상하게 여겨 그 까닭을 물었더니 맹자는 이렇게 말했다. '나는 먼저 바르지 않은 마음을 다스리려고 하였다.'[18] 마음이 바르게 된 뒤에야 온 세상의 일을 다스릴 수 있다. 정치상의 실수와 사람 쓰

---

16 『孟子』의 원문에는 비난한다는 '閒' 앞에 '與'가 있으나 『聖學輯要』에는 빠져 있다.
17 『孟子』「離婁 · 上」
18 『荀子』「大略篇」

는 것의 잘못은 아는 사람이라면 고칠 수 있고 정직한 사람이라면 간할 수 있지만 임금의 마음이 거기에 있지 않으면 일마다 고쳐야 하고 고친 뒤에도 또 그런 일이 생겨서 끝내 다 고칠 수 없게 될 것이다. 그리고 사람마다 잘못 등용한 사람이라 하여 버리면 버린 뒤에 그와 비슷한 사람을 또 들어 쓸 것이니 그렇게 되면 끝내 사람을 다 버릴 수 없게 될 것이다. 그러므로 재상〔輔相〕의 직책은 반드시 임금 마음의 그릇된 것을 바로잡는 데 있다. 임금 마음의 그릇된 것을 바로잡아야 모든 것이 바르게 된다. 그러나 임금 마음의 그릇된 것을 바로잡는 일은 역시 대인의 덕을 갖추지 않은 사람이 아니면 아무도 할 수 없다."

"왕이 지혜롭지 못하다고 하여 이상하게〔或〕 여기지 말라. 비록 이 세상에서 가장 생명력이 강한 식물이라 하더라도 하루만 따뜻하게〔暴〕 하고 열흘을 차갑게 하면 아무것도 살 수 없다. (내가 왕을 만나는 것도 마찬가지이다.) 내가 왕을 만나는 기회는 드물고, 그나마 내가 물러나오면 왕을 차갑게 하는 사람들이 온다. 내가 왕의 어진 마음을 싹 틔운다 한들 이런 상황에서 어떻게 할 수 있겠는가?"[19]

주자가 말했다. "혹(或)은 의혹의 혹(惑)과 같다. 왕은 아마도 제나라 왕을 가리키는 듯하다. 폭(暴)은 따뜻하게 하는 것이다. 내가 왕을 만나볼 기회가 적다는 것은 하루만 따뜻하게 하는 것과 같다. 내가 물러나오면 아첨하는 사람들이 잡다하게 오는 날이 많다는 것은 열흘 동안 차갑게 하는 것이다. 비록 어진 마음의 싹이 생겨난다 한들 나 또한 어떻게 할 수 있겠는가?"

"바둑〔奕〕을 두는 기술〔數〕은 작은 기술이지만 마음을 오로지 쓰고 뜻을 쏟아 넣지〔致〕 않으면 잘 둘 수 없다. 혁추(奕秋)는 나라에서 바둑을 제일

---

19 『孟子』「告子·上」

잘 두는 사람이다. 만약에 혁추가 두 사람에게 바둑을 가르치는데, 한 사람은 온 마음과 뜻을 쏟아 가르침을 듣고, 한 사람은 가르침을 듣기는 하지만 한편으로는 고니나 기러기가 날아오면 활과 주살[繳]로 쏘아서 잡을 생각을 하고 있다면, 비록 두 사람에게 똑같이 바둑을 가르쳤지만 실력은 같을 수 없을 것이다. 두 사람의 실력이 다른 것을 그들의 지혜가 다르기 때문이라고 하겠는가? 그렇지는 않다.”

　주자가 말했다. “바둑[奕]은 바둑돌로 에워싸서 이기는 놀이[圍棊]이다. 수(數)는 기술이고 치(致)는 끝까지 가는 것[極]이며 혁추(奕秋)는 바둑을 잘 두는 사람인데 이름이 추(秋)이다. 주살[繳]은 노끈을 화살에 매어 쏘는 것이다.” ○ 범씨(范氏)가 말했다. “임금의 마음은 기르는 데 달렸다. 군자가 선으로 기르면 지혜롭게 되고 소인이 악으로 기르면 어리석게 된다. 그러나 어진 사람은 멀리하기 쉽고 소인은 가까이 하기 쉽기 때문에 적은 것이 많은 것을 이길 수 없고 바른 것이 간사한 것을 이길 수 없는 것이다. 옛날부터 나라가 다스려지는 날은 늘 적고 어지러운 날은 늘 많은 것은 이 때문이다.” ○ 정자가 신종(神宗)에게 아뢰었다.[20] “온 세상의 일은 근심이 늘 소홀히 여기고 대수롭잖게 여기는 데서 생기고, 뜻은 또한 점차 익숙해지는 데서 경계해야 합니다. 이런 까닭에 옛날 임금은 드나들고 조용히 한가롭게 있을 때에도 반드시 옛 글을 외고 가르치며 잠언으로 경계하고 간하는 신하를 두었습니다. 또한 전후좌우에 모두 바른 사람이 있었기 때문에 덕행과 사업[德業]을 완성할 수 있었습니다. 엎드려 바라건대, 폐하께서는 예를 갖추어 경험이 많고 현명한 학자[老成賢儒]들을 뽑아서 직책으로 수고롭게 하지 말고 날마다 편한 자리에서 가까이 대하여 도덕과 의리[道義]를 토론하게 하여서 폐하의 덕을 보좌하게 하시기 바랍니다. 또 온 세상의 현명하고 뛰어난 사람들[賢俊]을 뽑

20 『二程文集』 「論君道」

아, 곁에 모시고 늘 수레 뒤를 따르게 하며〔法從〕, 아침저녁으로 맞아들여 만나고 착한 도리를 개진(開陳)하게 하며, 정치의 법도〔治體〕를 강론하고 연마하게 하여 널리 의견을 들으시기 바랍니다. 이렇게 하시면 폐하의 지혜가 날로 밝아지고 왕의 계책〔王猷〕이 참으로 진실하고 거짓이 없을 것입니다." ○ 정자가 「경연차자(經筵箚子)」에서 이렇게 논하였다.[21] "옛날에 주공(周公)은 성왕(成王)을 보좌하여 어려서부터 좋은 습관을 들이도록 하였습니다. 반드시 바른 일만 보고 바른 말만 듣고 전후좌우에 모두 바른 사람만 두었습니다. 그래서 습관이 지혜와 함께 자라고 교화가 마음먹은 대로 이루어졌습니다. 오늘날 자제(子弟)를 잘 가르치는 사대부 집안에서도 반드시 명망과 덕행이 있고 단정하고 반듯한 선비를 불러들여 함께 거처하게 하여 좋은 습관을 들여 덕성을 완성하게 합니다. 그러므로 '어려서부터 형성된 것은 마치 천성과 같고, 습관은 마치 저절로 그러한 것과 같다.'라고 하는 것입니다. 엎드려 생각건대 폐하께서는 춘추(春秋)가 많으시고 비록 슬기롭고 성스러운 자질이 하늘로부터 타고난 것〔天稟〕이지만 보좌하고 기르는〔輔養〕 도리를 다하지 않으면 안 됩니다. 그러기 위해서는 함양(涵養)하고 훈도(薰陶)해야만 합니다. 대략 하루 가운데 어진 사대부를 가까이 하는 시간은 많고 환관과 궁녀를 가까이 하는 시간이 적다면 저절로 기질이 변화하고 착한 행실과 뛰어난 재능〔德器〕을 성취할 것입니다. 조정에서 어질고 덕이 있는 선비를 신중하게 뽑아서 곁에 두고 학문을 강의하게 하십시오. 늘 두 사람을 머물게 하여 일직〔直日〕을 서게 하며 밤에는 한 사람이 숙직〔直宿〕을 서게 하여 찾아서 자문하시기 바랍니다. 때로 내전에 불러서 조용히 편안하게 말씀을 나누신다면 도의를 점점 닦을 수 있을 뿐만 아니라 오랫동안 이렇게 하면 사람의 실정〔人情〕과 사물의 양태〔物態〕, 농사짓는 일의 어려움에 이르기까지 저절로 통달하게 될 것이니 늘 깊은 궁중에만 계시는 것에 견주어 유익함이 어찌 매우 크지 않겠

---

21 『二程文集』「論經筵第一箚子」

습니까? 가만히 들으니, 한가한 날에 경연을 한 번 열기는 해도 몇 줄 강독을 하고는 여러 신하가 줄지어 모시고 있다가 엄숙하게 물러갈 뿐 감정과 뜻〔情意〕이 별로 통하지 않는다 합니다. 이렇게 하고서는 보좌하고 기르는 일을 책임지게 하는 것이 또한 어렵지 않겠습니까?”

이상은 바른 선비를 친하게 대함을 말한 것입니다.

○『주역』에서 말했다. “산 위에 못이 있는 것은 함괘(咸卦)이다. 군자는 이것을 본받아 자신을 비워서 남을 받아들인다.”

「함괘(咸卦)·상사」입니다.

정자가 말했다. “군자는 산과 못이 기운을 통하는〔山澤通氣〕 모습을 보고서 속을 비워 남을 받아들인다. 속을 비우는 것은 아집이 없는 것〔無我〕이다. 속에 개인적인 주관〔私主〕이 없으면 자극을 받는 것마다 어디에나 통한다.”

결단을 내려서〔夬〕 행함이니 곧더라도〔貞〕 위태롭다〔厲〕.

『주역』「이괘(履卦), 9·5 효사」입니다.[22]

정자가 말했다. “쾌(夬)는 단호하게 결단하는 것〔剛決〕이다. 5의 효(爻)는 양이면서 굳셈으로서 지극히 존귀한 자리〔至尊〕에 있으면서 9·5(九五)[23]는 임금의 자리입니다. 단호하게 결단을 내리고 행하는 것이다. 이렇게 하면 비록 바르게 될 수는 있지만 오히려 위태롭다〔危厲〕. 옛 성인은 온 세상에서 가장 높은 자리에 앉아 세상을 다스렸는데 온 세상을 비출 만큼 밝고, 충분히 결단을

---

22 『周易』「履·九五爻辭」
23 괘의 여섯 효 가운데 아래에서 다섯 번째 양효

내릴 만큼 굳세며, 모든 일을 혼자서 처리할 만큼 세력이 있었다. 그러나 온 세상의 의견을 다 고려하지 않은 적이 없었다. 그래서 비록 꼴을 베고 나무를 하는 보잘것없는 사람들의 말까지도 반드시 들어보았다. 바로 이런 점에서 성인이 된 것이다. 만약에 자신의 강단과 현명한 것〔剛明〕만 믿고 뒤도 돌아보지 않고 결행을 한다면 비록 바르게 된다 하더라도 오히려 위태로운 길로 갈 것이다. 하물며 강단과 현명함이 부족한 사람이랴!"

이윤(伊尹)이 태갑(太甲)에게 훈계하였다. "아! 선왕께서는 간하는 말을 좇고 거스르지〔咈〕 않아서 이전의 백성〔先民〕이 그대로 따랐던 것입니다."

「상서 · 이훈(伊訓)」입니다.[24]

채씨가 말했다. "불(咈)은 거스르는 것이다. 선민(先民)은 선배〔前輩〕와 덕망이 있는 늙은 신하〔舊德〕들이다. 간하는 말을 좇고 거스르지 않아서 이전의 백성이 그대로 따르는 것은 정말로 선을 즐기는 사람이 아니고서는 그렇게 될 수 없다."

말이 그대의 마음에 거슬리면 반드시 도에 합당한가 살펴보고, 말이 그대의 뜻에 맞으면 도에 합당하지 않은가 살펴보아야 합니다.

「상서 · 태갑(太甲)」입니다. 역시 이윤(伊尹)의 말씀입니다.[25]

채씨가 말했다. "바르고 곧은〔鯁直〕 말은 받아들이기 어렵고, 부드럽고 순한〔巽順〕 말은 따르기 쉽다. 받아들이기 어려운 말이라면 반드시 도에 합당한가 살펴보아야지 마음에 거슬린다 하여 대뜸 거부해서는 안 된다. 따르기

---

24 『書經』「商書 · 伊訓」
25 『書經』「商書 · 太甲 · 下」

쉬운 말이라면 반드시 도에 합당하지 않은가 살펴보아야지 뜻에 맞는다고 하여 대뜸 들어서는 안 된다. 대체로 태갑의 치우친 감정을 바로잡으려고 한 것이다." ○ 주자가 말했다. "정치의 도리는 별다른 설명이 없다. 만약에 임금이 공손하고 검소하며 선을 좋아하여 마음에 거슬리는 말이라면 반드시 도에 부합하는가 살펴보고 뜻에 맞는 말이라면 반드시 도에 부합하지 않은가 살핀다면 어찌 다스릴 수 없겠는가? 예부터 성취한 모양을 보면 언제나 바로 이와 같았음을 알 수 있다."

고종(高宗)이 부열(傅說)에게 명하셨다. "네 마음을 열어[啓] 내 마음을 넉넉하게[沃] 하라."

「상서 · 열명(說命)」입니다. 아래도 같습니다.[26]

채씨가 말했다. "계(啓)는 여는 것이다. 옥(沃)은 물을 대는 것이다. 네 마음을 열라는 것은 마음을 열어서 숨기지 말라는 것이다. 내 마음에 물을 대라는 것은 내 마음을 적셔서 충족시키라는[厭飫] 것이다."

약이 아찔하지[瞑眩] 않으면 그 병이 낫지[瘳] 않는다. 발을 벗고서 바닥을 보지 않으면 그 발이 상한다.

채씨가 말했다. "『방언(方言)』[27]에서 말하기를 '약을 먹고서 독한 것을 해 대지간(海岱之間, 중국의 동해와 태산의 사이에 위치한 땅)에서는 아찔하다[瞑眩]고 한다.'고 했다. 추(瘳)는 병이 낫는 것이다. 아찔하지 않다는 것은 신하의

---

26 『書經』「商書 · 說命 · 上」

27 『方言』은 옛 판본에는 漢의 揚雄이 지은 것으로 되어 있으나 옛부터 근거가 없었으며 許愼의 『說文解字』에 인용한 揚雄의 말도 『方言』에는 보이지 않는다. 또한 『方言』에서 풀이를 따온 경우에도 揚雄을 언급하지 않는다. 後漢의 應邵는 『方言』을 揚雄에 가탁한 것이라 추측했다.

말이 입에 쓰지 않음을 비유한 말이다. 바닥을 보지 않는다는 것은 내가 어디로 가고 있는지 보지 않는다는 것을 비유한 말이다.”

부열이 왕에게 대답하였다. “나무는 먹줄을 대면 반듯해지고, 임금은 충고를 좇으면 성인이 됩니다. 임금이 성인이라면 신하는 명령을 하지 않아도 따릅니다. 누가 감히 임금님의 아름다운 명령을 공손히 받들지 않겠습니까?”

채씨가 말했다. “나무에 먹줄을 댄다는 것은 임금이 간하는 것을 따름을 비유한 것으로서 간하는 것을 결단코 듣지 않으면 안 된다는 것을 밝힌 말이다. 그러나 고종은 자기가 말을 받아들이기를 추구해야지 신하에게 진언하라고 책할 필요는 없다고 했다. 임금이 과연 간하는 말을 따른다면 신하는 비록 명령을 하지 않더라도 오히려 임금의 뜻을 받들 것이다. 하물며 이처럼 명령을 하는데 누가 감히 그 아름다운 명령을 경건하게 따르지 않겠는가?”

공자가 말했다. “잘못을 바로잡는 말[法語]을 따르지 않을 수 있겠는가? 그러나 그 말을 듣고 잘못을 고치는 것이 귀하다. 부드럽게 이끌어주는[巽與] 말을 즐거워하지 않을 수 있겠는가? 그러나 그 말을 듣고 의도를 캐보는 것[繹]이 귀하다. 즐거워하면서도 의도를 캐보지 않고, 따르기는 하지만 잘못을 고치지 않는다면 나도 어찌할 수 없다.”

『논어』입니다.[28]

주자가 말했다. “법어(法語)는 바른말을 하는 것이고, 손언(巽言)은 완곡하게 이끌어주는 것이며, 역(繹)은 실마리를 찾는 것이다. 바로잡는 말은 사람

---

28 『論語』「子罕」

이 존중하고 두려워하는 것이므로 반드시 따른다. 그러나 그 말을 듣고도 잘못을 고치지 않으면 앞에서만 따르는 것〔面從〕일 뿐이다. 부드러운 말은 마음에 어긋나거나 귀에 거슬리지 않는 것이므로 반드시 즐거워한다. 그러나 그 말을 듣고 의도를 캐보지 않으면 또한 숨은 의도가 어디에 있는지 알 수가 없다." ○ 또 말했다. "예를 들어 한 무제(漢武帝)는 급암(汲黯)이 강직한 사람이라는 것을 알고 깊이 존중하고 두려워하여 장막 안에서 그가 아뢰는 말〔奏〕을 듣고 옳다고 하였으니 바른 말을 따랐다고 할 수 있다. 그러나 무제는 속으로 욕심이 많으면서 겉으로 어짊과 의로움〔仁義〕을 베풀었으니 어찌 앞에서만 따른 것이 아니겠는가? 예를 들어 맹자가 여자를 좋아하고〔好色〕 재물을 좋아한다〔好貨〕는 것에 관해 논했을 때 제나라 선왕〔齊宣王〕이 어찌 그 말을 즐거워하지 않았겠는가? 그러나 만약에 그 말의 의도를 캘 줄 모르면 옛 사람들이 이른바 여자를 좋아했다는 것만 알고, 그들이 안으로는 결혼을 못해서 원망하는 여인이 없게 하고 밖으로는 혼자 사는 사내가 없게끔 했다는 것을 알지 못하고, 옛 사람들이 이른바 재물을 좋아했다는 것만 알고, 그들이 집에 있는 사람에게는 창고에 곡식을 쌓아두고 길손에게는 주머니에 양식을 휴대할 수 있도록 했다는 것은 알지 못할 것이다." ○ 양씨(楊氏, 楊時)가 말했다. "말을 해도 깨닫지 못하고, 그 말을 거부하고 받아들이지 않는 것은 그래도 괜찮다. 그런 사람은 혹시라도 깨달으면 거의 고칠 수도 있고 의도를 캐볼 수도 있기 때문이다. 그러나 따르고 즐거워하면서도 고치고 의도를 캐보지 않는 사람은 끝내 잘못을 고치지도 않고 의도를 캐보지도 않는다. 이런 사람은 비록 성인이라도 어떻게 할 수가 없다." ○ 『좌전(左傳)』에 다음과 같은 기록이 있다. 은공(隱公) 5년 봄에 공이 당(棠)으로 가서 물고기를 구경하려고 하였다. 장희백(臧僖伯)이 간하였다. "임금은 큰일을 처리하기에 부족한 사물이나 쓸모에 대비하기에 부족한 나무에 대해서는 거론하지 않는 법입니다. 산·숲·하천·못을 충실하게 하는 것은 하인들〔皂隷〕이 할 일이며, 관리들〔官司〕이 맡은 일이지 임금이 관여할 일이 아닙니다."

공이 말했다. "나는 장차 영지를 순시하려고〔略〕한다." 그러고는 길을 떠났다. 희백은 병을 핑계로 따라가지 않았다. 희백이 죽자 공이 이렇게 말했다. "숙부는 나〔寡人〕에게 유감이 있었다. 나는 이 일을 잊을 수가 없다." 그리고 한 등급을 올려서 장사를 지내주었다. 이 일에 대해 호씨(胡氏, 胡安國)는 이렇게 말했다. "희백이 간을 했다가 공이 듣지 않자 병을 핑계로 따라가지 않았으니 그는 충신이라 할 말다. 그리고 한 등급 올려서 장사를 지내준 것도 그에 걸맞은 일이다. 그러나 은공은 그의 충성을 잊지 못하면서도 그의 말을 듣지 않았으니, 곽공(郭公)이 착한 사람을 착하게 여기면서도 등용하지 못해 결국 나라를 망하게 한 것과 같다. 은공에게 화가 미친 것은 당연하다."[29] 화가 미쳤다는 것은 은공이 종무(鍾巫)[30]에서 시해를 당한 것입니다. 은공의 아우 환공(桓公)이 종무에서 은공을 시해했습니다. ○ 임씨(林氏)가 말했습니다. "곽공은 착한 사람을 착하게 여겼으나 등용하지 못하여 결국 나라가 망했고, 은공은 충고를 좋게 여겼으나 따르지 않아서 결국 자신을 망쳤다. 옛날부터 헛된 이름만 날리고 실제 행실은 없어서 패망에 이른 사람이 많다. 살피지 않을 수 있겠는가?"

이상은 충고를 따르는 것을 말한 것입니다.

『주역』에서 말했다. "바람과 우레가 익(益)이다. 군자는 이것을 본받아 선한 것을 보면 실천에 옮기고 허물을 보면 고친다."

「익괘(益卦)·상사(象辭)」입니다.

---

29 『春秋胡傳 附錄纂疏』「隱公中」

30 '鍾巫의 禍'를 가리킨다. 종무의 화는 魯나라의 羽父, 곧 公子 翬가 隱公을 살해한 사건을 말한다. 은공은 일찍이 公子로 있을 때 鄭나라 사람과 싸워 포로가 되었는데, 정나라에서는 그를 尹씨 집에 가두었다. 은공은 윤씨에게 뇌물을 주어 윤씨의 家神인 鍾巫에게 기도를 드렸고, 이윽고 윤씨와 함께 노나라로 탈출하여 노나라에 종무를 제사지내는 사당을 지었다. 은공 11년 11월 종무에 제사지내려고 寪씨의 집에 유숙했는데, 이때 우보가 악당을 시켜 은공을 살해했다. 우보는 太宰의 벼슬을 원하여 은공이 임금 자리를 물려주기로 내심 작정했던 庶弟 桓公을 죽일 것을 청하였는데, 은공이 듣지 않자 도로 환공을 충동질하여 은공을 죽였다.

정자가 말했다. "바람이 세차면 우레가 빠르고, 우레가 격렬하면 바람이 노한다. 이 두 가지는 서로 작용을 돕는다. 군자는 바람과 우레가 서로 작용을 돕는 모습을 관찰하여 자기에게 유익을 추구한다. 선한 것을 보고 실행에 옮길 수 있으면 온 세상을 다 선하게 할 수 있다. 허물이 있어도 고치기만 하면 허물이 없어진다. 사람에게 유익한 것은 이것보다 큰 것이 없다." ○ 주자가 말했다. "선한 것을 실행에 옮기기는 바람처럼 빨리하고 허물을 고치기는 우레처럼 세차게 해야 한다.

공자가 말했다. "잘못을 저지르고도 고치지 않는 것, 이것이 잘못이다."

『논어』입니다.[31]

주자가 말했다. "잘못을 저질러도 고치기만 하면 잘못이 없는 데로 돌아가지만 잘못을 고치지 않으면 마침내 잘못이 성장하여 장차 고치려는 엄두를 낼 수 없다."

잘못[過]을 부끄럽게 여겨 일부러 잘못을 저지르지 마십시오[作非].

「상서 · 열명」입니다.[32]

채씨가 말했다. "과오(過誤)는 우연히 저지르는 것이고, 작비(作非)는 의도적인 것이다."

자공(子貢)이 말했다. "군자의 잘못은 일식이나 월식과 같다. 잘못을 저지르면 모든 사람들이 그것을 알고, 잘못을 고치면 모든 사람들이 우

---

31 『論語』「衛靈公」
32 『書經』「商書 · 說命 · 中」

러러 본다.”

면재 황씨가 말했다. “잘못을 저지르면 명백하게 드러나서 덮어 가릴 수 없으므로 모든 사람이 그것을 안다. 고치면 맑고 투명해져서〔瑩徹〕흠이〔瑕疵〕 없으므로 모든 사람이 우러러 본다.”

자하(子夏)가 말했다. “소인은 잘못을 저지르면 반드시 꾸민다〔文〕.”[34]

주자가 말했다. “문(文)은 꾸미는 것이다. 소인은 잘못을 고치는 것을 꺼리고 자신을 속이는 것을 꺼리지 않기 때문에 반드시 꾸며서 거듭 잘못을 저지른다.” ○ 신안 진씨가 말했다. “군자는 잘못을 숨기지〔諱〕 않기 때문에 잘못을 저지르면 곧 사람들이 알아본다. 잘못을 빨리 고치기 때문에 잘못이 없어져서 사람들이 우러러 본다. 마치 해와 달이 일식이나 월식을 면할 수 없지만 다시 밝아지면 빛에 아무런 손상이 없는 것과 같다. 소인은 잘못을 숨기고 덮어서 가리며, 잘못을 고치지 않고 고집하고 고치는 데 인색하여 잘못을 더욱 무겁게 하여 더욱 어둡고 더욱 심해진다. 어찌 해와 달처럼 밝고 깨끗하며 맑고 투명한 기상이 있겠는가?”

자로(子路)는 남들이 잘못이 있다고 알려주면 기뻐했다.

주자가 말했다. “잘못을 지적하는 말을 듣고 기뻐하며 그것을 고쳤다. 그

---

33 『論語』「子張」
34 『論語』「子張」
35 『孟子』「公孫丑·上」

는 이처럼 자기 수양을 하는 데 용감했다." ○ 주자(周子)가 말했다. "중유(仲由, 子路)는 잘못을 지적하는 말을 듣고 기뻐했으니 아름다운 이름[令名]이 끝없이 전해진다. 요즘 사람들은 잘못을 저지르고도 남이 고쳐주는 것을 기뻐하지 않는다. 마치 질병을 숨기고 의사를 꺼려서 차라리 죽을지언정 깨닫지 못하니 슬프다!" ○ 정자가 말했다. "자로는 역시 영원한 스승[百世之師]이라 할 만하다." ○ 주자가 말했다. "참으로 잘못을 지적하는 말을 듣기 원한다면 하나하나 받아들여야지 사실인지 아닌지 따져서는 안 된다. 그러면 사람들은 크고 작은 것이 없이 기꺼이 지적해주고 사실을 숨기지 않을 것이다. 만약에 낱낱이[切切] 헤아리고 견주어서 반드시 변명하고 다툰다면 아마도 '잘못이 있다고 알려주면 기뻐한다.'는 뜻이 아닐 것이다."

『주역』에서 말했다. "머잖아 회복된다. 뉘우치는 데 이르지[祗] 않으니 이른다는 것[祗]입니다. 크게 길하다."

「복괘(復卦), 초 · 9(初九) 효사(爻辭)」입니다.

정자가 말했다. "잃은 뒤에라야 회복하는 것이 있다. 잃은 것이 없으면 회복할 것이 없다. 오직 잃었으나 머잖아 회복한다면 뉘우치는 데 이르지는 않으니 크게 좋고 길하다. 학문의 길도 다른 것이 없다. 오직 선하지 못함을 알면 빨리 고쳐서 선한 것을 따르는 것뿐이다." ○ 쌍봉 요씨(雙峯饒氏)가 말했다. "사람의 마음에는 선의 실마리가 끝없이 나와서 본래부터 서로 이어져 있다. 의식하고 생각하는[念慮] 사이에 혹시라도 조금 잘못되는 경우가 있는데 꺼림칙하여 스스로 편안하지 못한 의식이 이미 마음속에서 싹튼다. 이것이 바로 '사물을 낳는 하늘과 땅의 마음[天地生物之心]'이 드러난 것이고, 맹자가 말한 '깜짝 놀라며 측은히 여기는 마음[怵惕惻隱之心]'이다. 오직 사람이 반성하고 살피며 욕망을 이기고 잘못을 다스리는 노력을 하지 않기 때문에 비록 선을 행할 수 있는 기회가 생겨도 선으로 돌아가는 결실이 없는 것이다.

이런 까닭에 욕망을 풀어놓고 함부로 행동하여 뉘우쳐도 소용없는 지경에
까지 이른다. 올바르게 노력하는 사람이 참으로 이런 마음이 싹텄을 때 빨리
선으로 돌이켜 뉘우치는 데까지 이르지 않게 하면 인욕(人欲)이 사라지고 천
리(天理)가 돌아올 것이다.”

공자가 말했다. “안씨(顏氏)의 아들은 거의 성인에 가깝다. 선하지 못한
것이 있으면 알지 못한 적이 없었고, 그것을 알고 나서는 다시 하지
않았다.”

『주역』 「계사」입니다.[36]

　　정자가 말했다. “안자와 같은 경지에 있는 사람이 어찌 선하지 못한 것이
있겠는가? 이른바 선하지 못하다고 한 것은 다만 조금 어긋나고 실수가 있
다는 것일 뿐이다. 어긋나고 실수가 있으면 바로 그것을 알고, 알면 바로 다
시는 싹트지 못하도록 하는 것이다.” ○ 장자가 말했다. “선하지 못한 것을
알고서 다시는 하지 않았다는 것은 바로 그가 같은 잘못을 거듭하지 않았다
〔不貳過〕는 것이다.” ○ 주자가 말했다. “요즘 사람들은, 다만 안자가 스스로
선하지 못함을 알고 다시 행하지 않았다는 것이 어려운 것임은 알지만 선하
지 못한 것이 있을 때 그것을 알지 못한 적이 없었다는 것이 어려운 것임을
도무지 알지 못한다. 요즘 사람들은 또한 이 도리를 안다는 사람은 있지만
일이 눈앞에 닥치면 도리어 개인적인 욕망〔私欲〕만 좇아 처리하고 전에 알고
있던 것을 모두 잊어버린다. 이는 이전에 제대로 알지 못했기 때문이다. 다
만 안자는 타고난 자질이 뛰어나서 지극히 맑은 물과 같아 아무리 작은 티끌
이라도 반드시 드러났던 것이다.” ○ 정자가 말했다. “내가 나이 16,7세 때
사냥을 좋아했는데, 얼마 후 ‘이제는 사냥을 좋아하지 않는다.’라고 스스로

---

36 『周易』 「繫辭下傳」

말했다. 주무숙(周茂叔)이 이렇게 말했다. '어떻게 그렇게 쉽게 말하는가? 다만 그 마음이 잠재해 있어서 드러나지 않았을 뿐이다. 하루아침에 싹트게 되면 다시 처음과 같아질 것이다.' 그 뒤 12년째 되는 해 연말에 집에 돌아왔다가 들에서 사냥하는 사람을 보고 나도 모르게 기뻐하는 마음이 일었다. 그제야 비로소 그 마음이 완전히 사라지지 않았음을 알았다." 섭씨가 말했습니다. "주자(周子)는 공부가 깊었기 때문에 쉽게 말해서는 안 됨을 알았다. 정자는 마음을 치밀하게 다스렸기 때문에 눈에 띄는 것[寓]을 따라 성찰할 수 있었다. 배우는 과정에 있는 사람은 경계하고 살피며 극복하고 다스리는 노력을 더욱 힘쓰지 않으면 안 된다." ○ 남헌 장씨가 말했다. "배운 것을 익히는 데 단절이 있는 것은 마음의 허물[心過]이 해를 끼치기 때문이다. 마음의 허물은 더욱 막기 어렵다. 마음속에서 한번 허물이 싹트면 보지도 듣지도 못하지만 내가 때마다 익히는[時習] 공부는 이미 사이가 끊어져버린다. 살피는 것을 느슨하게 하면 불어나고 자라난다. 사람들은 옛 습관[故常]에 안주하여 대수롭지 않게 여겨 소홀히 한다. 어찌 이런 일에 익숙해지도록 내버려둘 수가 있단 말인가? 오늘 한 가지 잘못된 생각을 뼈아프게 여기고 고치지 않는다면 내일에는 이 생각이 거듭 생기고 쌓여서 습관으로 익숙해진다. 그렇게 되면 때마다 익히는 공부가 소멸된다. 이 두 가지는 양립할 수 없다. 이런 까닭에 군자는 이것을 두려워한다. 마음속에서 싹트면 반드시 깨닫고 깨달으면 뼈아프게 반성하고 오동나무 잎사귀를 나누듯 끊어 버려서 다시는 이어지지 않도록 해야 한다. 이렇게 하면 잘못된 경지는 저절로 소원해지고 때마다 익히는 공부에 전념하여 덕에 이르러서 도를 엉기게 할 수 있다. 안자가 같은 잘못을 두 번 저지르지 않았던 것은 단숨에 끊어버리고 다시는 생기지 않게 했기 때문이다. 그러므로 나는 내 방을 '불이(不貳)'라고 이름 붙였다."

『주역』에서 말했다. "회복하는 데 혼미함이니 흉하다. 임금의 도리에 어긋난 것이다."

「복괘(復卦)」, 상 · 6(上六) 상사(象辭)입니다.

　정자가 말했다. "회복하면 도에 합치된다. 이미 회복하는 데 혼미하다면 도에 상반된 것이다. 그것이 흉하다는 것을 알 수 있다. 임금이 윗자리에서 무리를 다스리려면 마땅히 온 세상의 선을 따라야 한다. 그런데 회복하는 데 머뭇거린다면 임금의 도리에 상반된다."

　이상은 잘못을 고치는 것을 말한 것입니다.

　신이 생각건대 임금의 덕과 사업을 보좌하며 성취하기 위해서는 올바른 선비〔正士〕를 친하고 가까이 하는 것보다 절실한 것이 없습니다. 그런데 충고를 따르는 것〔從諫〕과 허물을 고치는 것〔改過〕을 합하여 한 장으로 한 것은 임금이 현명한 사람을 좋아하는 것은 다만 그 사람을 가까이 하는 것뿐만 아니라 장차 그의 선을 취하여 자기의 부족한 것을 보충하기 위해서입니다. 그러므로 충고를 하면 반드시 좇고 허물이 있으면 반드시 고치는 것은 덕으로 나아가고 사업을 완성하기 위한 바탕입니다. 만일 그 사람의 이름만 흠모하여 공연히〔謾〕 가까이〔左右〕 두고 충고를 해도 좇지 않고 허물이 있어도 고치지 않으면 현명한 사람이 어찌 공허한 예우에 얽매여 자신의 지조를 잃어버리려고 하겠습니까? 현명한 사람은 반드시 기회를 엿보아 물러나 은거할 곳〔考槃〕[37]을 지어서 즐기려고 할 것이고, 임금의 좌우에 있는 사람들은 아첨하여 총애를 얻으려는 사람들뿐일 것입니다. 이런 상황에 이르고서도 나라가 위태롭고 망하는 데 이르지 않은 경우는 없었습니다. 만약에 이름은 현자라면서 가만히 앉아 영화와 총애를 받으면서 충성스럽고 바른 충고〔忠讜〕로 잘못

---

37 『詩經』「衛風 · 考槃」의 "考槃在澗, 碩人之寬."에서 유래한 말이다. 考는 이룬다는 뜻이고, 槃은 즐거움이다. 즐거움을 이룬다는 말은 덕을 이루어서 도를 즐긴다는 뜻이다.

을 바로잡고 구해주는 유익이 없다면 또한 현자를 무엇에 쓰겠습니까? 그러므로 명철한 왕이 올바른 선비를 신중하게 뽑아서 날마다 함께 하면 함양하고 훈도를 받아 자신을 극복하고 선을 좇아서 덕이 날로 높아지고 사업이 날로 넓어질 것입니다. 정자가 "임금의 덕이 성취되는 책임이 경연(經筵)에 있다."라고 했습니다. 엎드려 바라건대 전하께서는 이 점을 유념하시기 바랍니다.

제12장 돈독 (敦篤, 도탑고 독실함)

신이 생각건대, 자기를 수양하는[修己] 공부는 앞에서 다 말씀드렸습니다만, 중도에서 그만두지나 않을까 염려하여 돈독을 그 다음에 두었습니다. 『시경』에서 이렇게 말했습니다. "누구나 처음은 있지만 끝을 보는 것은 드물다."[38] 이른바 돈독이란 끝을 돈독하게 하는 것입니다.

증자가 말했다. "선비는 넓고 굳건하지[弘毅] 않으면 안 된다. 그의 임무는 무겁고 길은 멀다."

『논어』입니다. 아래도 같습니다.[39]

주자가 말했다. "홍(弘)은 너그럽고 넓은 것이다. 의(毅)는 강하고 질긴 것이다. 신안 진씨가 말했습니다. "너그러우면 많은 사람들을 포용할 수 있고, 넓으면 큰 것을 받들어 실을 수 있다. 강하면 견고하게 잡고 지킬 수 있고, 질기면 오랫동안 짐을 질 수가 있다." 넓지 않으면 그 무거운 임무를 견딜 수 없고, 굳건하지 않으면 멀리까지 갈 수 없다."

---

38 『詩經』「大雅·蕩」
39 『論語』「泰伯」

인(仁, 어짊)을 자기 임무로 삼았으니 또한 무겁지 않은가? 죽어야만 끝나니 또한 멀지 않은가?

주자가 말했다. "인(仁)은 사람 마음의 전체적인 덕이다. 반드시 몸으로 체득하여 힘써 행하고자 하면 임무가 무겁다고 할 만하다. 숨이 한 가닥이라도 남아 있으면 이 뜻을 실현하는 데 조금이라도 게을리 하지 않으니 멀다고 할 만하다."

『주역』에서 말했다. "하늘의 운행이 씩씩하니〔健〕군자가 이것을 본받아 스스로 힘써서 쉬지 않는다〔自强不息〕."

「건괘(乾卦)·상사(象辭)」입니다.

광평 유씨(廣平游氏)가 말했다. "지극히 성실하여 쉬지 않는 것〔至誠無息〕은 하늘의 운행이 씩씩한 것이다. 쉬지 않을 수 없지만 쉬지 않는 것은 군자가 스스로 힘쓰는 것이다." ○ 주자가 말했다. "늘 이 마음을 간직하고 있으면 천리(天理)가 늘 작용하여 쉬지 않고 두루 흐를 것〔周流不息〕이다."

군자가 하루종일 부지런히 노력하고〔乾乾〕저녁에도 근심스러운〔惕〕 듯이 하면 위태롭지만 허물은 없다.

「건괘, 9·3 효사」입니다.[40]

정자가 말했다. "낮이나 밤이나 게으르지 않고, 두려워하며 근심한다면〔兢惕〕비록 위태로운 처지에 있더라도 허물이 없다."

---

40 『周易』「乾·九三爻辭」

이윤이 말했다. "선왕(先王)께서는 어스름 새벽[昧爽]에 덕을 크게 밝히고〔조顯〕 앉아서 아침을 기다렸습니다."

「상서 · 태갑」입니다[41] ○ 이윤이 태갑에게 한 말입니다.[42]

채씨가 말했다. "매(昧)는 어두운 것이고, 상(爽)은 밝은 것이다. 매상이라고 하는 것은 날이 새려고 하지만 아직 밝지 않은 때이다. 비(조)는 큰 것이고 현(顯)도 밝은 것이다. 선왕은 선왕은 탕왕입니다. 어스름 새벽에 깨끗이 씻고〔澡雪〕 덕을 크게 밝히고 앉아서 아침을 기다려 실행했다."

지금 뒤를 이은 임금님〔嗣王〕께서는 새로 명(命)을 받으시려면, 그 덕을 새롭게 하셔야 합니다. 처음부터 끝까지 한결같이 하는 것이 바로 날마다 새로워지는 것입니다〔日新〕.[43]

채씨가 말했다. "덕을 새롭게 하는 요점은 한결같이 덕을 실천하는 데 있을 뿐이다. 처음부터 끝까지 한결같이 실천하고 중간에 끊어지는 일이 없으면 이것이 바로 날마다 새로워지는 방법이다." ○ 정자가 말했다. "군자의 배움은 반드시 날마다 새로워져야 한다. 날마다 새로워지는 것은 날마다 진보하는 것이다. 날마다 새로워지지 않는 사람은 반드시 날마다 퇴보한다. 사람은 진보하지 않으면 반드시 퇴보한다. 오직 성인의 도는 진보도 퇴보도 없다. 이미 끝까지 나아갔기 때문이다." ○ 영가 정씨(永嘉鄭氏)가 말했다. "거울을 보고 얼굴이 더러우면 반드시 씻는다. 옷을 털다가 옷깃과 소매에 때가 있으면 반드시 빤다. 방에 있다가 책상이나 창과 벽에 먼지가 있으면 반드시 털어낸다. 이렇게 하지 않으면 마음이 편하지 않다. 그런데 마음속〔方寸〕의 신

---

41 『聖學輯要』 원문에는 아래도 같다〔下同〕는 글자가 있는데 두주(頭註)에서 착오라고 하였다.

42 『書經』 「商書 · 太甲 · 上」

43 『書經』 「商書 · 咸有一德」. 『聖學輯要』의 두주에서 「商書 · 咸有一德」이라고 주를 달아야 한다고 하였다.

명(神明)의 집이 더러워지고 때가 묻고 먼지가 날마다 쌓여도 씻어내고 털어낼 줄 모른다. 작은 것은 살피면서 큰 것은 버려두고, 겉은 살피면서 속은 버려두는 것이니 그 종류대로 확충하지 못하는 것이 또한 심하지 않은가?"

공자가 말했다. "군자는 밥을 먹는 동안에도〔終食〕 인(仁)을 어기지 않는다. 아주 급한 때에도〔造次〕 반드시 이렇게 하고, 넘어지는 순간에도〔顚沛〕 반드시 이렇게 한다."

『논어』입니다.[44]

주자가 말했다. "종식(終食)은 밥 한 그릇을 먹는 동안이다. 조차(造次)는 급하고 구차한 때이다. 전패(顚沛)는 뒤집히고 떠도는 사이이다. 군자는 이와 같이 인(仁)에서 떠날 수 없다. 어느 때 어느 곳에서나 인하지 않음이 없다." ○ 또 말했다. "인(仁)의 도는 지극히 커서 온전하게 체득하여〔全體〕 쉬지 않는 사람이 아니면 감당할 수 없다." 진씨(陳氏)가 말했습니다. "전체(全體)라고 한 것은 인(仁)의 전체를 가리키는 것이 아니라 실은 그것을 온전하게 체득하는 것이다." 채씨가 말했습니다. "전체란 천리(天理)가 가득 차서〔渾然〕 털끝만큼도 섞인 것이 없다는 것이다. 불식(不息)이란 천리가 작용하여 한 순간도 틈이 없다는 것이다." ○ 정자가 말했다. "알면 반드시 좋아하고, 좋아하면 반드시 추구하며, 추구하면 반드시 얻는다. 옛사람은 어떤 것을 배우면 죽을 때까지 그것을 일삼았다. 과연 넘어질 때나 급할 때에도 반드시 인을 어기지 않을 수 있다면 어찌 도리를 터득하지 못하겠는가?" ○ 섭씨가 말했다. "빨리 성취하려고 하지도 말고 중도에서 폐하지도 말고 부지런히 힘써서 죽은 뒤에 그만두어야 한다." ○ 맹자가 말했다.[45] "오곡은 씨앗 가운데에 좋은 것이지만 익지 않은 것은 가라지나 피〔稊稗〕만

---

44 『論語』「里仁」
45 『孟子』「告子 · 上」

도 못하다. 저 인(仁)도 또한 성숙함에 있을 뿐이다." 윤씨가 말했습니다. "날마다
새로워지고 그만두지 않으면 성숙해진다."

말에는 가르침이 있고 행동에는 법도가 있으며, 낮에는 하는 일이 있
고 밤에는 얻는 것이 있으며, 숨을 쉬는 데에 기르는 것이 있고 눈을
깜박거릴 때도 보존하는 것이 있다.

장자의 「정몽」입니다.[46]

섭씨가 말했다. "선왕의 바로잡는 말〔法言〕이 아니면 감히 말하지 않으니
말에 가르침이 있다. 선왕의 덕행이 아니면 감히 행동하지 않으니 행동에 법
도가 있다. 종일 부지런히 힘쓰니 낮에 하는 일이 있다. 야기(夜氣)[47]를 기르
는 것이니 밤에 얻는 것이 있다. 기운이 드나드는 것이 숨쉬는 것이니 숨을
한 번 쉬는 데에도 반드시 기르는 것이 있다. 눈을 떴다 감는 것이 눈을 깜박
거리는 것이니 눈을 한 번 깜박거리는 데에도 반드시 보존하는 것이 있다.
이것은 군자가 어디에서나 언제나 배우지 않음이 없다는 말이다."

이상은 바른 말과 돈독함의 효과를 말한 것입니다.

공자가 말했다. "싹〔苗〕이 터도 이삭〔秀〕이 패지 않는 것이 있고 이삭이
패어도 열매〔實〕를 맺지 못하는 것이 있다."

「논어」입니다. 아래도 같습니다.[48]

---

46 『張子全書』「正蒙·有德篇」
47 더럽지 않은 깨끗한 마음. 精氣를 회복할 때의 정신상태. 밤에 잠자리에 들려고 만상이 모두 그 소리를
숨길 무렵은 낮 동안의 邪念妄想도 자연히 모습을 감추고 정신이 저절로 맑아져서 화평을 보존한다. 맹자
는 그것을 夜氣라고 부르고, 그것을 存養하는 것을 수양법의 하나로 삼았다. 이 설은 宋儒에 이르러서 더
욱 깊어졌다. 李延平이 가장 힘을 쏟았다.
48 『論語』「子罕」

주자가 말했다. "곡식이 처음 생겨나는 것을 싹〔苗〕이라고 한다. 꽃이 나오는 것을 이삭〔秀〕이라고 한다. 곡식으로 여무는 것을 열매〔實〕라 한다. 배우고서도 이처럼 성취하지 못하는 경우가 있다. 이런 까닭에 군자는 스스로 힘쓰는 것을 귀하게 여긴다." ○ 남헌 장씨가 말했다. "싹을 기르는 사람이 때맞춰 김을 매고 북돋으며 곡식의 생리를 거스르지 않고, 비와 이슬이 축여 주어 밤낮으로 자라나 처음부터 끝까지 한결같아야 성숙할 수 있다. 돌보는 것을 버려두고 김매지 않거나 싹을 뽑아 올려 성장을 돕거나, 하루만 따뜻하게 하고 열흘은 춥게 하면 싹이 터도 이삭이 나오지 않고 이삭이 나와도 열매를 맺지 못한다. 공부도 이와 다를 것이 없다. 소질은 있으나 배우지 않는 것은 싹은 터도 이삭이 패지 않는 것과 같다. 배우기는 해도 자기 몸에 간직하지 못하는 것은 이삭이 패었으나 열매를 맺지 못하는 것이다."

재여(宰予)가 낮잠〔晝寢〕을 잤다. 공자가 말했다. "썩은 나무는 조각할 수 없고 썩은 흙담은 손질〔杇〕할 수 없다. 재여를〔予與〕 꾸짖어〔誅〕 무엇하겠는가?"[49]

주자가 말했다. "낮잠〔晝寢〕은 낮에 잠을 자는 것이다. 오(杇)는 흙손〔鏝〕이다. 그의 의지와 기운이 어리석고 나태하여 가르칠 수가 없다는 말이다. 여(與)는 어조사이고, 주(誅)는 꾸짖는 것〔責〕이다. 꾸짖을 필요가 없다는 말은 바로 심하게 꾸짖은 것이다." ○ 호씨(胡氏, 胡寅)가 말했다. "재여는 의지로 기운을 이끌지 못하고 안이하고〔居然〕 게을렀다. 이것은 편안함을 추구하는〔宴安〕 기운이 우세하고 경계하는 의지가 나태해진 것이다. 옛 성현은 게으르고 나태하고 함부로 편안함만 추구하는 것〔懈惰荒寧〕을 두렵게 여겨 부지런히 노력하고〔勤勵〕 쉬지 않고 스스로 힘쓰지 않은 적이 없었다. 이것이 공자가 재

<hr>

[49] 『論語』「公冶長」

여를 심하게 꾸짖은 까닭이다."

이상은 반대로 게으름의 폐단을 말한 것입니다.

　신이 생각건대, 군자의 학문은 성실과 독실뿐입니다. 임무는 무겁고 길은 머니 진보하지 않으면 바로 퇴보하는 것입니다. 성실하고 독실하지 않으면 어떻게 성공할 수 있겠습니까? 공자는 '어려운 일을 먼저 하고, 얻는 것을 나중에 한다.'[50]라고 하였습니다. 공부가 지극하면 반드시 효과를 얻을 수 있는데 어찌 미리 그 성공을 기약하겠습니까? 지금 사람들의 폐단은 먼저 얻으려는 데 있습니다. 오직 미리 기약만 하고 노력은 하지 않습니다. 그러므로 공부를 얼마 하지 않고서 이내 싫증을 내고 게으른 마음이 생깁니다. 배우는 사람은 누구에게나 이런 병폐가 있습니다. 먼 길을 가는 사람이 한 걸음에 목적지에 이를 수는 없습니다. 반드시 가까운 데서부터 점점 나아가야 합니다. 높은 데 오르는 사람이 단숨에 뛰어오를 수는 없습니다. 반드시 낮은 데서부터 점점 올라가야 합니다. 만약에 길을 잃어버리지 않고 날마다 과정을 정하여 순서에 따라 부지런히 힘써서 나아가기만 하고 물러나지 않는다면 아무리 먼 곳이라도 이를 수 있고 아무리 높은 곳이라도 오를 수 있을 것입니다. 사람의 감정에는 저마다 즐기는 것이 있지만 배움을 즐길 수 없는 것은 반드시 가리는 것이 있기 때문이니 가리는 것을 알아서 힘써 제거해야 합니다. 음악과 여자〔聲色〕에 가려졌으면 음악과 여자를 멀리하는 데 힘써야 합니다. 재화와 이익〔貨利〕에 가려졌으면 재화를 천하게 여기고 덕을 귀하게 여기도록 힘써야 합니다. 치우치고 개인적인 것〔偏私〕에 가려졌으면 자기를 버리고 남의 뜻을 따르는 데 힘써야 합니다. 가린 것이 있으면 어느 것이나 근본을 끊어버리도록 힘써야 합니다. 실제로 공부를 할 때는 쉽고

---

50 『論語』「雍也」

어려운 것을 따지지 말고 용기를 내어 힘써 나아가며, 어려움을 참고 받아들여 단연코 물러서지 않으면 공부의 상황이 처음에는 매우 험하고 막힌 것 같지만 나중에는 점차 조리가 밝아지며, 처음에는 매우 어수선하고 어지럽지만 나중에는 점차 정돈되어 체계가 잡힙니다. 처음에는 나아가기가 매우 힘들고 뻑뻑하지만 나중에는 점차 길이 뚫려서 쉬워질 것이며, 처음에는 매우 담담하지만 나중에는 점차 맛을 느낄 것입니다. 그리하여 반드시 감정의 표현에서 배움을 즐거움으로 삼는다면 온 세상의 모든 사물 가운데 이 배움보다 더 나은 것이 없을 것인데 어느 겨를에 외부의 것을 사모하여 배우는 일을 게을리 하고 늦추겠습니까? 안자는 이 때문에 그만두려고 해도 그만둘 수 없었던 것입니다. 유념하시기 바랍니다.

제13장 수기공효 (修己功效, 자기 수양의 효과)

신이 생각건대, 끝까지 공부를 해나가면 반드시 효험을 얻습니다. 그러므로 노력과 효과를 다음으로 들어서 앎과 행함을 겸비하고 겉과 속이 한결같아서 성인의 경지에 들어가는 상태를 다 논하였습니다.

『주역』에서 말했다. "오직 군자라야 온 세상 사람들의 의지를 통하게 할 수 있다."

「동인괘(同人卦) · 단사(彖辭)」입니다.

정자가 말했다. "온 세상 사람들의 의지는 천차만별이지만 이치는 하나이다. 군자는 이치에 밝기 때문에 온 세상 사람들의 의지를 통하게 할 수 있다. 성인이 수많은 사람들〔億兆〕의 마음을 한 사람의 마음〔一心〕같이 볼 수 있는 것은 이치에 통달했기 때문이다."

머물 곳[止]을 알아야 방향이 정해지고[定], 방향이 정해져야 고요해질[靜] 수 있으며, 고요해져야 편안하고[安], 편안해져야 사려[慮]할 수 있으며, 사려한 뒤에라야 얻을[得] 수 있다.

『대학』입니다.[51]

주자가 말했다. "머물 곳[止]이란 마땅히 머물러 있어야 할 곳이니 바로 지극한 선[至善]이 있는 곳이다. 머물 곳을 알면 의지의 방향이 정해진다. 옳고 그른 것이 명백하면 선을 향하고 악에서 등을 돌립니다. 고요함이란 마음이 함부로 움직이지 않는 것이다. 옳고 그름이 이미 정해지면 다른 옆 길로 마음이 움직이지 않아서 마음이 늘 편안하고 고요합니다. 편안하다는 것은 있는 곳에서 편안한 것이다. 나의 원칙과 법도[權度]를 바르게 하여 일에 대응하여 언제 어디에서라도 태연하지 않음이 없는 것입니다. 사려라는 것은 일처리가 정확하고 상세한 것이다. 사물이 닥쳐오면 모름지기 기미를 연구하고 처리할 것을 살피는 것입니다. 얻는 것은 머물 곳을 얻는 것이다." 실천하여서 지극히 선한 데 머물 수 있는 것입니다. ○ 또 말했다. "정해짐[定], 고요함[靜], 편안함[安]의 세 가지[三字]는 비록 차례가 나뉘었으나 서로 간의 거리는 멀지 않다. 다만 얕고 깊은 차이가 있을 뿐 실상은 머물 곳을 알아야 쉽게 나아갈 수 있다. 편안한 뒤에 사려할 수 있고, 사려한 뒤에 얻을 수 있다. 이것이 가장 나아가기 어려운 곳이다. 대부분 사람들은 편안한 상태에 이르러서 머물러버리고 만다." ○ 쌍봉 요씨가 말했다. "저울에 비유하자면, 머물 곳을 아는 것은 저울의 눈금[星兩]을 아는 것이다. 사려하는 것은 물건을 달려고 할 때 또 자세히 살피는 것이다. 얻을 수 있다는 것은 저울질해서 무게를 정확하게 아는 것이다. 정해짐, 고요함, 편안함은 일이 이르기 전이고, 사려는 일이 바야흐로 이를 즈음이다. 이 네 가지는 머물 곳을 알아서 얻는 데까지 이르는 맥락이다."

---

51 『大學』 經 1章

이상은 앎을 말미암아서 행함에 이르는 효험을 말한 것입니다.

○ 맹자가 말했다. "자신에게 돌이켜 보아서 성실하면 이보다 더 큰 즐거움이 없다."

『맹자』입니다.[52]

주자가 말했다. "임금과 신하 사이의 의리, 부모와 자식 사이의 친함 같은 도리는 본래 우리 몸에 갖추어져 있다. 성실하다는 것은 실제로 이 이치가 있다는 것이다. 자기 몸을 점검하여 정말로 흠이 없어서 임금을 섬길 때에는 충성을 다하고, 부모를 섬길 때는 참으로 효도를 다하여 어느 경우에나 다 당연히 해야 할 도리를 다하여 털끝만큼도 미진한 것이 없다면 우러러 하늘에 부끄럽지 않고 굽어서 사람들에게 부끄럽지 않아서 저절로 쾌활하게 될 것이다. 그러나 자기 몸에 돌이켜서 조금이라도 성실하지 못한 적이 있으면 마음속에서 부끄럽고 스스로 편안할 수가 없으니 어떻게 즐거울 수 있겠는가?" ○ 또 말했다. "자신에게 돌이켜 보아서 자기가 갖추고 있는 이치가 모두 악취를 싫어하고 미인을 좋아하는 것과 같이 참되다면 그의 행위가 억지로 노력하지 않아도 이롭지 않음이 없을 것이다. 그러니 그 즐거움이 이보다 큰 것이 무엇이겠는가."

공자가 말했다. "삼(參)아! 내 도는 하나로 꿰어져 있다〔貫〕." 증자가 대답했다. "예〔唯〕! 그렇습니다."

『논어』입니다.

주자가 말했다. "'삼아!'라고 한 것은 증자의 이름을 불러서 알려준 것이다.

---

52 『孟子』「盡心·上」

관(貫)이란 통하는 것이고, 유(唯)란 빨리 대답하여 의심을 하지 않는 것이다. 성인의 마음은 전체로 한 이치를 갖추고 있어서〔渾然一理〕널리 모든 상황에 적응하여 합당하지 않음이 없으니〔泛應曲當〕저마다 다른 상황에 알맞게 적용한다. 비유컨대, 하늘과 땅이 지극히 성실하여 쉬지 않기〔至誠無息〕때문에 모든 사물이 각각 제자리를 차지할 수 있는 것과 같다. 증자는 도를 적용할 때 이미 일에 따라 정밀하게 살펴 힘써 행하였다. 다만 도의 본체가 하나라는 것을 알지 못했을 뿐이다. 공자〔夫子〕는 증자가 착실하게 쌓고 오랫동안 힘써서 장차 터득하는 것이 있으리라는 것을 알고 불러서 알려준 것이다. 증자는 과연 그 가르침을 묵묵히 깨닫고 곧바로 대답하고 의심하지 않았다." ○ 또 말했다. "'하나'라는 것은 '한마음〔一心〕'이다. 꿰이는〔貫〕 것은 모든 일〔萬事〕이다. 다만 이 한마음의 이치가 온갖 이치〔衆理〕를 꿰고 있다." ○ 또 말했다. "'꿰이는 것'은 낱낱의 동전과 같고 '하나'라는 것은 노끈과 같다. 증자는 수많은 낱낱의 동전을 다 세었으나 노끈 한 가닥이 없었다. 공자는 이에 이 노끈을 그에게 준 것이다. 지금 동전은 한 닢도 없으면서 노끈 한 가닥만 놀린다면 장차 무엇을 꿰겠는가? 지금은 '하나'를 이해하지 못하는 것을 근심하지 말고 '꿰이는 것'을 이해하지 못하는 것을 근심해야 한다. 그러나 '꿰이는 것'을 이해했다고 해서 곧바로 '하나'를 이해했다고 할 수는 없다. 타고난 자질이 높은 사람은 불교나 도교로 흘러버리고, 낮은 사람은 흐리멍덩한 것〔鶻突〕이 되고 만다." ○ 연평 선생이 말했다. "배우는 사람은 모름지기 늘 가슴속을 환하게 터놓고 소탈하게〔通透灑落〕해야 한다." 주자가 말했다. "매우 좋은 말씀입니다. 대체로 이런 경지는 식견이 분명하고 함양이 순수하며 익어서 얻은 결과입니다. 진실하게 쌓고 노력해서 얻은 것이지 하루아침에 억지로 이끌어서 힘을 써서 얻은 것이 아닙니다."

이상은 행함으로 말미암아 앎에 이르는 효과를 말한 것입니다.

신이 생각건대, 앎과 행함은 비록 앞뒤로 나뉘지만 실제로는 한꺼번에 함께 나아갑니다. 이런 까닭에 앎으로 말미암아 행함에 이르는 사람도 있고 행함으로 말미암아 앎에 이르는 사람도 있습니다.

○ "군자는 안으로 살펴서 꺼림칙함[疚]이 없고, 뜻에 부끄러움이 없다. 군자에게서 남들이 미치지 못하는 점은 아마도 오직 남들이 보지 않는 곳에서 어떠한가 하는 점일 것이다."

『중용』입니다.[53]

주자가 말했다. "구(疚)는 병(病)이다. '뜻에 부끄러움이 없다.'라는 것은 마음에 부끄러움이 없다는 말과 같다." ○ 서산 진씨가 말했다. "사람의 마음은 지극히 신령하여 털끝만큼의 작은 일이라도 자기를 속이는 것이 있으면 반드시 마음이 만족할 수 없다. 이것이 이른바 꺼림칙한 것이며, 이것이 이른바 부끄러워하는 것이다. 오직 깊숙한 곳[幽]에 있으면서도 드러난 곳[顯]에 있는 것처럼 행동하고 혼자 있을 때조차도 남들과 같이 있는 것처럼 행동하며, 자신에게 돌이켜서 꺼림칙함이나 부끄러움이 없는 것이 군자가 남들보다 크게 뛰어난 점이며, 남들이 미치지 못하는 것이다."

부(富)는 집을 윤택하게 하고 덕은 몸을 윤택하게 한다. 마음이 넓고 몸이 편안하게 퍼진다[心廣體胖]. 그러므로 군자는 반드시 뜻을 성실하게 한다.

『대학』입니다.[54]

주자가 말했다. "반(胖)은 편안하게 퍼지는 것이다. 마음에 부끄러움이 없

---

53 『中庸』 33章
54 『大學』 傳 6章

으면 마음이 넓고 크며 너그럽고 평온하여 몸은 늘 펴지고 태연하게 된다. 덕이 몸을 윤택하게 하는 것이 그러하다. 선이 마음에 가득 차서 겉으로 드러나는 것이 이와 같다." ○ 정자가 말했다. "방구석〔屋漏〕에서도 부끄럽지 않다면 마음이 편안하고 몸이 펴진 것이다."

맹자가 말했다. "어짊·의로움·예절 바름·지혜로움이 마음에 뿌리를 두고서 모습으로 드러나는 것을 보면 깨끗하게〔睟然〕 얼굴에서 드러나고 등에 가득하며〔盎〕 온몸〔四體〕에서 표현된다. 그래서 온몸은 말을 하지 않아도 저절로 깨달아〔喩〕 어짊·의로움·예절 바름·지혜로움을 실천한다."

『맹자』입니다.[55]

주자가 말했다. "생(生)은 드러나 보이는 것이다. 수연(睟然)은 맑고 온화하며 윤택한 모습이다. 앙(盎)은 풍부하고 두터우며 가득 차서 넘친다는 뜻이다. 온몸에서 표현된다는 것은 동작과 위엄, 거동에서 드러난다는 것이다. 유(喩)는 깨닫는다〔曉〕는 것이다. 온몸이 말을 하지 않아도 깨닫는다는 것은 온몸이 내가 하는 말을 듣지 않고서도 저절로 내 뜻을 깨닫는다는 말이다. 사물에 대한 욕망〔物欲〕에 얽매이지 않으면 본성의 네 덕이 마음에 근본을 두게 되며, 쌓인 것이 성대하면 표현되어 밖으로 드러나 보이는 것이 말을 하지 않아도 따르지 않음이 없게 된다."

"음악은 안에서 움직이는 것이고, 예는 밖에서 움직이는 것이다. 음악은 조화를 끝까지 추구하고 예는 순종을 끝까지 추구한다. 안으로 조화를 이루고 밖으로 순종하면 백성은 그의 얼굴빛만 보고도 다투지

---

55 『孟子』「盡心·上」

않고 용모를 바라보기만 해도 소홀하거나 게으르지 않게 된다. 그러므로 덕이 안에서 빛나서 움직이면 백성은 누구나 그의 명령을 받들어 들으며, 이치가 밖으로 드러나면 백성은 누구나 받들어 순종한다. 그러므로 예와 음악의 도리를 끝까지 추구하여 그것을 적용하면 세상에 어려운 일이란 없다."

『예기』입니다.[56]

진씨가 말했다. "안에서 움직이면 마음을 다스릴 수 있고, 밖에서 움직이면 몸을 다스릴 수 있다. 조화와 순종을 끝까지 추구하면 잠깐 동안이라도 불화하고 순종하지 않는 것이 없을 것이다. 그러므로 이와 같이 사람과 사물을 감동시킬 수 있다."

이상은 속에서 말미암아 겉으로 이르는 효험을 말한 것입니다.

○ 맹자가 말했다. "바람직한 이를 선한 사람[善]이라 한다."

『맹자』입니다. 아래도 같습니다.[57]

주자가 말했다. "온 세상의 이치에서 선한 것은 바람직하고 악한 것은 미워할 만하다. 사람 됨됨이가 마음가짐, 일처리, 자신의 소행, 남을 대함에 모두 한결같이 바람직하여 미워할 수 없으면 선한 사람이라고 할 수 있다."

선을 제 몸에 지니고 있는 이를 믿음직한 사람[信]이라고 한다.

---

56 『禮記』「樂記」
57 『孟子』「盡心·上」

주자가 말했다. "이른바 선이란 것을 모두 실제로 지니고 있어서, 악취를 싫어하듯이 악을 싫어하고 미인을 좋아하듯이 선을 좋아하면 믿음직한 사람이라고 할 만하다. 선한 사람은 타고난 자질이 아름다운 사람도 있고 앎을 통해 선하게 되어서 힘써 사모하는 사람도 있는데, 반드시 참으로 그렇게 되어서 과연 잃어버리지 않는 것은 아니다. 반드시 오랫동안 힘써서 진실로 이러한 선을 자기 몸에 지녀 털끝만큼도 거짓된 뜻이 없어진 뒤에야 믿음직한 사람이라 할 수 있다."

충실한 이를 아름다운 사람[美]이라 한다.

주자가 말했다. "이미 그것을 믿으면 반드시 힘써서 행하고 굳게 지킨다. 이렇게 하여 그만두지 않으면 지니고 있는 선이 몸에 충족하고 가득 차서 비록 은미하고 복잡한 갖가지 상황에서도 역시 맑고 온화하고 순수하며 아름다워서 착하지 못한 것이 섞이지 않을 것이다. 이것이 이른바 아름다운 사람이다."

충실하여서 빛나는 이를 대인[大]이라 한다.

주자가 말했다. "온화하고 순한 것이 안에서 쌓여서 밖으로 활짝 피어나면 아름다움이 그 안에 있어서 온몸[四肢]에 가득 차며 사업에서 발휘되면 덕과 사업이 지극히 성대해져서 덧붙일 것이 없다." ○ 또 말했다. "아름다움은 안을 충실하게 할 뿐 반드시 밖으로 드러나는 것은 아니다. 또 이와 같이 끝없이 안을 충실하게 하면 안에서 충실해진 선이 가득 차고 넘쳐나서 막을 수 없게 된다. 그렇게 되면 아름다움이 몸에서는 얼굴을 맑고 온화하고 윤택하게 하며 등을 풍성하고 두텁게 하여 온몸에 표현된다. 일에서는 덕이 성대하고 인(仁)이 성숙하여 온 세상이 문화로 빛나게[文明] 된다. 이런 사람을 이른바 대인이라 한다."

대인이면서 저절로 변화[化]하는 이를 성인[聖]이라 하고, 성인이면서 알수 없는 이를 신인[神]이라 한다.

　주자가 말했다. "대인이면서 변화하여 자신의 위대한 점이 뒤섞여 다시볼 수 있는 자취가 없으면 생각하지 않고 힘쓰지 않아도 저절로 조용히 도에적중하는데 이것은 사람의 힘으로 할 수 있는 것이 아니다." ○ 또 말했다. "대인이면서 변화하지 못하면 그 위대한 것이 아직 몸[方體]과 형체의 자취[形迹]를 벗어나지 못한 것이다. 반드시 그 덕이 성대한 사람은 덕이 날마다 더욱 성대해지고 어짊이 성숙한 사람은 어짊이 날마다 더욱 성숙해진다면 앞에서 말한 위대한 것이 바야흐로 봄이 무르익어 얼음이 풀리듯 홀연히 자취가 없어져서 천지와 덕을 합하고 해와 달같이 밝으며 사계절과 질서를 합하고 귀신과 같이 길흉을 판단하게 될 것이다. 이러한 사람을 이른바 성인이라한다." ○ 정자가 말했다. "대인이면서 변화한다는 것은 다만 이치와 자기가하나가 되는 것이다. 아직 변화하지 못한 사람은 마치 사람이 자[尺度]를 들고 물건을 재는 것과 같지만 변화함에 이르면 자기가 곧 자가 된다." ○ 장자가 말했다. "대인이 되는 것은 가능하지만 변화하는 것은 불가능하다. 다만성숙해지는 것일 뿐이다." ○ 주자가 말했다. "성인에 이르면 도에 나아가고덕에 들어가는 공부가 끝에까지 이르러 여기에 더할 것이 없다. 이런 경지는성대한 덕과 지극한 선의 극치이며, 소리도 냄새도 없는 오묘한 것인데 반드시 귀로 들을 수도 눈으로 볼 수도 없으며 마음으로 생각하며 헤아릴 수 없는 점이 있다. 이러한 사람을 이른바 신인이라 하는데 성인 위에 따로 신인이 있는 것은 아니다. 바람직한 사람에서 대인에 이르기까지는 생각하고 힘써서 이를 수 있지만 성인과 신인에 이르러서는 생각하고 힘써서 이를 수 있는 것이 아니다. 그러나 끊임없이 생각하고 힘쓰지 않고서는 이를 수 없다."

이상은 앎과 행함, 겉과 속을 합하여서 얕은 데서 말미암아 깊은 데 이르러 궁극적으로 성인과 신인에까지 이르는 것을 말한 것입니다.

○ 선생께서는 네 가지를 완전히 끊어 없앴는데[絶], 개인적인 의도[意], 반드시 그렇게 하고자 기약함[必], 고집[固], 자기 위주[我]가 없었다[毋].
『논어』입니다. 아래도 같습니다.[58]

주자가 말했다. "절(絶)은 완전히 없앤 것이다. 무(毋)는 『사기(史記)』[59]에서 무(無)라고 한 것이 이것이다. 의(意)는 개인적인 의도[私意]이다. 필(必)은 반드시 그렇게 하겠다고 기약하는 것이다. 고(固)는 어떤 것을 고집하여 그것에 꽉 막힌 것이다. 아(我)는 자기 위주[私己]이다. 이 네 가지는 서로 처음과 끝이 된다. 개인적인 의도에서 시작하여 반드시 그렇게 하겠다고 기약하는 데서 진행되고 고집하는 데서 머물러 자기 위주에서 완성된다. 개인적인 의도와 반드시 그렇게 하겠다고 기약하는 것은 늘 사전에 있는 것이고, 고집하는 것과 자기 위주는 늘 사후에 있다." ○ 정자가 말했다. "여기서 무(毋)자는 금지하는 말이 아니다. 성인은 이 네 가지를 끊어버렸는데 금지하는 말이 무슨 쓸모가 있겠는가? 성인의 마음은 하늘과 하나이다." ○ 또 말했다. "성인의 마음은 밝은 거울, 고요한 물[明鏡止水]이다." ○ 장자가 말했다. "네 가지 가운데 하나라도 있으면 천지와 같아질 수 없다." 이 한 절은 성인의 마음을 말한 것입니다.

선생께서는 따뜻하면서도[溫] 엄숙하고[厲], 위엄이 있으면서도 사납지 않고, 공손하면서도 편안하였다.[60]

---

58 『論語』 「子罕」
59 『史記』 「孔子世家」
60 『論語』 「述而」

주자가 말했다. "여(厲)는 엄숙한 것이다. 사람의 덕성은 본래 갖추지 않은 것이 없으나 부여받은 기질이 치우치지 않는 사람이 드물다. 오직 성인은 전체적으로 혼연하여 음양과 덕이 합하기 때문에 이와 같이 중화(中和)의 기가 용모에서 나타난다." 이 한 절은 성인의 용모를 말한 것입니다.

군자는 움직이면[動] 대대로 온 세상의 도(道)가 되고 행하면 대대로 온 세상의 법도[法]가 되며 말을 하면 대대로 온 세상의 준칙[則]이 된다. 그가 멀리 있으면 우러러보고 가까이 있으면 싫어하지 않는다.

『중용』입니다. 아래도 같습니다.[61]

주자가 말했다. "움직인다[動]는 것은 말과 행동을 함께 말한 것이다. 도(道)는 법도와 준칙을 함께 말한 것이다. 법(法)은 법도(法度)이고 칙(則)은 준칙(準則)이다." ○ 진씨(陳氏)가 말했다. "멀리 있는 사람은 그의 덕의 혜택을 기뻐하기 때문에 바라고 사모하는 뜻이 있다. 가까이 있는 사람은 그의 떳떳한 행동에 익숙해져서 싫어하는 생각이 없다." 이 한 절은 성인의 말과 행동을 말한 것입니다.

오직 온 세상의 지극히 성실한 사람이라야 자기의 본성을 다 실현할 수 있다. 자기의 본성을 다 실현할 수 있으면 사람의 본성을 다 실현할 수 있다. 사람의 본성을 다 실현할 수 있으면 사물의 본성을 다 실현할 수 있다. 사물의 본성을 다 실현할 수 있으면 하늘과 땅의 조화와 생육[化育]을 도울[贊] 수 있다. 하늘과 땅의 조화와 생육을 도울 수 있으면 천지와 더불어 셋[參]이 된다.[62]

---

61 『中庸』 29章
62 『中庸』 22章

주자가 말했다. "온 세상에서 지극히 성실한 사람이라는 것은 성인의 성실한 덕에 온 세상의 어느 것도 덧붙일 것이 없다는 말이다. 자기의 본성을 다 실현하는 사람은 덕이 성실하지 않음이 없으므로 개인적인 인욕(人欲)이 없으며, 나에게 있는 천명을 살피고 천명으로 말미암아서 큰 것이나 작은 것이나 정밀한 것이나 조잡한 것이나 털끝만큼도 다하지 못함이 없는 것이다. 사람과 사물의 본성도 나의 본성과 같지만 부여받은 몸과 기질〔形氣〕이 다르기 때문에 차이가 있을 뿐이다. 다 발휘할 수 있다는 것은 앎에 밝지 않음이 없고 처함에 마땅하지 않음이 없다는 것이다. 찬(贊)은 돕는다는 것과 같다. 천지와 함께 셋이 된다는 것은 천지와 나란히 서서〔竝立〕셋이 되는 것이다.

이상은 성인과 신인에 관한 설에 이어서 성인의 도를 자세히 논한 것입니다.

신이 생각건대, 성인의 덕은 하늘과 하나가 되어 헤아릴 수 없이 신묘합니다. 비록 성인의 경지에 도달하기를 바랄 수 없는 것 같지만 참으로 공부를 쌓아 나가면 이르지 못할 사람이 없습니다. 사람이라면 모름지기 성인이 되려고 노력하지 않는 것을 근심해야지 성인이 될 수 없을까 봐 근심할 것은 없습니다. 요·순·주공·공자 같은 분은 나면서부터 선을 알고〔生知〕편안히 선을 행하였으므로〔安行〕점차 공부하여 나아간 일이 없었습니다. 탕왕과 무왕 아래로는 배워서 알았고〔學知〕이로움이 있기 때문에 행하였으며〔利行〕, 이미 본성으로 돌이킨〔反之〕공부가 있었습니다. 그 아래로는 애써 배워서 알고〔困知〕억지로 힘써서 행하였으나〔勉行〕공부를 이루어 성인이 되었다는 점에서는 모두 같았습니다. 사람들은 정명도(程明道, 程顥)가 혼연한 천부적 본성을 즐기는 것만 보고 사실은 그가 애써서 공부하는 것을 일삼았다는 것은 알지 못합니다. 또 주회암(朱晦菴, 朱熹)이 바다같이 넓고 하늘처럼 높은 것을 즐기는 것만 보고 그가 아주 작은 것〔銖〕을 하나하나 포개고 한치 한치〔寸〕쌓아올리는 것을 일삼았다는 것은 알지 못합니다. 그래서 그들의 길을 따라서 그들의 발자국을 밟고 울타리를 지나 문지방 안으로 들어가지 못하고 기껏해야 앞 사람의 가르침을 가져다가 입에 담는 정도일 뿐입니다. 이 때문에 법도[規矩] 가 눈앞에 있지만 훌륭히 배우는 사람이 세상에 나오지 않는 것입니다. 공자는, "내가 성인을 만나볼 수 없지만 군자라도 볼 수 있다면 좋겠다."라고 하였습니다.[63] 천부적으로 자질이 아름다운 성인은 본래 보통 사람으로서는 도달하기를 바랄 수 없으나, 군자라면 천부적인 자질이 아름다운 사람이건 그렇지 않은 사람이건 모두 배워서 도달할 수 있습니다. 그런데 성인을 볼 수 없는 까닭은 무엇입니까? 군자로서 끊임없이 나아가고 나아간다면 어찌 성인의 경지에 이르지 못하겠습니까? 처음에는 바람직한 선(善)에서부터 시작하여 마침내 천지와 셋이 되어 조화와 생육을 돕는 경지에 이르는 것은 앎을 쌓고 행실을 거듭하여 인(仁)에 익숙하게 되는 데 있을 뿐입니다. 성인과 현인이 큰 도를 분명하고 평탄하게 보여주었지만 이 길을 따르는 사람이 드무니 탄식을 하지 않을 수 없습니다. 아! 보통 사람[匹夫]이 공부할 때에도 천지와 셋이 되어 조화와 생육을 돕는 것을 표준[準的]으로 삼는데, 하물며 제왕이겠습니까? 옛날 제왕도 반드시 나면서부터 저절로 선했던 것은 아닙니다. 예를 들어, 태갑(太甲)은 법도[典刑]를 뒤집어 엎었으나 끝내 진실한 덕[允德]으로 끝마칠 수 있었으며, 성왕(成王)은 떠도는 말[流言]을 살피지 못했으나 끝내 상과 벌을 합당하게 시행하였습니다. 후대의 제왕은 모두 두 왕의 처음 실수를 경계로 삼을 줄은 알면서도 그 소행을 살펴보면 모두 두 왕에 미치지 못하는 것은 무슨 까닭입니까? 그것은 뜻을 겸손하게 하며 배움에 힘쓰지 않기 때문입니다. 대체로 제왕의 자질은 반드시 보통 사람들과 다른 데다가, 정신을 쏟아야 할 것은 많고 사물을 써야 할 것은 넓기 때문에 비록 나라를 망친 군주라 하더라도 재주와 뜻이 남들보다 뛰어난 사람이 많았습니다.

---

63 『論語』「述而」

오직 재주를 써서는 안 될 곳에 써서 도리어 재주에 얽매이고, 스스로 자신을 높여서 간하는 선비〔拂士〕를 두려워하지 않고 편안하게 스스로 오락에 빠지고 화와 복이 서로 기대어 있음을 생각지 못하고, 퇴폐하고 타락하여 스스로 한계를 긋고 떨쳐 일어나지 못하고, 날마다 비루해지며 다달이 더러워집니다. 그래서 작게는 자신은 위태롭고 나라는 쇠퇴하며 크게는 자신은 목숨을 잃고 나라가 망하게 되니 어찌 크게 두려워하지 않을 수 있겠습니까? 아! 온갖 선은 본성에 갖추어져 있기 때문에 밖에서 구할 필요가 없으며, 공부를 쌓는 것은 자신에게 달려 있기 때문에 남의 힘을 빌릴 필요가 없습니다. 세상을 건지고 백성을 사랑하는 것도 자신에게 달려 있는 것이어서 아무도 감히 막을 수 없습니다. 이러한데도 배움을 일삼아서 밝고 넓은 경지에 이르지 않고 욕심을 일삼아서 더럽고 낮은 데로 내려가기를 구하니, 아! 또한 생각지 않는 것이 심합니다. 엎드려 바라건대, 전하께서는 돌이켜 자신의 마음에서 찾아 이전의 성인을 바라고 사모하십시오. 위로는 하느님〔皇天〕과 조상〔祖宗〕이 내려준 책임을 생각하고, 아래로는 신하와 뭇 백성의 우러르는 바람을 좇으십시오. 성인의 학문〔聖學〕을 독실하게 믿고 성실하게 착수하여 차례에 따라 나아가십시오. 밤낮없이 부지런히 힘쓰면 반드시 고명하고 넓고 두터운 경지에 이를 것입니다. 자기를 수양하는 공부를 다 하여 이 세상이 요·순 같은 임금의 혜택을 입을 수 있게 한다면 오랜 세월 동안 매우 다행일 것입니다.

성학집요
5

$$\left[\ \text{제3절 정가}(正家,\ \text{집안을 바로잡음})\ \right]$$

모두 8장입니다.

신이 생각건대, 맹자는 "자기가 몸소 도를 행하지 않으면 아내와 자식에게도 도가 행해지지 않고, 도로써 사람을 다스리지 않으면 아내와 자식에게도 명령이 행해지지 못한다."[1]라고 하였습니다. 주자가 말했습니다. "자기가 도를 행하지 않는다는 것은 행동을 말한 것이다. 행해지지 않는다는 것은 아내와 자식이 도를 행하지 않는다는 말이다. 도로써 사람을 부리지 않는다는 것은 일을 말한 것이다. 행해지지 못한다는 것은 아내와 자식에게 영(令)이 행해지지 못한다는 말이다." 대체로 자기를 수양한 뒤에 집안을 바르게 할 수 있기 때문에 '정가'를 '수기' 다음에 두었습니다. 다음의 내용은 사람을 다스리는 도리에 관한 것입니다.

제1장 정가총론 (正家總論)

신이 생각건대, 집안을 바로잡는 데는 반드시 절차가 있습니다. 이제 그 대강을 논하여 첫머리에 밝힙니다.

온 세상을 다스리는 데 근본(本)이 있다는 것은 자신을 다스리는 것을 말하고, 온 세상을 다스리는 데 법도(則)가 있다는 것은 집안을 다스리는 것을 말한다. 근본은 반드시 단정해야 한다. 근본을 단정하게 하는 것은 마음을 성실하게 하는 것뿐이다. 법도는 반드시 선해야 한다. 법도를 선하게 하는 것은 친족을 화목하게 하는 것뿐이다.

주자(周子)의 『통서(通書)』입니다.[2]

---

1 『孟子』「盡心 · 下」
2 『通書』「家人睽復无妄」

주자가 말했다. "칙(則)은 본보기로 삼을 수 있는 대상[物]을 말하는데 속어로 칙례(則例, 법칙이나 조례), 칙양(則樣, 법도로 여기다)과 같은 것이다. 마음이 성실하지 않으면 자기 몸을 바르게 할 수 없고, 친족이 화목하지 않으면 집안을 가지런하게 할 수 없다."

자기 집안을 교화하지 못하면서 남을 교화할 수 있는 사람은 없다. 그러므로 군자는 집안을 나가지 않고서도 나라에 교화를 이룰 수 있다. 효도[孝]는 임금을 섬기는 원리이고, 공경[弟]은 어른을 섬기는 원리이며, 자애[慈]는 무리를 다스리는 원리이다.

『대학』입니다.[3]

주자가 말했다. "효도, 공경, 자애는 자신을 수양하여 집안을 교화하는 원리이다. 그러나 나라에서 임금을 섬기고 어른을 섬기며 무리를 다스리는 도리도 여기에서 벗어나지 않는다. 이것은 위로 집안이 가지런해지고 아래로 교화가 이루어지는 까닭이다."

『주역』에서 말했다. "부모가 부모답고, 자식이 자식답고, 형이 형답고, 아우가 아우답고, 남편이 남편답고, 아내가 아내다우면 집안의 도리가 바르게 된다. 집안을 바르게 하면 온 세상이 안정된다."

「가인괘(家人卦) · 단사(彖辭)」입니다.

정자가 말했다. "부모와 자식, 형과 아우, 남편과 아내가 저마다 저할 도리를 다하면 집안의 도리가 바르게 될 것이다. 한 집안의 도리를 미루어 나아가면 온 세상에 적용할 수 있다. 예부터 성왕(聖王)은 몸가짐을 공손하게

---

3 『大學』傳 9章

하고 집안을 바르게 하는 것을 근본으로 하지 않은 이가 없었다. 그러므로 집안의 도리가 지극하면 근심하거나 애쓰지 않아도 세상이 다스려진다."

인륜과 질서[倫理]를 바르게 하고 은혜와 의리를 두텁게 하는 것이 '가인(家人)'의 도이다.

정자의 『역전(易傳)』입니다.[4]

섭씨가 말했다. "인륜과 질서를 바르게 하면 높은 사람과 낮은 사람의 분수가 분명해지고, 은혜와 의리를 두텁게 하면 윗사람과 아랫사람의 감정이 서로 통한다. 이 두 가지가 함께 행해진 뒤에야 집안일을 처리하는 도리가 두터워질 것이다. 그러나 반드시 인륜과 질서를 바르게 하는 것을 먼저 해야 한다. 인륜과 질서가 바르지 않고서는 은혜와 의리를 두텁게 할 수 없다." ○ 주자가 말했다. "임금의 집안이 가지런해지면 온 세상이 다스려지지 않음이 없다. 임금의 집안이 가지런하지 않고서 온 세상을 다스렸던 적은 없었다. 이런 까닭에 정치를 잘했던 성스럽고 현명한 임금은 집안을 가지런히 하는 것을 근본으로 삼지 않은 이가 없었다. 남자는 밖에서 제자리[正位]를 잡고 여자는 안에서 제자리를 잡아 남편과 아내의 분별이 엄격한 것은 집안이 가지런한 것이다. 정실부인은 위에서 몸가짐을 가지런히 하고 첩은 아래에서 이어 받아 본처와 첩의 분별이 있는 것은 집안이 가지런한 것이다. 덕이 있는 사람을 가려 쓰고 음악과 여색을 경계하며 엄격하고 경건한 사람을 가까이하되 재주와 능력만 내세우는 사람을 멀리하는 것은 집안이 가지런한 것이다. 안에서 하는 말이 밖으로 새나가지 않고 밖에서 생긴 말이 안으로 들어오지 않으며, 뇌물[苞苴]을 주고받지 않고 청탁[請謁]이 행해지지 않는 것은 집안이 가지런한 것이다. 그러나 부부 사이의 사랑은 늘 의리를 덮곤 한다.

---

4 『伊川易傳』「家人」

이런 까닭에 비록 영웅의 재주를 가지고서도 오히려 술과 여자 때문에 곤란을 겪고 인정과 사랑에 빠져 자신을 극복하지 못하는 사람이 있다. 만일 마음을 바로잡고 몸을 닦아서 예의에 따라 행동하여 내 덕에 복종하고 내 위엄에 두려워하게 하지 않는다면 어떻게 후궁〔宮壺〕을 바로잡고 청탁을 막으며 인척(姻戚)을 단속하여 재앙과 어지러움이 싹트는 것을 막을 수 있겠는가?"

신이 생각건대, 집안을 바르게 하는 도리는 인륜과 질서를 바로잡고 은혜와 의리를 두텁게 하는 이 두 가지에서 벗어나지 않습니다. 다음 글에서는 이것을 미루어 설명합니다.

제2장 효경 (孝敬, 효도와 공경)

신이 생각건대, 효도는 모든 행실의 으뜸입니다. 그러므로 집안을 바로잡는 도는 효도와 공경을 가장 먼저 할 일로 삼습니다.

공자가 말했다. "몸이며 털이며 살갗은 부모에게서 받은 것이니 감히 훼손하거나 상하게 하지 않는 것이 효도의 시작이다. 입신(立身)하여 도를 행하여 후세에 이름을 떨쳐서 부모의 이름을 빛내는 것이 효도의 마지막이다. 효도란 부모를 섬기는 것에서 시작하여 임금을 섬기는 것을 거쳐 입신하는 것으로 끝난다."

『효경』입니다. 아래도 같습니다.[5]

오씨(吳氏)가 말했다. "자식의 몸은 부모가 물려준 것이니 스스로 아끼고 감히 훼손할 수 없다. 이것이 효도의 시작이 되는 까닭이다. 입신하여 도를

---

5 『孝經』「開宗明義章」

행하면 자기 이름을 후세에 떨치고 부모의 이름도 함께 빛난다. 이것이 효도의 마지막이 되는 까닭이다."

부모를 사랑하는 사람은 감히 남을 미워하지 않으며, 부모를 공경하는 사람은 감히 남에게 거만하게 굴지 않는다. 사랑과 공경이 부모를 섬기는 데서 다 발휘되고 덕과 교화가 백성에게 펼쳐져 온 누리에 본보기가 되는 것이 천자의 효도이다.[6]

진씨(眞氏)가 말했다. "효라는 것은 사랑과 공경에서 벗어나지 않을 뿐이다. 부모를 사랑하는 마음을 미루어 남을 사랑하되 싫어하거나 미워하지 않는다. 부모를 공경하는 마음을 미루어 남을 공경하되 거만하거나 업신여기지 않는다. 이렇게 하면 위에서 몸소 실천함으로써 덕과 교화가 아래에서 저절로 본보기가 되어 온 세상 사람이 부모를 사랑하고 공경하지 않는 이가 없다."

위에 있으면서 교만하지 않으면 높은 지위에 있어도 위태롭지 않고, 예절로 자신을 다스리고[制節] 법도를 잘 지키면[謹度] 가득 차도 넘치지 않는다. 이런 다음에야 사직을 보존할 수 있고 백성을 화합시킬 수 있다. 이것이 제후의 효도이다.[7]

진씨(陳氏)가 말했다. "제절(制節)은 예절로 자신을 제어하는 것이다. 근도(謹度)는 법도를 조심스럽게 지키는 것이다."

선왕(先王)이 제정한 복장[法服]이 아니면 감히 입지 않고, 선왕의 본받을

---

6 『孝經』 「天子章」
7 『孝經』 「諸侯章」

만한 말[法言]이 아니면 감히 말하지[道] 않고, 선왕의 덕행이 아니면 감히 행동하지 않는다. 이런 다음에야 조상의 사당[宗廟]을 보존할 수 있다. 이것이 경대부(卿大夫)의 효도이다.[8]

진씨가 말했다. "법(法)은 법도이다. 도(道)는 말하는 것이다. 종(宗)은 사람이 이곳에 모여서 제사 지낸다는 말이다. 경대부는 사당[廟]을 소유하므로 종묘를 보존한다고 하였다."

효도로 임금을 섬기면 충성이 되고, 공경으로 어른을 섬기면 순종이 된다. 충성과 순종을 잃어버리지 않고 그것으로써 위[上]를 섬긴 다음에야 제사를 지켜 나갈 수 있다. 이것이 선비[士]의 효도이다.[9]

진씨가 말했다. "부모를 섬기는 효도를 옮겨서 임금을 섬기면 충성이 된다. 부모를 섬기는 공경을 옮겨서 어른[君長]을 섬기면 순종이 된다. 위[上]는 바로 군주와 어른이다. 선비는 봉록으로 받은 토지[田祿]를 소유하고서 제사를 받들기 때문에 '제사를 지켜나간다[守祭祀].'라고 하였다."

하늘의 도에 의거하고[用天之道] 땅의 이익을 따르며[因地之利] 몸가짐을 조심하고[謹身] 씀씀이를 절약하여[節用] 부모를 봉양하는 것이 일반 백성[庶人]의 효도이다.[10]

오씨(吳氏)가 말했다. "하늘의 도에 의거한다는 것은 낳아서 기르고 거두어 들이며 갈무리하는[生長收藏] 자연의 법칙에 따라, 각각 때에 맞게 밭을

---

8 『孝經』「卿大夫章」
9 『孝經』「士章」
10 『孝經』「庶人章」

갈고 김을 매며 수확한다는 것이다. 땅의 이익을 따른다는 것은 기름지고 평평한 곳이나, 물가의 축축한 곳에 따라서 벼와 수수, 기장, 조와 같은 곡식을 토질에 맞게 심어 가꾸는 것이다. 몸가짐을 조심한다는 것은 몸가짐을 지켜서 함부로 행동하지 않는 것이다. 씀씀이를 절약한다는 것은 검소하게 쓰고 함부로 낭비하지 않는 것이다. 사람이 이렇게 할 수만 있으면 몸이 편안해지고 힘이 넉넉하여서 부모를 충분히 봉양할 수 있을 것이다."

그러므로 천자로부터 일반 백성에 이르기까지 처음부터 끝까지 효도를 잘하지 않았는데 환란이 미치지 않는 사람은 있지 않았다.

진씨(陳氏)가 말했다. "부모를 섬기면서 처음부터 끝까지 효도를 다하지 못하면 재앙이 자신에게 미칠 것은 필연적인 일이다."

효자가 부모를 섬길 때에는 평소에는[居] 공경[敬]을 다하고[致], 봉양할 때에는 즐거움을 다하고, 편찮으실 때에는 근심을 다하고, 돌아가시면 애통함을 다하고, 제사를 모실 때에는 엄숙함을 다한다. 이 다섯 가지를 다 갖추어야 부모를 섬길 수 있다.[11]

진씨가 말했다. "치(致)는 끝까지 다한다[極]는 것이다. 즐겁다는 것은 유쾌한 안색과 상냥한 모습을 말한다. 자식이 부모를 섬기는 마음이 처음부터 끝까지 털끝만큼도 다하지 않음이 없어야 효도라고 할 수 있다."

맹의자(孟懿子)가 효도에 대해 물었더니 공자가 "어김이 없는 것이다[無違]." 하고 대답하였다.

---

11 『孝經』「紀孝行章」

주자가 말했다. "어김이 없다는 것은 도리에 어긋나지 않는 것을 말한다."

번지(樊遲)가 공자를 모시고 수레를 몰 때, 공자가 그에게 말했다. "맹손(孟孫, 맹의자를 仲孫氏의 맏이란 뜻에서 이르는 말)이 나에게 효도에 대해 묻기에 내가 '어김이 없는 것이다.'라고 대답하였다."

주자가 말했다. "공자는 맹의자가 아직 깨닫지 못하고 묻지 않아서 가리키는 뜻을 알지 못한 채 부모의 영(令)을 따르는 것만을 효도로 여길까 봐 번지에게 말하여 깨우친 것이다."

번지가 말했다. "무엇을 말씀하시는 것입니까?" 공자가 말했다. "살아 계실 때에는 예로써 섬기고, 돌아가시면 예로써 장사 지내며, 예로써 제사 지내는 것이다."

주자가 말했다. "살아 계실 때 섬기고, 장사 지내며, 제사 지내는 것은 부모를 섬기는 일의 처음과 끝이 다 갖추어진 것이다. 예란 바로 이치[理]를 절도에 맞게 꾸민 것[節文]이다. 사람이 부모를 섬길 때 처음부터 끝까지 한결같이 예에 맞게 하고 구차하지 않으면 부모를 지극하게 존경하는 것이다." ○ 호씨(胡氏, 胡寅)가 말했다. "사람이 부모에게 효도하고자 하는 마음은 비록 끝이 없지만 분수에는 한계가 있다. 할 수 있는데도 하지 않는 것 구차하고 간략하며 검소하고 누추한 것을 말합니다. 과 할 수 없는데도 억지로 하는 것 사치하고 분수를 넘는 것을 말합니다. 이 모두 불효한 것이다. 이른바 예로써 한다는 것은

할 수 있는 것을 하는 것일 뿐이다."

이상은 부모를 섬기는 도리의 총론입니다.

○ 사람의 자식으로서 부모에게 지켜야 할 예(禮)는 겨울에 따뜻하게 해드리고[冬溫] 여름에 시원하게 해드리며[夏凊], 저녁에 잠자리를 봐드리고[昏定] 새벽에 문안 인사를 하며[晨省], 밖에 나갈 때 반드시 여쭙고 들어와 반드시 아뢰며, 노는 곳에 반드시 일정함이 있어야 하고 익힌 것은 반드시 일로 삼으며, 평소에 말을 할 때 자신이 늙었다는 말을 하지 않는다.

『예기』입니다. 아래도 같습니다.[13]

진씨(陳氏)가 말했다. "따뜻하게 하여 추위를 막고, 서늘하게 하여 시원하게 하며, 자리를 펴 드리고 안부를 살핀다. 밖에 나갈 때에는 나간다고 여쭙고 돌아와서는 돌아왔다고 아뢴다. 노는 곳에 일정함이 있다는 것은 몸이 다른 데 가지 않는 것이다. 익힌 것을 일로 삼는다는 것은 마음을 다른 데 쓰지 않는 것이다."

증자가 말했다. "효자가 노부모를 봉양할 때에는 마음을 즐겁게 해드리고 뜻을 어기지 않으며, 보고 듣는 것을 즐겁게 해드리고 잠자는 곳을 편안하게 해드리며, 음식을 정성껏[忠] 봉양한다."[14]

방씨(方氏)가 말했다. "물질로써 봉양하는 것은 몸[口體]만 봉양하는 데 그

---

13 『禮記』「曲禮·上」
14 『禮記』「內則」

칠 뿐이지만 정성[忠]으로써 봉양하면 부모의 뜻을 충분히 받들 수 있다."

이런 까닭에 부모가 사랑하는 것을 사랑하고, 부모가 존경하는 것을 존경한다. 개나 말에 대해서도 이렇게 하는데 하물며 사람이겠는가?.

오씨(吳氏)가 말했다. "효자가 사랑하고 공경하는 마음은 이르지 않는 곳이 없다. 그러므로 부모가 사랑하고 공경하는 것을 자기도 사랑하고 공경하는 것이다."

효자로서 부모를 깊이 사랑하는 사람은 반드시 온화한 기운이 있고, 온화한 기운이 있는 사람은 반드시 유쾌한 안색이 있으며, 유쾌한 안색이 있는 사람은 반드시 상냥한 모습을 지닌다. 효자는 부모를 섬길 때 옥을 잡듯이 하고 가득 찬 그릇을 받들 듯이 하며, 빈틈이 없고[洞洞] 거짓이 없어서[屬屬] 감당하지[勝] 못할 듯이 하며 장차 잃어버릴 듯이 한다. 엄숙하고 위엄 있으며 근엄하고 삼가는 것은 부모를 섬기는 방법이 아니다.[15]

진씨(陳氏)가 말했다. "동동(洞洞)은 겉과 속이 빈틈없이 공경하는 것이다. 촉촉(屬屬)은 성실하고 거짓이 없는 것이다. 승(勝)은 감당하는 것이다." ○ 진씨가 말했다. "온화한 기운, 유쾌한 안색, 상냥한 모습은 모두 사랑하는 마음이 표현된 것이다. 옥을 잡듯이, 가득 찬 그릇을 받들 듯이, 감당하지 못할 듯이, 장차 잃어버릴 듯이 하는 것은 모두 공경하는 마음을 보존하고 있는 것이다. 사랑과 공경이 함께 이르는 것이 바로 효자의 도리이다."

---

15 『禮記』「祭義」

소리가 없는 데서 듣고 모습이 없는 데서 본다.[16]

진씨가 말했다. "부모의 뜻을 먼저 알고 받드는 것이다." ○ 공씨(孔氏, 孔穎達)가 말했다. "마음으로 늘 상상하여 모습을 보고 음성을 듣는 것 같이 하는 것은 부모가 뭔가 나에게 시킬 일이 있을 것 같아서 그렇다는 말이다."

부모가 편찮으시면 성인[冠子]은 머리를 빗지 않고[不櫛], 길을 갈 때 팔을 내젓지 않으며[不翔], 말을 할 때 함부로 하지 않고[不惰], 금과 슬을 타지 않는다[不御]. 고기를 먹더라도 물릴 때까지 먹지 않으며, 술을 마시더라도 모습이 흐트러질 때까지 마시지 않는다. 웃더라도 잇몸[矧]을 드러내지 않고, 성내더라도 욕설[詈]을 하지 않는다. 병환이 나으면 그 전대로 행동한다.[17]

진씨가 말했다. "이것은 부모가 편찮으실 때 봉양하는 예(禮)를 말한 것이다. 빗질을 하지 않는 것은 꾸미지 않는 것이다. 팔을 내젓지 않는 것은 걷는 모습을 제대로 갖추지 않는 것이다. 말을 함부로 하지 않는 것은 다른 일을 언급하지 않는 것이다. 고기를 먹더라도 물리도록 실컷 먹어서 입맛이 변할 정도에는 이르지 않으며, 술을 마시더라도 얼큰하게 취해서 낯빛이 변할 지경까지 이르지 않을 뿐이다. 이뿌리가 있는 부분의 살[齒本]을 잇몸[矧]이라고 한다. 웃을 때 잇몸이 드러나는 것은 크게 웃는 것이다. 성이 나서 욕을 하는 것을 꾸짖는다[詈]고 한다. 성이 나서 꾸짖는 것은 심하게 성을 내는 것이다. 이는 모두 부모가 편찮은데도 근심을 잊어버린 행위이다. 그래서 경계하도록 한 것이다."

16 『禮記』「曲禮·上」
17 『禮記』「曲禮·上」

공자가 말했다. "부모를 섬길 때에는 은근히 간해야〔幾諫〕 한다. 만약 부모가 따르지 않으려는 뜻을 보이거든 더욱 공경하고 그 뜻을 어기지 말며, 여러 번 간하는 수고를 끼치더라도 원망하지 않는다."

『논어』입니다.[18]

주자가 말했다. "이 장은 『예기』「내칙(內則)」의 말씀과 서로 표리가 된다. 기(幾)는 은미한〔微〕 것이다. 은미하게 간한다는 것은 이른바 '부모에게 허물이 있으면 흥분을 가라앉히고 얼굴빛을 온화하게 하여 부드러운 소리로 말한다.'는 것이다. '이른바' 이하는 모두 「내칙」의 말씀입니다. 아래도 같습니다. 따르지 않으려는 뜻을 보이더라도 뜻〔志〕은 부모의 뜻입니다. 더욱 공경하고 어기지 않는다는 것은 이른바 '간하는 것을 받아들이지 않거든 더욱 공경하고 효도를 하여서 기뻐하거든 다시 간한다.'는 것이다. 수고를 끼치더라도 원망하지 않는다는 것은 이른바 '부모가 향당주려(鄕黨州閭)[19]에서 죄를 짓게 하기보다는 차라리 여러 번〔孰〕 익숙하다는 뜻의 숙(熟)과 같습니다. 간해야 한다.'는 것이다. 부모가 성을 내고 기뻐하지 않으며 종아리를 쳐서 피가 흐르더라도 감히 미워하고 원망하지 않으며 더욱 공경하고 효도하는 것이다."

공명의(公明儀)가 증자에게 물었다. "선생님만큼만 하면 효도를 한다고 할 수 있습니까?" 증자가 말했다. "그게 무슨 말인가? 무슨 말을 그렇게 하는가? 군자에게 이른바 효는 부모의 뜻을 먼저 따르고 의지를 이어받으며, 부모가 도를 깨닫도록〔諭〕 하는 것이다. 나〔參〕는 다만 봉양하는 사람일 뿐이다. 내가 어찌 효도를 한다고 할 수 있겠는가?"

『예기』입니다. 아래도 같습니다.[20]

---

18 『論語』「里仁」
19 행정구획의 단위로 향리와 지역사회를 이르는 말. 『聖學輯要』 원문에는 鄕黨州間으로 되어 있으나 『예기』의 원문에 따라 州閭로 고친다.

진씨(眞氏)가 말했다. "깨닫도록〔諭〕 한다는 것은 자세히 말씀을 아뢰고 비유를 들어서 일깨우는 것이다. 사람의 자식은 평소에 이치로써 부모님을 깨우쳐 부모님이 허물이 없는 경지에 이르도록 해야 한다. 마치 신하가 군주를 섬길 때 잘못된 마음을 바로잡아 도에 합당하도록 이끄는 것과 같다. 허물이 있음을 보고 나서 간하려고 하면 노력이 백배는 더 든다. 그러므로 군자는 오히려 그것을 어렵게 여긴다."

신이 생각건대, 자식의 효도에는 핵심적인 것〔精〕과 피상적인 것〔粗〕이 있습니다. 겨울에는 따뜻하게 해드리고, 여름에는 시원하게 해드리며 저녁에는 잠자리를 펴 드리고 아침에 문안하는 것 따위는 효도 가운데서도 피상적인 것입니다. 정성껏 봉양하고 사랑으로 공경하는 것이 효도의 핵심입니다. 유쾌한 얼굴빛과 부드러운 태도로 말씀을 하지 않아도 알아듣고 구체적으로 드러내지 않더라도 미리 아는 것은 핵심 중의 핵심입니다. 그러나 이런 것은 평소의 봉양을 말하는 것일 뿐입니다. 만약에 부모가 질병에 걸리면 마땅히 근심을 다하고, 부모가 과오를 저지르면 마땅히 여러 번 간하며 뜻을 미리 알아서 따르고 부모의 의지를 이어받아 부모가 도를 깨닫도록 해야만 지극한 효도가 됩니다. 피상적인 것에서 핵심적인 것으로 나아가는 차례는 이와 같습니다. 본래 핵심적인 것은 어렵고, 피상적인 것은 쉽지만 피상적인 것을 다해야 핵심적인 것도 다할 수 있습니다. 피상적인 것이 쉽다고 하여 소홀히 하거나 핵심적인 것이 어렵다고 하여 스스로 그만 두어서는 안 됩니다. 다음에 문왕·무왕·순임금〔虞舜〕의 일을 인용하여 실제 행적을 드러냈으니 유념하시기 바랍니다.

문왕은 세자로 있을 때 왕계(王季)에게 하루에 세 번씩 문안을 드렸다.

---

20 『禮記』「祭義」

첫닭이 울면 옷을 갖춰 입고 침실 문 앞으로 가 안뜰에서 당직[御]을 서는 내수(內竪)에게 "오늘은 안부가 어떠신가?" 하고 물어, 내수가 "편안하십니다." 하고 대답하면 문왕은 기뻐하였다. 한낮에도 가서 그렇게 하였고, 저녁[莫]에도 저녁 모(暮)입니다. 가서 그렇게 하였다.[21]

진씨(陳氏)가 말했다. "내수(內竪)는 안뜰[內庭]의 잔일을 보는 신하[小臣]이다. 어(御)는 그날의 당직이다. 세자가 부모에게 문안을 드리는 것은 아침, 저녁으로 두 번 하는 것이 예의지만 지금 문왕은 하루에 세 번씩 했으니 남보다 뛰어난 행실이다."

왕계가 조금이라도 불편해서 제때에 일어나지 않으면[不安節] 내수가 문왕에게 상황을 알렸다. 문왕은 곧 근심스러운 기색으로 발걸음도 제대로 걷지 못하고 허둥지둥 달려갔다. 왕계가 평소와 같이 음식을 먹을 수 있게 된 다음에야 문왕도 평상시처럼 행동했다. 음식을 올릴 때에는 반드시 뜨겁고 찬 정도가 알맞은가를 자세히 살펴보았고[在視], 음식상을 물리면 반드시 얼마나 잡수셨는지 물어보고 시중드는 사람[膳宰]에게 분부하였다. "남기신 음식을 다시[原] 올리지 마라[末]." 시중드는 사람이 "예, 알겠습니다." 하고 대답한 뒤에야 비로소 물러갔다.

진씨(陳氏)가 말했다. "재(在)는 살피는 것이다. 먹은 양을 묻는다는 것은 먹은 것이 많고 적은가를 묻는 것이다. 말(末)은 '하지 말라[勿]'는 것과 같다. 원(原)은 '다시[再]'를 뜻하니, 먹고 남은 음식을 다시 올려서는 안 된다는 말이다."

---

21 『禮記』「文王世子」

무왕(武王)이 이를 따라서 했는데, 감히 여기에 덧붙일 것이 없었다. 문왕이 앓으면 무왕은 갓을 벗거나 띠를 풀지 않고[不說] 탈(說)은 벗는다[脫]는 것입니다. 병구완을 하였다. 문왕이 한 술 뜨면 무왕도 한 술 뜨고, 문왕이 다시 한 술 뜨면 무왕도 다시 한 술을 떴다.

장씨(莊氏, 莊夏)가 말했다. "온 세상의 이치는 끝까지 실천하면 다시 덧붙일 것이 없다. 문왕이 부모를 섬길 때 어찌 털끝만큼이라도 다하지 못함이 있었겠는가? 사람이 먹고 마시는 음식은 거를 때도 있고 또 자주 먹을 수도 있지만 주리거나 배부른 데 따라 때에 맞게 할 뿐이다. 지금 무왕은 부모가 편찮으셔서 먹고 마시는 데에 뜻이 없었기 때문에 한 술을 뜨건 두 술을 뜨건 오직 부모가 하는 대로 따를 뿐 감히 평상시처럼 제 마음대로 하지 못하는 것이다."

순임금[虞舜]의 아버지는 성질이 완악하였고[頑], 어머니는 어리석었으며[嚚], 이복동생 상(象)은 오만하였다[傲]. 순임금은 효도로써 이들을 화목하게[諧] 하고, 점차 선으로 나아가게[烝] 하여 간악한 데 이르지 않도록 하였다.

「우서(虞書)·요전(堯典)」입니다.[22]

채씨가 말했다. "순의 아버지 이름이 고수(瞽叟)이다. 마음에 도덕과 의리[德義]의 법도[經]를 본받지 않는 것을 완악하다고 한다. 어머니는 순의 계모[後母]이다. 입으로 충직하고 믿음직한 말을 하지 않는 것을 어리석다고 한다. 상은 순의 배다른 아우[異母弟]의 이름이다. 오(傲)는 교만한 것이고, 해(諧)는 화목한 것이며, 증(烝)은 나아가는 것이다. 순은 불행하게도 이런 사람들

---

22 『書經』「虞書·堯典」

을 만났지만 효도로 화목하게 하여 점차 선으로 자신을 다스리게 하여 크게
간악한 데 이르지 않도록 하였다."

맹자가 말했다. "순이 부모 섬기는 도리를 다하여 고수가 기뻐하게 되
었다[底豫]. 고수가 기뻐하자 온 세상이 감화하였다. 고수같이 완고한
사람이 기뻐하게 되어서 온 세상의 부모와 자식 관계가 안정된 것을
큰 효도[大孝]라고 한다."

『맹자』입니다.[23]

주자가 말했다. "지(底)는 이른다[致]는 것이다. 예(豫)는 기뻐하고 즐거워
하는 것이다. 고수는 매우 완악하여 순을 죽이려고 한 적이 있었다. 그러나
순이 효도를 다하자 기뻐하기에 이르렀다. 『서경』에서 이른바 "간악한 데 이
르지 않고 또한 믿고 따랐다[允若]."[24]라고 한 것이 이것이다. 윤약(允若)은 믿고
따르는 것입니다. 순은 이런 상황에서도 부모에게 순종했다. 이 때문에 온 세상
의 자식들은 세상에는 섬기지 못할 부모가 없다는 것을 알았고, 자기가 부모
를 섬기는 것이 순이 하는 것만 못하다는 것을 반성하였다. 이에 힘껏 효도
를 하지 않는 사람이 없었고 부모들도 또한 기뻐하기에 이르렀으니 온 세상
의 부모들도 자식을 사랑하지 않는 사람이 없었다. 이것이 이른바 감화된 것
이다. 이른바 안정이라는 것은 자식이 효도하고 부모가 사랑하여 저마다 있
을 곳에 있으면서 그 자리를 편안히 여기지 않는 사람이 없다는 뜻이다. 그
의 효도는 온 세상에 본보기가 되고 후세에 전해져서 한 몸 한 집안에만 그
친 것이 아니었다. 이것이 큰 효도가 된 까닭이다." ○ 이씨(李氏, 李郁)가 말
했다. "순이 고수를 기뻐하게 할 수 있었던 것은 어버이 섬기는 도리를 다하

---

23 『孟子』「離婁·上」
24 『書經』「虞書·堯典」,「虞書·大禹謨」

여 자식의 직분을 공손히[共] 공손[恭]입니다. 다하고 부모의 잘못[非]은 생각하지 않았기 때문일 뿐이다. 예전에 나중소(羅仲素)가 '다만 세상에는 옳지 않은 부모란 없다.'라고 하였는데, 요옹(了翁)이 듣고 옳은 말이라고 하면서 '오직 이렇게 해야만 세상의 부모와 자식 관계가 안정된다. 신하가 임금을 시해하고 자식이 부모를 시해하는 것은 늘 옳지 않은 것을 보는 데서 비롯된다.'라고 하였다."

신이 생각건대, 문왕과 무왕은 정상적인 상황에서 처신했고 순은 변칙적인 상황에서 처신했습니다. 정상적인 상황에서 처신하는 것은 쉽고 변칙적인 상황에서 처신하는 것은 어렵습니다. 변칙적인 상황에 처해서 도리를 다한 뒤에야 큰 효도가 더욱더 드러나는 것입니다. 그러므로 순의 일로 끝을 맺습니다.

이상은 살아계실 때 섬기는 도리를 말한 것입니다.

공자가 말했다. "자식은 나서 삼 년이 지난 뒤에야 부모의 품[懷]을 벗어날 수 있다. 삼년상은 온 세상의 보편적인 상례[通喪]이다."

『논어』입니다.[25]

주자가 말했다. "품[懷]이란 품어 안는 것[抱]이다."

맹자가 말했다. "삼년상에는 천자에서 서민에 이르기까지 아랫단을 꿰맨 거친 베옷[齊疏]을 입고 죽[飦] 전(飦)은 죽(粥)이라는 전(饘)입니다.을 먹는다."

『맹자』입니다.[26]

---

25 『論語』「陽貨」
26 『孟子』「滕文公·上」

주자가 말했다. "자(齊)는 옷 아랫단을 꿰맨 것이다. 아랫단의 솔기를 꿰매지 않은 상복을 참최(斬衰)라 하고, 꿰맨 것을 자최(齊衰)라고 한다. 소(疏)는 거칠다〔麤〕는 말인데, 올이 굵고 거친 베〔麤布〕이다. 전(飦)은 된죽〔糜〕이다. 상례에는 사흘 만에 비로소 죽을 먹고 장례를 마치고 나서야 소식(疏食)을 한다. 이것은 옛날부터 지금까지 귀한 사람이건 천한 사람이건 누구에게나 통용되는 예이다." ○『예기』에서 말했다.[27] "상처〔創〕가 크면 아무는 데 여러 날이 걸리고 아픔이 심하면 낫는 것도 더디다. 상을 삼 년으로 한 것은 정을 헤아려서 예법으로 정한 것〔立文〕이다. 애통이 다 가시지 않고 사모하는 정을 아직 잊을 수 없으나 상복 입는 기간을 이것으로 끊은 것은 죽은 이를 보내는 일에는 끝이 있고 살아 있는 사람이 일상으로 돌아오는 데에는 절도가 있기 때문이 아니겠는가? 하늘과 땅 사이에서 살아가는 것 가운데 혈기(血氣)를 가진 무리〔屬〕들은 반드시 지각〔知〕이 있고, 지각이 있는 무리들은 자기 피붙이〔類〕를 사랑할 줄 모르는 것이 없다. 지금 큰 새나 짐승도 무리나 짝〔群匹〕을 잃으면 달을 넘기고 시간이 흘러도 반드시 돌아와 둘레를 돌며, 태어나 살던 곳〔故鄕〕을 지날 때에는 그 자리를 맴돌고, 울부짖으며, 발을 구르고, 주춤거리며, 아쉬운 듯 되돌아오곤 하다가 마침내 떠나간다. 제비나 참새 같은 작은 짐승들도 잠깐 동안이라도 슬피 울어 지저귀다가 떠나간다. 본래 혈기를 가진 무리 가운데 사람보다 더 지각이 있는 것은 없다. 그러므로 사람은 죽을 때까지 부모에 대한 그리움이 다하지 않는 것이다. 간사하고 음란한 사람들 같으면 아침에 부모가 돌아가셔도 저녁이면 잊어버린다. 그런데 이런 사람들의 행실을 따른다면 고작 짐승〔鳥獸〕만도 못한 사람이 된다. 이런 사람들이 무리를 지어 산다면 어찌 예를 어지럽히지 않을 수 있겠는가? 몸가짐을 닦고 조심하는〔修飾〕 군자는 25개월이면 끝나는 삼년상을 네 마리 말이 끄는 마차〔駟〕가 지나가는 것을 문틈으로 보듯 빠르게 여길 것이다. 그런

---

27 『禮記』「三年問」

데 이런 군자들의 애통한 마음을 흡족하게 한다면 상기(喪期, 상복을 입는 기간)
가 아무리 길어도 한이 없을 것이다. 그러므로 선왕은 중도를 세우고 절도를
제정하여 누구에게나 한결같이 충분히 정리를 다 표현하게〔文理〕 한 다음 상
복을 벗도록 하였다."

자사(子思)가 말했다. "죽은 지 사흘째 되는 날 염〔殮〕을 하는데, 후회가
없도록 시신〔身〕에 갖추어야 할〔附〕 모든 것을 반드시 정성껏 진실하게
갖추어야 한다. 석 달째 되는 날 장사를 지내는 데, 후회가 없도록 관
에 갖추어야 할 모든 것을 정성껏 진실하게 갖추어야 한다."[28]

『예기』입니다. 아래도 같습니다. ○ 자사의 말은 여기까지입니다.

진씨(陳氏)가 말했다. "시신에 갖출 것이란 염습에 필요한 겉옷이나 이불
과 같은 도구이다. 관에 갖출 것이란 함께 묻을 명기(明器, 시신과 함께 묻는
여러가지 기물)와 용기(用器)의 종류이다." ○ 금화 응씨(金華應氏)가 말했다.
"관에 갖출 것이란 묏자리〔宅兆〕를 정하고〔卜〕 봉분〔丘封〕을 만들어 흙을 돋
운 다음 나무를 심는〔壤樹〕 일 따위를 모두 말하는 것이지 단지 함께 묻는 명
기붙이만은 아니다."

신이 생각건대, 천자는 이레 만에 염을 하고 일곱 달째 되는 날에 장사를
지내고, 제후는 닷새 만에 염을 하고 다섯 달째 되는 날에 장사를 지냅니다.
앞에서 말한 것은 대부의 예입니다. 천자와 제후의 예법도 이것을 미루어 보
면 알 수 있습니다.

정자가 말했다. "묏자리를 정한다는 것은 묘를 쓸 자리가 좋은가 나쁜가

---

28 『禮記』「檀弓」

를 살펴서 정하는 것이다. 자리가 좋으면 신령이 편안하여 자손이 번성한다. 그런데 무엇을 근거로 자리가 좋다고 하는가? 흙빛이 윤이 나고 풀과 나무가 우거진 것을 보면 알 수 있다. 그러나 금기에 얽매이는 사람은 미혹되어 묏자리의 방위를 가리고 길흉에 따라 날을 결정하며, 심한 사람은 조상을 받들기 위해 산소를 잘 쓰려는 것이 아니라 오로지 후손이 복을 받기 위한 것만 고려하는데, 이런 태도는 더욱 조상을 편안히 모시려는 효자의 마음 씀씀이가 아니다. 오로지 염려되는 다섯 가지를 조심하지 않으면 안 되는데 그것은 뒷날 길이 나거나, 성곽을 쌓거나, 도랑이나 못을 팔 가능성이 있거나, 귀족이나 세도가에게 빼앗길 가능성이 있거나, 농지가 될 가능성이 있거나 하지만 않으면 된다.”

신이 생각건대, 명당이란 오직 바람을 간직하고〔藏風〕양지바른 곳으로 흙이 두텁고 물이 땅속 깊이 있는 곳이면 됩니다. 방위나 수파(水破)[29]와 같은 풍수설과는 관계가 없습니다. 오늘날 묏자리를 가리는 사람은 지세(地勢)와 관련된 책만 믿고 널리 찾아다니다가 자리를 정하지 못하여 오랫동안 부모를 장례 지내지 못하는 경우가 있으니 참으로 미혹한 사람입니다. 나라에서 임금의 현궁〔玄宮, 임금의 재궁(梓宮)을 묻는 광(壙)〕을 조성할 때 반드시 새로운 자리를 가려서 정한다면 임금의 대수가 오래 이어질 경우 경기 지역〔畿甸〕안의 땅은 모두 산과 숲이 되고 짐승의 소굴이 되고 말 것이니 계승할 만한 방법이 아닙니다. 중국〔中朝〕에서는 역대 임금의 의관(衣冠)을 묻는 장소로 산 하나를 정해두고 대대로 끝없이 전승하는데, 이것은 본받을 만합니다.

처음 돌아가시면 마음이 그득하여〔充充〕마치 꽉 막힌 것〔窮〕같다. 염을

---

29 풍수설에서 穴, 內神, 內明堂의 양측으로부터 흘러내리는 水流의 발원처를 得이라 하고, 得이 靑龍과 白虎와 拱抱하는 곳, 곧 明堂의 바깥쪽으로 빠져나가는 곳을 破, 또는 水口라고 한다.

하면 놀라고 가슴이 마구 두근거려서〔瞿瞿〕 마치 간절히 구하는 것을 얻지 못한 것 같다. 장사를 지내고 나면 허둥지둥 겨를이 없어서〔皇皇〕 마치 바라보고서도 이르지 못하는 것 같다. 연복(練服, 소상을 치를 때 입는 상복)으로 갈아입고 소상을 지내면 탄식이 나오고 대상〔祥〕을 지내면 텅 빈 것 같다.

『소(疏)』[30]에서 말했다. "일이 다하고 이치가 막힌 것을 궁(窮)이라 한다. 부모가 세상을 떠나면 효자는 처음에 땅에 엎드려 소리 내어 울며 마음이 답답하고 몸은 움츠려져 마치 급히 길을 가다가 길이 막혀서 다시 갈 곳이 없는 궁박한 모습과 같다. 구구(瞿瞿)는 눈으로 빨리 바라보는 모습인데, 마치 잃은 것이 있어서 찾으려고 하지만 찾지 못하는 것과 같다. 황황(皇皇)은 마음이 불안하여 허둥지둥하는〔棲棲〕 것과 같다. 부모가 세상을 떠나 풀과 흙에 덮였으니 효자의 마음이 의지할 곳이 없는 것이 마치 부모가 돌아오기를 바라나 오지 않는 것과 같다. 소상(小祥)이 되면 세월이 말 달리듯 빠른 것을 탄식할 뿐이며, 대상(大祥)이 되면 감정과 생각이 쓸쓸하고 텅 빈 것 같아서 즐겁지 않을 뿐이다."

자로(子路)가 말했다. "나는 선생님께 이런 말씀을 들었다. '상례는 슬픔이 부족한 채 예법만 잘 갖추는 것보다 예법은 모자라더라도 슬픔이 충분히 표현되는 것이 낫다. 제례는 경건이 부족한 채 예법만 잘 갖추는 것보다 예법은 모자라더라도 경건을 충분히 표현하는 것이 낫다.'"[31]

진씨(陳氏)가 말했다. "예법은 알고 있어도 재물이 없으면 예법이 부족할

---

30 『禮記正義』「檀弓」
31 『禮記』「檀弓」

수도 있다. 그러나 슬픔과 경건은 자신이 다 표현할 수 있는 것이다."

이상은 부모가 세상을 떠난 뒤 장사 지내는 도리를 말한 것입니다.

제사는 자주 지내려고 해서는 안 된다. 자주 지내면 번거롭게 되고, 번거로우면 경건하지 않게 된다. 제사는 또 드문드문 지내서도 안 된다. 드문드문 지내면 태만하게 되고, 태만하면 잊어버린다. 그러므로 군자는 자연의 질서[天道]에 맞추어서 봄에는 체제(禘祭, 제사는 봄·여름·가을·겨울에 따라 약제(禴祭)·체제(禘祭)·상제(嘗祭)·증제(蒸祭)라고 함)를 체(禘)는 약(禴)으로 써야 합니다. 지내고 가을에는 상제(嘗祭)를 지낸다. 군자는 가을이 되어 내린 이슬과 서리를 밟으면 반드시 구슬프고 처량한[悽] 마음이 생기는데 이것은 추워서 그런 것이 아니며, 봄에 촉촉이 적시는 비나 이슬을 맞으면 군자는 반드시 두렵고 삼가는[怵惕] 마음이 생기는데 마치 부모를 뵐 것 같은 느낌이 든다.

『예기』입니다. 아래도 같습니다.[32]

보씨(輔氏)가 말했다. "군자는 죽을 때까지 부모를 잊지 못한다. 그러므로 철이 바뀌어 눈앞에 다른 것이 보이면 마음에 느끼는 바가 있다."

안으로 치재(致齋)를 하여 마음을 가다듬고, 밖으로 산재(散齋)를 하여 행동을 삼가는데, 재계하는 날에는 그분[其]의 거처를 생각하고 웃고 말씀하시던 것을 생각하며, 의지와 뜻을 생각하고 즐기던 것을 생각하며, 즐겨 잡수시던 것을 생각한다. 사흘 재계를 하면 재계의 대상[所爲]을 보는 것 같다.

---

32 『禮記』「祭義」

진씨(陳氏)가 말했다. "안으로 치재를 한다는 것은 마음에 구차한 생각을 하지 않는 것 따위이다. 밖으로 산재를 한다는 것은 술을 마시지 않고 향이 진한 채소를 먹지 않는 것 따위이다." ○ 『소(疏)』에서[33] 말했다. "먼저 대략적인 것을 생각하고 점차 자세한 것을 생각한다. 그러므로 거처를 먼저 생각하고 즐기던 것과 즐겨 잡수시던 것을 나중에 생각하는 것이다." ○ 진씨가 말했다. "그[其] 이하의 다섯 글자와 아래의 소위(所爲)는 모두 부모를 가리킨 말이다." ○ 비릉 모용씨(毗陵慕容氏)가 말했다. "마음이 하는 일은 생각하는 것이다. 지극하게 생각하면 이르지 못할 것이 없다. 이 생각 저 생각 하지 않고 한결같이 제사 지내는 데에만 생각을 집중하기 때문에 형태가 없는 것 가운데서도 보면 보이는 것이 있고 소리가 없는 것 가운데서도 들으면 들리는 것이 있다. 이것은 모두 생각함으로써 가능한 일이다. 부모는 한 번 가시면 돌아올 수 없기 때문에 부모의 거처, 웃음과 말씀, 의지와 뜻, 즐기던 것과 잡수시던 것은 모두 실제로 있는 것이 아닌데 어찌 몸으로 접할 수 있겠는가? 지극하게 생각하여 충분히 그것과 통하는 것이다. 사흘 재계를 하면 재계하는 대상을 볼 수 있다는 것은 지극하게 생각하면 마치 계시는 것을 본 듯하다는 것이니, 이는 '은미한 것이 드러나는 것으로서 정성[誠]을 가릴 수 없음이 이와 같다.'[34]는 것을 말한 것이다."

제사 지내는 날 방[室]에 들어가면 그 자리에 어렴풋이[優然] 계시는 모습이 보이고, 빙 돌아서[周還] 선(還)은 도는 것[旋]입니다. 문을 나서면 숙연(肅然)히 거동하시는 소리[容聲]가 들리며, 문을 나가서 들어보면 개연히 탄식하시는 소리가 반드시 들린다.

진씨(陳氏)가 말했다. "방에 들어간다는 것은 사당의 재실[廟室]에 들어가

---

33 『禮記正義』「祭義」
34 『中庸』 16章

는 것이다. 애연(優然)은 아주 비슷한 모습이다. 숙연은 경계하고 삼가는 모습이다. 용성(容聲)은 거동과 몸가짐의 소리이다."

그러므로 선왕의 효도는 다음과 같다. 눈으로는 부모의 안색을 잊어버리지 않고, 귀로는 음성이 끊이지 않으며, 마음으로는 부모의 마음과 뜻은 물론 즐기던 것과 바라던 것을 잊어버리지 않았다. 사랑을 다하면 그곳에 계시고[存], 정성을 다하면 곧 나타나 계신다[著]. 나타나시고 계시는 것을 마음에서 잊을 수 없는데 어찌 공경하지 않을 수 있겠는가?

엄릉 방씨(嚴陵方氏)가 말했다. "눈으로는 안색을 잊어버리지 않는다 함은 늘 얼굴을 직접 뵙는 것 같다는 것이다. 귀로는 음성이 끊이지 않는다 함은 늘 분부를 듣는 것 같다는 것이다." ○ 진씨가 말했다. "정성을 다한다는 것은 정성을 끝까지 다하는 것이다. 계신다[存]는 것은 윗글의 세 가지 잊지 못함을 말한 것이고, 나타난다[著]는 것은 윗글의 그 자리에 계시는 것이 보인다고 한 것 아래의 세 가지를 말한 것이다."

『시경』에서 말했다. "우리 돌아가신 할아버지[皇祖]께서 뜰에 오르내리던 모습을 생각하여, 어린 후손[小子]인 나는 아침 일찍부터 밤늦게까지 경건을 유지한다."

「주송(周頌)·민여소자(閔予小子)」입니다.

주자가 말했다. "돌아가신 할아버지는 문왕이다. 이 시는 성왕(成王) 때의 시입니다. 문왕을 생각하여 늘 뜰에서 오르내리는 것을 보는 듯이 했다는 무왕의 효도를 말한 것이다. 이른바[35] '담장에서도 요(堯)를 보고, 국[羹]에서도 요

---

35 『後漢書』「李固傳」

를 본다.'라고 한 것과 같다."

또 말했다. "탕 임금의 손자가 음악을 연주하여 죽은 할아버지 앞에 이르니〔假 이른다는 격(格)입니다. 우리를 편안히〔綏〕 하심은 우리가 간절히 생각하여 할아버지가 사람의 모습을 갖추었음이라〔思成〕."

「상송(商頌)·나(那)」입니다.[36]

주자가 말했다. "수(綏)는 편안히 하는 것이다. 간절히 생각하니 사람의 모습을 갖추었다〔思成〕는 것에 대해 정씨(鄭氏)는 '우리가 간절히 생각하여 사람의 모습을 갖추셔서 우리를 편안하게 하셨다는 것이니, 이는 신명이 내려와 이른 것을 말한다.'라고 하였다. 재계하여 그분을 생각하고 제사를 지내어 마치 그분을 보고 그분의 음성을 듣는 듯이 한다면 그분을 구체적인 형태를 갖춘 사람으로 여길 수 있다."

이상은 제사 지내는 도리를 말한 것입니다.

신이 생각건대, 제사는 먼저 정성〔誠〕과 경건〔敬〕을 주로 삼아야 하며 번거롭게 자주 지내는 것을 예(禮)로 삼아서는 안 됩니다. 그러므로 주(周)의 제도에 종묘의 제사는 월제(月祭) 한 달에 한 번 제사 지내는 것입니다. 에 그쳤고, 부열(傅說)은 번거롭게 자주 지내어서 제사를 모독하는 것〔黷祭〕은 경건하지 않은 일이라고 고종(高宗)에게 경계했습니다. 후세에 원묘(原廟, 정묘 외에 거듭 지은 종묘)를 설치한 것도 이미 예법의 의도에서 벗어난 것인데, 향사(享祀, 제사의 다른 이름)는 날마다 지낼 정도로 번거롭게 되어서 유사(有司, 전통 사회의 자생적 모임에서 사무를 맡은 직책의 이름)는 지치고 귀찮게 여겨 정성과

---

36 『詩經』「商頌·那」

경건이 모두 결핍되었으니 예법이 번거롭고 어지럽다고 할 수 있습니다. 성스러운 임금이 반드시 효도를 깊이 깨달아 옛 예법을 힘써 회복하셔야만 제사의 법도〔祀典〕를 바로잡을 수 있을 것입니다.”

공자가 말했다. “부모는 자식이 병에 걸리는 것만 걱정한다.”

『논어』입니다.[37]

주자가 말했다. “부모가 자식을 사랑하는 마음은 지극하지 않은 것이 없다. 오직 병에 걸릴까 걱정하여 늘 조심한다. 사람의 자식이 이런 점을 몸으로 터득하여 부모의 마음을 자기 마음으로 삼는다면 몸가짐을 지키는 모든 방법을 스스로 삼가지 않을 수 없을 것이니 어찌 효도를 하지 않겠는가?”

부모를 섬기는 사람이 위에 있을 때에는 교만하지 않고, 아랫사람이 되어서는 소란을 피우지 않으며, 같은 무리〔醜〕와 함께 할 때에는 다투지 않는다. 위에 있으면서 교만하면 몸을 망치고, 아랫사람이 되어서 소란을 피우면 형벌을 받으며, 같은 무리와 함께 하면서 다투면 칼부림〔兵〕이 일어난다. 이 세 가지를 없애지 않고서는 날마다 세 가지 짐승의 고기〔三牲〕로 봉양을 한다 하더라도 오히려 불효한 것이 된다.

『효경』입니다.[38]

진씨(陳氏)가 말했다. “추(醜)는 같은 무리이다. 병(兵)은 칼을 가지고 서로 찌르는 것이다. 세 가지 짐승은 소, 양, 돼지이다. 세 가지를 없애지 않으면 재앙이 장차 부모에게까지 미칠 것이니, 이것은 큰 불효이다. 음식으로 몸만

---

37 『論語』「爲政」
38 『孝經』「紀孝行章」

받든다면 어찌 충분히 불효의 죄를 씻을 수 있겠는가?"

증자가 말했다. "내 몸은 부모가 물려주신 것[遺體]이다. 부모가 물려주신 몸을 받드는 데[行] 감히 경건하지 않을 수 있겠는가? 일상생활에 장중하지 않으면 효가 아니고 군주를 섬기는 데 충성스럽지 않으면 효가 아니며, 관직에 임해서 경건하지 않으면 효가 아니고 벗들 사이에 믿음이 없으면 효가 아니며, 전쟁터에 나아가서 용기가 없으면 효가 아니다. 이 다섯 가지를 잘 수행하지 않으면 재앙이 부모에게 미치니 감히 경건하지 않을 수 있겠는가?"

『예기』입니다. 아래도 같습니다.[39]

오씨(吳氏)가 말했다. "행(行)은 받드는 것[奉]과 같다. 어떤 사람이 부모가 물려주신 몸을 받든다고 하면서 '전쟁터에 나가 용기가 없는 것'을 말한 까닭은 무엇인가 하고 의아하게 여겼는데 대체로 자신을 죽여서 인(仁)을 이루면 효는 그 가운데 있는 것이다."

나무는 적당한 때에 잘라야 하고, 짐승[禽獸]은 적당한 때에 잡아야 한다. 공자는 "나무 한 그루를 자르고 짐승 한 마리를 잡더라도 적당한 때를 가리지 않으면 효가 아니다."라고 말했다.

맹자가 말했다.[40] "군자는 부모를 친애함으로써 백성을 사랑하고 백성을 사랑함으로써 만물을 아낀다."

---

39 『禮記』「祭義」
40 『孟子』「盡心·上」

증자가 병이 들어 제자[門弟子]들을 불러서 말했다. "내 발을 걷어보고[啓] 내 손을 걷어보아라. 『시경』에 이르기를 '두려워하고 두려워하며 조심하고 조심한다. 깊은 못가에 간 듯, 살얼음을 밟듯'이라고 하였다. 그런데 이제는 이와 같은 조심에서 벗어나게 되었구나, 얘들아!"

『논어』입니다.[41]

주자가 말했다. "계(啓)는 연다는 것이다. 증자는 평소 몸을 부모에게서 받은 것으로 여겨 감히 훼손할 수 없다고 생각하였기 때문에 병석에서 제자들에게 이불을 들쳐 보게 하여 자기가 온전히 몸을 보존해온 것을 문인들에게 보이고, 몸을 온전히 보존하기 어려운 까닭을 말하여 죽음에 이르러서야 훼손에 대한 염려를 면할 수 있게 되었다고 말한 것이다." ○ 범씨(范氏, 范祖禹)가 말했다. "몸도 훼손해서는 안 되는데 하물며 잘못된 행실을 하여 부모를 욕되게 할 수 있겠는가?" ○ 악정 자춘(樂正子春)이 말했다.[42] "하늘이 낳고 땅이 기르는 것 가운데 오직[惟][43] 사람이 위대하다. 부모가 온전한 몸으로 낳아 주었으니 자식이 온전한 몸으로 돌아간다면 효도라고 할 수 있다. 몸을 훼손하지 않고 자신을 욕되게 하지 않는 것을 온전히 하는 것이라 할 수 있다. 그러므로 군자는 반걸음[頃] 반걸음 규(跬)입니다. 을 걸어도 감히 효를 잊지 않으며 한 발자국을 내딛어도 감히 부모를 잊지 못한다. 이런 까닭에 큰 길로 가되 지름길로 가지 않으며 배를 타되 헤엄을 치지 아니하여 감히 돌아가신 부모님이 물려주신 몸으로 위태로운 행동을 하지 않는다. 말 한마디를 하더라도 감히 부모를 잊지 못한다. 이런 까닭에 나쁜 말을 입 밖으로 내지 않으며 분한 말이 내 몸에 돌아오게 하지 않는다. 자신을 욕되게 하지 않고 부모

---

41 『論語』「泰伯」
42 『禮記』「祭義」
43 『聖學輯要』에는 惟로 되어 있으나 『禮記』 원문에는 無로 되어 있다. 곧 사람보다 위대한 것이 없다는 뜻이다.

를 부끄럽게 하지 않으면 효도라고 할 만하다."

이상은 효도로써 몸을 지키는 것을 말한 것입니다.

○ 이윤이 말했다. "사랑을 세울[立] 곳은 오직 부모이고 공경을 세울 곳은 오직 웃어른입니다. 집안과 나라에서 시작하여 온 세상에 미치게 하십시오."

「상서·이훈(伊訓)」입니다. ○ 이윤이 태갑을 훈계한 말입니다.[44]

채씨(蔡氏)가 말했다. "입(立)은 세우는 것이다. 이쪽에서 사랑과 공경을 세우면 저쪽에서 사랑과 공경이 드러난다. 우리 부모를 사랑하여 남의 부모까지 사랑하고, 우리 어른을 공경하여 남의 어른까지 공경한다. 집안에서 시작하여 나라에 이르고 끝에 가서는 이것을 온 세상에 베푼다." ○ 공자가 말했다.[45] "부모로부터 사랑을 세워서 비로소 백성을 화목하도록 가르치고, 어른으로부터 공경을 세워서 비로소 백성을 순종하도록 가르친다. 자애와 화목을 가르치면 백성은 부모를 사랑하는 것을 귀하게 여기고, 어른을 공경하는 것을 가르치면 백성은 명령을 따르는 것을 귀하게 여긴다. 효도로써 부모를 섬기고 순종함으로써 명령을 듣는 것은 온 세상 어디에나 적용되어[錯] 둔다는 뜻의 조(措)입니다. 행해지지 않는 곳이 없다."

증자가 말했다. "돌아가신 이를 조심해서 모시고[慎終] 먼 조상을 추모하면[追遠] 백성의 덕이 두터운 데로 돌아갈 것이다."

「논어」입니다.[46]

---

44 『書經』「商書·伊訓」
45 『禮記』「祭義」
46 『論語』「學而」

주자가 말했다. "신종(愼終)이란 장사를 지낼 때 예를 다하는 것이다. 추원(追遠)이란 제사를 지낼 때 정성을 다하는 것이다. 죽은 사람은 소홀히 대하기 쉬우나 조심스럽게 모시고, 죽은 지 오래된 사람은 잊어버리기 쉬우나 추모를 하는 것이 덕을 두텁게 하는 방법이다. 그러므로 스스로 이렇게 하면 자기 덕이 두터워지고 백성을 교화하면 백성의 덕 또한 두터운 데로 귀결된다."

공자가 말했다. "나라를 다스리는 사람은 홀아비나 과부[鰥寡]도 업신여길 수 없는데 하물며 선비와 서민이랴? 그러므로 백성의 환심을 사서 돌아가신 임금을 섬긴다. 집안을 다스리는 사람은 하인이나 첩에게서도 신망을 잃어서는 안 되는데 하물며 아내와 자식에게서랴? 그러므로 남의 환심을 사서 부모를 섬긴다. 그런 까닭에 살아계시면 부모님이 편안하고 제사를 지내면 귀신이 흠향하여 재해(災害)가 생기지 않고 난리[禍亂]도 일어나지 않는 것이다."

『효경』입니다. 아래도 같습니다.[47]

진씨(眞氏)가 말했다. "사람이 화합하면 하늘과 땅도 화합한다. 처음에는 부모를 사랑하는 마음을 미루어 남에게 미치고, 끝에 가서는 남을 사랑함으로써 복을 누려 부모에게 미치게 하는 것이 이른바 효도로써 온 세상을 다스린다는 것이다. 후세의 임금은 대체로 백성을 학대하고 사납게 대하며 원한을 맺고 재앙을 쌓아서 부모를 위태롭게 하고 종묘에까지 미치게 한 뒤에야 성인의 말씀이 참으로 영원한 진리[蓍龜]임을 알게 된다."

옛날 현명한 임금은 효도로써 아버지를 섬겼기 때문에 하늘을 밝게[明] 섬길 수 있었으며, 효도로써 어머니를 섬겼기 때문에 땅을 잘 살펴서[察]

---

47 『孝經』「孝治章」

섬길 수 있었다. 어른과 어린이 사이에 차례가 있었기 때문에 위와 아래에 질서가 잡혔다. 하늘을 밝게 섬기고 땅을 잘 살펴서 섬기면 신명(神明)이 드러난다. 종묘에서 경건을 다하는 것은 부모를 잊지 않는 것이다. 몸을 닦고 조심스럽게 행동하는 것은 조상을 욕되게 할까 두려워하는 것이다. 종묘에서 경건을 다하면 귀신이 나타난다. 효도와 공경〔孝弟〕이 지극하면 신명에게 통하고, 온 세상〔四海〕에 빛이 나서 통하지 않는 데가 없다.[48]

진씨가 말했다. "하늘과 땅은 사람의 부모이다. 그러므로 효도로써 아버지를 섬기면 하늘을 섬기는 이치가 밝아지고, 효도로써 어머니를 섬기면 땅을 섬기는 이치가 자세하게 된다. 밝고 자세하다는 것〔明察〕은 환하게 뚜렷이 드러나서 마음에 깊이 깨닫게 된다는 것이다. 부모를 섬기고 하늘과 땅을 섬기는 데 어찌 두 가지 길이 있겠는가? 그러므로 맹자는 '마음을 보존하고 성품을 기르는 것이 하늘을 섬기는 방법이다.'[49]라고 하였다. 효도와 공경은 한마음이기 때문에 효도가 이미 지극하면 공경도 지극하게 된다. 하늘과 사람의 이치는 하나이기 때문에 신명에 통하면 온 세상에 빛나는 것이다. 이것은 효도와 공경의 궁극적인 효과를 유추하여 말한 것이니 임금 된 이는 마땅히 깊이 체득해야 한다."

이상은 효도를 온 세상에 미루어가는 것을 말한 것입니다.

신이 생각건대, 자식의 몸은 부모가 낳아주신 것이니, 피와 살〔血肉〕은 물론 정신〔性命〕까지 모두 부모가 물려주신 것입니다. 낳고 길러주신 은혜는 높은 하늘처럼 끝이 없습니다. 그러므로 포대기에 싸여 웃을 줄 아는 두세

---

48 『孝經』「應感章」
49 『孟子』「盡心 · 上」

살 난 어린아이[孩提之童]라도 누구나 부모를 사랑할 줄 아는 것은 타고난 성품[天性]이 그러하기 때문입니다. 오직 사물에 대한 욕망[物欲]이 이리저리 가려 그 본심을 잃어버리기 때문에 부모가 물려주신 몸을 자기 소유물로 알고서 부모와 자식 사이도 곧 남[物]과 나[我]로 구분하여, 낳고 기르신 노고를 생각하지 못하고 다만 한때 은혜가 모자란 것만 원망합니다. 그러므로 효도와 사랑의 뿌리는 튼튼하지 않고 개인적인 생각[自私]의 싹은 쉽게 자라서 자기를 앞세우고 부모를 뒤로 돌리는 사람이 많습니다. 이처럼 사람들은 자신의 몸이 부모에 의해 생겨났으므로 부모가 아니면 자신의 몸이 없었다는 것을 도무지 알지 못합니다. 몸은 제 것이 아니라 부모의 것입니다. 물건을 물려주어도 고마워할 줄 아는데 하물며 몸을 물려준 것이겠습니까? 힘을 다하고 목숨을 다해도 은혜를 다 갚을 수 없습니다. 사람의 자식으로서 이 이치를 알 수 있다면 사랑과 공경의 도리에 대해 반은 생각을 한 것입니다. 세상 사람이 말하는 효도란 사랑을 하면서도 공경을 할 줄 모르거나 사랑하고 공경할 줄은 알면서도 끝까지 다할 줄 모르는 것입니다. 반드시 사랑은 인(仁)을 완전하게 실현하고 공경은 의(義)를 완전하게 실현하는 데 이른 뒤에야 낳아주신 분을 욕되게 하지 않는다[無忝]고 할 수 있을 것입니다. 아! 사람의 정신[性命]은 부모에게서 받은 것이며 그 정신 가운데 온갖 이치가 갖추어져 있으니 만약 한 가지 이치라도 알지 못하고 한 가지 이치라도 실천하지 못했다면 내가 부모에게서 받은 본래 몸[本體]에 흠과 모자람이 있게 하는 것입니다. 다만 본래 모습대로 실천하여[踐形] 부족함이 없어야 본래 몸이 온전해질 것입니다. 그렇다면 성인처럼 사람의 도리[人道]를 다하지 않고서는 효도를 다했다고 할 수 없습니다. 오직 사람에게 부모를 사랑하고 공경하는 마음이 없기 때문에 몸가짐이 조심스럽지 않아 왕왕 더러운 지경에까지 이르는 것입니다. 만약 이 마음에 늘 부모를 생각하여 한 가지 실수라도 하면 부모를 해치기라도 한 듯 깜짝 놀라고 두려워한다면 부모가 물려주신 몸이 늘 청명정대(淸明正大)한 영역에 서서 위로는 규칙적으로 운행하는[行健] 하늘을 본받아 충분히 하늘을 섬기고 아래로는 두터운 덕을 가진〔厚德〕 땅을 본받아 충분히 땅을 섬길 수 있을 것입니다. 이것을 미루어 온 세상에 적용시키면 어디에 가나 준칙〔準〕이 될 것이니 준(準)이란 남들이 이것을 표준으로 삼는다는 것입니다. 사람의 자식으로서 어찌 마음이 유쾌하지 않겠습니까? 또한 제왕의 효는 보통 사람의 효와 차이가 있으니 조상의 뜻과 과업을 물려받아 발전시켜야 하기 때문에 더욱 정성을 다해야 합니다. 보통 사람이 자기 자손에게 재산 10금(十金)을 물려주어도 자손은 잘 지킬 생각을 하는데 하물며 오래 이어온〔百年〕 사직과 드넓은〔千里〕 영토〔封疆〕를 물려준 것이겠습니까? 만약에 털끝만큼이라도 스스로 한가하고 편안해지려는 생각이 있다면 효도하려는 생각에 모자람이 있고 조상의 과업이 이지러질 텐데 오히려 감히 제멋대로 방종하여 종묘〔宗祊〕를 위태롭게 하고 조상〔先君〕을 욕되게 할 수 있겠습니까? 나라의 임금으로 말하자면 아무리 모후(母后)를 섬기려 해도 궁중〔宮壼〕 안에서는 예가 엄격하고 정이 막혀 있기 때문에 보통의 모자처럼 아침저녁으로 유쾌하고 따뜻하게〔愉婉〕 지내는 것과 같지 않습니다. 그러므로 충성스러운 체하는 환관이나 부인들의 무리가 쉽게 헐뜯고 이간질을 하여 현명한 임금의 효도를 손상시키며 어질고 사리에 밝은 모후의 사랑을 덜어버립니다. 만약에 효도와 공경이 본래 믿음직하여 신명을 감동시키지 못한다면 화려하게 꾸며서 참소하는 말도 근심할 만한 것입니다. 이는 옛날부터 오늘날까지 궁중의 공통된 근심거리이니 전하께서는 깊이 살피시기 바랍니다.

제3장 형내 (刑內, 아내에게 본보기가 됨)

신이 생각건대, 집안을 다스리려면〔治家〕 반드시 먼저 아내를 바르게〔正內〕 해야 합니다. 『시경』에서 이렇게 말했습니다.[50] "아내에게 본보기가 되고 형

---

50 『詩經』「大雅 · 思齊」

제에게 본보기가 되어서 집안과 나라를 다스린다." 그러므로 효도와 공경 다음에는 아내에게 본보기가 되는 것이 우선입니다.

『주역』에서 말했다. "가인(家人)은 여자의 곧음[女貞]이 이롭다."

「가인괘 · 단사(彖辭)」입니다.

정자가 말했다. "가인(家人)의 도는 여자가 바른 데 이로움이 있다. 여자가 올바르면 집안의 도가 바르다. 『주역』에서 여자가 곧은 것만 말한 것은 여자가 바르면 남자가 바르다는 것을 알 수 있기 때문이다." ○ 주자가 말했다. "먼저 아내[內]를 바르게 해야 한다. 아내가 바르면 남편[外]은 바르지 않음이 없다."

여자는 안에서 바르게 자리를 지키고 남자는 밖에서 바르게 자리를 지킨다. 남녀가 바른 것은 하늘과 땅의 대의이다.

「가인괘 · 단전(彖傳)」입니다.

정자가 말했다. "높고 낮음, 안과 밖의 도가 바르게 되어야 하늘과 땅, 음과 양의 대의(大義)에 부합한다."

『시경』에서 말했다. "구욱구욱[關關] 물수리[雎鳩] 강가 모래톱[洲]⁵¹에 있고, 요조숙녀(窈窕淑女)는 군자의 좋은 짝[逑]이로다."

「주남(周南) · 관저(關雎)」입니다.

주자가 말했다. "관관(關關)은 암수가 서로 짝을 지어 주고받는 울음소리

---

51 『聖學輯要』에는 州로 되어 있는데 『詩經』의 원문에 따라 洲로 바로잡는다.

이다. 저구(雎鳩)는 물새인데, 생김새가 오리나 갈매기와 비슷하다. 오늘날 장강(長江)과 회수(淮水) 사이에서 살고 있다. 나면서부터 정해진 짝이 있어서 서로 문란하지 않고, 늘 짝을 지어 함께 헤엄치면서도 서로 달라붙지 않는다. 일반적으로 타고난 성질이 그러하다. 요조(窈窕)는 정숙하고 얌전하다는(幽閒) 뜻이다. 군자는 문왕(文王)을 가리킨다. 구(逑)는 배필이다. 문왕은 나면서부터 성인의 덕이 있었으며, 또 성스러운 여인 사씨(姒氏)를 배필로 삼았다. 궁중 사람들이 사씨가 처음 왔을 때 그의 정숙하고 얌전하며, 반듯하고 조용한(貞靜) 덕을 보고 이 시를 지었다." ○ 광형(匡衡)이 말했다.[52] "배필(妃匹) 비(妃)는 배(配)입니다. 의 사이는 백성을 이루는 시초이며 온갖 복의 근원입니다. 혼인의 예가 바르게 되어야 만물(品物)이 이루어지고 천명이 온전해집니다. 공자가 시를 논하면서 '관저(關雎)'를 첫머리로 삼은 것은, 맨 윗사람(太上) 임금을 말한 것입니다. 이 백성의 부모이기 때문에 부인(后夫人)의 행실이 천지와 나란히 할 만하지 못하면 조상(神靈)의 계통을 받들고 만물이 정상적으로 성장하도록 다스릴 수 없다는 것을 말한 것입니다. 그러므로 『시경』에서 '요조숙녀는 군자의 좋은 짝'이라고 하였습니다. 이 말은 정숙하고 지조가 변하지 않으며 정욕의 감정이 엄숙한 태도나 거동을 해치지 않고 사사로이 즐기려는 의도가 행동(動靜)에 드러나지 않아야 지극히 높은 왕(至尊)의 짝이 되고 종묘를 받드는 주부(主)가 될 수 있다는 것입니다. 왕비의 정숙은 기강의 으뜸이며 왕이 펴는 교화의 시작입니다. 아득한 옛날부터 삼대(三代)의 흥망이 모두 이것으로 말미암았던 것입니다." ○ 송의 범조우(范祖禹)가 선인황후(宣仁皇后)에게 이렇게 말했다.[53] "황제가 황후를 맞아들이는 것은 나라의 큰일이며 나라가 영원히 이어질 근본이니, 복이 여기에 걸려 있고 교화를 베풀 때 우선해야 할 일입니다. 지금 황후를 맞아들이기에 앞서 먼저 알고 있어야

---

52 『資治通鑑』「漢紀 · 孝元皇帝 · 下」
53 『宋明臣奏議』「上宣仁皇后論納后宜先知者四事」

할 일이 네 가지 있습니다. 첫째, 문벌〔族姓〕, 둘째, 여인의 덕행〔女德〕, 셋째, 예를 융숭하게 함〔隆禮〕, 넷째, 널리 의논함〔博議〕입니다. 이른바 황후가 될 사람의 문벌을 고려해야 하는 까닭은 다음과 같습니다. 옛날의 제왕은 반드시 옛 성인의 후손이나 공이 있는 현명한 사람〔勳賢〕의 후예와 혼인을 했고, 미천한 사람을 지존의 짝으로 삼지 않았기 때문에 복이 성대하고 자손이 번창했습니다. 그러므로 황후의 문벌은 고귀하지 않으면 안 됩니다. 이른바 여인의 덕행을 고려해야 하는 까닭은 다음과 같습니다. 삼대가 일어날 적에는 모두 어진 왕비가 있었고, 망할 적에는 모두 총애받는 부덕한 여자〔嬖女〕가 있었습니다. 하(夏)나라는 도산(塗山) 씨의 딸을 왕비로 맞아들였기 때문에 일어났고, 말희(妹姬) 때문에 망했습니다. 상(商)나라는 유융(有娀) 씨의 딸 때문에 일어났고, 달기(妲己) 때문에 망했습니다. 주(周)나라는 강원(姜嫄) 때문에 일어났고, 포사(褒姒) 때문에 망했습니다. 이 일은 모두 성현들이 기록하고 『시경』과 『서경』에 실려 있는 것으로서 후세에 전하여 영원히 거울로 삼는 것입니다. 정숙하고 얌전한 여자를 가려 뽑아 온 나라의 어머니로서 모범〔母儀〕을 삼고 왕후의 여섯 궁전〔六宮〕[54]을 바로잡는 것이니 덕이 있는 사람이 아니고서 누가 감당할 수 있겠습니까? 그러나 규방 안에 있는 아가씨〔閨門〕의 덕은 드러내 보일 수 없기 때문에 반드시 문벌〔世族〕을 보고 조상〔祖考〕과 가풍(家風)을 살피며 여러 가지 일〔庶事〕을 참작하여야 알 수 있습니다. 이른바 예를 융숭하게 할 것을 고려해야 하는 까닭은 다음과 같습니다. 천자와 왕후의 관계는 하늘과 땅, 해와 달, 양과 음의 관계와 같아서 서로 의지해야만 성립하는 것입니다. 애공(哀公)이[55] '면류관을 쓰고 신부를 친히 맞아들이는 것〔親迎〕은 너무 과한 것이 아닙니까?' 하고 말하자 공자가 발끈하여〔愀然〕 이렇게 대답했습니다. '두 성씨가 아름답게 결합하여 선왕〔先聖〕의 뒤를 이

---

54 六宮은 옛날 황후의 여섯 궁전을 말한다. 正寢이 하나이고 燕寢이 다섯이다.
55 『禮記』 「哀公問」

어 하늘과 땅, 종묘, 사직의 주인이 되는 일인데 임금님께서는 어찌 너무 과하다고 하십니까?' 공자의 말은 아마도 심하게 비난한 말일 것입니다. 예를 살펴보면 관례(冠禮)와 혼례(昏禮)의 경우 오직 사대부의 예만 있고 천자와 제후의 예는 없습니다. 그러므로 삼대 이래로 오직 사대부의 예를 미루어 높여서 천자와 제후의 예로 삼았습니다. 일반적으로 사람의 부부 관계는 천자로부터 선비에 이르기까지 한가지입니다. 세상에 어찌 혼자만 존귀하여 짝이 없는 사람이 있겠습니까? 그러므로 예를 융숭하게 하지 않으면 안 됩니다. 이른바 널리 의논할 것을 고려해야 하는 까닭은 다음과 같습니다. 옛날에는 천자가 부인을 맞아들일 때 상공(上公)이 맞이하였고 제후가 주관하였습니다. 나라에 큰일이 있으면 대신이 미리 알고 있지 않으면 안 되기 때문입니다. 반드시 '이것은 폐하의 집안일이기 때문에 바깥사람이 관여할 바가 아닙니다.' 하고 말씀을 올리는 사람이 있을 것입니다. 옛날부터 임금을 그르친 것은 대부분 이런 말 때문이었습니다. 천자는 온 세상〔四海〕을 집안으로 삼기 때문에 안팎의 일이 어느 것인들 집안일이 아닌 것이 없으며 대신이 관여해서는 안 될 까닭이 없습니다. 또한 폐하께서 재상〔執政〕 한 사람을 쓰고 가까이 부리는 신하〔近臣〕 한 사람을 뽑아 올리는 데도 반드시 온 세상의 바람에 부합하려고 하는데 하물며 황후를 세워 온 세상 사람의 어머니를 삼는 일이겠습니까? 이제 폐하께서 선택한 사람의 성씨를 들어서 여러 대신에게 널리 의견을 묻는 것보다 더 중요한 일이 없습니다. 만약에 폐하의 뜻〔聖志〕이 이미 정해졌고 여러 사람들의 의견이 모두 같다면 점을 쳐도 들어맞고 귀신도 거기에 의지할 것이니 하늘과 사람의 뜻이 같지 않음이 없을 것입니다."

또 말했다. "'벌써 닭이 울었어요. 조정에 신하가 모였답니다.', '닭이 우는 것이 아니라 쉬파리 소리라오.'"

「제풍(齊風)·계명(雞鳴)」입니다.[56]

주자가 말했다. "옛날 어진 왕비는 임금의 처소에서 임금을 모시다가 새벽이 될 무렵이면 반드시 임금께 '닭이 이미 울었고, 조정에 신하가 가득 모여 있습니다.' 하고 아뢰었다. 임금이 일찍 일어나 조회를 보도록 하기 위해서였다. 그러나 그 소리는 정말로 닭이 우는 소리가 아니라 바로 쉬파리가 잉잉대는 소리였다. 어진 왕비는 새벽에 일찍 일어날 때가 되면 언제나 늦을까 걱정이 되어서 비슷한 소리만 들어도 진짜 닭이 우는 소리로 여기는 것이다. 경계하고 두려워하는 마음을 갖고 있어서 안일한 욕망에 마음을 두지 않는 사람이 아니라면 어찌 이렇게 할 수 있겠는가? 그러므로 시인이 그 일을 서술하여 아름답게 찬양하였다." ○ 주 선왕(周宣王)의 비 강후(姜后)는[57] 어질고 덕이 많아서 예에 맞지 않은 일은 말하지 않고 예에 맞지 않은 행동은 하지 않았다. 선왕이 일찍 자고 늦게 일어난 적이 있었다. 이에 강후는 비녀와 귀고리를 벗어버리고 궁녀를 가둬두는 영항(永巷)에서 대죄(待罪)하며 보모(傅母)를 시켜 선왕에게 아뢰었다. "제가 재덕(才德)이 없어서 음탕한 마음이 드러났습니다. 그리하여 임금님(君王)으로 하여금 예를 잃어버리고 조회에 늦게 하여 임금님께서 여색을 즐기고 덕을 잊어버리고 있다는 것을 드러냈습니다. 여색을 즐기면 반드시 사치를 좋아하고, 사치를 좋아하면 반드시 향락을 끝까지 추구합니다. 향락을 끝까지 추구하는 데서 어지러워지는 것입니다. 어지러워지는 원인을 따져보면 그것은 저에게 있으니 저(婢子)에게 죄를 주시기를 청합니다." 선왕이 말했다. "내가 덕이 없어서 스스로 잘못을 저지른 것이오. 부인의 죄가 아니오." 그리고 마침내 강후를 복위시키고 정치에 힘을 썼다. 아침 일찍 조회에 나가고 늦게 퇴궐하며 문왕과 무왕의 업적을 이어서 주 왕실의 사업을 부흥시켰다. ○ 당 태종의 비인 문덕황후(文德皇后) 장손씨(長孫氏)는[58] 그림으로 그린 전기(圖傳)를 좋아하였다. 고

---

56 『詩經』「齊風 · 雞鳴」

57 『古列女傳』「賢明傳」

58 『新唐書』「后妃列傳 · 上」

금의 선한 일과 악한 일을 보고 스스로 거울로 삼아 예법을 숭상하고 고조(高祖)를 효도로 섬겼다. 성품이 검약하고 소박하며 왕후의 복장[服御]도 몸에만 맞으면 만족하게 여겼다. 황제와 이야기를 하다가도 정치적인 문제[天下事]와 관련된 이야기가 나오면 "암탉이 울면 집안이 망한다고 합니다. 그래도 좋겠습니까?" 하고 견해를 말하는 것을 사양했다. 황제가 굳이 요구해도 끝내 대답하지 않았다. 나중에 조정에서 죄를 뒤집어 쓴 사람이 있었다. 황제가 화가 나서 묶어서 다스리라고 명령을 내렸다. 황후는 황제의 감정이 풀릴 때까지 기다렸다가 차분하게 사리에 맞게 설득하여 끝내 억울한 일이 없게 하였다. 친정 오빠 장손무기(長孫無忌)는 황제가 아직 자리에 오르기 전[布衣]부터 사권 친구였다. 그는 황제가 권력을 잡는 데 도움을 준[佐命] 일등 공신[元功]이었기 때문에 황제는 그를 끌어들여 재상[輔政]을 삼으려고 하였다. 황후는 굳이 옳지 않다고 하고 몰래 친정 오빠에게 사양하라고 부탁하였다. 그래서 황제는 어쩔 수 없이 황후의 말을 들어주었다. 황후는 얼굴에 기뻐하는 빛을 띠었다. 황후의 병이 위급하게 되어서 태자가 죄수를 대대적으로 사면하고 널리[汎] 널리[廣]라는 뜻입니다. 승려와 도사[度道人]를 불러 재앙을 막고 떨쳐 버리는 행사를 하려고 청하였다. 황후는 이렇게 말했다. "죽고 사는 것이 명에 달려 있으니 사람의 힘으로 버틸 수 있는 것이 아니오. 만약에 복을 닦아서 목숨을 늘릴 수 있다면 나는 악한 일을 하지 않았으니 문제없을 것이고 가령 선한 일을 했더라도 효과가 없다면 내가 무엇을 구하겠소? 또한 사면령을 내리는 것은 나라의 중대한 일이고, 불교와 도교는 이단 종교일 뿐이오. 이런 모든 일을 황제께서 하지 않으시는데 어찌 나 때문에 세상의 법도를 어지럽힐 수 있겠소?" 그리고 황제에게 "충신을 받아들이고 그의 말에 귀를 기울이며, 남을 헐뜯는 말은 듣지 말고 사냥과 부역을 줄인다면 죽어도 한이 없겠습니다."라고 청하였다. 황후는 이전에 옛 부인들의 일을 모아서 『여칙(女則)』 10편을 지었는데 황후가 죽고 나서 궁사(宮司)가 이 일을 아뢰었다. 황제가 그 책을 보고 슬퍼하며 탄식하였다.

또 말했다. "반짝이는[嘒] 작은 별은 동쪽 하늘에 드문드문[三五], 조심조심[肅肅] 밤길 가네. 첩들이 밤늦게 들어가 이른 새벽까지만 님을 모시니 이는 부인과 처지가 다르기 때문이다."

「소남(召南)·소성(小星)」입니다.[59]

주자가 말했다. "혜(嘒)는 어슴푸레한[微] 모습이다. 삼오(三五)는 별이 드문드문 빛나는 것[稀]을 말한다. 대체로 초저녁이나 곧 동이 트려고 하는 때이다. 숙숙(肅肅)은 조심스럽게 몸을 움츠린[齊遫] 모습이다. 남쪽 나라에서 온 부인들은 후비(后妃)에게 감화 문왕의 비 태사(太姒)에게 감화된 것입니다.[60]되었다. 후비가 질투를 하지 않고 아랫사람에게 은혜를 베풀었으므로 여러 첩들이 후비를 이와 같이 찬미하였다. 여러 첩들은 나아가서 임금을 모실 때 온 밤을 보낼 수 없으며 별을 보고 들어갔다가 별을 보고 돌아와야 한다. 주어진 분수가 존귀한 사람과 같지 않기 때문임을 이것으로 말한 것이다. 따라서 임금을 모실 수 있는 것이 부인의 은혜임을 깊이 깨닫고 감히 오가는 수고를 원망하지 않은 것이다." ○ 한 현종(漢顯宗, 明帝)의 명덕(明德) 황후 마씨[馬皇后]는[61] 나이 열셋에 태자궁에 들어가 음후(陰后) 광무제의 황후입니다. 를 받들어 모시고, 옆으로 같은 지위에 있는 사람들을 대할 때 예를 잘 갖추어서 아래 위가 편안해졌다. 현종이 즉위하여 귀인(貴人)으로 삼았는데, 이때 황후의 전어머니[前母]의 맏딸 가씨(賈氏)도 뽑혀 들어와 숙종(肅宗)을 낳았다. 현종은 마 황후에게 아들이 없다고 하여 숙종을 기르게 하면서 이렇게 말했다. "사람이 반드시 자기가 자식을 낳아야만 하는 것은 아니다. 다만 사랑하고 기르는 것을 다하지 못할까 하는 것만 염려될 뿐이다." 이에 황후는 온 마음

---

[59] 『詩經』「召南·小星」
[60] 『聖學輯要』 원문에 大姒로 되어 있는데, 大와 太는 통한다. 그러나 일반적으로 太姒로 쓰니 太로 바로잡는다.
[61] 『大學衍義』「齊家之要」

을 다하여 기르고 애쓰기를 친자식에게 하는 것보다 더하였다. 숙종은 효성이 순박하고 독실했으며 은혜로운 성품이 천성으로 지극하여 모자간의 사랑이 처음부터 끝까지 티끌만큼도 빈틈이 없었다. 황후는 늘 황제에게 자식〔皇嗣〕이 많지 않은 것을 근심하고 탄식하며 좌우에 있는 여자들을 천거하였는데 마치 제대로 천거하지 못하는 것이 아닌가 하고 두려워하듯이 하였다. 후궁 가운데 황제에게 나아간 사람이 있으면 늘 위안하고 받아들였으며 자주 황제의 총애를 입으면 더욱 융숭하게 대해주었다. 유사(有司)가 장추궁(長秋宮) 황후의 궁 이름입니다.[62] 에 황후를 세우자고 건의하였다. 아직 황제의 말이 있기도 전에 황태후가 "마귀인(馬貴人)은 덕이 후궁들 가운데 으뜸이니 바로 이 사람이 적당하다."라고 하여 마침내 황후가 되어 궁중의 위계질서가 바로잡혔다. 황후는 더욱 스스로 겸손하고 조심하였다.

이상은 선이 본받을 만하다는 것을 말한 것입니다.

○『시경』에서 말했다. "똑똑한 사내〔哲夫〕는 성을 이룩하고〔成城〕, 똑똑한 여자〔哲婦〕는 성을 기울게 한다〔傾城〕. 아름답고〔懿〕 똑똑한 저 여자여! 올빼미〔梟〕가 되고 부엉이〔鴟〕가 되네. 수다스러운〔長舌〕 여자는 재앙을 불러들이는 사다리이다. 난리는 하늘에서 내리는 게 아니라 여인에게서 생긴다네."

「대아(大雅)·첨앙(瞻仰)」입니다.

주자가 말했다. "철(哲)은 많이 아는〔知〕 것이다. 의(懿)는 아름다운 것이다. 남자는 밖에서 자리를 바르게 잡아야 나라의 주인이 되므로 아는 것이 많으면 나라를 세울 수 있지만, 부인은 그른 것도 없고 본보기가 될 만한 것도 없

---

[62] 『聖學輯要』 원문에는 官名으로 되어 있으나 宮名이 맞으므로 宮으로 바로잡는다.

어야 좋으니 사리에 밝을 필요가 없다. 여자가 똑똑하면 다만 나라를 뒤집어 엎을 뿐이다. 그러므로 이 아름답고 똑똑한 여자는 도리어 올빼미나 부엉이 같이 말이 많아서 재앙과 난리를 불러일으키는 사다리가 된다. 이것이 사실이라면 난리가 어찌 하늘에서 내려오는 것이겠는가? 난리는 다만 똑똑한 여자로 말미암는 것일 뿐이다. 이 시는 유왕(幽王)이 포사(褒姒)를 총애하여 난이 일어나게 된 것을 풍자한 것이다." ○ 포사는[63] 어린 궁녀[童妾]의 딸이었다. 유왕(幽王)은 그를 총애하여 수레를 같이 타고 나들이를 다니면서 나라일은 돌보지 않고, 시도 때도 없이 말을 몰고 사냥을 다니며 포사의 마음에 들도록 하였다. 날마다 술에 빠져 밤이고 낮이고 잔치만 벌이고 남녀 광대가 앞에서 온갖 재주를 부려도 포사는 끝내 웃지를 않았다. 유왕은 그녀를 웃게하려고 온갖 방법을 다 짜내었으나 포사는 웃지 않았다. 유왕은 외적이 쳐들어와 봉화를 올리면 군대를 소집하여 달려와 돕도록 제후와 약속을 해두었다. 그런데 아무런 까닭도 없이 봉화를 올린 일이 있었다. 제후들이 모두 달려왔지만 외적의 침입은 없었다. 포사가 이 모양을 보고 깔깔대며 웃었다. 이에 신후(申后)를 폐위하고 포사를 왕후로 삼아 그를 기쁘게 하려고 자주 봉화를 올렸다. 충성스럽게 간하는 사람은 죽이고 오로지 포사의 말만 따랐기 때문에 위아래가 서로 아첨만 일삼고 백성은 이리저리 흩어졌다. 신후(申侯)가 견융(犬戎)과 함께 주나라[宗周]에 쳐들어왔을 때, 유왕은 봉화를 올려 군대를 소집했지만 아무도 오지 않았다. 마침내 적은 여산(驪山) 아래에서 유왕을 죽이고 포사를 사로잡아 갔다." ○ 목강(繆姜)은[64] 노나라 선공(魯宣公)의 부인이며, 성공(成公)의 어머니이다. 총명하고 슬기로웠으나 행실이 음란하여 숙손 교여(叔孫喬如)와 간통했다. 교여는 목강과 모의하여 계문자(季文子)와 맹헌자(孟獻子)를 제거하고 노나라를 제멋대로 움직이려고 하였다. 노나

63 『古列女傳』「孽嬖傳 · 周幽褒姒」
64 『古列女傳』「孽嬖傳 · 魯宣繆姜」

라 사람들이 교여를 따르지 않고 동맹을 하여 그를 쫓아내고 목강을 동궁(東宮)으로 내쳤다. 처음에 동궁으로 가면서 목강이 사람을 시켜서 점을 치게 했더니 '간지 6(艮之六)'이 나왔다. 점쟁이[史]가 말했다. "간괘(艮卦)와 지괘(之卦)로 수괘(隨卦)를 얻은 것으로서, 수는 나아가는 것입니다. 부인께서는 반드시 빨리 나가시게 될 것입니다." 목강이 말했다. "그렇지 않다. 『주역』에서 말하기를 '수(隨)는 크고[元] 형통하며[亨] 이롭고[利] 곧으니[貞] 허물이 없다[無咎].'라고 하였다.[65] 원(元)은 선(善)의 으뜸[長]이고, 형(亨)은 아름다움[嘉]이 모인 것[會]이며, 이(利)는 의로움[義]이 조화를 이룬 것[和]이고, 정(貞)은 일[事]의 줄기[幹]다. 이런 까닭에 비록 수(隨)가 나와 허물이 없다는 점괘가 나왔다 하더라도 지금 나는 여자[婦人]이면서 난에 참여했고, 아랫자리에 있으면서 어질지 못한 일을 했으니 원(元)이라고 할 수 없다. 또한, 나라를 편안하게 하지 못했으니 형(亨)이라고 할 수 없고, 일을 일으켜서 나 자신을 망쳤으니 이(利)라고 할 수 없으며, 지위를 져버린 채 음란했으니 정(貞)이라고 할 수 없다. 네 가지 덕이 있는 사람은 수(隨)로서 허물이 없지만 나는 이 네 가지 덕이 모두 없으니 어찌 수괘에 해당할 수 있겠는가? 나는 악을 취했으니 허물이 없다 할 수 없다. 나는 다시 나오지 못하고 반드시 여기서 죽을 것이다." 하고 끝내 동궁에서 죽었다. ○ 남자(南子)는[66] 송(宋)나라 여자로 위나라 영공[衛靈公]의 부인이다. 영공이 밤에 부인과 함께 앉아 있는데 수레 소리가 덜컹덜컹 나더니 대궐 앞에 이르러 그쳤다가 대궐을 지난 후 다시 들려왔다. 영공이 부인에게 물었다. "누구인지 알겠소?" 부인이 대답했다. "거백옥(遽伯玉)입니다." 공이 말했다. "무엇을 근거로 그인 줄 알았소?" 부인이 말했다. "제가 듣기에 예법에 의하면 대궐문[公門]을 지나갈 때에는 수레에서 내리고, 임금의 말[路馬]을 보면 경의를 표하는 것이 공경을 넓히기

위한 것이라고 합니다. 충신과 효자는 밝은 데라고 해서 일부러 신의와 절개를 보이지도 않고 어둡다고 해서 할 일을 게을리 하지도 않습니다. 거백옥은 위나라의 현명한 대부입니다. 그는 어질고 지혜로워서 공손하게 윗사람을 섬기는 사람입니다. 그 사람이라면 어둡다고 해서 예를 안 지키지는 않을 것입니다. 그래서 그 사람인 줄 알았습니다." 영공이 사람을 시켜서 알아보게 했더니 정말로 거백옥이었다. 영공은 돌아와서 부인을 놀리느라 "그 사람이 아니었소." 하고 말했다. 그러자 부인이 잔에 술을 부어 올리면서 두 번 절하고 영공을 축하했다. 영공이 "그대는 무엇 때문에 나를 축하하는 것이오?" 하고 물었다. 부인이 이렇게 대답했다. "처음에 저는 위나라에 거백옥 한 사람만 있는 줄 알았습니다. 그런데 이제 위나라에 또 그와 맞먹을 사람이 있으니 이는 공에게 두 신하가 있는 것입니다. 나라에 현명한 신하가 많다는 것은 나라의 복입니다. 이 때문에 축하한 것입니다." 영공이 감탄을 하면서 마침내 사실을 말해주었다. 영공은[67] 부인과 함께 수레를 타고 가면서 공자에게 뒤따르는 수레를 타고 오도록 하고 거들먹거리며 시가를 지나갔다. 공자는 그것을 추하게 여겨 "나는 아직 여자를 좋아하는 것만큼 덕을 좋아하는 사람을 보지 못했다."라고 말하고는 위나라를 떠나 송나라로 가버렸다. 남자(南子)는[68] 음란한 행동을 하여 송나라의 공자 조(朝)와 간통을 하였다. 위나라의 태자 괴외(蒯聵)가 이 사실을 알고 남자를 미워하였다. 남자는 영공에게 "태자가 나를 죽이려고 합니다." 하고 태자를 모함하였다. 영공이 크게 화를 내어서 괴외는 송나라로 달아났다. 영공이 죽고 괴외의 아들 첩(輒)이 뒤를 이어 즉위했다. 이 사람이 출공(出公)이다. 괴외가 위나라로 들어오자 출공은 노나라로 달아났다. 괴외가 즉위하여 부인 남자를 죽였다.

신이 생각건대, 이 시는 본래 포사를 풍자한 것인데 여자가 원인이 되어

---

67 『史記』「孔子世家」
68 『古列女傳』「孽嬖傳 · 衛二亂女」

일어나는[女戎] 변란은 뒤집어진 수레바퀴의 자국을 밟고 뒤따르던 수레가 뒤집어지는 것처럼[同一覆轍] 똑같은 교훈을 주므로 목강과 남자의 일을 함께 실었습니다. 옛날부터 요염한 아내가 한 사람만 있었던 것이 아닌데도 두 여자만 인용한 까닭이 무엇인지 말씀드리겠습니다. 대체로 고운 얼굴로 음욕을 불러일으킬 뿐 기뻐할 만한 별다른 재주가 없는 여자는 다만 어리석고 용렬한 군주만 홀릴 수 있을 뿐이며 뛰어난 군주라면 반드시 빠져들지 않을 것입니다. 오직 총명하며 재주가 많고 지혜로워 남을 굴복시킬 수 있는 여자가 가장 두려워할 만합니다. 저 목강과 남자 두 여자는 지혜가 충분히 선악을 깨달을 수 있었고, 판단력은 충분히 의리를 밝힐 수 있어서 그 말을 들어보면 태임(太任, 문왕의 어머니)이나 태사(太姒, 문왕의 왕비)를 따를 수도 있지만 그 행실을 따져보면 포사나 달기와 다를 바 없습니다. 비록 현명하고 슬기로운 군주라도 혹 미모를 아끼고 재주를 기뻐하며 점점 빠져들어서 마음을 좀먹고 덕을 잃어버리는 일을 면할 수 없을 것입니다. 그래서 겉으로 드러내어 경계로 삼습니다.

정자가 말했다. "이구(李覯)가 말하기를 '관중(管仲)을 오래도록 궁궐 안에 머물게 했다면 다시 여섯 사람(제환공의 총애를 받던 여섯 여자)이 있다 한들 무슨 문제가 되었겠는가?'라고 하였는데 이 말은 그렇지 않다. 관중 시대에는 환공의 마음이 아직 좀먹지 않았다. 만일 이미 마음이 좀먹었다면 비록 관중이라 한들 어쩌겠는가? 마음이 좀먹고서도 오히려 관중을 등용할 수 있었을 리는 없다."

신이 생각건대, 안으로는 아름다운 여자를 좋아하고 밖으로는 현명한 신하를 등용하는 것이 서로 방해가 되지 않을 듯한데, 충신이나 훌륭한 신하[良弼]가 여자를 총애하는 것을 경계하는 데 급급했던 까닭은 무엇입니까? 임금이 덕을 좋아하는 정성이 미인을 좋아하는 것만 못하면 베개맡에서 교태를 부리고 아양을 떠는 여자의 독이 날로 스며들고 달로 젖어들어서 골수에까지 깊이 들어와 박혀 법도를 지키는 선비들의 욕구를 거스르는 말이 날마다 귀에 거슬리고 달마다 어긋나서 이런 말을 들어도 돌아보지 않을 것입니다. 그렇게 되면 반드시 뜻을 따르고 악에 영합하는 신하가 틈을 엿보아 마음과 뜻을 빼앗고〔入于左腹〕 총애를 받는 천박한 여자를 근거로 삼아 안팎으로 얽혀 정치〔政令〕를 뒤집어 엎어서 위태로움과 멸망이 뒤따르게 됩니다. 이런 까닭에 비렴(飛廉),[69] 악래(惡來)가 달기(妲己)를 근거로 삼아서 상(商)이 망했고, 이림보(李林甫), 양국충(楊國忠)이 태진(太眞, 楊貴妃)을 근거로 삼아서 당(唐)이 어지러워졌습니다. 정자의 말을 어찌 믿지 않을 수 있겠습니까?

이상은 악을 경계로 삼을 만하다는 것을 말한 것입니다.

신이 생각건대, 이 장의 이름을 '아내에게 본보기가 됨〔刑內〕'이라 하고서는 후비의 선악만 논하고 '아내에게 본보기가 되는〔刑妻〕' 도리를 말하지 않은 까닭은 무엇이겠습니까? 아내에게 본보기가 되는 도리는 다른 것이 아니라 다만 자기를 수양하는 것일 뿐입니다. 자기 수양이 지극하면 안으로 마음과 뜻이 하나가 되고 밖으로 용모가 장중하여서 언어와 동작이 한결같이 예를 따르게 됩니다. 부부가 손님을 대하듯 서로 공경하고 이부자리에서도 너무 부끄럼 없이 가까이 하는 실수가 없으며, 어두운 곳에서도 단정하고 정숙한 모습을 지니면 후비도 이를 보고 감동하여 변화할 것입니다. 비록 학문을 모른다 하더라도 오히려 스스로 몸가짐을 단속하여 예를 지킬 수 있을 터인데 하물며 타고난 자질이 순수하고 아름다우며 본래부터 학문을 아는 사람

---

69 ① 상상의 새. 머리는 참새처럼 생기고 뿔이 있으며, 몸은 사슴과 같으나 표범과 같은 얼룩무늬가 있고, 꼬리는 뱀과 같이 생겼다고 한다. 이 새는 바람을 잘 일으킨다고 전해진다. ② 중국에서 바람을 맡고 있다는 神. 風伯. 또는 風神. ③ 은나라 주왕의 佞臣. 어디에는 蜚廉이라고 한다. 몸이 날렵하여 잘 달렸다. 아들 악래와 함께 재주를 써서 주왕을 섬겼다. 무왕이 은을 물리치고는 그들을 바닷가로 몰고 가서 죽였다.

이겠습니까? 만약에 먼저 자기 수양을 하지도 않고 스스로 돌이켜보아 부끄러움이 많은데도 오로지 후비에게만 바르게 행동하도록 요구하고, 예절 바른 모습을 차리는 데만 절실하여 남이 모르는 은밀한 때에는 욕정에 내맡겨 예의를 잃어버리는 것을 면하지 못한다면 이미 집안을 바르게 하는〔正家〕 근본을 잃어버린 것이니 어찌 한 집안에 모범이 되겠습니까? 하물며 이보다 못한 사람은 아름다운 여자에 빠져서 올바른 이치를 잃어버리고, 후비가 비록 어질더라도 버리고 돌아보지 아니하여 사사로이 총애하는 여자에게 빠져서 오직 그의 말만 듣고 정치에 해를 끼치며 나라에 재앙을 빚어내게 될 것이니 말해 무엇하겠습니까? 『전(傳)』에서 이렇게 말했습니다.[70] "음식과 남녀 사이에 큰 욕구가 존재한다." 공자는 이렇게 말했습니다.[71] "나는 아직 여자를 좋아하는 것만큼 덕을 좋아하는 사람을 보지 못했다." 비록 영웅의 재주를 지니고 기개가 한 시대를 덮을 만한 사람이라도 오히려 한 여자에게 마음이 흔들려 평생을 그르친 경우가 많습니다. 오로지 도를 따르고 잘 다스리기만 바라는 임금으로서 선한 일을 하는 데 뜻을 두고 다른 것에 옮겨가지 않는 사람이라야 올바름으로써 자신을 규제하고 또한 올바름으로써 집안에 본보기가〔刑家〕 될 수 있습니다. 엎드려 바라건대 전하께서는 유의하십시오.

제4장 교자 (教子, 자식 교육)

신이 생각건대, 부부의 예가 바르면 가르치는〔教訓〕 법도를 적용할 수 있습니다. 그러므로 자식 교육이 그 다음입니다.

옛날에는 부인이 임신을 하면 옆으로 누워서〔側〕 자지 않고, 모서리에〔邊〕

---

70 『禮記』 「禮運」
71 『論語』 「子罕」

앉지 않으며, 비스듬히[躄] 서지 않고, 맛이 이상한 것을[邪味] 먹지 않으며, 썬 것이 반듯하지 않은 것은 먹지 않고, 자리가 바르지 않으면 앉지 않았다.

『열녀전(烈女傳)』입니다. 아래도 같습니다.[72]

오씨(吳氏)가 말했다. "측(側)이란 몸을 옆으로 비스듬히 누이는 것이다. 변(邊)은 몸을 한쪽으로 치우치게 하는 것이다. 비(躄)는 피(跛)로 써야 하는데 한쪽 발에만 몸을 싣고 비스듬히 서는 것을 말한다. 사미(邪味)는 맛이 바르지 않은 것이다."

눈으로는 나쁜 색깔을 보지 않고, 귀로는 음란한 소리를 듣지 않는다. 밤에는 장님[瞽]에게 시를 외우게 하고 바른 일을[正事] 말하게[道] 한다.

진씨(陳氏)가 말했다. "도(道)는 말하는 것이다. 정사(正事)는 예에 부합하는 일이다. 장님에게 시를 외우게 하는 것은 장님이야말로 소리에 정통해 있기 때문이다."

이렇게 하여 자식을 낳으면 몸과 용모가 단정하고 재주가 남보다 뛰어날 것이다.

진씨가 말했다. "부인이 임신하였을 때에는 자고 먹고 앉고 서며, 보고 듣고 말하고 움직이는 것이 한결같이 바르게 되어야만 자식을 낳아도 몸과 용모가 단정하고 재주가 남보다 뛰어날 수 있다."

---

72 『古列女傳』 「母儀傳 · 周室三母」

이상은 태교(胎教)를 말한 것입니다.

자식을 낳으면 여러 어미[諸母]나 쓸 만한 사람[可者] 가운데서 반드시 너그럽고 느긋하며, 인자하고 슬기로우며, 따뜻하고 선량하며, 공손하고 경건하며, 조심스럽고 말이 적은 사람을 골라 자식의 스승으로 삼는다.
『예기』입니다. 아래도 같습니다.[73]

진씨가 말했다. "제모(諸母)란 여러 첩이다. 쓸 만한 사람[可者]이란 첩은 아니더라도 자식의 스승으로 삼을 만한 사람이다." 사마 온공(司馬溫公)이 말했다. "유모가 선하지 않으면 그 집안의 법도를 어지럽힐 뿐만 아니라 맡아 기르는 아이까지도 자기를 닮게 한다."

자식이 밥을 먹을 수 있게[食食] 뒤의 식(食)은 음이 사(似)입니다. 되면 오른손으로 먹도록 가르친다. 말을 할 수 있게 되면 사내아이는 빨리 대답하게[唯] 하고 계집아이는 천천히 대답하게[俞] 한다. 사내아이는 가죽 주머니[革]를 채워주고[鞶] 계집아이는 헝겊 주머니[絲]를 채워준다.

오씨가 말했다. "사(食) 아래의 식(食)자입니다. 는 밥[飯]이다. 사내아이나 계집아이 모두 오른손으로 밥을 먹게 하는 것은 강한 것을 취한 것이다. 유(唯)는 빨리 대답하는 것이고, 유(俞)는 천천히 대답하는 것이다. 사내아이는 굳세어야 하고 계집아이는 부드러워야 한다는 뜻이다. 반(鞶)은 허리 수건[帨], 머리 수건[巾]을 넣는 작은 주머니이다. 사내아이에게는 가죽을, 계집아이에게는 수놓은 비단을 쓰는 것은 역시 저마다 굳세고 부드러워야 한다는 뜻이다. 다른 설에는 반(鞶)을 큰 띠라고도 한다."

---

73 『禮記』「內則」

여섯 살이 되면 숫자(數)와 방위(方)의 이름을 가르친다. 일곱 살이 되면 사내아이와 계집아이를 한 자리에 있지 못하게 하며 같이 음식을 먹지 못하게 한다. 여덟 살이 되면 문을 드나들 때와 자리에 앉아 음식을 먹을 때 반드시 웃어른 다음에 하도록 하여 사양하는 것을 가르치기 시작한다. 아홉 살이 되면 날짜 세는 법(數日)을 가르친다.

진씨가 말했다. "수(數)는 1, 10, 100, 1000, 10000과 같은 수 단위를 말한다. 방위의 이름이란 동·서·남·북을 말하고, 날짜 세는 법(數日)이란 초하루, 보름(朔望)과 육십갑자(六甲)를 아는 것이다.

열 살이 되면 바깥의 스승(外傅)에게 나아가 배우고, 바깥채에 거처하며, 글씨(書)와 셈(計)을 배운다. 옷은 비단 속곳과 바지를 해 입히지 않으며 초보적인 예절을 익히고(禮帥初), 아침저녁으로 어린이의 범절(幼儀)을 배우는데 간단하고(簡) 진실한 것(諒)을 익힌다(肄).

진씨가 말했다. "글씨란 여섯 가지 글씨(六書)이고, 셈이란 아홉 가지 셈법(九數)을 말한다. 어린이에게 비단으로 속곳과 바지를 해 입히지 않는 것은 너무 따뜻하기 때문이다. 초보적인 예절을 익힌다는 것은 동작을 모두 처음 가르치는 방법에 따라 익히게 하는 것이다. 이(肄)는 익힌다는 것이다. 간(簡)은 간단하고 요긴한 것이고 량(諒)은 믿음직한 것이다. 간단하여서 알기 쉽고 진실하여서 쉽게 믿을 수 있는 일을 익히는 것을 말합니다.

열세 살이 되면 음악을 배우고 시를 외며 작(勺) 춤을 추고, 열다섯 살이 지나면(成童) 상(象) 춤을 추고 활쏘기와 수레몰기를 배운다.

오씨가 말했다. "작(勺)은 「주송(周頌)·작(酌)」의 시인데 작(酌)을 노래하

면서 절도 있게 춤을 추는 문의 춤[文舞]이다. 상(象)은 「주송·무(武)」의 시
인데, 상을 노래하면서 절도 있게 춤을 추는 무의 춤[武舞]이다."

스무 살이 되면 관례를 행하고 비로소 예를 배우며[始學禮], 갖옷과 비
단옷을 입고 대하(大夏)를 춤추며, 효도와 공경[孝弟]을 독실하게 행하며,
널리 배우되 남을 가르치지 않고[博學不敎] 안으로 간직하되 밖으로 드러
내지 않는다[內而不出].

　　진씨가 말했다. "비로소 예를 배운다는 것은 성인(成人)의 도로서 마땅히
제사 때의 길례(吉禮), 상을 당했을 때의 흉례(凶禮), 군에 들어갔을 때의 군
례(軍禮), 손님을 대할 때의 빈례(賓禮), 관례와 혼례 등의 경사스러운 예인
가례(嘉禮)[74] 등 오례(五禮)를 함께 익히는 것이다. 대하(大夏)는 우임금의 음
악인데 음악의 문과 무의 측면을 겸비한 것이다. 남을 가르치지 않는 것은
아마도 배운 것이 아직 정확하지 못하여 스승이 될 수 없다는 것이다. 안으
로 간직하되 밖으로 드러내지 않는다는 것은 안으로 덕을 쌓아서 아름답게
되었으나 스스로 능력을 밖으로 드러내지 않는 것이다." ○ 정자가 말했다.
"옛 사람은 자식을 낳아서 자식이 밥을 먹고 말을 할 줄 알게 되면 소학의 과
정[法]을 가르쳤는데 미리 가르치는 것을 우선시하였다. 사람이 어려서는
지각과 사고에 아직 주관이 없기 때문에 곧바로 날마다 앞에서 격언(格言)과
지당한 의론[至論]을 말해주어야 한다. 비록 깨닫지 못하더라도 또한 마땅히
감화하고 타일러서 귀에 가득 차고 배에 가득 차도록 하여 오래되면 저절로

---

74 왕의 성혼이나 즉위 또는 왕세자, 왕세손, 황태자, 황세손의 성혼 및 책봉의식이다. 우리나라는 세종 때
부터 吉禮, 軍禮, 嘉禮, 凶禮, 賓禮의 오례를 만들기 시작하고 세조 때 완성하여 이를 國朝伍禮儀라 했다.
가례는 冊太后儀, 冊王妃儀, 元子誕生賀儀, 冊王太子儀, 왕태자 稱名立府儀, 왕태자 加元服儀, 왕태자 納
妃儀, 冊王子王姬儀, 公主下嫁儀, 進大明表箋儀, 元正冬至上國聖壽節望闕賀儀, 元正冬至節日朝賀儀, 元
會儀, 왕태자 元正冬至受群官賀儀, 왕태자 節日受宮官賀幷會儀를 비롯하여 궁중에서 행하는 賀禮와 좋은
절기인 날에 행하는 예 또는 군신들에게 하사하는 예 등을 규정했다.

편안히 익혀서 본래부터 가지고 있던 것처럼 된다. 이런 경지에 이르면 비록 다른 말로 현혹시킨다 하더라도 그 말이 귀에 들어가지 않을 것이다. 만약에 미리 가르치지 않고 좀 자란 뒤에 가르치려고 하면 개인적인 의지와 치우친 기호(偏好)가 마음속에서 생겨나고 뭇 사람의 떠들썩한 말이 밖에서부터 좀먹어 들어와서 순수하고 완전하게 되려고 하나 그렇게 될 수 없다." ㅇ 또 말했다. "자제(子弟)의 재능이 경솔하고 발랄한 것이 염려되는 사람은 다만 경학(經學)과 독서(念書) 글을 외는 것(誦書)입니다. 를 가르치되, 글을 짓도록 가르쳐서는 안 된다."

서른이 되면 아내를 얻어 비로소 남자로서 할 일을(男事) 처리한다. 스승을 한정하지 않고(無方) 널리 배우며 벗을 순하게 사귀고 그 뜻을 살핀다.

진씨가 말했다. "남자의 일은 토지를 받아 경작하고 군역과 부역(政役)을 지는 것이다. 방(方)은 일정한 것(常)과 같다. 벗을 순하게 사귀는 것은 벗들과 순조롭게 어울리는 것이다. 뜻을 살피는 것은 그 뜻이 숭상하는 것을 살피는 것이다."

마흔이 되면 비로소 벼슬을 하는데, 일(物)을 대하여(方) 꾀를 짜내고 사려를 발휘하며, 도리에 합당하면 복종하고 옳지 않으면 그만두고 떠나간다.

주자가 말했다. "방(方)은 대한다는 것(對)과 같다. 물(物)은 일(事)과 같다. 일에 따라 꾀하고 생각하는 것이다."

쉰이 되면 명을 받아 대부(大夫)가 되어, 관청의 정무(官政)를 맡아(服) 돌본다. 일흔이 되면 벼슬에서 물러난다[致仕].

진씨가 말했다. "복(服)은 맡는다는 것[任]과 같다. 관청의 정무를 맡아 돌본다는 것은 나라의 큰일에 참여하여 듣는 것이다. 치사(致任)란 맡은 일[職事]을 군주에게 되돌려 주는 것을 말한다."

이상은 가르침을 세우는 차례를 말한 것입니다.

○ 삼대의 성스러운 임금[三王]은 반드시 예와 음악으로 세자(世子)를 가르쳤다. 음악은 안을 닦는[修內] 수단이고 예는 밖을 닦는[修外] 수단이다. 예와 음악이 안에서 서로 섞이면 밖으로 형태가 드러난다. 그러므로 성취한 것이 기쁘고, 그리하여 공손하고 경건하며 온화하고 무늬가 난다.

『예기』입니다. 아래도 같습니다.[75]

진씨가 말했다. "안을 닦는다는 것은 속에 쌓인 사특한 것을 녹여서 없애는 것이다. 밖을 닦는다는 것은 공손하고 엄숙한 범절[儀]을 빚어서 이루는 것이다." ○ 진씨(眞氏)가 말했다. "음악은 안에서 밖으로 드러나는 것이고, 예는 밖에서 안으로 들어가는 것이다. 이 두 가지는 아주 진하게 구석구석 젖어들고 가득 차서 서로 빈틈이 없기 때문에 성취하게 되면 기쁘고, 공손하며 경건하고 온화하며 무늬가 빛나는 것만 보일 뿐이다." ○ 진씨(陳氏)가 말했다. "이미 공손하고 경건한 참된 덕이 있고, 또 온화하고 윤택하며 세련되고 우아한 기상이 있게 되면 예악의 가르침이 크게 효과를 거둔 것이다."

태부(太傅)와 소부(少傅)를 세워 세자를 양육하는 것[養]은 그에게 부모와

---

75 『禮記』「文王世子」

자식, 군주와 신하의 도리를 알도록 하기 위함이다. 태부는 부모와 자식, 군주와 신하의 도리를 살펴서[審] 보여주고[示], 소부는 세자를 보살펴서[奉] 태부의 덕행을 관찰하여 자세히 깨우치도록[審喩] 한다. 앞에는 태부가 있고 뒤에는 소부가 있으며, 들어오면 보(保)가 있고 나가면 사(師)가 있다. 이렇게 세자를 가르치고 깨우쳐서 덕을 이루는 것이다. 사란 일로써 가르치고 덕으로써 깨우치는 사람이다. 보란 몸가짐을 조심하여 돕고 부축하여 도(道)로 돌아가도록 하는 사람이다.

진씨(陳氏)가 말했다. "양육한다[養]는 것은 조용히 열어주고 이끌어서 본연의 선을 길러 스스로 깨닫도록 하는 것이다. 살피고 보여주는 것[審示]은 자신이 덕을 닦음으로써 그에게 보이는 것이다. 자세히 깨우친다는 것은[審喩] 뜻을 설명함으로써 깨닫게 하는 것이다. 태부는 행동으로써 가르치고 소부는 말로써 가르치는데 이 두 가지 방법은 상호 발전을 가져온다. 사(師)는 일로써 가르쳐서 덕을 깨닫도록 한다. 세자에게 부모 섬기는 일을 가르치면 효의 덕을 알고, 어른 섬기는 일을 가르치면 공경의 덕을 알게 된다. 이처럼 세상에는 일밖에 따로 덕이 없다. 보(保)는 세자의 신변을 안전하게 지키고, 보좌하여 도로 돌아가게 한다. 귀와 눈·입·몸이 욕구에 따라 움직이지 않게 하는 것이 이른바 도이다. 세상에는 몸밖에 따로 도가 없다. 세자 한 사람을 네 사람이 부축하고 도와주는데 가르침을 어찌 깨닫지 않을 수 있으며 덕을 어찌 이루지 못하겠는가?"

남의 자식 노릇을 할 줄 알아야 남의 부모 노릇을 할 줄 알며, 남의 신하 노릇을 할 줄 알아야 남의 임금 노릇도 할 줄 알며, 남을 섬길 줄 알아야 남을 부릴 줄도 안다. 그러므로 세자를 양육하는 데 신중하지 않으면 안 된다.

엄릉 방씨(嚴陵方氏)가 말했다. "임금과 아버지의 자리에 앉아서 부리고 명령하는 권한을 잡는 것인데 남을 섬기는 신하와 자식의 도리를 몰라서야 되겠는가?"

한 가지 일[一物]을 해서 세 가지 좋은 결과를 모두 얻을 수 있는 것은 세자가 태학(太學)에 입학하는 것[齒]을 말한다. 그러므로 세자가 태학에 입학하면 나라 사람이 그것을 보고 "앞으로 우리 임금님이 되실 분인데 우리가 나이가 많다 하여 우리에게 양보하는 것은 무엇 때문인가?"라고 물을 것이다. 이에 "부모가 살아 계시면 예법이 그러하다."라고 말할 것이다. 이리하여 보통 사람들이 부자간의 도리를 알게 된다. 두 번째로 사람들이 "앞으로 우리 임금님이 되실 분인데 우리가 나이가 많다 하여 우리에게 양보하는 것은 무엇 때문인가?"라고 물을 것이다. 이에 또 "임금님이 계시므로 예법이 그러하다."라고 말할 것이다. 이리하여 보통 사람들이 군주와 신하 사이의 의리에 밝게 된다. 세 번째로 사람들이 "앞으로 우리 임금님이 되실 분인데 우리가 나이가 많다 하여 우리에게 양보하는 것은 무엇 때문인가?"라고 물을 것이다. 이에 또 "어른을 어른으로 대접하는 것이다."라고 말할 것이다. 이리하여 보통 사람들이 어른과 어린이 사이의 예절을 알게 된다. 그러므로 부모가 계시면(세자는) 자식이 되고 임금이 계시면 신하라고 일컫는 것이다. 자식과 신하의 법절을 지키는 것이 임금을 존경하고 부모를 사랑하는 도리이다. 부모와 자식, 임금과 신하, 어른과 어린이의 도리가 성립되면 나라가 잘 다스려진다. 옛말[語]에,[76] '악정(樂正)은 세자의 학업을 맡았고[司業], 부사(父師)는 덕행의 성취를 맡았다[司成]. 한 사람[一有]이 아주 선량하면[元良] 온 나라[萬國]가 그 때문에 바르게[貞] 된다.'라고

---

76 『書經』「商書·太甲·下」에 거의 비슷한 말이 나온다.

하였는데, 한 사람이란 세자를 가리키는 말이다.

　진씨(陳氏)가 말했다. "일물(一物)은 한 가지 일[一事]이다. 어(語)는 옛말[古語]이다. 악정은 세자에게 『시경』, 『서경』을 가르치는 일을 주관한다. 부사(父師) 태사(太師)입니다.는 세자가 덕을 성취하는 것을 주관한다. 일유(一有)는 『서경』에 한 사람[一人]이라고 되어 있는데, 이는 세자를 가리킨다. 세자가 아주 선량하면 온 나라[萬邦]가 모두 바르게 된다." ○ 진씨(眞氏)가 말했다. "세자의 몸으로서 임금을 존경하고 부모를 사랑하며 어른을 공경하는 도리를 온 세상에 제창한다면 어찌 기꺼이 모여들어 보고 본받지 않을 사람이 있겠는가? 진(秦) · 한(漢) 이래 예와 음악이 폐지되고 사(師)와 보(保)의 교육은 물론, 세자가 태학에 들어가서 나이에 따라 차례를 정하는[齒冑] 예도 없어졌다. 그래서 세자는 나면서부터 귀하고 교만한 습관에 익숙해진다. 이 때문에 다스림이 옛날 같지 않은가 보다." ○ 「보부(保傅)」편[77]에서 말했다. "사람의 성품이 서로 다르지 않은데 어째서 삼대의 군주는 도를 지녀 오래 왕조가 지속되었고, 진은 도를 잃어 갑자기 망했는지 그 까닭을 알 수 있다. 옛날의 제왕은 태자가 태어나면 예로써 행실을 기르고 선비를 시켜 돌보게 하며, 유사(有司)에게 맡겨 몸가짐을 엄숙하게 하고 단정하게 예복을 갖추어 남쪽 교외[南郊][78]에서 뵙게 하였는데 이것은 태자를 하늘에 보이는 것이다. 대궐을 지날 때에는 수레에서 내리고, 종묘를 지날 때에는 종종걸음으로 지나가게 한다. 이것은 효자의 도리이다. 이렇게 하였기 때문에 핏덩이 아이[赤子] 때부터 가르침이 착실하게 행해졌다. 그리고 두세 살[孩提]이 되어 지각이 나면[有識] 삼공(三公) 태사(太師), 태부(太傅), 태보(太保)입니다.과 삼소(三少) 소사(少師), 소부(少傅), 소보(少保)입니다. 가 효(孝) · 인(仁) · 예(禮) · 의(義)를 밝혀서 이끌어 주

---

77 『新書』「保傅」
78 고대에는 天子만이 남쪽 교외에서 하늘에 제사를 지낼 수 있었다. 太子는 앞으로 天子가 될 신분이기 때문에 태어나면 남쪽 교외에서 예를 거행하여 太子를 하늘에 알리는 것이다.

어 익히게 하고 간사한 사람을 물리쳐서 나쁜 행실을 보지 못하게 했다. 그리고 세상의 모든 단정한 선비 가운데 효도하고 우애가 있으며 견문이 넓고 도덕과 학문〔道術〕을 지닌 사람을 뽑아서 보좌〔衛翊〕하게[79] 하여 태자와 함께 거처하고 드나들게 했다. 그러므로 태자가 태어나면서부터 바른 일을 보고 바른말을 듣고 바른길을 갈 수 있었던 것은 주위〔前後左右〕에 있는 사람이 모두 바른 사람이었기 때문이다. 바른 사람과 함께 거처하면서 습관을 익히면 바르게 되지 않을 수 없다. 마치 제(齊)나라에 태어나서 자라면 제나라 말을 할 수밖에 없는 것과 같다. 바르지 않은 사람과 함께 거처하면서 습관을 익히면 바르게 될 수가 없다. 마치 초(楚)나라에 태어나서 자라면 초나라 말을 할 수밖에 없는 것과 같다. 공자는 '어려서부터 형성된 것은 마치 천성(天性)과 같고, 습관(習貫) 관(貫)은 습관의 관(慣)입니다. 은 마치 저절로 그러한 것과 같다.'라고 하였다. 태자가 조금 자라면 태학에 들어가 스승을 받들어 도를 묻고 물러 나와 익혀서 태부에게 검사를 받는다. 태부가 태자의 법도에 어긋난 일〔不則〕을 벌주고 미치지 못한 것을 바로잡으면 태자는 덕과 지혜가 자라고 이치와 도리를 깨닫게 된다. 태자가 관례(冠禮)를 하고 성인이 되어 보(保)와 부(傅)의 엄격한 훈육에서 벗어나면 허물을 기록하는 사관〔史〕이 있고 천재지변에 반찬의 가짓수를 줄이는 일〔徹膳〕을 맡아보는 관리〔宰〕가 있으며, 선한 것을 본받도록 올리는〔進善〕 깃대〔旌〕와 잘못을 써서 비판하는〔誹謗〕 나무〔木〕가 있고, 과감하게 잘못을 고하는 북〔鼓〕이 있다. 또 장님〔瞽史〕은 시를 외고, 악공은 충고하는 잠언〔箴諫〕을 외며, 대부는 계책을 올리고, 선비는 백성의 여론을 전하여 태자는 습관이 지혜와 함께 자라게 된다. 그러므로 충고하는 말이 뼈저린 것〔切〕이어도 부끄럽지 않으며〔不傀〕 충고가 비록 뼈저린 것이나 받아들일 수 있기 때문에 부끄럽거나 한스럽지 않은 것입니다. 교화가 마음에 맞게 이루어지기 때문에 타고난 성품처럼 도리에 맞게 된다. 도리에 부합하는 것이 마치

---

[79] 翊이 다른 판본에는 대부분 翼으로 되어 있다.

성품이 저절로 그러한 것과 같은 것입니다. 삼대가 오래도록 지속될[長久] 수 있었던 까닭은 태자를 도와 이끄는 데 이처럼 체계가 갖추어져 있었기 때문이다. 그러나 진(秦)에 이르러서는 그렇지 못하여, 풍속이 본래 사양하는 것을 귀하게 여기지 않고 고자질하여 들추어내는 것[告訐]을 숭상하며, 예의를 본래 귀하게 여기지 않고 형벌을 숭상하였다. 조고(趙高)를 호해(胡亥, 진시황의 아들, 진의 2세)의 사부[傅]로 삼아 옥사(獄事)를 가르치니 호해가 익힌 것은 사람의 목을 베거나[斬] 코를 베는 것[劓]이 아니면 삼족(三族)을 멸하는 것[夷]이었다. 그래서 호해는 즉위한 다음날로 바로 사람에게 활을 쏘았으며, 충성스럽게 간하는 사람을 비방한다고 하고, 깊은 계책을 아뢰는 사람을 요망한 말[妖言]을 한다고 하였다. 그리고 사람 죽이는 것을 마치 풀이나 띠풀[菅]을 베는 것[艾] 애(艾)는 풀을 베는 것[제]입니다. 처럼 여겼는데, 이것이 어찌 호해의 성품만 악해서 그런 것이겠는가? 그가 그렇게 된 것은 이끈[道] 사람이 이치에 어긋났기 때문이다. 속담에 이르기를 '앞에 가는 수레가 뒤집히면 뒤따르는 수레가 조심해야 한다.'라고 했다. 진나라의 대[世]가 그렇게 빨리 끊어진 까닭은 지나간 바퀴 자국처럼 분명하게 볼 수 있다. 그런데도 뒤따르는 수레가 피하지 않으면 역시 뒤집힐 것이다. 온 세상의 운명은 태자에게 달려 있고, 태자가 선하게 되는 것은 일찍 깨우치고 가르치며 좌우에서 돕는 사람을 고르는 일에 달렸다. 제대로 가르치고 좌우에서 돕는 사람이 바르면 태자도 바르게 되고, 태자가 바르게 되면 온 세상이 안정될 것이다." 신씨(慎氏)가 말했습니다. "「보부」 편은 비록 한(漢)의 가의(賈誼)가 지은 것이지만 대체로 옛 사람들이 남겨놓은 말이다." ○ 주자가 말했다. "근세에 이르러 제왕이 자식을 가르치는 방법은 소홀하고 간략하다. 그래서 가르치는 것들이 기억하여 외거나 글씨와 편지 쓰는 공부에 지나지 않고 인(仁)·효(孝)·예(禮)·의(義)의 학습으로 열어준 적이 없다. 심지어 용모와 말씨, 옷, 일상용품 같은 것이 극도로 사치스러워도 제한한 적이 없다. 부리는 관리[寮屬]는 인원수대로 갖추어졌으나 보와 부의 엄격한 가르침은 없고, 경전을 강독하는 예는 갖추었지만 경계하고 간하는〔箴規〕 유익은 없다. 심지어 아침저녁으로 드나들고 함께 거처하며 허물 없이 친하게 지내는 사람들이라고는 환관과 가까이 모시는 신하〔近習〕, 청소하고〔壻除〕, 심부름하는〔趨走〕 사람들에 지나지 않을 뿐이다. 제왕의 세대에서 마땅히 전해주어야 할 전통은 위로는 종묘사직을 이을 막중한 책임과 아래로는 온 세상 뭇 백성〔四海烝民〕의 생명이 있고, 앞에는 조상〔祖宗〕이 창업하여 물려준 나라를 짊어지고 뒤로는 오래도록 후손에게 물려줄 계책을 수립해야 할 어려운 책임이 있는데도 자식을 보좌하고 기르는 교육수단이 이처럼 소홀하고 간략하다. 이것은 마치 집안에 명월주(明月珠)와 야광벽(夜光璧)이 있는데 그것을 도둑이 득시글거리는 사통팔달한 거리〔衢路〕에 두는 것과 같으니 어찌 위태롭지 않겠는가?"

이상은 세자를 교육하는 방법을 말한 것입니다.

신이 생각건대, 삼대에 세자를 교육했던 방법이 『예기』와 「보부」에 다 실려 있는데 근세에 이르러 그 전통을 잃어버렸습니다. 주자도 이것을 상세하게 언급했습니다. 대체로 사람은 공경하는 것이 있으면 멋대로 굴지 않고, 두려워하는 것이 있으면 함부로 행동하지 않습니다. 그런 뒤에야 마음을 움직여 성품을 억누르고, 배움에 나아가 덕을 닦을 수 있습니다. 후세의 교육은 본래 매우 소홀하고 간략한 데다가 예닐곱 살이 지나면 바로 부리는 관리가 있어 이때부터 이미 다른 사람 위에 서는 것만 익히고, 공경하고 두려워하는 것이 없습니다. 나아가 강론하는〔進講〕 관리가 극도로 떠받들고 존중하여 스승의 도가 끊어졌으며, 만나더라도 바로잡고 간하는〔規諫〕 말은 드뭅니다. 오로지 환관과 궁녀〔宮妾〕들이 날마다 친밀하게 부닐고〔親昵〕, 편안하고 즐거운 오락으로 이끌며 사치스러운 기구를 사용하는 데 습관을 들여서 늘 해오던 일과 오래된 관습〔故事舊習〕이 하나도 바른 것이 없습니다. 이렇게 하고서도 세자의 배움이 완성되고 덕이 확립되어 영원히〔萬世〕 신하와 백성이 우러러보고 의지하는[仰賴] 사람이 되기를 바라는 것이 어찌 어렵지 않겠습니까? 반드시 도와 덕을 갖춘 선비를 가려 뽑아 스승으로 삼아서 세자로 하여금 공경을 다하고, 스승의 도를 엄격하게 함으로써 보고 느낀 것을 본보기로 삼게 하며, 부리는 관리들도 모두 단정하고 반듯하며 도에 뜻을 둔 선비를 골라 밤낮으로 함께 지내게 하여, 좌우에서 끼고 보좌하여 좋은 영향을 끼침[薰習]으로써 성품을 이루게 해야 합니다. 그리하여 잘못이 있으면 기록하고, 게으르면 경계하여 세자로 하여금 늘 근신하게 하고 스스로 안일할 겨를이 없게 해야만 배움이 날마다 성취하고 덕이 날마다 진보할 수 있습니다. 비록 그렇기는 하나 임금은 세자의 모범[則]입니다. 임금이면서 스스로 공경하고 두려워하는 바가 없이 위에서 방탕하고 제멋대로 하면 세자에게도 애초에 모범으로 삼을 것이 없고, 저 현명한 사부와 부리는 관리들도 조정에 있기가 불안하여 뒤도 돌아보지 않고 떠나버릴 것입니다. 그러니 비록 도로써 가르치고 기르려고[教養] 해도 어찌 그렇게 할 수 있겠습니까? 『시경』에서는[80] "후손에게 꾀[謀]를 남겨주시어 (조상을) 공경하는 아들을 편안하게 하신다."라고 하였고, 『서경』에서는,[81] "우리 후손을 인도하고 돕는 데, 모두 올바름으로써 하고 결함이 없게 하셨다."라고 하였습니다. 전하께서는 이것을 깊이 유념하시기 바랍니다.

제5장 친친 (親親, 친족을 친하게 대함)

신이 생각건대, 효도와 자애의 도리를 미루어가는 데에는 친족을 친하게 대하는 것보다 앞서는 것이 없습니다. 그러므로 친친을 다음에 두었습니다.

『시경』에서 말했다. "산사나무[常棣] 꽃이 선명하게[韡] 위(韡)는 위(韋)와 귀(鬼)

---

80 『詩經』「大雅 · 文王有聲」
81 『書經』「周書 · 君牙」

의 반절(反切)로 읽습니다. 피지〔鄂〕 않았는가〔不〕? 지금 모든 사람들이 내 형제
만 한 이가 없네."

주자가 말했다. "악(鄂)은 활짝 피어〔鄂然〕 밖으로 드러난〔外見〕 모습이다.
불(不)은 '어찌 아니〔豈不〕'라는 말과 같다. 위위(韡韡)는 밝게 빛나는 모습이다.
이 시는 형제와 잔치하는 즐거움을 노래한 것이다."

언덕에 할미새〔脊令〕가 깝작거리네. 위급한 일에는 형제가 구원하네. 비
록 좋은 친구야 있다 하지만 그럴 땐 길이 탄식만 하고 있구나.

주자가 말했다. "할미새〔脊令〕는 물가에 사는 새이다. 날 때에는 지저귀고
걸을 때에는 몸을 흔들듯 깝작거려서 마치 위급함을 알리는 것 같다. 그래서
할미새로 시의 흥(興)[82]을 일으켰다." ○ 동래 여씨(東萊呂氏)가 말했다. "친
하게 대해야 할 사람에게 소홀히 대하고 소홀히 대할 사람에게 친하게 대하
는 것은 본마음〔本心〕을 잃어버린 것이다. 그러므로 이 시는 벗〔朋友〕이 형제
만 못함을 말한 것이니, 친하게 대해야 할 사람과 소홀히 대해도 될 사람의
분별을 보여주어서 근본을 돌이켜 따르도록 한 것이다. 본마음을 얻으면 친
한 사람부터 소홀한 사람까지 반듯하게 질서가 잡힌다. 형제 사이의 우애가
두터우면 벗들 사이의 의리도 돈독해지는 것이니 애초에 벗들에게 박하게
대하라는 말은 아니다. 만약에 뒤섞어 시행하여 차례가 없으면〔不孫〕 손(孫)은
차례〔順〕입니다. 비록 벗에게 후하게 대한다 하더라도 근원이 없는 물과 같아서
아침에 가득 찼다 하더라도 저녁에는 새어버릴 것이니 어떻게 보존할 수 있

---

82 먼저 노래하고자 하는 사물과 유사한 느낌이나 인상을 가진 다른 사물을 읊고 이어서 노래하려는 심정
을 진술하는 체제. 『시경』의 六義 가운데 하나이다.

젰는가?"

아내와 아이들이 사랑하고 화목하여 금(琴)과 슬(瑟)을 타는 듯 어울리
더라도 형제가 화합하여야[翕] 오래도록 화목하고 즐거우리라[湛].

　　주자가 말했다. "흡(翕)은 화합하는[合] 것이다. 담(湛)은 즐거움이 오래
지속되는 것이다." ○ 첩산 사씨(疊山謝氏)가 말했다. "형제가 화목하지 않으
면 가정의 분위기가 어그러지지 않음이 없어서 비록 아내와 자식 사이에 화
목한 즐거움이 있다 하더라도 그 즐거움을 편안히 누릴 수 없다. 오직 형제
가 화목하여 즐거우면 온 집안의 정이 서로 화목하지 않음이 없고, 아내와
자식 사이의 즐거움도 또한 오래갈 수 있다. 대체로 천륜으로 결합한 관계
[天合]가 조금이라도 어긋나고 반목하면[乖睽] 인륜으로 결합한 관계[人合]도
편안할[康寧] 수 없다."

요임금은 큰 덕[俊德]을 밝힐[明] 수 있었기 때문에 그것으로 구족(九族)과
친하게 지냈고, 구족이 화목하게[睦] 되자 백성을 고르고 밝게[平章] 다스
렸다. 그리하여 백성이 밝아졌다[昭明].

「우서(虞書)·요전(堯典)」입니다.[83]

　　채씨(蔡氏)가 말했다. "명(明)은 밝힌다[明之]는 것이다. 준(俊)은 크다[大]
는 것이다. 구족(九族)이란 고조(高祖)에서 현손(玄孫)에 이르기까지의 친족
으로서, 가까운 친척은 물론 먼 친척까지 해당하는데 오복친(五服親, 복제에
따라 상복을 입어야 하는 가까운 친척)과 이성친(異姓親, 성이 다르면서 혼인 따
위로 맺어진 겨레붙이)까지를 포함한다. 목(睦)은 화목한 것이고, 평(平)은 고

---

83 『書經』「虞書·堯典」

른 것이며, 장(章)은 밝은 것이다. 소명(昭明)은 모두 스스로 자신의 덕을 밝힌다는 것이다." ○ 왕씨(王氏)가 말했다. "친(親)은 친하게 대하는 것〔親之〕이다. 목(睦)은 서로 친함을 나누는 것이다."

○ 공족(公族, 왕이나 신분이 높은 사람의 동족)에게 죄가 있으면 세 번 용서〔三宥〕한 다음 형벌에 처한다.

『예기』입니다.[84]

『예기』에서 말했다.[85] "공족이 죽을죄를 지으면 전인(甸人)에게 넘겨 목을 매어〔罄〕 죽인다. 경(罄)은 목을 매달아〔懸縊〕 죽이는 것입니다. 전인(甸人)은 교외의 토지를 관리하는 벼슬아치인데 저자거리〔市朝〕에서 집행하지 않고 이들에게 맡기는 것은 공족의 형을 숨기기 위해서입니다. 형벌을 받을 죄를 지으면〔刑罪〕 역시 전인에게 기소 이유를 낭독하게〔告〕 고(告)는 국문한다는 국(鞠)으로 읽습니다. 하여 처벌하고 공족에게는 궁형(宮刑)을 내리지 않는다. 옥사가 성립되면 유사(有司)가 공(公)에게 '아무개의 죄는 사형〔辟〕에 해당합니다.' 하고 평의〔讞〕한다. 그러면 공이 '용서하라〔宥之〕.'라고 말한다. 유사가 또 '사형에 처해야 합니다.' 하여 공이 또 '용서하라.'라고 말한다. 유사가 또 '사형에 처해야 합니다.' 하여 세 번째로 용서하라는 말을 하면 대답하지 않고 달려 나가 전인에게 맡겨 사형에 처한다. 공이 또 사람을 시켜 뒤쫓아 가서 '비록 그렇기는 하지만 반드시 사면을 해주라.'라고 말한다. 유사가 '이미 늦었습니다.'라고 대답하면 돌아가서 공에게 복명한다. 공은 소복을 입고, 성찬(盛饌)을 들지 않으며〔不擧〕 희생물〔牲〕을 잡아서 성찬(盛饌)을 먹는 것을 거(擧)라고 합니다. 직접 그를 위해 곡〔親哭〕을 한다."
○ 장락 진씨(長樂陳氏)가 말했다. "공적인 처지에서 법대로 처리할 수도 없

---

[84] 『禮記』「文王世子」
[85] 『禮記』「文王世子」

고 의리[義]를 따라서 은혜를 가릴 수도 없기 때문에 세 번 용서하라고 하고 또 뒤쫓아 가게 하며, 어찌할 수 없는 상황에 이른 뒤에야 소복을 입되, 성찬을 먹지 않으며 그를 위하여 변례(變禮)를 한다."

신이 생각건대, 친족을 친하게 대하는 것은 집안[有家]의 급선무이며 친족을 친하게 대하는 방법도 한 가지만이 아닙니다. 종족(宗族, 친족 집단)가운데에는 현명한 사람도 있고 어리석은 사람도 있어 한결같지 않으니 돈독하고 화목한 은혜는 마땅히 공평해야 하지만 등용하고 버리는 의리는 반드시 구별해야 합니다. 후하게 기르고 부지런히 가르쳐서 재능과 덕이 뚜렷이 드러난 사람은 뽑아서 직접 일을 맡기고, 재능과 덕이 없어서 쓸 수 없는 사람은 녹(祿)이라도 먹게 하면 종족도 보전되고 다스리는 일에도 문제가 없을 것입니다. 후세에 중도를 지키지 못하여 치우치게 신뢰를 하며 그에게 책임을 맡기면 임금의 명령을 제멋대로 좌우하여 아무도 제재하지 못하는 지경에 이르고, 폐단을 바로잡는다고 하여도 지나치게 억누르면 비록 현명하고 유능한 사람이 충성을 바치고자 해도 그를 등용할 수 없습니다. 이는 모두 선왕이 친족을 친하게 대하던 의리가 아닙니다. 재물이나 직책을 주는 것에는 절도가 있고 만나 보는 것에도 때가 있어야 하며, 따뜻하고 너그럽게 열어줌으로써 익힌 것을 시험하여 저마다 쌓은 실력을 펼칠 수 있도록 하여 유능한 사람을 권면하고 무능한 사람을 훈계한다면 정(情)과 예(禮)가 함께 행해지고 떨쳐 일어나 선을 행하게 될 것입니다. 후세에는 중도를 지키지 못하여 사사로운 관계에 치우쳐서 지나치게 후하면 그 사람이 요구하는 것은 무엇이든 들어주고 죄가 있어도 다스리지 아니하여 당시의 정사에 해를 끼치게 되며, 또 데면데면하게 대하고 친절하지 않으면 길가는 사람을 보듯 한번도 만나보지 않고 소외시킵니다. 이런 것은 모두 선왕이 친족을 친하게 대하던 은혜가 아닙니다. 반드시 사사로운 은혜로 공적인 의리를 해쳐서도 안 되고 공적인 의리로 사사로운 은혜를 끊어서도 안 됩니다. 은혜와 의리가 다 극진해진 뒤에야 친족을 친하게 대하는 도리를 얻게 됩니다. 엎드려 바라건대, 전하께서는 이 점을 유념하십시오.

제6장 근엄 (謹嚴, 삼가고 엄격함)

신이 생각건대, 윤리를 바로잡고 은혜와 의리를 두텁게 하기 위한 설명은 위의 넉 장에서 대강을 진술했습니다. 이 두 가지는 근엄을 주로 삼기 때문에 근엄을 다음에 두었습니다.

예는 부부 사이에 삼가는 데서 비롯하니 집을 꾸밀 때 안팎을 구별하여 남자는 바깥채에서 거처하고 여자는 안채에서 거처한다. 깊숙한 내실[深宮]은 문을 단단히 닫아 걸고 문지기 환관[閽寺]이 지킨다. 남자는 안채에 들어가지 않고 여자는 바깥으로 나오지 않는다.

『예기』입니다. 아래도 같습니다.[86]

진씨(陳氏)가 말했다. "부부는 인륜의 시초이니 부부 사이에 삼가지 않으면 다른 모든 인류[倫類]을 어지럽히게 된다. 그러므로 예는 부부 사이에 삼가는 데서 비롯한다."

남자는 안의 일을 말하지 않고 여자는 밖의 일을 말하지 않는다. 제사 지낼 때와 상(喪)을 당했을 때가 아니면 서로 그릇을 주고받지 않는다. 그릇을 서로 주고받을 때에도 여자는 광주리[筐]로 받고, 광주리가 없으면 모두 앉아서[皆坐] 그릇을 바닥에 놓은 뒤[奠] 집어든다.

---

86 『禮記』 「內則」

진씨가 말했다. "제사는 엄숙해야 할 상황이고, 상은 시급한 상황이므로 서로 그릇을 주고받더라도 다른 혐의가 없다. 이 두 가지를 제외하고 그릇을 건네받을 때, 여자는 반드시 광주리를 들고 그릇을 주는 사람이 광주리 안에 놓도록 한다. 모두 앉는다〔皆坐〕는 것은 남자와 여자가 꿇어앉는 것이다. 건네주는 사람이 꿇어앉아서 그릇을 바닥에 놓으면 받는 사람이 역시 꿇어앉아서 그릇이 놓인 곳으로 가서 집어 든다."

남자와 여자는 우물〔井〕을 같이 쓰지 않고 욕실〔湢浴〕을 벽(湢)은 음이 벽(逼)입
니다.[87] 같이 쓰지 않으며, 침실〔寢席〕을 같이 쓰지 않고 서로 물건을 빌려 쓰지 않으며, 서로 윗도리와 아랫도리〔衣裳〕를 돌려가며 입지 않는다. 안의 말이 바깥으로 나가지 않게 하며 밖의 말이 안으로 들어오지 않게 한다. 남자는 안으로 들어갈 때 휘파람을 불거나 손가락질을 하지 않고, 밤에 길을 갈 때에는 촛불을 밝히며, 촛불이 없으면 가지 않는다. 여자는 문을 나갈 때 반드시 얼굴을 가리고, 밤에 길을 갈 때에는 촛불을 밝히며, 촛불이 없으면 가지 않는다. 길에서 남자는 오른쪽으로 가고 여자는 왼쪽으로 간다.

진씨(陳氏)가 말했다. "벽(湢)은 욕실(浴室)이다."

『주역』에서 말했다. "집안을 법도로 막으면〔閑〕 후회가 없다."

「가인괘(家人卦)」, 초·9 효사입니다.

정자가 말했다. "한(閑)이란 법도로 막는 것〔防閑〕이다. 집안을 다스리는 사람이 법도로써 막지 않으면 인정이 함부로 흘러서 반드시 후회하는 데 이

---

[87] 오늘날 湢의 음은 핍이나 본음은 벽이다.

르게 된다. 어른과 어린이의 차례를 잃어버리고, 남자와 여자의 분별을 어지럽히며, 은혜와 의리를 상하게 하고, 윤리를 해쳐서 이르지 않는 곳이 없게 되는 것이다. 법도로 막으면 이런 일이 없을 것이다. 그러므로 후회가 없다."

부인과 어린이가 시시덕거리며[嘻嘻] 웃으면[嘻] 끝내 한을 남긴다.

「가인괘」 9·3 효사입니다.

○ 정자가 말했다.[88] "희(嘻)는 절제가 없이 웃고 즐거워하는 것이다. 사람이 한집안에 거처하면서 피와 살을 나눈[骨肉] 부모와 자식 사이에는 대개 정 때문에 예를 지키지 못하고 은혜 때문에 의리를 저버린다. 오직 굳건하게 뜻이 선 사람이라야만 사사로운 사랑 때문에 올바른 이치를 잃어버리지 않을 수 있다. 그러므로 뜻이 굳건한 것을 좋게 여기는 것이다. 근엄함이 지나치면 비록 인정에는 손상이 없을 수 없으나 만일 법도가 확립되고 윤리가 바르게 되면 이에 은혜와 의리가 보존될 수 있다. 만약에 절도가 없이 시시덕거리면 법도가 그 때문에 폐지되고 윤리가 그 때문에 어지러워질 것이니 어찌 그 집안을 보존할 수 있겠는가? 끝내 집안이 무너질 것이니 부끄럽고 한스러운 일이다."

이상은 안팎의 분별이 근엄해야 함을 말한 것입니다.

사람은 자기가 좋아하는 대상에 대하여[之] 치우치고[辟], 천시하고 미워하는 대상에 대하여 치우치고, 두려워하거나 공경하는 대상에 대하여 치우치고, 애처롭고 불쌍한 대상에 대하여 치우치고, 오만[敖]하거나

---

88 정자의 말은 家人卦 6·2효와 9·3효의 傳을 섞어놓은 것이다. 嘻嘻의 뜻풀이는 9·3효, "사람이 한집안에……좋게 여기는 것이다."는 6·2효, "근엄함이……" 이하는 9·3효의 傳이다.

나태[惰]한 대상에 대하여 치우친다. 그러므로 좋아하면서도 그의 나쁜 점을 알고 미워하면서도 그의 좋은 점을 아는 사람은 세상에 드물다.

『대학』입니다. 아래도 같습니다.[89]

주자가 말했다. "지(之)는 '～에(게)'를 뜻하는 어(於)와 같다. 벽(辟)은 치우침을 뜻하는 편(偏)과 같다. 이 다섯 가지는 사람에게 본래부터 있는 당연한 준칙이다. 그러나 보통 사람의 감정은 오직 향하는 대로 따르고 다시 살피지 않기 때문에 반드시 어느 한쪽으로 치우쳐 몸이 닦이지 않는 것이다." ○ 북계 진씨(北溪陳氏)가 말했다. "오(敖)는 다만 예를 행하는 것을 대수롭잖게 여기는 것이다. 타(惰)는 다만 예를 행하는 데 게으른 것이다. 어떤 사람이 있는데 사랑할 만하지도 않고 공경할 만하지도 않으며 다만 그저 그런 사람이면 저절로 대수롭잖게 여기거나 건성으로 대하게 된다."

그러므로 속담[諺]에 "사람은 아무도 자기 자식의 잘못을 아는 이가 없으며, 자기 밭의 싹이 자라는 것을 아는 이가 없다."라고 하였다.

주자가 말했다. "언(諺)은 속담[俗語]이다. 사랑에 빠진 사람은 밝지 못하고 탐욕이 많은 사람은 만족할 줄 모른다. 이것이 곧 치우침이 해가 되며 집안이 가지런해지지 못하는 까닭이다."

공자가 말했다. "오직 여자와 소인(小人)은 다루기 어렵다. 가까이 하면 공손하지[孫] 손(孫)은 공손한 것[遜]입니다. 못하고 멀리하면 원망한다."

『논어』입니다.[90]

---

89 『大學』傳 8章
90 『論語』「陽貨」

주자가 말했다. "여기서 말하는 소인은 부리는 종〔僕隸〕과 아랫사람〔下人〕을 말한다. 군자가 신하와 첩에게 장중하게 대하고 사랑으로 다루면〔畜〕 혹(畜)은 허(許)와 육(六)의 반절로 읽습니다. 이 두 가지 근심이 없을 것이다."

이상은 사람을 접하거나 대할 때 근엄해야 한다는 것을 말한 것입니다.

아내가 부재하여 첩이 남편을 모시더라도 그날 밤을〔當夕〕 꼬박 모실 수는 없다.

『예기』입니다.[91]

오씨(吳氏)가 말했다. "옛날에는 아내와 첩이 잠자리를 모시는 데 저마다 정해진 밤이 있었다. 당석(當夕)이란 아내가 모시기로 되어 있는 밤이다." ○ 엄릉 방씨(嚴陵方氏)가 말했다. "윗사람의 권한을 침해한다는〔上僭〕 혐의를 피하려는 것이다."

『시경』에서 말했다. "저 푸른〔綠〕 옷이여! 겉옷은 푸른데 속옷은 누럴구나! 내 마음속 근심은 언제 그치려나〔已〕."

「패풍(邶風)·녹의(綠衣)」입니다.

주자가 말했다. "초록색〔綠〕은 파란색〔蒼〕이 노란색〔黃〕보다 많이 섞인 중간색〔間色〕이다. 노란색은 오행 가운데 중앙(中央)에 위치한 토(土)의 순수한 색〔正色〕이다. 중간색은 천한 색인데 겉옷에 쓰고 순수한 색은 귀한 색인데 속옷에 쓴다는 것은 모두 제자리를 잃어버린 것을 말한다. 이(已)는 그치는 것〔止〕이다. 장공(莊公)이 총애하는 첩에게 현혹되어 부인인 장강(莊姜)은 현

---

91 『禮記』「內則」

숙한데도 정실의 자리를 잃어버렸다. 그러므로 이 시를 지었다. 이 시에서는 초록색 겉옷과 노란색 속옷으로 천한 첩이 존귀해져서 두드러지고 정실부인이 유폐되어 미미해진 것에 견주어[比],[92] 나로 하여금 근심을 스스로 그치게 할 수 없다는 것을 말한 것이다."

신백(辛伯)[93]이 말했다. "첩을 왕후와 함께 모시거나[並后] 서자를 적자와 같이 대하거나[匹嫡] 정사를 둘로 나누어 하거나[兩政] 수도와 같은 규모의 대도시를 허용하는 것[耦國]은 혼란의 근본입니다."

『춘추좌씨전』입니다.[94]

진씨(眞氏)가 말했다. "하늘에는 두 해가 없고, 땅에는 두 임금이 없으며, 존귀한 자리에는 두 어른이 없다. 그러므로 첩은 왕후와 나란히 설 수 없고, 병후(並后)란 첩이 왕후처럼 된 것을 말합니다. 서자는 적자와 같이 될 수 없고, 필적(匹嫡)이란 서자가 적자처럼 된 것을 말합니다. 신하는 분수를 넘어 임금을 흉내 내어[儗] 그 권위를 침해할 수 없다. 양정(兩政)이란 신하가 임금의 명령을 멋대로 주무르는 것이고, 우국(耦國)이란 대부(大夫)의 읍(邑)이 나라의 수도와 같이 된 것입니다. 이것은 하늘과 땅의 떳떳한 보편적 기강[常經]이고 영원히 변하지 않는 정의[大義]이다. 신백 주나라의 대부입니다. 은 이 네 가지를 아울러 말했는데 병후(並后)를 맨 앞에 내세웠기 때문에 여기에서 서술하였다." ○ 한 문제(文帝)[95]가 총애하는 신부

---

92 比는 『詩經』의 六義 가운데 하나로서 유사한 사물을 취해서 그것에 비유하여 정감을 진술하는 詩의 체제이다.
93 『聖學輯要』 원문에서는 辛有라고 하였으나 『春秋左氏傳』에 의하면 辛伯이 옳다. 辛有는 周 平王 때의 大夫이며 辛伯은 桓王 때의 大夫이다. 周의 공작 (桓公, 이름은 黑肩)이 莊王을 죽이고 왕의 아우 克(子儀)을 세우려고 하였다. 그런데 辛伯이 이것을 눈치 채고 왕에게 알려서 왕과 협력하여 周公을 죽였다. 왕자 克은 燕나라로 도망을 갔다. 처음에 克은 父王인 桓王의 총애를 받았다. 桓王은 克을 周公에게 맡겼는데 그때 辛伯이 위의 말을 하였다. 그러나 周公은 이 말을 듣지 않았고 결국은 이런 결과에 이르렀다.
94 『春秋左氏傳』 「桓公 18年」
95 『資治通鑑』 「太宗孝文皇帝 · 上」

인(愼夫人)이 궁궐 안[禁中]에서 늘 황후와 같은 자리에 앉았다. 한번은 행차가 상림(上林)에 이르러 자리를 깔았는데 원앙(袁盎)이 신부인의 자리[坐] 좌(坐)는 자리[席]입니다. 를 끌어당겨서 물리쳤다. 이에 신부인이 노하고, 황제도 노하였다. 그러자 원앙이 앞으로 나아가 이렇게 말했다. "신이 듣기에 높은 자리와 낮은 자리의 질서가 있어야 위아래가 화목해진다고 합니다. 지금 황후가 이미 계시기 때문에 부인은 첩인 것입니다. 첩이 정실과 어찌 같은 자리에 앉을 수 있겠습니까? 폐하께서만 홀로 척부인 사건[人彘][96]을 보지 못했단 말입니까?" 그러자 황제가 기뻐하며 부인을 타이르고 원앙에게 황금 50근을 상으로 주었다. 진씨(眞氏)가 말했습니다. "문제가 원앙을 용서해주었을 뿐만 아니라 상까지 주었으니 원앙의 강직함은 본래 높이 살 만하고 문제 또한 현명하였다."

이상은 정실과 첩 사이의 분별에 근엄해야 함을 말한 것입니다.

○ 환공(桓公) 6년 9월 정묘(丁卯)에 아들[子] 동(同)이 태어났다.

『춘추(春秋)』 경문(經文)입니다. 아래도 같습니다.

호씨(胡氏)가 말했다. "『춘추』의 경문(經文)에 아들 동이 태어났다고 기록한 것은 국가의 근본을 바로잡고, 후세에 서자가 적자의 지위와 권한에 필적함으로써[配嫡] 정실 소생의 자리를 빼앗는[奪正] 일을 막기 위한 것이니 후세에 전하는 교훈[垂訓]의 뜻이 크다. 이 기록은 세자에 관한 것인데 세자라고 지칭하지 않은 것은 무엇 때문인가? 세상에는 태어나면서부터 귀한 사람이 없고, 천자에게 맹세를 한 뒤에 세자가 되기 때문이다." ○ 진씨(眞氏)가 말했다. "가의(賈誼)의 책에[97] 이런 말이 있다. '위세[勢]가 분명하면 백성

---

96 한 고조의 애첩이었던 戚夫人을 황후인 呂后가 팔다리를 자르고 눈을 뽑고 혀를 자른 후 뒷간에 두고 사람 돼지[人彘]라 하였던 일
97 『新書』 「立後義」

이 안정되고 권력이 한 길로 나온다. 그러므로 사람들이 재상이 되려고 다투기는 해도 세자가 되려고 간사한 일을 꾸미지 않는 것은 재상의 지위가 높고 세자의 지위가 낮아서 그런 것이 아니라 지혜로써 추구할 수 없고 힘으로써 다툴 수 없는 것이기 때문이다.' 여기까지가 가의의 말입니다. 옛날에 세자가 태어나면 널리 공표하여 백성이 모두 알게 한 것은 모든 이들의 여망이 세자에게 달려 있기 때문이다. 이는 곧 나라의 근본이 정해지는 것은 세자를 세우는[建儲] 날에 있지 않고 태어난 날에 있음을 의미한다. 그래서 『춘추』에서는 아들 동이 태어났을 때 조심스럽게 기록하였던 것이다."

희공(僖公) 5년 여름에 공(公)이 제나라 후작[齊侯], 송나라 공작[宋公], 진나라 후작[陳侯], 위나라 후작[衛侯], 정나라 백작[鄭伯], 허나라 남작[許男], 조나라 백작[曹伯]과 수지(首止)에서 왕세자를 만났다. 8월 가을에 제후가 수지에서 맹약을 하였다.[98]

임씨(林氏)가 말했다. "혜왕(惠王)이 태자 정(鄭)을 폐위시키고 왕자 대(帶)를 세우려고 하였다. 그래서 제나라 환공이 왕세자와 회합을 하여 그의 지위를 안정시켰다. 이것은 주나라 왕실[周室]의 안정을 꾀하는 수단이었다." ○ 호씨가 말했다. "왕이 사랑하는 아들로 세자를 바꾸려고 하였다. 환공이 그것을 근심하여 큰 나라를 끌어당기고 작은 나라를 부축하여 수지에서 회합을 가져 세자의 지위를 안정시켰다. 태자가 왕위를 이었는데[踐阼] 이 사람이 양왕(襄王)이다. 한 번의 거사로 부모와 자식, 군주와 신하의 도리가 모두 이루어졌다. 그래서 공자는 그 일을 이렇게 칭찬하였다.[99] '관중(管仲)이 환공을 도와서 온 세상을 한 번 바로잡으니[一匡天下] 백성이 오늘에 이르기까

---

98 제나라 후작이라고 한 것은 제나라의 후작이란 뜻이 아니라 제후의 위계 가운데 侯의 작위를 가진 제나라 제후라는 뜻이다. 이하 모두 같다.
99 『論語』「惠問」

지 그 혜택을 입고 있다. 관중이 아니었더라면 나는 머리를 풀고 옷섶을 왼쪽으로 여미고 살 뻔했다.' 중국이 중국인 까닭은 부모와 자식, 군주와 신하 사이에 큰 윤리를 가지고 있기 때문이다. 일단 그 윤리를 잃어버리면 오랑캐가 되고 말 것이다. 그러므로 수지에서 맺은 맹약을 매우 위대한 일이라고 찬미하였던 것이다." ○ 한 문제(漢文帝) 원년(元年) 정월에[100] 유사(有司)가 "일찍 태자를 세우는 것은 종묘를 존중하는 일입니다. 태자를 세우기를 청합니다." 하고 아뢰었다. 황제가 이렇게 말했다. "내〔朕〕가 덕이 부족하여 하느님〔上帝〕의 신명(神明)이 아직 제사를 받아들이지 않고 온 세상 백성이 아직 만족스럽게〔慊〕 겸(慊)은 만족한다〔快〕는것입니다. 여기지 않고 있다. 지금 설령 천하에서 현명하고 성스러워 덕망이 높은 사람을 널리 구하여 그에게 온 세상을 선양하지는〔禪〕 못한다 하더라도 미리 태자를 세워야 한다는 것은 내 부덕(不德)을 더 무겁게 하는 것이니 내가 온 세상에 무어라고 하겠는가? 천천히〔安〕 안(安)은 천천히 하는 것〔徐〕입니다. 처리하라." 유사가 말했다. "태자를 미리 세우는 것은 종묘와 사직을 존중하고 온 세상을 잊지 않는 까닭입니다. 반드시 아들로 후계자〔嗣〕를 세우는 것은 유래가 오래되었습니다. 아들 계(啓) 경제(景帝)의 이름입니다. 는 가장 맏이고 순수하며 인정이 많고〔純厚〕 자애로우며 인자하니〔慈仁〕 그를 세워서 태자로 삼으십시오." 이에 황제가 허락하였다. ○ 제나라 경공〔齊景公〕의 적자(適子)가 죽고[101] 경공의 애첩 예희(芮姬)가 아들 도(荼)를 낳았다. 도는 어리고 그의 어미는 천하여 행실이 바르지 않았다. 여러 대부는 도가 후계자가 될까 두려워 아들들 가운데 나이가 많고 어진 아들을 골라 태자로 삼으라고 청하였다. 경공은 늙어서 후계자를 세우는 일에 관하여 말하기 싫어하였고 또 도의 어미를 사랑했기 때문에 도를 태자로 세우고자 했지만 입 밖에 내기를 꺼려하여 여러 대부에게 이렇게 말했다.

---

100 『大學衍義』「齊家之要3 · 定國本」
101 『大學衍義』「齊家之要3 · 定國本」

“잘 될 것이다. 나라에 어찌 임금이 없을까 근심하겠는가?” 경공이 병이 들어 국혜자(國惠子)와 고소자(高昭子)에게 명하여 작은 아들 도를 세워 태자로 삼고 다른 모든 공자들을 물리치게 하였다. 경공이 죽고 태자 도가 즉위하였는데 이 사람이 안유자(晏孺子)이다. 여러 공자들이 죽임을 당할까 두려워 모두 망명하였다. 전걸(田乞) 제나라 대부입니다. 이 고소자를 쳐서 죽이고 사람을 노나라에 보내 공자 양생(陽生) 경공의 아들입니다. 을 불러들이고 여러 대부에게 양생을 세우기로 맹세할 것을 청하였다. 이 사람이 도공(悼公)이다. 도공은 안유자를 내쫓아서 죽이고 예자(芮子)를 쫓아냈다. 예자는 천하였고 유자는 어렸기 때문에 권위가 없어서 나라 사람[國人]이 그를 경멸하였던 것이다. 문제는 일찍 연장자를 세웠기 때문에 한(漢)이 흥했고, 경공은 미리 세우지도 않은 데다 작은 아들을 세웠기 때문에 제나라가 어지러워졌습니다. 하나는 본받을 만하고 하나는 경계로 삼을 만합니다.

이상은 나라의 근본인 세자를 정하는 데 신중하고 엄격해야 함을 말한 것입니다.

○ 나라가 다스려지거나 어지러워지는 것은 오직 여러 관리[庶官]에게 달렸으니 벼슬자리[官]는 개인적으로 친한 사람에게 주어서는 안 되고 오직 유능한 사람에게 주어야 하며, 작위[爵]는 악덕한 사람에게 주어서는 안 되고 오직 현명한 사람에게 주어야 합니다.

「상서(商書) · 열명(說命)」입니다.[102]

채씨(蔡氏)가 말했다. “육경(六卿)과 온갖 일을 맡아 하는[百執事] 자리를 벼슬자리[官]라 하고, 공(公) · 경(卿) · 대부(大夫) · 사(士)를 작위[爵]라고 한

---

102 『書經』「商書 · 說命」

다. 벼슬자리는 일을 맡아 하기 때문에 유능한 사람에게 준다고 하고, 작위는 덕으로 명하기 때문에 현명한 사람에게 주어야 한다고 했다. 오직 현명하고 유능한 사람에게 벼슬자리를 맡기고 작위를 주는 것은 나라가 다스려지는 까닭이다. 개인적으로 친한 사람과 악덕한 사람에게 벼슬자리를 맡기고 작위를 주는 것은 나라가 어지러워지는 까닭이다." ○ 오씨(吳氏)가 말했다. "벼슬자리와 작위를 개인적으로 친한 사람이나 악덕한 사람에게 미치게 하는 것은 사사로운 뜻에 가린 것이어서 하늘의 총명(聰明, 곧 백성의 총명)을 본받는 것이 아니다." ○ 한 문제의 황후인[103] 두후(竇后)의 오라비 장군(長君)과 아우 소군(少君)은 누이가 황후가 되었다는 말을 듣고 글을 올려 사정을 하소연하였다. 두후가 황제에게 말을 하여 그들을 불러들여 사정을 물으니, 그들이 글을 올린 까닭을 낱낱이 말하였다. 이에 두후는 그들을 붙잡고 눈물을 흘리며 그들에게 후하게 선물을 주고 장안(長安)에 집을 마련해 주었다. 강후(絳侯) 주발(周勃)입니다. 와 관장군(灌將軍) 관영(灌嬰)입니다. 이 말했다. "이 두 사람은 출신이 보잘것없으니 스승[師傅]을 뽑아 가르치지 않으면 안 됩니다. 또한 이들이 여씨(呂氏)를 본받는다면[放] 방(放)은 본받는다는 방(倣)입니다. 큰일 납니다." 이에 절도와 행실을 갖춘 장자(長子)를 골라 그들과 함께 거처하게 하니 장군과 소군이 이로 말미암아 겸손하고 예의바른 군자가 되고 감히 부귀하다 하여 남에게 교만하지 않았다. 나중에 황제가 광국(廣國) 소군의 이름입니다. 소군은 그의 자(字)입니다. 이 현명하다 하여 재상으로 삼으려고 하였으나 혹시라도 세상 사람들이 사적인 감정이 개입되었다고 여길까 두려워 오랫동안 고민하다가 옳지 않다고 여기고 신도가(申屠嘉)를 재상으로 삼았다. ○ 성제(成帝)는[104] 건시(建始) 원년(B.C 32)에 여러 외삼촌[舅]을 후(侯)로 삼았다. 그해 여름 4월에 누런 안개가 사방에 자욱하였다. 황제는 큰 외삼촌 대사마(大

---

103 『漢書』「外戚傳」
104 『資治通鑑』「孝成皇帝上之上」大司馬王鳳에게 정사를 맡긴 것은 建始 4年의 일이고, 劉向이 책을 올린 것은 河平 3年의 일이다.

司馬) 왕봉(王鳳)에게 정치를 맡겼다. 그러자 유향(劉向)은 왕씨의 권력과 지위가 지나치게 성대하고 황제는 마침 『시경』, 『서경』을 비롯한 옛글〔故文〕에 온 관심을 쏟았으므로, 『상서』 「홍범(洪範)」을 근거로 아득한 옛날부터 춘추(春秋) · 전국시대〔六國〕를 거쳐 진(秦) · 한(漢)에 이르기까지 상서로운 징조〔符瑞〕와 천재지변〔災異〕에 관한 기록을 한데 모아 사건의 자취를 추적하여 복은 복대로 재앙은 재앙대로 관련짓고,[105] 점괘의 효험이 드러난 것을 종류대로 나란히 엮어 저마다 조목을 세웠는데 모두 11편이었다. 이 책의 이름을 『홍범오행전론(洪範五行傳論)』이라 하였다. 이 책을 올리니 천자는 유향이 순수한 충성으로 왕봉 형제 때문에 이 책을 지은 것을 깊이 알았으나 끝내 왕씨의 권력을 빼앗지 못하였다. 또 왕장(王章)은 왕봉이 권력을 멋대로 휘두르고 군주를 속이는 허물을 말하였다. 황제가 감동을 받고 깨달아서 그 말을 받아들였다. 왕봉은 근심하고 두려워하며 상소를 올려 해골이나마 온전하게 선산에 묻을 수 있도록 해달라고 하였는데 글의 뜻이 매우 애처로웠다. 태후(太后)가 그 말을 듣고 눈물을 흘리면서 음식을 들지 않았다. 황제는 어려서부터 왕봉을 의지하던 터라 차마 폐출하지 못하였다. 이에 상서(尙書)를 시켜 왕장을 탄핵하게 하고 법관에게 맡겨 왕장을 심문하게 하여 마침내 옥중에서 죽게 하였다. 그 뒤로 고위 관리〔公卿〕들은 왕봉을 곁눈으로 흘겨보았다. 진씨(眞氏)가 말했습니다. "성제(成帝)는 본래 왕장을 유도하여 간(諫)하도록 해놓고는 차마 왕봉을 물리치지 못하고 상서를 시켜 왕장을 탄핵하게 하였다. 이것은 유인하여서 죄에 빠지도록 한 것이다. 권력을 쥐고 흔드는 신하에 대해 차마 어찌하지 못하고 나라를 위해 충성스러운 말을 하는 선비에 대해서는 어떻게 그렇게 한단 말인가? 충성스러운 말을 한 선비가 누구를 위해 계책을 올린 것이기에 조금도 아끼는 마음이 없단 말인가?" ○ 신이 생각건대, 성제는 감동을 받아 깨달은 것이 있었지만 끝내 단호하게 왕씨를 내쫓지 못했습니다. 이것은 나라의 위급함을 알면서도 나라를 위해 근심하지 않는 것입니다. 군주의 마음이 이와 같다면 다시

---

105 『聖學輯要』 頭註에 福禍가 禍福으로 된 판본도 있다고 하였다.

구원할 길이 없습니다. 안타깝습니다! 왕봉은 병이 들자 왕음(王音)을 자기 대신 천거하였다. 왕봉이 죽고 왕음이 대사마가 되었다. 왕음이 죽고 왕상(王商)이 대사마가 되었다. 왕상이 죽고 왕근(王根)이 대사마가 되었다. 왕근은 병이 들어 벼슬에서 물러나면서 왕망(王莽)을 자기 대신 천거하였다. 왕망은 마침내 한을 찬탈하기에 이르렀으나 후한[東漢]이 일어나 주살을 당하였다.

　　신이 생각건대, 외척(外戚)의 화(禍)는 역사에서 끊임없이 기록되어 왔는데 이제 두 사람의 경우만 취해서 여기에 드러냈습니다. 두씨의 현명함은 법도로 삼을 만하고 왕씨의 간사함은 경계로 삼을 만합니다. 어떤 사람은 문제(文帝)가 두광국(竇廣國)을 재상으로 삼지 않은 것을 내심 자질이 부족하다고 여기고 혐의를 피하려고 그런 것이라고 하는데 이는 문제를 잘 모르고 하는 말입니다. 문제는 자손을 위해 깊이 고려했던 것입니다. 두광국같이 현명한 사람도 등용되어 권력을 잡지 못했는데 하물며 현명하지 못한 사람이겠습니까? 이 일로 방벽(坊壁)을 삼았으나 자손이 집안의 법도[家法]에 어두워 오히려 외가 때문에 나라를 잃어버렸는데 하물며 평소에 자손을 위한 계책을 남겨주지 않은 사람이겠습니까? 외척이 정치를 어지럽히는 것은 모두 임금이 현명한 사람을 좋아하지 않은 데서 말미암은 것입니다. 오직 현명한 사람을 좋아하지 못하기 때문에 충성스러움과 간사함, 선함[臧]과 악함[否]을 분명하게 분별하지 못하고, 관계가 소원한 신하들을 모두 믿지 못할 사람으로 돌린 채, 다만 외척붙이[戚畹]만 친하고 믿을 만하다고 여겼습니다. 소인은 이익을 보면 의리를 잊어버린다는 것을 도무지 알지 못했던 것입니다. 비록 부모, 자식 사이라도 틈이 없을 수 없는데 하물며 외척들이겠습니까? 오직 의리에 밝은 군자라야 임금을 부모처럼 사랑할 수 있어서 절개를 지키고 의리를 위해 죽을 수 있으니 어찌 친하거나 소원한 것을 구분하고 멀거나 가까운 것을 따지겠습니까? 이런 점에서 말하자면 외척은 재능과 덕을 함께 갖추고 충성이 겉으로 뚜렷하게 드러나서 당시의 건전한 여론[淸論]이 종주(宗主)로 삼는 사람이 아니라면 끝내 나라의 정치를 맡길 수 없습니다. 은혜로서 어루만지고 재능에 따라 적절하게 등용하며 녹을 잃지 않게끔 하는 것이 본래 외척을 깨우치게 하는 좋은 계책〔善策〕이며, 겸손하게 물러나 자기 분수를 지키며 요직에 있지 않고, 가문을 보존하고 집안을 온전하게 유지하는 것이 또한 외척이 스스로 처신할 좋은 계책〔良謀〕입니다. 훌륭합니다! 번굉(樊宏)의 말이여! 한 광무제(光武帝)의 외삼촌입니다. 그가 이런 말을 했습니다.[106] "부귀가 넘쳐흐르고도 그것을 끝까지 보존할 수 있었던 사람은 아직 없었다. 나는 영화와 권세를 좋아하지 않는 사람은 아니다. 그러나 천도(天道)는 넘쳐흐르는 것을 싫어하고 겸손한 것을 좋아한다. 이전 세대의 귀척(貴戚, 임금의 친척)이 모두 밝은 경계가 된다. 자신을 보존하여 온전히 지키는 것〔保身全己〕이 어찌 즐겁지 않겠는가?" 번굉은 겸손하고 유순하며 두려워하고 조심함으로써 스스로 처신하였고, 그의 가문과 일족〔宗族〕은 그에게 영향을 받아 법을 범한 일이 없었기 때문에 죽을 때까지 영화와 총애를 누렸으며 자손들도 번창하는 경사를 누렸습니다. 후세의 임금으로서 외가를 보존하고자 하는 사람은 마땅히 이 일을 교훈으로 삼아야 합니다. 외척으로서 권력을 탐하거나 세도를 부려 그칠 줄 모르고 뻗어 나가서 나라를 위태롭게 하고 집안을 망치는 사람도 또한 이것을 본받아 스스로 고쳐야 합니다.

이상은 외척을 깨우치는 데 신중하고 엄격해야 함을 말한 것입니다.

○ 『시경』에서 말했다. "교훈도 깨우침도 되지 못하는 것은 오직 부녀자〔婦〕와 환관〔寺〕의 말이다."

「대아·첨앙(瞻卬)」입니다.[107]

---

106 『大學衍義』「齊家之要·教戚屬」
107 『聖學輯要』 원문에는 瞻印으로 잘못되어 있다. 『시경』의 원래 제목에 따라 瞻卬으로 바로잡는다.

주자가 말했다. "시(寺)는 내시〔奄人〕이다. 말을 많이 하나 가르치고 깨우치는 데 도움이 되지 않는 것은 오직 부인과 내시의 말일 뿐이니 어찌 그들을 가까이할 수 있겠는가? 이 두 부류는 늘 서로 의지하여 간사한 짓을 하니 함께 경계하지 않으면 안 된다. 구양공(歐陽公, 歐陽脩)이 일찍이 '환관〔宦者〕이 일으키는 재앙은 총애하는 여자〔女寵〕보다 더 심하다.'라고 말했는데 그 말이 매우 적절하다. 그러므로 나라를 다스리는 사람이 어찌 경계하지 않을 수 있겠는가?" ○ 공씨(孔氏)가 말했다. "내시는 임금을 아주 가까이서 모시는 사람이다. 어리석은 군주〔庸君〕는 어릴 때부터 친숙하여 습관이 되었고 밤낮으로 부리기 때문에 그들을 찾아가 상의하는 데 의심하거나 꺼리는 마음이 없고, 그들을 총애하고 가까이 하여 기쁜 모습으로 대하며, 또한 내시들도 오랫동안 궁궐〔宮掖〕에 있어서 옛 제도〔舊章〕를 적잖이 알고 군주의 뜻까지 잘 알아차린다. 그래서 부드러운 낯빛과 따뜻한 모습으로 간사한 술수를 가슴에 품기도 하고, 민첩한 재주로 대하여 교묘하게 꾸며서 진실을 어지럽혀 마침내 보고 듣는 것을 혼란스럽게 하는데 어리석은 군주는 이들을 믿고 일을 맡긴다. 이 때문에 나라가 멸망하는 경우가 많았다." ^{공씨의 말은 내시}〔宦侍〕의 실정과 태도를 아주 분명히 밝힌 것입니다. ○ 장자소(張子韶)가 말했다. "내시〔閹侍〕의 이름이 알려진다는 것은 나라에 상서롭지 못한 일이다. 요 · 순시대의 내시는 『서경』의 「전(典)」과 「모(謨)」에 전하지 않고, 삼왕시대의 내시도 『서경』의 「서(誓)」와 「고(誥)」에 알려져 있지 않다. 수도(竪刀)가 제(齊)나라에서 알려졌기 때문에 제나라가 어지러워졌고, 이려(伊戾)가 송(宋)나라에서 알려졌기 때문에 송나라가 위태로워졌다." ○ 당(唐)의 환관 구사량(仇士良)이[108] 벼슬을 내놓고 물러나게 되었을 때, 그를 따르던 무리가 사가〔私第〕까지 전송을 하였다. 구사량이 그들에게 권세와 총애를 확고하게 하는 방법을 가르쳐주었다. "천자는 한가하게 두어서는 안 된다. 늘 호사스러운 사치

---

108 『大學衍義』「格物致知之要2 · 辨人材」

로써 눈과 귀를 즐겁게 하되, 날마다 새롭고 달마다 성대하게 즐기도록 하면
서 다른 일에 신경을 쓸 겨를이 없도록 해야 한다. 그런 뒤에야 뜻을 이룰 수
있다. 그리고 황제가 책을 잃거나 유학하는 신하〔儒臣〕들을 가까이하지 못하
도록 조심해야 한다. 황제가 이전 왕조의 흥망을 보고 속으로 근심하거나 두
려워할 줄 알게 되면 우리는 푸대접을 받고 쫓겨나게 된다." 그를 따르던 무
리가 고맙다고 절을 하고 돌아갔다. 진씨(眞氏)가 말했다. "구사량은 자기 말
대로 하면 '뜻을 이룰 수 있다.'라고 했지만 그렇지 않다. 임금이 덕을 닦고
학문을 강론하면 온 세상이 안정되고 곤충이나 초목까지도 모두 살 곳을 얻
을 수 있는데 하물며 좌우에 있는 신하가 제자리를 얻지 못하겠는가? 임금
이 덕을 닦지 않고 학문을 강론하지 않으면 온 세상이 어지러워지고 곤충이
나 초목도 모두 살 곳을 잃어버릴 텐데 하물며 좌우에 있는 신하가 제자리를
얻을 수 있겠는가? 그러므로 진의 왕실이 위태로워지자 이사(李斯)와 조고
(趙高)가 죽임을 당하였고, 한의 정권이 붕괴되자 장양(張讓)과 조충(趙忠)이
죽임을 당하였다. 구사량은 소인이라서 권세를 훔치고 총애를 확고히 하는 것
만 영화로 알았지 나라가 무너지고 집안이 망하면 권세와 총애도 자신을 보호
해주지 못한다는 이치를 몰랐다. 그러므로 구사량은 다섯 왕〔五朝〕을 섬기면서
권력을 마음대로 휘둘렀는데 자신은 비록 요행히 화를 면했지만 그가 죽은 뒤
에 끝내 집안이 파멸하는 화가 미쳤다. 어찌 마존량(馬存亮) 같은 사람들이 권
력을 탐내지 않고 총애를 넘치도록 받지 않아서 자신을 보존할 수 있었던 것과
같겠는가? 그러나 구사량의 말은 옛날부터 간신들이 미처 말하지 못했던 것
이니 임금이 된 사람이 마땅히 이 글 한 통을 베껴서 곁에 두고, 반드시 유학자
〔儒生〕를 가까이하며 경서와 역사서를 가까이하면 호사스러운 사치가 마음을
어지럽히지 못하고 간사한 사람이 판단을 가리지 못할 것이다. 그렇지 않으면
구사량 같은 무리에게 우롱을 당하지 않을 사람이 없을 것이다."

신이 생각건대, 환관의 문제〔禍〕는 예나 지금이나 의당 있을 수 있는 일임

니다. 그러나 이 문제는 대체로 그들이 임금과 친밀하고 가까우며 감정이 서로 통하고 그들의 자취가 비밀스러우며 영향력이 오랜 시간에 걸쳐 차차 젖어들어서 선을 좋아하는 임금의 마음을 부지불식간에 슬그머니 녹여 없애기 때문입니다. 한에서는 그들에게 위세와 권력〔威權〕을 빌려주었고 당에서는 병권〔兵柄〕을 주었다가 나중에 제재하려고 해도 할 수 없었던 일이 역사책에 밝혀져 있으니 이를 거울로 삼아 경계할 만합니다. 우리나라는 선왕의 가법(家法)이 엄숙하여 200년 동안 환관이 정치에 간여한 적이 없었는데 이는 참으로 근대에 와서 듣기에 드문 일입니다. 그렇지만 그것만 믿고 소홀히 하여 염려하지 않아서는 안 됩니다. 날마다 새롭게 점검하고 조심하여, 궁중(宮中)과 부중(府中)이 한 몸이 되어 환관〔貂璫〕의 무리가 사대부를 엄하고 두려운 존재로 여기게 하여야만 선왕의 가법을 오랫동안 지켜나갈 수 있을 것입니다.

이상은 환관을 대할 때 조심하고 엄격해야 함을 말한 것입니다.

신이 생각건대, '근엄'을 다룬 이 장에 집안을 다스리는 도리가 다 갖추어져 있습니다. 안팎을 분별하여 예법으로써 한정하다면 남자와 여자가 올바른 위치를 지킬 수 있습니다. 치우치고 사사로운 마음〔偏私〕을 물리치고 공명정대하게 임하면 좋아하거나 싫어하는 것이 이치에 맞게 됩니다. 정실부인과 첩의 분별을 엄격하게 하면 윗사람은 온화하고 아랫사람은 공경하게 됩니다. 나라의 근본인 세자를 정하는 데 신중하면 계통이 일관성이 있어서 백성이 안정됩니다. 친척〔戚屬〕에게 겸손한 덕을 갖도록 하면 의리가 바로잡히고 은혜가 융숭해집니다. 내시를 떳떳한 법〔常憲〕으로 단속하면 양(陽)은 자라나고 음(陰)은 스러집니다. 내시는 음(陰)에 속하는 무리입니다. 이 모든 일의 강령은 예로써 한정하고 공정하게 임하는 것뿐입니다. 예가 엄격하지 않고 마음이 공정하지 않으면 아름다운 말과 선한 정치라도 모두 한갓 공허한 조문〔文具〕이 될 뿐입니다. 이른바 예를 엄격하게 한다는 것은 궁중〔宮壺〕의 기강이 정돈되고 엄숙하며, 높은 사람과 낮은 사람, 어른과 어린이 사이에 반듯하게 질서가 잡혀 아무도 감히 분수를 넘지 않고 친척이 삼가고 조심하며, 감히 사사롭게 서로 통하거나 청탁을 하지 않는 것을 말합니다. 이른바 마음이 공정하다는 것은 안팎을 한결같이 보고 조금이라도 치우치게 얽매이는 것이 없으며, 궁궐 안〔內庭〕에서 선한 일을 하거나 악한 일을 한 사람, 친척〔戚黨〕 가운데 충성을 다하거나 법을 범한 사람은 모두 유사에게 맡겨 형벌과 상을 논하게 하는 데 한결같이 정당하게 처리하는 것을 말합니다. 이렇게 하여 윤리가 바르게 되고 은혜와 의리가 두텁게 되면 그것을 미루어 나라와 세상을 다스리는 데 적용하되 어느 경우에라도 합당하지 않은 곳이 없을 것입니다. 엎드려 바라건대, 전하께서는 깊이 유의하십시오.

제7장 절검 (節儉, 절약과 검소)

신이 생각건대, 집안을 바로잡는 법은 이미 앞에서 다 살펴보았습니다. 그런데 절약과 검소는 임금의 미덕 가운데 가장 으뜸이 되는 것이므로 여기에 드러내어 밝힙니다.

공자가 말했다. "우임금에 대해서는 내가 흠잡을〔間〕 것이 없다. 자기가 먹는 음식은 소박했으나〔菲〕 귀신에게는 효도를 다했고, 평소에 입는 옷〔衣服〕은 거칠었으나 제례의 예복〔黻冕〕은 아름답게 갖추었으며, 궁실은 보잘것없었으나 봇도랑〔溝洫〕을 파고 정비하는 데는 온 힘을 기울였으니, 우임금에 대해서는 내가 흠잡을 곳이 없다."

『논어』입니다.[109]

---

109 『論語』「泰伯」

주자가 말했다. "간(間)은 벌어진 틈[罅隙]이다. 벌어진 틈을 지적하여 그 것을 비판하고 논의하는 것을 말한다. 비(非)는 소박한 것이다. 귀신에게 효 도를 다했다는 것은 풍족하고 깨끗한 제물을 바쳐 제사를 드렸다는 것이다. 의복(衣服)은 평소에 늘 입는 옷[常服]이다. 불(黻)은 무릎을 덮는 것인데 가 죽으로 만든다. 면(冕)은 관(冠)이다. 불과 면은 모두 제례 때 갖춰 입는 복장 [祭服]이다. 봇도랑[溝洫]은 논밭 사이에 있는 물길인데 이것으로 논밭의 경 계를 삼고 가뭄과 장마에 대비한다. 풍족하거나 검소한 것을 저마다 상황에 따라 적합하게 하였기 때문에 논의거리가 될 만한 틈이 없다. 그러므로 거듭 말하여 깊이 찬미하였다." ○ 양씨(楊氏. 楊時)가 말했다. "자신의 의식주[自 奉]에 대해서는 검소하였지만 백성의 일에 대해서는 부지런히 힘쓰고 종묘 와 조정의 예법에 대해서는 최선을 다해 꾸몄으니 이른바 온 세상을 소유하 고서도 자기 것으로 여기지 않았다는 것이다. 이러한데 무슨 흠잡을 만한 것 이 있겠는가?"

주공(周公)이 말했다. "문왕께서는 거친 옷[卑服]을 입고서 백성을 편안히 하고[康功] 백성을 먹여 살리는 일[田功]에 힘을 썼습니다."

「주서(周書)·무일(無逸)」입니다.[110]

채씨가 말했다. "비복(卑服)은 이른바 나쁜 옷과 같다. 강공(康功)은 백성 을 편안하게 하는 일이고, 전공(田功)은 백성을 먹여 살리는 일이다. 문왕은 옷을 갖추는 데는 관심을 두지 않고 오로지 이 백성을 편안하게 하고 배불 리 먹여 살리는 데 뜻을 두었다는 말이다. 거친 옷은 그와 같은 성품의 한 가 지 예를 들어서 말한 것이다. 이로써 옷과 음식 등 자신의 의식주 생활에 대 해서는 검소했으리라는 것을 미루어 짐작할 수 있다." ○ 한 문제는[111] 즉위

---

110 『書經』「周書·無逸」

한 지 23년이 되어도 궁실(宮室)이나 새와 짐승을 기르는 동산[苑囿], 마차와 말, 의복 수레[車騎服御] 등[112]을 조금도 늘리지 않았다. 불편한 것이 있어도 번번이 늦추고 백성에게만 이롭게 하였다. 한 번은 노대(露臺, 천자가 하늘을 관찰하기 위한 구조물)를 지으려고 대목[匠]을 불러 설계를 하게 했더니 비용이 100금(百金)이 필요했다. 황제가 이렇게 말했다. "100금은 중산층 열 집의 재산에 해당한다. 내가 선조[先帝]의 궁실을 물려받아 지키고 있으면서도 늘 두렵고 부끄럽게 여기는데 노대를 지어서 무엇하겠는가?" 몸에는 검은 명주[弋綈]로 지은 옷을 입었고, 총애하는 신부인(愼夫人)도 땅에 끌리지 않는 옷을 입었다. 휘장[帷帳]에는 수놓은 무늬가 없었다. 이처럼 온 세상에 앞장서서 인정 많고 소박한 모범을 보였다. 진씨(眞氏)가 말했습니다. "문제가 한 이 말에는 두 가지 선한 뜻이 들어 있다. '100금은 중산층 열 집의 재산에 해당한다.'라는 말은 가난한 사람들[細民]의 어려운 살림살이를 염려하는 것이다. '내가 선조들의 궁실을 물려받아 지키고 있으면서도 늘 두렵고 부끄럽게 여긴다.'라는 말은 조상들[祖宗]이 나라를 일으킨[創業] 어려움을 염두에 둔 것이다. 임금[人主]이 늘 이 마음을 지니고 있으면 비록 사치하도록 권하더라도 하지 않을 것이다. 선대를 계승한 임금 가운데 감각적 쾌락을 마음대로 즐기는 사람이 많은데 이는 정녕 극히 얼마 안 되는[錙銖] 재물이라도 백성의 고혈(膏血)이 아닌 것이 없고, 자기가 누리는 것이 모두 선대의 대대로 쌓아온 공덕의 나머지임을 알지 못하기 때문이다. 그러므로 '문제가 한 말에는 두 가지 선한 뜻이 들어 있다.'라고 한 것이다. 이 말은 후세에서 법도로 삼을 만하다." ○ 무제(武帝) 때[113] 온 세상이 사치하고 낭비하며 상공업의 이익을 추구하였다. 황제가 물었다. "내가 백성을 교화하고자 하는데 어떤 방법이 있겠는가?" 동방삭(東方朔)이 대답하였다. "요임금 · 순임금 · 우임금 · 탕왕(湯王) · 문왕 · 무왕 · 성왕(成王) · 강왕(康王) 등 상고시대의 일은 수천 년 전의 일이라 말씀드리기 어렵습니다. 신은 가까이 효문황제(孝文皇帝) 때

---

[111] 『大學衍義』「誠意正心之要2 · 戒逸欲」
[112] 『史記』「孝文本紀」에는 狗馬服御로 되어 있다.
[113] 『大學衍義』「誠意正心之要2 · 戒逸欲」

의 일을 말씀드리겠습니다. 이 일은 당시의 원로〔耆老〕들이 모두 보고 들은 일입니다. 효문황제는 귀하기로는 천자(天子)이고, 부유하기로는 온 세상〔四海〕을 소유했으면서도 몸에는 검은 명주로 지은 옷을 입었고 발에는 가죽신〔革舃〕을 신었으며, 가죽띠로 칼을 찼고 골풀이나 부들〔莞蒲〕로 짠 자리를 깔았으며, 병장기는 예리하게 만들지 않아 날이 없었고 의복은 낡은 솜으로 지었는데 무늬가 없었습니다. 글을 올리는 상서 주머니〔上書囊〕를 모아 궁전의 휘장〔殿帷〕을 만들기도 했고, 도덕을 아름다운 것으로 여기고 인의(仁義)를 준칙으로 삼았습니다. 이에 온 세상이 우러러 따르고 아름다운 풍속을 이루어〔望風成俗〕 밝게 교화되었습니다. 지금 폐하께서는 궁궐 안의 흙과 나무〔土木〕에까지[114] 수놓은 비단을 깔고, 마굿간의 말〔廐馬〕에[115] 다섯 가지 색깔로 수놓은 융단〔繡罽〕을 씌우고, 궁녀들〔宮人〕에게는 보석과 구슬〔珠璣〕을 드리우게 하고, 화려하고 아름다운 장식을 추구하며, 진기하고 이상한 것들을 수집합니다. 위에서는 이처럼 방탕하고 사치하면서 백성에게만 사치하지 못하도록 하고 농사를 포기하지 않도록 하려는 것은 어려운 일입니다. 폐하께서 참으로 신의 계책을 쓰실 수 있다면 갖가지 진귀한 보배로 장식한 휘장〔甲乙之帳〕[116]을 걷어서 사방팔방으로 통하는 거리에서 불사르고, 잘 달리는 말을 물리쳐서 다시는 쓰지 않겠다는 것을 보여주십시오. 이렇게 한다면 요·순시대처럼 융성한 때와 견줄 수 있을 만큼 잘 다스릴 수 있을 것입니다." 진씨(眞氏)가 말했습니다. "동방삭은 백성을 교화하는 근본을 알았다고 할 만하다. 문제는 그처럼 검소했는데 풍속이 어떻게 두텁지 않을 수 있겠는가? 무제는 이처럼 사치스러웠는데 풍속이 어떻게 경박하지 않을 수 있겠는가? 동방삭이 가까이 효문제 때의 일을 진술한 것은 임금을 사랑하는 지극한 마음에서 나온 것으로 다스림에 관한 확고한 이론인데 무제는 그것을 알아듣지 못하고 끝내 사치와 낭비로 나라를 피폐하게 했으니 안타깝다."

---

114 『漢書』「車方朔傳」에는 木土로 되어 있다.
115 『聖學輯要』 원문에는 廐馬로 되어 있으나 『漢書』「東方朔傳」과 『大學衍義』에는 狗馬로 되어 있다.
116 漢 武帝가 만든 진귀한 보배로 장식한 휘장. 수가 많아서 갑·을의 순으로 이름을 붙였다.

이윤(伊尹)이 말했다. "검소한 덕을 조심스럽게 지켜 영원한 계획을 생각하십시오."

진씨(眞氏)가 말했다. "태갑(太甲)이 아형(阿衡, 은의 재상 이윤을 달리 부르는 이름. 나중에 재상을 뜻하는 말이 되었음)에게 유순하지 않았을 때였으므로 이윤이 이렇게 훈계했던 것이다. 검소하면 마음 씀씀이가 조심스러워〔心小〕 생각이 원대하고, 사치하면 마음 씀씀이가 커져 계획하는 것이 엉성하다. 바야흐로 이때 태갑은 욕심 때문에 법도를 무너뜨리고 방종하여 예를 무너뜨렸다. 마음이 이 두 가지에 가린 것이 마치 뜬구름이 해와 달을 가리는 것 같아 이 말이 충성스러운 것임을 알지 못했다. 그러나 하루아침에 인의(仁義)를 깨달아, 변화하여 본래 마음이 다시 밝아진 뒤에는 바로 이 두 가지에 문제가 있다는 것을 확실히 알아서 아름답게 끝을 맺을 수 있었다. 그 사례가 서적에 밝게 드러나 있다. 그러니 이윤이 훈계한 공로가 어찌 작은 것이겠는가?"

신이 생각건대, 검소한 것은 공손한 덕이며 사치는 커다란 악입니다. 검소하면 마음이 늘 방종하지 않아서 상황에 따라 스스로 적절하게 처신할 수 있지만 사치하면 늘 마음이 바깥으로 치달아 날마다 제멋대로 하면서 만족하지 않습니다. 지금 한 집안의 자손을 예로 들어 말씀드리겠습니다. 선대〔先世〕에 열심히 노력하여 많은 재산을 이루어 물려주었을 때, 자손이 검소하고 절약하여 지켜 나간다면 몇 대에 걸쳐 전해지더라도 가업이 쇠하지 않지만 사치하고 방종한 사람이 한 사람이라도 나오면 마음대로 향락을 일삼아 여러 해 동안 쌓아온 가산을 하루아침에 탕진해버립니다. 한 집안의 흥망〔成敗〕은 여파가 작지만 만약에 나라〔邦國〕의 경우라면 선조〔祖宗〕가 쌓아온 노력이

---

117 『書經』「商書 · 太甲 · 上」

집안을 일으키는 데 견줄 바가 아니며 창고〔府庫〕에 갈무리한 재물이 털끝만한〔秋毫〕 것이라도 백성의 고혈(膏血)이 아닌 것이 없으니 어찌 감히 함부로 사치와 낭비를 일삼아 온 세상의 재물〔天財〕을 다 써버리고 백성의 재력〔民力〕을 곤궁하게 하며, 선조의 왕업을 패망시킬 수 있겠습니까? 우리나라는 선왕들이 여러 대에 걸쳐 절약과 검소로 집안을 바로잡았고〔繩家〕 수입을 헤아려 지출을 하였기 때문에 재물은 넉넉하게 여유가 있었습니다. 그러므로 창고에 비축한 것이 오랫동안 묵을 정도로 쌓여 있었지만 연산군 이후로 궁중의 용도가 날마다 점점 늘어가고 커져서 선왕의 옛 기풍을 따르지 않았고, 그 후로는 타성에 젖어 고쳐서 바로잡는 것을 아직 보지 못했습니다. 그러므로 국가의 재정〔國用〕은 날로 줄어들어 지금은 궁중에서 새롭게 화려하게 꾸미거나 낭비하는 풍속이 생겨난 것도 아니고 국가적으로 특별히 때 아닌 토목공사를 일으킨 것도 아닌데 한 해의 수입이 한 해의 지출을 감당할 수 없어 여러 대〔累朝〕에 걸쳐 쌓아온 재정이 장차 바닥을 드러내기에 이르렀습니다. 만약에 기근이 일어나거나 전란〔兵革〕이 생기기라도 한다면 손발을 둘 곳도 없게 되었으니 어찌 크게 한심한 일이 아니겠습니까? 궁중에서 쓰는 어용물들〔服用〕도 이미 나라를 처음 세운 시기의 모습에서 변질하여 검소와 절약을 모범으로 보일 수 없게 되었습니다. 그러므로 민간〔閭巷〕에서도 사치와 낭비의 풍속이 생겨서 아름답고 화려한 의복과 진수성찬으로 능력과 솜씨를 다투고 경쟁하며, 광대〔倡優〕와 천한 사람〔下賤〕도 비단을 깔고 자는 등 위아래의 분별이 없고 낭비를 헤아릴 수 없어 인심은 날로 방탕해지고 백성의 재력은 날로 곤궁해지니 만약에 임금님부터 이런 풍조를 변화시키지 않는다면 점차 나라 꼴이 나라라고 할 수 없는 지경에 이를 것입니다. 이를 변화시키는 방법은 일상적인 법규〔常規〕로는 대처할 수 없으니 반드시 임금님부터 띠로 지붕을 이고 흙으로 계단을 쌓았던 요임금처럼 검소한 마음을 지니고, 내전(內殿)에서는 몸소 거친 비단〔大練〕을 입었던 마황후〔馬后〕를 모범으로 삼아 궁중의 용도를 절약하고 줄여야 합니다. 검소하고 절약하는 법도는 궁중

〔掖庭〕에서 시작하여 사대부 집안에서도 보고 느껴 법도를 삼고 서민에까지 이르게 해야 합니다. 그런 뒤에야 고질이 된 습관을 고칠 수 있으며, 온 세상의 재산을 유실하지 않고 백성의 재력도 점점 펴지게 될 것입니다. 오거(伍擧)는 이런 말을 했습니다. "개인적인 욕심이 넓고 크면 덕과 의리가 드물고 적어지며, 덕과 의리가 행해지지 않으면 가까이 있는 사람은 근심하여 떠나가고 멀리 있는 사람은 거부하여 어긋나게 된다." 엎드려 바라건대, 전하께서는 깊이 생각하십시오.

제8장 정가공효 (正家功效, 집안을 바로잡음의 효과)

신이 생각건대, 임금이 집안을 바로잡으면 그 효과는 부부간의 잠자리에서 쌓이고 쌓여 나라 안에 흘러넘쳐 호령을 하지 않아도 저절로 풍속이 바뀝니다. 그러므로 교화가 백성에게서 이루어지는 것으로 끝을 맺었습니다.

한 집안이 어질면 온 나라에 어진 풍조가 일어나고 한 집안이 겸양하면 온 나라에 겸양하는 풍조가 일어난다.

『대학』입니다. 아래도 같습니다.[118]

주자가 말했다. "이것은 교화가 온 나라에 이루어진 효과를 말한 것이다."

『시경』에서 "그 위의(儀)가 어긋남이 없으니, 이에 사방의 나라를 바르게 한다."라고 하였다. 부모와 자식, 형과 아우가 된 사람들이 충분히 본받을 만해야 백성이 그를 본받는다.

---

118 『大學』傳 9章

주자가 말했다. "시는 조풍(曹風) 시구(鳲鳩) 편이다." ○ 어떤 사람이 물었다. "부모와 자식, 형과 아우가 충분히 본받을 만해야 백성이 그를 본받는다고 합니다. 그런데 요와 순은 자기 자식을 감화시키지 못했고, 주공은 형과 아우를 화목하게 하지 못했습니다. 이는 어떻게 된 일입니까?" 주자가 말했다. "성현은 보편적인 경우[常]에 대하여 논했고, 요·순·주공은 예외의 상황[變]에 처했던 것이다. 예를 들어 온 세상을 자식에게 주지 않고 어진 사람에게 전한 것은 바로 예외의 상황에서 잘 대처한 경우이다. 만약에 주공이 관숙(管叔)을 죽이지[辟] 않았더라면 주(周)가 어찌 어지러워지지 않았겠는가? 이것은 어쩔 수 없어서 그렇게 했던 것이다. 그런데 지금은 보편적인 경우로 이해하려고 한다. 지금 고수와 같은 아버지가 있고 관숙, 채숙과 같은 형제가 있었다는 것을 이해하지 않고서는 예외의 경우를 논할 수 없다."

『시경』에서 말했다. "아름다운[夭夭] 복숭아나무, 꽃이 활짝[灼灼] 피었네. 이 아이[之子] 시집가면[歸] 그 집안[室家]을 화목하게[宜] 하리!"

「주남(周南)·도요(桃夭)」입니다.

주자가 말했다. "요요(夭夭)는 어리고 예쁜 모습이고, 작작(灼灼)은 꽃이 무성한 것이다. 지자(之子)는 이 아이인데, 이것은 시집가는 사람을 가리켜서 말한 것이다. 여자[婦人]가 시집가는 것을 귀(歸)라고 한다. 의(宜)는 화목하고 온순하다는 뜻이다. 실(室)은 부부가 거처하는 곳이며, 가(家)는 한집안[一門] 전체를 말한다. 문왕의 덕화가 집안에서부터 나라에까지 미쳐 남녀의 관계가 바르게 되고 혼인이 제때에 이루어졌다. 그러므로 시인이 눈에 비치는 모습에 흥(興)을 일으켜 여자의 현숙함을 감탄하며 반드시 집안[室家]을 화목하게 할 것을 알겠다고 한 것이다."

또 말했다. "남쪽에 큰 나무[喬木]가 있지만 그늘이 없으니 그 아래서 쉴 수가 없고[休息], 「한시(韓詩)」에는 식(息)이 사(思)로 되어 있습니다. 한수(漢水)에 노니는 여자는 있지만 만날 수 없으니 그를 구할 수[求思] 없네. 한수는 드넓어 헤엄칠 수 없고, 강수(江水)는 길어서 배[方]를 띄을 수 없네.”

「주남·한광(漢廣)」입니다.

주자가 말했다. “사(思)는 어조사[語辭]이고, 방(方)은 떼배[桴]이다. 문왕의 덕화가 가까운 데서부터 먼 데까지 미쳤는데 먼저 강수와 한수 유역에 퍼져 음란한 습속이 변했다. 그러므로 밖에 나와서 노니는 여자라도 멀리서 바라보기에 단정하고 얌전하며 한결같아서 다시 지난날처럼 구할 수 없게 되었다. 그래서 키 큰 나무를 가지고 흥을 일으키고 강수와 한수로 견주어[比] 반복하여 읊고 감탄한 것이다.”

또 말했다. “촘촘한[肅肅] 토끼그물[兔罝], 땅땅[丁丁] 말뚝 치는 소리, 늠름한[赳赳] 무사는 나라님[公侯]의 방패와 성[干城]이로다.”

「주남·토저(兔罝)」입니다.

주자가 말했다. “숙숙(肅肅)은 가지런하고 잘 짜인 모양이다. 저(罝)는 그물[罘]이다. 정정(丁丁)은 말뚝을 박는 소리이다. 규규(赳赳)는 무사다운 모습이다. 간(干)은 방패[盾] 음은 순(脣)이며 상성(上聲)입니다. 이다. 방패와 성[干城]은 모두 밖을 막아서 안을 지키는 수단이다. 덕화가 행해지고 풍속이 아름다워 현명한 사람과 재능 있는 사람이 많아졌다. 비록 그물로 토끼를 잡는 촌사람[野人]이라 하더라도 이와 같이 그 재주가 쓸 만했다. 그러므로 시인이 그가 하는 일을 가지고 흥을 일으켜 찬미하였다. 그리고 문왕의 성대한 덕화도 이것을 통해 알 수 있다.”

신이 생각건대, 「주남」에 수록된 시는 집안을 바로잡는 것[正家]을 주제로 한 시입니다. 그러므로 시 세 편을 인용하여 집안을 바로잡은 효과를 드러냈습니다. 남녀 사이의 관계가 바르게 되어 강수와 한수 유역의 음란한 풍속이 변하고, 현명하고 재능 있는 사람이 많아져서 촌사람이라도 나라의 방패와 성이 될 만한 그릇을 지니게 되었으니 이는 덕화가 사람들에게 깊이 침투한 것입니다. 그 근본을 추구해보면 이는 문왕이 성실한 뜻과 올바른 마음으로 노력했던 결과입니다. 그러므로 주자는 이렇게 말했습니다. "성실한 뜻과 올바른 마음의 노력이 쉬지 않고 오랫동안 지속되면 사람들이 속속들이 감화되고 두루두루 녹아들어서 저절로 그만둘 수 없게 된다. 이런 경지는 개인의 지혜만으로 미칠 수 있는 것이 아니다." 오직 뜻이 성실하지 않고 마음이 바르지 않기 때문에 집안을 바로잡는 데까지 미루어 나갈 수 없고, 집안이 바르지 않기 때문에 나라를 다스리는 데까지 미루어 갈 수 없는 것입니다. 만일 뜻이 성실하고 마음이 바를 수 있다면 집안과 나라는 이 마음과 뜻을 들어서 적용하기만 하면 다스려질 것입니다. 옛날의 임금 가운데도 본래 집안을 바로잡지 못했으면서 그런대로 대충 나라를 다스렸던 사람이 있었습니다. 제나라 환공 같은 사람은 총애하는 여자를 여섯이나 거느렸지만 관중을 임용하여 제후의 패자가 되었고, 당 태종은 궁중〔宮闈〕에서 추잡한 일이 많았지만 위징(魏徵)을 등용하여 온 세상을 다스렸습니다. 그들은 비록 인과 의를 가장하여 한때의 안정을 얻기는 했지만 비유하자면 근원이 없는 물과 같아서 비록 넘치더라도 쉽게 말라버리고, 뿌리 없는 나무와 같아서 비록 무성하더라도 쉽게 마르는 것과 같았습니다. 환공은 자신이 죽은 뒤에 장사를 지내지 않아서 시체에서 생긴 벌레가 문밖에까지 기어 나왔으며 제나라는 혼란스러워 여러 세대가 지나도록 안정이 되지 못했습니다. 태종은 자격이 없는 사람〔非人〕에게 권력을 맡겼다가 죽은 지 얼마 되지도 않아〔墓木未拱〕 아비와 자식이 같은 여자와 관계하여〔麀聚〕 인륜을 모독하고〔瀆倫〕 자손이 살육을 당하는 일까지 벌어졌습니다. 삼대의 성왕들이 자신으로부터 집안에, 집안으로부터 나라에, 나라로부터 온 세상에 미쳤기 때문에 근원과 뿌리가 있어서 마치 물이 멀리 흘러가서 물결이 크게 일어나며, 꽃이 아름다워 열매가 많이 열리듯 했던 것과 어찌 같을 수 있겠습니까? 다만 임금만 그럴 뿐만 아니라 신하로서 임금을 보좌하여 성군으로 만들고〔致君〕 백성에게 혜택을 베풀려는〔澤民〕 사람도 마찬가지입니다. 그래서 혹 입으로만 하는 배움을 가지고서 뺨과 혀 사이에서만 감동과 깨달음을 추구하며 자기 몸에서 반성하지 않기 때문에 그들의 행동을 따져보면 부끄러움을 면할 수 없고, 그들의 집안을 관찰해보면 화목하고 정숙한 것을 유지하지 못하여, 남자는 욕심에 끌려 강직함을 잃어버리고 여자는 기쁜 일만 탐하여 순종을 잊어버리는 경우가 많습니다. 이런 사람들이 어찌 군주〔君父〕를 성실로써 감동시키고 백성〔蒼生〕에게 혜택을 미칠 수 있겠습니까? 이런 까닭에 임금이 궁중을 바로잡지 못하면서 백성을 교화하기를 바라고, 신하가 처자식을 바로잡지 못하면서 군주를 바로잡고자 하는 것은 김을 매지 않고서 수확을 바라는 것과 같습니다. 가령 인을 가장하는 데 뛰어나서 잠시 한 시대를 구제한다고 하더라도 어찌 그것이 오래 지속될 것이라고 믿을 수 있겠습니까? 엎드려 바라건대 전하께서는 먼저 국가의 근본을 바로잡고 선한 법도〔善則〕의 도리를 힘써 행하여 부부의 유별을 노래한 '관저(關雎)'와 자손의 번성을 노래한 '인지(麟趾)'의 뜻을 바탕으로 『주관(周官)』의 '예악(禮樂)' 제도를 실행하신다면 미래에 영원토록 매우 다행할 것입니다.

성학집요
6

〖 제4절 위정(爲政, 정치를 행함) 상 〗

상편은 2장이고, 하편은 8장으로 모두 10장입니다

신이 생각건대, 나라는 집안을 유추한 것입니다. 집안을 바로잡은 뒤에 나라를 바로잡을 수 있습니다. 그러므로 정치를 행함이 집안을 바로잡음 다음에 옵니다.

제1장 위정총론(爲政總論)

신이 생각건대, 정치를 행하는 데는 근본이 있고 규모가 있으며, 차례가 있습니다. 지금 이것들을 모아 한 장(章)을 만들어 첫머리에 드러냅니다.

오직 하늘과 땅은 만물의 부모이며, 사람은 만물 가운데 가장 신령한 존재이다. 진실로〔亶〕 총명한 사람이 임금〔元后〕이 되며, 임금은 백성의 부모가 된다.

「주서 · 태서(泰誓)」입니다.[1]

채씨(蔡氏)가 말했다. "단(亶)은 성실하여 거짓이 없는 것〔誠實無妄〕을 말한다. 이것은 선천적으로 총명한 성품을 타고난 것을 말한다. 위대하도다! 하늘의 원리〔乾元〕여! 만물이 이것을 바탕으로 시작된다〔資始〕. 지극하도다! 땅의 원리〔坤元〕여! 만물이 이것을 바탕으로 생겨난다〔資生〕. 그러므로 하늘과 땅은 만물의 부모이다. 생겨난 만물 가운데 오직 사람은 빼어난 것을 타고났기 때문에 신령하여 사단(四端)을 갖추고 온갖 선〔萬善〕을 갖추고 있으며, 지각 능력이 만물에 견주어 홀로 특이하다. 그 가운데서도 성인은 가장 빼어나

---

1 『書經』「周書 · 泰誓」

고 신령한 존재이다. 천성적으로 총명하여 힘써 노력하지 않아도 그의 지각 능력은 남들보다 먼저 알고 남들보다 먼저 깨달으며, 모든 만물[庶物] 가운데 가장 뛰어나다[首出]. 그러므로 만백성의 임금[大君]이 되어 지치고[疲] 고단하며[癃] 쇠약하고[殘] 병든[疾] 사람들을 살리고, 홀아비[鰥]와 홀어미[寡], 고아[孤]와 늙은이[獨]까지 보살핌을 받을 수 있다. 모든 백성 가운데 누구 하나라도 살 곳을 얻지 못하는 사람이 없는 것은 임금[元后]이 백성의 부모가 되어 이 모든 일을 돌보기 때문이다. 저 하늘과 땅이 만물을 낳으면서 사람에게 더 뛰어난 자질을 주었고, 사람을 낳으면서 성인에게 더 뛰어난 자질을 주었는데, 이는 성인이 백성의 지도자[君長]가 되어 이 백성의 부모가 된 하늘과 땅의 마음을 미루어 그와 같은 마음을 갖게 하기 위함이다. 하늘이 백성을 위하여 이렇게 하는데 임금의 책임을 맡은 사람이 백성의 부모가 된 의의를 몰라서 되겠는가?" ○『대학』에서 말했다.[2] "『시경』에서 '즐거우셔라, 군자는 백성의 부모일세.'라고 하였는데, 백성이 좋아하는 것을 좋아하고, 백성이 싫어하는 것을 싫어하는 것, 이것을 일러 백성의 부모라고 한다."

　　신이 생각건대, 하늘과 땅은 만물의 부모이고, 임금이 이 백성의 부모라는 말은 매우 적절한 말입니다. 장자(張子)의 「서명(西銘)」은 하늘과 땅을 부모로, 임금[大君]을 종가의 맏아들[宗子]로 여겼는데 그에 관해 더욱 상세하게 설명을 하고 있어 아래에 조심스럽게 수록합니다.

　　「서명」에서 말했다.[3] "하늘[乾]을 아버지, 땅[坤]을 어머니라 한다. 나는 조그마한 몸으로 혼연히 그 가운데에 있다. 주자가 말했습니다. "조그마한 몸으로 사이가 없이 혼연히 섞여서 그 가운데 자리 잡고 있다." 그러므로 하늘과 땅을 가득 채

---

2 『大學』 傳 10章
3 『張子全書』 「西銘」

운 기운은 내 몸이 되고, 하늘과 땅을 거느리는 것[帥]은 내 본성이 되었다. 주자가 말했습니다. "건(乾)은 양(陽)이고 곤(坤)은 음(陰)이다. 이것은 하늘과 땅의 기운으로서 하늘과 땅 사이에 가득 차 있는데, 사람과 만물은 이것을 바탕으로 몸을 이룬다. 건은 강건하고[健] 곤은 유순하다[順]. 이것은 하늘과 땅의 뜻[志]으로서 기의 장수[帥]가 되는 것인데, 사람과 만물은 이것을 얻어 본성을 이룬다. 이 두 가지 측면을 깊이 관찰하면 하늘의 기운을 아버지로 삼고 땅의 기운을 어머니로 삼아 내가 혼연히 이 가운데 자리 잡고 있는 실상을 알 수 있다." 백성은 내 동포(同胞)이며, 만물은 내 동무[與]이다. 임금[大君]은 내 부모의 맏아들[宗子]이고 신하[大臣]는 맏아들의 집사[家相]이다. 나이 많은 이를 존경하는 것은 집안의 어른을 어른으로 공경하는 것이고, 외롭고 약한 사람을 사랑하는 것은 내 아이를 아이로 사랑하는 것이다. 성인은 하늘과 땅의 자식 가운데 부모와 덕을 합한 사람이고, 현인은 자식 가운데 빼어난 사람이다. 온 세상의 지치고[疲], 고단하며[癃], 쇠약하고[殘], 병든 사람[疾]과 형제없는 사람[惸], 의지할 데 없는 늙은이[獨], 홀아비[鰥], 홀어미[寡]는 모두 내 형제 가운데 곤궁에 빠져도 하소연할 데가 없는 사람들이다. '이에 하늘의 뜻을 지킨다[于時保之].'라는 것은 하늘의 자식으로서 하늘을 공경하는 것[翼]이고, '하늘의 명령을 즐거이 따르고 근심하지 않는 것[樂且不憂]'은 하늘에 대한 순수한 효도이다. 천리를 거스르는 것을 패덕(悖德)이라 하고, 인을 해치는 것을 적(賊)이라 한다. 악(惡)을 이루는 사람은 재질이 부족한[不才] 사람이며, '타고난 모습을 실현해가는 것[踐形]'은 오직 부모를 닮은[肖] 사람이다. 하늘과 땅의 조화를 알면[知化] 하늘이 하는 일[事]을 잘 따를 수 있고, 신묘한 이치를 탐구하면[窮神] 하늘의 뜻[志]을 잘 이을 수 있다. 주자가 말했습니다. "변화하는 것은 기(氣)인데, 볼 수 있는 자취가 있기 때문에 일[事]이 되고 신적인 것은 이(理)인데 엿볼 수 있는 형체가 없기 때문에 뜻[志]이 된다." 방구석[屋漏]에도 부끄럽지 않도록 하는 것은 부모를 욕되게 하지 않는[無忝] 것이고, 마음을 보존하고 본성을 기르는 것은 부모를 섬김에 게으르지 않은 것[匪懈]이다. 향기로운 술[旨酒]을 싫어한 것은 숭나라 제후[崇伯]의 아들인 우(禹)가 부모를 잘 돌보고 봉양한 것[顧養]이며, 영재를 기르는 것은 영[穎] 땅의 봉강 관리인[封人]인 영고숙(穎考叔)이 대대로 착함을 길이 이어가게 한 것[錫類]이다. 수고로운 일을 마다하지 않고 부모를 기쁘게 해드린 것은 순의 공적이고, 부모를 어기고 도망갈 곳이 없다고 하여 삶아 죽임[烹]을 기다린 것은 신생(申生)의 공손함이다. 부모에게서 받은 몸을 온전히 지켜서 돌아간 사람은 증삼(曾參)인가! 용감하게 뜻을 따르고 명령에 순종한 사람은 백기(伯奇)이다. 부유함과 귀함, 복록과 은택은 내 삶을 넉넉하게 만드는 것들이다. 가난하고 천한 것과 근심스럽고 슬픈 일은 옥을 다듬듯이 다듬어서 너[汝]를 완성시켜주는 것들이다. 살아 있을 때에는 순종하여 섬기고 죽어서는 편안하다." 정자가 말했습니다. "정완(訂頑, 곧 西銘) 한 편은 뜻이 지극히 완비되어 있는데, 그 뜻이란 인(仁)의 본체이다."

신이 생각건대, 「서명」은 배우는 사람이 인을 실천하는 공부를 위한 글이지 전적으로 임금의 일을 가리켜 말한 것은 아닙니다. 그러나 이 장에 「서명」을 실은 것은, 임금이 하늘을 아버지로 섬기고 땅을 어머니로 섬기며, 백성을 형제로 삼고, 만물을 동무[儕輩]로 삼아 어진 마음을 가득 채운 뒤에야 자기 직분을 다할 수 있기 때문입니다. 그러므로 이 편은 임금에게 더욱 절실한 것입니다. 저 하늘과 땅은 만물을 낳기는 하지만 의도적으로 무언가를 만들어내지는 않으며, 백성과 만물은 천명을 받았으나 홀로 설 수는 없기 때문에 위로는 하늘의 일[天工]을 대신하고 아래로는 만물을 다스려 하늘과 땅이 제자리[位]를 잡게 하고 만물이 처소[所]를 얻게 하는 것은 임금에게 달려 있는 것이 아니겠습니까?

위대한 우임금[大禹]이 말했다. "임금이 임금 노릇을 어렵게[艱] 여기며 신하가 신하 노릇을 어렵게 여길 수 있어야만 정치로써 그나마[乃] 다스릴 수 있고[乂], 백성을 빨리[敏] 덕으로 감화할 수 있습니다."

채씨가 말했다. "간(艱)은 어렵다는 것이다. 내(乃)라고 한 것은 어렵게 여긴다는 말이다. 민(敏)은 빠르다는 것이다. 우의 말은 '임금이 감히 임금 된 도리를 수월하게 여기지 않고, 신하가 감히 신하의 직분을 수월하게 여기지 않으며, 아침 일찍부터 밤늦게까지 경건하고 두려워하여 저마다 마땅히 해야 할 일을 힘써 다하면 정치가 정비되고 사악한 것이 없어지며, 백성이 저절로 보고 감동하여 빨리 선에 교화되지 않을 수 없게 될 것'이라는 말이다."

순임금[帝]이 말했다. "그렇다. 참으로 이렇게 할 수만 있다면 아름다운 말[嘉言]이 묻히는 일[攸]도 없고, 어진 사람이 초야에 묻혀 살지 않아도 되니, 온 세상 모든 나라[萬邦]가 모두 편안할 것이다. 뭇 사람에게 견주어 자기 의견을 버리고 남의 의견을 따르며, 하소연할 데 없는 사람을 학대하지 않고 곤궁한 사람을 저버리지 않아야 하는데, 오직 요임금께서 이렇게 하셨다."

채씨가 말했다. "가(嘉)는 좋은 것이고, 유(攸)는 '~하는 바[所]'이다. 순은 우의 말에 대하여 '그렇다.'라고 하고서 참으로 그렇게 할 수 있다면 널리 중론을 받아들이고 어진 이를 다 불러들여 온 세상 사람들이 모두 그 혜택을 받을 수 있는데, 개인적인 것을 잊고 이치를 따르며 백성을 사랑하고 선비 좋아하기를 지극히 하는 사람이 아니면 이런 경지에 이를 수 없으며, 오직 요임금만이 이렇게 하실 수 있었다고 하였다. 순은 겸손하게 말하여 감히 스스로 반드시 그렇게 할 수 있다고 하지 못하였으니 순이 임금 노릇을 어렵게 여기고 있었음을 알 수 있다." ○ 정자가 말했다. "자기[己]를 버리고 남

을 좇는 것은 가장 어려운 일이다. 자기〔己〕라는 것은 내가 본래 가지고 있는 것이어서 비록 모질게 버리더라도 오히려[5] 자기를 견고하게 지키고 남을 좇는 것은 가볍게 여길까 두려운 것이다."

신이 생각건대, 잘하지 못하는 일에 대해 잘하라고 꾸짖으면 오히려 힘써 따르려고 하지만 이미 잘하고 있는 일에 대해 더 잘하라고 꾸짖으면 반드시 답답해 하여 잘 알지 못한다고 원망하는 것이 사람의 감정입니다. 어렵게 여기는 도리의 요점은 아름다운 말이 묻히지 않게 하고, 나를 버리고 남을 좇는 데 있습니다. 순임금이 성인이 되고 나라를 잘 다스릴 수 있었던 까닭은 참으로 여기에 있습니다. 지금 우는 순이 이미 잘하고 있다는 것을 모르는 것은 아니지만 오히려 잘하고도 남음이 있다고 여기지 않고 거듭 경계를 하였고, 순 또한 이미 잘하고 있다고 여겨 스스로 만족하지 않고 감히 감당하지 못한다고 하였으니, 이는 순임금의 조정〔虞朝〕에서 군신이 서로 자기 도리를 다하고, 성인이 더욱 성스러워졌던 까닭이라 하겠습니다.

정공(定公)이 물었다. "한마디 말로 나라를 흥하게 할 수 있다는데 그런 말이 있습니까?" 공자가 대답했다. "한마디 말로 꼭 그렇게 되리라고 기약할 수는〔幾〕 없습니다. 그러나 사람들이 말하기를 '임금 노릇 하기도 어렵고 신하 노릇 하기도 쉽지 않다.'라고 합니다. 만약 임금 노릇 하기가 어렵다는 것을 알면 한마디 말로 나라가 흥하는 것을 기약할 수 있지 않겠습니까?"

『논어』입니다. 아래도 같습니다.[6]

주자가 말했다. "기(幾)는 반드시 그렇게 되리라고 기약하는 것〔期〕이다."

---

5 『聖學輯要』 원문에는 猶가 宂으로 되어 있다.
6 『論語』 「子路」

또 물었다. "한마디 말로 나라를 망하게 할 수 있다는데 그런 말이 있습니까?" 공자가 대답했다. "한마디 말로 꼭 그렇게 되리라고 기약할 수는 없습니다. 그러나 사람들이 말하기를 '내가 임금 노릇 하는 데는 별다른 즐거움을 느끼지 못하지만 오직 내가 말을 하면 아무도 내 말을 어기지 않는 것이 즐겁다.'라고 합니다. 만약 좋은 말을 했는데 아무도 그 말을 어기지 않는다면 또한 좋은 일이 아니겠습니까? 그러나 좋지 않은 말을 했는데 아무도 그 말을 어기지 않는다면 한마디 말로 나라가 망하는 것을 기약할 수 있지 않겠습니까?"

사씨(謝氏, 謝良佐)가 말했다. "임금 노릇 하기가 어렵다는 것을 알면 반드시 경건하고 근면하게 그 일을 해야 한다. 내가 말을 할 때 아무도 그 말을 어기지 않는 것을 즐거워하면 남을 헐뜯고 아첨하며 눈앞에서 비위 맞추는 사람들만 모여들 것이다. 나라는 갑자기 흥하거나 망하는 것이 아니니 흥하고 망하는 근원이 여기에서부터 갈라진다. 그러나 기미를 아는〔識微〕 군자가 아니고서 어찌 그것을 알 수 있겠는가?"

중훼(仲虺)가 고(誥)를 지어 말했다. "덕이 날마다 새로우면 모든 나라〔萬邦〕가 따르고〔懷〕 마음에 자만심이 생기면 모든 친족〔九族〕이 떠날 것입니다. 임금님께서는 큰 덕을 힘껏 밝히셔서 백성에게 중도(中道)를 세우십시오. 의로써 일을 판단하고 예로써 마음을 다스려야 후손에게 많은 것을 물려줄 수 있을 것입니다. 신은 이런 말을 들었습니다. '스스로 스승을 얻을 수 있는 사람은 왕이 되고, 아무도 나만 한 사람이 없다고 말하는 사람은 망한다. 묻기를 좋아하면 넉넉해지고 제 마음대로 하면 작아질 것이다.'"

「상서 · 중훼지고(仲虺之誥)」입니다. ○ 이 단락은 중훼가 성탕(成湯)에게 아뢴 말입니다.[7]

채씨(蔡氏)가 말했다. "중도(中道)란 온 세상 사람이 보편적으로 갖고 있는 것이다. 그러나 임금이 그것을 세우지 않으면 백성이 스스로 중도에 맞게 할 수 없다. 그리고 예의란 중도를 세우는 수단이다. 의(義)는 마음을 마름질하여 단속하는 것〔制裁〕이고, 예(禮)는 이치를 절도에 맞추어 꾸며내는 것〔節文〕이다. 의로써 일을 처리하면 일이 합당하게 이루어지고, 예로써 마음을 다스리면 마음이 바르게 되어서 안팎이 덕에 합치하고 중도가 확립된다. 이렇게 하면 백성에게 중도를 세우는 것일 뿐만 아니라 후세에 물려주는 것도 넉넉하여 여유가 있을 것이다. 그러나 반드시 배워야만 이런 도리에 이를 수 있다. 그러므로 또한 옛 사람의 말을 들어 '스승을 높이고 묻기를 좋아하면 덕이 높아지고 사업이 넓어지지만, 스스로 현명하게 여기고 제 마음대로 하면 이와 반대가 된다.'라고 했던 것이다. 스스로 스승을 얻는다고 말한 것은 자기 자신이 부족하고 남은 넉넉하다는 것을 정말로 알아서 남의 말에 마음을 기울여 듣고 따르며 거스름이 없는 것을 말한다. 맹자는 이렇게 말했다.[8] '탕왕은 이윤에게서 배운 뒤에 그를 신하로 삼았기 때문에 힘들이지 않고 왕자(王者)가 되었다.' 탕이 스스로 스승을 얻었다는 것은 이런 뜻일 것이다. 후세가 옛날만 못한 것은 다만 세상의 도리가 타락한 것일 뿐만 아니라 또한 스승의 도리가 밝지 못한 때문이기도 하다. 중훼의 이론은 궁극적인 점을 요약하여 스스로 스승을 얻을 수 있다〔能自得師〕는 한마디 말로 귀결시킨 것이니, 아마도 제왕의 중요한 법도〔大法〕가 될 수 있을 것이다."

기자(箕子)가 말했다. "임금〔皇〕이 중심〔極〕을 세우는 것입니다〔建〕."

「주서(周書)·홍범(洪範)」입니다.[9]

---

7 『書經』「商書·仲虺之誥」
8 『孟子』「公孫丑·下」
9 『書經』「周書·洪範」

채씨가 말했다. "황(皇)은 임금[君]이고, 건(建)은 세우는 것[立]이다. 극(極)은 북극(北極)의 극과 같으니 지극하다는 뜻을 가지고 있으며 표준(標準)이라는 말[名]이다. 표준이 가운데서 확립되면 세상이 이것에 의해 바르게 정해진다. 위의 말은 다음과 같은 뜻이다. 임금은 마땅히 인륜을 지극하게 다 실천해야 한다. 부모와 자식 사이로 말하면, 임금이 친함을 끝까지 추구하면 온 세상의 부모와 자식이 여기서 부모 자식 사이의 준칙을 취한다. 부부 사이로 말하면, 임금이 분별을 끝까지 추구하면 온 세상의 부부가 여기에서 부부 사이의 준칙을 취한다. 사소한 사물 하나하나[一事一物]를 접하는 것에서부터 사소한 언행 하나하나[一言一動]를 표현하는 데 이르기까지 당연한 의리를 끝까지 추구하여 털끝만큼이라도 지나치거나 미치지 못하는 차이가 없으면 표준이 서게 될 것이다."

공자가 말했다. "덕으로[以德] 정치하는 것[爲政]은 비유컨대 북극성[北辰]이 제자리에 있고[居其所] 뭇 별이 그것을 향해[共] 도는 것과 같다."

향한다는 공(共)은 낀다는 공(拱)이라고도 합니다. ○ 『논어』입니다.[10]

주자가 말했다. "정(政)이라는 말은 바로잡는다[正]는 말이다. 곧 사람의 바르지 못한 것을 바르게 하는 수단이다. 덕이라는 말은 얻는다[得]는 말이다. 곧 도를 실천하여 마음에서 터득한다는 것이다. 북신(北辰)은 북극성이고, 북극성은 하늘의 중추[樞]이다. 제자리에 있다는 것은 움직이지 않는다는 것이다. 공(共)은 향한다는 것이다. 뭇 별이 사방에서 그 둘레를 돌면서 향하는 것을 말한다. 덕으로 정치를 하면 인위적으로 하는 것이 없어도 온 세상 사람이 귀의하는데 그 모습이 이와 같다." ○ 물었다. "이 말은 덕으로써[以德] 정치를 한다는 말입니까?" 이에 대답했다. "덕을 가지고서 정치를 하려

---

10 『論語』「爲政」

고 한다는 것이 아니다. '~로써(以)'라는 글자에 얽매일 필요가 없다. 다만 정치를 하는 데 덕이 있다는 말과 비슷하다." ○ 범씨(范氏, 范祖禹)가 말했다. "덕으로써 정치를 하면 정치적인 행동을 취하지 않아도 교화되고, 말을 하지 않아도 믿고, 인위적으로 하지 않아도 이루어져 지키는 것은 지극히 간략하지만 번잡한 일을 처리할 수 있고, 처하는 것은 지극히 고요하지만 움직임을 제어할 수 있으며, 힘쓰는 것은 지극히 적지만 뭇 사람을 복종시킬 수 있다." ○ 계강자(季康子)가 공자에게 정치에 대해 물었다.[11] 공자가 대답하였다. "정치(政)란 바로잡는 것(正)입니다. 그대가 바름으로써 이끌면 누가 감히 바르게 되지 않겠습니까?" 계강자가 도둑이 일어나는 것을 근심하여 공자에게 물었다. 공자가 대답하였다. "참으로 그대가 욕심을(欲) 부리지 않으면 욕(欲)이란 탐욕입니다. 비록 상을 주고 권하더라도 사람들은 훔치지 않을 것입니다." ○ 『순자(荀子)』순황(荀況)이 지은 책입니다. 에서 말했다.[12] "몸을 닦는다(修身)는 말은 들었어도 나라를 닦는다(修國)는 말은 아직 듣지 못했다. 임금은 쟁반(槃)과 같아서 쟁반이 둥글면 물도 둥글다. 또한 임금은 사발(盂)과 같아서 사발이 모나면 물도 모난다. 임금은 물의 근원(源)이다. 근원이 맑으면 흐름이 맑고 근원이 흐리면 흐름도 흐리다." ○ 동씨(董氏, 董仲舒)가 말했다.[13] "임금이 된 사람은 마음을 바르게 하여 조정을 바로잡고, 조정을 바로잡아서 모든 관리(百官)를 바로잡고, 모든 관리를 바로잡아서 온 백성(萬民)을 바로잡고, 온 백성을 바로잡아서 사방을 바로잡습니다. 사방이 바르면 먼 데나 가까운 데나 감히 한결같이 바르지 않은 것이 없어서 사악한 기운이 그 사이에 침범할(奸) 간(奸)은 범(犯)한다는 것입니다. 수 없습니다. 이 때문에 음과 양이 조화를 이루어 비와 바람이 제때에 맞으며, 뭇 생명이 조화를 이루어 온 백성이 불어납니다." ○ 주자가 말했다.[14] "온 세상의 일은 변화가 무궁하여 그 발단이

---

11 『論語』「顔淵」
12 『荀子』「君道」
13 『漢書』「董仲舒傳」

끝이 없지만 어느 것 하나라도 임금의 마음에 뿌리를 두지 않은 것이 없습니다. 이것은 자연의 이치입니다. 그러므로 임금의 마음이 바르면 온 세상 일이 바른 데서 나오지 않는 것이 하나도 없습니다. 마찬가지로 임금의 마음이 바르지 않으면 온 세상 일이 바른 데서 나오는 것이 하나도 없습니다. 이 때문에 임금은 작은 몸으로 깊은 궁궐에 살아서 마음의 간사함과 올바름〔邪正〕을 엿볼 수 없을 것 같지만 겉으로 드러나는 징험〔符驗〕이 늘 열 눈이 보는 것 같고, 열 손가락이 가리키는 것 같아서 가릴 수 없는 것과 같습니다. 이 때문에 위대한 순임금은 오직 정성스럽고 오직 한결같이 하라〔惟精惟一〕는 훈계를 하였고, 공자도 자기를 극복하고 예로 돌아가라〔克己復禮〕고 말했던 것입니다. 이는 모두 나의 이 마음을 바르게 하는 것이 온 세상 모든 일의 근본이 되는 까닭입니다. 이 마음이 바르면 보고 듣는 것이 분명하고 똑똑하여 모든 일처리가 예에 맞으며 몸이 바르지 않음이 없습니다. 그러므로 하는 일이 지나치거나 미치지 못함이 없고 그 중도를 잡을 수 있어서, 비록 세상이 아무리 크다 하더라도 한 사람도 나의 인(仁)에 돌아오지 않는 사람이 없을 것입니다. 그러나 간사함과 올바름의 징험이 밖으로 드러나는 것은 가장 먼저 집안 사람〔家人〕에게 드러나고 그 다음으로 가까이 모시는 신하〔左右〕에게서 드러납니다. 그런 뒤에 조정에서 드러나고 온 세상에 미치는 것입니다. 만약 궁중〔宮闈〕이 반듯하고 장중하며 가지런하고 엄숙하여, 왕후〔后妃〕에게는 질투를 하지 않고 현숙한 후비의 덕(關雎之德)이 있고 후궁에게는 나무라야 할 만큼 지나치게 얼굴을 곱게 꾸미는 일이 없으며, 질서가 정연하여〔貫魚順序〕 감히 사사로운 은총을 믿고 법도〔典常〕를 어지럽히거나 뇌물〔賄賂〕을 받고 청탁을 들어주는 사람이 한 사람도 없다면 이는 곧 집안이 바른 것입니다. 조정에서 업무를 마친 뒤〔退朝〕 편안히 쉴 때 임금의 친인척〔貴戚〕이나 임금을 가까이 모시는 신하〔近臣〕는 물론 노복〔獱僕〕과 환관〔奄尹〕들이 저마다 자기 직분을

---

14 『晦庵集』「戊申封事」

성실히 지키는 가운데 감히 안팎(內外)을 오가며 위세와 복록을 훔치고 권력을 추구하며(招權) 은총을 구하여(市寵) 조정을 문란하게 하는 사람이 한 사람도 없다면 이는 곧 임금의 좌우가 바르게 되는 것입니다. 안으로 궁궐 안(禁省)에서부터 밖으로 조정을 통틀어서 이 둘 사이에 털끝만 한 사사로운 간사함(私邪)이라도 끼어들 틈이 없이 환하게 밝아야 명령과 지시를 내리면 듣는 사람이 모두 의심을 하지 않고, 현명한 이를 불러들이고 간사한 사람을 물리치면 모든 사람이 같은 뜻으로 복종합니다. 그리하여 기강을 떨쳐 외적의 침범으로부터 어지러워지는 근심이 없으며, 정치가 정비되어 사사로운 감정으로 치우치는 실수가 없을 것입니다. 이것이 조정의 모든 관리와 황제의 군대(六軍)는 물론 모든 백성이 감히 바른 길로 나아가지 않을 수 없는 까닭이며 다스림의 도는 이로써 끝나는 것입니다. 마음이 한 번이라도 바르지 않으면 이 몇 가지가 바르게 될 방법이 없습니다. 또한 이 몇 가지 가운데 바르지 못한 것이 하나라도 있는데 마음이 바르다고 한다면 어찌 그럴 수가 있겠습니까?"

신이 생각건대, 임금이 덕을 닦는 것이 정치의 근본입니다. 먼저 임금의 직분이 백성의 부모가 되는 데 있다는 것을 알아야 합니다. 그런 뒤에 중도를 세우고(建中) 중심을 세워서(建極) 표준(表準)으로 삼으면 그 효과가 마치 뭇 별이 북극성을 향해 돌아가는 것과 같을 것입니다. 순임금, 우임금, 공자, 중훼의 말은 중도를 세우고 중심을 세우는 요령입니다. 그러므로 여기에 갖추어 실었습니다. 아! 자식을 사랑하는 부모는 많지만 백성에게 인을 행하는 임금은 적습니다. 그것은 하늘과 땅이 맡겨준 직책을 조금도 생각지 않은 것입니다.

이상은 정치의 근본을 말한 것입니다.

○ 공자가 말했다. "큰 제후국[千乘之國]을 다스리는[道] 데에는 일을 신중하게 처리하여 믿음이 있게 하고[敬事而信], 씀씀이[財用]를 줄여 나라 사람[人]을 아끼고, 때에 맞게[時] 백성[民]을 부려야 한다."

『논어』입니다. 아래도 같습니다.[15]

주자가 말했다. "도(道)는 다스리는 것이다. 경사이신(敬事而信)이란 일을 신중하게 처리하여 백성에게서 신용을 얻는다는 것이다. 시(時)란 농한기[農隙]때이다." ○ 정자가 말했다. "이 말은 매우 평범한 말이지만 당시 제후가 이렇게 할 수만 있었다면 자기 나라를 충분히 잘 다스릴 수 있었을 것이다. 성인의 말은 비록 매우 평범하더라도 위아래가 모두 통한다. 이 세 가지 말을 만약 끝까지 미루어간다면 요·순의 다스림도 여기에서 벗어나지 않는다. 보통 사람의 말은 평범하면 그저 천박할 뿐이다." ○ 양씨(楊氏, 楊時)가 말했다. "윗사람이 경건하지 않으면 아랫사람이 게으르고, 윗사람이 신용이 없으면 아랫사람이 의혹을 품는다. 아랫사람이 게으르고 의혹을 품으면 일이 이루어지지 않는다. 일을 신중하게 처리하여 믿음이 있게 한다는 것은 몸소 앞장서서 모범을 보이는 것이다. 씀씀이가 헤프면 재물이 손상되고, 재물이 손상되면 반드시 백성에게 해를 끼치는 결과에 이른다. 그러므로 백성을 아끼는 것은 반드시 씀씀이를 줄이는 데서 시작한다. 그러나 백성을 부릴 때, 때에 맞게 하지 않으면 농사를 짓는[力本] 사람들이 농사에 전력하지 못하여 비록 사람을 사랑하는 마음이 있다 하더라도 그들이 혜택을 받지 못할 것이다. 그러나 이것은 특별히 마음가짐을 논한 것일 뿐 아직 정치하는 것을 언급한 것은 아니다. 참으로 이 마음이 없으면 비록 정치를 하더라도 제대로 행해지지 않는다." ○ 호씨(胡氏, 胡寅)가 말했다. "이 몇 가지는 모두 경건을 주로 삼는다."

---

15 『論語』「學而」

공자가 위(衛)나라에 갔을 때 염유(冉有)가 수레를 몰았다[僕]. 공자가 말했다. "백성이 많구나[庶]!"[16]

주자가 말했다. "복(僕)은 수레를 모는 것이다. 서(庶)는 많은 것이다."

염유가 말했다. "이미 백성이 많다면 또 거기에 무엇을 더해야 합니까?" 공자가 말했다. "그들을 가멸게 해주어야 한다."

주자가 말했다. "백성이 많으나 넉넉하지 않으면 백성의 살림살이가 이루어지지 못한다. 그러므로 삶의 터전[田里]을 마련해주고, 세금[賦斂]을 조금만 거두어들여서 그들을 가멸게 해주어야 한다."

또 말했다. "이미 가멸게 되었다면 또 거기에 무엇을 더해야 합니까?" 공자가 말했다. "그들을 가르쳐야 한다."

주자가 말했다. "살림살이가 넉넉해도 가르치지 않으면 짐승에 가까워진다. 그러므로 반드시 학교를 세우고 예의를 밝혀 백성을 가르쳐야 한다." ㅇ호씨(胡氏, 胡寅)가 말했다. "하늘이 이 백성을 생겨나게 하고서 그들을 위해 통치자[司牧]를 세워 그들에게 백성이 많아지게 하고, 그들을 가멸게 하며, 가르치는 세 가지 일[三事]을 맡겼다. 그러나 삼대(三代) 이후로는 이 직분을 행한 사람이 백에 한둘도 없었다. 한의 문제(文帝), 명제(明帝)와 당의 태종(太宗)은 백성이 많아지게 하고 그들을 가멸게 하였다고 할 수 있다. 문제[17]의 교육제도에 관해서는 알려진 것이 없으나, 명제는 스승[師傳]을 존중하고 태

---

16 『論語』 「子路」
17 한의 문제가 西京 곧 長安에 도읍을 정하였으므로 西京은 문제를 가리킴.

학[雍]에 나아가 삼로(三老)에게 절을 올려 공경하였고, 왕실의 친척[宗戚] 자제들이 누구나 할 것 없이 배울 수 있었다. 당 태종은 유명한 학자[名儒]를 많이 불러들이고 학생[生員]의 수를 크게 늘렸으니 당시의 교육은 아주 잘 갖추어졌다고 할 수 있다. 다만 교육하는 까닭은 알지 못했다. 삼대의 교육은 천자와 공(公)·경(卿)이 위에서 몸소 실천하여 언행과 정치가 모두 법도[師法]가 될 수 있었다. 그러나 저 두 임금이 어찌 그렇게 할 수 있었겠는가?"

자공(子貢)이 정치를 물었다. 공자가 말했다. "생계 대책을 충분하게 해 주고[足食] 나라의 방위 대책을 충분히 하면[足兵] 백성이 그를 신뢰할 것[民信之]이다."[18]

　주자가 말했다. "창고[倉廩]가 가득 차고 방위 대책[武備]이 정비된 뒤에야 교화가 행해지고 백성이 지도자[我]를 믿어 떠나거나 배반하지 않는다는 말이다."

자공이 말했다. "상황이 어쩔 수 없어서 반드시 포기해야 한다면 이 세 가지 가운데 어느 것을 먼저 포기해야 합니까?" 공자가 말했다. "방위대책을 포기해야 한다."

　주자가 말했다. "생계 대책이 충분하여 백성이 두터이 신뢰하면 방위 대책이 없더라도 굳건히 지킬 수 있다는 말이다."

자공이 말했다. "상황이 어쩔 수 없어서 반드시 포기해야 한다면 이 두 가지 가운데 어느 것을 먼저 포기해야 합니까?" 공자가 말했다. "생

---

18 『論語』「顏淵」

계 대책을 포기해야 한다. 옛날부터 사람들은 누구나 죽기 마련이다. 그러나 백성의 신뢰가 없으면 나라는 존립할 수 없다.”

주자가 말했다. “백성은 먹을거리가 없으면 반드시 죽는다. 그러나 죽음이란 사람이 반드시 면할 수 없는 것이다. 신뢰가 없으면 비록 살아 있더라도 스스로 존립할 수 없으니 죽어서 편안한 것만 같지 못하다. 그러므로 차라리 죽더라도 백성에게 신뢰를 잃어서는 안 되며, 역시 백성으로 하여금 차라리 죽을지언정 지도자[我]에 대한 신뢰를 잃지 않도록 해야 한다.” ○ 정자가 말했다. “공자 문하의 제자는 질문을 제대로 잘하여 곧바로 철저하게 물었지만 이 장과 같은 경우는 자공이 아니면 질문을 할 수 없고, 성인이 아니면 대답을 하지 못했을 것이다.” ○ 주자가 말했다. “사람의 정서로 말하자면 방위 대책과 생계 대책이 넉넉한 뒤에야 지도자에 대한 신뢰가 백성에게서 두터워질 것이다. 그러나 백성의 덕이라는 관점에서 말하자면 신뢰란 본래 사람에게 고유한 것이며, 방위 대책과 생계 대책이 우선할 수 있는 것이 아니다. 이 때문에 정치를 하는 사람은 마땅히 몸소 백성을 거느리고 죽음으로써 신뢰를 지켜야지[死守] 위급하다 하여 포기할[棄] 수 있는 것이 아니다.” 지킨다는 것[守]은 신뢰를 지키는 것이고, 포기한다[棄]는 것은 신뢰를 포기하는 것입니다.

이상은 정치의 구조[規模]를 말한 것입니다.

○ 공자가 말했다. “일반적으로 온 세상[天下國家]을 다스리는 데에는 아홉 가지 보편적인 원칙[九經]이 있습니다. 자신을 수양하고[修身], 어진 이를 존경하고[尊賢], 친족을 아끼고[親親], 대신을 공경하고[敬大臣], 뭇 신하를 내 몸과 같이 여기고[體群臣], 백성을 자식처럼 사랑하고[子庶民], 온갖 공인을 불러들이고[來百工], 먼 데서 온 사람을 편안히 해주고[柔遠人], 제

후를 회유하는[懷諸侯] 것입니다."

『중용』입니다. 아래도 같습니다.[19]

주자가 말했다. "경(經)은 보편적인 원칙이다. 체(體)는 자신이 그 처지에 처하여 그 마음을 살피는 것을 말한다. 자(子)는 부모가 자식을 사랑하듯이 사랑하는 것이다. '먼 데서 온 사람을 편안히 하는 것'은 이른바 손님과 나그네[旅]를 잊어버리지 않는 것이다. 손님과 나그네란 사신이나 상인[商賈]과 같이 먼 데서 온 사람입니다. 이것은 아홉 가지 보편적인 원칙의 항목을 늘어놓은 것이다."
○ 여씨(呂氏, 呂大臨)가 말했다. "온 세상 모든 나라의 근본은 군주의 몸에 있다. 그러므로 '자신을 수양함'이 아홉 가지 보편적인 원칙의 근본이 된다. 그러나 반드시 스승을 가까이하고 벗을 사귄 뒤에야 몸을 닦는 도가 앞으로 나아가므로 현명한 이를 존경하는 것이 그 다음에 이어진다. 도의 진행은 집안보다 우선하는 것이 없으므로 친족을 친애하는 것이 그 다음에 이어진다. 집안에서부터 말미암아 조정에 이르기 때문에 대신을 공경하는 것과 뭇 신하를 내 몸같이 여기는 것이 그 다음에 이어진다. 조정에서 말미암아 나라에 미치기 때문에 백성을 자식처럼 사랑하는 것과 온갖 공인을 불러들이는 것이 그 다음에 이어진다. 나라에서 말미암아 온 세상에 미치기 때문에 먼 데서 온 사람을 편안히 해주고 제후를 회유하는 것이 그 다음에 이어진다. 이것은 아홉 가지 보편적인 원칙의 차례이다. 뭇 신하를 내 팔다리[四體]처럼 보고 백성을 내 자식처럼 보는 것은 신하를 대하는 것과 백성을 대하는 것을 구별한 것이다."

자신을 수양하면 도가 확립되고, 현명한 이를 존경하면 의혹되지 않고, 친족을 친애하면 백부와 숙부[諸父], 형제[昆弟]가 원망하지 않고, 대신을

---

19 『中庸』20章

공경하면 현혹되지 않고[不眩], 뭇 신하를 내 몸과 같이 여기면 선비들이 정중한 예로써 보답하고, 백성을 자식처럼 사랑하면 백성이 권면을 받고, 온갖 공인을 불러들이면 재물[財用]이 풍족해지고, 먼 데서 온 사람을 편안하게 해주면 사방에서 귀의하고, 제후를 회유하면 온 세상이 두려워합니다.

주자가 말했다. "이것은 아홉 가지 보편적인 원칙의 효과를 말한 것이다. 도가 확립된다는 것은 도가 자기에게서 완성이 되어 백성의 표본이 된다는 것이니 이른바 '임금이 표준을 세운다[皇建其有極].'라는 것이 이것이다. 의혹되지 않는다는 것은 이치에 의혹을 느끼지 않는다는 것이다. 현혹되지 않는다는 것은 일에서 헷갈리지 않는다는 것이다. 대신을 공경하면 신임이 오롯하여서 지위가 낮은 신하[小臣]가 이간질을 하지 못하여 일에 임하여 현혹되지 않는다. 온갖 공인을 불러들이면 일을 융통성 있게 하여 기술을 융통하고 일을 바꾸어 하며[通功易事] 농업과 상업[農末]이 서로 보완하여 재물이 넉넉하게 된다. 먼 데서 온 사람을 편안하게 해주면 온 세상의 나그네가 모두 기꺼이 그 나라의 길로 다니게 된다. 그러므로 사방에서 귀의하는 것이다. 제후를 회유하면 덕이 널리 베풀어져서 그의 위엄으로 널리 제압할 수 있다. 그러므로 온 세상이 그를 두려워한다."

몸과 마음을 깨끗이 하고 옷차림을 단정하게 하여[齊明盛服] 예가 아니면 행동하지 않는 것은 몸을 닦는 방법입니다. 헐뜯는 말을 물리치고 여색을 멀리하며[去讒遠色], 재물을 천하게 여기고 덕을 귀하게 여기는 것은 현명한 이를 권면하는 방법입니다. 지위를 높여주고 봉록을 후하게 주며, 좋아하고 싫어하는 것을 함께하는 것은 친족을 친애하도록 권장하는 방법입니다. 관청에 소속된 사람을 많이 두어 충분히 부릴 수 있도록 하는 것[官盛任使]은 대신을 권면하는 방법입니다. 성심껏 대하고 신임하며 봉록을 후하게 주는 것은〔忠信重祿〕 선비〔士〕를 권면하는 방법입니다. 때에 맞게 부역을 시키고 세금을 적게 거두어들이는 것은 백성을 권면하는 방법입니다. 날마다 살펴보고 달마다 시험을 하여〔日省月試〕 일을 한 것에 따라 녹을 주는 것〔旣廩稱事〕 희(旣)는 허(許)와 기(氣)의 반절로 읽습니다. 름(廩)은 음이 름(廩)입니다. 은 온갖 공인을 권면하는 방법입니다. 가는 사람을 보내고 오는 사람을 맞이하는 것〔送往迎來〕은 먼 데서 온 사람을 편안하게 해주는 방법입니다. 끊어진 세대를 잇고 망한 나라를 일으키며〔繼絶世, 擧廢國〕, 어지러운 나라를 다스리고 위태로운 나라를 구하며〔治亂持危〕, 때에 맞게 사신을 맞이하고〔朝聘〕, 두텁게 보내고〔厚往〕 조금만 받아들이는 것〔薄來〕은 제후를 회유하는 방법입니다.

주자가 말했다. "이것은 아홉 가지 보편적인 원칙의 구체적인 사례이다. 관성임사(官盛任事)는 관직에 소속된 사람을 많이 두어 충분히 일을 맡기고 부릴 수 있게 한다는 것이다. 대신이 자질구레한 일을 직접 담당할 수 없으므로 이와 같이 우대하는 것이다. 충신중록(忠信重祿)은 정성껏 대우하고 넉넉하게 생계를 갖추어주는 것이다. 이것은 선비들이 윗사람에게 이처럼 의지한다는 것을 몸으로 체득하고 알아주는 것이다. 기(旣)는 희(餼)로 읽는다. 희름(餼廩)이란 녹봉〔稍食〕이고, 초(稍)란 물건을 조금씩 내주는 것을 말합니다. 칭사(稱事)란 『주례(周禮)』「고인직(槀人職)」에서 '활과 쇠뇌〔弓弩〕를 만드는 것을 살펴 녹봉〔食〕을 올리고 내린다.'라고 한 것과 같다. 사신을 보낼 때에는 신표〔節〕를 주어서 전송하고, 사람이 오면 풍부하게 쌓아둔 것〔委積〕 자(積)는 자(子)와 사(賜)의 반절로 읽습니다. 을 가지고 맞이한다. 조(朝)는 제후가 천자를 찾아 뵙는 것을 말하고, 빙(聘)은 제후가 대부를 보내 공물을 바치는 것을 말한다. 『예기』「왕제(王制)」에 '해마다 한 번씩 소빙(小聘, 작은 규모로 공물을 바치는 일)을 하고, 3년에 한 번씩 대빙(大聘, 큰 규모로 공물을 바치는 일)을 하고, 5년에 한 번씩 조(朝)를 한다.'라고 하였다. 후왕박래(厚往薄來)란 잔치를 베풀어

주고 하사하는 것은 두텁게 하고 공납(貢)으로 받는 것은 가볍게 하는 것을 말한다."

온 세상의 나라를 다스리는 데에는 아홉 가지 보편적인 원칙이 있지만 그것을 시행하는 원리는 하나(一)입니다.

주자가 말했다. "하나란 성실(誠)이다. 성실하지 않은 것이 하나라도 있으면 이 아홉 가지가 모두 빈말(虛文)이 되고 말 것이다. 이것이 아홉 가지 보편적인 원칙의 실상이다." ○ 맹자가 말했다.[20] "현명한 사람을 존중하며 유능한 사람에게 일을 맡기고, 재능이 뛰어난 사람(俊傑)이 관직에 있으면 온 세상의 선비들이 모두 기뻐하며 그 조정에 서기를 원할 것이다. 시장에서 점포의 세금만 받고(市廛) 현물세를 받지 않거나(不征) 전(廛)은 시장의 건물(市宅)입니다. 시장의 점포에 대해서만 세금을 거두고 상품(貨)에 대해서는 세금을 거두지 않는 것입니다. 시장의 분쟁만 다스리고(法) 점포세마저도 받지 않으면(不廛) 시장 감독관(市官)의 법에 따라 분쟁을 조정하고 점포세를 받지 않는 것입니다. 온 세상의 장사꾼이 모두 기뻐하면서 그 시장에 물건을 두려고 할 것이다. 관문에서는 기찰만 하고 통행세를 받지 않으면 이상한 사람을 기찰하고 세금은 받지 않는 것입니다. 온 세상의 나그네가 모두 기뻐하면서 그 길로 다니려고 할 것이다. 밭을 가는 사람에게 공전(公田)의 경작에만 힘을 돕도록 할 뿐 개인의 경작지(私田)에 따로 세금을 거두지 않으면 힘을 내어서 공전의 경작을 돕게 하고 사전의 세금은 거두지 않는 것입니다. 온 세상의 농부가 모두 기뻐하면서 그 들판에서 밭을 갈려 할 것이다. 집터에 가옥세와 인두세(夫里之布)를 받지 않으면 『주례』에서[21] '집에 나무를 심지 않으면 가옥세(里布)를 거두고 일을 하지 않는 백성에게는 인두세(夫家)를 거둔다.'라고 하였습

---

20 『孟子』 「公孫丑·上」
21 『周禮』 「地官司徒·下」

니다. 전국(戰國) 시대에는 일반 평민이라도 누구에게나 이 두 가지를 거두었습니다. 온 세상의 백성이 모두 기뻐하면서 그 나라의 백성이 되려고 할 것이다. 참으로 이 다섯 가지를 시행하면 이웃 나라의 백성이 그를 부모처럼 우러러볼 것이다. 자제(子弟)들을 거느리고 그 부모를 공격하는 일은 사람이 생겨난 이래로 아무도 성공하지 못했다. 이와 같다면 세상에 아무도 대적할 사람이 없을 것이다. 세상에 아무도 대적할 사람이 없는 이는 하늘의 벼슬아치〔天吏〕이다. 그렇게 하고도 왕 노릇 하지 못한 사람은 있지 않았다." ○ 또 말했다.[22] "어질고 현명한 사람을 믿지 않으면 나라가 텅 비고, 비록 온갖 관리와 구실아치〔有司〕가 있다 하더라도 자기 직분을 제대로 하지 못하면 사람이 없는 것과 무엇이 다르겠습니까? 예를 들어 금(金)나라 사람이 황하를 건너 쳐들어가면서 말하기를, '남송〔南朝〕에는 사람이 없다고 할 만하구나. 만약에 1~2천 명으로 황하를 지킨다면 우리가 어찌 건널 수 있겠는가?'라고 하였는데 이것이 바로 텅 빈 것의 징험입니다. 예의가 없으면 위아래가 어지러워지고, 정치가 없으면 재화〔財用〕가 부족해진다."

이상은 정치의 구체적인 절차와 세목〔節目〕을 말한 것인데 근본을 미루어 말했습니다.

신이 생각건대, 정치의 대강은 이 장의 내용에서 크게 벗어나지 않지만 다음 글에서 부연하여 설명합니다. 중도를 세우고〔建中〕, 표준을 세우는 것〔建極〕은 정치의 근본이고, 백성을 가멸게 만들고 난 뒤에 가르치는 것은 정치의 구조이며, 아홉 가지 보편적인 원칙은 정치의 절차와 세목입니다. 다만 아홉 가지 보편적인 원칙은 근본과 말단을 통틀어서 말한 것인데 이른바 '자신을 수양함'이란 중도를 세우고 표준을 세우는 것을 말하며, 이른바 '하나'란 중도를 세우고 표준을 세우는 근본입니다. 전하께서는 이를 깊이 생각하시기 바랍니다.

---

22 『孟子』「盡心·下」

제2장 용현 (用賢, 현명한 이를 등용함)

신이 생각건대, 공자가 말하기를,[23] "정치를 하는 것은 사람을 얻는 데 있다. 현명한 사람을 쓰지 않고서도 잘 다스릴 수 있는 사람은 있지 않았다."라고 하였습니다. 임금과 신하가 서로 만나야 무슨 일이라도 해볼 수 있습니다. 임금의 직분은 오직 현명한 사람을 알아보고 그에게 임무를 잘 맡기는 것을 급선무로 삼아야 합니다. 그러므로 이 장의 내용을 앞에 두고 이 장 안에서 특히 상세하게 논의를 전개하였습니다.

공자가 말했다. "오직〔惟〕 어진〔仁〕 사람만이 남을 좋아할 수 있고 남을 미워할 수 있다."

『논어』입니다. 아래도 같습니다.[24]

주자가 말했다. "오직〔惟〕이라는 말의 뜻은 '홀로〔獨〕'라는 것이다. 대체로 사사로운 마음이 없은 뒤에야 좋아하고 미워하는 것이 이치에 합당하다. 정자가 '공정함을 얻었다.'라고 한 것이 이것이다." ○ 유씨(游氏, 游酢)가 말했다. "선한 것을 좋아하고 악한 것을 미워하는 것은 온 세상의 공통된 감정〔同情〕이다. 그러나 사람이 늘 그 바름을 잃어버리는 것은 마음에 얽매인 것이 있어서 자신을 극복하지 못하기 때문이다. 오직 어진 사람만이 사사로운 마음이 없어서 좋아하고 미워할 수 있는 것이다."

말을 알지 못하면 사람을 알 수 없다.[25]

경원 보씨(慶源輔氏)가 말했다. "말은 마음의 소리이다. 말의 득실을 근거

---

23 『孔子家語』「哀公問政」
24 『論語』「里仁」
25 『論語』「堯曰」

로 삼아서 사람의 옳고 그름[邪正]을 알 수 있다. 오직 사물의 이치를 끝까지 탐구[格物窮理]한 군자라야 이렇게 할 수 있다." 이 두 절은 몸을 닦아서 마음이 공정하고 이치가 밝아진 뒤에 사람을 알 수 있음을 말한 것입니다.

그가 하는 것[以]을 보고[視][26]

주자가 말했다. "이(以)는 하는 것[爲]이다. 선한 일을 하는 사람은 군자이고 악한 일을 하는 사람은 소인이다."

그가 좇는 것[由]을 살펴보고[觀]

주자가 말했다. "관(觀)은 시(視)보다 상세한 것이다. 유(由)는 좇는 것이다. 일이 비록 선한 일이라 하더라도 그 동기[所後來]가 선하지 않음이 있으면 또한 군자가 될 수 없다."

신이 생각건대, 소행이 비록 선하더라도 만약에 명예를 좋아하고 벼슬을 좋아하는 마음이 있으면 동기[所由]가 선하지 않은 것입니다.

그가 편안히 여기는 것[安]을 관찰하면[察]

주자가 말했다. "찰(察)을 하면 더 상세하다. 편안하다는 것은 즐기는 것이다. 동기가 비록 선하더라도 마음이 즐겁지 않으면 또한 거짓일 뿐이다. 어찌 오랫동안 변하지 않을 수 있겠는가?" 행위는 쉽게 보이지만 동기나 즐거워하는 것은 이치를 탐구하여 말을 아는 사람이 아니면 변별하여 알 수 없습니다.

---

26 『論語』「爲政」

사람이 어찌[焉] 숨길 수[廋] 있겠는가, 사람이 어찌 숨길 수 있겠는가?

　　주자가 말했다. "언(焉)이란 어찌[何]이다. 수(廋)는 숨기는 것[匿]이다. 거듭 말하여 깊이 밝힌 것이다." ○ 정자가 말했다. "내 안에 있는 것(이성)이 말을 알고[知言] 이치를 탐구할 수 있으면 이것으로써 성인처럼 남을 살필 수 있다."

나를 속일 것[詐]이라고 미리 예측하지[逆] 말고 믿지 않을 것[不信]이라고 억측하지[億] 않는다. 그러나[抑] 또한 남이 속이고 믿지 않는 것을 먼저 깨달아야 현명한 사람이다.[27]

　　주자가 말했다. "역(逆)은 아직 이르지 않았는데 나아가서 맞이하는 것이다. 억(億)은 아직 보지 못했는데 그것을 생각하는 것이다. 사(詐)는 남이 나를 속이는 것을 말한다. 믿지 않는 것[不信]은 남이 나를 의심하는 것이다. 억(抑)은 반어사이다. 비록 예측하거나 억측하지 않지만 남의 참과 거짓[情僞]을 저절로 미리 깨닫는 것이 바로 현명한 것이다." ○ 양씨(楊氏, 楊時)가 말했다. "군자는 한결같이 성실할 뿐이다. 그러나 성실하면서 현명하지 않은 사람이 없기 때문에 누군가 자신을 속일 것이라고 예측하지 않고 믿지 못할 일이라고 억측하지 않더라도 늘 먼저 깨닫는다. 만약에 예측하지 않고 억측하지 않다가 끝내 소인에게 속으면 이 또한 보잘것없는 사람일 뿐이다." ○ 신안 진씨(新安陳氏)가 말했다. "예측하고 억측하는 것은 사사로운 견해가 어지러운 것이고, 먼저 깨닫는 것은 참된 견해가 밝고 투철한 것이다. 참으로 사전에 소인의 간사함을 미리 헤아리지도 않고 또한 일에 닥쳐서 소인의 간사함에 빠지지도 않아야 성실하고 현명한 군자가 될 것이다."

---

27 『論語』「憲問」

뭇 사람이 미워해도 반드시 살피고, 뭇 사람이 좋아해도 반드시 살핀다.[28]

맹자가 말했다.[29] "주위〔左右〕에 있는 사람들이 모두 현명하다고 해도 옳다고 여기지 않으며 모든 대부(大夫)가 현명하다고 해도 옳다고 여기지 않고 나라 사람〔國人〕이 모두 현명하다고 한 뒤에 관찰해서 현명한 점이 보이면 그런 뒤에 그를 등용한다. 주위에 있는 사람들이 모두 쓸모없다고 해도 듣지 말고, 모든 대부가 쓸모없다고 해도 듣지 말며, 나라 사람이 모두 쓸모없다고 한 뒤에 관찰해서 쓸모없음이 보이면 그런 뒤에 그를 제거한다." ○ 주자가 말했다. "사람들 가운데에는 세속의 사람들과 같이 행동하여서〔同俗〕 뭇 사람이 좋아하는 사람도 있고 특이하게 행동하여〔特立〕 세속의 사람들이 미워하는 사람도 있다. 그러므로 반드시 스스로 관찰하여 몸소 그의 현명하고 그렇지 못한 실상을 본 뒤에 등용하거나 버리면 현명한 사람에 대하여 깊이 알 수 있을 뿐만 아니라 맡기는 책임이 무거워 재능이 없는 사람이 요행히 나아올 수 없을 것이다."

이상은 사람을 관찰하는 방법을 말한 것입니다.

○ 맹자가 말했다. "사람은 하지 않는 것이 있어야 하는 일이 있을 수 있다."

『맹자』입니다.[30]

정자가 말했다. "하지 않는 것이 있다는 것은 가릴 줄 아는 것이다. 오직

---

28 『論語』「衛靈公」
29 『孟子』「梁惠王 · 下」
30 『孟子』「離婁 · 下」

하지 않는 것이 있을 수 있기 때문에 할 수 있는 것이다. 하지 않는 바가 없는 사람이 어찌 하는 바가 있을 수 있겠는가?" ○ 장자(張子)가 말했다. "어질지 않은 일을 하지 않으면 어진 일을 할 수가 있고, 의롭지 않은 일을 하지 않으면 의로운 일을 할 수 있다." ○ 정자가 말했다. "대체로 학자들〔儒者〕이 도에 깊이 들어가기를 바랄 수는 없으나 다만 마음에 간직한 것이 바르고 선과 악을 분별하며 염치를 안다면 이와 같은 사람은 대부분 모름지기 점차 좋아질 것이다."

『주역』에서 말했다. "군자는 같으면서도 다르게 한다〔同而異〕."

「규괘(睽卦)·상사」입니다.

정자가 말했다. "성현의 처세는 사람의 떳떳한 도리에서는 세속의 사람들과 크게 같지〔大同〕 않음이 없다. 세속과 똑같이 하는 데서는 또 때로 홀로 다름이 있다. 크게 같을 수 없는 사람은 상도를 어지럽히고〔亂常〕 이치를 거스르는〔拂理〕 사람이며, 홀로 다르게 하지 못하는 사람은 세속에 따라 나쁜 습관을 가진 사람이다. 중요한 것은 같으면서도 달리 할 수 있는 데 있다."

신이 생각건대, 군자는 인륜〔彝倫〕에 관한 행위에서는 세속과 크게 같은 점이 있지만 그 가운데 다른 점이 있습니다. 어버이를 사랑하는 점에서는 같으나 부모가 도리를 깨닫도록 하고 명령을 따르는 것만 효도로 여기지 않는 것이 세속과 다른 점입니다. 임금을 공경하는 점에서는 같으나 임금을 이끌어 도리에 맞도록 하고 의견이 맞지 않으면 떠나간다는 것이 세속과 다른 점입니다. 아내에게 본보기가 된다는 점에서는 같으나 서로 손님처럼 공경하고 정욕에 빠지지 않는 것이 세속과 다른 점입니다. 형에게 순종한다는 점에서는 같으나 기쁜 마음〔怡怡〕으로 서로 권면하고 학문과 행실을 닦도록 한다는 것이 세속과 다른 점입니다. 벗과 사귄다는〔交游〕 점에서는 같으나 오랫동안 교제하여도 공경하고 서로 살펴서 선을 행하는 것이 세속과 다른 점입니다. 저 부모를 사랑하지 않고 자기 임금을 공경하지 않으며 부부 사이에 반목하고 형제 사이에 우애〔和〕를 상하게 하고 벗들 사이에 서로 해치는 사람들은 본래 상도를 어지럽히고〔亂常〕 풍속을 무너뜨리는〔敗俗〕 사람들이니 말할 것도 없습니다. 세속에서 행실이 있는 사람도 군자의 도를 모르기 때문에 이런 사람들은 한갓 몸〔口體〕을 봉양하고 부모를 허물에 빠뜨리면서도 도리어 군자가 부모의 명령을 따르지 않는 것을 불효하다고 의심합니다. 임금에게 신임을 얻지 못하면 마음이 초조하여 나아가기만 하고 그칠 줄 모르면서 도리어 군자가 나아가기를 어려워하고 물러가기를 쉽게 여기는 것을 불경하다고 의심합니다. 정욕으로 예를 무너뜨리고 지나치게 친밀하게 굴면서도 도리어 군자가 낮에 내실에 들어오지 않는 것을 비정하다고 의심합니다. 형제가 서로 모여 술과 음식을 나누며 잔치나 즐기면서 도리어 군자가 갈고 닦으며〔切磋〕 학문에 힘쓰는 것을 우애를 해치는 일이라고 의심합니다. 벗들 사이에 서로 좋고 부드럽게 대하며 어깨를 치고 소매를 잡아당기며 희롱하고 놀리면서 도리어 군자가 위엄과 거동을 지키는 것을 우정〔友契〕이 친밀하지 못하다고 의심합니다. 세속의 견해가 고질이 된 것이 오래되었습니다. 만약에 윗자리에 있는 사람이 먼저 도리를 알아 안목을 갖춘 사람이 아니라면 세속과 다른 것을 그르다고 여기지 않는 사람이 드물 것입니다. 비록 그러하나 군자가 세속과 다른 까닭은 풍속이 옛 도를 회복하지 못했기 때문입니다. 만약에 교화가 행해지고 풍속이 아름다워져서 우리의 도〔斯道〕가 크게 밝고 널리 행해지면 세속의 사람들이 모두 군자가 될 터이니 비록 홀로 특이하게 되고자 하여도 그렇게 될 수 있겠습니까?

공자가 말했다. "대신은 도로써 임금을 섬기다가 할 수 없으면 그만둔다."

『논어』입니다.[31]

　주자가 말했다. "할 수 없으면 그만둔다는 것은 뜻이 합하지 않으면 떠나가는 것을 말한다. 도로써 임금을 섬기는 것은 임금의 욕망을 따르지 않는 것이다. 할 수 없으면 그만둔다는 것은 반드시 자기의 뜻을 실행한다는 것이다." 이상은 주자가 본래 달아놓은 주석입니다. ○ 공자가 말했다.[32] "군자가 임금〔君〕[33]을 섬길 때에는 나아가면 충성을 다할 것을 생각하고, 물러나서는 허물을 보완할 것을 생각한다. 임금의 아름다운 것은 받들어 따르고, 임금의 잘못은 바로잡아 구제한다. 그러므로 위와 아래가 서로 친할 수 있다." 진씨(眞氏)가 말했습니다. "나아간다는 것은 들어가 임금을 뵙는 것이다. 물러난다는 것은 나와서 자기 집〔私室〕에 가는 것이다." ○ 맹자가 말했다. "임금에게 어려운 일을 하라고 꾸짖는 것〔責難〕을 공(恭)이라 하고 선한 것을 베풀고 간사한 것을 막는 것을 경(敬)이라고 하며 우리 임금을 무능하다고 하는 것을 적(賊)이라고 한다.[34] 나는 요·순의 도가 아니면 감히 임금 앞에서 말하지 못했는데 제나라 사람은 나만큼 임금을 공경하는 사람이 없다."[35] 범씨(范氏, 范祖禹)가 말했습니다. "남의 신하가 되어 어려운 일로 임금에게 책임을 지우는 것은 그 임금으로 하여금 요·순과 같은 임금이 되게 하는 것이니 임금을 정말 존중하는 것이다. 선한 도리를 개진하여 임금의 간사한 마음을 금하여 막는 것은 오직 그 임금이 혹시라도 잘못된 처지에 빠질까 두려워하는 것이니 임금을 지극히 공경하는 것이다. 그 임금이 선한 도리를 행할 수 없다고 하면서 깨우쳐주지 않는 것은 그 임금을 심하게 해치는 것이다." ○ 이상의 두 조항은 도리로써 임금을 섬기는 것을 말한 것입니다. ○ 또 말했다.[36] "벼슬을 하는〔官守〕 사람은 자기 직분을 다할 수 없으면 떠나고 꾸짖는 책임〔言責〕을 맡은 사람은 말이 통하지 않으면 떠난다." ○ 송(宋)의 신종(神宗)이 사마광(司馬光)을 등용하려고 그를 허주(許州,

---

31 『論語』 「先進」
32 『孝經』 「事君章」
33 『聖學輯要』에는 君으로 되어 있으나 『孝經』 원문에는 上으로 되어 있다.
34 『孟子』 「離婁·上」
35 『孟子』 「公孫丑·下」
36 『孟子』 「公孫丑·下」

河南省 許昌縣)의 지주(知州, 주의 최고 벼슬아치)로 삼고 대궐을 지나가는 길에 궁전으로 올라오라고 하였다. 조서를 내리면서 정호(程顥)에게 말했다. "내가 사마광을 불렀는데 그대는 사마광이 오리라고 보는가?" 정호가 대답하였다. "폐하께서 그의 말을 쓸 수 있으면 사마광이 반드시 올 것이고 그의 말을 쓰지 못한다면 사마광은 반드시 오지 않을 것입니다." 황제가 말했다. "그의 말을 쓰건 쓰지 않건 사마광 같은 사람이 늘 좌우에 있다면 군주로서 저절로 허물이 없을 수 있을 것이다." 사마광이 과연 부르는 명령을 사양하였다. 신종은 사마광의 어짊을 알았지만 그의 말을 쓰지는 못했습니다. 그리고 한갓 명령을 내려 불러들이고자 하였으니 어찌 현인을 좋아한다고 할 수 있겠습니까? ○ 이상의 두 가지 조항은 할 수 없으면 그만두는 것을 말한 것입니다. ○ 공자가 말했다.[37] "임금을 섬기되 나아가는 것을 어렵게 여기고 물러나는 것을 쉽게 여기면 지위에 질서가 있고, 현명한 사람이 나아가 쓰이고 못난 사람이 부림을 당하면 지위에 질서가 있습니다. 나아가는 것을 쉽게 여기고 물러나는 것을 어렵게 여기면 어지러워진다. 어지러움이란 현명한 사람과 못난 사람이 뒤바뀐 것을 말합니다. 그러므로 군자는 세 번 읍하며 나아가고 한 번 사양하고 물러나니 이로써 어지러움을 멀리한다." 여씨(呂氏)가 말했습니다. "세 번 읍한다는 것은 세 번 사양하는 것이다. 만약 주인의 공경이 아직 이르지 않았는데도 억지로 나아가거나 주인의 뜻이 이미 해이해졌는데도 사양하지 않으면 손님과 주인의 분수가 어지러워진다. 벼슬을 할 만하면 벼슬을 하고 그만둘 만하면 그만두고 만날 만하면 만나고 사양할 만하면 사양하여야 나아가고 물러나는 의리가 한결같다." ○ 여씨(呂氏)가 말했다. "임금이 나를 믿어야 스승이 될 수 있으나 나에게서 배운 뒤에 나를 신하로서 삼지 않는다면 나아가지 않는다. 또한 나를 믿어야 나라의 정치〔國政〕를 맡을 수 있으나 계손씨와 맹손씨의 중간 정도로 대우한다면 나아가지 않는다. 공자는 의당 주어야 할 제사 지낸 고기를 주지 않으니 곧 가버리고, 영공(靈公)이 진을 치는 법을 물으니 곧 가버렸다. 군자의 도는 임금을 바르

---

37 『禮記』「表記」

게 하는 것일 뿐이다. 자기를 굽히는 사람으로서 남을 바르게 할 수 있는 사람은 있지 않다." 이상의 두 조항은 나아가고 물러남의 의리를 통틀어서 논한 것입니다.

맹자가 말했다. "선비는 곤궁해도 의(義)를 잃어버리지 않고 출세해도 도(道)를 떠나지 않는다. 곤궁해도 의를 잃어버리지 않기 때문에 선비는 의에서 자기 지조를 지키며[得己], 출세해도 도를 떠나지 않기 때문에 백성이 그에게 실망하지 않는다."

『맹자』입니다.[38]

주자가 말했다. "자기 지조를 지킨다는 것은 자기 지조를 잃어버리지[失己] 않는다는 말이다. 자기 자신[身]을 잃어버리지 않는다는 말과 같습니다. 백성이 실망하지 않는다는 말은 평소 그에게 도를 일으켜 훌륭한 정치를 해주기를 바랐는데 이제 과연 그 바람대로 되었다는 말이다." ○ 맹자가 말했다.[39] "옛 사람들은 뜻을 얻으면 백성에게 혜택을 베풀었고 뜻을 얻지 못하면 자신을 수양하여 세상에 드러났다. 곤궁하면 자기 몸을 홀로 선하게 하고 출세하면 온 세상과 더불어 선한 것을 함께했다."

『주역』에서 말했다. "임금[王侯]을 섬기지 않고 자기 일을 높이 숭상한다."

「고괘(蠱卦)」, 상·9 효사입니다.

정자가 말했다. "선비가 스스로 높이 숭상하는 것[高尙]은 한 가지 길만 있는 것이 아니다. 도덕을 품고 있으나 때를 만나지 못하여 고결하게 자신

---

38 『孟子』「盡心·上」
39 『孟子』「盡心·上」

을 지키는 사람도 있고, 이윤(伊尹)과 태공(太公)이 세상에 나아오지 않은 때입니다. 만족하게 여겨 그칠 줄 아는 도를 지니고 있어서 물러나 자신을 지키는 사람도 있고, 장량(張良)이나 소광(疏廣)과 같은 사람입니다. 능력을 헤아리고 분수를 헤아려 남이 알아주기를 바라지 않는 것을 편안히 여기는 사람도 있고, 서치(徐穉)나 신도반(申屠蟠)과 같은 사람입니다. 청렴한 절개로 자신을 지켜 세상의 일을 달가 워하지 않고 홀로 자기 몸을 깨끗이 유지하는 사람도 있다. 접여(接輿)와 삼태기 를 짊어지고 가던 노인(荷蕢)의 무리입니다. 이들의 처사는 비록 득실(得失)과 대소(大小)의 차이는 있으나 모두 스스로 자기 일을 높이 숭상한 사람들이다."

신이 생각건대, 선비가 벼슬을 하지 않는 까닭은 본래 한 가지가 아니지만 대체로 정자가 논한 이 네 가지에서 벗어나지 않습니다. 이른바 득(得)이라는 것은 위의 세 경우이고 실(失)이라는 것은 아래의 한 경우입니다. 이른바 크다(大)는 것은 맨 앞의 한 경우이고 작다(小)는 것은 아래의 세 경우입니다. 임금이 공경을 다하고 예를 다하지 않으면 도덕을 갖춘 선비를 만날 수 없고, 간하는 말을 따르고 그의 말을 듣지 않으면 신하로 삼을 수 없으니 임금은 마땅히 정성을 미루어 임무를 맡기고 처음부터 끝까지 의심을 하지 말아야 합니다. 그칠 줄 알고 분수를 헤아리는(度分) 선비에는 두 종류가 있습니다. 위기와 난리의 기미를 알고 먼저 물러가면 임금은 마땅히 느끼고 깨달아 허물을 고치며 화의 싹을 끊고 정성을 다하여 거두어들이는 것이 옳습니다. 만약에 화의 기미를 보지 못하고 편안함을 추구하여 물러가기를 원한다면 임금은 마땅히 그의 뜻을 빼앗지 말고 그의 절개를 가상히 여겨 염치를 장려하는 본보기로 삼는 것이 좋습니다. 예컨대 홀로 자기 몸을 깨끗이 하려는 사람이라면 비록 중도를 지나치고 바른 것을 잃어버렸다 하더라도 이욕(利欲)에서 뚜렷이 벗어난 사람이라 인성(人性)과 천명(天命)의 정(情)을 잃어버리고 부귀를 탐내는 사람에게 견준다면 맑고 흐린 차이가 현격하니 임금이 또한 마땅히 포상하고 장려하여 은일(隱逸)[40]이라는 이름을 성취하게 하는 것이 옳습니다. 후세의 임금은 대략 현자를 좋아할 줄은 알지만 좋아하는 방법을 알지 못하여 직위와 녹봉으로 붙들어 두기는 하여도 그의 말을 쓰지 않아 그로 하여금 진퇴를 어렵게 하는 경우도 있고, 예컨대 『시경』에서 이른바[41] "오만하게〔仇仇〕 나를 붙잡아 놓고 내 능력을 써주지도 않는구나." 하는 것과 같은 종류입니다. 한갓 명분만 좋아하고 그 실상은 추구하지 않아 할 수 없는 일을 억지로 맡겨 그로 하여금 일을 그르쳐 자신의 지조를 잃어버리게 하는 경우도 있는데 예컨대 진(晉)이 은호(殷浩)를 등용한 것과 같은 종류입니다. 이는 모두 참으로 현자를 좋아하는 것이 아닙니다. 반드시 그 사람을 알면 그의 총명함을 끝까지 발휘하게 해야 하고, 그를 사용하면 그의 재능에 적합하게 하며, 그를 믿으면 그의 성실함을 다하게 한 뒤에야 참으로 현자를 좋아한다고 할 수 있을 것입니다.

이상은 군자의 행실을 분별하는 것을 말한 것입니다.

공자가 말했다. "비천한 사람〔鄙夫〕과 더불어〔與〕 임금을 섬길 수 있겠는가?"

여(與)는 평성(平聲)입니다.[42] ○ 『논어』입니다. 아래도 같습니다.[43]

주자가 말했다. "비천한 사람이란 용렬하고 악하며, 고루하고 졸렬한 사람을 일컫는 말이다."

그런 사람은 벼슬을 얻지 못하면 얻으려고 근심하고, 벼슬을 얻었으면 잃어버릴까 근심한다.

---

40 세상을 피하여 숨은 사람
41 『詩經』「小雅·正月」
42 與가 상성이면 '주다', 거성이면 '참여하다.' 평성이면 어조사로서 '~와'의 뜻이 있다.
43 『論語』「陽貨」

하씨(何氏, 何晏)가 말했다. "얻으려고 근심한다는 것은 얻지 못할까 근심한다는 말이다." ○ 신안 진씨(新安陳氏)가 말했다. "얻는다는 것은 부귀와 권력과 이익을 얻는다는 말이다."

만약에 잃을까봐 근심한다면 하지 못하는 일이 없을 것이다.

주자가 말했다. "작게는 종기를 핥고 치질을 빠는(吮癰舐痔) 데서 크게는 부모와 군주를 시해하는 것이 모두 잃어버릴까 근심하는 데서 생기는 것일 뿐이다." ○ 호씨(胡氏, 胡安國)가 말했다. "허창(許昌)의 근재지(靳裁之)가 말하기를 '선비의 품격은 대체로 세 가지가 있다. 도덕에 뜻을 둔 사람은 공명(功名)이 그 마음을 얽매지 못하고, 공명에 뜻을 둔 사람은 부귀가 그 마음을 얽매지 못하며, 부귀에만 뜻을 둔 사람은 또한 하지 못하는 일이 없다.'라고 하였다. 부귀에 뜻을 둔 사람이란 바로 공자가 비천하다고 한 사람이다."

듣기 좋은 말(巧言)과 아름다운 얼굴빛(令色)에는 인(仁)이 드물다(鮮).[44]

주자가 말했다. "교(巧)는 좋은 것(好)이고 영(令)은 아름다운 것(善)이다. 말을 듣기 좋게 하고 얼굴빛을 아름답게 하여 바깥을 꾸며서 남을 기쁘게 하는 데만 힘쓴다면 인욕(人欲)이 멋대로 날뛰고 본심의 덕이 없어질 것이다. 성인은 말을 박절하게 하지 않기 때문에 오로지 드물다고 말했으니 사실은 절대로 없음을 알아야 한다. 배우는 사람이 마땅히 깊이 경계해야 한다." ○ 또 말했다. "용모와 말씨(辭氣)는 바로 배우는 사람이 간직하여 기르고 힘써야 할 곳이다. 그러나 번지르르하고 아름답게 꾸며서 남의 보고 듣는 것을 기쁘게 하는 데만 뜻을 두면 마음이 바깥으로 치달아서 인이 드물 것이다.

---

44 『論語』「學而」

만약에 용모와 말씨를 간직하고 길러서 말을 할 때에는 조급하게 함부로 말하지 말고 행동할 때에는 반드시 온순하고 공손하여 다만 마땅히 스스로 경건으로 안을 곧게 하고 의로 바깥을 반듯하게 하는 실제적인 일을 체득한다면 바로 이것이 자기를 위하는[爲己] 공부와 인을 추구하는 요령이 될 것이니 다시 무엇이 문제가 되겠는가? 소인의 경우에는 남의 잘못을 들추어내는 것을 정직한 것으로 여기고 얼굴빛은 엄격하게 하나 안으로는 부드럽게 하여 비록 말을 번지르르하게 하며 얼굴빛을 아름답게 꾸미는 사람과 같지는 않지만, 감정을 숨기고 다른 태도를 짓고 거짓을 꾸미는[矯情飾僞] 마음을 살펴보면 말을 번지르르하게 하고 얼굴빛을 아름답게 꾸미는 사람보다 실제로 더 심한 사람이다. 성인은 이들을 미워한다."

보라색[紫]이 붉은색[朱]을 침해하는 것을 미워하고, 정나라 음악[鄭聲]이 궁중의 정악[雅樂]을 어지럽히는 것을 미워하며, 날랜 입[利口]이 나라를 뒤엎는 것[覆]을 미워한다.[45]

　주자가 말했다. "붉은색[朱]은 정색(正色)이고 보라색[紫]은 간색(間色)이다. 아(雅)는 바른 것이다. 날랜 입이란 말이 빠르고 말재주가 능란한 것이다. 복(覆)은 기울어져서 무너지는 것이다." ○ 범씨(范氏, 范祖禹)가 말했다. "온 세상의 이치는 정당하게 이기는 사람이 늘 적고 부정한 방법으로 이기는 사람은 늘 많다. 성인이 이 때문에 이들을 미워하는 것이다. 말재주가 능란한 사람이 옳은 것을 그른 것으로 만들고 그른 것을 옳은 것으로 만들며, 현명한 사람을 불초한 사람으로 만들고 불초한 사람을 현명한 사람으로 만든다. 임금이 만약에 이들의 말을 기뻐하여 믿는다면 나라가 뒤집히는 것은 어렵지 않다."

향원(鄕原)은 덕의 도적이다.[46]

주자가 말했다. "원(原)은 성실하다는 원(愿)과 같으니 신중하고 조심스러운 사람이라는 말이다. 공자는 그런 사람을 덕이 있는 것 같으나 덕이 있지 않다고 하여 덕의 도적이라고 여겼다." ○ 만장(萬章)이 말했다.[47] "한 고을〔一鄕〕 사람들이 모두 신중한 사람〔原人〕이라고 한다면 어딜 가나 신중한 사람이 아닐 수 없는데 공자가 덕의 도적이라고 여긴 것은 무엇 때문입니까?" 맹자가 말했다. "비난을 하려고 해도 비난할 근거가 없고 풍자하려고 해도 풍자할 거리가 없다. 세속〔流俗〕과 동조하고 더러운 세상〔汚世〕과 합하여 들어앉아 있을 때에는 충직하고 믿음직한 듯하며 행동을 하면 청렴하고 깨끗한 것 같아서 사람들이 모두 그를 좋아한다. 스스로도 자신을 옳다고 여기나 이들은 함께 요·순의 도에 들어갈 수 없다. 그러므로 덕의 도적이라고 하는 것이다."

신이 생각건대, 탐욕스럽고 더러우며 아첨하는 것은 소인의 한결같은 태도입니다. 참으로 용렬하고 어리석은 군주가 아니고서는 이들을 구별하는 것이 어렵지 않을 것입니다. 오직 옳은 듯하면서도 아닌 사이비한 사람은 비록 현명한 임금이라도 변별할 수 없는 경우가 있습니다. 대체로 군자는 정색을 하고 거리낌 없이 바른말을 하지만 소인은 얼굴빛을 엄격하게 하고 들추어내는 것으로 곧은 것을 삼는데 이것이 마치 군자와 비슷합니다. 군자는 행동이 완전하고 흠이 없으나 소인은 삼가고 조심하여 풍자할 거리가 없는데 이것이 군자와 비슷합니다. 성현이 이를 깊이 경계하는 것은 당연한 것입니다. 저 향원은 자신을 숨기고 세상에 잘 보여서 스스로 옳은 체하며, 세속과

---

[46] 『論語』「陽貨」. 鄕原이란 지역 사회에서 신망을 얻기 위해 덕을 가장한 사람을 일컫는다.
[47] 『孟子』「盡心·下」

부화뇌동하여 고식적이고 비천하며 더러운 처지를 평안히 여겨 도를 행하는 선비를 억압함으로써 학문하는 길을 끊어버리니 그들의 해가 거의 이단이 세상을 미혹하는 것보다 더 심합니다. 후세의 선비가 만약에 향원으로 지목되면 누군들 부끄러워하고 성내지 않겠습니까? 그러나 그들의 행위를 밝게 따져보면 앞뒤를 돌아보고 몸가짐을 조심하여 벼슬자리나 지키다가 한 번 옛것을 회복하자는 소리를 듣거나 도에 뜻을 둔 선비를 보면 곧바로 현실에 맞지 않아서 이루기 어렵다고 비웃고, 오직 구습을 그대로 따르고 억지로 끌어다가 보완하는 일에만 힘쓰니 이는 모두 향원을 배우는 사람들입니다. 맹자가 말하기를[48] "군자는 원칙[經]으로 돌이킬 뿐이다. 원칙이 바르면 백성이 떨쳐 일어난다."라고 하였으니 원칙으로 돌이키는 책임을 전하께 깊이 바랍니다.

　이상은 소인의 간사함을 분별하는 것을 말한 것입니다.

○ 공자가 말했다. "언론[論]이 독실한 사람을 친한다면 그가 군자다운 사람인가, 겉모습만 장중한 사람인가?"

『논어』입니다. 아래도 같습니다.[49]

　주자가 말했다. "다만 그 언론이 독실함만 가지고서 그를 친한다면 그가 군자다운 사람인지 겉모습만 장중한 사람인지 알 수 없다는 말이다. 말과 모습만을 가지고 사람을 취해서는 안 된다는 말이다."

덕이 있는[有德] 사람은 반드시 말을 잘하지만 말을 잘하는 사람이 반드

---

48 『孟子』「盡心·下」
49 『論語』「先進」

시 덕이 있는 것은 아니다. 어진 사람은 반드시 용기가 있지만 용기가
있는 사람이 반드시 어진 것은 아니다.[50]

주자가 말했다. "덕이 있는 사람이란 온화함과 순함[和順]이 속에서 쌓여
서 꽃봉오리처럼 밖으로 활짝 피어난 사람이다. 말을 잘하는 사람은 혹 말만
번지르르하고 능란한 말재주만 있을 뿐이지만 어진 사람은 마음에 사사롭
게 얽매임이 없으니 의를 보면 반드시 행한다. 용기 있는 사람은 혹 혈기만
강할 뿐이다."

군자는 작은 것은 알[知] 수 없어도 큰일은 맡을[受] 수 있고, 소인은 큰
일은 맡을 수 없어도 작은 것은 알 수 있다.[51]

주자가 말했다. "안다는 것은 내가 그것을 아는 것이다. 맡는다는 것은 상
대방에게서 받는 것이다. 대체로 군자는 자질구레한 일을 처리하는 데에서
반드시 볼 만한 것은 아니지만 재능과 덕이 충분하므로 큰일을 맡을 수 있고,
소인은 비록 기량이 얕고 좁으나 반드시 취할 만한 장점이 하나도 없는 것은
아니다."

군자는 의리[義]에 깨닫고[喩] 소인은 이익[利]에 깨닫는다.

주자가 말했다. "유(喩)는 깨닫는다[曉]는 뜻이다. 의(義)는 천리(天理)의
당위적인 것이요, 이(利)는 인정(人情)이 욕구하는 것이다." ○ 정자가 말했
다. "군자가 의리를 대하는 태도는 소인이 이익을 대하는 태도와 같다. 오직

---

50 『論語』「憲問」
51 『論語』「衛靈公」

깊이 깨닫기 때문에 독실하게 좋아한다." ○ 양씨(楊氏, 楊時)가 말했다. "군자는 목숨을 버리고 의리를 취할 때가 있다. 이익을 따진다면 사람이 원하는 것 가운데 삶보다 더한 것이 없고 싫어하는 것 가운데 죽음보다 더한 것이 없으니 누가 기꺼이 삶을 버리고 의리를 취하겠는가? 군자는 의리에 깨달을 뿐 이익의 이익됨을 모르기 때문이다. 소인은 이와 반대이다." ○ 상산 육씨(象山陸氏, 陸九淵)가 말했다. "이 장에서는 의리와 이익으로써 군자와 소인을 판별하였다. 배우는 사람이라면 여기에서 마땅히 그 뜻을 분별해야 한다. 사람이 깨닫는 것은 그에게 익숙한 것에서 말미암는다. 그에게 익숙한 것은 그의 뜻에서 말미암는다. 의리에 뜻을 두면 익숙한 것이 반드시 의리에 있기 때문에 의리를 깨닫고, 이익에 뜻을 두면 익숙한 것이 반드시 이익에 있기 때문에 이익을 깨닫게 되는 것이다." ○ 남헌 장씨(南軒張氏)가 말했다. "배우는 사람은 의리와 이익를 분별하는 것보다 먼저 할 것이 없다. 의리는 인위적으로 하는 바가 없이 그렇게 해야 하는 것이다. 인위적으로 그렇게 하는 것은 사사로운 욕심이지 보편적인〔公〕 천리가 아니다. 이것이 의리와 이익이 나뉘는 까닭이다. 주자가 말했습니다. "의리란 인위적으로 하는 바가 없이 그렇게 하는 것이라는 말은 이전의 성인들이 아직 밝혀내지 못한 것을 넓힌 것이라고 할 수 있다." 대체로 성인의 학문은 인위적으로 하는 바가 없이 그렇게 하는 것이다. 이것은 그만둘 수 없는 명령이고 치우치지 않는 본성이며 끝없는 가르침이다. 먼저 의리와 이익에 엄청난 차이〔霄壤之判〕가 있음을 뚜렷이 살피고 깊이 생각하며 힘껏 행하여 밤낮 쉬지 않는 사람이 아니라면 참으로 이를 터득할 수가 없을 것이다. 그 일이 비록 선하나 교제를 맺고 명예를 구하며 비난하는 소리를 싫어하는 마음이[52] 그 가운데 혹시라도 싹튼다면 이것은 이익〔利〕을 추구하는 것일 뿐이다."

---

[52] 『孟子』「公孫丑 · 上」

군자는 조화[和]를 이루지만 동화[同]되지 않으며 소인은 동화되지만 조화를 이루지 않는다.[53]

주자가 말했다. "조화란 어그러짐이 없는 마음이다. 동화란 아부[阿比]하는 뜻이 있는 것이다." ○ 윤씨(尹氏, 尹焞)가 말했다. "군자는 의리를 숭상하기 때문에 동화되지 않으나 소인은 이익을 숭상하는데 어찌 조화할 수 있겠는가?" ○ 『춘추전』에서 말했다.[54] "제나라 경공(齊景公)이 사냥에서 돌아왔다. 안자(晏子)가 모시고 있었는데 자유(子猶) 양구거(梁丘據)의 자(字)입니다. 가 달려왔다. 경공이 말했다. '오직 양구거는 나와 조화를 이루는 사람이다.' 안자가 대답했다. '양구거는 역시 동화하는 것일 뿐입니다. 어찌 조화하는 것이겠습니까?' 경공이 말했다. '조화와 동화는 다른 것인가?' 안자가 대답했다. '다릅니다. 조화란 국을 끓이는 것과 같습니다. 물을 붓고 불을 때며 식초[醯], 젓갈[醢], 소금, 매실을 넣고 물고기나 고기를 삶는데 섶으로 불을 때어서[燀] 천(燀)은 음이 전(戰)인데 불을 땐다는 연(燃)과 같습니다. 요리사[宰夫]가 그 맛을 고르게 하여 지나친 것을 없애는[泄] 것입니다. 맛이 지나친 것을 덜어서 없앤다[泄去]는 말입니다. 군자가 이것을 먹으면 마음이 평온해집니다. 임금과 신하도 이와 같아야 합니다. 임금이 옳다고 하는 것에 그른 것이 있다면 신하는 그 그른 점을 지적해서 옳은 것을 이루도록 해야 하고, 임금이 그르다고 하는 것에 옳은 점이 있으면 신하는 옳은 점을 지적하여 그 그른 것을 제거해야 합니다. 그러므로 『시경』에서 '국 맛을 고르게 하듯이 경계하며 공평하게 한다.'[55]고 했는데 지금 양구거는 그렇지 않습니다. 임금이 옳다고 하면 양구거 또한 옳다고 하고, 임금이 그르다고 하면 양구거 또한 그르다고 합니다. 만약에 물에 물을 타면 누가 먹겠으며, 금(琴)과 슬(瑟)의 소리가 오로지 같다면 누가

---

53 『論語』「子路」
54 『春秋左氏傳』「昭公 20年」
55 『詩經』「商頌 · 烈祖」

들겠습니까? 동화가 옳지 않음이 이와 같습니다.'"

군자는 두루 사귀되(周) 편(比)을 짓지 않고, 소인은 편을 짓되 두루 사귀지 않는다.[56]

주자가 말했다. "주(周)는 두루 미치는 것(普偏)이다. 비(比)는 치우쳐 무리짓는 것(偏黨)이다. 모두 사람과 친밀하고 두터운 관계를 맺는다는 뜻이지만 주는 공적이고 비는 사적일 뿐이다." ○ 주자가 「승상 유정(留正)에게 보낸 편지(與丞相留正書)」에서 이렇게 말했다.[57] "붕당(朋黨)의 화(禍)는 고관대작(縉紳)에게만 그쳐야 하는데, 옛날에 붕당을 미워하여 제거하려고 하는 자가 종종 나라를 망치는 데까지 이르렀습니다. 대체로 현명함과 그렇지 않음, 충성스러움과 간사함을 살피지 않고 오로지 붕당을 제거하는 데만 힘쓰면 교묘하게 자기 이익을 도모하는 저 소인들은 반드시 스스로 자신들의 자취를 덮어버리지만, 군자들은 공정한 마음과 정직한 도리만 믿고 서로 어울리지 않다가 이따금 도리어 밀려나서 붕당으로 지목되기도 합니다. 한(漢), 당고(黨錮)[58]의 화입니다. 당(唐), 청류(淸流)의 화입니다. 소성(紹聖) 송(宋) 원우(元祐) 연간의 당화(黨禍)입니다. 의 일이 먼 옛날의 일이 아닙니다. 승상께서는 붕당을 우려하지 못하는 것은 아니지만 저는 승상께서 혹시라도 온 세상의 현명한 사람과 그렇지 않은 사람, 충성스러운 사람과 간사한 사람을 살피는 데 책임을 다하지 못할까 두렵습니다. 저 문을 닫고 들어앉아 자신을 지켜 고립되어 붕당이 없는 사람은 한 사람의 절개 있는 행위입니다. 현명하고 유능한 사람을 맞아들이며 간사하고 음험한 사람을 물리쳐서 온 세상 사람들의 뜻에 부합

---

56 『論語』「爲政」
57 『晦庵集』「與丞相留正書」
58 후한의 桓帝와 靈帝 때(166~169) 환관이 득세하자 반대당이었던 진번, 이응 등 청절한 학자들을 종신 禁錮에 처하여 벼슬길을 막아버린 사건이다. 이후 실권은 환관이 장악했다.

하여 온 세상의 일을 구제하는 것은 재상의 직책입니다. 어찌하여 반드시 붕당이 없는 사람만 옳다 하고 붕당이 있는 사람은 그르다 할 수 있겠습니까? 오늘날 승상의 처지가 소속된 붕당이 없다면 없다고 할 수 있으나 소인의 도가 날로 늘어나고 군자의 도가 날로 소멸하여 온 세상의 우려가 장차 이루 말할 수 없이 된다면 승상께서 어찌 그 책임을 면할 수 있겠습니까? 저는 어리석은 사람이라 근심을 이길 수 없습니다. 승상께서는 먼저 현명한 사람과 그렇지 않은 사람, 충성스러운 사람과 간사한 사람을 분별하는 것을 임무로 삼기 바랍니다. 그래서 그가 과연 현명하고 충성스러운 사람이면 분명히 등용하되 오직 붕당이 적어서 함께 온 세상의 일을 도모하지 못할까 염려하십시오. 그가 만일 간사하고 사특한 사람이라면 분명히 쫓아내되 오직 그와 같은 사람을 다 쫓아내지 못하여 승상이 현명한 사람을 등용한 공을 해칠까 염려하십시오. 오직 군자가 붕당을 짓는 것을 싫어하지 않을 뿐만 아니라 자신이 붕당을 짓는 것도 꺼리지 말고, 오직 자신이 붕당을 짓는 것을 꺼리지 않을 뿐만 아니라 또한 장차 임금을 이끌어서 붕당을 짓는 것을 꺼리지 말아야 할 것입니다. 이렇게 한다면 온 세상의 일이 거의 가망이 있을 것입니다.”

신이 생각건대, 신하의 악(惡)은 사당(私黨)을 짓는 것보다 더 심한 것이 없고 임금이 몹시 미워하는 것 가운데 붕당보다 심한 것이 없습니다. 그러므로 소인이 군자를 모함할 때에는 반드시 붕당을 효시로 삼으니 다만 임금이 소인의 모함인지 군자의 붕당인지를 살피지 못하는 것을 염려할 뿐입니다. 만일에 혹 그것을 살핀다면 공적인지 사적인지 충성스러운지 간사한지 변별하는 데 무슨 어려움이 있겠습니까? 이른바 살핀다는 것은 그 마음을 살피는 것일 뿐이니, 그 마음이 임금을 바로잡고 나라를 다스리는 데 있는가, 혹은 자신을 영화롭게 하고 권세를 견고하게 하는 데 있는가 하는 것입니다. 임금을 바로잡고 나라를 다스리는 선비는 같은 도로써 붕당을 삼는 사람이니 한마음으로 임금을 사랑하고 한마음으로 나라를 따르기 때문에 당이 성할수록 임금이 더욱 성스러워지고 나라도 더욱 편안해질 것입니다. 임금은 오히려 그와 같은 당이 적을까 근심해야 하는데 어찌 무리지어 모여드는 것을 근심하겠습니까? 자신을 영화롭게 하고 권세를 견고하게 하는 선비는 같이 이익을 추구하는 것으로 붕당을 삼는 사람이니 사적인 일만 경영하고 공적인 일을 내버리며, 임금을 뒤로 돌리고 부모를 버려둡니다. 그런 당은 비록 적더라도 충분히 임금을 속이고〔罔上〕 나라를 망하게 할 것입니다. 임금은 마땅히 불이 처음 붙었을 때 끄듯이 해야 하는데 어찌 번성해지기를 기다리겠습니까? 그러나 소인의 마음은 오직 이익만을 추구하고 임금과 부모는 돌아보지 않기 때문에 한때 붕당을 맺더라도 혹 이익이 다하면 교제가 소홀해지고, 혹 형세가 위축되면 서로 자신의 살길만 도모합니다. 그들의 이른바 붕당이란 일시적인 결합〔假合〕일 뿐이어서 처음부터 끝까지 도덕과 의리로 붕당을 맺는 군자와 같지 않습니다. 그러므로 구양수(歐陽脩)는 "소인은 붕당이 없다. 오직 군자라야 붕당이 있다."라고 했는데 이 말이 옳습니다. 아! 상(商)의 신하가 억만(億萬) 명이 있었으나 마음도 억만이나 되었기 때문에 당은 없었다고 할 수 있지만 주왕(紂王)은 그 때문에 망했고, 주(周)의 신하는 삼천 명이 있었으나 그 마음이 오직 하나였기 때문에 큰 당 하나가 되어 무왕(武王)은 이로써 왕이 되었습니다. 그러므로 그 마음이 어떠한가에 달려 있을 뿐입니다. 비록 그러하나 임금이 먼저 이치를 밝히지 않고 다만 예측하거나 억측하여 살핀다면 공적인 것을 사적인 것이라 하고 간사한 것을 충성스러운 것이라고 하지 않을 사람이 드물 것입니다. 이 때문에 배움에는 이치를 밝히는 것보다 먼저 할 것이 없습니다.

사람의 허물에는 저마다 유형〔黨〕이 있다. 그 허물만 관찰해 보아도〔觀過〕 그 사람의 어짊을 알 수 있다.[59]

---

[59] 『論語』「里仁」

주자가 말했다. "당(黨)은 유형(類)이다." ○ 정자가 말했다. "사람의 허물에는 저마다 그 유형이 있어서 군자는 항상 후덕함에서 실수하고 소인은 항상 야박함에서 실수한다. 군자는 지나치게 사랑하고 소인은 지나치게 잔인한 경향이 있다." ○ 주자가 말했다. "군자는 지나치게 청렴하고 소인은 지나치게 탐욕스러우며, 군자는 지나치게 절개가 굳고 소인은 지나치게 두루 통하는 따위가 모두 위의 말에 해당한다. 그러나 또한 여기에서 그치는 것이 아니다. 다만 이런 것들에서 사람의 어짊과 어질지 않음을 알 수 있고 어짊의 기상도 알 수 있으므로 여기에서 어짊을 알 수 있다고 한 것이다. 또한 이 말은 사람이 허물을 범하더라도 오히려 그 허물에서 그가 후덕한지 야박한지를 알 수 있다는 말이지 반드시 그가 허물이 있기를 기다린 뒤에 그의 현명하고 그렇지 않음을 알 수 있다는 말은 아니다." ○ 진씨(眞氏)가 말했다. "임금이 된 사람은 신하가 허물을 범하면 더욱 마땅히 그의 마음을 살펴보아야 한다. 만약 그가 임금을 사랑하여 극간(極諫)[60]을 하다 보면 그에게 지나치게 파헤치는 허물이 없지는 않겠지만 요컨대 그의 마음 씀씀이는 어질지 않겠는가? 그러니 그의 어짊은 취하고 그의 허물은 눈감아주는 것이 좋다. 임금을 사랑하여 명령을 어기다 보면 그에게 지나치게 바로잡아 고치려는 허물이 없지는 않겠지만 요컨대 그의 마음 씀씀이는 어질지 않겠는가? 그의 어짊은 받아들이고 그의 허물은 눈감아주는 것이 옳을 것이다. 만약에 간사한 신하라면 가리고 덮기를 잘하여 반드시 지적할 만한 허물이 있는 것은 아니지만 그러나 그 마음은 어떠한가? 이 모든 것은 사람을 관찰하는 한 가지 단서인데 이를 유추하여 추구하면 어느 것이나 그렇지 않음이 없다."

맹자가 말했다. "임금을 섬기는 데만 잘하는 사람이 있다. 그는 임금을 섬기면 마음에 들도록 노력하여 임금을 기쁘게 하는 사람이다."

---

60 임금에게 잘못된 일이나 행동을 고치도록 온 힘을 다해 간함.

　주자가 말했다. "아첨하여 따르는 것〔阿徇〕으로 마음에 들고, 뜻에 맞춤〔逢迎〕으로써 기쁘게 하는 것은 비열한 사람〔鄙夫〕의 일이고 첩〔妾婦〕의 방식이다."

사직(社稷)을 편안하게 하는 신하가 있다. 그는 사직을 편안하게 하는 것을 기쁨으로 삼는 사람이다.

　주자가 말했다. "대신이 사직을 편안하게 하려고 계획하는 것은 마치 소인이 임금을 기쁘게 하려고 힘쓰는 것과 같아서 이것에 온통 마음을 쓰고 잊어버리지 않는다."

하늘이 낸 백성〔天民〕이 있다. 그는 출세하여 온 세상에 도를 행할 수 있을 때에만 행하는 사람이다.

　주자가 말했다. "백성〔民〕이란 지위가 없는 사람을 일컫는 말인데 천리(天理)를 완전히 다 실현하여 하늘의 백성이 되었기 때문에 천민(天民)이라고 한다. 그는 반드시 도를 세상에 실행할 수 있어야만 행하고 그렇지 않으면 차라리 죽을 때까지 알려지지 않더라도 후회하지 않으며, 자기의 도를 조금 쓰기 위해 남을 따르는 것을 기꺼워하지 않는 사람이다." ○ 장자(張子)가 말했다. "반드시 공적이 이 백성을 덮은 뒤에 나아가니 이윤(伊尹)이나 여상(呂尙)과 같은 무리이다."

대인(大人)이 있다. 그는 자기를 바르게 하여 남도 저절로 바르게 되도

---

61 『孟子』「盡心 · 上」

록 하는 사람이다.

주자가 말했다. "대인은 덕이 성대하여 위아래가 그에 의해 교화되는 사람이다. 이른바 '용이 밭에 있다〔見龍在田〕는 것은 온 세상이 문명화되었다는 것이다.'[62]라고 한 것이다. 곧 사람의 품격은 같지 않아서 대략 네 등급이 있다. 마음에 들도록 하여 기쁘게 아첨하는 신하는 말할 것이 없다. 사직을 편안하게 하는 사람은 충신이나 그도 오히려 한 나라의 선비에 불과하다. 하늘이 낸 백성이란 한 나라의 선비는 아니지만 오히려 온 세상에 뜻을 펴려는 의지를 가지고 있다. 의지도 없고 반드시 그렇게 되기를 기약하지 않으나 오직 그가 있는 것만으로도 사물이 교화되지 않음이 없는 것은 오직 성인이라야 그렇게 될 수 있다."

신이 생각건대, 주자가 이런 말을 했습니다. "요·순도 사람을 알아보기가 어려움을 문제로 여겼다. 공자도 말을 들으면 그의 행실을 살펴보아야 한다고 경계하였다. 그러나 일찍이 생각해보니 이는 다만 소인을 두고 한 말이었다. 만약에 모두가 군자라면 무슨 어려움이 있겠는가? 대체로 하늘과 땅 사이에 저절로 그러한 이치〔自然之理〕가 있어서 양은 반드시 굳세고 굳센 것은 반드시 밝고 밝은 것은 알기가 쉬우며, 음은 반드시 부드러우며 부드러운 것은 반드시 어둡고 어두운 것은 헤아리기 어렵다. 그러므로 성인이 『주역』을 지어 마침내 양을 군자로 삼고 음을 소인으로 삼았으니 『주역』으로 어두움과 밝음〔幽明〕의 원리〔故〕에 통하고 만물을 본질〔情〕에 따라 분류한 것은 비록 백대(百代)가 지나도 바뀔 수 없는 것이다. 이전에 역(易)의 이론을 유추하여 온 세상 사람들을 관찰해 본 적이 있다. 대체로 광명정대하고 막힘이 없이 환하게 통달하여〔疎暢洞達〕 푸른 하늘의 밝은 태양〔靑天白日〕 과 같고 높

---

62 『周易』「乾·文言」

은 산이나 큰 강과 같으며 우레와 번개처럼 위엄이 있고 비와 이슬처럼 윤택하며 용과 호랑이처럼 용맹하고 기린과 봉황처럼 상서로워 도량이 넓고 깨끗하여 털끝만큼도 의심할 만한 것이 없는 사람은 반드시 군자이다. 아부하고 혼탁하며, 서로 무리를 짓고 숨기고 감추어주며, 뱀과 지렁이처럼 서로 얽히고 서캐와 이처럼 자질구레하며 귀신과 불여우〔鬼蜮〕[63]처럼 남을 홀리고, 도적처럼 저주〔詛祝〕하며, 재빠르고 교활하여 견줄 데가 없는 사람은 반드시 소인이다. 군자와 소인의 구분 원칙이 이미 안에서 정해졌으니 밖으로 형태가 나타나는 것이 비록 말이나 행동거지의 세세한 것이라도 드러나지 않는 것이 없는데 하물며 사업(事業)과 문장(文章)에서 이른바 더욱 환하게 드러나는〔粲然〕 것이겠는가? 저 소인은 비록 알아보기 어렵다고 하나 어찌 이 기준에서 벗어날 수 있겠는가?" 신은 주자의 이 말이 군자와 소인의 정상(情狀)을 가장 잘 나타낸다고 생각합니다. 임금이 이것으로써 사람을 관찰한다면 이미 절반 이상은 짐작한 것입니다. 군자와 소인은 음과 양, 낮과 밤 같아서 언제나 서로 반대가 됩니다. 대체로 임금을 사랑하는 사람은 군자이고 벼슬과 녹을 사랑하는 사람은 소인입니다. 소인은 임금이 현명하고 어리석은 것은 헤아리지 않고 오직 벼슬과 녹에만 마음을 두기 때문에 만약 자신을 이롭게 할 수 있다면 다른 것은 생각할 겨를이 없어서 심지어 비록 임금〔君父〕을 속이고 나라의 명맥〔國脈〕을 해치고 손상시킨다 하더라도 돌아보지 않습니다. 이런 까닭에 벼슬과 녹을 내리는 권한이 임금에게 있으면 임금에게 아첨하고, 권세와 총애를 독차지하는 신하〔權倖〕에게 있으면 이들에게 빌붙으며, 외척에게 있으면 외척과 결탁하고 심지어 적국과 몰래 내통하여 주인을 보고 물어뜯고 짖는 개처럼 하지 않는 것이 없습니다. 좋아하는 것이 벼슬과 녹인데 어느 겨를에 임금을 사랑하겠습니까? 군자라면 그렇지 아니하여 사직에 마음을 두고 백성만 염려하기 때문에 만약에 임금을 바로잡을 수 있으면 다

---

63 『聖學輯要』 원문에는 蜮이 蠛으로 되어 있다.

른 것은 사모하지 않습니다. 의(義)가 직분을 지키는 데 있으면 임금의 명령이라도 따르지 않음이 있고, 의가 말을 다하는 데 있으면 임금의 위엄이라도 피하지 않음이 있어서 의리를 밝히고, 가리고 미혹하는 것을 막아 임금을 도에 맞도록 이끄는 데 힘을 써 임금을 잘못이 없는 경지에 서도록 합니다. 만약 관직을 감당하지 못하고 간언하는 책임을 다하지 못하면서 녹만 먹고 나라의 도움이 되지 않으면 몸을 받들어 물러나는 것도 또한 어쩔 수 없는 일입니다. 초야에 묻혀 살며 밥을 먹는 동안에도 잊어버리지 않고 임금이 감동하고 깨닫기를 바라니 진퇴에 간여하지 않습니다. 사랑하는 것이 임금인데 어느 겨를에 벼슬과 녹을 사랑하겠습니까? 퇴폐한 풍속[末俗]이 도도히 흐르고 도학이 밝지 않아서 신하에게는 이미 임금을 바로잡으려는 의지가 없고 임금 또한 남들이 자기의 뜻을 따르는 것만 기뻐하여 벼슬과 녹을 사랑하는 사람을 임금을 사랑하는 사람이라고 여기고 임금을 사랑하는 사람을 임금을 원망하는 사람이라고 여깁니다. 아! 탄식을 금할 수 없습니다.

이상은 군자와 소인을 통틀어 논한 것입니다.

○ 애공(哀公)이 물었다. "어떻게 하면 백성이 복종합니까?" 공자가 대답하였다. "곧은 사람을 들어 쓰고 모든[諸] 굽은 사람을 버리면[錯] 백성이 복종하며, 굽은 사람을 들어 쓰고 모든 곧은 사람을 버리면 백성이 복종하지 않습니다."

『논어』입니다.[64]

주자가 말했다. "조(錯)는 버려두는 것이다. 제(諸)는 많은 것[衆]이다." ○ 정자가 말했다. "들어 쓰고 버리는 것이 의에 맞으면 인심이 복종한다." ○

---

64 『論語』「爲政」

사씨(謝氏, 謝良佐)가 말했다. "곧은 것을 좋아하고 굽은 것을 미워하는 것은 온 세상의 보편적인 감정〔至情〕이다. 그것을 따르면 복종하고 그것을 어기면 떠나는 것은 필연적인 이치이다. 그러나 혹 곧은 것과 굽은 것을 비춰보는 방법이 없다면 곧은 것을 굽은 것으로 여기고 굽은 것을 곧은 것으로 여기는 경우가 많을 것이다. 이 때문에 군자는 경건에 처하는 것〔居敬〕을 중히 여기고 이치를 탐구하는 것〔窮理〕을 귀하게 여긴다."

현명한 사람을 보고도 들어 쓰지 못하고 들어 쓰더라도 먼저 쓰지 못하는 것은 태만한〔命〕 것이다. 선하지 않은 사람을 보고도 물리치지 못하고 물리치더라도 멀리 물리치지 못하는 것은 잘못이다.

『대학』입니다.[65]

주자가 말했다. "정씨(鄭氏, 鄭玄)는 명(命)을 '태만하다〔慢〕고 해야 한다.'라고 하였다. 이와 같이 하는 사람은 사랑하고 미워할 줄은 알지만 사랑하고 미워하는 도리를 다하지는 못한다. 대체로 군자이기는 하지만 아직 어질지는 못한 사람일 것이다." ○ 호씨(胡氏)가 말했다. "제나라 환공이 곽(郭)나라에 가서 노인들〔父老〕에게 '곽나라는 무엇 때문에 망했는가?' 하고 물었다. 노인이 '임금이 선한 사람을 선하게 여기고 악한 사람을 미워했기 때문에 망했습니다.' 하고 말했다. 환공이 '만약에 그대의 말대로라면 바로 현명한 임금일 텐데 어째서 망하는 데 이르렀는가?' 노인이 '곽나라 임금은 선한 사람을 선하게 여기기는 했으나 들어 쓰지 못했고 악한 사람을 미워하기는 했으나 물리치지는 못했기 때문에 망했습니다.' 하고 말했다. 선한 사람을 선하게 여기더라도 들어 쓰지 못한다면 선한 사람을 알아보는 것이 귀하지 않고, 악한 사람을 미워하더라도 물리치지 못한다면 악한 사람을 알아보는 것이

---

65 『大學』傳10章

귀하지 않다. 혹시라도 아직 선악을 알아보지 못한다면 오히려 가망이 있지만, 혹시 이미 알고 있더라도 아는 대로 행하지 못하기 때문에 군자는 행동을 고상하게 하여〔高擧〕 멀리 가버리고 소인은 멋대로 행동하여 거리낌이 없는 것이다. 그러니 곽나라를 망친 사람이 있었던 것이 아니라 곽나라가 저절로 망한 것이다.”

신이 생각건대, 임금이 비록 군자는 좋아할 만하다는 것을 알고 소인은 미워할 만하다는 것을 알더라도 등용하고 버릴 때 좋아하거나 미워하는 실상을 보여주지 못한다면 혼란을 다스리는〔治亂〕 술수〔數〕에 유익할 것이 없습니다. 그러므로 들어 쓰고 내버리는 것이 합당한 것을 귀하게 여깁니다. 비록 그러하나 들어 쓰고 버리는 데 의(義)를 다하지 못하는 사람은 실제로는 아직 올바르게 좋아하거나 미워하지 못하기 때문입니다. 참으로 미인을 좋아하듯이 착한 사람을 좋아하고 악취를 싫어하듯이 악한 사람을 미워한다면 어찌 착한 사람을 먼저 들어 쓰지 못하고 악한 사람을 멀리 물리치지 못할 리가 있겠습니까? 오직 명목으로는 어진 사람을 좋아한다고 하나 실제로는 좋아하지 않고 명목으로는 악한 사람을 미워한다고 하나 실제로는 미워하지 않기 때문에 현명한 사람과 불초(不肖)한 사람이 뒤바뀌어 결국 혼란을 초래하여 망할 뿐입니다. 주자가 논한 바 ‘절개와 의리를 위하여 죽는다〔伏節死義〕.’라는 설은 말이 상당히 격하고 절실하니 임금이 알지 않으면 안 됩니다. 그러므로 다음에 조심스럽게 기록합니다.

주자의 「봉사(封事)」에서 말했다.[66] “어떤 사람이 뭇 사람들에게 말하기를 ‘폐하께서 오늘날에는 온 세상에 다행히 변고가 없기 때문에 비록 절개와 의리를 위해 죽는 사람이 있다 하더라도 무슨 쓸모가 있겠느냐고 말씀하셨다.’

---

66 『晦庵集』「戊申封事」

라고 하였습니다. 이 말이 퍼지자 식자들이 크게 우려하였습니다. 신은 그 말이 결코 폐하의 말씀이 아니라는 것을 알고 있습니다. 절개와 의리를 위해 죽는 선비는 평소에 평화로울 때에는 참으로 쓸모없는 것 같습니다. 그러나 옛날 임금이 반드시 이런 사람을 구하려고 급급했던 것은, 대체로 이런 사람이야말로 환란을 당해서는 살고 죽는 것을 도외시할 수 있으므로 평화로운 세상에서는 반드시 벼슬과 녹을 가벼이 여기며, 환란에 임하여서는 충성과 절개를 다할 수 있으므로 평화로운 세상에서는 반드시 옳고 그름을 가리지 않고 함부로 남을 따르지 않기 때문입니다. 평소에 평화로울 때 이런 사람을 얻어 쓰면 위로는 임금의 마음이 바르고 아래로는 풍속이 아름다워 충분히 간사함의 싹을 미리 끊어버리고 재앙의 뿌리를 슬그머니 없앨 수 있으며, 저절로 정말 절개와 의리를 위해 죽는 일이 일어나지 않을 것이니 반드시 뒷날에 변고가 있으리라는 것을 알고서 미리 이런 사람을 등용하여 대비하려고 한다는 말은 아닙니다. 오직 평소에 평안한 것을 믿고 이런 인재가 쓸모가 없다고 여겨, 오로지 도리도 없고 학식도 없이 벼슬과 녹만 중요하게 여기고 명예와 의리를 가볍게 여기는 사람을 취하고는 고의로 정직한 체하는〔矯激〕 것에 힘쓰지 않는 사람이라고 여겨 이들을 존중하고 총애합니다. 이 때문에 기강이 날로 무너지고 풍속이 날로 경박해져서 비상한 재앙이 어둠 속에 엎드려 있다가 하루아침에 생각지도 못한 곳에서 일어날 것입니다. 그러면 평소에 쓸모 있던 사람은 두 손을 뒤로 묶어 반란의 무리에게 항복하고 한 사람도 환란을 같이할 만한 사람이 없을 것입니다. 그렇게 된 뒤에야 지난날에 버림을 받아 떠돌던 사람이 비로소 다시 불행하게도 충성과 의리의 절개를 드러낼 것입니다. 당 천보(天寶) 때의 난리[67]로 살펴보면, 장수와 재상은 물론 귀척(貴戚)과 가까이 총애하던 신하들은 모두 적의 뜰에 나아가 이마

---

67 安祿山과 史思明 등이 주동이 되어 당나라 중기인 755년에서 763년에 이르기까지 약 9년 동안 당나라를 뒤흔든 난을 말한다.

를 조아리고 항복했으나 군사를 일으켜 적을 토벌하다가 마침내 자신은 죽고 가족까지 몰락해도[湛] 침(湛)은 빠지는 것[沈]입니다. 후회하지 않았던 장순(張巡), 허원(許遠), 안고경(安杲卿)과 같은 사람은 멀리 시골에 있어서 임금이 그 얼굴도 모르던 사람들이었습니다. 만약에 당 현종[明皇]이 일찍 장순과 같은 사람을 얻어서 등용했더라면 어찌 환란이 싹트기 전에 제거할 수 없었을 것이며, 장순과 같은 사람이 일찍 현종에게 등용되었더라면 어찌 정말로 절개와 의리를 위해 죽는 데까지 이르렀겠습니까? '상의 사례[商鑑]가 멀리 있지 않다. 하후(夏后)의 세상에 있다.'[68]라고 하였는데 이것은 식자들이 어떤 사람의 말을 깊이 우려하는 까닭입니다. 비록 신은 폐하께서 성인의 학문[聖學]에 고명(高明)하며 지식과 사려가 깊고 원대하여서 결코 이런 말씀을 하지 않았다는 것을 알고 있지만 매번 소인이 감히 임금의 훈계[聖訓]를 칭탁하여 자기의 간악함을 덮어서 그 해가 온 세상의 충신과 의로운 선비의 사기(士氣)를 깊이 저해하는 데 이른다는 것을 생각하면 마음이 아프고 골치가 아프지 않은 적이 없었습니다. 감히 식자의 염려가 지나친 우려라고 할 수 없을 것입니다."

신이 생각건대, 주자의 말씀이 명백하고 통쾌하여 거짓 이론을 단번에 씻을 수 있습니다. 옛날에 송의 효종(孝宗)이 절개와 의리를 위하여 죽는 선비를 얻기가 어렵다고 탄식하였을 때 장남헌(張南軒, 張栻)이 이렇게 말했습니다. "절개와 의리를 위하여 죽는 선비는 마땅히 임금 앞에서 과감하게 충고하는 사람들 가운데서 구해야 합니다." 이 말은 간략하지만 절실합니다. 임금이 알지 않으면 안 됩니다.

이상은 등용하고 버리는 합당한 방법을 말한 것입니다.

---

68 『詩經』「大雅·蕩」. 『詩經』에는 殷鑑으로 되어 있다.

○『주역』에서 말했다. "나는 용이 하늘에 있다. 대인(大人)을 만나는 것이 이롭다."

「건괘, 9·5 효사」입니다.

정자가 말했다. "성인이 이미 임금의 자리[天位]를 얻었으면 아래에 있는 큰 덕을 가진 사람을 만나 함께 온 세상의 일을 성사시키는 것이 이롭다." ○ 공자가 말했다.[69] "같은 소리는 서로 호응하고 같은 기운은 서로 찾는다. 물은 축축한 데로 흐르고 불은 마른 데로 번지며, 구름은 용을 따르고 바람은 범을 따른다."

또 말했다. "기나무[杞] 잎으로 오이[瓜]를 싼 격이니 아름다움[章]을 안고 있으면 하늘로부터 떨어지는 것이 있다."

「구괘(姤卦), 9·5 효사」입니다.

정자가 말했다. "기(杞)는 큰 나무로서 잎이 크다. 높이 자라면서 물건을 쌀 수 있는 것은 기나무이고, 아름다운 열매가 아래에 있는 것은 오이[70]이다. 아름다우면서 아래에 있는 것은 미천한 처지에 있는 현자의 모습이다. 임금이라는 높은 자리에 있으면서 아래로 현명한 재주를 가진 사람을 찾는 것은 지극히 높은 사람으로서 지극히 낮은 사람을 찾는 것이니, 기나무의 잎사귀로 오이를 싸는 것과 같다. 임금이 비록 자기를 굽혀 현명한 사람을 구하더라도 만약에 그의 덕이 바르지 않으면 현명한 사람은 달갑게 여기지 않는다. 그러므로 반드시 아름다움을 함축하여 안으로 지극한 성실함을 쌓으면 하늘로부터 떨어지는 것이 있을 것이다. 이것은 하늘로부터 내려온다는 말과

---

69 『周易』「乾卦 · 文言」
70 『聖學輯要』 원문에는 瓜가 苽로 되어 있다. 『周易』 원문에 따라 瓜로 바로잡는다. 苽는 菰라고도 쓰는데 포아풀과에 속하는 여러해살이 물풀인 '줄'이다.

같으니 반드시 그것을 얻는다는 말이다. 옛날부터 임금이 지극한 정성으로 자신을 낮추고 굽혀서 중정(中正)의 도리로써 온 세상의 현자를 찾으면서도 만나지 못한 적은 없었다. 은의 고종(高宗)은 꿈을 꾸고 부열(傅說)을 만났고, 문왕은 낚시하는 곳에서 여상(呂尙)을 만났는데 이는 모두 이 도로 말미암은 것이다." ○ 또 말했다. "하늘과 땅이 서로 만나지 못하면 만물이 생겨나지 못하고 임금과 신하가 서로 만나지 못하면 정치가 일어나지 못한다. 성인과 현자가 서로 만나지 못하면 도덕이 형통하지 못하고 사물이 서로 만나지 못하면 공적〔功用〕이 이루어지지 못한다."

중궁(仲弓)이 현명한 재주를 가진 사람을 들어 쓰는 문제에 대하여 물었다. "어떻게 해야 현명한 재주를 알아보고 들어 쓸 수 있겠습니까?" 공자가 대답하였다. "네가 아는 사람을 들어 쓰면 네가 알지 못하는 사람을 남들이 그냥 두겠는가?"

『논어』입니다.[71]

　정자(程子)가 말했다. "사람이 저마다 친족을 친하게 대한 뒤에는 친족만 친하게 대하지는 않는 것이다. 중궁(仲弓)이 '어떻게 해야 현명한 재주를 알아보고 들어 쓸 수 있겠습니까?' 하고 물으니 공자가 '네가 아는 사람을 들어 쓰면 네가 알지 못하는 사람을 남들이 그냥 두겠는가?' 하고 대답하였다. 여기에서 중궁과 성인의 마음 씀씀이의 크기를 볼 수 있다. 이 뜻을 유추하면 한마음이 나라를 일으킬 수도 있고 한마음이 나라를 망칠 수도 있는 것인데 이는 다만 그 마음이 공적인가 사적인가에 달려 있을 뿐이다." ○ 정명도(程明道)가 신종(神宗)을 뵙고[72] 인재에 대하여 토론하였다. 신종이 "나〔朕〕는

---

71 『論語』「子路」
72 『二程外書』「胡氏本拾遺」

아직 인재를 보지 못했다.”라고 하였다. 정명도가 “폐하께서는 어찌 온 세상의 선비를 가벼이 여기십니까?” 하고 말했다. 신종이 움찔하고 놀라면서 “내가 어찌 감히 가벼이 여기겠는가? 내가 어찌 감히 가벼이 여기겠는가?” 하고 말했다. ○ 정자가 말했다. “하늘과 땅은 한 세상의 사람들〔一世人〕을 낳았으니 이 사람들이 충분히 한 세상의 일〔一世事〕을 다 할 수 있을 것이다. 다만 사람이 온 세상의 인재를 다 쓰지 못하는 것이 한스러울 뿐이다. 이것이 크게 다스려지지 못하는 까닭일 것이다.”

맹자가 말했다. “요임금은 순을 얻지 못한 것을 자기의 근심으로 삼았고, 순임금은 우(禹)와 고요(皐陶)를 얻지 못한 것을 자기의 근심으로 삼았다. 재물을 남에게 나누어주는 것을 혜(惠)라 하고 선한 것으로 남을 가르치는 것을 충(忠)이라 하고 온 세상을 위하여 사람을 얻는 것을 인(仁)이라 한다. 그러므로 온 세상을 남에게 물려주는 것은 쉬워도 온 세상을 위하여 사람을 얻는 것은 어렵다.”

『맹자』입니다. 아래도 같습니다.[73]

주자가 말했다. “요와 순이 백성을 염려했다는 것은 일마다 그들을 염려했다는 것이 아니라 급선무를 염려했을 뿐이다. 사람들에게 재물을 나누어주는 것은 작은 은혜일 뿐이고 사람들에게 선(善)을 가르치는 것은 비록 백성을 사랑하는 실상은 있지만 그 파급효과에는 한계가 있고 오래 지속되기 어렵다. 오직 요가 순을 얻고 순이 우와 고요를 얻은 것이 이른바 온 세상을 위하여 인재를 얻은 것이니, 그 은혜가 넓고 크며 그 교화가 끝이 없다. 이것이 인(仁)이 되는 까닭이다.”

---

73 『孟子』「滕文公·上」

옛날의 현명한 왕은 선을 좋아하고 권세를 염두에 두지 않았는데 옛날의 현명한 선비가 어찌 홀로 그러지 않았겠는가? 자기의 도를 즐기고 남의 권세 따위는 염두에 두지 않았기 때문에 왕과 제후가 공경을 다하고 예를 다하지[致敬盡禮] 않으면 자주 만날 수 없었다. 만나는 것조차도 자주 할 수 없었는데 하물며 그들을 얻어서 신하로 삼는 것이랴![74]

주자가 말했다. "임금은 마땅히 자기를 굽혀서 현명한 사람에게 자신을 낮추어야 하고 선비는 도를 굽혀서 이익을 구해서는 안 된다는 것을 말한 것이다. 이 두 가지는 형세가 서로 반대되는 것 같으나 실상은 서로를 이루어주는 것이다. 역시 대체로 저마다 자기 도리를 다할 뿐이다." ○ 또 말했다. "옛날의 임금[君子]으로서 온 세상을 다스리는 데 뜻을 둔 사람은 온 세상의 현명한 이를 불러들이는 것을 급선무로 삼지 않은 이가 없었다. 그들이 현명한 이를 구한 까닭은 현명한 이를 시켜서 말을 모으고 엮어서 공덕을 기림으로써 한때 보고 듣는 것을 아름답게 꾸미려고 하는 것이 아니다. 대체로 임금의 견문이 미치지 못하는 곳과 사려가 이르지 못하는 곳을 넓히고, 또한 이미 사물과 접하여 대처하는 사이에 선함을 다하지 못하는 것이 있을까 염려하여 그것을 바로잡으려고 하는 것이다. 이 때문에 널리 구하지 않을 수 없었고 예를 두텁게 하지 않을 수 없었으며 정성스럽게 대하지 않을 수 없었다. 그래서 반드시 온 세상의 현명한 사람으로 하여금 내가 아는 사람이건 모르는 사람이건 모두 내 앞으로 즐거이 나오게 하여 내 허물을 고치게 한 뒤에야 내 덕업(德業)이 은미한 가운데서도 부끄럽지 않고 광대함을 점차 끝까지 미루어갈 수 있었을 따름이다. 그러나 저 현명한 사람은 그 명철함이 이미 충분히 미묘한 사리(事理)를 밝히고, 지키는 것이 이미 충분히 성현의 발자취를 따르니 스스로 처하는 것이 반드시 고결하여 세상에 휩쓸리고 더러운

---

74 『孟子』「盡心·上」

무리들과 함께 명예를 추구하지 않으며, 자기를 대하는 것이 반드시 두터워서 말을 늘어놓고 이론을 꾸며 자신을 스스로 소개하지 않으며, 자기 신뢰가 반드시 독실하여 분주하게 뛰어다니고 고분고분하게 대답하고 따름으로써[唯諾] 구차하게 잘 보이려고 하지 않는다. 이 때문에 왕공(王公)과 대인(大人)이 비록 현명한 사람을 좋아하고 선한 것을 즐기는 정성이 있다 하더라도 반드시 그들의 이름을 다 들을 수 없고, 그들의 얼굴[面目]을 다 볼 수 없으며, 그들의 심지(心志)에 깊이 쌓은 것을 다 발휘하게 하지 못한다. 하물며 애초에 이런 뜻이 없고 취하는 것이 다만 문자와 언어에 있음에랴!"

그러므로 장차 큰일을 하려는 임금은 반드시 자기가 부를 수 없는 신하가 있어서 의논할 일이 있으면 그에게 나아간다. 덕을 존중하고 도를 즐기는 것이 이와 같지 않으면 더불어서 일을 하기에 족하지 않다.[75]

　　주자가 말했다. "큰일을 하는 임금이란 큰일을 이루는 비상한 임금이다." ○ 정자가 말했다. "옛날 사람이 반드시 임금이 공경을 다하고 예를 다하기를 기다려서 나아간 까닭은 스스로 자신을 높이고 대단히 여기려는 것이 아니라 임금이 위와 같이 하지 않으면 함께 일을 할 수 없기 때문이다."

선한 것을 좋아하면 온 세상을 다스리기에 넉넉하다[優]. 참으로 선한 것을 좋아하면 이 세상[四海之內]의 모든 사람들이 천리 길도 가볍게[輕] 여기고 와서 선한 것을 알려줄 것이다. 만약에 선한 것을 좋아하지 않으면 사람이 장차 '저 임금이 혼자 잘난 체하는[訑訑] 것을 나는 이미 알고 있다.'라고 할 것이다. 잘난 체하는 말[聲音]이나 표정[顏色]은 사람을 천리 밖에서 막는다. 선비가 천리 밖에서 멈추어버리면 헐뜯고 면

전에서 아첨하는 사람들이 이를 것이다. 헐뜯고 면전에서 아첨하는 사람들과 함께 있으면 나라를 다스리려고 한들 다스릴 수 있겠는가?[76]

주자가 말했다. "우(優)란 넉넉하여 남음이 있다는 것이다. 비록 세상을 다스리더라도 아직 힘이 남아돈다는 말이다. 가볍게 여기는 것〔輕〕이란 쉽게 여긴다〔易〕는 것이다. 천리 길을 어렵게 여기지 않는다는 말이다. 이이(訑訑)는 자기의 지혜를 만족스럽게 여기고 좋은 말을 듣기를 달가워하지 않는 모습이다. 군자와 소인은 한쪽이 늘어나면 한쪽은 줄어드는〔消長〕 관계이다. 정직하고 믿음직스러우며 견문이 많은 선비가 멀어지면 헐뜯고 면전에서 아첨하는 사람들이 모여드는 것은 이치와 형세가 그런 것이다. 이는 정치의 원칙이 자기 한 사람의 장점을 쓰는 데 있지 않고 온 세상의 착한 사람을 오게 하는 것이 귀하다는 말이다."

이상은 현명한 사람을 구하는 방법을 말한 것입니다.

○『주역』에서 말했다. "성인은 현명한 사람을 길러서〔養賢〕 온 백성에게 혜택을 미친다."

「이괘(頤卦)」, 단사(彖辭)」입니다.

정자가 말했다. "성인이 현명한 재능을 가진 사람을 길러서 그와 함께 하늘이 정한 자리〔天位〕를 함께하며 그에게 하늘의 녹〔天祿〕을 먹게 하여 온 세상에 혜택을 베풀게 하니, 현명한 사람을 길러서 온 백성에게 혜택을 미치게 하는 것이다." ○ 정자가 「현명한 사람을 기르는 것을 논한 차자〔論養賢箚子〕」[77]에서 말했다. "신(臣)이 가만히 생각건대, 이 시대를 논의하는 사람들

---

76 『孟子』「告子·下」

은 모두 현명한 사람을 얻으면 온 세상이 다스려진다는 것은 알지만 현명한 사람을 오게 하는 방법은 아직 모릅니다. 이것은 비록 여러 의견이 분분하여 그 요령을 다하지 못했기 때문이라 하지만 조정에서도 시행하기가 어렵다고 하여 하지 않기 때문입니다. 삼대에서는 반드시 학문에 근본을 두고 현명한 사람을 길렀기 때문에 이들을 통해 덕화가 행해지고 정치의 도리가 거기에서 나왔던 것입니다. 우리나라[本朝]에서는 당의 옛 제도를 답습하여 관각(館閣)[78]의 청선(淸選)[79]이라도 명목상의 직책[文字之職]에 그칠 뿐 명분과 실상이 바르지 못합니다. 현명한 사람을 불러들이고 재능이 있는 사람을 길러서 시국을 해결하는 데 도움을 받고 교화를 이루는 데 도움을 받고자[輔時贊化] 하나 장차 무슨 방법으로 불러들이겠습니까? 옛날의 명철한 제왕은 자기를 비우고 다스림을 추구하여 어찌 일찍이 온 세상의 인재에게 재능을 다 발휘하게 하여 자기의 덕을 완성하지 않았겠습니까? 신이 바라건대 지금 조정에 연영원[延英院][80]을 설치하여 사방의 현명한 사람을 기다리고 공론으로 추천을 받은 사람이나 초야에 묻혀 있는[巖穴] 현명한 사람을 반드시 불러들여 넉넉히 예우하고 품격을 보아 녹봉을 주되 갑자기 관직에 나아가게 하지는 말고 다만 응조(應詔)라고 명명해서 정치적인 문제가 있으면 그들에게 맡겨 상세하게 대책을 정하게 하고, 전례(典禮)에 관한 문제가 있으면 그들로 하여금 토론하게 하여 경륜과 계책[經畫]을 건의해 올리고 정치적 안정과 혼란의 원인을 강구하게 하여 그들로 하여금 함께 거처하며 학문과 인격을 갈고 닦아 날마다 자기의 재능을 다 발휘하게 하며, 정부(政府)[81] 및 근신(近臣)과 서로 접촉하게 하며 때때로 불러 정치의 도리를 묻는다면 그들의 재능과

---

77 『二程文集』「論養賢箚子」
78 송대 翰林의 별칭. 館은 昭文館·史館·集賢館 3館이고 閣은 祕閣·龍圖閣·天章閣 등의 여러 閣을 말한다. 모두 經籍 圖書 등을 보관하고 관리한다. 文學侍從의 신하가 맡아보았다.
79 지위가 낮고 녹은 많지 않으나 뒷날 높이 될 벼슬. 諫官, 侍講 등이 있다.
80 당과 송의 궁전 이름. 황제가 상주를 받는 곳. 또는 문 이름이다.
81 정치를 관장하는 곳

식견을 알 수 있을 것입니다. 이런 방법으로 여러 해 관찰하여 인품이 더욱 분명해진 뒤에 현명한 사람에게 자리를 맡기며 유능한 사람에게 직책을 맡기되 혹은 군(郡)과 현(縣)을 맡기고 혹은 선비들〔士儒〕의 사표(師表)로 삼으며, 덕과 업적이 더욱 두드러진 사람은 점점 나아가게 하여 지방의 사령관〔帥臣〕[82]이나 관청의 관원〔職司〕의 임무를 맡겨서 보필(輔弼)이나 공경(公卿)을 삼는다면 어디에나 걸맞지 않은 곳이 없을 것입니다. 이렇게 한다면 자기 무리와 함께 나아오고 초야에는 남겨진 현명한 사람이 없을 것이니 현명한 사람을 존중하고 선비를 대우하는 폐하의 마음은 온 세상의 기대를 저버리지 않는다고 할 것입니다."

고종(高宗)이 부열(傅說)에게 명하였다. "팔다리〔股肱〕가 있어야 사람이며, 현명한 신하〔良臣〕가 있어야 성인이다."

「상서 · 열명」입니다. 아래도 같습니다.[83]

채씨(蔡氏)가 말했다. "손발이 갖추어져야 사람 꼴이 된다. 선량한 신하가 보필해야 임금이 성스러워진다."

옛날 선대의 현인〔先正〕이었던 보형(保衡, 伊尹)이 우리 선왕을 진작〔作〕시켰는데, 그가 말하기를 "내가 우리 임금님을 요 · 순 같은 임금으로 만들지 못한다면 마치 저자거리에서 회초리를 맞는 것처럼 마음이 부끄러울 것입니다. 한 사람이라도 살 터전을 얻지 못하면〔不獲〕그것은 곧 나의 잘못입니다."라고 하였다. 이처럼 우리 조상들을 도와서 하늘〔皇天〕에 이르게 하였으니, 그와 같이 너도 나를 도와서〔保〕 보(保)는 돕는다는 뜻

---

82 병마절도사, 수군절도사를 아울러 일컫는 말
83 『書經』「商書 · 說命 · 下」

의 보(輔)와 같습니다. 아형(阿衡)으로 하여금 상[商]의 칭송을 독차지하게 하지
말라.

채씨가 말했다. "선정(先正)은 선대의 장관(長官)을 지낸 신하이다. 보(保)
는 편안하게[安] 하는 것이다. 보형(保衡)은 아형(阿衡)과 같다. 작(作)은 떨
쳐 일으키는 것[興起]이다. 저자거리에서 회초리를 맞는다는 것은 매우 부끄
러운 일이다. 얻지 못한다는 것[不獲]은 제 자리[其所]를 얻지 못하는 것이다.
고종이 이윤의 말을 들어서 부열도 이윤처럼 되기를 바란 것이다."

"오직 임금은 현명한 사람이 아니면 다스릴 수 없고 현명한 사람은 임
금이 아니면 녹을 먹을 수가 없다. 너는 네 임금이 선왕의 뜻을 잇게
하여 길이 백성을 편안하게 하라." 하니 부열이 절을 하고 머리를 조
아리며 말했다. "감히 천자의 아름다운 명을 드날리겠습니다."

채씨가 말했다. "이는 임금과 신하가 서로 만나는 것이 이처럼 어렵다는
것을 말하는 것이다. 고종은 탕왕처럼 되려고 스스로 기약하고[自期] 부열은
이윤처럼 되는 것을 자기 임무로 삼아서[自任] 임금과 신하가 서로를 격려
하였다." ○ 주자가 말했다.[84] "임금은 재상감의 자질을 판단하여 등용하는
것을 직분으로 삼고 재상은 임금을 바로잡는 것을 직분으로 삼습니다. 양자
가 저마다 자기 직분을 다한 뒤에야 체통(體統)이 바르게 되고 조정의 권위
가 높아져서 온 세상의 정치가 반드시 한 근원에서 나오게 되어 여러 갈래에
서 나오는 폐단이 없어질 것입니다. 만약에 재상감의 자질을 판단하는 책임
을 맡은 사람이 자기에게 적합한 사람만 구하고 자기를 바로잡는 사람을 구
하지 않으며, 사랑할 만한 사람만 취하고 두려워할 만한 사람을 취하지 않는

제4절 위정 상　417

다면 임금이 자기 직분을 잃어버릴 것입니다. 임금을 바로잡는 책임을 맡은 사람이 옳은 일을 건의하고 그른 것을 버리게 하는 것을 일삼지 않고 말만 떨어지면 곧바로 맞장구나 치고 뜻을 따르는 것만을 능사로 삼으며, 세상을 경영하고 사물을 다스리는 것〔經世宰物〕에 마음을 쓰지 않고 자기 보전과 총애를 튼튼히 하는 것만 술책으로 삼는다면 재상이 자기 직분을 잃어버릴 것입니다. 양자가 서로 자기 직분을 잃어버리면 체통이 바르지 못하고 기강이 서지 않아서 좌우의 가까운 신하들〔近習〕이 모두 권위와 권세를 훔치고 멋대로 휘둘러 정사〔政體〕가 날로 어지러워지고 나라의 세력〔國勢〕이 날로 약해질 것입니다. 그리하여 비록 비상한 재앙이 어둠 속에서 엎드리고 있어도 위에서는 편안히 여기고 아래에서는 즐거워하여〔上恬下嬉〕 아무도 우려하지 못할 것입니다. 어찌 그 까닭을 살펴 돌이키되 이미 등용한 사람이라도 도리어 도태시키고 장차 등용할 사람을 살피지 않을 수 있겠습니까? 사람을 선발하되 자기를 바로잡을 수 있어서 두려워할 만한 사람을 선택한다면 반드시 자신의 지조를 소중히 여기는 선비〔自重之士〕를 얻을 것이고 임금〔吾〕은 그에게 무거운 임무를 맡기지 않을 수 없을 것입니다. 맡긴 임무가 무겁다면 그는〔彼〕 옳은 것을 건의하고 그른 것을 버리게 하려는 뜻을 다할 것이며, 세상을 경영하고 사물을 다스리는 마음을 실행할 수 있을 것입니다. 또한 정직하고〔直〕 믿음직하며〔諒〕 감히 어려운 말을 할 수 있는 선비〔敢言之士〕를 온 세상에서 공개적으로 뽑아서 대간(臺諫)과 급사(給舍)를 삼아서 논의에 참여하게 하고, 임금〔吾〕의 심복으로 삼아서 보고 듣는 것을 늘 현명한 사대부들에게 맡기고 뭇 소인들에게 두지 않으며, 착한 일에 상을 주고 악한 일에 벌을 내리는 권한을 늘 조정〔廊廟〕에 두고 개인의 집안〔私門〕에서 나오지 않게 해야 합니다. 이렇게 하고서도 임금〔主〕의 위엄이 서지 않으며 나라의 세력이 강하지 않고, 기강과 법도〔綱維〕가 시행되지 않고 형벌과 정치가 맑지 않으며, 백성의 재력〔民力〕이 넉넉하지 않고 군사 행정이 닦이지 않는다는 말을 신(臣)은 믿을 수 없습니다." 주자의 「봉사(封事)」에 나온 말이어서 신(臣)이라고 했습니다.

맹자가 제나라 선왕을 만나서 말했다. "큰 궁궐[巨室]을 지으려고 하면 반드시 대목[工師]을 시켜서 큰 목재[大木]를 구할 것입니다. 대목이 큰 목재를 얻으면 왕은 기뻐서 임무를 다했다고 할 것입니다. 목수[匠人]가 나무를 깎아서 작게 만들면 왕은 노하여서 자기 임무를 다하지 못했다고 여길 것입니다. 사람이 어려서 배우는 것은 나중에 어른이 되어 쓰기 위해서입니다. 그런데 임금님께서 '잠시[姑] 네[女] 여(女)는 너라는 여(汝)입니다. 가 배운 것은 놔두고 내 말을 따르라.'라고 한다면 어떻겠습니까?"

『맹자』입니다. 아래도 같습니다.[85]

주자가 말했다. "거실(巨室)은 큰 궁궐[大宮]이다. 공사(工師)는 장인(匠人)의 우두머리이고, 장인은 뭇 기술자[工人]이다. 고(姑)는 잠시[且]이다. 현명한 사람이 배운 것이 큰데 왕은 그것을 작게 하고자 한다는 말이다."

"지금 여기에 옥의 원석[璞玉]이 있다고 합시다. 비록 그것이 만 일(萬鎰)이나 나간다고 하더라도 반드시 옥공[玉人]을 시켜서 다듬게 할 것입니다. 그런데 나라를 다스리는 문제에 대해서는 '잠시[姑] 네[女] 여(女)는 너라는 여(汝)입니다. 가 배운 것은 놔두고 내 말을 따르라.'라고 한다면 옥공에게 옥을 다듬는 방법을 가르치는 것과 무엇이 다르겠습니까?"

주자가 말했다. "박(璞)은 옥이 돌 가운데 들어 있는 것이다. 일(鎰)은 스무 냥(兩)이다. 옥의 가치가 황금 1만 일에 해당하는 것입니다. 옥인(玉人)은 옥공(玉工)이다. 자신이 감히 다듬지 않고 능력이 있는 사람에게 맡기는 것은 그것을 매우 아끼기 때문이다. 나라를 다스리는 데에는 개인의 욕망을 따르고 현명한 사람에게 맡기지 않는 것은 나라를 아끼는 것이 옥을 아끼는 것만 못한

---

85 『孟子』「梁惠王·下」

것이다." ○ 범씨(范氏, 范祖禹)가 말했다. "옛날의 현명한 사람은 늘 임금이 배운 것을 실행하지 못할까 걱정하였고, 세상의 용렬한 임금은 현명한 사람이 자기가 좋아하는 것을 따르지 않을까 걱정하였다. 이 때문에 임금과 신하가 서로 만나는 것을 옛날부터 어려운 일로 여겼다. 공자와 맹자가 죽을 때까지 임금을 만나지 못한 것은 대체로 이 때문일 따름이다."

그 사람의 지혜는 쓰고 그 사람의 거짓은 버리며, 그 사람의 용기는 쓰고 그 사람의 분노는 버리며, 그 사람의 어짊은 쓰고 그 사람의 탐욕은 버린다.

『예기』입니다.[86]

진씨(陳氏)가 말했다. "임금이 사람을 쓸 때에는 그의 장점을 취하고 그의 단점은 버려야 한다. 대체로 보통 사람[中人]의 재능에는 장점이 있으면 반드시 단점이 있다."

신이 생각건대, 이 말은 여러 관리[庶官]를 모두 재능을 온전히 갖춘 사람[全材]으로 얻을 수 없기 때문에 그 장점을 써야 한다는 말입니다. 대체로 현명한 재상을 신중하게 뽑아서 책임을 다하도록 위임한다면 모든 관리[百官]와 관원[有司]의 일을 반드시 한 사람에게 갖추기를 구할 필요가 없습니다. 재상을 극히 엄격하게 뽑아서 쓰지 못하면 정치의 권한[政柄]이 적합하지 않은 사람[非人]에게 주어져서 조정이 어지러워질 것입니다. 관원으로서 반드시 모든 재능을 갖춘 사람을 구한다면 사람을 취하는 길이 좁아서 온갖 직책이 텅 비는 것을 면치 못할 것입니다.

---

86 『禮記』「禮運」

어떤 사람이 말했다. "오늘날 사대부 가운데 현명한 사람을 아직 보지 못했다." 정자가 말했다. "사대부 가운데 현명한 사람이 없다고 말해서는 안된다. 바로 조정에서 관리를 쓸 때 현명한 사람을 쓰지 않은 것이다." ○ 또 말했다. "온 세상의 선비 가운데 뜻은 조정에 두었으나 재능이 부족한 사람도 있고, 재능은 쓸 만하나 성의가 부족한 사람도 있다. 오늘날에는 바로 재능과 지극한 성의가 하나로 합해야만 비로소 일을 이룰 수 있다."

이상은 임용하는 방법을 말한 것입니다.

○ 정공(定公)이 물었다. "임금이 신하를 부리고, 신하가 임금을 섬길 때에는 어떻게 해야 합니까?" 공자가 대답하였다. "임금은 예로써 신하를 부리고, 신하는 충성으로써 임금을 섬겨야 합니다."

『논어』입니다.[87]

주자가 말했다. "양자는 모두 당연한 이치이다. 저마다 스스로 최선을 다하려고 할 뿐이다." ○ 여씨(呂氏, 呂大臨)가 말했다. "신하를 부릴 때에는 그가 충성을 다하지 못할까를 걱정하지 말고 자기가 예를 다하지 못할까를 걱정하며, 임금을 섬길 때에는 임금이 무례하게 대할까 걱정하지 말고 자기의 충성이 부족할까 걱정해야 한다."

공자가 말했다. "윗사람이 되어서는 남들이 바라보고 알 수 있는 사람이 되어야 하며, 아랫사람이 되어서는 한 일을 서술하고 기록할 정도가 되어야 한다. 그러면 임금은 신하에 대하여 의심하지 않고 신하는 임금에 대하여 의혹하지 않을 것이다. 이윤이 '오직 내(尹)가 몸소 탕

---

87 『論語』「八佾」

임금과 함께 순수하고 한결같은 덕[一德]을 지녔습니다[成有一德].'라고 했다."

『예기』입니다.[88]

진씨(陳氏)가 말했다. "임금이 신하를 대할 때에는 안팎이 한결같아야 한다. 그러므로 바라보고 알 수 있다고 하는 것이다. 신하가 임금을 섬길 때에는 한결같이 충성(忠誠)으로 말미암기 때문에 그 직분과 하는 일[職業]이 모두 칭찬하여 기록할 만한 것이다. 이것이 위아래가 의심하지 않고 의혹하지 않는 까닭이다."

두 사람이 마음을 같이하면 날카롭기가 쇠라도 자를 수 있다[二人同心, 其利斷金]. 같은 마음으로 하는 말은 향기가 난초와 같다[同心之言, 其臭如蘭].

『주역』「계사」입니다.[89]

주자가 말했다. "이는 제삼자가 끼어들 수 없고 그 말이 의미가 있다는 말이다." ○ 성재 양씨(誠齋楊氏)가 말했다. "쇠와 돌은 매우 단단한 것이다. 그러나 사람의 마음만큼 단단하지 않다. 그러므로 두 사람이 마음을 하나로 하면 돌도 부술 수 있고 쇠도 자를 수 있다. 보통 사람의 마음이 하나가 되어도 쇠와 돌을 뚫을 수 있는데 하물며 임금과 신하가 마음을 하나로 하면 무슨 일인들 이루지 못하겠습니까? 향 풀[薰]과 누린내 풀[蕕]이 한 그릇에 담겨 있으면 어린아이라도 가려낼 수 있는 것은 냄새와 맛이 같지 않기 때문이다. 남산의 난초를 취하여 북쪽 산의 난초와 섞어둔다면 황제(黃帝)가 열이 있다 하더라도 가려낼 수 없는 것은 냄새와 맛이 같기 때문이다."

---

88 『禮記』「緇衣」
89 『周易』「繫辭上傳」

『시경』에서 말했다. "우우하며[呦呦] 우는 사슴의 울음소리여! 들에서 쑥[苹]을 뜯어먹는구나. 고운 손님[嘉賓]이 오셨으니 슬[瑟]을 뜯고 생[笙]을 분다. 생을 불고 피리[簧]를 불며 광주리[筐]를 받들어[承] 올리니[將] 나를 좋아하는 그이는 나에게 넓은 길[周行]을 보여주네."

「소아 · 녹명(鹿鳴)」입니다.

주자가 말했다. "유유(呦呦)는 서로 어울려 내는 소리이다. 승(承)은 받드는 것[奉]이다. 광주리[筐]는 폐백을 담는 도구이다. 장(將)은 시행하는 것이다. 광주리를 받들고 폐백을 올리는데, 술을 마시게 되면 손님에게 술을 보내어 권하고, 음식을 먹게 되면 손님에게 배불리 먹도록 음식을 권하는 것이다. 넓은 길[周行]은 큰 길[大道]이다. 이것은 손님[賓客]에게 잔치를 베풀어주는 시이다. 손님[賓客]은 본국의 신하일 수도 있고 제후의 사신일 수도 있습니다. 대체로 임금과 신하의 분수는 엄격함을 주로 하고 조정의 예는 공경을 주로 한다. 그러나 한결같이 엄격하고 공경하기만 한다면 정이 통하지 못할 수도 있어서 충고를 다할 수 없기 때문에 선왕이 모여서 먹고 마시는 기회에 잔치를 베푸는 예를 제정하여 위아래의 정을 통하게 하였다. 그때 부른 노래는 '사슴 울음[鹿鳴]'으로 흥을 일으켰는데, 예를 표하는 마음이 이처럼 두터우니 거의 사람들이 나를 좋아하여 나에게 큰 길을 보여줄 것이라는 말이다. 『예기』에서 말하기를[90] '개인적인 은혜[私惠]는 덕으로 귀결되지 못하니 군자는 거기에 스스로 머무르지 않는다.'라고 하였다. 대체로 뭇 신하와 훌륭한 손님에게 바라는 것은 오직 나에게 큰 길을 보여달라는 데 있으니 반드시 개인적인 은혜를 덕으로 여기지 않을 것이다. 아! 이것이 함께 어울려 즐기면서도[和樂] 도에 지나치지 않는[不淫] 까닭인가?"

---

90 『禮記』「緇衣」

공자가 말했다. "대신이 친애함을 받지 못하고 백성이 편안하지 않는 것은 충성과 공경이 부족하고 부귀가 이미 지나친 것이다. 그러면 대신은 다스리지 못하고 근신(近臣)은 편당을 지을 것이다. 그러므로 대신은 공경하지 않으면 안 된다. 백성의 본보기(表)이기 때문이다. 근신의 선택은 신중하지 않으면 안 된다. 백성의 길이기 때문이다."

『예기』입니다.

진씨(陳氏)가 말했다. "대신이 친애와 신임을 받지 못하면 백성이 그의 명령을 복종하지 않는다. 그러므로 백성이 편안하지 못하다. 이는 대체로 신하의 충성이 임금에게 부족하고 임금의 공경이 신하에게 부족한데 부귀만 크게 지나치기 때문이다. 이 때문에 근신의 무리가 서로 편당을 지어 대신의 권한을 빼앗아 그들로 하여금 일을 처리하지 못하게 한다. 그러므로 대신을 공경하지 않으면 안 되는 것은 백성이 우러러 바라보는 본보기(儀表)가 되기 때문이다. 근신은 신중하게 택하지 않으면 안 된다. 임금이 좋아하고 싫어하는 것이 이들에게 달려 있어서 바로 백성이 따르는 길이 되기 때문이다." ○ 어떤 사람이 말했다. "대신을 믿고 맡겨서 그 사이에 이간질을 하지 않기 때문에 일에 임하여 현혹되지 않습니다. 그런데 만약 대신이 현명하다면 괜찮습니다만 혹시 불행하게도 조고(趙高), 주이(朱異), 우세기(虞世基), 이림보(李林甫)와 같은 무리가 있다면 추양(鄒陽)의 이른바 '한쪽 말만 듣는 데서 간사함이 생기고 한 사람에게 맡기는 데서 어지러움이 생긴다.'라고 한 말과 범저(范雎)[91]의 이른바 '현명한 사람을 시기하고 유능한 사람을 미워하며, 아랫사람을 막고 윗사람을 가려서 개인적인 목적을 달성한다 하더라도 임금이 깨닫지 못한다.'라고 한 말과 같으니 또한 어찌 염려하지 않을 수 있겠습니까?" 주자가 말했다. "그렇지 않다. 자신을 수행하면 보는 것이 밝고 듣는 것이

---

91 『大學衍義』「帝王爲治之序」. 『聖學輯要』 원문에는 雎가 睢로 되어 있는데 雎가 옳다.

또렷해서 현명하지 못한 것으로 속일 수가 없고, 현명한 사람을 존중하면 대신의 자리에 앉는 사람 중에 반드시 이와 같은 사람이 섞이지 못할 것이다. 불행히 혹 실수가 있더라도 빨리 적합한 사람을 구하여서 바꿀 뿐이다. 어찌 그가 간악한 짓을 하여서 나라를 멸망시킬 줄 알면서도 오히려 대신의 자리에 그대로 두고 그로 하여금 겨우 문서나 받들게 하는 직책〔職業〕을 맡게 하겠는가? 또한 낮은 자리에 있는 신하가 살피는 것만 믿고서 이런 일을 막을 수 있겠는가? 현명한 사람을 구하는 것은 힘들어도 그런 사람을 얻으면 편안해진다. 맡기면 의심하지 말고 의심스러우면 맡기지 말아야 한다. 이것이 옛날 성스러운 임금과 현명한 재상이 성실한 뜻을 서로 믿어서 다함께 쌍방의 도리를 다하여 함께 광명정대한 업적을 이룰 수 있었던 까닭이다. 만약에 그렇지 않고 위에서 시기하고 막고 두려워하여 방비하는 것이 치밀할수록 더욱 심하게 현혹될 것이고, 아래에서 속이고 가리는 것이 교묘할수록 그 해가 더욱 깊어질 것이다. 불행히도 신하의 간악함이 이루어지면 그 재앙은 참으로 이루 다 말할 수 없을 것이고 다행히 임금의 위엄이 우세하면 이른바 '한쪽 말만 듣고 한 사람에게 맡기고 아래를 막고 위를 가리는' 간악함이 장차 대신 가운데에는 있지 않겠지만 좌우의 근신(近臣)에 있게 되어서 나라의 재앙은 더욱 말로 다할 수 없을 것이다. 아! 위태하다."

이상은 예로 공경하고 친애하고 신임하는 도리를 말한 것입니다.

『주역』에서 말했다. "서리를 밟으면 단단한 얼음이 이른다."

「곤괘(坤卦)」, 초·6 효사」입니다.

정자가 말했다. "음이 처음 엉겨서 서리가 되는데 서리를 밟으면 음이 점차 왕성해져서 단단한 얼음이 이를 것을 마땅히 알아야 한다. 마치 소인이 처음에는 비록 매우 미약하더라도 자라게 해서는 안 되는 것과 같다. 소인이 자라나면 왕성해지게 된다." ○ 공자가 말했다.[92] "선한 일을 쌓는 집안에는 반드시 남은 경사〔餘慶〕가 있고 선하지 못한 일을 쌓는 집안에는 반드시 남은 재앙〔餘殃〕이 있을 것이다. 신하가 임금을 죽이고 자식이 아비를 죽이는 것은 그 원인이 갑자기〔一朝一夕〕 비롯되는 것이 아니라 그 유래가 점차로 이루어진 것이지만 변별하되 일찍 변별하지 못했기 때문이다."

공자가 말했다. "정나라의 음악〔鄭聲〕을 몰아내고〔放〕 아첨하는 사람〔佞人〕을 멀리해야 한다. 정나라의 음악은 음탕하고 아첨하는 사람은 위태롭기〔殆〕 때문이다."

『논어』입니다.

주자가 말했다. "방(放)은 금지하고 끊어버린다는 말이다. 영인(佞人)은 비굴하고 아첨하며 말주변만 번지르르한 사람이다. 태(殆)는 위태로운〔危〕 것이다." ○ 장자(張子)가 말했다. "정나라 음악과 아첨하는 사람은 사람들로 하여금 그가 지키는 것을 잃어버리게 할 수 있기 때문에 몰아내고 멀리해야 한다." ○ 범씨(范氏)가 말했다. "아첨하는 사람은 아첨하여 잘 보이고 순종만 할 뿐인데 가까이하면 반드시 위태로운 처지에 이른다는 것은 무엇 때문인가? 저 아첨하는 사람은 의(義)가 있는 곳을 알지 못하고 오로지 이익만 좇는다. 처음에는 누구나 번지르르한 말과 아름답게 꾸민 얼굴로 환심을 사려고 하지 않음이 없고 반드시 패역(悖逆)하는 마음이 있는 것은 아니지만 자기 지위를 잃어버릴까 근심하게 되면 하지 못하는 일이 없어서 끝내 임금을 죽이고 나라를 망치는 데까지 이른다. 이들도 모두 처음에는 아첨하여 잘 보이고 순종하던 사람들이다." ○ 장씨(張氏)가 말했다. "소인들 가운데 나라에 재앙을 끼치는 사람으로는 부드럽게 악한〔柔惡〕 사람이 더 두렵다. 굳세게 악한〔剛惡〕 사람은 사납고 교활하며 강포하기 때문에 평범한 재능을 가

---

92 『周易』「坤卦 · 文言」

진 임금이라도 오히려 두려워하고 멀리하여 해가 적다. 오직 부드럽고 간사한〔柔侫〕 사람은 아첨하여 잘 보이려고 하고 부당하게 남의 환심을 사서 남들로 하여금 기뻐하고 사랑하며 가까이하게 하니 총명한 임금이라도 오히려 미혹되어 나라가 뒤집히고 망해도 끝내 깨닫지 못하는 경우가 있다. 공자가 아첨하는 사람을 예로 든 것은 역시 소인 가운데서도 가장 심한 사람이기 때문이다." ○ 이전에 당 태종이 궁궐〔禁中〕에서[93] 나무를 감상하면서 "아름다운 나무로구나!"라고 하였다. 그러자 우위대장군(右衛大將軍) 우문사급(宇文士及)이 곁에서 끝없이 그 아름다움을 칭찬하였다. 황제가 정색을 하고 말했다. "위징(魏徵)이 일찍이 나에게 아첨하는 사람을 멀리하라고 권하였는데 그때는 아첨하는 사람이 누구인지 알지 못하였으나 이제야 참으로 알 수 있겠다." 우문사급이 사죄하며 말하였다. "남아(南衙, 宰相府)의 여러 신하들이 폐하의 면전에서 폐하의 뜻을 꺾고 조정에서 다투어 폐하께서는 손가락 하나 꼼짝하지 못하셨습니다. 이제 신이 다행히 좌우에 있으면서 조금이나마 폐하의 뜻을 따르지 않는다면 비록 귀하기가 천자라도 또한 무슨 낙이 있겠습니까?" 그러자 황제의 마음이 풀렸다. 사관〔史臣〕이 이렇게 말했다. "태종은 우문사급이 아첨하는 것을 알고서도 물리치지 못했다. 저 재능이 평범한〔中材〕 임금이라면 아첨하는 사람에게 미혹되지 않으려고 해도 어려운 일이다." 진씨(眞氏)가 말했다. "우문사급의 말은 임금에게는 심각한 독〔鴆毒〕[94]이 되는 말이다. 성대한〔盛明〕 시대에는 충성스럽고 곧은 말을 하는 사람들〔忠讜〕이 조정에 가득 차서 임금의 말이나 행동이 조금만 잘못되어도 즉시 훈계하고 경계하는〔箴儆〕 말이 따라나와서 귀하기가 천자라도 마치 아무런 낙이 없을 것 같지만 늘 몸을 지극히 편안하고 지극히 영화로운 지위에 두게 된다. 혼란한 세상에서는 아첨하는 말이 귀를 채우고, 사치를 다하며 욕심을 마음껏 채워

---

⁹³ 『大學衍義』 「格物致知之要2 · 辨人材」

94 전설상의 새인 鴆의 독. 살무사를 잡아먹어 몸에 독이 쌓여 있는데 이 새의 깃에 맹독이 있어 깃을 술에 담가 만든 鴆酒는 먹으면 바로 죽는다고 한다. 독약, 독주의 대명사처럼 알려져 있다.

도 아래에서 감히 말하는 사람이 없으니 천자의 귀한 몸이 마치 뜻대로 이루어지는 것 같으나 늘 몸을 지극히 위태롭고 지극히 어려운 상황에 두게 된다. 그렇다면 임금으로서 장차 어느 쪽을 택해야 하겠는가? 우문사급 같은 사람은 망해버린 수(隋)에서 살아남은 천한 사람이라 많이 꾸짖을 것도 없지만 안타까운 것은 태종이 아첨하는 것임을 알면서도 물리치지 못한 것일 뿐이다."

신이 생각건대, 훈계하고 경계하는 말이 많은 것을 탐탁지 않게 생각하는 사람은 다만 안으로 욕심이 많으면서 밖으로 인의(仁義)를 내보이는 사람일 뿐입니다. 만약에 임금이 마음을 바로잡고 몸을 닦아서 배움을 좋아하고 선을 즐긴다면 마치 개고기나 돼지고기〔芻豢〕가 입을 즐겁게 하듯이 훈계하고 경계하는 말이 귀를 즐겁게 할 것입니다. 그러니 어찌 탐탁지 않을 리가 있겠습니까? 만약에 안으로 자기를 닦은 실상이 없고 남의 힘을 빌려 일을 이루려고 하는 사람은 훈계하고 경계하는 말을 들으면 힘써 억지로 따르는 체하지만 마음속에서는 실제로 즐거워하지 않습니다. 어찌 오래도록 변하지 않을 수 있겠습니까? 이것이 당 현종이 한휴(韓休)를 써서 나라를 피폐하게 하고 마침내 천보(天寶)의 난을 불러들이게 된 까닭입니다.

목왕(穆王)이 백경(伯冏)에게 명하였다. "너는 간사한 사람〔憸人〕과 친밀하게 지내 시종의 관직〔耳目之官〕에 두거나 선왕의 법도가 아닌 것으로써 임금을 이끌지 말라!"

「주서(周書) · 경명(冏命)」입니다.[95]

채씨가 말했다. "목왕은 스스로 자기가 덕을 견고하게 지니지 못한 것을 헤아리고서 좌우에 있는 사람들이 이단의 가르침으로 건의하여 자기 마음

---

95 『書經』 「周書 · 冏命」

을 방탕하게 할까 두려워하였다. 그런데 이 마음을 이어가지 못하고 조보(造
父)에게 수레를 몰게 하여 온 세상을 돌아다녔다〔周遊天下〕. 그는 경계해야
할 것을 미리 알았고 근심스러운 생각이 깊고 원대했으나 오히려 스스로 그
런 일을 저지르는 것을 면하지 못했다. 사람의 마음이란 잡으면 보존되고 놓
으면 잃어버리는 것이 무상하니 두려워할 만하다."

자장(子張)이 명철함〔明〕에 대해 물었다. 공자가 말했다. "차츰차츰 스미
는〔浸潤〕 참소〔譖〕와 절박한〔膚受〕 하소연〔愬〕을 들어주지 않는다면 명철하다
고 할 수 있다. 차츰차츰 스미는 참소와 절박한 하소연을 들어주지 않
는다면 식견이 원대하다고 할 수 있다."

『논어』입니다.[96]

주자가 말했다. "침윤(浸潤)이란 물이 차츰차츰 스며드는 것과 같아서 점
점 잠기는 것이며 갑작스럽지 않은 것이다. 참소〔譖〕란 남의 행동을 헐뜯는
것이다. 부수(膚受)란 살갗에서 자극을 받는 것이니 이해(利害)가 몸에 절실
한 것이다. 하소연〔愬〕이란 자기의 원통함을 호소하는 것이다. 남을 헐뜯는
사람의 참소는 차츰차츰 스며들며 갑작스럽게 들어오지 않으니 듣는 사람
이 참소가 들어오는 것을 깨닫지 못하고 깊이 믿어버린다. 원통함을 호소하
는 사람이 급박하고 자기에게 절실하게 하면 듣는 사람이 자세히 살피지 못
하고 갑자기 동정심을 발휘한다. 이 두 가지는 살피기 어려우나 살필 수만
있다면 마음이 명철하고 가까운 것에 가리지 않음을 알 수 있다."

『시경』에서 말했다. "혼란〔亂〕이 처음 생기는 것은 불신의 실마리〔譖始〕를
받아들이기〔涵〕 때문이요, 혼란이 또 생기는 것은 군자가 참소〔讒〕를 믿

---

96 『論語』「顏淵」

기 때문이다. 군자가 참소를 듣고 화를 내면 혼란이 빨리〔遄〕 그칠〔沮〕 것이요, 군자가 좋은 말을 듣고 기뻐하면〔祉〕 혼란이 빨리 그칠〔已〕 것이다.”

「소아·교언(巧言)」입니다.

주자가 말했다. “참소가 처음 생기는 것은〔僭始〕 불신의 실마리이다. 함(涵)은 받아들이는 것이다. 군자는 임금을 가리킨다. 천(遄)은 빠른 것〔疾〕이고, 저(沮)는 그치는 것〔止〕이며, 지(祉)는 기뻐한다는 것과 같다. 혼란이 생기는 까닭은 참소하는 사람의 믿을 수 없는 말이 처음 들어갔을 때 왕이 그것을 받아들여 참 거짓을 살피지 못한 데서 말미암으며, 어지러움이 또 생기는 것은 그 참소하는 말을 믿고 따르기 때문이라는 말이다. 군자가 참소한 사람의 말을 듣고 만약에 성을 내고 그를 꾸짖는다면 혼란은 빨리 그칠 것이요, 현명한 사람의 말을 듣고 만약에 기뻐하여 받아들인다면 혼란은 빨리 끝날 것이다. 지금 참소를 받아들이는 것을 끊지 못하고 참소하는 말과 진실한 말을 구분하지 못하기 때문에 참소하는 사람은 더욱 기승을 부리고 군자는 더욱 쇠락하는 것이다.” ○ 소씨(蘇氏)가 말했다. “소인이 임금에게 참소할 때에는 반드시 차츰차츰 스며들게 한다. 처음에는 진언(進言)을 하여서 떠보고 임금이 용납하고 거부하지 않으면 그 말을 꺼리지 않는다는 것을 알고 이에 다시 진언을 한다. 이미 임금이 그 말을 믿은 뒤에 혼란이 일어난다.”

신이 생각건대, 임금이 참으로 현명한 사람을 등용하고자 하면 반드시 소인을 멀리해야 합니다. 그런 뒤에야 임금과 신하가 처음부터 끝까지 틈이 없어서 다스림의 도를 성취할 수 있을 것입니다. 만약에 악을 미워하되 엄하지 못하여 소인으로 하여금 참소를 하는 혓바닥을 놀릴 수 있게 한다면 군자가 어찌 편안히 조정에 설 수 있겠습니까? 저 참소하는 사람은 윗사람의 동정을 잘 살펴 갖가지로 모습을 바꾸어 겉으로는 돕는 체하면서 속으로는 억누르기도 하고 처음에는 칭찬을 하다가 끝에 가서는 헐뜯기도 하며, 겉으로만 번지르르하게 꾸미고 갖가지 방법으로 모함을 하고 교묘하게 명목을 세워, 독실하게 행동하는 사람을 위선자라고 하고 도를 지키는 사람을 거짓 학문〔僞學〕을 하는 사람이라고 하며 은거하여 자기의 뜻을 고상하게 지키는 사람을 일컬어 세상을 우습게 여긴다고 합니다. 또한 나아가는 것을 어렵게 여기고 물러나는 것을 쉽게 여기는 사람을 일컬어 임금을 협박한다〔要君〕고 하고 조정에서 임금의 잘못을 간하고 곧은 말을 하는 사람을 일컬어 정직을 판다고 하며, 진심으로 나라의 일을 하는 사람에게는 권력을 마음대로 휘두른다고 하고 어진 사람을 천거하여 협력하는 사람을 붕당이라고 여기며, 묵은 폐단을 뜯어 고치고 바로잡는 사람을 정치를 어지럽힌다고 합니다. 이처럼 선량한 사람을 모함하는 방법을 이루 낱낱이 열거할 수가 없습니다. 임금이 만약에 깊이 미워하고 힘껏 잘라버리지 않고 함께 거두어 같이 기르는 계책을 쓴다면 점차 그들의 술책에 빠져들어 끝내 뭇소인들은 떼 지어 나아오고 군자는 멀리 버림을 받는 지경에 이를 것입니다. 아! 두려워하지 않을 수 있겠습니까?

이상은 소인을 멀리하는 방법을 말한 것입니다.

이윤은[97] 유신(有莘)의 들에서 밭을 갈면서 요·순의 도를 즐거워하였는데 의(義)가 아니고 도(道)가 아니면 온 세상을 녹으로 준다 하더라도 돌아보지 않았고 말 4,000마리〔千駟〕를 매어놓고 기다려도 보지 않았다. 의가 아니고 도가 아니면 지푸라기 하나라도 남을 주지 않고 지푸라기 하나라도 남에게서 취하지 않았다. 탕이 사람을 시켜서 폐백을 보내 초빙하니〔幣聘〕 무심하게〔囂囂然〕 효효(囂囂)는 욕심이 없고 스스로 만족하는 모습입니다. 말했다. "내가 탕

---

97 『孟子』「萬章·上」

임금의 초빙하는 예물을 받아서 무엇 하겠는가? 내 어찌 밭 가운데 살면서 요·순의 도를 즐기는 것만 하겠는가?" 탕이 세 번째로 사람을 보내 초빙하였는데 그제야 선뜻 마음을 바꾸어〔幡然〕 말했다. "내가 밭 가운데 살면서 이대로 요·순의 도를 즐기는 것보다 내 어찌 이 임금을 요·순과 같은 임금으로 만들고 이 백성을 요·순의 백성과 같이 만드는 것만 하겠는가? 내 어찌 이런 것들을 내 몸으로 직접 보는 것만 하겠는가? 하늘이 이 백성을 낼 때에는 먼저 안 사람〔先知者〕으로 하여금 나중에 안 사람〔後知者〕을 깨우치게 하고, 먼저 깨달은 사람〔先覺者〕으로 하여금 나중에 깨달은 사람〔後覺者〕을 깨우치도록 하였다. 나는 하늘이 낸 백성〔天民〕의 선각자이다. 내가 장차 이 도로 이 백성을 깨우칠 것이다. 내가 이들을 깨우치지 않으면 누가 깨우치겠는가?" 그는 온 세상의 백성이 필부필부(匹夫匹婦)라도 요·순시대와 같은 혜택을 입지 못하는 사람이 있으면 마치 자기가 그들을 구덩이 속에 집어넣은 것처럼 여겼는데 스스로 온 세상을 책임지는 것이 이와 같았다. 탕을 도와서[98] 온 세상의 왕 노릇을 하게 하였다. 탕이 죽고 태정(太丁)은 왕에 오르지 못하였고 탕의 태자인데 왕이 되지 못하고 죽었습니다. 외병(外丙)은 2년, 중임(仲壬)은 4년 동안 왕위에 있었으며, 외병과 중임은 모두 태정의 아우입니다. 태갑(太甲)이 태정의 아들인데 계승하여서 왕이 되었습니다. 탕의 법도〔典刑〕를 뒤집어서 이윤이 그를 동(桐)으로 추방하였다. 3년 만에 태갑이 잘못을 뉘우쳐 자신을 원망하고 자신을 다스리며〔自艾〕 애(艾)는 다스리는 것〔治〕입니다. 인의를 깨닫고 변화하여서 이윤의 훈계를 들었다. 다시 그가 박(亳, 상의 도읍)으로 돌아왔다. 이윤은[99] 정권을 그 임금에게 돌려주고 벼슬에서 물러나 떠나려고 하면서 태갑의 덕이 순수하고 한결같지 않아 적절하지 못한 사람을 임용할까 두려워하여 '함유일덕(咸有一德)' 『서경』의 편 이름입니다. 을 지어서 훈계하였다. ○ 낭야(琅邪)의 제갈

---

[98] 『孟子』「萬章·上」
[99] 『書經』「咸有一德」의 序

량(諸葛亮)은 양양(襄陽)의 융중(隆中)에 부쳐 살면서 늘 자신을 관중(管仲)과 악의(樂毅)에 견주었지만 당시 사람들은 아무도 인정하지 않았다. 소열제(昭烈帝, 劉備)가 형주(荊州)에 있을 때 양양의 사마휘(司馬徽)에게 선비를 물으니 사마휘가 이렇게 말했다. "유학자〔儒生〕나 저속한 선비〔俗士〕가 어찌 시무(時務)를 알겠습니까? 시무를 아는 것은 재주가 뛰어나고 빼어난〔俊傑〕 사람이라야 알 수 있습니다. 이 근처에 복룡(伏龍)과 봉추(鳳雛)라는 사람이 있습니다." 소열제가 누구냐고 묻자 "제갈공명(諸葛孔明)과 공명(孔明)은 제갈량의 자(字)입니다. 방사원(龐士元) 사원(士元)은 방통(龐統)의 자입니다. 입니다." 하고 대답했다. 서서(徐庶)가 소열제에게 말했다. "제갈공명은 누워 있는 용〔臥龍〕입니다. 장군께서는 어찌 그를 만나보려고 하지 않으십니까?" 소열제가 말했다. "그대가 가서 데려오시오." 서서가 말했다. "이 사람은 가서 볼 수는 있어도 굽혀서 오게 할 수는 없습니다. 장군께서는 마땅히 몸소 찾아가서 보아야 합니다." 소열제가 이로부터 세 번이나 제갈량을 찾아가서 겨우 만났다. 그에게 적을 토벌하고 나라를 다시 일으킬 계책을 물어보고 그의 계책을 좋게 여겼다. 이에 제갈량에게 호감을 갖고 날로 친밀해졌다. 제갈량은 소열제가 익주(益州)를 취하여 다스리도록 도왔다. 소열제가 즉위하자 제갈량을 승상으로 삼았다. 소열제는 임종할 때 제갈량에게 이렇게 말했다. "그대의 재능은 조비(曹조)보다 열 배는 뛰어나니 반드시 나라를 편안하게 하고 끝내 큰일을 정할 수 있을 것이오. 내 뒤를 이을 아들〔嗣子〕이 도울 만하면 그를 돕고, 만일 그가 임금 노릇을 할 만하지 않으면 그대가 자리를 차지해도 좋소." 제갈량이 눈물을 흘리며 말했다. "신이 감히 팔다리〔股肱〕의 힘을 다하고 충성스럽고 곧은〔忠貞〕 절개를 본받아 죽음으로써 뜻을 이어가지 않을 수 있겠습니까?" 제갈량이 후제(後帝, 後主)에게 '출사표(出師表)'를 올렸다. "신은 본래 서민〔布衣〕으로서 남양(南陽)에서 몸소 밭을 갈고 살면서 난세에 구차하게 목숨이나 보전할 뿐 제후에게 소문이 알려지기를 바라지 않았습니다. 선제께서는 신이 비천하다고 여기지 않으시고 외람되게 손수 굽혀서 신의 초가집〔草廬〕에 세 번이나 찾아오셔서[三顧] 신에게 당대의 일을 물으셨습니다. 이에 감격하여 선제께 몸을 바쳐 일을 하기로 하였습니다. 선제께서는 신이 삼가는 것을 아시고 돌아가실 때 신에게 큰일을 맡기셨습니다. 명령을 받은 이래 아침 일찍부터 밤늦게까지 일을 이루어내지 못하여 선제의 명철함을 손상시킬까 두려워하고 걱정하였습니다. 이제 마땅히 삼군(三軍)을 격려하여 이끌고 북으로 올라가 중원(中原)을 평정하고 한의 황실을 부흥시키고 옛 도읍으로 돌아가야 할 것입니다. 이것이 신이 선제께 보답하고 폐하께 충성하는 직분이 될 것입니다. 신은 몸과 마음을 모두 나라에 바쳐 죽은 뒤에야 그만둘 것입니다. 일의 성공과 실패, 군사의 강함과 둔함은 제가 미리 알 수는 없습니다."

하고는 군사를 내어 위(魏)나라를 치다가 군중에서 죽었다.

신이 생각건대, 현명한 사람은 나라의 그릇[器用]입니다. 나라를 다스리려고 하면서 현명한 사람을 구하지 않는 것은 마치 배와 노를 버리고 강을 건너려고 하는 것과 같습니다. 이제 이윤과 제갈량의 출처(出處)의 자취를 취하여 앞에서 열거하였는데, 이것만 보아도 그 나머지를 알 수 있습니다. 이윤은 유신의 들에 있을 때 몸소 밭을 갈면서 도를 즐기며 마치 현실에 아무런 뜻이 없는 것 같았고, 탕왕[成湯]이 재차 초빙하였을 때에도 뜻이 확고한 것 같았습니다. 그러나 더욱 부지런히 청하고 그 정성이 더욱 드러난 뒤에야 선뜻 마음을 고쳐 부름에 응하였습니다. 그리하여 뜻을 같이 하고 덕을 합하여 하늘[皇天]까지 감동시켰습니다. 여러 대에 걸쳐 재상을 역임하면서 임금을 추방하기까지 하였으나 권력을 노린다는 혐의를 받지 않았고, 진실한 덕[允德]을 다 발휘하여 마침내 벼슬에서 물러날 때에도 오히려 간절하게 훈계를 올렸으며 늙을수록 더욱 독실하였습니다. 제갈량은 융중에 있을 때 무릎을 안고 길게 휘파람을 불면서 우주(宇宙)를 높이 올려다보며 마치 그 상태로 일생을 마칠 듯이 하였습니다. 소열제가 두 번째 찾아왔을 때에도 오히려 숨으려는 생각이 굳었으나 그가 진정한 마음으로 좋아하여 지성껏 세 번

이나 찾아온 뒤에야 마음을 돌리고 몸을 바쳤습니다. 그리하여 계책〔謨猷〕이
서로 부합하자 재능을 다하고 정성을 다 바쳐 한(漢)의 회복을 기약하였습
니다. 어린 임금〔幼主〕을 보필하게 되면서부터 정치가 자기에게서 나왔는데
도 남들이 이간을 하지 않았고 강한 위나라조차 두려워하고 떨었으며 예악
(禮樂)의 교화가 거의 이루어졌습니다. 이 두 사람이 비록 도에는 정밀하고
거친 차이가 있고 덕에는 크고 작은 차이가 있지만 임금을 만나 충성을 다한
것은 같아서 후세에 미칠 수 있는 바가 아닙니다. 이것이 어찌 다만 두 사람
의 현명함으로 그렇게 된 것이겠습니까? 사실은 임금으로 말미암아 그렇게
될 수 있었던 것입니다. 가만히 살펴보면 탕이 이윤을 칭찬하여, "마침내 으
뜸가는 성인〔元聖〕을 찾아서 그와 함께 힘을 합쳐 일을 했다."라고 하였는데,
그만큼 그를 끝까지 따랐던 것입니다. 소열제가 제갈량을 칭찬하여 "나〔孤〕
에게 공명(孔明)이 있는 것은 마치 물고기가 물을 만난 것 같다."라고 하였는
데, 그만큼 깊이 즐거워하였던 것입니다. 임금과 신하가 이처럼 서로 마음이
맞았으니 두 사람이 독실하게 돕는 것을 어찌 그만둘 수 있었겠습니까? 후
세의 임금 가운데 탕왕이나 소열제처럼 현명한 사람을 좋아하는 임금이 없
기 때문에 성현의 학문을 배운 사람과 뛰어나고 걸출한 재능을 가진 선비가
벼슬을 하지 못하고 대부분 집에서 밥이나 축내며 늙어버리고〔家食〕, 시국을
훔쳐보며〔偸時〕 형세를 파악하여〔識勢〕 구차하게 자신을 세상에 맞추어 받아
들이기를 바라는 사람들이 도도하게 뜻을 얻으니 세상이 다스려지기를 바
라지만 그렇게 될 수 있겠습니까? 비록 그러하나 임금이 먼저 이치를 탐구
하고〔窮理〕 말을 잘 파악하여〔知言〕 권도(權度)[100]를 차질 없이 한 뒤에야 현명
한 사람을 알아볼 수 있고, 아는 것이 매우 밝아서 폐나 간을 들여다보듯이
훤히 들여다본 뒤에야 서로 믿을 수 있으며, 매우 독실하게 믿어서 부절(符節,
둘로 나누어 보관했던 신표)을 합친 것같이 된 뒤에야 서로 기뻐할 수 있고, 매

---

100 저울과 자를 쓰듯이 명확하게 판단하는 것

우 친밀하게 기뻐하여 은혜가 부모 자식처럼 된 뒤에야 일을 맡길 수 있으며, 임무를 맡길 때에는 전적으로 맡기고 이랬다저랬다 하지 않은〔不貳不參〕 뒤에야 도를 행하고 다스림을 이룰 수 있어서 오직 뜻대로 한 시대를 잘 다스려〔陶甄〕 그 혜택을 먼 훗날 오랜 세월 동안 물려줄 수 있을 것입니다. 임금과 신하가 서로 만나는 것이 어찌 우연한 일이겠습니까? 다섯 임금〔五帝〕과 세 임금〔三王〕이 모두 이 도를 따랐으니 뒷날의 왕도 마땅히 준칙으로 취하여야 합니다. 후세에 비록 잠정적인 평화〔少康〕를 이룬 임금이라도 사람을 쓰지 않고 혼자서 다스린 사람은 없었습니다. 다만 임금이 선왕의 성스러움에 미치지 못하고 신하가 옛날의 현명한 사람만 못했기 때문에 공적〔功烈〕이 비루한 것을 면하지 못했을 뿐입니다. 만약 이와 반대로 하는 사람은 이미 자기를 수양하는 노력을 하지 않고 또 사람을 알아보는 눈이 어두워 텅 빈 이름만 취하기도 하고 순종하는 것을 기뻐하기도 하여 좋아하더라도 끝까지 좋아하지 못하고 정치를 맡기더라도 의심을 면하지 못합니다. 의견과 이론이 시대에 어그러지더라도 오히려 벼슬과 녹으로 얽어매고, 비위만 맞추어 임금을 잘못되게 해도 오히려 충성스럽고 선량하다고 인정하여 나랏일이 날로 잘못되어도 위아래가 아무도 근심을 하지 않습니다. 이것을 징계하는 사람이 있으면 또한 대부분 의심을 하고 꺼려 자기 혼자서 처리하고 남에게 맡기지 않으며, 널리 똑똑하게 보고 듣지를 못하고, 자질구레한 일을 맡은 사람까지도 자기 직분을 다하지 못하여, 온 세상을 제대로 다스리지 못하고 온갖 업무가 이루어지지 않아서 나라가 어지러워지고 망하는 결과를 낳기는 마찬가지입니다. 임금이 깊이 경계해야 합니다. 전하께서는 이를 거울로 삼으시기 바랍니다.

성학집요
7

⌈ 제4절 위정(爲政, 정치를 행함) 하 ⌉

제3장 취선 (取善, 선을 취함)

신이 생각건대, 임금과 신하가 만났으면 반드시 상대방의 좋은 점을 취하여 온갖 정책을 다 시행한 뒤에야 다스림을 이룰 수 있습니다. 그러므로 선을 취하는 것을 다음에 둡니다.

이윤이 말했다. "임금[后]은 백성이 아니면 부릴 사람이 없고, 백성은 임금이 아니면 섬길 사람이 없습니다. 자기를 대단하게 여기고 남을 하찮게 여기지 마십시오[無]. 필부필부(匹夫匹婦)가 스스로 최선을 다하지 않으면 백성의 주인인 임금[民主]이 그 공적을 함께 이룰 사람이 없습니다."

「상서 · 함유일덕」입니다. 아래도 같습니다. ○ 이윤이 태갑에게 경계를 진술한 말입니다.[1]

채씨(蔡氏)가 말했다. "임금과 백성이 이처럼 서로에게 필요한 존재라고 말하여 태갑이 감히 소홀히 하지 못하도록 하려는 것이다. 무(無)는 말라는 무[毋]와 같다. 이윤은 또 임금과 백성이 한쪽은 부리고 한쪽은 섬긴다는 점에서 비록 귀하고 천한 것이 같지 않지만 사람을 취하여 선한 일을 하는 데 이르러서는 애초에 귀하고 천한 간격이 없다고 하였다. 대체로 하늘은 한 이치[一理]를 사람에게 부여하였는데 이것이 흩어져서 온갖 선[萬善]이 되었다. 임금이 온 세상의 선을 합한 뒤에야 이치의 단일한 특성이 완전해진다. 만약 자신을 대단하게 여기고[自大] 남을 하찮게 여겨서[狹人] 필부필부가 한 사람이라도 임금[上]에게 스스로 최선을 다하지 않는 사람이 있다면 한 선[一善]이 갖추어지지 못하여, 백성의 주인도 그 공적을 함께 이룰 사람이 없을 것이다."

---

1 『書經』「商書 · 咸有一德」

덕에는 고정불변한[無常] 법도[師]가 없습니다. 선을 주재하는 것이 법도입니다. 선에는 고정불변한 주재[主]가 없습니다. 하나[一]가 되는 것이 선에 합[協]하는 것입니다.

채씨가 말했다. "무상(無常)이란 하나에 집착하지 않는 것을 말한다. 사(師)는 법(法)이고, 협(協)은 합하는 것[合]이다. 덕(德)은 선의 총칭이고 선은 덕이 실제로 행해진 것이다. 일(一)은 근본[本原]이 모두 모인 것이다. 덕은 여러 선을 겸한 것이나 선을 주재하지 않으면 한 근본이 만 가지로 나뉘는[一本萬殊] 이치를 얻을 수 없으며, 선은 하나에 근원을 둔 것이나 하나로 합하지 않으면 만 가지로 나뉜 것이 한 근본으로 모이는[萬殊一本] 오묘함에 통달하지 못한다. 넓혀서 하나가 아닌[非一] 선에서 구하며 간추려서 오로지 하나인[至一] 이치로 모이는 것이 성학(聖學)의 조리(條理)가 시작되고 끝나는 차례이다. 공자가 이른바 '하나로 꿰었다[一貫].'라고 한 것과 같다."

기자(箕子)가 무왕에게 알려주었다. "그 백성 가운데 꾀[猷]를 가지고 있고, 행함[爲]이 있으며, 지킴[守]이 있는 사람이 있으면 그대는[汝] 그들을 염두에 두고, 표준[極]에 합하지 않더라도 허물[咎]에 관련되지 않거든 그들을 받아들이시오[受]. 편안한 기색으로 '내가 좋아하는 것은 덕이다.'라고 말하는 사람에게 그대는 복을 내려주시오."

「주서(周書)·홍범(洪範)」입니다.[2]

채씨가 말했다. "꾀를 가지고 있다는 것은 도모하고 사려함이 있는 것이다. 행함이 있다는 것은 일을 시행하여 베풂이 있는 것이다. 지킴이 있다는 것은 지조를 지킴이 있는 것이다. 이 세 가지 부류는 임금이 마땅히 염두에 두어

---

2 『書經』「周書·洪範」

야 할 사람들이다. 표준에 합하지 않는다는 것은 선에 합하지 않은 것이다. 허물에 관련되지 않다는 것은 악에 빠지지 않은 것이다. (선에 합하지는 않았으나 악에 빠지지 않은) 이런 사람들은 이른바 보통 사람〔中人〕이다. 받아들인다는 것은 그들을 거부하지 않는 것이며, 겉으로 드러난 것에 편안하고 조화로운 기색이 보이거나 자신의 속을 표현하면서 덕을 좋아한다고 말하거든 그들에게 복을 내려준다. 복이란 벼슬과 녹봉을 말한다.”

공자가 말했다. “군자는 말을 근거로 그 사람을 들어 쓰지 않고, 사람을 근거로 그 말을 버리지 않는다.”

『논어』입니다.[3]

남헌 장씨(南軒張氏)가 말했다. “말을 근거로 사람을 들어 쓰면 그 말을 행동에 옮기지 않는 사람이 나아올 것이다. 애초에 이런 일이 있어서는 안 된다. 그러나 비록 소인이라 하더라도 말을 한 것이 선하다면 또한 그 말이 선한 말이라는 데서는 문제가 없다. 사람을 근거로 말을 버린다면 좋은 말을 버리게 될 것이다.

아마도 순은 대단히 지혜로운 사람이었구나! 묻기를 좋아하고 통속적인 말〔通言〕도 잘 살폈다. 다른 사람의 악을 숨겨주고 선을 드러냈으며, 그 양 끝〔兩端〕을 잡아서 백성에게 중도를 적용하였다. 이것이 바로 순이 순다운 점이다!

『중용』입니다. ○ 이것도 공자의 말씀입니다.[4]

---

3 『論語』「衛靈公」
4 『中庸』 6章

주자가 말했다. "순이 대단히 지혜로운 사람이 될 수 있었던 까닭은 자기 생각대로 하지 않고 남에게서 선한 것을 취했기 때문이다. 이언(邇言)이란 통속적인〔淺近〕 말인데, 그런 말까지도 반드시 살폈으니 선한 것을 버려두지 않았음을 알 수 있다. 그러나 그런 말 가운데 선하지 않은 것은 덮어두고 드러내지 않았으며, 선한 것은 퍼뜨리고 숨겨두지 않았다. 그의 도량이 광대하고 밝음이 또한 이와 같았으니 사람이라면 누가 선한 것을 즐겨 말하려 하지 않았겠는가? 양 끝은 중론(衆論)의 서로 다른 끝을 말한다. 사물은 모두 양 끝이 있는데, 예를 들어 작고 큰 것, 두텁고 엷은 것 따위이다. 선한 것 가운데서도 양 끝을 잡고 헤아려 가운데를 취한 뒤에 그것을 적용한다면 그것은 신중하게 택하여 가장 알맞게 시행하는 것이다. 그러나 나에게 있는 판단 기준〔權度〕이 정확하고 적절하여 어긋남이 없는 것이 아니라면 무엇으로 이와 같이 할 수 있겠는가?"

맹자가 말했다. "위대한 순임금〔大舜〕은 다른 사람과 더불어 선을 행하였다〔善與人同〕. 자기를 버리고 남을 따랐으며, 남에게서 취하여 선한 일을 즐겨 하였다. 밭을 갈고 질그릇을 구우며 고기잡이하던 때부터 임금이 되기까지 남에게서 취하지 않은 것이 없었다."

『맹자』입니다. 아래도 같습니다.[5]

주자가 말했다. "다른 사람과 더불어 선을 행하였다는 것은 온 세상의 선을 함께 나누고 자기 개인의 것으로 삼지 않았다는 것이다. 순은 미천할 때 역산(歷山)에서 밭을 갈고 하빈(河濱)에서 질그릇을 구웠으며 뇌택(雷澤)에서 고기잡이를 했다."

---

5 『孟子』「公孫丑 · 上」

남에게서 취하여 선한 일을 한다는 것은 남들이 선한 일을 하도록 돕는[與] 것이다. 그러므로 군자에게는 남들이 선한 일을 하도록 돕는 것보다 큰 것이 없다.

주자가 말했다. "여(與)는 허락하다[許], 돕다[助]와 같다. 상대방의 선을 취해서 내가 행하면 곧 그에게 더욱 선한 일을 하도록 권하는 것이다. 이는 내가 그 사람이 선한 일을 하도록 돕는 것이다. 온 세상 사람이 모두 선한 일을 하도록 권유할 수 있다면 군자의 선에서 이보다 큰 것이 무엇이겠는가? 이것은 선을 즐거 하는 성실함이 애초부터 피차간에 간격이 없기 때문에 남에게 있는 선이 나를 넉넉하게 할 수 있고 나에게 있는 선이 남에게 영향을 미칠 수 있음을 말하는 것이다."

『시경』에서 말했다. "옛 사람[先民]은 나무꾼[芻蕘]에게도 물어보라 했네."

「대아 · 판(板)」입니다.

주자가 말했다. "선민(先民)은 옛날의 현명한 사람들이다. 추요(芻蕘)는 나무를 하는 사람이다." ○ 풍성 주씨(豐城朱氏)가 말했다. "통속적인 말에도 지극한 이치가 있다. 그 사람이 천하다 해서 그 말을 소홀히 해서는 안 된다."

『주역』에서 말했다. "지혜로써 임하니 대군(大君)이 마땅히 할 일이다. 길하다."

「임괘(臨卦)」, 6 · 5 효사입니다.

정자가 말했다. "5는 존귀한 자리에 있으면서 아래로 강중(剛中)[6]의 신하인 2와 호응하고 있다. 5는 임금의 자리이고 2는 신하의 자리인데 5와 2는 서로 응하는 효

---

6 『易』에서 陽爻이면서 그 자리가 가운데에 해당하는 것을 剛中이라고 함.

입니다. 이것은 임금〔五〕이 신하〔二〕에게 정치를 의지하고 맡겨서〔倚任〕 힘들이지 않고서도 나라를 다스리는 것이니 임금이 지혜로써 아래에 임하는 것이다. 한 사람의 몸으로 드넓은 온 세상에 군림하여 만약 자질구레한 일까지 자신이 떠맡는다면 어찌 모든 일을 두루 처리할 수 있겠는가? 그러므로 자기의 지혜를 믿고 스스로 떠맡는다면 결코 지혜롭지 못한 것이다. 오직 온 세상의 선을 취하여 온 세상의 총명한 사람에게 맡길 수 있다면 두루 처리되지 않는 일이 없을 것이니 대단히 지혜로운 것이다. 이는 대군이 마땅히 할 일이다. 이렇게 하는 것이 길하다는 것을 알 수 있다."

신이 생각건대, "온 세상은 지극히 넓고 일의 기틀〔事機〕은 지극히 번잡합니다. 임금〔人主〕이 조그마한〔眇然〕 몸으로 고요하고 간결하게 처신하면서 번잡한 세상사에 대응하는 데 여유가 있는 것은 온 세상의 지혜를 모아 온 세상의 일을 결단하는 데 지나지 않을 뿐입니다. 사람은 저마다 지혜가 있으므로 어리석은 사람이라도 한 가지 지혜는 있습니다. 뭇 사람의 지혜를 다 취하여 하나로 합하고 있으며 나의 판단 능력〔衡鑒〕이 정확하고 분명하여 중도를 얻는다면〔得中〕 비록 온 세상이 넓다고 하더라도 손바닥 위에서 움직이듯이 쉽고, 일의 기틀이 번잡하더라도 높은 지붕 위에서 물병을 거꾸로 기울이듯이〔建瓴〕 간단히 처리할 수 있을 것입니다. 온 세상 사람들의 눈을 내 눈으로 삼으면 모든 것을 분명하게 볼 수 있고, 온 세상 사람들의 귀를 내 귀로 삼으면 모든 것을 똑똑하게 들을 수 있으며, 온 세상 사람들의 마음을 내 마음으로 삼으면 모든 것을 슬기롭게 생각할 수 있습니다. 이것이 성스럽고 현명한 제왕들이 온 세상 사람을 고무하면서도 마음〔心力〕을 수고롭게 하지 않을 수 있었던 까닭입니다. 이와 반대로 하는 사람은 스스로 모든 것에 통달하였다고〔自聖〕 여기는 데 가려지고, 자기 재능만 믿고 모든 일을 처리하며, 남의 의견을 듣지 않는 것〔自用〕이 고질이 되어 자기의 총명함을 자랑하고 한 시대를 업신여겨서 온 세상 사람들 보기를 아무도 자기와 같은 사람이 없다고 여깁니다. 그러나 규방[帷薄]이나 담장[蕭牆]⁷ 안의 일에 대해서도 견문이 미치지 못하는 바가 있는데 하물며 드넓은 온 세상의 일이겠습니까? 아! 스스로 모든 일에 통달하고 지혜롭다고[聖智] 여기지 않고 남에게서 지혜를 취하려고 힘쓰는 것은 마치 자기를 비하하는 것 같지만 실은 위대한 순임금[大舜]이 그렇게 행한 것입니다. 순임금은 총명했는데 어찌 남에게 미치지 못하는 바가 있었겠습니까? 그러나 반드시 남에게 취하여 선을 행했다고 한 것은 어떤 의미입니까? 참으로 도리(道理)는 끝이 없고 성인의 마음은 공명 광대하여 선한 말 한 마디를 들으면 선뜻 따르고 남과 나 사이에 간격을 두지 않았으므로 온 세상의 선을 모아 내 한 몸의 용도로 삼았던 것입니다. 이것은 순이 그 성스러움을 끝까지 다할 수 있었던 까닭입니다. 그런데 어찌 스스로 통달했다고 여겨 자기 재능만 믿고 제멋대로 하여 순보다 더 고명하려고 힘쓰다가 도리어 어둡고 막힌 길로 달려간단 말입니까? 어떤 사람이 '임금이 비록 여러 사람의 계책[羣策]을 모으려고 해도 명에 응하는 현명한 선비가 없다면 어떻게 하겠는가?' 하고 물어서 신은 '다만 임금이 선을 좋아하는 성의가 없음을 근심할 뿐이다.'라고 대답했습니다. 성실한 마음으로 선을 좋아한다면 선비가 장차 천리 길을 가벼이 여기고 몰려올 것입니다. 현명한 사람은 도리를 실천하려고 할 것이고 지혜로운 사람은 자기의 꾀[術]를 다하려고 할 것이며, 정직한 사람은 충성을 바치려고 생각할 것이고 용맹한 사람은 자기의 능력을 다 발휘하려고 생각할 것입니다. 어찌 선비가 명에 응하지 않는 것을 걱정하겠습니까? 만약에 선을 좋아한다고 해놓고 이름만 있을 뿐 실상이 없다면 여러 사람의 계책이 모였다 하더라도 판단 기준[權度]이 합당함을 잃어 난초를 가리켜 악취가 난다고 하고 숯을 가리켜 희다고 하며, 막야(鏌鎁)와 같은 명검도 무디다고 하고, 납으로 만든 무른 칼[鉛刀]도 날카롭

---

7 蕭牆은 군주와 신하가 회견하는 곳에 설치한 울타리이다. 蕭는 엄숙하다는 뜻인데, 신하는 이곳에 이르면 더욱 엄숙하고 경건한 태도를 지닌다.

다고 여길 것입니다. 또한 옳고 그름, 그리고 바름〔是非邪正〕에 대하여 흐리 멍덩하여 어떤 것을 취하고 어떤 것을 버려야 할지 알 수 없으며 발언(發言) 이 조정에 가득해도 어느 하나 시행되지 못할 것입니다. 그리하여 깊은 우물 에 빠진 것처럼 어둡다면 선비는 뒤돌아보지 않고 떠나갈 것입니다. 나중에 비록 선한 말을 구하고 현명한 선비를 초빙할 때라 하더라도 감히 명에 응하 는 사람이 누가 있겠습니까? 이는 모두 임금이 스스로 불러들인 것〔自取〕입 니다. 득실이 이와 같습니다. 엎드려 바라건대 전하께서는 굽어 살피십시오.

제4장 식시무 (識時務, 시무를 앎)

신이 생각건대, 지혜로운 사람은 모르는 것이 없지만 마땅히 힘써야 할 것 을 급히 해야 하니, 여러 사람의 계책이 모였다 하더라도 반드시 시무(時務, 시급한 일)에 절실한 것을 먼저 취해야 합니다. 그러므로 시무를 아는 것을 다음에 두었습니다.

배움을 논하면 반드시 이치를 밝혀야 하고, 다스림을 논하면 반드시 요체〔體〕를 알아야 한다.

『이정유서』입니다. ○ 명도 선생의 말씀입니다.[8]

섭씨(葉氏)가 말했다. "배움을 논하면서 이치를 밝히지 못하면 한갓 문장 이나 짓고 글귀나 외우는〔詞章記誦〕 지엽적인 것을 일삼을 뿐이니 배움을 아 는 것이 아니다. 다스림을 논하면서 요체를 알지 못하면 한갓 제도(制度)와 문물〔文爲〕의 말단만 강구할 뿐이니 다스림을 아는 것이 아니다."

---

8 『二程遺書』 卷5 「二先生語5」

생각〔慮〕이 선(善)하거든 그로써 움직이되 움직임을 그 때에 맞게〔時〕 하십시오.

「상서·열명」입니다.[9]

채씨가 말했다. "선하다는 것은 이치에 합당한 것이다. 시(時)는 때에 따라 마땅히 조치해야 할 것이다〔時措之宜〕. 생각은 본래 이치에 합당하고자 하더라도 움직임이 때에 맞지 않으면 오히려 무익하다. 성인이 이 세상에서 대처하는〔酬酢〕 것도 때에 맞게 하는 것일 뿐이다." ○『주역』에서 말했다.[10] "하늘과 땅은 순리대로 움직이기 때문에 해와 달이 궤도를 벗어나지 않고 사계절의 순서가 어긋나지 않는다. 성인이 순리대로 움직이면 형벌이 공정하여 백성이 복종한다." ○ 설씨(薛氏)가 말했다. "큰일을 처리할 때에는 그 일을 아는 것이 먼저이고 결단은 그 다음 일이다."

이상은 시무를 마땅히 알아야 한다는 것을 일반적으로 말한〔泛言〕 것입니다.

『주역』에서 말했다. "구름과 우레가 준(屯)이다. 군자는 이것을 본받아서 온 세상을 경영하여 다스린다〔經綸〕."

「준괘(屯卦)·상사」입니다.

정자가 말했다. "구름은 비가 되는 것이나 여기서는 아직 비가 되지 못한 것이다. 아직 비가 되지 못했기 때문에 준이 된다.[11] 군자는 준괘의 상(象)을 보고 온 세상의 일을 경영하고 다스려 어려움〔屯難〕 가운데서 구해낸다. 경

---

9 『書經』「商書·說命·中」
10 『周易』「豫卦·象辭」
11 屯은 어려운 상황을 나타내는 괘이다. 『易』의 「象傳」에서는 "강함〔剛〕과 부드러움〔柔〕이 처음 섞이니 어려움이 생긴다."라고 하였다. 그 「疏」에 "강한 기와 부드러운 기가 비로소 섞이려고 하는데 아직 서로 통하여 자극을 받지 않았고 情意를 아직 얻지 못했으므로 어려움이 생긴다."라고 하였다.

륜(經綸)이란 경영하여 이루는 것[營爲]이다." ○ 주자가 말했다. "어려운[屯難] 세상은 군자가 할 일이 있는 때이다."

공자가 말했다. "황제와 요·순이 일어나 변화[變]를 통하게 하여 백성이 게으르지 않게 하였으며, 신묘하게 교화[化]하여 백성이 올바르게 살도록 하였다. 역(易)의 원리란 궁하면 변하고 변하면 통하며 통하면 오래가는 것이다. 그러므로 하늘로부터 도와주니 길하고 이롭지 않음이 없다."

『주역』 「계사전」입니다.[12]

정자가 말했다. "변화(變化)를 아는 것은 어렵다. 옛날과 지금은 기풍[風氣]이 다르므로 기물의 쓰임[器用]도 다르다. 이 때문에 성인은 변화를 통하게 하여 백성이 게으르지 않도록 하니 저마다 그 때에 알맞게 할 뿐이다."

맹자가 말했다. "군자는 기업을 세우고[創業, 나라를 세움] 계통을 전하여[垂統, 왕통을 전함] 계승하게 한다."

『맹자』입니다. 아래도 같습니다.[13]

주자가 말했다. "군자는 앞에서 기업(基業)을 세우고 뒤로 계통을 전하여 바른 것을 잃어버리지 않고 후세로 하여금 계속하여 행하게 할 뿐이다."

한 가지 의롭지 않은 일을 하고 죄 없는 한 사람을 죽여서 온 세상을 얻더라도 그렇게 하지 않는다.[14]

---

12 『周易』 「繫辭下傳」
13 『孟子』 「梁惠王·下」
14 『孟子』 「公孫丑·上」

주자가 말했다. "한 가지 의롭지 않은 일을 하고 죄 없는 한 사람을 죽여서 온 세상을 얻더라도 그렇게 하지 않는 것은 마음이 바른 것이다."

이상은 창업(創業)의 도리를 말한 것입니다.

○ 부열이 말했다. "선왕이 이룩한 법[成憲]에 비추어 보아서 길이 허물[愆]이 없도록 하십시오."

「상서 · 열명」 ○ 부열이 고종을 훈계한 말입니다.[15]

채씨(蔡氏)가 말했다. "헌(憲)은 법이다. 건(愆)은 허물[過]이다. 법을 반드시 선왕에게 비추어 보아야 한다는 것은 선왕이 이루어 놓은 법을 자손이 마땅히 지켜야 한다는 것을 말한 것이다."

『시경』에서 말했다. "허물[愆]을 짓지 않고 잊어버리지 않음은 옛 법도[舊章]를 따르기[率] 때문이다."

「대아 · 가락(假樂)」입니다.

주자가 말했다. "건(愆)은 허물이다. 솔(率)은 따르는 것이다. 장(章)은 법도[典法]이다. 행동에 허물이 없고 잊지도 않는 것은 옛 법도를 따르기 때문이다." ○ 한의 찬후(酇侯) 소하(蕭何)가 죽고[16] 조참(曹參)이 소하를 대신하여 정승이 되었는데 한결같이 소하의 규약[約束]을 따랐다. 군국(郡國)[17]의 관리를 뽑을 때 문장과 언변[文辭]에는 서툴러도 몸가짐이 중후한 장자(長者)라면 곧 불러서 승상사(丞相史)에 제수하였고, 관리 가운데 법조문[言文]

---

15 『書經』「商書 · 說命 · 下」
16 『漢書』「蕭何曹參傳」
17 지방관을 파견하여 통치한 郡과 제후에게 통치를 위임한 國을 함께 이르는 말. 漢 초기의 통치제도이다.

을 지나치게 엄격하게 해석하며 명성을 드높이는 데만 힘쓰는 사람은 곧바로 배척하여 제거하였다. 자질구레한 잘못을 범한 사람을 보면 오로지 덮어서 가려주었기 때문에 승상부 안〔府中〕에는 아무 일이 없었다. 황제가 승상〔相國〕이 일을 처리하지 않는 것을 보고 이상하게 여겼다. 조참이 말했다. "고조 황제〔高帝〕께서 소하와 함께 온 세상을 평정하여 법령이 이미 밝아졌으니 폐하께서는 팔짱을 끼고 가만히 앉아 계시고 저희들〔參等〕은 직분을 지켜 소하의 규약을 따르고 잃어버리지 않는다면 충분하지 않겠습니까?" 황제가 "훌륭하다!"라고 말했다. 조참이 승상으로 있은 지 3년 만에 백성이 이렇게 노래하였다. "소하가 법을 만들었는데 한일 자를 그은 듯〔畫一〕 반듯하였네〔較〕.[18] 조참이 대신하여 그 법령을 지키고 잃어버리지 않았으니 정치가 맑고 깨끗하여 백성이 안정되어 어지럽지 않다네."

　이상은 수성(守成)의 도리를 말한 것입니다.

『주역』에서 말했다. "항(恒)은 형통하다. 가는 곳이 있으면 이롭다."

「항괘(恒卦)」, 단사」입니다.

　정자가 말했다. "항(恒)이란 항구적인〔常久〕 것이다. 항의 도는 형통할 수 있다. 한구석에 머물러 변통을 알지 못하는 것이 아니다. 그러므로 가는 곳이 있음이 이롭다. 오직 가는 곳이 있기 때문에 항구적일 수 있다. 만약에 하나로 정해져 있다면 항구적일 수 없다. 오직 때에 따라 변하고 바뀌는 것〔變易〕이 항구적인 도〔常道〕이다. 하늘과 땅의 항구적인 도와 온 세상의 항구적인 이치는 도를 아는 사람이 아니면 누가 알겠는가?"

---

18 『史記』「曹相國世家」에는 顜으로 되어 있고 『前漢書』「蕭何曹參傳」에는 講으로 되어 있으며, 『大學衍義』「格物致知之要2」에는 較로 되어 있다.

또 말했다. "바꾸어야 한다〔革〕는 말이 세 번 합하면〔三就〕 믿음이 있다."

「혁괘(革卦), 9·3 효사」입니다.

정자가 말했다. "바꾼다는 말은 마땅히 바꾸어야 한다는 주장〔論〕이다. 취(就)는 이루어지는〔成〕 것이며 합한다는〔合〕 것이다. 만약에 마땅히 바꾸어야 한다는 말을 자세히 살펴 세 차례나 모두 상황에 부합하면 믿을 수 있다. 마땅히 바꾸어야 할 일을 두려워서 바꾸지 않는다면 바꾸어야 할 때를 놓쳐서 해롭다. 오직 끝까지 신중하되 스스로 굳세고 명철함〔剛明〕을 믿지 말고 공론을 자세히 헤아려 세 차례 합한 뒤에 바꾸면 허물이 없을 것이다."

또 말했다. "거친 것을 감싸고, 황하〔河〕를 걸어서 건너는〔馮〕 빙(馮)은 걸어서 건넌다는 빙(馮)입니다. 용기를 사용하고, 먼 데 것을 버리지 않고, 붕당〔朋〕을 없애면 중도를 행함〔中行〕에 합할〔尙〕 수 있을 것이다."

「태괘(泰卦), 9·2 효사」입니다.

정자가 말했다. "거친 것을 감싸고, 황하를 걸어서 건너는 용기를 사용하고, 먼 데 것을 버리지 않고, 붕당을 없애는 것은 태평한 시대에 처하는 도리이다〔處泰之道〕. 사람의 마음〔人情〕이란 편안하고 멋대로 하면〔安肆〕 정치가 느슨해지고 법도가 폐지되거나 해이해져서 모든 일〔庶事〕에 절도가 없어진다. 이를 다스리는 방법은 반드시 거칠고 더러운 것이라도 감싸고 받아들이는 도량이 있어야 한다. 도량이 있으면 일 처리가 너그럽고 여유가 있으며 상세하고 치밀하여 폐단이 개혁되고 일이 다스려져서 사람이 편안히 여기게 된다. 만약에 널리 받아들이는〔含弘〕 도량이 없고 성을 내며 미워하는 마음이 있으면 깊고 원대한 사려가 없고, 사납고 어지러운 근심만 있어서 뿌리 깊은 폐단을 제거하지도 못하고 새로운 근심만 생겨날 것이다. 그러므로 태평한 시대에 처하는 도리는 거친 것을 감싸는 데 있다. 황하를 걸어서 건너는 용기가 있다는 것은 다음과 같은 말이다. 태평하고 안정된 세상[泰寧之世]에서는 사람의 마음[人情]이 오랫동안 안일한 데 익숙하고 정해진 법규[常]를 그대로 굳게 지키는 것을 편안히 여겨서 나태하게 옛것을 그대로 따르려고 하며 뜯어 고치고 바꾸는 것을 꺼리니 황하를 걸어서 건너는 용기를 쓰지 않으면 이런 때에 아무것도 할 수 없다. 빙하(馮河)란 깊은 곳을 건너고 험한 곳을 넘을 만큼 충분히 굳세고 과감한 것이다. 옛날부터 태평하게 잘 다스려지던 세상[泰治之世]이 반드시 점점 쇠퇴하고 무너지는 데[衰替] 이르는 것은 대체로 안일에 젖어서 옛것을 그대로 따르기 때문에 그런 것인데, 굳은 결단력이 있는 군주와 뛰어난 능력을 발휘할 수 있는[英烈] 재상[輔]이 아니면 남들보다 특출나게 분발하여 폐단을 뜯어고칠 수 없다. 그러므로 황하를 걸어서 건너는 용기가 있다고 한 것이다. 어떤 사람이 '위에서 말한, 거친 것을 감싼다고 한 것은 감싸 안고 너그러이 받아들인다는 것이고 여기서 말한, 황하를 걸어서 건너는 용기를 쓴다고 한 것은 분발하여 개혁하는 것이니 서로 반대되는 것 같다.'고 의심하였다. 이는 싸안고 받아들이는[含容] 도량을 가지고 굳세고 과감하게 행동을 하는 것이 바로 성현(聖賢)이 하는 일임을 알지 못한 것이다. 먼 데 것을 버리지 않는다는 것은 다음과 같은 말이다. 태평하고 안정된 시대[泰寧之時]에는 사람의 마음[人心]이 태평한 것에 길이 들어 구차하게 안일을 추구할 뿐이니, 어찌 다시 깊이 생각하고 멀리까지 헤아려서 멀고 먼 일에까지 미칠 수 있겠는가? 저 태평스러운 시대를 다스리는 사람은 마땅히 모든 일을 두루 살펴서 비록 아득히 먼 데 것이라도 버려두어서는 안 된다. 은미한 일과 궁벽하고 누추한 곳에 있는 현명한 재능을 가진 이와 같은 것이 모두 먼 데 것이다. 시대가 태평하면 본래 이런 것들을 잊어버린다. 붕당을 없앤다는 것은 다음과 같은 말이다. 시대가 태평하면 사람들은 편안한 것에 익숙해져서 감정이 멋대로 풀어져 절도를 잃어버린다. 장차 이것을 다잡아서 바르게 하려면 사사로운 붕당[朋興]을 끊어 없애지 않고서는 불가능하다. 그러므로 '붕당을 없앤다.'라고 한 것이다. 옛날부터 법을 제정하고 일을 처리하면서 인정에 끌려 끝내 제대로 시행하지 못하는 경우가 많았다. 예를 들어, 사치를 금하면 가까운 친척〔近戚〕에게 해가 되고, 농지의 소유〔田産〕를 제한하면 귀족 집안〔貴家〕에 방해가 된다. 이와 같은 종류의 일은 지극히 공정한 태도〔大公〕로 결단하여 기필코 시행해야 한다. 그렇지 못하면 붕당〔朋比〕에 끌려가는 것이다. 태평한 시대를 다스리면서 붕당을 없애지 못하면 나라를 다스리기 어렵다. 태평한 시대를 다스리는 도에 이 네 가지 방법을 쓸 수 있으면 중행(中行)의 의(義)에 배합할 수 있다. 상(尙)은 짝하는 것〔配〕이다."

○ 또 말했다. "나라를 다스리는 도리〔治道〕는 근본으로부터 말한 것도 있고, 일로부터 말한 것도 있다. 근본으로부터 말하자면 오직 임금의 그른 마음을 바로잡는 것으로부터 시작하여 마음을 바로잡아서 조정을 바로잡고, 조정을 바로잡아서 모든 관리〔百官〕를 바로잡는 것이다. 일로부터 말하자면 세상을 구제하지 않는다면 그만이지만 만약에 구제해야 한다면 반드시 변혁해야 하는데, 크게 변혁하면 크게 이롭고 작게 변혁하면 작게 이롭다." ○ 동씨(董氏, 董仲舒)가 말했다.[19] "금(琴)이나 슬(瑟)의 소리가 심하게 고르지 않으면 반드시 줄을 풀어서 다시 팽팽하게 해야만〔更張〕 연주할 수 있습니다. 정치를 하는 데 아주 잘 다스려지지 않으면 반드시 변혁하여 바꿔야만〔更化〕 다스릴 수 있습니다. 옛 사람이 '못가에 가서 물고기를 탐내는 것은 돌아가서 그물을 엮는 것만 못하다.'라고 하였습니다. 정치에 임하여 다스려지기를 원하는 것은 물러가 변혁〔更化〕하는 것만 못합니다. 변혁을 하면 잘 다스릴 수 있고, 잘 다스려지면 재해가 날마다 사라지고 복록(福祿)이 날마다 올 것입니다."

○ 주자가 말했다. "옛날에 임금의 자리를 선양한〔禪授〕 아름다운 일로 요와 순의 경우보다 더 대단한 것은 없다. 그러나 순이 요의 뒤를 이어 자리를 계승한 지 28년 동안 예법과 음악〔禮樂〕·형법과 행정〔刑政〕에 관한 일을 많이 고쳐 새롭게 바꾸었다〔更張〕. 대표적으로 요가 기용하지 않았던 열여섯 재상

---

19 『漢書』 「董仲舒傳」

을 기용한 것과 요가 제거하지 못했던 흉악한 네 사람[四凶]을 제거한 것을 들 수 있다. 그러나 순은 이 일로 오해를 받지 않았고 요는 죄로 여기지 않았으며, 온 세상 사람들도 그르다고 여기지 않았다. 옛 제도를 그대로 따르거나 개혁하고[因革], 덜거나 더하는[損益] 일은 의리가 어떠한가를 고려할 뿐이다."

이상은 경장(更張)[20]의 도리를 말한 것입니다.

신이 생각건대, 시무(時務)는 한결같지 않아서 시대마다 마땅히 해야 할 일이 따로 있는데, 그 큰 요체를 간추려 보면 창업(創業)과 수성(守成), 그리고 저 경장(更張)이라는 세 가지 뿐입니다. 창업은 요·순·탕·무왕의 덕을 가지고 세상이 뒤바뀔[改革] 시대에 처하여 천리(天理)에 호응하고 인심을 따르지 않으면 안 되는 것이기 때문에 이것은 논의할 만한 것이 없습니다. 그리고 이른바 수성이란 성스러운 임금과 현명한 재상이 제도를 만들고 법을 제정하여 법령[治具]을 다 펼치고 예악이 성대해지면 후세의 임금과 현명한 재상이 정해진 법규[成規]를 살펴 팔짱을 끼고서 그대로 준수하는 것일 뿐입니다. 이른바 경장이란 이런 것입니다. 나라는 전성기가 지나면 중도에 미약해지고, 법은 오래되면 폐단이 생깁니다. 그런데 안일에 젖고 낡은 방식을 그대로 따라 온갖 제도[百度]가 피폐하고 느즈러져서 날로 어긋나고 달로 잘못되어 나라를 다스릴 수 없게 되면 반드시 현명한 군주와 명철한 재상[哲輔]이 불끈하고 일어나 법도와 기강[綱維]을 붙들어 세우고 어리석고 게으른 의식을 깨우치며, 낡은 인습을 깨끗이 씻어 묵은 폐단을 바로잡고 고쳐 선왕의 유지(遺志)를 계승하여 일대(一代)의 사회구조[規模]를 일신하는 것입니다. 그런 뒤에야 그의 공적이 선열[前烈]에 견줄 수 있을 만큼 빛나고 업적이 후

---

20 정치적·사회적으로 묵은 제도를 개혁하여 새롭게 함

손에게 드리워지는 것입니다. 수성이란 비록 평범한 임금[中主]과 자리만 채우는 신하[具臣]라도 실패하지 않고 할 수 있기 때문에 수성은 쉽습니다. 그러나 경장이란 높은 식견[高見]과 뛰어난 재능[英才]을 가진 사람이 아니면 할 수 없습니다. 그만큼 경장은 어려운 것입니다. 수성을 해야 할 때인데 개혁[更化]에 힘쓰면 이는 병이 없는데 약을 먹는 격이어서 도리어 없던 병이 생기게 될 것입니다. 경장을 해야 할 때인데 준수하는 데만 힘쓰면 이는 병에 걸렸는데 약을 물리치고 누워서 죽기를 기다리는 격입니다. 어떤 사람이 이렇게 물었습니다. "수성에 관해서는, 크게 무도한 시대가 아니면 모두 옛 제도를 그대로 따를 수 있지만 경장이라면 반드시 그에 합당한 사람을 기다려야 한다. 비록 경장을 하려고 해도 그에 합당한 사람이 없다면 어떻게 한단 말인가?" 신은 이렇게 대답했습니다. "그렇지 않다. 임금이 이 세상을 다스리는 데 뜻이 없다면 그만이지만 만약에 성심껏 다스리기를 원하여 뚜렷한 지위에 있는 사람을 밝게 드러내고[明明] 숨어 있거나 미천한 사람을 천거하게 한다면[揚仄陋] 어찌 적당한 사람이 없겠는가?" 옛날부터 임금이 도를 배우고 현명한 이를 좋아하며, 백성[蒼生]을 구제할 뜻을 품고 어진 이를 구했으나 만나지 못하여 끝내 일을 하지 못했던 경우가 어찌 있었겠습니까? 오직 배우는 것이 도가 아니고 좋아하는 사람이 현명한 이가 아니기 때문에 뜻은 비록 근면하나 도는 더욱 벗어나고 현명한 이는 더욱 멀어질 뿐입니다. 비유하자면 자손이 조상의 낡은 집을 지키고 있는 것과 같습니다. 지은 햇수가 오래되고 재목이 낡아서 집이 곧 썩어 무너지려고 할 때, 대목[工師]을 부르지 않으면 보수하고 고칠 수 없습니다. 그러면 그 집의 주인 되는 사람은 천리를 멀다 않고 급히 대목을 찾겠습니까, 아니면 대목을 얻지 못했다는 구실로 앉아서 집이 무너지는 것을 보고만 있겠습니까? 폐정(弊政)을 경장하는 것도 이와 다를 것이 무엇이겠습니까? 아! 사람의 마음은 옛 풍속을 편안히 여기고, 세상의 습속[世習]은 전대의 규칙[前規]에 푹 빠져서 마치 기러기발을 아교로 붙여놓고 거문고를 타며[膠柱鼓瑟], 나무그루터기를 지키고 앉아서 토끼가 걸려들기만을 기다리는[守株待兔] 격으로 구차하게 눈앞의 무사한 것만 다행으로 여겨 뜻밖의 기이한 재난을 빚어내는 경우가 허다합니다. 엎드려 바라건대 전하께서는 이 점 깊이 경계하십시오.

제5장 법선왕 (法先王, 선왕을 본받음)

신이 생각건대, 비록 마땅히 처리해야 할 시무(時務)를 환하게 통달했다 하더라도 선왕(先王)의 정치를 회복하지 못하는 것은 비유하자면 그림쇠와 직각자[規矩]도 없이 손으로 모와 원[方圓]을 그리는 것과 같아서 끝내 세상의 도리[世道]를 만회하여 이상 정치[至治]를 이룰 수 없습니다. 그러므로 선왕을 본받음을 다음에 두었습니다.

맹자가 말했다. "이루(離婁)같이 밝은 눈과 공수자(公輸子)같이 교묘한 손재주를 가졌어도 그림쇠와 직각자[規矩]를 쓰지 않고서는 모와 원[方圓]을 그리지 못하고, 사광(師曠)같이 밝은 귀를 가졌어도 여섯 음률[六律]을 쓰지 않고서는 다섯 음[五音]을 바로잡을 수 없다. 요·순의 도(道)를 가지고 있더라도 인정(仁政)을 베풀지 않고서는 온 세상을 평화롭게 다스릴 수 없다.

『맹자』입니다. 아래도 같습니다.[21]

범씨(范氏, 范祖禹)가 말했다. "이것은 온 세상을 다스리는 데 법도가 없어서는 안 되며, 인정(仁政)이란 온 세상을 다스리는 법도임을 말한 것이다."

지금 어진[仁] 마음을 가지고 있고 어질다는 소문이 났으면서도 백성이

---

21 『孟子』「離婁·上」

그 혜택을 입지 못하고 후세에 모범이 될 수 없는 것은 선왕의 도를 실행하지 않기 때문이다.

주자가 말했다. "어진[仁] 마음이란 사람을 사랑하는 마음이다. 어질다는 소문이란 사람을 사랑한다는 소문이 남들에게 들리는 것이다. 선왕의 도는 바로 인정(仁政)이다." ○ 범씨가 말했다. "제나라 선왕[齊宣王]은 소 한 마리가 죽는 것도 차마 보지 못하여 소 대신 양으로 바꾸라고 했으니 어진 마음이 있다고 할 수 있다. 양 무제(梁武帝)는 종일 나물밥 한 끼만 먹고, 종묘에는 밀가루로 제물을 만들어 썼으며, 사형을 결단할 때에는 반드시 그를 위해 눈물을 흘려 온 세상이 그의 인자함을 알았으니 어질다는 소문이 났다고 할 수 있다. 그러나 선왕(宣王)이 재위하는 동안에 제나라는 다스려지지 않았고, 무제(武帝) 말엽에는 강남 지방이 크게 어지러웠는데 그 까닭은 무엇인가? 어진[仁] 마음이 있고 어질다는 소문은 났으나 선왕(先王)의 도를 실행하지 않았기 때문이다."

그러므로 한갓[徒] 선하기만 한 것으로는 정치를 하기에 부족하고, 한갓 법도만 갖춘 것으로는 스스로 행할 수 없다.

주자가 말했다. "'한갓[徒]'이란 공허하다[空]는 것과 같다. 어진 마음은 있으나 정치에 베풀지 않는 것을 한갓 선하기만 한 것이라고 한다. 정치의 법도는 갖추어져 있으나 어진 마음이 없는 것을 한갓 법도만 갖춘 것이라고 한다. 정자가 일찍이 '정치를 하는 데는 모름지기 기강[綱紀]과 문장(文章)[22] 이 있어야 하고, 도량형을 신중하게 살펴야 하며[謹權審量], 법령을 읽어서 선포하고[讀法] 물가를 고르게 하는 것[平價]까지 하나도 빠뜨려서는 안 된다.'

---

22 예악과 법도 등 한 나라의 문화적인 요소를 총칭하는 말

라고 하였고, 또 '반드시 부부 사이에 도리를 지켜야 한다는 관저(關雎)와 자손이 신실하고 후덕한 덕을 지녀 번창한다는 인지(麟趾)의 뜻이 있어야만 이상적인 관료 제도인 주관(周官)[23]의 법도를 행할 수 있다.'라고 하였는데, 바로 이것을 말한 것이다."

높게 하려면 반드시 언덕[丘陵]을 근거로 삼아야 하며, 낮게 하려면 반드시 내와 못[川澤]을 근거로 삼아야 한다. 정치를 하면서 선왕(先王)의 도를 근거로 삼지 않는다면 지혜롭다고 할 수 있겠는가?

주자가 말했다. "언덕은 본래 높고 내와 못은 본래 낮은 것이니 높게 하거나 낮게 하려는 사람이 여기에 근거한다면 힘을 적게 들이고도 많은 공을 이룰 것이다."

그림쇠와 직각자[規矩]는 모와 원[方圓]의 극치[至]요, 성인(聖人)은 인류의 극치이다. 임금 노릇을 하려면 임금의 도리를 다하여야 하고, 신하 노릇을 하려면 신하의 도리를 다하여야 하는데 이 두 가지는 모두 요·순을 본받아야 할 뿐이다. 순이 요를 섬기던 방법으로 임금을 섬기지 않으면 자기의 임금을 공경하지 않는 것이요, 요가 백성을 다스리던 방법으로 백성을 다스리지 않으면 백성을 해치는 것이다.

주자가 말했다. "요·순을 본받아 임금과 신하의 도리를 다하는 것은 그

---

23 周禮라고도 한다. 유교 경전의 하나로 6편으로 되어 있다. 周公이 찬한 것이라고 하는데, 이는 주공이 禮를 제정했다는 설에 갖다 맞춘 것이라 하여 옛날부터 그 진위는 논쟁의 대상이었다. 「儀禮」, 「禮記」와 합쳐 三禮라 부르고, 가장 기본적인 예를 설명한 것으로 여겨지나 그것이 이루어진 것은 한나라 때로 간주하여 삼례 가운데 가장 늦다. 天地四季를 天官, 地官, 春官, 夏官, 秋官, 冬官으로 직제를 나누고, 각 관 아래에 속관을 두어 388관이 된다. 중국 역대의 관제는 이것을 규범으로 삼은 것이 많다.

림쇠와 직각자를 사용하여 모와 원을 정확하게 그려내는 것과 같다."

부열(傳說)이 말했다. "견문(見聞)이 많은 사람을 구하는 까닭은 오직 이 일을 성사시키기 위해서입니다. 옛 가르침〔古訓〕을 배워야만 얻는 것이 있습니다. 일을 하는 데 옛 가르침을 스승으로 삼지 않고도 오래갈 수 있다는 말을 저〔說〕는 듣지 못하였습니다."

「상서 · 열명(說命)」입니다.²⁴

채씨(蔡氏)가 말했다. "옛 가르침이란 옛날 성왕(聖王)의 가르침으로서, 몸을 닦고 온 세상을 다스리는 도를 기술한 이전(二典, 『書經』의 堯典과 舜典), 삼모(三謨, 『書經』의 大禹謨, 皐陶謨와 益稷) 따위이다. 옛 가르침을 스승으로 삼지 않고도 길이 세상이 다스려지고 오랫동안 편안할 수 있다는 말을 들어보지 못하였다는 것은 이런 이치가 없다는 것을 극단적으로 말한 것이다." ○ 정자가 말했다. "선왕(先王)의 시대에는 도로써 온 세상을 다스렸는데 후세에는 단지 법으로써 온 세상을 유지해갈〔把持〕 뿐이다." ○ 또 말했다. "삼대(三代)의 다스림을 후세에서도 결단코 회복할 수 있으나 삼대와 같이 다스리지 못하는 까닭은 끝내 도를 구차하게 여기기 때문이다."

신이 생각건대, 후세의 임금이 삼대의 전성기를 흠모하지 않는 것은 아니지만 시대에 따라 당위적인 것이 다르다고〔古今異宜〕 하여 아무도 과감하게 시행하지 않습니다. 명도(明道) 선생은 「차자(箚子)」에서 삼대를 회복할 수 있다고 강조하여 논하였는데〔極論〕, 그 말이 모두 사실을 모은 것이라 근거로 삼아 시행할 만한 것이기에 조심스럽게 다음에 기록합니다.

---

24 『書經』「商書 · 說命 · 下」

정자가 신종(神宗)에게 「차자(箚子)」를 올려[25] 이렇게 말했다. "신이 가만히 아룁니다. 성인이 법을 창제한 것은 모두 인정에 근본을 두고 사물의 이치를 끝까지 추구하였기 때문에 비록 이제(二帝)·삼왕(三王)이라고 하여도 때에 따라 옛 제도를 그대로 따르거나 개혁을 하고 일에 따라 더하고 줄이는 조치가 없지 않았습니다. 그러나 정치의 큰 근원과 백성을 다스리는〔牧民〕 기본적인 도라면 이전의 성인〔前聖〕과 후세의 성인〔後聖〕이 어찌 한 가지에 나고〔同條〕 한 꿰미에 꿴 듯〔共貫〕 맥락이 서로 연관되고 통하지 않음이 있겠습니까? 옛날과 오늘날, 다스려짐과 어지러움을 논할 것 없이 만약 백성〔生民〕을 다스리는 데 막힌 것이 있으면 성스러운 왕의 법도 고칠 수 있는 것입니다. 고금과 치란을 논할 것 없이 만약 백성을 다스리는 데 막힌 것이 있으면 오직 성스러운 왕의 법으로 그 폐단을 고칠 수 있음을 말한 것입니다. 후세에서도 그 도를 다할 수 있으면 크게 다스려지고, 혹시 치우치게〔偏〕 사용한다면 소강 상태〔小康〕가 될 것입니다. 이것은 역대에 분명하게 결과가 드러난 것입니다. 만일 한갓 옛것에 집착할 줄만 알고 오늘날에 그것을 시행하지 못하며, 일시적으로 명분만 따르려 하고 마침내 실제적인 내용을 폐지해버린다면 이런 견해는 고루한 선비〔陋儒〕의 소견일 뿐이니 어찌 충분히 정치의 도〔治道〕를 논할 수 있겠습니까? 그러나 혹시 오늘날 사람들의 정서가 모두 이미 옛날과 달라 선왕(先王)의 자취를 오늘날에 회복할 수 없다고 하여 눈앞의 편리한 것만 좇고 높고 원대한〔高遠〕 것에 힘쓰지 않는다면 아마도 크게 일을 할 수 있는 의론이 아닐 것이니 이런 의론으로는 현재의 심각한 폐단을 충분히 구제할 수 없을 것입니다. 예컨대 의복이나 음식, 궁실(宮室), 기용(器用) 같은 것들이 오늘날 쓰기에 편리하고 법도(法道)가 있는 것이라 한다면 어찌 또한 갑작스럽게 개혁해야 하겠습니까? 오직 천리(天理)는 바꿀 수 없는 것으로서 사람이 이에 의존하여 살아가는 것은 옛날이나 지금이나 다름이 없습니다. 성인이 반드시 해

---

25 『二程文集』「論十事箚子」

야 한다고 했던 것은 본래 다 들어 쓸 만한 것들이지만 시행하는 데 선후(先後)가 있고 사용하는 데 완급〔緩速〕이 있습니다. 운용을 계획하여 적용하고 세세한 일까지 타당하도록 주선하는 것은 조정에서 어떻게 강구하고 실시할 것인가 하는 데 달려 있을 뿐입니다. 옛날에는 천자로부터 서인(庶人)에 이르기까지 반드시 스승과 벗〔師友〕을 기다려 덕행과 사업〔德業〕을 성취하였습니다. 그러므로 순임금·우임금·문왕·무왕 같은 성인도 모두 추종하여 배운 대상이 있었습니다. 그런데 지금은 스승〔師傅〕의 직책〔職〕이 닦이지 않고 신하를 벗으로 대하는〔友臣〕 의리〔義〕가 드러나지 않아 덕을 높이고 선을 즐기는〔尊德樂善〕 풍조가 온 세상에 성하지 않은 것입니다. 이는 옛날과 지금이 달라서 그런 것은 아닙니다. 하늘은 뭇 백성〔烝民〕을 낳고 임금을 세워서 그로 하여금 백성을 다스리게〔司牧〕 하였는데, 반드시 일정한 생업〔恒産〕을 마련하여 그들을 넉넉히 살게 하려면 토지의 경계(經界)를 바르게 하고 토지의 분배〔井地〕를 균등하게 하지 않으면 안 됩니다. 이것이 나라를 다스리는 큰 근본〔大本〕입니다. 당(唐)대에는 오히려 식구에 따라 전지를 나누어 주는〔口分田〕 제도가 있었으나 지금은 법도가 없어서 부자들이 주현(州縣)을 다 차지해도 아무도 이를 막지 못하고, 가난한 사람이 이리저리 떠돌아다니며 굶어 죽어도 이들에게 먹을 것을 주어 구제하는 사람이 없습니다. 요행히 사는 백성〔幸民〕이 많다고 하지만 기본적인 생필품〔衣食〕이 부족한 사람은 끝도 없습니다. 새로 태어나는 아이〔生齒〕들은 날로 불어나는데 이들을 위한 대책을 세우지 않으면 생필품이 날로 줄어들어 죽어서 나뒹구는〔轉死〕 사람이 날로 많아질 것입니다. 이것이 바로 치란(治亂)의 기틀입니다. 그러니 어찌 그것을 다스리는 방법을 차례로 도모하지 않을 수 있겠습니까? 이 또한 옛날이나 지금이나 다름이 없는 것입니다. 옛날에는 정치와 교화〔政敎〕가 향리(鄕里)에서 시작되었고, 법령이 비(比)·려(閭)·족(族)·당(黨)·주(州)·향(鄕)·찬(酇)·수(遂)[26]에서부터 적용되어 그것으로써 서로 연속하여 통치가 이루어졌기 때문에 백성이 서로 편안하고 친목하였으며, 형법을 범하는 이가 드물고 염치를 차리는 마음을 수월하게 갖게 되었으니 이 또한 인정(人情)이 저절로 그러한 것입니다. 이렇게 하면 효과를 얻는 것도 또한 옛날이나 지금이나 다름이 없습니다. 지방에 설치한 학교[庠序]²⁷의 교육은 선왕(先王)이 인륜을 밝혀 온 세상에 교화를 이루기 위한 수단이었습니다. 그러나 지금은 학교[師學]가 폐지되어 도덕이 일치하지 못하고 향사례(鄉射禮)²⁸가 없어져 예의가 일어나지 못하며, 인재를 천거하는 제도[貢士]가 향리에 뿌리를 두고 있지 못하여 행실이 닦이지 아니하고, 학교에서 뛰어난 선비[秀士]를 기르지 않아 인재가 많이 폐기되었습니다. 이 분명한 사실도 옛날이나 지금이나 다름이 없습니다. 옛날에는 백성들이 반드시 9년 먹을 양식을 비축해 두어야 했는데, 만약 3년 먹을 양식을 비축해 두지 못했다면 나라가 나라꼴이 아닌 것이라고 여겼습니다.²⁹ 신이 온 세상을 살펴보니 경작하는 사람은 적고 먹는 사람은 많으며, 농사를 지을 수 있는 땅의 힘[地力]은 부족하고 사람들도 일에 힘쓰지 않기 때문에 비록 부자[富室]나 세력이 있는 집안[强宗]이라도 축적해 둔 것이 드문데 하물며 힘없고 가난한 사람이겠습니까? 혹 한 주(州)나 한 현(縣)이 어느 해 흉년이 들어도 곧 도적이 횡행[縱橫]하여 주리고 파리한 사람들이 길에 가득 차게 되는데, 만약 불행히도 천 리(千里)에 걸쳐 재해를 입고 여러 해 내리 흉년이 든다면 조정에서 무슨 방법으로 이에 대처할지 저로서는 알 수 없으니, 그 근심을 이루 말로 다할 수가 없습니다. 어찌 예전에는 이런 지경에까지 이른 적이 없다 하여 요행으로 여겨 믿을 수 있겠

---

26 모두 고대의 행정구역 명칭이다. 『周禮』, 「地官 · 大司徒」를 토대로 제후국과 采邑의 주민을 구획하는 단위를 정리하면 다음과 같다. 5家가 1比, 5比가 1閭, 5閭가 1族, 5族이 1黨, 5黨이 1州, 5州가 1鄉이다. 「地官 · 遂人」을 토대로 교외를 구획하는 단위를 정리하면 다음과 같다. 5家가 1鄰, 5鄰이 1里, 4里가 1鄼, 5鄼이 1鄙, 5鄙가, 1縣, 5縣이 1遂이다.

27 庠이나 序는 고대에 지방에 설치한 학교이다. 『孟子』 「滕文公 · 上」. 夏曰校, 殷曰序, 周曰庠, 學則三代共之, 皆所以明人倫也.

28 주나라 때 卿大夫가 3년마다 大比하여 현능을 왕에게 바칠 때 선비를 뽑았기 때문에 하던 사례. 또 州長이 봄가을에 예로써 백성을 모으고 射를 州序에 행하던 예를 말한다.

29 『禮記』 「王制」. 國無九年之畜, 曰不足, 無六年之畜, 曰急, 無三年之畜, 曰國非其國也.

습니까? 마땅히 점차 옛 제도에 따라 토지를 균등하게 나누어 주고 농사에 힘쓰게 하며, 공가(公家, 조정이나 왕실)와 사가(私家)에서 서로 곡식을 저장하는[儲粟] 법을 마련하여 흉년에 대비해야 하는데 이 또한 옛날이나 지금이나 다름이 없습니다. 성인(聖人)이 하늘을 받들고 사물을 다스리는[奉天理物] 도는 육부(六府)[30]에 있고, 육부에 맡겨진 임무는 오관(五官)[31]에서 다스렸습니다. 산림을 맡은 관리[虞]나 못을 맡은 관리[衡]에게 각각 통상적으로 금하는 것이 있었으므로 만물이 풍부하고 재물[財用]이 모자라지 않았습니다. 지금은 오관이 정비되지 않고 육부가 다스려지지 않아 절도도 없이 쓰고 때도 없이 거두어들이니 어찌 만물만 제대로 자라지 못하겠습니까[失其性]? 재목을 길러내는 온 세상의 산이 이미 벌거숭이가 되었는데도 크고 작은 도끼로 나무를 마구 잘라가고 게다가 차츰차츰 그 범위를 넓혀가도 막지 않고, 시내나 못에서 함부로 고기를 잡아 아예 천연물[天物]의 씨를 말려버리는데 천연물이 다 고갈[耗竭]되면 이를 장차 어찌하겠습니까? 이렇게 되면 지극히 빈궁하고 궁핍해지는 것입니다. 오직 산과 못을 맡은 관리[虞衡]의 직책을 정비하여 그들로 하여금 잘 관리하게 하면 변혁하고 통하여 오래 지속될 수 있는 형세가 갖추어지게 될 것입니다. 이 또한 옛날이나 지금이나 다름이 없습니다. 옛날에는 관혼상제의 예는 물론 수레와 의복[車服]·그릇과 도구[器用]에 등급과 차이[等差]가 나뉘고 구별되어 있어서 아무도 감히 뛰어넘지 않았습니다. 그러므로 재물이 순조롭게 공급되어 백성은 한결같은 마음[常心]이 있었는데, 지금은 예의와 법도[禮制]가 정비되지 않고 서로 사치를 숭상하여 경대부(卿大夫)의 집안에서도 예법에 맞게 하지 못하는 경우가 있는가 하면 장

---

30 토목 기구 등을 관장하는 여섯 곳. 司土, 司木, 司水, 司草, 司器, 司貨. 府는 役所.
31 다섯 가지 관직으로서 다음과 같다. 복희씨 때에는 靑龍(春官), 赤龍(夏官), 白龍(秋官), 黑龍(冬官), 黃龍(中官)이다. 신농씨 때에는 大火, 鶉火, 西火, 北火, 中火이다. 황제 때에는 靑雲, 縉雲, 白雲, 黑雲, 黃雲이다. 少昊 때에는 鳳鳥, 玄鳥, 白鳥, 靑鳥, 丹鳥이다. 顓頊 때에는 木正, 火正, 金正, 水正, 土正이다. 은나라 때에는 司徒, 司馬, 司空, 司士, 司冠이다. 주나라 때에는 司徒, 宗伯, 司馬, 司冠, 司空이다.

사치 따위가 삼공(三公)에게 적용되는 예법의 수준을 뛰어넘기도 하니, 예의와 법도가 사람의 감정[人情]을 충분히 단속하여 교화하지[檢飭] 못하고, 관직과 품계[名數]가 귀천을 충분히 구별하여 나타내지 못합니다. 이미 정해진 분수가 없어지면 법도를 넘어 간사하게 속이고 훔치며 빼앗아 사람마다 실컷 욕심을 채운 뒤에야 그만둘 것이니 어찌 멈추는 일이 있겠습니까? 이것은 다툼이 일어나고 어지러워지는[爭亂] 길이니 어찌 선왕의 법을 강구하여 덜 것은 덜고 더할 것은 더하지 않을 수 있겠습니까? 이 또한 옛날이나 지금이나 다름이 없습니다. 지금까지 말씀드린 것은 다만 그 실마리일 뿐이며, 신은 다만 그 큰 실마리만을 논하였습니다. 신이 생각건대 삼대(三代)의 법은 반드시 시행해 볼 만한 근거가 있으니, 그 기강[綱條]과 제도[度數], 실행[施爲]과 조치[注措]의 도리를 잘 살펴 행하되 반드시 경전과 해설[經訓]을 상고하여 거기에 부합하게 하고 인정에 베풀어서 마땅하게 해야 합니다. 이것은 명백히 정해진 이치[定理]이니 어찌 한갓 현실에 맞지 않고 물정에 어두운[迂疎] 쓸모없는 말이겠습니까? 성상[聖明]께서는 잘 헤아려서 선택하시기 바랍니다."

신이 생각건대, 삼대(三代)의 도를 오늘날에도 시행할 수 있다는 것은 정자가 상세하게 논했습니다. 다만 세상의 습속[流俗]에 가려 끝내 행하지 못하고 문왕·무왕의 정치는 빈말로 돌려서 위아래로 수천 년간 적막한 밤이 이어졌으니 근심스러운 일입니다. 어진 정치[仁政]를 반드시 행할 수 있다는 것은 성현의 주장이요, 옛 도[古道]를 회복할 수 없다는 것은 저속한[俚俗] 무리의 말입니다. 당대의 임금[時君]이며 세상의 주인[世主]이 성현의 주장은 믿지 않고 저속한 무리의 말만 깊이 받아들이는 까닭은 무엇입니까? 스스로 도를 향하려는 뜻이 없고 또 현명한 이를 좋아하는 정성이 모자라서 그런 것이니 구태의연한 방법을 따르고[因循] 떨쳐 일어나는 것을[振作] 꺼리는 것은 당연한 일입니다. 다행히 임금이 옛 도를 시행하려고 유신(儒臣)을 가까이 친하여 조금이라도 무언가 일을 하는 것이 있으면 저속한 무리[流俗]의 비방이 국 끓듯 들끓고 매미 소리같이 시끄러워 반드시 좌절시킨 다음에 그만둡니다. 임금이 도를 독실하게 믿고 현명한 이를 깊이 알아주지 않고서는 어찌 처음 먹은 마음을 변함없이 지킬 수 있겠습니까? 대체로 세속〔流俗〕의 고질은 갑자기 바꾸기 어렵기 때문에 하루아침에 옛 도를 시행하면 민심〔羣情〕이 불안하여 순리에 맞지 않는 횡포〔橫逆〕로 여기는 것은 필연적인 일〔事勢〕입니다. 이것에 얽매여 끝내 일을 하지 못한다면 세도(世道)의 타락〔降〕을 어느 때에 돌이킬 수 있겠습니까? 이것을 냉병〔冷疾〕[32]에 걸린 사람에 견주어 보겠습니다. 객열(客熱)[33]이 흉격(胷膈)[34]에 들러붙어 있을 때 냉병을 다스리는 약을 조금 쓰면 번비(煩痞)[35]가 더욱 심해집니다. 만약 객열을 앓고 있는데 줄곧 냉약(冷藥)[36]을 복용하면 뱃속〔腹中〕에 냉기가 쌓여〔積冷〕 치료할 틈도 없이 결국 죽고 말 것입니다. 아! 후세의 이른바 선비라는 이들이 읽는 것은 전(典)·모(謨)·고(誥)·훈(訓)[37]이요, 그들이 사모하는 사람은 공자·맹자·정자·주자이니 누가 감히 그 입으로 성인을 비난하는 말을 하겠습니까? 그러나 처신〔行身〕하거나 정치하는 데 이르러서는 그렇지 않습니다. 만약 성현의 가르침을 가지고 나라에 시행하려고 하기만 하면 곧바로 많은 사람들과 겨레붙이까지 깜짝 놀라 이리 배척하고 저리 억눌러서 예측할 수 없는〔不測〕 재앙이 당장이라도〔朝夕〕 일어날 듯이 여깁니다. 만약 일상적인 것을 편안히 여기고 옛것을 그대로 지키려는〔安常守古〕 의론을 듣는다면 이구동성으로 부르고 화답하면서〔同辭唱和〕 포백(布帛, 베와 비단)과 숙속(菽粟, 콩과 조)처럼 꼭 필요한 것이라 합니다. 과연 이와 같다면 성현이 헛된 말을 지어내어 오훼(烏喙)[38]를 맛있는 음식이라고 찬미하고 물과 불을 밟을 수 있다

---

32 혈액 순환의 기능장애로 생기는 증상. 또는 차가워서 생긴 냉병
33 밖으로부터 침입한 熱邪, 傷寒病에서 虛熱이나 假熱을 말함
34 가슴, 橫膈膜
35 가슴이나 속이 답답하고 마치는 것 같이 아픈 증상
36 약성이 차가운 약. 消炎, 鎭靜 작용이 있는 약
37 典謨誥訓. 아랫사람을 훈계하고 윗사람에게 아뢰는 글, 『書經』의 각 편 이름에서 따온 말

고 후세 사람을 속인 셈이 될 것입니다. 그리고 시골의 거칠고 비루한〔麤鄙〕 말은 곧 공평하고 확실하여〔平正的實〕 만세에 전해도 폐단이 없는 말이 될 것입니다. 그렇다면 육경(六經)[39]을 어찌 반드시 읽을 필요가 있으며, 오교(五教)[40]를 어찌 반드시 베풀 필요가 있겠습니까. 아! 신하들〔人臣〕 가운데 옛 도를 비난하고 헐뜯는 것은 비열한 사람들〔鄙夫〕의 본심〔眞情〕인데, 한스러운 것은 임금이 이것을 도무지 깨닫지 못하고 있다는 것입니다. 왜냐하면 저 비열한 사람들은 작록(爵祿, 관직과 녹봉을 아울러 이르는 말)이나 좋아하고 권세나 탐하며, 뇌물〔賄賂〕을 구하고 사치와 음란만 즐기며 안일한 것만 편하게 여깁니다. 때를 엿보아 출셋길에 오르고 자기의 뜻과 욕심만 채우며〔志滿氣盈〕, 넘쳐 구차하게 눈앞의 다행만 찾고 재앙과 실패〔禍敗〕를 입지 않는 것만 바랄 뿐이니 나라〔宗社〕의 앞날에 대한 염려로 어찌 근심하겠습니까? 참으로 임금이 삼대의 다스림을 회복하는 데 뜻을 두고 현명한 이를 구해서 정사를 맡긴다면 그들은 작록을 지킬 수 없고, 기강을 모두 장악〔摠攬〕한다면 그들은 권세를 굳힐 수 없으며, 조정이 맑고 깨끗하면 뇌물을 받을 수 없을 것입니다. 예의로 풍속을 이루면 그들만 홀로 사치하고 음란할 수 없을 것입니다. 실적을 살펴 작위를 올리거나 내친다면 늘 안일하게 할 수 없을 것입니다. 이렇게 하면 임금이 옛 도를 시행하는 것이 비열한 사람들에게 짐독(鴆毒)이 될 것이니 그들이 어찌 마음을 같이하고 힘을 다하여 꺾으려 하지 않겠습니까? 간혹 선량한〔賢〕 사대부 가운데 식견이 얕고 짧아 다만 무사안일한 것만 좋아하는 사람들이 있어서, 이들을 따르고 도와줌으로써 임금에게 더욱 신임을 얻으니 재주와 도를 품고 세상을 다스려 백성을 구제할 수 있는〔經濟〕

---

38 바꽃. 덩이뿌리를 약으로 쓴다. 맛은 쓰고 달며 성질은 따뜻하고 독이 있다. 風濕을 없애고 통증을 멈춘다. 中風으로 다리를 쓰지 못하는 데, 파상풍, 류마티즘성 관절염, 신경통 등에 쓴다(草烏).

39 儒家의 여섯 경전. 『周易』, 『詩經』, 『書經』, 『春秋』, 『禮記』, 『樂經』

40 五常의 가르침. 父義, 母慈, 兄友, 弟恭, 子孝 또는 孟子가 말한 父子有親, 君臣有義, 夫婦有別, 長幼有序, 朋友有信

선비는 모두 재주를 깊이 감추어 두고 자신을 알아줄 사람을 기다리며〔韞櫝待賈〕 감히 가벼이 나오지 않기 때문에 스스로 임금에게 도달할 수 없게 됩니다. 만약 옛 도를 말할 수 있는 사람이 조정에 있다고 한다면 뜻만 크고 일처리는 건성으로 하거나〔狂簡〕 데면데면하여 일처리에 꼼꼼하지 못한〔疏脫〕 무리들에 지나지 않을 뿐이니 이들이 어찌 정치의 요체〔治體〕를 밝히고 뭇 사람들이 시끄럽게 떠드는 소리(聲咮)를 그치게 하여 임금의 마음을 도로 향하게〔傾向〕 할 수 있겠습니까? 이것이 옛 도를 끝내 회복할 수 없는 까닭입니다. 반드시 임금님께서 골똘히 깊이 생각하고 시원스럽게 결단하여 반드시 학문이 밝고 행실이 고상하며, 재능과 식견〔才識〕[41]을 겸비한 선비로 하여금 보좌하게 하여 해마다 그만큼의 성과〔功夫〕가 있게 하며, 속된 의론이 그 사이에 끼어들지 못하게 한 뒤에야 의혹을 품고 이해를 하지 못하던〔疑難〕 사람들도 차츰 믿고, 비난하고 비웃던〔非笑〕 사람들도 차츰 복종하며, 시기하고 질투하던〔忌嫉〕 사람들도 차츰 굴복하여 옛 도를 거의 실행할 수 있게 될 것입니다. 엎드려 바라건대 전하께서는 잘 살펴 생각하십시오.

제6장 근천계 (謹天戒, 하늘의 경계를 조심스럽게 지킴)

　신이 생각건대, 임금이 하늘을 섬기는 것은 마치 자식이 부모를 섬기는 것과 같아서 늘 하늘을 대할 것을 생각하고〔念念對越〕 조금이라도 소홀히 해서는 안 됩니다. 사람의 할 일〔人事〕을 이미 신중하게 닦았으면 하늘의 경계〔天戒〕를 더욱 공경하고 두려워해야 합니다. 그러므로 하늘의 경계를 조심스럽게 지킴〔謹天戒〕을 다음에 두었습니다.

---

41 『聖學輯要』 원문에는 才誠으로 되어 있으나 欄 위에 誠을 識의 잘못으로 추정하고 있다. 실제로 여러 辭書에는 才識의 용례는 많아도 才誠의 용례는 없다.

이윤(伊尹)이 말하였다. "아! 하늘은 특별히 친하게 대하는 사람이 없고 하늘을 공경하는[敬] 사람만 친하게 대합니다. 백성은 특별한 사람만 한결같이 마음에 품지 않고 어진[仁] 사람을 마음에 품습니다. 귀신은 특별한 제사만 한결같이 받지 않고 정성을 다한[誠] 제사만 받습니다. 임금의 자리[天位]란 어려운 것입니다."

「상서·태갑」입니다.[42]

　　채씨(蔡氏)가 말했다. "경(敬)·인(仁)·성(誠)은 각각 그 주된 대상에 따라서 말한 것이다. 하늘을 경(敬)으로 말하는 것은, 하늘이란 이치가 있는 곳이기 때문에 움직이든지 멈추든지, 말하든지 침묵하든지[動靜語默] 모든 일에 털끝만큼도 나태해서는 안 된다는 것이다. 백성을 인(仁)으로 말하는 것은, 백성이 임금[元后]밖에 공경하여 떠받들 사람이 없으며, 홀아비와 홀어미, 고아와 의지할 데 없는 늙은이[鰥寡孤獨]는 모두 임금이 불쌍히 여겨야 할 사람들이기 때문이다. 귀신을 성(誠)으로 말하는 것은, 정성스럽지 않으면 사물도 있을 수 없으니[不誠無物] 여기에서 정성이 확립된 뒤라야 저기에서 신이 이르게 되는 것이기 때문이다. 이처럼 이 세 가지는 마땅히 이와 같이 다해야 하는 것이다. 임금이라도 하늘이 내려준 자리에 있으면서 이것을 수월하게 여길 수 있겠는가? 나누어 말하면 셋이지만 합하여 말하면 한 가지 덕일 뿐이다."

덕이 오로지 한결같으면[一] 움직이는 것마다 길(吉)하지 않음이 없고, 덕이 한결같지 않으면[二三] 움직이는 것마다 흉(凶)하지 않음이 없습니다. 오직 길하고 흉한 것은 어긋남[僭]이 없이 사람에게 달려 있고, 하늘이 재앙과 복[災祥]을 내리는 것은 오직 덕에 달려 있습니다.

---

42 『書經』「商書·太甲·下」

채씨가 말했다. "한결같지 않으면[二三] 잡되다. 참(僭)이란 어긋난 것이다."

우(禹)가 말했다. "도를 따르면[惠迪] 길하고 역을 따르면[從逆] 흉하니, 그 반응은 오직 그림자나 메아리와 같다[影響]."

「우서(虞書) · 대우모(大禹謨)」입니다.[44]

채씨가 말했다. "혜(惠)는 따르는 것이고 적(迪)은 도(道)이다. 역(逆)은 도를 거스르는 것이다. 도를 따르고 역을 따른다는 것은 선을 따르고 악을 따른다[順善從惡]는 말과 같다. 천도(天道)는 두려워해야 할 것이니, 길흉이 선악에 응하는 것이 마치 그림자나 메아리가 몸과 소리에서 나오는 것과 같다는 말이다."

『시경』에서 말했다. "아! 우리 문왕은 공경하고 삼가며 삼가서[小心翼翼] 밝은 모습으로[昭] 하느님[上帝]을 섬겨 마침내 많은 복을 이르게 하셨도다[懷]. 그 덕이 사특하지[回] 않아 온 나라[方國]를 받으셨도다."

「대아 · 대명(大明)」입니다.

주자가 말했다. "소심익익(小心翼翼)이란 공경하고 삼가며 삼가는 모습이니, 곧 이른바 경건[敬]이다. 문왕의 덕은 여기에서 성대해졌다. 소(昭)는 밝은 것, 회(懷)는 오는 것, 회(回)는 사특(邪慝)한 것이다. 방국(方國)은 사방에

---

43 『書經』「商書 · 咸有一德」
44 『書經』「虞書 · 大禹謨」

서 따르는 나라들이다." 이것은 선으로써 복을 받은 것을 말한 것입니다.

성탕(成湯)이 고(誥)를 지어 일렀다. "하(夏)의 왕이 덕을 없애고[滅] 위세[威]를 부려서 너희 만방의 백성에게 잔학한 일[虐]을 베풀었다. 하늘의 도는 선한 이에게 복을 주고 음탕한[淫] 이에게 재앙을 내리는 것이라, 하에 재앙을 내려 그 죄를 밝히신 것이다."

「상서 · 탕고(湯誥)」입니다.⁴⁵

채씨(蔡氏)가 말했다. "걸(桀)이 이미 음탕하고 잔학하였기[淫虐] 때문에 하늘이 재앙을 내려 그 죄를 밝혔던 것이다. 내 생각에는 「주어(周語)」에서⁴⁶ 이른바 '이수(伊水)와 낙수(洛水)가 마르자 하(夏)가 망하였다.'라고 한 것과 같은 재앙과 이변[災異]이 그 당시에 틀림없이 있었을 것이다." 이는 방탕하여 재앙을 받은 것을 말한 것입니다.

이상은 선한 이에게 복을 주고 방탕한 이에게 재앙을 내리는[福善禍淫] 이치를 말한 것입니다.

○ 윤후(胤侯)가 말했다. "선왕이 하늘의 경계[天戒]를 조심스럽게 지키니[謹] 신하[臣人]가 떳떳한 법도[常憲]를 지키고 백관이 직책을 닦고 보필하였으므로 그 임금이 밝고 밝았던 것이다."

「하서 · 윤정(胤征)」입니다.⁴⁷

채씨가 말했다. "근(謹)이란 두려워하고 조심하며 닦고 반성하여서 재변[變

---

45 『書經』「商書 · 湯誥」
46 『國語』「周語 · 上」
47 『書經』「夏書 · 胤征」

異〕을 없애는 것이다. 상헌(常憲)이란 법을 받들고 직책을 닦아 일을 처리하는 데 이바지하는 것이다. 임금이 위에서 하늘의 경계〔天戒〕를 삼갈 수 있으면 신하는 아래에서 떳떳한 법도를 지킬 수 있고, 백관이 저마다 자기 직책을 닦아 자기 임금을 보필한다. 그러므로 임금은 안으로 덕을 잃는 일이 없고 밖으로 정사를 그르침이 없게 된다. 이것이 밝고 밝은 임금〔明明后〕이 되는 까닭이다."

『시경』에서 말했다. "하늘의 노여움에 조심하여〔敬〕 감히 놀며 즐기지 말지니라. 하늘의 변화(渝)에 조심하여 감히 멋대로 치닫지 말라. 높은 하늘은 밝게 보니 네가 가는〔出王〕 곳을 다 살피며, 높은 하늘은 환하게〔旦〕 살피니 네가 멋대로 노니는 곳〔游衍〕에 다 살핀다."

「대아 · 판(板)」입니다.

주자가 말했다. "투(渝)는 변하는 것이다. 왕(王)은 왕(往)과 통하니 나가서 가는 곳이 있음을 말한다. 단(旦)은 역시 밝은 것이다. 연(衍)은 느슨하고 방종한 것이다. 이것은 하늘의 총명이 미치지 않는 곳이 없으니 조심하지 않을 수 없다는 말이다." ○ 동씨(董氏, 董仲舒)가 말했다.[48] "사람이 좋은 일을 하건 나쁜 일을 하건〔美惡〕 곧 천지와 흘러 통하며 오가고 서로 반응합니다. 하늘과 사람이 서로 어울릴 때〔天人相與之際〕 매우 두려워해야 합니다. 나라가 장차 도를 잃어버리려고 하면 하늘이 이에 먼저 재해를 내려 꾸짖어 경고하고〔譴告〕, 스스로 반성할 줄 모르면 또 괴이한 일을 일으켜 놀라고 두렵게 합니다. 그래도 변혁할 줄 모르면 손상과 멸망〔傷敗〕이 이르는 것이니, 이것으로써 임금을 사랑하여〔仁愛〕 어지러움을 그치게 하려는 하늘의 마음〔天心〕을 볼 수 있습니다. 크게 무도한 시대가 아니라면 하늘은 모두 붙들고 지탱

---

[48] 『前漢書』「董仲舒傳」.

하여 온전하고 안정되게 하려고 하니 사람의 할 일은 힘써 노력하는 데 있을 뿐입니다.” ○ 광형(匡衡)이 말했다.[49] “하늘과 사람 사이〔天人之際〕에는 음양의 정기〔精祲〕가 서로 뒤섞이고 선과 악이 서로 옮겨 갈 수 있어서 아래에서 일이 일어나면 위에서 형상〔象〕이 움직이고 음양의 이치〔理〕가 거기에 각각 감응하는 것입니다. 음이 변하면 고요했던 것도 움직이고, 지진 따위입니다. 양이 가리우면 밝은 것이 어두워지며, 일식 따위입니다. 홍수와 가뭄〔水旱〕의 재해가 그 종류에 따라 이르게 되는 것입니다.”

순임금〔帝〕이 말했다. “넘치는〔降〕 홍(洪)이라고도 씁니다. 물이 나를 경계하도록 시켰도다〔儆〕.”

「우서 · 대우모」입니다.[50]

진씨(眞氏)가 말했다. “맹자의 말을 살펴보면 ‘물이 역행(逆行)하는 것’을 홍수(洚水)라고 하였다.[51] 홍수의 재난은 비록 요임금 당시에 일어났으나 순이 왕위를 대리할〔攝位〕 때까지도 재해가 그치지 않았다. 그러므로 순이 스스로 이것은 하늘이 나를 경계하도록 하려는 것이라 여겼다. 성스럽고 현명한 임금〔聖帝明王〕이 하늘을 두려워하고 자기를 반성하는 유형이 이와 같았다. 그 뒤 탕왕〔成湯〕도 가뭄을 걱정하여 ‘정사가 법도에 맞지 않았던가? 백성을 고통스럽게 했던가? 궁실이 너무 화려했던가? 궁중 여인들의 청탁〔女謁〕이 성행했던가? 뇌물〔苞苴〕을 주고받았던가? 참소하는 사람들이 창성했던가?’ 하고 여섯 가지 일로 자책했다.[52] 저 탕왕과 같은 성인에게 어찌 이런 일이 있었겠는가마는 이처럼 자신에게 돌이켜 지극히 자책하였다. 탕왕의 마음

---

49 『前漢書』「匡衡傳」
50 원래는 『書經』「虞書 · 大禹謨」인데 『聖學輯要』에는 「舜典」으로 잘못 나와 있다.
51 『孟子』「滕文公 · 下」
52 『荀子』「大略」

이 곧 순임금의 마음이었던 것이다. 그런데 한 무제(漢武帝) 때 이르러 공손홍(公孫弘)이 이렇게 말했다. '요임금이 홍수를 만나 우(禹)로 하여금 다스리게 하였으나 순임금이 수재(水災)를 당하였다는 말은 듣지 못하였습니다. 탕왕이 가뭄을 만난 것도 걸왕의 영향이 남아 있었기 때문입니다〔餘烈〕.'라고 하였다.[53] 저 순임금은 홍수로 자신을 경계했는데 공손홍은 이것을 요임금에게 돌렸고, 탕은 가뭄으로 자신을 경계했는데 공손홍은 이것을 걸에게 돌렸다. 간사하고 아첨하는 마음이 그 임금을 미혹하고 그릇되게 하여 하늘의 경계를 소홀히 여기고 업신여기게 하는 것이 모두 이와 같으니 살피지 않으면 안 된다."

주공(周公)이 말했다. "은의 왕인 중종(中宗)은 엄숙하고〔嚴〕 공손하며〔恭〕 공경하고〔寅〕 두려워하여〔畏〕 하늘의 명령〔天命〕으로써 자신을 단속했다〔自度〕."

「주서 · 무일(無逸)」입니다.[54]

　진씨가 말했다. "공경하고 두려워하는 정성을 다할 수 있었기 때문에 하늘의 명령으로써 자신을 단속했음을〔律己〕 말한 것이다." ○『사기』에서 말했다.[55] "태무(太戊)가 즉위하고 이척(伊陟)이 재상이 되었을 때 조정에서 뽕나무와 곡(穀)나무[56]가 싹이 나 그날 저녁에 크기가 한 아름이 되었다. 태무가 두려워서 이척에게 물었더니 이척이 '신이 듣기에 요사한 것은 덕을 이기지 못한다고 합니다. 임금님의 정사에 무슨 부족한 점이 있는 것 같습니다. 임금님께서는 덕을 닦으십시오.' 하고 말하였다. 태무가 이를 따르니 요사한

---

53 『前漢書』「公孫弘傳」
54 『書經』「周書 · 無逸」
55 『史記』「殷本紀」
56 낙엽교목. 닥나무와 유사한 나무로 추정됨. 『詩經』「小雅 · 鶴鳴」爰有樹檀, 其下維穀 참고

뽕나무가 말라죽고 은[殷道]이 부흥하였다. 그래서 태무를 중종(中宗)이라고 칭하였다."

한 선제(漢宣帝)가 조서에서 말했다. "나[朕]는 육예(六藝)에 밝지 못하고 대도(大道)에 막혔다. 이 때문에 음양(陰陽)과 비바람[風雨]이 때에 맞지 못하다. 관리나 백성[吏民] 가운데 자기 몸을 닦아 바르게 하고 문헌과 경전[文學]에 통달하며 선왕의 통치술[術]에 밝은 자를 널리 천거하라!"

『전한서』입니다.[57]

진씨(眞氏)가 말했다. "임금이 경전[經]에 밝지 못하고 도를 알지 못하면 마음을 바로잡고 몸을 닦을 수 없다. 한 가지 생각이라도 불순하거나 한 가지 행동이라도 중도를 잃으면[失中] 모두 음양의 조화를 범하기[奸]에 충분하다. 후세의 임금 가운데 이것을 아는 이는 드문데 선제(宣帝)가 혼자 이것을 알았으니 탁월한 식견이 있다고 할 수 있다. 그러나 선왕의 통치술에 밝은 사람이 천거되었다는 소문은 전혀 듣지 못했다. 몸가짐을 바르게 하고 도를 밝히는[正心明道] 선비는 참으로 세상에 드문데, 가령 임금이 성의를 가지고 구한다면 어찌 그럴듯한 인물 한둘이 나와 임금에게 쓰이지 않겠는가? 공정하게 당시를 고찰해볼 때 오직 왕길(王吉) 한 사람만 그나마 만세(萬世)를 위해 장구한 계책을 세워 삼대가 융성할 때와 같이 현명한 임금으로 만들어보려 하였으나 선제는 현실성이 없는 것[迂闊]으로 여겼던 것이다. 설령

---

57 『漢書』 또는 『西漢書』라고도 한다. 모두 120권이다. 『史記』와 더불어 중국 사학사상 대표적인 저작이며, 正史 제2위를 차지한다. 처음 반고의 아버지 班彪가 『사기』에 부족한 점과 또 武帝 이후의 일을 기록하지 않은 것에 스스로 사서를 쓰려고 『後傳』 65편을 편집하였으나 완성을 보지 못하고 죽었다. 반고는 아버지의 뜻을 이어 修史의 일을 시작하였으나 국사를 마음대로 한다는 모함을 받아 한때 투옥되기도 하였다. 뒤에 明帝의 명으로 한서 저작에 종사하였다. 그리하여 章帝 建初 시기에 일단 완성했으나 「八表」와 「天文志」가 미완성인 채 죽는다. 그리하여 누이동생 班昭가 和帝의 명으로 그를 계승하였고, 다시 馬續의 보완으로 완성되었다.

자사(子思)와 맹자(孟子)가 그때에 살았다 하더라도 그들은 인의(人義)에만 애를 썼을 것이요, 공리(功利)에는 급급하지 않았을 것이니 선제와는 장부와 구멍이 서로 맞지 않듯이〔枘鑿〕심하게 어긋나고 맞지 않았을 것이다. 그러하니 몸가짐을 바르게 하고 도를 밝히는 선비가 이 뜻을 엿보았다면 기꺼이 선제를 위하여 가볍게 나오려고 했겠는가?”

이상은 재난을 만나 자신을 닦고 반성하는 것〔修省〕을 말한 것입니다.

○ 성왕(成王)이 말했다. “옛날 큰 도〔大猷〕가 행해지던 시대에는 아직 어지러워지기 전에 정무를 다스리고, 아직 위태로워지기 전에 나라를 보존하였다.”

「주서 · 주관(周官)」입니다.[58]

공자가 말했다.[59] “위태로울까 염려하는 것〔危〕은 자리를 편안하게 하는 근거이다. 망할까 염려하는 것〔亡〕은 존속을 보장하는 근거이다. 어지러울까 염려하는 것〔亂〕은 다스림을 있게 하는 근거이다. 이런 까닭에 군자는 편안해도 위태로움을 잊지 않고, 존속해도 망함을 잊지 않으며, 다스려져도 어지러움을 잊지 않는다. 이 때문에 몸이 편안하고 나라가 보존될 수 있었다.”
○ 정자가 말했다. “성인은 반드시 바야흐로 성할 때 경계한다. 그러나 바야흐로 성할 때를 당하여 경계할 줄 모르기 때문에 편안하고 부유한 것에 길이 들면 교만과 사치가 생기며, 누긋하고 방자한 것을 즐기면 기강이 무너지고, 재앙과 어지러움을 잊어버리면 재해가 싹튼다. 이 때문에 점점 방탕하게 되어 어지러움이 이르게 되는 것을 알지 못하는 것이다.”

---

58 『書經』「周書 · 周官」
59 『周易』「繫辭下傳」

『시경』에서 말했다. "하늘이 장맛비[陰雨]를 내리기 전에[迨] 뽕나무 뿌리
[桑土] 토(土)는 음이 두(杜)입니다.를 가져다가[徹] 들창문[牖戶]을 단단히 얽어매[綢
繆] 무(繆)는 막(莫)과 후(侯)의 반절인 무로 읽습니다. 놓는다면 이제 너희들[女] 너 여(汝)
자입니다. 아래 사는 사람들[下民]이 혹시라도 감히 나를 업신여기겠는가?"

「빈풍(豳風)·치효(鴟鴞)」입니다.

주자가 말했다. "태(迨)는 미치는 것, 철(徹)은 취하는 것이다. 상두(桑土)
는 뽕나무 뿌리[桑根]이다. 주무(綢繆)는 얽어매는 것이고, 유(牖)는 새둥지에
서 공기가 통하는 곳이며, 호(戶)는 새가 드나드는 곳이다. 시인이 새가 되어
'하늘이 아직 장맛비를 내리기 전에 내가 먼저 날아가서 뽕나무 뿌리를 가져
다가 둥지의 틈과 구멍을 얽어매어 견고하게 하여 장마에 대비한다면 저 아
래 땅에 사는 사람들이 누가 감히 나를 업신여기겠는가?' 하고 말한 것은 이
것으로써 깊이 왕실을 사랑하여 그 환난을 예방하는 뜻에 견준 것이다. 그러
므로 공자가 이를 칭찬하여 '이 시를 지은 사람은 아마도 도를 아는 듯하다.
나라를 다스릴 수 있다면 누가 감히 그를 업신여기겠는가?' 하고 말하였다."

이상은 환난(患難)을 예방하는 뜻을 말한 것입니다.

신이 생각건대, 사람은 하늘과 땅의 중심[天地之心]입니다. 임금이 선정(善
政)을 행하여 조화로운 기운[和氣]이 위로 하늘에 감응하면 상서로움[休祥]
이 이르고, 무도한 일[非道]을 많이 하여 어그러진 기운[乖氣]이 하늘에 감응
하면 재앙과 이변[災異]이 일어나게 되는 것입니다. 그렇지만 하늘에 무슨
마음이 있겠습니까? 모두 사람이 부른 것일 뿐입니다. 그 사이에 상도[常]가
있고 변칙[變]이 있으니, 선에 상서로움이 이르고 악에 재앙이 이르는 것은
이치[理]의 상도요, 선에 상서로움이 나타나지 않거나 악에 재앙이 나타나
지 않는 것은 도리[數]의 변칙입니다. 성스럽고 현명한 임금이 재앙으로 인

해 자신을 닦고 반성하면 재앙은 상서로움으로 변하고, 무능하고 어두운〔庸暗〕 임금이 재앙〔災〕이 없는 것에 익숙하면 도리어 재앙〔殃禍〕을 초래하게 되는데, 이것은 필연적인 추세입니다. 대체로 하늘에는 진실〔實〕로써 응해야지 꾸밈으로써〔文〕 응할 수 없습니다. 참으로 진실한 마음〔實心〕으로 진실한 덕〔實德〕을 닦으면 위태로운 것을 편안하게 할 수 있고, 어지러운 것을 다스려지게 할 수 있으며, 멸망하는 것을 존속하게 할 수 있을 것이니, 어떤 재앙인들 그치게 하지 못하겠습니까? 오로지 밖으로는 두려워하는 모습〔容〕을 보이면서도 안으로는 자신을 닦고 반성하는 실상〔實〕이 없기 때문에 하늘의 노여움을 돌이킬 수 없고 나라의 형세〔國勢〕를 구제할 수 없을 뿐입니다. 임금은 나라가 한가한 때를 만나서도 마땅히 미리 덕스러운 정치〔德政〕를 닦고 환난을 근본적으로 막아 영구히 다스려지고 편안해지는 계책으로 삼아야 할 것인데, 하물며 재앙과 변괴가 경계하는 것이겠습니까? 보통 사람의 마음은 근심거리가 눈앞에 나타나면 겨우 조심할 줄 알지만 뜻밖에 일어나는 환란은 대체로 경계할 줄 모릅니다. 이런 까닭에 재앙과 이변이 처음 일어날 때에는 비록 평범한 임금이라도 놀라서 대응〔驚動〕할 줄 알지만, 재앙과 이변이 자주 일어나더라도 당장〔朝夕〕 반응이 나타나지 않으면 거기에 익숙해져서 두려워하지 않는데, 요사스러운 기운〔妖孼〕의 반응이 늦기도 하고 빠르기도 하다는 것을 도무지 알지 못하는 것입니다. 반응이 빠르면 화가 적고 늦으면 화가 큽니다. 환난이 이미 일어나 멸망의 증상〔象〕이 드러난 뒤에는 비록 마음을 고치고 덕을 닦으려 해도 이미 소용이 없습니다. 아주 오랜 옛날부터 앞사람의 실패한 자취〔覆轍〕가 서로 이어져 있으니, 아! 슬퍼할 만한 일입니다. 아! 탕왕〔成湯〕이 자신을 꾸짖으니 큰 비가 천 리에 내렸고, 태무(太戊)가 선을 좇으니 요사한 뽕나무가 말라죽었습니다. 이것이 진실한 마음으로 진실한 덕을 닦은 효험입니다. 엎드려 바라건대 전하께서는 이것을 본받으십시오.

제7장 입기강 (立紀綱, 기강을 세움)

신이 생각건대, 앞의 6장에서는 정치〔爲政〕의 근본과 정치의 도구를 상세하게 논하였고, 이 장에서부터는 정치를 행하는 일에 대하여 논하려 합니다. 정치를 행하는 일은 기강을 세우는 것을 우선으로 삼습니다.

훌륭한 의사〔善醫〕는 사람이 여위고 살찐 것〔瘠肥〕을 보지 않고 맥(脈)에 병이 있나 없나를 살피며, 온 세상을 잘 경영하는〔善計〕 사람은 온 세상이 편안하고 위태로운 것을 보지 않고 기강(紀綱)이 잡혀 있는가 어지러운가〔理亂〕를 살핀다.

『창려문집(昌黎文集)』입니다.[60]

한씨(韓氏, 韓愈)가 말했다.[61] "온 세상은 사람〔人〕이고 편안함과 위태로움은 살찐 것과 여윈 것〔肥瘠〕이며 기강은 맥(脈)이다. 맥이 병들지 않았으면 비록 여위었더라도 해롭지 않고, 맥이 병들었으면 살찐 사람이라 하더라도 죽는다. 이 말의 의미를 깨달은 사람은 온 세상을 다스리는 방법을 알 것이다. 이런 까닭에 비록 팔다리〔四支〕가 아무 탈이 없더라도 믿을 것이 못 된다. 사람의 목숨은 오직 맥에 달려 있을 뿐이다. 온 나라〔四海〕가 비록 무사하더라도 기꺼워할 것이 못 된다. 나라의 명운은 오직 기강(紀綱)에 달려 있을 뿐이다." ○ 주자가 말했다. "이른바 강(綱)이라는 것은 그물〔網〕에 벼리〔綱〕가 있는 것과 같고, 기(紀)라는 것은 실〔絲〕에 실마리〔紀〕가 있는 것과 같다. 그물에 벼리가 없으면[62] 저절로 펼칠 수 없고, 실에 실마리가 없으면 저절로 뽑아낼〔理〕 수 없다. 그러므로 한 집안에는 한 집안의 기강이 있고, 한 나라에

---

60 『昌黎文集』「雜說」
61 『昌黎文集』「雜說」
62 『聖學輯要』 원문에는 '綱無綱則'이라고 되어 있으나 앞뒤 맥락으로 볼 때 '網無綱 ……'이 옳다. 그물 網으로 바로잡는다.

는 한 나라의 기강이 있다. 곧 향(鄕)은 현(縣)의 통솔을 받고, 현(縣)은 주(州)의 통솔을 받고, 주(州)는 로(路)의 통솔을 받고, 모든 로(路)는 대성(臺省)의 통솔을 받고, 대성은 재상의 통솔을 받으며, 재상은 뭇 직책을 아울러 통괄하면서 천자와 더불어 가부(可否)를 결정하여 정령(政令)을 내리는 것과 같다. 이것이 곧 온 세상의 기강〔綱紀〕이다."

이상은 기강을 마땅히 세워야 한다는 것을 전체적으로 논한〔泛論〕 것입니다.

공자가 말했다. "하늘은 사사로이 덮는 것이 없고, 땅은 사사로이 싣는 것이 없으며, 해와 달은 사사로이 비추는 것이 없다. 이 세 가지를 받들어 온 세상을 위해 일하는 것, 이것을 삼무사(三無私)라고 한다."

『예기』입니다.[63]

주자가 말했다. "기강은 저절로 설 수가 없다. 반드시 임금의 마음 씀씀이〔心術〕가 공평하고 바르고 커서〔公平正大〕 개인적으로 한쪽 당파〔偏黨〕에 치우치거나 이리저리 움직이는〔反側〕 일이 없어야만 기강이 매이는 곳이 있어서 설 수 있다. 임금의 마음은 저절로 바르게 될 수 없다. 반드시 현명한 신하를 가까이하고 소인을 멀리하여 의리가 돌아가는 곳을 강론하여 밝히고, 사사롭고 부정한〔私邪〕 길을 막아야만 바르게 될 수 있다." ○ 또 「봉사(奉事)」에서 말했다.[64] "필부(匹夫)로 말하면 한 집안〔一家〕을 사사롭게 대하기 때문에 그 고을〔鄕〕에 통할 수 없고, 고을 사람으로 말하면 한 고을〔一鄕〕을 사사롭게 대하기 때문에 그 나라에 통할 수 없고, 제후로 말하면 한 나라〔一國〕를 사사롭게 대하기 때문에 온 세상〔天下〕에 통할 수 없습니다. 그러나 천자에 이

---

63 『禮記』「仲尼閒居」
64 『晦庵集』「戊申封事」

르러서는 하늘이 덮고 있고 땅이 싣고 있는 끝까지 남김없이 제 몫[己分]으로 소유한 것이어서 통하지 못할 바깥이 따로 없는데 또 어찌 사사롭게 대할 것이 있겠습니까? 그런데 지금은 부정한[邪] 한 생각[一念]을 이기지 못하여 사사로운 마음[私心]을 갖는 데 이르고, 종복[家人]이나 가까이 두고 총애하는 사람[近習]의 버릇을 바로잡지 못하여 따로 가신[私人]을 두는 데까지 이르니, 사사로운 마음으로 가신을 쓰면 사비(私費)가 들지 않을 수 없습니다. 이에 안으로는 경비가 들어가는 것을 줄이고 밖으로는 명목 외의 갖가지 공납[羨餘]을 받아들여 사재(私財)를 두는 데까지 이르렀습니다. 만사의 폐단이 이로 말미암아 나오니 어찌 애석하지 않겠습니까? 폐하께서 근심하며 나라가 잘 다스려지기를 지극히 바라지 않는 것이 아니라면, 어찌 나라의 법도[綱維]를 떨쳐 일으키고 풍속을 아름답게 하려고 하지 않으시겠습니까? 다만 한 마음속에 사사롭고 부정한 폐단을 제거하지 못하기 때문에 조정에는 충성스러운 사람과 간사한 사람[忠邪]이 함께 섞여 나아오고, 형벌과 포상[刑賞]이 구분되지 않으며, 사대부[士夫]들 사이에서는 의지와 취향[志趣]이 비루하고 더러우며 염치가 무너져 도리어 사리(事理)가 당연히 그러한 것이라 여겨 떨쳐 일어나[振厲] 바로잡아 고칠[矯革] 수 있다고 생각하지 않는 것입니다. 대체로 안이 밝은 뒤에야 바깥이 가지런할 수 있으며, 자신에게 잘못이 없어야 남을 비판할 수 있는 것입니다. 지금 궁궐[宮省] 안은 임금이 계신 곳[禁密]인데도 공정하지 못한[不公] 길과 부정(不正)한 사람이 도리어 그 속에 소굴을 만들어 뒤얽혀[盤據] 있습니다. 그런데도 폐하께서 눈으로 보고 귀로 듣는 것이 어느 것 할 것 없이 공정하지 못하고 부정한 일이 된다면, 그것이 폐하의 마음을 찌고 녹여 폐하로 하여금 선을 좋아하는 마음을 드러내지 못하게 하고 악을 미워하는 의지를 얇게 하여 그 해는 이루 말할 수 없을 것입니다. 이 때문에 기강이 무너지니 조정 안팎의 사람들이 이것을 듣고 마음속으로 그르게 여기고[腹非] 골목마다 이러쿵저러쿵 시비를 하면서[巷議] 모두 조정을 깔보고 업신여기는[輕侮] 마음을 갖고 있습니다. 폐하께서는 이렇게 된 기강을 어떻게 해야 한다고 생각하십니까? 돌이켜 내 몸에서 구하여 시급히 바로잡아 엄숙하게〔振肅〕해야 하지 않겠습니까? 위에서 기강을 떨치지 못하기 때문에 아래에서는 풍속이 퇴폐해지고, 부드럽고 온순한 태도를 짓는 데만 길이 들어 일을 꾸미고 계획하는 것이 오직 구하여 얻으려고만 하며 염치가 없습니다. 아버지가 아들을 가르치고 형이 아우를 격려하는 것이 한결같이 이런 기술〔術〕이며, 귀하게 여겨야 할 충성과 의리〔忠義〕, 명예와 절개〔名節〕가 있다는 것을 다시 알지 못합니다. 굳세고 강직하며〔剛毅〕 바르고 곧게〔正直〕 도를 지키고 이치를 따르는 선비가 한 사람이라도 그 사이에서 나오면 뭇 사람이 비난하고 배척하여 일부러 정직한 체한다〔矯激〕는 죄를 덧씌우니 어찌 다시 차마 말을 할 수 있겠습니까?"

이상은 사사로운 마음〔私心〕이 없는 것이 기강을 세우는 근본임을 말한 것입니다.

○ 고요(皋陶)가 말했다. "하늘이 덕 있는 이에게 명할 때에는 다섯 가지 복식〔五服〕으로 다섯 가지 등급을 나타내시며〔五章〕, 하늘이 죄 있는 이를 칠 때에는 다섯 가지 형벌〔五刑〕로 다섯 가지 등급을 써서 징계하시니〔五用〕 정사에 힘쓰고 힘쓰십시오!"

「우서 · 고요모」입니다. ○ 고요가 순임금에게 한 말입니다.[65]

채씨(蔡氏)가 말했다. "장(章)은 나타내는 것〔顯〕이다. 5복(五服)은 다섯 가지 등급의 복식인데, 9장(九章)부터 1장(一章)까지가 이것이다.[66] 하늘이 덕이 있는 사람에게 임무를 맡길 때에는 다섯 가지 등급의 복식으로 그것을 뚜

---

65 『書經』 「虞書 · 皋陶謨」
66 관복에 새겨넣은 무늬의 수

렷하게 나타내며, 하늘이 죄 있는 사람을 칠 때에는 다섯 가지 등급의 형벌로 그들을 징계한다는 것을 말한 것이다. 대체로 작위와 포상[爵賞], 형과 벌[刑罰]은 바로 임금이 실행하는 정사이다. 임금은 이것을 주관하고 신하는 이것을 적용하는데, 마땅히 힘쓰고 힘써야지 태만히 해서는 안 된다." ○ 정자가 말했다.[67] "만물은 모두 한 천리(天理)로 꿰어 있으니 개인[己]이 어찌 여기에 관여하겠는가? 예컨대, 하늘이 죄 있는 사람을 칠 때에는 다섯 가지 등급의 형벌로 징계하며, 하늘이 덕이 있는 사람에게 임무를 맡길 때에는 다섯 가지 복식으로 다섯 등급을 나타낸다고 말한 것은 저절로 그러한 천리에 의해 당연히 이와 같이 되는 것이니 어찌 일찍이 여기에 마음을 쓰고[容心] 기뻐하거나 노여워할 수 있겠는가? 순(舜)이 열여섯 재상을 들어 썼는데, 요(堯)가 어찌 그들을 미리 알지 못하였겠는가? 다만 그들의 선이 아직 드러나지 않았기 때문에 저절로 들어 쓰지 않았던 것이다. 순이 흉악한 네 사람[四凶]을 죽였는데, 요가 어찌 그들을 미리 살피지 못하였겠는가? 다만 그들의 악이 아직 드러나지 않았으니 어찌 그들을 죽일 수 있었겠는가? 들어 쓰고 죽이는 것에는 다만 한 가지 의리(義理)가 있을 뿐이니 의(義)에 견줄 뿐이다."

공자가 말했다. "반드시 이름을 바르게 할 것이다. 이름이 바르지 않으면 말이 순조롭지 않고, 말이 순조롭지 않으면 일이 이루어지지 않으며, 일이 이루어지지 않으면 예악(禮樂)이 일어나지 않고, 예악이 일어나지 않으면 형벌이 적중하지 않으며, 형벌이 적중하지 않으면 백성은 손발을 둘 곳이 없다."

『논어』입니다.[68]

양씨(楊氏, 楊時)가 말했다. "이름이 그 실상에 합당하지 않으면 말이 순조

---

67 『河南程氏遺書』「元豊己未呂與叔東見二先生語」
68 『論語』「子路」

롭지 않고, 말이 순조롭지 않으면 실상을 살필 수 없어서 일이 이루어지지 않는다." ○ 범씨(范氏, 范祖禹)가 말했다. "일이 차례에 맞는 것을 예(禮)라 하고, 사물이 조화를 이루는 것을 악(樂)이라 한다. 일이 이루어지지 않으면 차례가 없어지고 조화가 이루어지지 않으므로 예악이 일어나지 않는다. 예악이 일어나지 않으면 정사를 베푸는 것이 모두 그 도리를 잃어버리기 때문에 형벌이 적중하지 않는다." ○ 정자가 말했다. "이름과 실상은 서로 의존하는 것〔名實相須〕이어서 하나가 구차하면 그 나머지도 모두 구차해진다."

정치가 행해지지 않고 교화가 이루어지지 않는 것은 작록(爵祿)으로도 권면할 수 없고 형벌로도 부끄럽게 할 수 없기 때문이다. 그러므로 윗사람은 형벌을 업신여기고〔褻刑〕 작록을 경솔하게〔輕爵〕 시행해서는 안 된다.

『예기』입니다. 역시 공자의 말씀입니다.[69]

여씨(呂氏)가 말했다. "정치가 행해지지 않는 것과 교화가 이루어지지 않는 것은 윗사람이 작록과 형벌을 합당하게 하지 못했기 때문이다. 작록이 그 사람에게 합당하지 않으면 선한 사람을 권면할 수 없으며, 형벌이 그 죄에 합당하지 않으면 소인을 부끄럽게 할 수 없다. 이것을 일러 형벌을 업신여기고 작록을 경솔하게 시행한다고 한다." ○ 주자가 「봉사(封事)」에서 말했다.[70] "신이 듣건대, 세상〔四海〕은 지극히 넓고 백성〔兆民〕은 지극히 많으나 사람들은 저마다 의지가 있어서 자기가 바라는 대로 행하려고 하니 정치를 잘하는 사람이라야 총괄하여 다스려〔總攝〕 가지런하게 할 수 있습니다. 그들로 하여금 저마다 이치를 따르고 아무도 감히 내 뜻〔吾志〕이 바라는 대로 하지 않을 수 없게 하려면 먼저 위에서 기강을 세워서 유지한 뒤에 아래에서 풍속이 형

---

69 『禮記』「緇衣」
70 『晦庵集』「己酉擬上封事」

성되어 몰아가야 합니다. 무엇을 기강이라고 하는가 하면 현명하고 현명하지 못한 이를 분별하여 위아래의 분수를 정하고, 공적과 죄를 따져서 상벌의 시행을 공정하게 하는 것입니다. 무엇을 풍속이라고 하는가 하면 사람으로 하여금 모두 선한 것은 사모함직하다는 것을 알아 반드시 행하고 선하지 못한 것은 부끄러워함직하다는 것을 알아 반드시 버리게 하는 것입니다. 그러나 기강을 떨치는 방법은 재상〔宰執〕이 권한을 장악하여 잃어버리지 않으며, 대간(臺諫)[71]이 과오를 보완하고 득실을 살펴〔補察〕 사사로운 바가 없게 하며, 임금이 또 지극히 공명정대한〔大公至正〕 마음으로 위에서 엄숙하게 자신을 단속하여〔恭己〕 통치하는〔照臨〕 것입니다. 이렇게 하면 현명한 사람이 반드시 위에 있고 불초한 사람〔不肖〕이 반드시 아래에 있으며, 공이 있는 사람이 반드시 상을 받고 죄가 있는 사람이 반드시 형벌을 받아서 모든 일의 계통에 결함이 없습니다. 기강이 이미 떨쳐지면 온 세상 사람들이 장차 저마다 스스로 분발하고〔矜奮〕 나아가 서로 권면하여 악을 버리고 선을 따르게 되어 아마도 일일이 내쫓거나 들어 쓰고〔黜陟〕 형벌을 내리거나 상을 주지〔刑賞〕 않아도 예의와 염치의 풍속이 크게 변할〔丕變〕 것입니다. 오직 지극히 공정한〔至公〕 도가 위에서 행해지지 않기 때문에 재상과 대간에 알맞은 사람을 얻지 못하고, 내쫓거나 들어 쓰고 벌을 내리거나 상을 주는 것이 개인적인 의지〔私意〕에서 나오는 경우가 많아 온 세상의 풍속이 마침내 명예와 절개〔名節〕는 물론 반듯한 품행〔行檢〕마저 귀중한 것임을 도무지〔靡然〕 알지 못한 채, 오직 아첨이나 하고〔阿諛〕 부드럽고 온화하게 대하며〔輭熟〕, 다투어 이익을 좇고〔奔競〕 관계를 맺는〔交結〕 데만 힘을 씁니다. 그 가운데 말과 행동이 단정한 사람이 한 사람이라도 있으면 뭇 사람이 비난하고 배척하여 반드시 세상에 받아들여질 곳이 없게 한 뒤에야 그칩니다. 이것은 그 형세가 마치 기울어져 가는 집이 겉모습은 높고〔輪奐〕 화려하여〔丹雘〕 비록 외부의 변화는 깨닫지 못

---

71 감찰의 임무를 맡은 臺官과 왕의 잘잘못을 고하는 일을 맡은 諫官을 아울러 이르는 말

하나 재목의 속은 이미 모두 좀먹고 썩어 문드러져[蠹朽腐爛] 다시는 지탱할 수 없는 것과 같습니다. 만약에 폐하께서 뜻[聖志]을 결단하셔서 그 마음을 깨끗이 씻고[灑濯], 쇄(灑)는 씻는다는 뜻의 세(洗)입니다. 크게 경계하고 조심하며[警敕] 높고 낮은 신하들로 하여금 저마다 자기 직분을 다하게 하여[擧職] 내치고 들어 쓰는 것을 분명하게 하고 상을 내리고 벌을 주는 것에 신뢰가 있게 하지 않는다면 어떻게 이미 무너진 기강을 떨치고 이미 무너진 풍속을 일으켜 세우겠습니까? 관자(管子)가 '예(禮)·의(義)·염(廉)·치(恥)를 사유(四維)라 한다. 사유가 펼쳐지지 않으면 나라가 멸망한다.'라고 하였는데,[72] 가의(賈誼)가 일찍이 한 문제(漢文帝)를 위하여 이 말을 읊조리고 나서 '가령 관자를 어리석은 사람이라고 한다면 그만이겠지만 가령 관자가 조금이라도 다스림의 요체[治體]를 안다면 오늘날을 어찌 한심하게 여기지 않겠습니까?' 하고 말했습니다.[73] 두 사람의 말은 명백하고 아주 절실하여[深切] 조금도 빈말이 아닙니다. 오직 폐하[聖明]께서 유의하신다면 온 세상이 매우 다행스러울 것입니다." 주자가 앞뒤로 올린 「봉사」는 당시의 폐단을 진술한 것인데 오늘날의 문제에도 딱 들어맞기 때문에 여기에 상세하게 수록하였습니다.

이상은 상벌을 공정하게 시행하는 것이 기강을 세우는 법임을 말한 것입니다.

신이 생각건대, 기강은 국가의 원기(元氣)입니다. 기강이 서지 않으면 만사가 무너지고, 원기가 견고하지 않으면 온몸[百骸]이 풀려 느즈러집니다[解弛]. 오늘날 세상일을 논의하는 사람들이 입만 열면 곧 마땅히 기강을 확립

---

72 『管子』「牧民」. 인용된 두 구절 가운데 앞은 '四維', 뒤는 '國頌'에 나온다. 원래 『管子』「牧民」은 '國頌'과 '四維'의 순으로 되어 있다. 『漢書』, 『晉書』, 『新書』, 『歷代名臣奏議』 등에서 위와 같이 인용되어 있고 朱子의 「封事」도 『漢書』에서 위와 같이 인용하였다.
73 『前漢書』「賈誼傳」

해야 한다고 말하지만 아직 그 요령을 깨달았다는 말은 듣지 못했습니다. 정치를 하는 데 기강을 세우는 것은 배우는 사람이 의를 모아서〔集義〕 호연지기(浩然之氣)를 생기게 하는 것과 같은데 어찌 명령을 한 번 올바르게 내리고 한 가지 일을 사리에 맞게 했다고 해서 갑자기 효과를 보겠습니까? 대체로 위에서는 반드시 다스려야겠다는 의지가 없고 아래에서는 벼슬자리를 지키려는 마음만 품고 있으며, 선한 사람을 보고서도 등용하지 못하고 악한 사람을 보고서도 물리치지 못하며, 공이 있는 사람이 반드시 상을 받는 것도 아니고 죄가 있는 사람이 반드시 벌을 받는 것도 아닙니다. 도학(道學)은 쇠퇴하여 없어지고〔廢絶〕 교화는 점점 무너지며〔陵夷〕 풍속은 사라지고 오직 권세와 이익을 좇으면서 그저 입〔口舌〕으로만 절절하게 마땅히 기강을 세워야 한다고 떠든다면 이것은 고질병에 걸린 사람이 입으로만 좋은 약〔良藥〕을 말하면서 실제로는 약을 목구멍으로 넘기지 않는 것과 무엇이 다르겠습니까? 반드시 임금이 먼저 뜻을 정하여 학문을 닦고〔典學〕 몸가짐을 성실하게 하며〔誠身〕 호령을 발하고 일을 거행하는 것이 하나같이 순수하게 지극히 공명정대한〔大公至正〕 도로부터 나와 뭇 신하〔羣下〕가 모두 푸른 하늘의 밝은 해처럼 임금의 마음을 우러러볼 수 있게 하여야 합니다. 그들로 하여금 임금의 마음을 보고 자극을 받아 일어나게 한 뒤에 현명한 이를 높이고 유능한 이를 부리며, 간사한 이를 물리치고 사악한 이를 제거하며, 관리의 실적을 조사하고 심사하여〔考績核實〕 상과 벌을 엄격하고 분명하게 내리며〔信賞必罰〕, 일을 시행하고 조처하는 것이 모두 하늘의 이치〔天理〕를 따르고 사람의 마음〔人心〕에 부합하여 한 시대〔一世〕를 크게 복종시킨다면 기강이 신속히 바로잡혀 엄숙해지고〔振肅〕, 명령을 하면 곧바로 시행되고 금지하면 곧바로 그쳐서〔令行禁止〕 온 세상의 일이 장차 어디에서나 뜻대로 되지 않음이 없을 것입니다. 이것은 이제(二帝) · 삼왕(三王)이 사람의 마음을 기꺼이 복종시키고〔悅服〕 세상의 도리〔世道〕를 유지하여 수백 년을 허물어지지 않고 튼튼하게〔鞏固〕 전할 수 있었던 까닭입니다. 오늘날 법도가 행해지지 않고 다스림이 이루어지지 않는 것은 모두 기강이 확립되지 않은 데에서 말미암은 것입니다. 엎드려 바라건대 전하께서는 기강을 떨쳐 일으키십시오.

제8장 안민 (安民, 백성을 편안히 함)

　신이 생각건대, 기강이 확립되고 뭇 신하[百僚]가 직무를 받든 뒤에야 정사의 수단[治具]이 마련되어 백성[生民]이 은택을 입을 수 있습니다. 그러므로 '백성을 편안히 함'을 다음에 두었습니다.

부열(傅說)이 말했다. "현명한 임금[明王]이 천도(天道)를 받들어 순종하여 나라를 세우고 도읍을 정하여, 천자[后王]와 제후[君公]를 세우고 대부(大夫)와 관료의 우두머리[師長]에게 그들을 받들게 한 것은 혼자서 편안함과 즐거움[逸豫]을 누리려는 것이 아니라 오직 백성을 다스리기[亂民] 위함입니다."

「상서 · 열명」입니다. [74]

　채씨(蔡氏)가 말했다. "후왕(后王)은 천자이고, 군공(君公)은 제후이다. 어지러움을 다스리는 것[治亂]을 난(亂)이라 한다."

순임금[帝]이 우(禹)에게 명했다. "사랑할 만한 것은 임금이 아니며, 두려워할 만한 것은 백성이 아닌가? 백성은 임금[元后]이 아니면 누구를 떠받들며, 임금은 백성이 아니면 누구와 함께 나라를 지키겠는가? 경건한 태도로 너의 지위를 조심스럽게 지켜 백성이 바랄 만한 것[可願]을 경건하게 닦아라! 온 나라[四海]가 곤궁하면 하늘의 녹[天祿]이 영영 끊어

---

74 『書經』「商書 · 說命 · 中」

지리라!"

「우서 · 대우모」입니다.[75]

채씨가 말했다. "'바랄 만한 것〔可願〕'이란 맹자가 말한,[76] '바람직한 것〔可欲〕'과 같다. 모든 바랄 만하고 바람직한 것은 선한 것이다. 임금은 마땅히 자기가 차지하고 있는 지위를 조심스럽게 지키고 바랄 만하고 바람직한 것을 경건하게 닦아야 한다. 만약에 선하지 못한 것〔不善〕이 털끝만큼이라도 마음에 생겨서 정치를 해치면 살 곳을 얻지 못하는 백성이 많아질 것이다. 온 세상〔四海〕의 백성이 곤궁한 지경에 이르면 하늘이 임금에게 내린 녹이 한 번 끊어져 다시는 계속되지 못할 것이니, 어찌 깊이 두려워할 만하지 않은가? 이것은 안위(安危)와 존망(存亡)의 경계를 극단적으로 말하여 깊이 경고한 것이다. 비록 임금의 공덕이 성대하여 반드시 이런 지경에 이르지 않을 것을 알더라도 오히려 전전긍긍(戰戰兢兢)하여 감히 편안함과 즐거움을 누리지 않고 털끝만 한 사이에서도 조심하기를 바랐는데, 이것이 바로 성인의 마음이 되는 까닭이다."

「오자지가(五子之歌)」에서 말했다. "위대한 조상〔皇祖〕께서 가르침을 남기셨다. '백성은 가까이해야지 얕보면〔下〕 안 된다. 백성은 오직 나라의 근본이다〔民惟邦本〕. 근본이 튼튼해야 나라가 편안하리라!'"

「하서 · 오자지가」입니다.[77]

채씨가 말했다. "이것은 우(禹)의 가르침이다. 임금과 백성의 관계는, 형세를 말하자면 하늘과 땅을 견줄 수 없는 것처럼 높고 낮음〔尊卑〕이 있지만

---

75 『書經』「虞書 · 大禹謨」
76 『孟子』「盡心 · 下」
77 『書經』「夏書 · 五子之歌」

그들 사이의 정을 말하자면 신체의 각 부분이 서로 도우며〔相資〕 살아가는 것처럼 서로를 기다려서〔相須〕 편안해진다. 그러므로 형세가 소원해지면 멀어지고 정이 친하면 합해진다. 친하기 때문에 가까이한다고 하고 소원하기 때문에 얕본다고 한 것이다. 친할 수는 있어도 얕봐서는 안 됨을 말한 것이다. 백성은 나라의 근본이다. 근본이 튼튼해야 나라가 안정된다. 근본이 튼튼하지 못하면 비록 진(秦)나라처럼 강하고 수(隋)나라처럼 부유하다 하더라도 끝내 멸망할 뿐이다."

이상은 임금과 백성이 서로를 필요로 한다〔相須〕는 도리를 말한 것입니다.

○ 목왕(穆王)이 말했다. "여름에 더위가 기승을 부리고 큰비가 내리면 백성〔小民〕은 원망을 하고 탄식을 할 뿐이며, 겨울에 날씨가 매우〔祁〕 추워도 백성은 원망을 하고 탄식을 할 뿐이다. 그들의 삶이 참으로 어려우므로 그들의 어려움을 생각하여 살기 쉽게 해주려고 꾀하면 백성이 편안해질 수 있다."

「주서 · 군아(君牙)」입니다. ○ 목왕이 군아를 대사도(大司徒)에 임명하면서 한 말씀입니다.[78]

채씨(蔡氏)가 말했다. "기(祁)는 큰 것이다. 무더위와 장맛비, 한파에 백성이 원망하고 탄식하는 것은 스스로 살아가기가 어려움을 마음 아파하는 것이다. '그들의 삶이 참으로 어렵다.'라는 말은 백성이 참으로 살아가기 힘겹고 어렵다는 것을 탄식한 것이다. 그들의 어려움을 생각하여 살기 쉽게 해주려고 꾀하면 백성은 편안해질 것이다."

「강고(康誥)」에서 '갓난아기를 보호하듯 하라!'라고 하였다. 「강고」의 말은 여

---

78 『書經』「周書 · 君牙」

기서 끝납니다. 정성스러운 마음으로 구하면 비록 딱 들어맞지는[中] 않는다 하더라도 기준에서 멀지는 않을 것이다. 아직까지 자식을 기르는 법을 배우고 난 뒤에 시집을 가는 일은 있지 않다.

『대학』입니다.[79]

삼산 진씨(三山陳氏)가 말했다. "갓난아기는 바라는 것이 있어도 말을 하지 못한다. 자애로운 어머니[慈母]만 아기가 바라는 것을 알 수 있다. 비록 딱 들어맞지 않더라도 또한 기준에서 멀지 않다는 것은 사랑이 정성[誠]에서 나오면 상대방과 나[彼己] 사이에 간격이 없는 것인데 마음으로 그것을 구하는 것이지 배운 뒤에라야 할 수 있는 것은 아니다." ○ 장자(張子)가 말했다. "대체로 임금과 재상[君相]은 온 세상의 부모가 되어 왕도(王道)를 행하는데, 백성에게 부모의 마음을 미루어 나가지 못하면 그것을 왕도라 할 수 있겠는가? 이른바 부모의 마음이란 단지 말에서 드러날 뿐만 아니라 반드시 온 세상의 백성을 자기 자식 보듯 해야 하는 것이다. 가령 온 세상 사람을 모두 자기 자식으로 여긴다면 다스림을 강구하는[講治] 방법은 반드시 진(秦)과 한(漢)처럼 은혜가 결핍되지도[少恩] 않고 춘추시대의 오패(五伯)처럼 명분을 가장하지도 않을 것이다."

맹자가 말했다. "아내가 없는 늙은이를 환(鰥)이라 하고, 남편이 없는 늙은이를 과(寡)라 하며, 자식이 없는 늙은이를 독(獨)이라 하고, 부모가 없는 어린이를 고(孤)라고 합니다. 이 네 부류는 온 세상에서 가장 곤궁한 백성이면서 호소할 데가 없는 사람들입니다. 문왕(文王)은 정령을 발하여[發政] 어진 정치를 베풀 때[施仁] 반드시 이 네 부류를 먼저 돌보았습니다. 『시경』에서 '부자들이야 괜찮지만[哿] 괴롭고[矜] 외로운 사

---

79 『大學』傳9章

람들이 불쌍하구나!'라고 하였습니다."

『맹자』입니다.[80]

주자가 말했다. "선왕(先王)이 백성을 기르는 정사는 아내와 자식〔妻子〕을 이끌어서 그들로 하여금 늙은이를 봉양하게 하고 어린이를 사랑하게〔恤〕 하는 것이다. 불행히도 환과고독(鰥寡孤獨)에 속하여 부모와 처자식의 양육을 받지 못하는 사람이 있으면 더욱 불쌍히 여겨 구휼해야 하므로 반드시 이들을 먼저 돌보았던 것이다. 시(詩)는 『시경』「소아(小雅)」 정월(正月) 편이다. 가(哿)는 괜찮다는 뜻의 가(可)이다. 경(煢)은 괴롭고 근심스러운〔困悴〕 모습이다." ○ 정자가 말했다. "지극히 어질면〔仁〕 하늘과 땅이 나와 한 몸이 되고, 하늘과 땅 사이의 온갖 만물〔品物萬形〕은 팔다리〔四支〕와 온몸의 각 부분〔百體〕이 된다. 자기 팔다리와 온몸을 보고서도 사랑하지 않는 사람이 어디 있겠는가? 의서(醫書)에 손발이 풍으로 뻣뻣해진 것〔風頑〕을 '사체불인(四體不仁)'이라고 하는데, 이것은 그 아픈 것이 마음에 관련되어 있지 않기 때문이다. 손발이 나에게 붙어 있는데 아픔을 알지 못하니 불인(不仁)이 아니고 무엇이겠는가? 잔인한 마음〔忍心〕을 갖고 은혜를 베풀지 않는 사람은 이와 같이 자신을 버릴〔自棄〕 뿐이다."

이상은 백성을 사랑하는 도리를 말한 것입니다.

○ 소공(召公)이 성왕(成王)에게 고하였다. "임금님께서는 빨리 덕을 경건히 닦으십시오. 크게 백성을〔小民〕 조화롭게〔諴〕 하여 지금의 아름다움〔休〕을 유지하십시오. 임금님께서는 감히 미루지 말고 백성의 어려움〔罰〕을 돌아보고 두려워하십시오."

---

80 『孟子』「梁惠王·下」

채씨(蔡氏)가 말했다. "함(諴)은 조화(和), 암(嵒)은 험한 것이다. 임금은 백성을 크게 조화롭게 하여 오늘날의 아름다움을 유지해야 한다. 백성은 비록 미천하나 지극히 두려워해야 한다. 왕은 마땅히 덕을 경건하게 닦는 것을 늦추지 말고 백성의 어렵고 험한 사정을 돌아보고 두렵게 여겨야 한다."

「오자지가(五子之歌)」에서 말했다. "어리석은 남자〔愚夫〕나 어리석은 여자〔愚婦〕라 하더라도 우리보다 낫다. 내가 만백성〔兆民〕에게 임하니 조마조마하기가〔凓〕 마치 썩은 새끼줄로 여섯 마리 말을 모는 것과 같다. 남의 위에 있는 사람이 어찌 경건하지 않겠는가?"

채씨가 말했다. "임금이 인심을 잃으면 외로운 사내〔獨夫〕에 불과하다. 외로운 사내가 되면 어리석은 사람〔愚夫愚婦〕이라 해도 충분히 나를 이길 수 있다. 썩은 새끼는 끊어지기 쉬워 말을 몰 수 있는 것이 아니다. 이것은 위태롭고 두렵기가 매우 심한 것을 비유한 말이다." ○ 맥구(麥丘) 읍의[83] 한 사내〔邑人〕가 제나라 환공〔齊桓公〕에게 "임금님께서는 부디 신하와 백성에게 죄를 짓지 마십시오!" 하고 축원했다. 환공이 발끈하여 얼굴을 붉히면서 "나는 자식이 아버지에게 죄를 짓고, 신하가 임금에게 죄를 지었다는 말은 들었어도 임금이 신하에게 죄를 지었다는 말은 듣지 못했다." 하고 말했다. 그러자 맥구 사람이 절하고 일어나서 "아들이 아버지에게 죄를 지었을 경우 고모〔姑姉妹〕와 숙부를 통해 해명을 하면 아버지가 죄를 용서해줄 수 있습니다.

---

81 『書經』「周書 · 召誥」
82 『書經』「夏書 · 五子之歌」
83 『四書通證』「孟子集註通證 · 離婁上篇」

신하가 임금에게 죄를 지었을 경우에는 총애하는 이들[便嬖]과 좌우에서 가까이 모시는 신하[左右]를 통해 사죄하면 임금이 죄를 용서해줄 수 있습니다. 옛날 걸(桀)이 탕(湯)에게 죄를 짓고 주(紂)가 무왕에게 죄를 지었는데, 이것은 임금이 신하에게 죄를 지은 것입니다. 아무도 그들을 위해 사죄하지 않아서 그들은 지금까지 죄를 지은 상태에 있는 것입니다."라고 하였다. 환공이 "참으로 옳은 말이로다!" 하고 그를 맥구의 땅에 봉했다.

이상은 백성을 두려워하는[畏民] 도리를 말한 것입니다.

○ 충과 서[忠恕]는 도(道)에서 멀지 않다. 나에게 베풀기를 원하지 않는 것은 남에게도 베풀지 말라.

『중용』입니다.[84]

주자가 말했다. "내 마음을 다하는 것이 충(忠)이요, 나를 미루어 남에게 미치는 것이 서(恕)이다. 위(違)는 거리이다. 여기서부터 저기까지 서로 거리가 멀지 않다는 말이다. 내 마음으로 남의 마음을 헤아려 보면 같지 않은 것이 없다. 그러므로 내가 바라지 않는 것은 곧 남에게 베풀지 말라는 것이다. 장자(張子)가 '자기를 사랑하는 마음으로 남을 사랑하면 인(仁)을 다하는 것'이라고 한 말이 바로 이것이다."

위에서 늙은이를 늙은이로 섬기면[老老] 백성이 효를 일으키고[興], 위에서 어른을 어른으로 받들면[長長] 백성이 공경을 일으키며, 위에서 고아를 돌보아 기르면[恤孤] 백성이 배반하지 않는다. 이 때문에 군자에게는 혈구(絜矩, 자기의 처지를 미루어 남의 처지를 살핌)의 도가 있다.

---

84 『中庸』13章

주자가 말했다. "늙은이를 늙은이로 섬긴다는 것은 이른바 우리집 늙은이를 늙은이로 섬긴다〔老吾老〕는 말이다. 흥(興)이란 자극을 받고 반응하여〔感發〕 선뜻 일어나는 것을 말한다. 혈(絜)은 재는 것〔度〕이다. 구(矩)는 모난 것을 만드는 도구이다. 구(矩)는 모난 것을 만드는 기구인데, 사람들이 곱자〔曲尺〕라고 하는 것입니다. 이 말은 다음과 같은 뜻이다. 이 세 가지는 위에서 행하면 아래에서 본받는 것이 그림자나 메아리〔影響〕보다 빠르니, 사람의 마음은 똑같아서 한 사람〔一夫〕이라도 살 곳을 얻지 못하게 해서는 안 됨을 알 수 있다. 이 때문에 군자는 반드시 같은 것을 근거로 하여 같은 것은 마음입니다. 마음이 바로 자〔矩〕입니다. 그것을 미루어 남〔物〕을 헤아려 상대방과 나 사이에 저마다 분수와 원하는 것을 얻게 해야 하는데, 이렇게 하면 위아래와 사방이 고르고 가지런해지며 반듯하고 바르게〔均齊方正〕 되어 온 세상이 평화로워질 것이다."

윗사람에게서 싫었던 것으로 아랫사람을 부리지 말고, 아랫사람에게서 싫었던 것으로 윗사람을 섬기지 말며, 앞사람에게서 싫었던 것으로 뒷사람에게 먼저 하지 말고, 뒷사람에게서 싫었던 것으로 앞사람을 따르지 말며, 오른쪽 사람에게서 싫었던 것으로 왼쪽 사람과 사귀지 말고, 왼쪽 사람에게서 싫었던 것으로 오른쪽 사람과 사귀지 말라. 이것을 혈구(絜矩)의 도라고 한다.

주자가 말했다. "이것은 윗글의 혈구(絜矩)라는 두 글자의 뜻을 거듭 풀이한 것이다. 만일에 윗사람이 나를 무례하게 대하는 것을 바라지 않는다면 반드시 이것으로써 아랫사람의 마음을 헤아려 역시 그를 무례하게 부리지 않

─────────

는다. 아랫사람이 나에게 불충한 것을 바라지 않는다면 반드시 이것으로써 윗사람의 마음을 헤아려서 감히 그를 불충함으로써 섬기지 않는다. 앞과 뒤, 왼쪽과 오른쪽에 이르기까지 모두 다 이렇게 한다면 자신의 처지를 기준으로 위아래와 사방, 길고 짧음과 넓고 좁음〔長短廣狹〕이 피차 똑같아서 모두 반듯하게 될 것이다. 상대방도 같은 마음을 가지고 있어 이것을 일으키는데 어찌 한 사람인들 살 곳을 얻지 못하는 일이 있겠는가? 잡고 있는 것은 간략하나 그것이 미치는 바는 넓다. 이것이 온 세상을 평화롭게 하는 중요한 방법〔要道〕이다." ○ 맹자가 말했다.[86] "백성의 즐거움을 즐거워한다면 백성도 임금의 즐거움을 즐거워하고, 백성의 근심을 근심한다면 백성도 임금의 근심을 근심할 것이다. 온 세상과 함께 즐기고 온 세상과 함께 근심하면서도 왕 노릇을 하지 못한 이는 없었다."

맹자가 말했다. "걸(桀)과 주(紂)가 온 세상을 잃은 것은 백성을 잃은 것이고 백성을 잃은 것은 민심을 잃은 것이다. 온 세상을 얻는 데 방법이 있다. 백성을 얻으면 곧 온 세상을 얻게 된다. 백성을 얻는 데 방법이 있다. 백성의 마음을 얻으면 곧 백성을 얻게 된다. 백성의 마음을 얻는 데 방법이 있다. 백성이 바라는 것을 거두어주고 싫어하는 것을 베풀지 않는 것뿐이다."

『맹자』입니다. 아래도 같습니다.[87]

주자가 말했다. "백성이 바라는 것을 다 이루어주는데 마치 거두어들이듯〔聚斂〕 해준다. 백성이 싫어하는 것은 백성에게 베풀지 말라." ○ 조조(鼂錯)가 말했다.[88] "삼왕(三王) 때에는 신하와 임금이 모두 현명하였기 때문에 함

---

86 『孟子』「梁惠王 · 下」
87 『孟子』「梁惠王 · 下」

게 계획을 세우고 서로 도왔다. 온 세상을 편안하게 하기 위한 계책은 사람의 감정〔人情〕에 뿌리를 두지 않은 것이 없었다. 오래 살기를 원하는 것이 모든 사람의 감정이므로 세 임금은 사람들이 살아갈 수 있게 하고 해치지 않았으며, 삶이 가멸기를 바라는 것이 모든 사람의 감정이므로 세 임금은 사람들을 넉넉하게 하고 곤궁하지 않게 하였다. 또한 안정을 바라는 것이 모든 사람의 감정이므로 세 임금은 사람들을 부축해주고 위태롭게 하지 않았으며, 편안하기를 바라는 것이 모든 사람의 감정이므로 세 임금은 사람들의 노동력을 동원하는 데 절제하여 다하지 않게 하였다. 법령을 만들면 사람의 감정에 부합해야만 시행했고, 대중을 동원하고 백성을 부릴 때에는 인사(人事)에 근본을 둔 것이어야만 시행했다. 이 때문에 온 세상이 그의 정치를 즐거워하고 그의 덕에 돌아가 마치 부모처럼 바라고 흐르는 물처럼 따랐다."

편안하게 해주는 도리〔佚道〕로 백성을 부리면 비록 수고하더라도 원망하지 않으며, 살리는 도리〔生道〕로 백성을 죽이면 비록 죽더라도 죽이는 사람을 원망하지 않는다.

정자가 말했다. "편안하게 해주는 도리로 백성을 부린다는 것은 본래 그들을 편안하게 해주려는 것을 말한다. 씨앗을 뿌리고 지붕을 손질하는 것 따위가 이것이다. 살리는 도리로 백성을 죽인다는 것은 본래 그들을 살리려는 것을 말한다. 해로운 것을 없애고 악을 제거하는 것 따위가 이것이다. 대체로 부득이해서 마땅히 해야 할 것을 한다면 비록 백성이 바라는 것을 어긴다 하더라도 백성은 원망하지 않는다. 그렇지 않으면 이와 반대이다."

이상은 혈구(絜矩)의 도를 말한 것입니다.

---

88 『前漢書』「鼂錯傳」

○ 주공(周公)이 말했다. "아! 군자는 편안하지 않은 곳을 처소[所]로 삼습니다. 먼저 농사일[稼穡]의 어려움을 알고 나서 편안함에 거하면 백성[小人]이 의지하는[依] 것이 무엇인지 알 것입니다."

「주서(周書)·무일(無逸)」입니다. 아래도 같습니다.⁸⁹

채씨(蔡氏)가 말했다. "소(所)는 처소와 같다. 군자는 편안하지 않은 곳을 처소로 삼아 움직이거나 가만히 있거나 먹거나 쉬거나[動靜食息] 간에 언제나 여기에 있어야 한다. 이런 처지에 있기를 그만두면 이른바 처소로 삼는 것이 아니다. 먼저 농사의 어려움을 알고서 편안함에 거한다는 것은 부지런한 마음을 가지고 편안함에 거한다는 것이다. 의지한다는 것은 농사짓는 일을 가리켜 한 말이니, 백성이 믿고 살아가는 수단이다. 네 부류 백성[四民]의 일 가운데 농사일보다 더 수고로운 것은 없고, 백성[生民]의 공적 가운데 농사보다 더 성대한 것은 없다. 주공이 '편안함에 빠지지 말라(無逸).'라는 훈계를 말하면서 맨 먼저 이것을 언급한 것은 까닭이 있는 것이다."

문왕은 감히 유람과 사냥[遊田]을 즐기지 않음으로써 여러 나라[庶邦]로부터 정당한 공납[供]만 받았습니다.

채씨가 말했다. "유람과 사냥에 관해서는 나라에 일정한 법도가 있다. 문왕은 감히 절도 없이 유람을 즐기지 않아 위에서 함부로 낭비하지 않았으므로 아래에서 지나치게 거둬들이지 않았던 것이다. 그리하여 여러 나라로부터 정당한 공납만 받을 수 있어서 정당한 공물[常貢]을 규정된 액수[正數]로 받는 것 외에 함부로 거둬들이지[橫斂] 않았던 것이다."

---

89 『書經』「周書·無逸」

애공(哀公)이 유약(有若)에게 물었다. "흉년〔饑〕이 들어 비용〔用〕이 부족한데, 어떻게 하면 좋겠는가?"

주자가 말했다. "비용은 나라의 비용〔國用〕을 말한다. 애공의 뜻은 대체로 세금〔賦〕을 더 많이 받아 비용을 넉넉하게 하려는 것이다."

유약이 대답했다. "어찌 철법(徹法)을 쓰지 않으십니까?"

주자가 말했다. "철(徹)은 통하는 것〔通〕, 고른 것〔均〕이다. 주의 제도〔周制〕에는 한 농부에게 토지〔田〕 백 묘(百畝)를 주어 도랑〔溝〕을 같이 사용하고 정전〔井〕을 함께하는 사람들과 더불어 힘을 합쳐 농사를 짓게 하며, 묘(畝)를 계산하여 고르게 거두어들였다. 백성은 대략 수확의 아홉을 얻고 나라에서는 하나를 취하기 때문에 이것을 철법[91]이라고 한다. 노(魯)나라에서는 선공(宣公) 때부터 묘(畝)에 대한 세금을 받고, 또 묘마다 열에 하나를 취하였으니, 열에 둘을 취하는 셈이 되었다. 그러므로 유약이 철법만 전적으로 시행하기를 청한 것은 애공이 비용을 절약함으로써 백성을 후하게 대하기를 바랐던 것이다."

애공이 말했다. "둘〔二〕을 받아도 나에게 오히려 부족한데, 어떻게 철법을 쓰겠는가?"

주자가 말했다. "둘〔二〕은 이른바 열에 둘〔什二〕이다. 애공은 유약이 자기

---

90 『論語』「顏淵」
91 중국 周나라 때의 세법. 春秋 中期 무렵부터 公田, 私田의 구별을 없애고, 豊凶에 따라 수확의 10분의 1을 징수했다.

의 뜻을 깨닫지 못했다고 여겼기 때문에 이렇게 말함으로써 세금을 더 받을
뜻을 보였다."

유약이 대답했다. "백성이 풍족하다면 임금은 누구와 더불어 부족하겠
습니까? 백성이 부족하다면 임금은 누구와 더불어 풍족을 누리겠습니
까?"

　주자가 말했다. "백성이 부유해지면 임금만 홀로 가난하게 되지는 않는다.
백성이 가난해지면 임금만 홀로 부유해질 수 없다. 유약은 임금과 백성이 일
체[君民一體]라는 뜻을 심각하게 말하여 애공이 지나치게 거두어들이려는 것
[厚斂]을 저지시켰다. 남의 윗사람은 마땅히 깊이 생각해야 할 것이다." ○
경원 보씨(慶源輔氏)가 말했다. "애공이 세금을 더 거두려고 한 것은 오직 말
단의 이익만을 도모한 것이다. 유약이 철법을 쓰려고 한 것은 근본으로 돌아
가려는 의론이다. 개인적인 의도에서 눈앞만 보면 근본으로 돌아가려는 의
론은 비현실적인[迂] 것이고 말단적인 이익을 도모하는 것은 하루아침의 효
과는 있을 것이다. 그러나 이치[理]에 따라 장구한 측면에서 보면 하루아침
의 효과는 다만 뒷날의 근심만 더할 뿐이고 근본으로 돌아가려는 의론은 실
로 오래가는 이익을 기획하는 것이다. 말류(末流)의 폐단은 더욱 말단적인
것만 추구하여 뒤집혀 망하는 데 이르지 않고서는 그만두지 않는다. 이것은
옛날이나 오늘날이나 한결같다[一律]." ○ 정씨(鄭氏, 鄭玄)가 말했다. "백성
의 재물은 곧 임금의 재물이요, 백성의 힘은 곧 임금의 힘이다. 수레[車乘]는
백성에게서 나온 것이고, 꼴과 양식[芻粟]은 백성이 바친 것이며, 부역[力役]은
백성이 하는 것이다. 세금 거두어들이는 것을 너그럽게 할 수 있으면 백성은
생계를 꾸려나갈 수 있어서 힘을 내어 관청에 바치는 것이 반드시 많을 것인데
어찌 부족한 것을 근심하겠는가? 그렇지 않으면 식구는 흩어지고 밭과 들은
황무지가 될 것인데 임금이 어디에서 취하여 비용을 족하게 하겠는가?"

대영지(戴盈之)가 말했다. "10분의 1세[什一]를 실시하고 관세[關]와 시장세[市]의 징수[征]를 폐지하는 것은 지금으로서는 시행할 수 없습니다. 조금 낮추는 정도로 했다가 내년을 기다려서 그만두는 것[已]이 어떻겠습니까?"

『맹자』입니다. 아래도 같습니다.[92]

주자가 말했다. "대영지는 송(宋)나라의 대부이다. 10분의 1세는 정전법이며 관세와 시장세는 상인[商賈]에게 징수하는 세금이다. 이(已)는 폐지하는 것이다."

맹자가 대답했다. "지금 날마다 이웃집 닭을 훔치는[攘] 사람이 있는데, 어떤 사람이 그에게 '그것은 올바른 사람[君子]이 할 짓이 아니다.' 하고 말했다. 그러자 그가 '그러면 훔치는 것을 줄여서[損] 한 달에 한 마리씩 훔치다가 내년을 기다려서 그만두겠다.'라고 대답했다. 만일에 그것이 옳지 않다는 것을 알았으면 빨리 그만둘 것이지 어찌 내년까지 기다리는가?"

주자가 말했다. "양(攘)이란 사물이 저절로 이쪽으로 온 것을 취하는 것이다. 손(損)은 줄이는[減] 것이다. 의리상 해서는 안 된다는 것을 알고서도 빨리 고치지 못하는 것은 한 달에 닭 한 마리씩 훔치는 것과 무엇이 다르겠는가?"
○ 남헌 장씨(南軒張氏, 張栻)가 말했다. "군자는 악취를 싫어하듯이 불의를 멀리하고, 끓는 물에 손을 넣는 것[探湯]같이 불의를 가까이하지 않으며, 진흙탕이나 숯불[塗炭] 위에 앉아 있는 것처럼 잠깐이라도 불의를 편안히 여겨서는 안 된다. 목마르고 배고픈 사람이 음식을 대하는 것같이 의(義)로 옮겨

---

92 『孟子』「滕文公·下」

가야 한다. 대체로 이와 같이 분명하게 알고 용기 있게 결단하지 않으면 스스로 불의(不義)에서 빠져나오고 스스로 새롭게 할〔自新〕 수 없다고 여긴 것이다. 선비의 몸가짐이 개과천선(改過遷善)할 즈음에 대영지의 말과 같이 한다면 죽을 때까지 허물〔過失〕 속에 빠져〔汨沒〕 있을 것이다. 신하가 나랏일을 꾀하여 폐단을 개혁하고〔革弊〕 옛날로 돌이키는〔復古〕 일을 하면서 대영지의 말과 같이 한다면 끝내 낡은 습관에 젖어서 구차한〔因循苟且〕 지경에 빠지고 말 것이다. 그러므로 자신을 수양함〔修身〕으로부터 나라를 다스림〔治國〕에 이르기까지 지(知)·인(仁)·용(勇) 세 덕 가운데 하나라도 빠져서는 안 된다. 지로써 이것을 알고 인으로써 이것을 행하며 용으로써 이것을 결단하는 것이니 힘쓰지 않을 수 있겠는가?"

이상은 세금을 가볍게 거둬들이는〔薄稅斂〕 도리를 말한 것입니다.

○ 왕자의 제도〔王制〕에서 백성의 노동력을 쓰는 일은 1년에 3일을 넘지 못한다.

『예기』입니다.[93]

진씨(陳氏)가 말했다. "백성의 노동력〔民力〕을 쓴다는 것은 성곽을 쌓고, 거리〔塗港〕를 정비하며, 도랑〔溝渠〕을 파고, 궁궐과 종묘〔宮廟〕를 짓는 일 따위이다. 주(周)의 예제에 의하면, 부역에 동원하는 것은 풍년에는 3일, 평년(中年)에는 2일, 흉년(無年)에는 1일일 뿐이다. 군사를 동원하는〔師旅〕 일이라면 이 제도에 얽매이지 않는다."

흉년이나 전염병이 유행하는 때〔凶札〕에는 부역〔力政〕도 없고 공물과 세금

---

93 『禮記』「王制」

납부〔財賦〕도 없다.

『주례』입니다.[94]

정씨(鄭氏, 鄭玄)가 말했다. "부역을 없애는 것은 노고를 가엾게 여기는 것이다. 공물과 세금 납부를 없애는 것은 궁핍하고 곤궁한 것을 가엾게 여기는 것이다." 역정(力政)은 부역〔力役〕에 징발하는 것입니다.

재물이 다하면 원망하고〔怨〕 힘이 다하면 원망한다〔懟〕.

『춘추곡량전(春秋穀梁傳)』입니다.[95]

진씨(眞氏)가 말했다. "이것은 백성의 일반적인 감정〔常情〕이다. 그러므로 성스럽고 현명한 임금은 부세〔賦斂〕를 경감하여 백성의 재물을 탕진하지 않고, 부역〔徭役〕을 줄여 백성의 힘을 다 쓰지 않았다."

장공(莊公) 9년, 겨울에 수수〔洙, 泗水의 지류〕를 준설하였다.

『춘추』의 경문입니다.

호씨(胡氏)가 말했다. "나라를 튼튼하게 하는 것은 백성을 보존하는 것〔保民〕을 근본으로 삼는다. 백성의 노동력을 경솔하게 사용하여 함부로 대규모 토목공사〔大作〕를 일으켜 나라의 근본〔邦本, 백성〕이 한번 흔들리면 비록 동정호(洞庭湖), 팽려(彭蠡), 하수(河水), 한수(漢水) 등과 같이 긴 강이나 큰 내가 험하게 영토〔封域〕를 둘러막고〔限帶〕 있다 하더라도 오히려 의지하기에 부족한데 하물며 수(洙) 수(洙)는 강이름입니다. 이겠는가? 수수를 준설했다는 것을 기

---

94 『周禮』「地官司徒 · 下」
95 『春秋穀梁傳』「莊公 31年」

록한 것은 나라를 지키는 말단의 업무[未務]로 백성에게 수고를 끼치고 나라를 지키는 근본을 알지 못했다는 것을 보여서 후세를 위한 경계로 삼은 것이다."

　이상은 부역을 가볍게 하는[輕徭役] 도리를 말한 것입니다.

○『주역』에서 말했다. "못 위에 바람이 있는 것이 중부(中孚)이다. 군자는 이것을 본받아 옥사를 심리하며[議獄] 죽음을 늦추어준다[緩死]."

「중부괘(中孚卦)·상사」입니다.

　정자가 말했다. "못 위에 바람이 있다는 것은 다음과 같은 뜻이다. 물의 본체[水體]는 비어 있기 때문에 바람이 들어갈 수 있고 사람의 마음은 비어 있기 때문에 사물이 감동시킬 수 있다. 바람이 못 위에 부는 것이 마치 사물이 마음을 감동시키는 것과 같다. 그러므로 이것이 중부(中孚)의 상징[象]이 된다. 군자는 옥사를 심리할 때 최선[忠]을 다할 뿐이고, 죽음을 판결할 때 끝까지 측은히 여기는 마음으로 할 뿐이다. 온 세상의 일은 최선을 다하지 않을 것이 없지만 옥사를 심리하고 죽음을 늦추어주는 것이 그 가운데 가장 중요한 일이다."

　순임금[帝]이 말했다. "고요(皐陶)야, 이제 신하와 백성[臣庶] 가운데 내 정령[正]을 범하는[干] 이가 아무도 없는 것은 네가 사사[士, 송사와 옥사를 맡은 관리. 士師]가 되어서 다섯 가지 형벌[五刑]을 명확하게 반포하여 다섯 가지 가르침[五敎]을 펴는 것을 도와[弼] 내 정치가 이루어지기를 기약했기[期] 때문이다. 형벌을 적용하되 형벌이 없어지도록 하는 것을 목표로 함[期]으로써 백성이 중도에 합하도록 한 것은 너의 공이니 계속 힘쓰도록[懋] 하라!"

채씨(蔡氏)가 말했다. "간(干)은 범하는 것, 정(正)은 정령〔政〕, 필(弼)은 돕는 것〔輔〕이다. 성인의 정치는 덕으로써 백성을 교화하는 것을 근본으로 삼고, 형벌은 다만 교화가 미치지 못하는 곳을 도울 뿐이다. 기약한다〔期〕는 것은 일에 앞서서 반드시 하겠다고 다짐하는 것을 말한다. 백성이 모두 중도에 합할 수 있다면 형벌은 과연 쓸 곳이 없게 될 것이다. 무(懋)는 힘쓰는 것이다. 순이 고요의 미덕을 칭찬하여 권면한 것이다."

고요가 말했다. "임금님의 덕은 허물이 없어서 아래 신하들을 편안히 대하시고 백성을 너그럽게 부리시며, 형벌은 자식〔嗣〕에게까지 미치지 않고 상은 후손〔世〕에게 이어지게 하셨으며, 모르고 지은 죄〔過〕는 크더라도 용서하시고〔宥〕 고의로 저지른 죄〔故〕는 작더라도 처벌하셨으며, 죄의 판결이 의심스러울 때에는 가벼운 쪽으로 판결하시고 공의 판정이 의심스러울 때에는 무거운 쪽으로 판결하셨으며, 무고한 사람을 죽이기보다는 차라리 법〔經〕을 객관적으로 적용하지 못한다는 허물을 듣기를 원하십니다. 이처럼 살리기를 좋아하는 덕〔好生之德〕이 백성의 마음에 흠뻑 젖었기 때문에 백성은 유사(有司)를 범하지 않는 것입니다."

채씨가 말했다. "자식〔嗣〕은 친근하고 후손〔世〕은 멀다. 죄는 부자간이라도 이어지지 않지만 상은 멀리 후손에까지 이어지게 하였다. 이와 같이 선한 것은 오랫동안 좋게 평가하고 악한 것은 짧은 시간 동안에만 미워하였다. 과(過)는 알지 못하고 잘못하여 저지른 죄이고, 고(故)는 알면서도 일부러 저지른 죄이다. 모르고 저지른 죄는 비록 크더라도 반드시 용서해주고, 고의로

---

96 『書經』「虞書 · 大禹謨」

저지른 죄는 비록 작더라도 반드시 처벌하였다. 죄의 적용이 의심스러워 무겁게 할 수도 있고 가볍게 할 수도 있는 때에는 가벼운 쪽으로 적용하여 처벌하며, 공(功)의 심사가 의심스러워 가볍게 할 수도 있고 무겁게 할 수도 있는 때에는 무거운 쪽으로 판결하여 상을 주었다. 경(經)은 일정한 것〔常〕이다. 법에 따라 죽일 수도 있고 죽이지 않을 수도 있다면 그를 죽여서 그의 생명을 해치기보다는 잠시 살려주어 스스로 형벌을 잘못 적용하였다는 책임을 지는 것이 낫다는 말이다. 이는 지극히 인애(仁愛)하고 충후(忠厚)한 것으로서 모두 이른바 '살리기를 좋아하는 덕'이다. 대체로 성인의 법은 한계가 있으나 마음은 끝이 없기 때문에 형벌을 적용하고 상을 줄 때 혹시 의심스러운 것이 있으면 항상 법을 굽히고 은혜를 펴서 법을 지키려는 의지가 살리기를 좋아하는 덕을 능가하지 못하도록 한 것이다. 이것은 그 본심이 막힌 것이 없어서 정해진 법〔常法〕 밖에서도 작용할 수 있기 때문이다. 그 본심이 흘러 넘치고 점점 젖어들어 민심에 들어가면 온 세상 사람들이 모두 사랑하고 사모하며 감동하고 기뻐하여〔感悅〕 선에서 일어나 저절로 유사를 범하지 않게 된다. 고요는 순이 자기의 공을 찬미했기 때문에 이것을 말하여 공을 순에게로 돌린 것이다."

계강자(季康子)가 공자에게 정치에 관해 물었다. "무도한 사람을 죽여서 사람들을 도로 나아가게 한다면 어떻겠습니까?" 공자가 대답했다. "그대는 정치를 하면서 어찌 죽이는 방법을 쓰려 합니까? 그대가 선하고자 하면 백성은 선해질 것입니다. 군자의 덕은 바람과 같고 백성의 덕은 풀과 같습니다. 풀은 위로 바람이 지나가면〔上〕 반드시 엎드립니다〔偃〕."

『논어』입니다. 아래도 같습니다.[97]

---

97 『論語』 「顔淵」

주자가 말했다. "위정자는 백성들이 보고 본받는 대상인데 어째서 죽이는 일을 하는가? 위정자가 선하고자 하면 백성은 선해질 것이다. 상(上)은 상(尚)이라고 되어 있는 파본도 있는데, 이는 더하는 것이다. 언(偃)은 엎드리는 것이다." ○ 윤씨(尹氏, 尹焞)가 말했다. "죽인다는 말이 어찌 남의 위에 있는 사람이 할 말이겠는가? 몸소 실천함으로써 가르치면 복종하고, 말로써만 가르치면 송사를 일으키는 것인데, 하물며 죽이는 것으로 가르치겠는가?"

맹씨(孟氏)가 양부(陽膚)에게 사사(士師)[98]를 시키자 양부가 증자(曾子)에게 어떻게 할까를 물었다. 증자가 말했다. "윗사람이 도를 잃어버려 백성이 흩어진〔民散〕 지 오래되었다. 만일 그들이 죄를 범하게 된 실정을 알거든 슬퍼하고 불쌍히 여기되 기뻐하지 말라!"[99]

주자가 말했다. "백성이 흩어졌다는 것은 감정과 의리〔情義〕가 어그러지고 떠나서 서로 연결되어 있지 않은 것을 말한다." ○ 사씨(謝氏, 謝良佐)가 말했다. "백성의 마음이 흩어진 것은 부리는 데 도가 없고 평소에 가르치지 않았기 때문이다. 그러므로 그들이 법을 범한 것은 부득이하게 내몰려서 그런 것이 아니라면 알지 못하여 죄에 빠진 것이다. 그러므로 그 실정을 알면 슬퍼하고 불쌍히 여기되 기뻐하지 말라는 것이다." ○ 면재 황씨(勉齋黃氏, 黃榦)가 말했다. "죄를 범하게 된 실정을 알고서 기뻐하면 너무 각박한 뜻이 법 밖으로 넘치게 되고, 죄를 범한 실정을 알고서 불쌍히 여기면 차마 못하는 뜻이 늘 법 안에서 작용하게 된다. 어진 사람의 말은 대체로 이와 같다."

이상은 형벌을 신중히 적용하는 도리를 말한 것입니다.

---

98 옛 관직 이름. 법령과 형벌에 관한 일을 맡아보던 재판관. 군대의 통솔자.
99 『論語』「子張」

　신이 생각건대, 세금을 가볍게 거둬들이는 것, 부역을 가볍게 하는 것, 형벌을 신중히 하는 것, 이 세 가지는 백성을 편하게 하는 중요한 요령입니다. 반드시 정의(義)와 이익(利)을 변별하고, 백성이 생산한 재물(生財)을 절약하여 쓰며, 백성에게 일정한 생계대책(恒産)을 갖추어주고, 군정(軍政)을 명확하게 정비해야(修明) 백성을 편안하게 하는 도를 다 갖출 수 있습니다. 그러므로 아래 글에서는 이 순서를 따릅니다.

　○ 정의(義)가 이익(利)을 이기면 치세가 되고, 이익이 정의를 이기면 난세가 된다. 위에서 정의를 중히 여기면 정의가 이익을 이기고, 위에서 이익을 중히 여기면 이익이 정의를 이긴다. 그러므로 천자는 많고 적은 것을 말하지 않고, 제후는 이익과 손해를 말하지 않으며, 대부는 얻고 잃는 것(得喪)을 말하지 않고, 선비(士)는 재화를 유통시켜 늘리지 않는다. 모두 이익을 부끄럽게 여기고, 백성과 더불어 산업(業)을 다투지 않으며, 나누어주고 베풀어주는 것은 즐거워하고 쌓아두고 보관하는 것은 부끄럽게 여긴다.

『순자』입니다.[100]

　한(漢)의 문학(文學)이 지방의 군(郡)과 국(國)에서 천거한 문학의 버슬입니다. 말했다.[101] "상업적인 이익(末利)을 억제하고 인의(仁義)를 열어서 이익을 추구하는 것을 보이지 않아야 교화가 일어나고 풍속이 바뀔 수 있습니다. 「전(傳)」에서 '제후가 이익을 좋아하면 대부가 비루해지고, 대부가 비루해지면 서민이 도둑질을 한다.'라고 하였습니다. 이것은 이익의 구멍(利孔)을 열어 놓고 백성에게 죄의 사다리(罪梯)를 만들어주는 것입니다. 또한 이익은 하늘로부

---

100 『荀子』 「大略」
101 원래는 桓寬, 『鹽鐵論』 「本議」의 글이나 『聖學輯要』에서는 『大學衍義』 「格物致知之要3·審治體」에서 인용한 것으로 보인다.

터 온 것도 아니고 땅에서 온 것도 아니라, 하나같이 백성에게서 취한 것입니다. 오얏이나 매실은 한 해에 많이 열리면 다음 해에는 조금 열리게 되고, 새 곡식이 익으면 묵은 곡식은 사그라집니다. 자연[天地]에서도 두 가지 이익[兩贏]을 한꺼번에 취할 수 없는데 하물며 인사(人事)에서이겠습니까? 그러므로 여기에서 이익을 보면 저기에서는 손해를 보는 것입니다. 지금 개나 말을 기르고, 벌레나 짐승이 곡식을 축내며, 쓸모없는 관리, 급하지 않은 일, 공적도 없이 의식(衣食)을 취하는 지방수령[縣官]이 많기 때문에 위에서는 재용이 부족하고 아래에서는 생활이 궁핍한 것입니다."

재물이 모이면 백성이 흩어지고, 재물이 흩어지면 백성이 모인다. 어진 사람은 재물로써 몸을 일으키고[發], 어질지 못한 사람은 몸으로써 재물을 일으킨다.

『대학』입니다. 아래도 같습니다.[102]

주자가 말했다. "발(發)은 일으키는 것과 같다. 어진 사람은 재화를 흩어서 백성을 얻고, 어질지 못한 사람은 몸을 망쳐서 재화를 늘린다."

윗사람이 인(仁)을 좋아하는데 아랫사람이 의(義)를 좋아하지 않는 일은 아직 없었다. 아랫사람이 의를 좋아하는데도 윗사람이 하는 일이 이루어지지 않은 적은 아직 없었다. 창고[府庫] 속의 재화가 그 윗사람의 재화가 되지 않은 적은 아직 없었다.

주자가 말했다. "윗사람이 인(仁)을 좋아하여 아랫사람을 사랑하면 아랫사람은 의(義)를 좋아하여 윗사람에게 충성하기 때문에 일이 반드시 이루어

---

102 『大學』 傳 10章

지고 창고 속의 재화가 잘못 지출될 걱정이 없다.” ○ 육지(陸贄)가 덕종(德宗)에게 간했다.[103] “성인이 가르침을 세우면서[立敎] 재화를 천하게 여기고 사양을 높이며, 이익을 멀리하고 청렴을 숭상했습니다. 그러므로 천자가 재화의 있고 없음을 묻지 않고, 제후가 재화의 많고 적음을 말하지 않는 것은 뇌물이 사람의 마음을 자극하여 재앙의 실마리[禍端]를 열고 풍속과 교화[風敎]를 해쳐서 나라[邦家]를 어지럽힐까 두려워하기 때문입니다. 이 때문에 재화를 거두어들여[鳩斂] 돈궤[帑櫃]에 가득 쌓아두는 데 힘쓰는 것은 필부의 부(富)이고, 재화를 흩어서 나누어주어 백성[兆庶]의 마음을 거두어들이는 데 힘쓰는 것은 천자의 부입니다. 하필이면 지극히 존귀한 지위를 떨어뜨려서 유사(有司)가 하는 일을 대신하며, 천자[萬乘]의 지위를 욕되게 하여 재물이나 쌓아두는 필부를 본받겠습니까? 나라가 일을 일으키면서 공공(公共)을 위해서 마음을 쓰면 사람들이 반드시 즐거이 이에 따르고, 자기만을 위해[私奉] 마음을 쓰면 사람들이 반드시 어기고 배반할 것입니다. 남의 위에 있는 사람은 마땅히 자기 마음을 깨끗이 씻고 삼무사(三無私)[104]를 받들어서 백성의 마음을 하나로 모아야 합니다. 그러고도 혹시 따르지 않는 사람이 있으면 그때 형벌을 써야 합니다. 그러므로 백성에게 이익을 베풀고 자신에게 사사로움을 금하는 것은 천자가 믿고서 온 세상을 다스리는 도구입니다. 이 도구를 버리고 힘쓰지 않으며, 백성의 이익을 막고 자신의 사사로움을 추구하면 사람들에게서 탐하는 마음을 없애려고 해도 할 수 없습니다. 지금 이 두 창고(瓊林庫, 大盈庫)에 저장된 진귀한 재물[珍幣]을 탁지부(度支部, 재정을 담당하는 관청)에서 맡아 관리하지 않는 것이 사사로움을 추구하는 것입니다. 경비를 지급하지 않는 것은 백성에게 이익을 베풀지 않는 것입니다. 인심[物情]이 흩어지고 원망하는 것도 당연하지 않겠습니까? 폐하께서는 평소[平居]의 독

---

103 『大學衍義』「格物致知之要3 · 審治體」
104 『禮記』「仲尼閒居」. 孔子曰, 天無私覆, 地無私載, 日月無私照. 奉斯三者, 以勞天下. 此之謂三無私.

점하려던 욕구[專欲]를 뒤쫓아 경계하셔서 그릇[器用]의 취급을 지나치게 풍요롭게 하지 말고, 안락한 옷과 음식을 반드시 아랫사람에게 나누어주십시오. 두 창고에 있는 재화[貨賂]는 모두 공적이 있는 사람에게 내어주고, 속마음을 너그럽게 펴서 뭇 사람과 같은 욕구를 함께하십시오. 이렇게 한 뒤 공물 헌납[納貢]은 반드시 유사에게 맡겨야 합니다. 이와 같이 하면 혼란은 반드시 안정될 것이고 도적은 반드시 평정될 것입니다. 이것이 곧 작은 저축을 나누어 큰 저축을 이루고, 작은 보화를 덜어서 큰 보화[大寶,나라]를 튼튼히 하는 것입니다." ○ 주자가 「봉사(封事)」를 올려서 말했다.[105] "내탕(內帑)의 세입은 얼마이건 간에 사적인 저축[私貯]으로 인정하여 가신[私人]이 담당하게 하여 재상은 공물에 관한 규정을 정해[式貢] 출납을 고르게 조절할 수 없고, 호조[版曹]에서는 장부[簿書]를 만들어 재물이 있고 없는 것을 조사할[句考] 수가 없으며, 황실의 사적인 잔치[燕私]로 날마다 소비하고 달마다 소모하는 경비가 얼마나 되는지 알 수 없습니다. 다만 호조의 경비가 날마다 심하게 결핍되어서 날마다 준엄하게 독촉하여[督趣] 역대[祖宗]의 좋은 법[良法]이 폐지되고 갈수록 가혹하고 급박하기에 이르렀습니다. 이것이 백성의 재력[民力]이 곤궁해지는 까닭입니다."

신이 생각건대, 천자의 부는 온 세상(四海)에 갈무리하고 제후의 부는 백성에게 갈무리하는 것입니다. 곡식 창고[倉廩]와 물품 창고[府庫]를 두는 것은 공공의 물건을 보관하기 위한 것이니 사적인 저축을 두어서는 안 됩니다. 나라의 임금이 사적인 저축을 소유하면 이것을 '이익 추구[征利]'라고 합니다. 이익의 원천[利源]이 한번 열리면 뭇 신하가 다투어 달려가서 어디인들 이르지 않겠습니까? 신의 어리석은 생각으로는 전하께서 참으로 무언가 해 보려는 마음이 있으시면 반드시 먼저 내탕고(內帑庫)와 내수사(內需司)를 호조

---

105 『朱子全書』「戊申封事」

에 맡겨서 나라의 공적인 비용으로 쓰게 하고 사적인 재산으로 여기지 않아서 신하와 백성〔臣民〕들로 하여금 전하께서 털끝만큼이라도 이익을 추구하는 마음이 없음을 환하게 우러러보게 하십시오. 그런 뒤에야 더러운 버릇을 깨끗이 씻어내고 예의와 염치〔四維〕를 힘껏 붙들어서 이상적인 정치〔至治〕를 이루어낼 수 있을 것입니다. 전하께서는 이것을 깊이 생각하셔야 합니다.

이상은 정의〔義〕와 이익〔利〕을 변별하는 것을 말한 것입니다.

○ 재물을 생산하는 데는 주요한 방법〔大道〕이 있다. 생산하는 사람은 많고 놀고먹는 사람은 적으며, 일하는 사람이 제때에 빨리 처리하고 사용하는 사람이 천천히 하면 재물은 항상 풍족할 것이다.

『대학』입니다.[106]

○ 여씨(呂氏, 呂大臨)가 말했다. "나라에 일을 하지 않고 노는 사람〔遊民〕이 없으면 생산하는 사람이 많아질 것이다. 조정에 요행으로 벼슬을 얻은〔幸位〕 사람이 없으면 놀고먹는 사람이 적어질 것이다. 농사철을 빼앗지 않으면 일처리가 신속해질 것이다. 수입을 헤아려서 지출하면 소비가 천천히 이루어질 것이다." ○ 주자가 말했다. "나라를 풍족하게 하는 방법은 농사에 힘쓰고〔務本〕 비용을 절약하는〔節用〕 데 있다."

나라에 9년 쓸 것을 비축해두지 않으면 '부족(不足)하다' 하고, 6년 쓸 것을 비축해두지 않으면 '위급〔急〕하다' 하고, 3년 쓸 것을 비축해두지 않으면 '나라가 나라꼴이 아니다〔國非其國〕.'라고 한다. 3년을 경작하면 반드시 1년 먹을 식량이 여분으로 남아야 하고, 9년을 경작하면 반

---

106 『大學』 傳 10章

드시 3년 먹을 식량이 여분으로 남아야 한다. 그러면 비록 가뭄[凶旱]과 홍수[水溢]가 있다 하더라도 백성에게 굶주린 기색[菜色]이 없을 것이다. 그런 뒤에야 천자가 음악이 연주되는 가운데 성찬을 먹을 수 있다.

『예기』입니다.[107]

진씨(陳氏)가 말했다. "인력(人力)이 갖추어져야만 자연의 변화에 대응할 수 있다. 왕자(王者)가 백성과 근심을 함께 하므로 비록 가뭄이 들고 홍수가 나더라도 백성에게 굶주린 기색이 없는 것이다. 그런 뒤에야 천자의 음식상에 날마다 온갖 성찬을 갖춰 놓고 음악을 연주하여 권할 수 있다."

『주역』에서 말했다. "하늘과 땅이 절도가 있어서 사계절이 이루어진다. 제도를 세워서 절제하여 재물을 손상하지 않으며, 백성을 해치지 않는다."

「절괘(節卦)·단사」입니다.

정자가 말했다. "이것은 절제[節]의 도를 유추하여 말한 것이다. 하늘과 땅은 절도가 있기 때문에 사계절을 이룰 수 있다. 절도가 없으면 차례를 잃는다. 또한 성인이 제도를 세워 절제하였기 때문에 재물을 손상하지 않고 백성을 해치지 않을 수 있었다. 사람의 욕망은 끝이 없는 것이니 만약에 제도를 세워서 절제하지 않으면 사치하고 멋대로 하여 재물을 손상하고 백성을 해치는 데까지 이를 것이다." ○ 또 손괘(損卦)의 『전(傳)』에서[108] 말했다. "손(損)이란 지나친 것을 덜어 중도[中]로 나아가고, 들떠 있는 말단의 것[浮末]을 줄여 알맹이[本實]로 나아가는 것이다. 온 세상의 해는 말단이 우세한 데

---

107 『禮記』「王制」
108 『周易』「損卦·象傳」

서 말미암지 않는 것이 없다. 높은 집〔峻宇〕과 장식한 담장〔雕牆〕은 본래 궁실 (宮室)에서 나왔고, 주지육림(酒池肉林)은 본래 음식에서 나왔으며, 지나치게 혹독하고〔淫酷〕 잔인한 것은 본래 형벌에서 나왔고, 무력을 남용하고 함부로 군대를 동원하여 전쟁을 일으키는 것〔窮兵黷武〕은 본래 정벌과 토벌〔征討〕에서 나온 것이다. 대체로 사람의 지나친 욕망은 모두 본래 몸을 봉양하는 데서 나온 것인데, 욕망이 멀리까지 흘러가면 해가 된다. 선왕이 근본을 따른 것은 천리(天理)이고, 후세 사람이 말단으로 흐른 것은 인욕(人欲)이다. 손래의 뜻은 인욕을 덜어내어 천리를 회복하는 것일 뿐이다." ○ 주자가 말했다.[109] "나라의 재용(財用)은 모두 백성으로부터 나온 것인데, 만약 절제하지 않아서 용도에 모자람이 있다면 장차 반드시 백성에게 세금을 함부로 징수하고 가혹하게 거둬들이게〔橫賦暴斂〕 된다. 비록 사람을 사랑하는 마음이 있다 하더라도 백성은 그 혜택을 받지 못할 것이다. 그러므로 남을 사랑하는 사람은 반드시 먼저 비용을 절약해야 한다. 이것은 바꿀 수 없는 이치이다."

이상은 용도를 절제하고〔節用〕 재물을 생산하는〔生財〕 것을 말한 것입니다.

○ 맹자가 말했다. "일정한 생업〔恒產〕이 없더라도 한결같은 마음〔恒心〕을 갖는 것은 오직 선비만이 할 수 있습니다. 백성의 경우에는 일정한 생계 대책이 없으면 한결같은 마음을 가질 수 없습니다. 만약에 한결같은 마음이 없으면 거리낌 없이 멋대로 행동하고〔放辟〕 간사하며 사치한〔邪侈〕 짓을 못할 것이 없을 것입니다. 그리하여 죄에 빠진 뒤에 뒤따라 처벌한다면 이것은 백성을 그물을 쳐서 잡는 것〔罔民〕입니다. 어찌 어진 사람이 임금의 자리에 있으면서 백성을 그물을 쳐서 잡는 일을 할 수 있겠습니까?"

---

109 『朱子全書』「己酉擬上封事」

주자가 말했다. "항(恒)은 한결같은[常] 것이다. 산(産)은 생업(生業)이다. 항산(恒産)이란 늘 한결같이 살아갈 수 있는 생업이다. 항심(恒心)은 사람이 한결같이 지니고 있는 선한 마음[善心]이다. 선비는 일찍이 학문을 하여 의리를 알기 때문에 비록 일정한 생업이 없다 하더라도 한결같은 마음이 있지만 백성은 그럴 수 없다. 망(罔)은 그물[羅罔]과 같다. 보지 못하게 속여서 잡는 것이다."

이런 까닭으로 현명한 임금은 백성의 생업을 제정하되 반드시 위로는 충분히 부모를 섬길 수 있고 아래로는 충분히 처자를 먹여 살릴[畜] 수 있으며, 풍년이 들면 1년 내내 배불리 먹을 수 있고 흉년이 들더라도 죽음을 면할 수 있도록 해주었습니다. 그런 뒤 백성을 선한 데로 몰아갔기 때문에 백성이 따르기 쉬웠습니다[輕]. 휵(畜)은 허(許)와 육(六)의 반절로 읽습니다.

주자가 말했다. "경(輕)은 쉬운 것[易]과 같다. 이것은 백성에게 일정한 생업이 있어야 한결같은 마음이 있다는 것을 말한다."

오늘날에는 백성의 생업을 제정하되 위로는 부모를 섬기기에도 부족하고 아래로는 처자식을 먹여 살리기에도 부족하며, 풍년이 들더라도 1년 내내 고생하고 흉년이 들면 죽음을 면하지 못합니다. 이렇게 되면 오직 죽음을 구제하기에도 부족할까[不贍] 걱정인데 어느 겨를에 예의를 닦겠습니까?

---

110 『孟子』「梁惠王 · 上」

주자가 말했다. "섬(瞻)은 충분한[足] 것이다. 이것은 이른바 일정한 생업이 없어서 한결같은 마음이 없는 것이다."

농사철[農時]을 어기지 않게 하면 곡식을 이루 다 먹을 수 없을 것이고, 촘촘한[數] 음은 촉(促)입니다. 그물[罟]을 웅덩이[洿] 음은 오(烏)입니다. 와 못[池]에 넣지 않게 하면 고기와 자라를 이루 다 먹을 수 없을 것이며, 때를 정하여 나무를 베게 하면 재목을 이루 다 쓸 수 없을 것입니다. 곡식과 물고기와 자라를 이루 다 먹을 수 없고, 재목을 이루 다 쓸 수 없다면 이것은 백성으로 하여금 산 사람을 부양하고 죽은 사람을 장사지내는 데 유감이 없게 하는 것입니다. 산 사람을 부양하고 죽은 사람을 장사지내는 데 유감이 없게 하는 것이 왕도정치의 시작입니다.

주자가 말했다. "농시(農時)는 봄에 밭을 갈고 여름에 김을 매며 가을에 거두는 각각의 때를 말한다. 토목공사[興作]를 일으킬 때에는 농사철을 어기지 않고 겨울에 이르러서 부역을 시킨다. 촉(數)은 빽빽한 것[密]이다. 고(罟)는 그물이다. 오(洿)는 웅덩이[窊] 오(烏)와 과(瓜)의 반절로 읽습니다. 와 낮은 곳으로서 물이 모이는 곳이다. 옛날에는 반드시 눈이 네 치[四寸]인 그물을 썼으며, 고기는 한 자[尺]가 되지 않으면 시장에서 팔지 못하고 사람들도 먹을 수 없었다. 그리고 산림(山林)과 하천과 못[川澤]은 백성과 함께 공유하되 엄격하게 금하여[厲禁] 려(厲)는 막아서 지키는 것인데, 백성이 적절한 시기가 아닐 때 취하는 것을 금하는 것입니다. 초목의 잎이 시들어 떨어진 뒤에야 크고 작은 도끼[斧斤]를 가지고 산이나 숲에 들어가게 했다. 이것은 모두 정치의 초창기에 법과 제도[法制]가 아직 갖춰지지 않아서 천지자연에서 얻는 이로움을 바탕으로 하여 절제[撙節]하여 아끼고 늘리던[愛養] 일이다. 그러나 음식과 궁실[宮室]은 살아 있는 사람을 기르는 수단[養生]이고 제사와 관곽(棺槨, 시체를 넣은 속 널과 겉 널)은 죽은 사람을 보내는[送死] 수단이어서 모두 백성에게 시급한 것이며 없어서는 안 될 것들이다. 오늘날 모든 사람이 이 두 가지의 도움을 받을 수 있으면 사람들은 한스럽게 여길 것이 없을 것이다. 왕도정치는 민심을 얻는 것을 근본으로 삼기 때문에 이것을 왕도정치의 시작으로 삼는다.”

다섯 묘(畝)를 가진 집에서 뽕나무를 심으면 50세 된 사람이 비단옷을 입을 수 있고, 닭·돼지·개 따위의 가축을 기르는 데 새끼 칠 때(時)를 놓치지 않으면 70세 된 사람이 고기를 먹을 수 있으며, 전답 100묘에 농사철을 빼앗지 않으면 식구가 여럿인 집안이 굶주리지 않을 수 있습니다. 상서(庠序)의 교육을 정비하여 효제(孝悌)의 의리로 거듭(申) 가르치면 머리가 희끗희끗한(頒白) 사람이 짐을 지거나 이고 길을 다니지 않게 될 것입니다. 70세 된 사람이 비단옷을 입고 고기를 먹으며, 백성(黎民)이 굶주리고 추위에 떨지 않게 하고서도 왕 노릇을 하지 못하는 사람은 있지 않았습니다.

주자가 말했다. “시(時)는 새끼를 배는(孕字) 때를 말한다. 예컨대, 초봄(孟春)에는 제물을 바칠 때 암컷을 쓰지 말라고 한 따위와 같다. 상(庠)과 서(序)는 모두 학교의 이름이다. 신(申)은 거듭하는(重) 직(直)과 용(用)의 반절로 읽습니다. 것인데, 자세히 반복한다는 뜻이다. 반(頒)은 얼룩질 반(斑)과 같다. 노인의 머리가 반은 희고 반은 검은 것을 말한다. 이것은 법과 제도(法制), 등급과 절도(品節)를 지극히 상세하게 적용하고, 마름질하여 이루어내고(財成) 보조하여 돕는(輔相) 도를 지극하게 이루어서 백성을 돕는 것(左右民)을 말한다. 이것이 왕도정치의 완성이다.”

『주역』에서 말했다. “하늘과 땅이 사귀는 것이 태(天地交泰)이다. 임금(后)은 이것을 본받아 하늘과 땅의 도를 잘 마름질하여 이루어내고(財成) 하늘과 땅의 마땅함(宜)을 도와서(輔相) 이로써 백성을 돕는다.”

정자가 말했다. "하늘과 땅이 사귀어서 음과 양이 화합하면 만물이 무성하게 이루어진다. 이 때문에 태(泰, 통하다)가 된다. 임금은 마땅히 하늘과 땅이 투철하게 통하는[通泰] 모습을 몸으로 터득하여 하늘과 땅의 도를 마름질하여 이루어내고, 하늘과 땅의 마땅함을 도와서 백성[生民]을 도와야 한다. 재성(財成)은 마름질해서 시행하는 방법을 이루는 것을 말한다. 보상(輔相)은 백성으로 하여금 하늘의 시간[天時]을 이용하고 땅의 이익[地利]을 근거로 하여 만물을 생산하고 길러내는[化育] 일을 도와서 풍성하고 아름다운 이익을 이루어내게 하는 것이다."

이상은 백성의 일정한 생업[恒產]을 제정하는 것을 말한 것입니다.

○『주역』에서 말했다. "땅[地] 가운데 물[水]이 있는 것이 사(師)이다. 군자는 이것을 본받아 백성을 포용하고 무리를 기른다."

정자가 말했다. "군자는 땅 가운데 물이 있는 모습을 보고 백성을 포용하여 보호하고 무리를 모아서 기른다." ○ 주자가 말했다.[111] "물은 땅에서 벗어나지 않고, 군사는 백성에게서 벗어나지 않는다. 그러므로 백성을 기르면 무리를 얻을 수 있다."

사(師)는 곧으니[貞], 장인(丈人)이라야 길하고 허물이 없다.

111『周易本義』「師卦·象傳」

정자가 말했다. "군사〔師〕의 도리는 올바른 것을 근본으로 삼는다. 군사를 일으키고 무리를 동원하여 온 세상에 해독을 끼치는 것이니 올바른 도리로써 하지 않으면 백성이 따르지 않고 강제로 내몰릴 뿐이다. 그러므로 군사〔師〕는 곧음〔貞〕을 위주로 한다. 군사를 동원하는 것이 비록 바르더라도 통솔하는 사람이 반드시 장인(丈人)이라야 길하여 허물이 없다. 장인(丈人)이란 존엄한 이를 일컫는 말이다. 군사를 통솔하고 무리를 거느리는 이가 무리로부터 존경과 신뢰, 두려움과 복종을 얻지 못하면 어찌 인심이 따르겠는가? 이른바 장인이란 반드시 평소에 지위가 높고 귀한 사람이 아니라 다만 무리가 그의 재능과 꾀와 덕과 업적을 두려워하고 복종하는 사람이라면 된다."

『시경』에서 말했다. "너의 수레와 말〔車馬〕, 활과 살〔弓矢〕, 병장기〔戎兵〕를 잘 정비하여 전란〔戎〕이 일어남〔作〕을 대비하고〔戒〕, 먼〔逷〕 적〔逷〕은 타(他)와 력(歷)의 반절로 읽습니다. 오랑캐를 경계하라!"

「대아·억(抑)」입니다.

주자가 말했다. "계(戒)는 대비하는 것, 융(戎)은 전란〔兵〕, 작(作)은 일으키는 것, 적(逷)은 먼 것이다."

신이 생각건대, 옛날에는 병역과 농사〔兵農〕가 나뉘지 않았습니다. 평소에는 민생을 충족시켜 은택을 충분히 입히고, 때로 무예〔武技〕를 시험하고 봄과 겨울의 사냥〔蒐狩〕으로 검열〔簡〕을 했습니다. 일이 없을 때〔無事〕에는 상·하급 행정구역의 단위〔比閭族黨〕로 조직되어 사도(司徒)로부터 교육을 받아 임금을 존경하고 어버이를 사랑하는 행실을 돈독하게 했습니다. 유사시에는 군사로 편성되어〔伍兩〕 사마(司馬)의 명령을 받들어 윗사람을 따르고 우두머리를 위해 죽는 의지를 분발시키게 했습니다. 그러므로 왕자(王者)의 군대는 정벌〔征〕은 있어도 전쟁〔戰〕은 없어 감히 대적할 상대가 아무도 없었습니다. 후세에는 백성을 먹여 살리는 정치가 시행되지 않고 병사를 점고하는 〔點兵〕법이 쓸데없이 엄격하기만 하여 오합지졸〔市人〕을 몰아다가 적을 막게 하고 나라의 재용〔國用〕을 다 써서 군량으로 공급하였습니다〔給餉〕. 당·송대 군사정책〔兵政〕에는 이런 폐단이 있었습니다. 우리나라는 선왕들이 백성 가운데서 병졸을 선발하여 병졸에게 농사를 짓게 하였다가 식량이 넉넉해지면 군역을 지게 하는 식으로 번갈아 쉬게 했습니다. 나라에는 군량 공급의 낭비가 없었고, 사졸(土卒)에게는 자기만 수고스럽다는〔獨勞〕한탄이 없었으니 그 법이 매우 아름다웠습니다. 다만 민생이 차츰 곤궁해짐에 따라 근본〔植根〕이 튼튼하지 못하고, 진영을 지키는 장수〔鎭將〕들이 침탈하여 낱낱이 훑어가고〔侵剝〕흩어지는 병졸이 줄을 이었습니다. 변방에 수자리를 살던 병사의 자리에 결원이 생기면 친족과 이웃〔族鄰〕으로 대체하여 채워놓으니 도망하는 이가 나날이 많아지고 폐해도 날마다 커지고 있으며, 장정을 끌어다가〔刷丁〕인원수를 채워놓으면 도망쳐서 돌아오지 않아서 병적(兵籍)을 완비하기에 힘쓴다고 해도 실제로는 빈 장부만 끌어안고 있습니다. 이런 추세는 반드시 백성이 한 사람도 남지〔孑遺〕않게 된 뒤에야 끝날 것입니다. 그 폐단의 근원을 찾아보면 참으로 백성에게는 일정한 생계가 없고, 장수는 적임자를 얻지 못했기 때문입니다. 이것은 백성을 포용하고 무리를 기르는 것이 군사정책〔軍政〕의 근본이고 존엄한 사람〔丈人〕이 군대를 통솔하는 것이 군사정책의 강령이 되는 까닭입니다. 전하께서는 마땅히 깊이 생각하십시오.

이상은 군사정책〔軍政〕을 정비하여 밝힐 것을 말한 것입니다.

신이 생각건대, 임금은 나라에 의지하고 나라는 백성에게 의지하며, 왕자(王者)는 백성을 하늘로 삼고 백성은 먹는 것을 하늘로 삼으니 백성이 하늘로 삼는 것을 잃으면 나라는 의지할 데를 잃어버립니다. 이것은 바뀌지 않는 진리입니다. 왕자의 정치는 오직 이 백성의 부모 노릇 하는 것을 마음으로 삼는 데 지나지 않으니 백성의 노동력 동원을 느슨하게 하고 백성의 생업을 충족하게 해주어서 백성이 하늘로 삼는바 먹을거리를 넉넉하게 하여서 본연(本然)의 선한 마음을 보존하게 하는 것일 뿐입니다. 임금으로서 이런 정치를 행할 수 없는 것은 대부분 커다란 욕심에 얽매여서 자신을 조금도 단속하지[自度] 못하기 때문입니다. 대체로 자기에게 이롭게 하고자 하면 반드시 남에게 해를 끼치게 되는데, 어떻게 자기의 커다란 욕심을 채우면서 백성에게 해를 끼치지 않을 수 있겠습니까? 간혹 임금 가운데에는 비록 커다란 욕심에 얽매이지는 않는다 하더라도 낡은 습관을 그대로 따르고 게을러서[因循怠緩] 백성을 구제하지 못하는 이가 있습니다. 이것은 욕심이 많은 것과 차이가 있지만 백성의 극심한 고통[倒懸]을 풀어주지 못하고 나라의 근본[邦本, 백성]을 깎아 없애 다 같이 혼란과 멸망으로 돌아가게 한다는 점에서는 한가지입니다. 아! 부모는 자식을 진정으로[中心] 사랑하여 자식이 즐거워하는 것을 이루어주고 싫어하는 것을 제거해주는 데 극진히 하지 않음이 없습니다. 임금이 참으로 이 백성의 부모 노릇 하는 것을 마음으로 삼는다면 백성 한 사람이 살 곳을 얻지 못해도 모두 우리 갓난아이가 우물로 들어가는 것같이 여겨 미친 듯이 달려가 기를 쓰고 구하려고 할 것인데, 갓난아이가 우물로 빠져 들어가는 것을 가만히 보고 앉아서 태연히 웃으며 이야기하는 것을 당연하다고 여기는 사람이 누가 있겠습니까? 옛날의 성왕은 그 직분이 백성의 부모 노릇 하는 데 있다는 것을 깊이 알고 있었습니다. 그러므로 나라를 위해 근심하고 부지런히 힘쓰며 두려워하고 염려하느라[憂勤惕慮] 밥 먹을 겨를도 없었고, 마음과 생각[心心念念]은 온통 백성에게 있었습니다. 마치 살을 도려내기가 어렵듯이 백성의 노동력을 아끼고, 굶주린 사람이 먹을 것을 구하듯이 백성에게 생업을 마련해주려고 힘쓰고, 급한 병에 약을 복용하듯이 고질적인 폐단[弊瘼]을 혁신하여 반드시 백성을 지극히 만족하고 지극히 즐거운 지경에 오르게 한 뒤에야 비로소 마음에 만족하게 여겼습니다. 그러므로 은혜가 골수에 스며들고 사랑이 폐부(肺腑)에 맺혀 엿을 먹는 것보다 쉽게 임금을 위해 죽음에 나아갔으니, 어찌 나라의 형세〔國勢〕가 신장되지 않고 오래도록 편안하게 다스려지지 않을 수 있었겠습니까? 오직 임금에게 부모의 마음이 없기 때문에 백성〔小民〕에게도 임금을 사랑하여 받들려는〔愛戴〕 마음이 없는 것입니다. 추위와 배고픔이 몸에 절박하면 예의를 다 잃어버려서 임금을 승냥이와 호랑이나 원수같이 여깁니다. 그리고 임금이 된 이도 백성을 소홀히 하고 업신여기면서 아무도 감히 나를 어떻게 할 수 없다고 생각하여, 드러나지 않고 미미한 가운데 화의 싹〔禍胎〕이 잠복해 있어도 경계할 줄 모릅니다. 그러다가 하루아침에 뜻밖의 변이 일어나고 소홀히 여기던 데서 환란이 생겨 필부필부(匹夫匹婦)가 모두 강적〔勁敵〕이 된 뒤에는 비록 후회하려 해도 이미 돌이킬 수 없을 것입니다. 저 노동을 하는 백성이 쉬지 못하고 백성의 생산이 늘어나지 않으면 비록 군사가 진(秦)과 같이 강하고, 재물이 수(隋)와 같이 풍부하다 하더라도 뿌리 뽑힌 나무가 비록 가지와 잎사귀는 무성하지만 말라버리는 것을 서서 기다릴 수 있는 것과 다를 것이 없습니다. 하물며 수나 진만큼 부강하지 못한 경우이겠습니까? 이런 까닭에 백성을 사랑하는 것은 자신을 사랑하는 근거이며, 백성을 편안하게 하는 것은 자신을 편안하게 하는 근거입니다. 이른바 백성을 편안하게 한다는 것은 그들을 위해 이익을 일으키고 해를 없애 삶을 즐길 수 있도록 해주는 것입니다. 만약에 고루한 것을 그대로 따르고〔因陋〕 잘못된 것을 그대로 지키며〔守訛〕, 임시로 모면하고 세월만 보내며〔荏苒姑息〕, 한 가지 폐단도 혁신하지 못하고 한 가지 법령〔政〕도 제대로 거행하지 못하면서 한갓 말로만 간절하게 아침저녁으로 "나는 백성을 편안하게 하려고 한다."라고 부르짖고 명령을 내린다면 이는 참마음으로 백성을 사랑하는 것이 아닙니다. 이 백성은 지극히 어리석으면서도 신령〔神〕하니 어찌 말〔口舌〕로 속일 수 있겠습니까? 지금 이 백성이 편안하지 못한 것은 전하께서도 아시는 바입니다. 알고서도 구제하지 않으면 백성의 원망은 더욱 심해질 것입니다. 엎드려 바라건대 전하께서는 은혜를 베푸십시오〔惠鮮〕.

제9장 명교 (明敎, 교화를 밝힘)

신이 생각건대, 『예기』에서[112] "묵은 땅이 없고 놀고먹는 백성이 없으며, 제때에 먹고〔食節〕제때에 일을 하면〔事時〕백성은 모두 자기가 사는 곳을 편안하게 여기고 즐겁게 일하며 부지런히 공을 세우려고 노력하고, 임금을 존경하며 윗사람을 사랑하게 된다. 그런 뒤에 학교를 세운다."라고 했습니다. 먼저 부유하게 한 뒤에 교화하는 것이 사리의 당연한 추세〔理勢〕입니다. 그러므로 '백성을 편안하게 함' 다음에 '교화를 밝힘'으로 끝을 맺습니다.

공자가 말했다. "법령〔政〕으로써 이끌고〔道〕형벌로써 다스리면〔齊〕백성은 형벌을 면하려고만 할 뿐 부끄러움이 없다〔免而無恥〕."

『논어』입니다. 아래도 같습니다.[113]

주자가 말했다. "도(道)는 인도하는 것과 같은데, 앞서는 것을 말한다. 정(政)은 법제(法制)와 금령(禁令)을 말한다. 제(齊)는 그들을 가지런하게 만드는 것인데, 이끌고서 따르지 않는 사람을 형벌로써 가지런하게 하는 것이다. '면하려고 할 뿐 부끄러움이 없다.'라는 것은 구차하게 형벌을 모면하고 부끄러워하는 것이 없는 것이다. 비록 악을 저지르지는 못하지만 악을 행하려는 마음은 아직 없어지지 않은 것이다."

덕으로써 이끌고 예(禮)로써 가지런하게 하면 백성은 부끄러움을 알고 또 선에 이르게 된다〔格〕.

주자가 말했다. "예(禮)는 제도(制度), 등급에 따른 절도〔品節〕를 말한다.

---

112 『禮記』「王制」
113 『論語』「爲政」

격(格)은 이르는 것〔至〕이다. 이것은 임금이 몸소 실천하여 이끌면 백성이 본디 보고 느끼는 것이 있어서 반응하여 일어나지만 그 자질의 얕음과 깊음, 두터움과 엷음〔淺深厚薄〕이 한결같지 않은 것을 예(禮)로써 한결같게 다스리면 백성은 선하지 못한 것을 부끄럽게 여기고 또한 선에 이르게 된다는 말이다. 일설에 격(格)은 바로잡는 것〔正〕이다. 『서경』에는 '그 그른 마음을 바로잡는다〔格其非心〕.'114라고 하였다." ○ 또 말했다. "법령〔政〕이란 정치의 도구이고, 형벌〔刑〕이란 정치를 보존하는 법이다. 덕과 예는 정치를 시행하는〔出治〕 근본인데 덕은 또 예의 근본이다. 이 둘은 서로 시작과 끝〔終始〕이므로 비록 어느 한쪽을 버릴 수 없지만 법령과 형벌〔政刑〕은 다만 백성으로 하여금 죄를 멀리하게 할 뿐이고 덕과 예는 백성으로 하여금 부지불식간에 날마다 선으로 나아가게 하는 효과를 가지고 있다. 그러므로 백성을 다스리는 사람은 말단의 법령과 형벌만 믿어서는 안 된다. 마땅히 근본이 되는 덕과 예를 깊이 탐구해야 한다." ○ 정자가 말했다. "백성을 가르치는 사람이 선한 마음을 길러 주면 악은 저절로 없어진다. 백성을 다스리는 사람이 공경과 겸양으로 이끌어 가면 다툼은 저절로 그친다." ○ 가의(賈誼)가 상소를 올려 말했다.115 "모든 사람의 지혜는 지나간 일에 대해 알 수 있지만 앞으로 다가올 일에 대해서는 알지 못합니다. 저 예라는 것은 앞으로 일어나기 전에 미리 금하는 것이고, 법이라는 것은 이미 일어난 뒤에 금하는 것입니다. 이 때문에 법이 적용되는 까닭은 쉽게 알 수 있고 예가 생겨나는 까닭은 알기 어려운 것입니다. 상〔慶賞〕으로써 선을 권장하고 형벌(刑罰)로써 악을 징계하는 것과 같은 것은, 선왕이 쇠나 돌〔金石〕처럼 굳게 이런 정치를 지켰고, 사계절의 변화처럼 신실(信實)하게 이 법령을 행하였으며, 하늘과 땅처럼 사심 없이 이런 공정함에 근거하였으니 어찌 이러한 것을 돌아보지 않았겠습니까? 그러나

---

114 『書經』「冏命」
115 『前漢書』「賈誼傳」

'예(禮)라, 예라 말하는 것'은 악이 싹트기 전에 근절하고, 미미하고 작은 데서 교화를 일으키는 것을 귀하게 여겨 백성으로 하여금 날마다 저도 모르는 사이에 선으로 옮겨가게 한 것입니다. 공자는 '송사(訟)를 듣고 판결하는 것은 나도 남들과 같으나 반드시 송사를 없게 하겠다.'라고 말했습니다.[116] 임금이 된 이는 취하고 버려야 할 것(取舍)을 살피는 것보다 먼저 할 것이 없습니다. 안에서 취하고 버리는 표준이 정해지면 밖에서 편안함과 위태로움(安危)의 싹이 대응하는 것인데, 편안한 것은 하루아침에 편안해지는 것이 아니고 위태한 것은 하루아침에 위태로워지는 것이 아니라 점점 쌓여서 그렇게 되는 것이니 살피지 않으면 안 됩니다. 임금이 쌓을 것은 취사(取舍)에 있으니, 예의로써 다스리는 사람은 예의를 쌓고, 형벌로써 다스리는 사람은 형벌을 쌓습니다. 형벌이 쌓이면 백성이 원망하고 배반하며, 예의가 쌓이면 백성이 화목하고 친하게 됩니다. 그러므로 임금(世主)이 백성을 선하게 만들려고 하는 것은 같지만 백성을 선하게 만드는 방법은 달라서 혹은 도덕과 교화(德教)로 이끌기도 하고 혹은 법령으로 몰아대기도 합니다. 도덕과 교화로 이끌면 도덕과 교화가 흡족하게 되어 백성의 심기(民氣)가 즐거워지고, 법령으로 몰아대면 법령이 극에 달하여 백성의 기풍(民風)이 애절해지니, 애절함과 즐거움의 느낌은 재앙과 복이 반응한 것입니다. 진시황(秦王)도 탕왕이나 무왕과 마찬가지로 종묘를 높이고 자손을 편안하게 하려고 했지만 탕왕과 무왕은 덕행을 넓히고 확대하여 6~700년이 이어지도록 잃지 않았고, 진시황은 온 세상을 다스린 지 10여 년 만에 크게 패하였습니다. 이렇게 된 데는 다른 까닭이 없습니다. 탕왕과 무왕은 취하고 버릴 것을 결정할 때 잘 살폈고 진시황은 취하고 버릴 것을 결정할 때 살피지 못했습니다. 천하는 큰 그릇(大器)과 같습니다. 지금 사람이 그릇을 두는데, 평탄한 곳에 두면 안전하고 위태로운 곳에 두면 위태로워지는 것입니다. 탕왕과 무왕은 온 세상을 인의(仁

---

116 『大學』傳 4章

義)와 예악(禮樂)에 두었기 때문에 덕과 혜택〔德澤〕이 사방의 오랑캐〔蠻貊四夷〕에까지 두루 미치고, 자손이 수십 대에까지 이르렀습니다. 이것은 온 세상이 다 들어서 알고 있는 사실입니다. 진시황은 온 세상을 법령과 형벌에 두었기 때문에 덕과 혜택이 없어지고 원망과 한탄〔怨毒〕만 세상에 가득 차서 재앙의 기미가 자신에게 미치고 자손이 멸망하여 끊어지게〔誅絶〕 되었습니다. 이것은 온 세상이 다 보아서 알고 있는 사실입니다. 이 어찌 분명하고 큰 효험이 아니겠습니까? 사람들이 말하기를 '말을 알아듣는 방법은, 반드시 그가 한 일을 가지고 살펴보면 말하는 사람이 감히 망령된 말을 하지 못한다.'라고 합니다. 지금 혹시 '예의(禮誼)는 법령만 못하고 교화는 형벌만 못하다.'라고 한다면 임금께서는 어찌 은(殷)·주(周)·진(秦)의 일을 가지고 살펴보지 않으십니까?"

이상은 교화를 일으키는〔興敎〕 근본을 말한 것입니다.

○ 순임금〔帝〕이 말했다. "설(契)아, 백성이 친하게 지내지 않고 다섯 종류의 인간관계〔五品〕가 순조롭지〔遜〕 못하다. 너를 사도(司徒)로 삼으니, 다섯 가지 교화〔五敎〕를 경건하게 펴서〔敷〕 너그러워지도록〔寬〕 하라."

「우서·순전」입니다.¹¹⁷

채씨(蔡氏)가 말했다. "오품(五品)은 부모와 자식〔父子〕·군주와 신하〔君臣〕·남편과 아내〔夫婦〕·어른과 어린이〔長幼〕·벗과 벗〔朋友〕 등 다섯 가지의 명칭과 등급이다. 손(遜)은 순조로운〔順〕 것이다. 사도(司徒)는 교육을 맡은 벼슬이며, 부(敷)는 펼치는 것〔布〕이다. 오교(五敎)는 이 다섯 가지 인간관계의 당연한 이치를 교화의 규율〔敎令〕로 삼은 것이다. 관(寬)은 너그러움으

117『書經』「虞書·舜典」

로 대하는 것이다. 그들로 하여금 너그럽게 받아들이고〔優柔〕 푹 젖어들어서 차츰차츰 들어가게 하는 것이다." ○ 맹자가 말했다.[118] "사람에게는 도리가 있다. 배불리 먹고 따뜻하게 입으며 편안하게 거처하면서 가르침이 없다면 짐승〔禽獸〕에 가깝다. 성인이 이를 근심하여 설을 사도로 삼아 인륜을 가르치게 했다. 부모와 자식 사이에는 친함이 있고〔父子有親〕, 임금과 신하 사이에는 의리가 있으며〔君臣有義〕, 부부 사이에는 분별이 있고〔夫婦有別〕, 어른과 어린이 사이에는 차례가 있으며〔長幼有序〕, 벗들 사이에는 믿음이 있어야 한다〔朋友有信〕는 것이다."

사도는 여섯 가지 예〔六禮〕를 닦아 백성의 성품을 절제하고, 일곱 가지 교화〔七敎〕를 밝혀 백성의 덕을 일으키며, 여덟 가지 정치〔八政〕를 가지런히 하여 음탕한 것을 막고, 도덕을 통일하여 풍속을 같게 하며, 노인〔耆老〕을 봉양하여 효심을 일으키고, 고아와 독신 늙은이〔孤獨〕를 불쌍히 여겨 생계가 부족한 사람에게까지 미치며, 현명한 이를 숭상하여 덕을 높이고, 불초한 이를 가려내어 악을 물리친다.

『예기』입니다.[119]

『예기』에서 말했다.[120] "육례(六禮)는 관례(冠禮)·혼례(婚禮)·상례(喪禮)·제례(祭禮)·향례(鄉禮)·상견례(相見禮)이다. 향례와 상견례는 지금 향음주례(鄕飮酒禮)와 사상견례(士相見禮)가 있으니 참고할 수 있습니다. 칠교(七敎)는 부모와 자식·형과 아우·남편과 아내·임금과 신하·어른과 어린이·벗과 벗·주인과 손님〔賓客〕의 관계에 대한 가르침이다. 팔정(八政)은 음식·의복·사위(事爲)온갖 공인〔百工〕의 기예(伎藝)입니다. ·이별(異別) 각 지역〔五方〕의 기계와 용기〔械器〕가

---

118 『孟子』「滕文公·上」
119 『禮記』「王制」
120 『禮記』「王制」

같고 다른 것을 구별하는 것입니다. · 도(度) · 량(量) · 수(數) · 제(制)이다.” 도와 양은 길이〔長短〕와 크기〔大小〕에 다름이 없게 하는 것이고, 수와 제는 많고 적음〔多寡〕과 넓이〔廣狹〕에 다름이 없게 하는 것입니다.

이상은 교육을 세우는〔立敎〕 절목(節目)을 말한 것입니다.

○ 옥은 갈지 않으면 그릇을 만들지 못하고, 사람은 배우지 않으면 도를 알지 못한다. 만일 군자가 백성을 교화하여 풍속을 이루려 한다면 반드시 배움으로 말미암아야 한다.

『예기』입니다. 아래도 같습니다.[121]

진씨(陳氏)가 말했다. “백성을 교화하여 풍속을 이루는 것은 반드시 요 · 순〔唐虞〕 시대에 백성이 선하게 감화되어 화목하고 세상이 잘 다스려진〔於變時雍〕 것처럼 되는 것이 궁극적인 목표이다. 여기에서 배움이란 곧 대학(大學)의 도인 덕을 밝히고〔明德〕 백성을 새롭게 하는〔新民〕 일이다.”

옛날의 교육기관으로 가(家)에는 숙(塾)이 있었고, 당(黨)에는 상(庠)이 있었으며, 술(術) 주(州)입니다. 에는 서(序)가 있었고, 국(國)에는 학(學)이 있었다.

진씨가 말했다. “옛날에는 25가구의 집〔家〕이 한 여(閭)가 되어 한 마을〔巷〕을 이루었다. 마을의 들머리〔巷首〕에는 문이 있고 문 옆에 숙(塾)이 있었다. 가(家)에 있는 백성은 아침저녁으로 숙에서 교육을 받았다. 500가구의 집이 한 당(黨)이 된다. 당의 교육기관〔學〕은 상(庠)이라 하며, 여의 학교〔閭塾〕에

---

121 『禮記』 「學記」

서 뽑혀 올라온 사람을 가르친다. 술(術)은 주(州)인데 2,500가구의 집이 한 주(州)가 된다. 주의 교육기관은 서(序)라고 하며, 당의 학교〔黨學〕에서 뽑혀 올라온 사람을 가르친다. 천자의 도읍과 제후의 수도〔國中〕에 있는 교육기관은 국학(國學)이라고 하며, 천자의 맏아들〔元子〕과 맏아들 이외의 여러 아들〔衆子〕, 경대부(卿大夫)와 선비〔士〕의 아들, 준재와 수재로 뽑혀〔俊選〕 올라온 선비들을 가르쳤다."

악정(樂正)이 네 가지 도〔四術〕를 숭상하고 네 가지 가르침〔四敎〕을 세워 선왕이 남긴 『시(詩)』·『서(書)』·『예(禮)』·『악(樂)』의 순서로 선비를 양성하되〔造士〕, 봄과 가을에는 『예』·『악』을 가르치고, 겨울과 여름에는 『시』·『서』를 가르쳤다.[122]

오씨(吳氏)가 말했다. "악정(樂正)은 교육을 맡은 벼슬아치이다. 술(術)이란 길〔道路〕을 이름이니 『시』·『서』·『예』·『악』의 네 가지 가르침이 곧 덕으로 들어가는 길이라는 말이다. 조(造)는 이루는 것〔成〕이다." ○ 진씨(陳氏)가 말했다. "옛 사람의 가르침은 비록 네 계절에 따라 저마다 익히는 것이 있다고 하지만 실제로는 반드시 딱 잘라서 저것은 버리고 이것만 익히는 것이 아니라 아마도 호언(互言, 같은 말을 되풀이하지 않기 위해 일부만 번갈아 쓰는 것)인 듯하다. 봄과 가을에는 『시』와 『서』를 가르쳐서는 안 되고 겨울과 여름에는 『예』와 『악』을 가르쳐서는 안 된다는 말은 아니다." ○ 동씨(董氏, 董仲舒)의 「대책(對策)」에서 말했다. "『춘추』에서 계통을 하나로 귀결시키는 것〔一統〕을 중요하게 여긴 것은 이것이 하늘과 땅의 보편적인 도리〔常經〕이고, 옛날과 오늘날에 통하는 의리〔通誼〕이기 때문입니다. 『춘추공양전(春秋公羊傳)』에서[123]

---

122 『禮記』 「王制」
123 『春秋公羊傳』 「隱公元年」

'『춘추』에서는 은공(隱公) 원년 봄[春] 왕정월(王正月)이라 하였는데, 무엇 때문에 왕정월이라고 했는가? 그것은 계통을 하나로 귀결시키는 것을 중요하게 여겼기 때문이다.'라고 하였습니다. 동중서는 대체로 이것을 빌어서 온 세상의 도술(道術)이 당연히 하나로 통일되어야 한다는 것을 밝히고자 한 것입니다.[124] 지금은 스승들의 도가 다르고 사람들의 이론이 달라서 온갖 학파[百家]의 가르침[方]이 다르고 지향하는 뜻이 같지 않기 때문에 위에서는 계통을 하나로 유지할 수 없어서 법과 제도[法制]가 자주 변하고, 아래에서는 지킬 것을 알지 못합니다. 신의 어리석은 생각으로는 육예(六藝)의 과목과 공자의 학술[術]에 들어 있지 않은 것은 모두 끊어버리고 다시 나오지 못하게 하여야 합니다. 간사하고 편벽된 말이 사라진 뒤에야 기강[統紀]이 하나로 귀결될 수 있고 법도가 밝아질 수 있으며, 백성이 따를 곳을 알게 될 것입니다."

신이 생각건대, 중고(中古) 시대 이래로 도술(道術)이 분열되어 노자·장자·양주(楊朱)·묵적(墨翟)·신불해(申不害)·한비자(韓非子)·소진(蘇秦)·장의(張儀)의 설이 백성을 미혹하여 어지럽혔고, 한·당으로 내려와서는 여기에 더하여 불교[竺學]가 들어와 온 세상이 어두워져서[貿貿] 아무도 따를 곳을 찾지 못하고, 호걸스러운 선비[豪傑之士]들이 대부분 빠져들었습니다. 그러나 그 당시에도 인재가 배출되어 이따금 실용에 적합하기도 했습니다. 송 이후 정자와 주자의 공적이 우주를 떠받쳐 도술이 통일되고 다시 다른 갈래가 없어졌습니다. 그래서 마땅히 인재를 이루기 쉬워진 것 같았으나 오직 사람들이 학문을 하지 않았기 때문에 세상의 도리[世道]는 날로 타락하고 인심은 더럽혀져 의리를 돌보지 않고 오직 이익만 추구하여 재능과 덕을 갖춘 인재[人物]를 찾아보기 어려워져서 도리어 이단(異端)이 횡행하던 때에도 미

---

124 1월을 正月 또는 王正月이라고 한 것은 여러 달의 기준을 하나로 통일하기 위한 의도가 반영된 것으로 이것이 왕명에 의해 정해진 것임을 의미한다.

치지 못합니다. 이익을 추구하는 욕망〔利欲〕의 해가 이단의 해보다도 심하다는 것을 충분히 알 수 있으니, 깊이 개탄할 일입니다. 전하께서는 마땅히 서둘러 옛날의 도를 회복하셔서 그것으로 잘 가르쳐 인재를 성취하십시오.

대사도(大司徒, 백성의 교화를 담당한 벼슬아치)는 향당에서 세 가지 일〔三物〕로 온 백성〔萬民〕을 가르치고, 인재를 등용하여 손님을 대하는 예로 그들을 대우했다〔賓興〕.

『주례』입니다. 아래도 같습니다.[125]

주씨(朱氏)가 말했다. "물(物)은 일〔事〕과 같다. 흥(興)은 들어올리는 것〔擧〕과 같다. 세 가지 일에 대한 교육이 끝났다고 알리면 향대부(鄕大夫)가 현명하고 유능한〔賢能〕 이를 천거하여 손님의 예로써 대우했다."

첫째는 여섯 가지 덕〔六德〕이니, 지(知)·인(仁)·성(聖)·의(義)·충(忠)·화(和)이다.

주씨가 말했다. "지(知)는 옳고 그름〔是非〕을 분별하는 것이다. 인(仁)은 개인적인 욕망〔私欲〕이 없는 것이다. 성(聖)은 모든 것에 통달한 것이다. 의(義)는 결단〔斷制〕이 있는 것이다. 자기 마음을 다하는 것을 충(忠)이라 하고, 어긋남〔乖戾〕이 없는 것을 화(和)라고 한다."

둘째는 여섯 가지 행실〔六行〕이니, 효(孝)·우(友)·목(睦)·인(婣)·임(任)·휼(恤)이다.

---

125 『周禮』「地官司徒」

주씨가 말했다. "효(孝)는 부모에게 효도하는 것이다. 우(友)는 형제 사이에 우애가 있는 것이다. 목(睦)은 친족[九族]과 화목하게 지내는 것이다. 인(姻)은 어머니 쪽의 겨레붙이[外親]를 친하게 대하는 것이다. 임(任)은 벗들에게 신임이 있는 것이다. 휼(恤)은 가난하고 곤궁한[貧窮] 이를 구제해주는 것이다."

셋째는 여섯 가지 기예[六藝]이니, 예(禮)·악(樂)·사(射)·어(御)·서(書)·수(數)이다.

주씨가 말했다. "예(禮)는 다섯 종류의 예[五禮][126]이다. 악(樂)은 여섯 가지 음악[六樂][127]이다. 사(射)는 다섯 가지 활쏘기 방법[五射][128]이다. 어(御)는 다섯 가지 수레 모는 방법(五御)[129]이다. 서(書)는 여섯 가지 글씨 쓰는 방법(六書)[130]이다.수(數)는 아홉 가지 셈법(九數)[131]이다." ○ 진씨(陳氏)가 말했다. "예로써 사리에 합당하게 처신하고[制中], 음악으로써 조화를 이끌며

---

126 제사를 지내는 예인 吉禮, 관례와 혼례에 관한 嘉禮, 빈객을 대하는 예인 賓禮, 군대에서 행하는 예인 軍禮, 장사를 지내는 예인 凶禮이다.

127 황제의 음악인 雲門, 요임금의 음악인 咸池, 순임금의 음악인 大韶, 우왕의 음악인 大夏, 탕왕의 음악인 大濩, 무왕의 음악인 大武이다.

128 화살이 射布인 侯에 꽂혀서 侯를 꿰고 지나가 촉만 희게 보이는 白矢, 먼저 한 대를 쏘고 잇달아 세 대를 쏘는 參連, 화살 깃의 머리[羽頭]는 높고 촉은 낮게 하여 번쩍이며 날아가는 剡注, 신하가 임금과 함께 활을 쏘는데 임금과 나란히 서지 않고 한 자 뒤로 물러나는 襄尺, 화살 네 대로 사포를 꿴 모습이 우물 井 자 모양인 井儀이다.

129 또는 五馭. 수레가 달릴 때 和鸞이라는 수레의 방울 소리가 서로 호응하게 모는 鳴和鸞, 골짜기의 절벽을 따라 수레를 몰되 물에 떨어지지 않게 하는 逐水曲, 천자를 나타내는 표시나 자리를 지날 때 예의를 갖추는 過君表, 도로를 통과하면서 자유자재로 달려가는 舞交衢, 사냥을 할 때 짐승을 좇으면서 왼쪽에서 활을 쏘아 잡는 逐禽左이다.

130 한자를 구성하는 여섯 가지 법. 象形, 會意, 轉注, 處事, 假借, 諧聲 또는 指事, 象形, 形聲, 會意, 轉注, 假借

131 토지면적을 측정하는 방법인 方田, 물자의 교역과 매매를 셈하는 粟米, 비례를 나누는 방법인 差分, 평방과 입방을 재는 少廣, 공정에 드는 힘을 계산하는 商功, 배, 수레, 말, 사람의 운임을 계산하는 均輸, 방정식을 계산하는 方程, 남는 것과 부족한 것을 셈하는 不足, 삼각형의 면적을 구하는 句股이다.

〔導和〕, 활쏘기로써 덕행을 관찰하고, 수레를 모는 것으로써 말을 다루는 것을 바르게 하며, 글씨를 쓰는 것으로써 군자인지 소인인지 마음의 획〔心畫〕을 보고,[132] 수를 세는 것으로써 사물의 변화에 대처한다. 이것은 모두 지극한 이치가 깃들어 있어서 일상생활의 쓰임에서 빠뜨려서는 안 되는 것들이다." ○ 정자가 말했다. "온 세상을 다스리는 것을 잘 말하는 사람은 법도가 확립되지 않은 것을 근심하지 않고 인재가 양성되지 않은 것을 근심하며, 자신의 수양을 잘 하는 사람은 기질이 아름답지 않은 것을 근심하지 않고 스승의 교육〔師學〕이 밝지 못한 것을 근심한다. 인재가 양성되지 못하면 비록 좋은 법과 아름다운 의지가 있다 하더라도 누구와 더불어 이것을 행하겠는가? 스승의 교육이 밝지 못하면 비록 도를 받아들일 수 있는 바탕이 있다 하더라도 누구와 더불어 그것을 이루겠는가?" ○ 또 말했다. "옛날 사람들은 어려서 배울 때부터 나가거나 들어오거나 귀와 눈으로 듣고 보는 것이 모두 선한 것이었고, 자라서도 기이한 것〔異物〕을 보지 않았기 때문에 인격을 성취하기가 쉬웠다. 지금 사람들은 어려서부터 보는 것이 모두 선하지 않은 것이고, 겨우 말을 할 수 있게 되자마자 곧 더럽고 나쁜 것에 습관이 들어서 날마다 본성을 녹여 없애니 다시 무슨 천리(天理)가 있겠는가? 본래 사람의 도리〔人理〕는 다 했지만 아직 보편적인 본성〔秉彝〕을 약간이나마 지니고 있어서 다 녹여 없애지는 못한다. 그러므로 또한 이렇게 하루를 보내는 동안에 얼마간의 간사한 거짓〔巧僞〕을 일으키고 얼마간의 간계〔機穽〕를 싹틔운다. 이런 것에 영향을 받아〔熏烝〕 기(氣)로써 기(氣)를 움직이게 하니 성현(聖賢)이 나지 않고 온화한 기운〔和氣〕이 나타나지 않는 것은 당연한 일이다. 평상시 혹 약간 시절이 화평하고 풍년이 드는 것은 또한 요행히 그런 것이다. 만약 그렇지 않다면 무엇 때문에 옛날에는 같은 때나 같은 집에서 성인이 함께 났는데

---

132 글씨를 心畫이라고 함. 『法言』 「問神」에 "말은 마음의 소리이며 글씨는 마음의 획이다. 소리와 획이 형성되면, 군자인지 소인인지 알 수 있다. 소리와 획은 군자와 소인이 감정을 표현하는 수단이다."라고 하였다.

후세에 이르러서는 수천 년 동안 나오지 않는단 말인가?"

『주역』에서 말했다. "위에 하늘이 있고 아래에 못이 있는 것이 이괘(履卦)이다. 군자는 이것을 본받아 위아래를 분별하고 백성의 의지〔民志〕를 안정시킨다."

「이괘(履卦)·상사」입니다.

정자가 말했다. "위아래의 분별이 분명해진 뒤에야 백성의 의지가 정해지고 백성의 의지가 안정된 뒤에야 다스림을 말할 수 있다. 백성의 의지가 정해지지 않으면 온 세상을 다스릴 수 없다. 옛날에는 공경대부(公卿大夫)와 그 아래의 지위에 저마다 합당한 덕을 갖춘 사람이 있었기 때문에 죽을 때까지 그 자리에 있으면서 자기의 분수를 얻었다. 만약 지위가 덕에 걸맞지 않으면 임금이 그를 승진시켰고, 선비가 학문을 닦아서 학문이 경지에 이르면 임금이 그를 구하였는데, 이는 모두 자기가 관여할 것이 아니었다. 농부〔農〕·기술자〔工〕·장사치〔商賈〕는 자기 일을 부지런히 하여도 누리는 것에는 한계가 있었으므로 모두 정해진 의지가 있어서 온 세상 사람의 마음이 하나가 될 수 있었던 것이다. 후세에는 일반 선비들〔庶士〕로부터 공·경에 이르기까지 날마다 존귀하고 영화로운 자리에 뜻을 두고, 농부·기술자·장사치는 날마다 부유하고 사치함에 뜻을 두어 모든 백성〔億兆〕의 마음이 서로 이익에만 치달려 온 세상이 어지러워졌으니, 어떻게 해야 마음이 하나가 되겠는가? 어지러워지지 않기를 바라나 어려운 일이다. 이것은 위아래에 정해진 의지가 없기 때문이다. 그러므로 군자가 이괘의 상(象)을 관찰하여 위아래를 분별하고 저마다 자기 분수에 합당하도록 함으로써 백성의 마음과 의지〔心志〕를 안정시킨다." ○ 공자가 말했다.[133] "귀천에 등급이 있고 의복에 분별이

---

133 『禮記』「坊記」

있으며, 조정에 지위가 정해져 있으면 백성은 겸양하게 될 것이다."

『시경』에서 말했다. "솔개〔鳶〕는 하늘 높이 날아오르고 물고기는 못에서 뛰어오르네. 단정하구나〔豈弟〕, 우리 군자여! 어찌〔遐〕 어찌 하(何) 자입니다. 사람을 진작시키지〔作人〕 않겠는가?"

「대아 · 한록(旱麓)」입니다.

　상채 사씨(上蔡謝氏)가 말했다. "솔개가 하늘 높이 날아오르고 물고기가 못에서 뛰어오르는 것은 위아래가 저마다 제자리를 얻은 것이다. 시인이 이와 같은 기상은 주나라〔周家〕에서 사람을 진작시키는 것과 같다고 한 것이다." ○ 주자가 말했다. "이 시는 문왕의 덕을 읊어서 노래한 것이다."

훌륭한〔皇〕 많은 선비들이 이 나라〔王國〕에 태어났네. 이 나라가 많은 선비를 길러내니, 이들은 주나라의 기둥〔楨〕이로다. 선비가 많고 많아〔濟濟〕 문왕이 평안하리라.

『시경』 「대아 · 문왕」입니다.

　주자가 말했다. "이것은 문왕의 나라가 많은 선비를 배출할 수 있었기 때문에 이들이 나라의 기둥〔幹〕이 될 수 있고, 문왕도 이들 덕에 평안하게 되리라는 말이다." ○ 정자가 신종(神宗)에게 아뢰었다〔告〕.[134] "지금 온 세상이 쇠미하여 인심이 날로 야박〔偸薄〕해지고, 말세의 습속이 떠들썩하여〔嘵嘵〕 다시 염치가 없습니다. 이것은 또한 대체로 덕을 높이고 도를 즐기는 조정의 기풍이 믿음직하지〔孚〕 못하고, 돈독하고 성실하며〔篤誠〕 충직하고 후덕한〔忠厚〕 교화가 여전히 막혀 있기 때문입니다. 오직 폐하께서 성인의 가르침

---

134 『二程集』「河南程氏文集 · 上殿箚子」

을 상고하고 선왕의 다스림을 본받아서 한결같은 마음과 성실한 의지로 하늘의 강건(剛健)함을 몸으로 체득하여 힘써 행한다면 온 세상이 크게 다행스러울 것입니다." 이것은 사람을 가르치는 일의 근본이 자신을 닦는[自修] 데 있다는 말입니다. ○ 또 말했다.[135] "한(漢)에서 현량과(賢良科)로 책문(策問, 정치에 관한 계책을 물어 답하게 하는 과거의 한 과목)을 통해 인재를 뽑았다고 하지만 이는 오히려 남들이 천거를 한 것이다. 공손홍(公孫弘)과 같은 사람도 남들이 억지로 일으켜 세워 책문에 응했는데 후세의 현량(賢良)들은 스스로 등용해주기를 요구했을 뿐이다. 만약 '나는 다만 임금을 직접 대면하여[廷對] 세상의 일을 직언(直言)하고 싶은 마음이 있다.'라고 하는 사람이 과연 있다면 이 또한 숭상할 만하다. 만약에 부귀에 뜻이 있을 때에는 뜻을 얻게 되면 바로 교만하고 방종해지며, 뜻을 잃으면 곧 무엇에나 구애받지 않고 제멋대로 행동하고[放曠] 비탄과 수심에 빠질 뿐이다." ○ 또 조정에 진언하였다.[136] "온 세상을 다스리는 것은 풍속을 바로잡고 현명한 인재를 얻는 것을 근본으로 삼아야 합니다. 마땅히 먼저 측근의 신하[近侍]와 현명한 유학자[賢儒], 모든 집사들[百執事]을 예법에 맞게 초빙하여 임명하고[禮命], 마음을 다하여 덕행과 업적[德業]이 충실하게 갖추어져 사표(師表)가 될 만한 사람을 찾아보아야 합니다. 다음으로 예를 갖추어 사람을 파견하여[敦遣] 의지를 확고하게 지니고 학문을 좋아하며[篤志好學], 재질이 뛰어나고 행실을 올바르게 닦은[才良行修] 이를 초빙하여[延聘] 서울[京師]에 모아놓고 아침저녁으로 서로 바른 학문[正學]을 강론하여 밝히게 해야[講明] 합니다. 그런데 그 도는 반드시 인륜에 근본을 두고 사물의 이치[物理]를 밝혀야 하며, 그 가르침은 『소학』의 물 뿌리고 청소하며 인사하고 사람을 대하는[灑掃應對] 데서부터 시작하여 효제충신(孝悌忠信)을 닦고, 예와 음악을 두루 사용하는 데까지 이르러야 합니다. 부축

---

135 『二程集』「河南程氏遺書 · 端伯傳師說」
136 『二程集』「河南程氏文集 · 請修學校尊師儒取士箚子」

하고 격려하여 점차 감화시켜 성취해 나아가는 방법에는 다 절차[節序]가 있는데, 그 요령은 선을 택하고 몸을 닦아서 온 세상을 교화하는 데 이르고, 시골 사람[鄕人]에서부터 성인의 도에 이를 수 있게 하는 데 있으니 학식과 행실이 모두 이에 걸맞은 사람이 덕을 이루는[成德] 것입니다. 재주와 식견이 밝고 통달하여 선으로 나아갈 수 있는 이를 택하여 날마다 학업을 받게 하고 그 가운데 학문이 밝고 덕행이 높은 이를 택하여 태학(太學)의 스승으로 삼고, 그 다음 사람에게 세상의 학교에 나누어 보내 가르치게 하십시오. 선비를 선발하여 학교에 입학시키고 현(縣)에서 주(州)의 교육기관으로 뽑아 올리며, 주(州)에서 태학(太學)으로 천거하면[賓興] 태학에서는 이들을 모아서 가르칩니다. 그리고 해마다 그 가운데 현명한 이와 재능이 있는 이를 조정에 선발하여 올립니다. 대체로 선비를 선발하는 법은 성품과 행실[性行]이 반듯하고 깨끗하며, 집에서는 효도와 우애[孝悌]를 실천하며, 깨끗하고 부끄러움을 알고[廉恥] 예절바르고 겸손하며[禮遜], 학업에 밝게 통달하고 정치의 도리에 환하게 통달한 사람을 뽑는 것입니다."

이상은 학교를 일으켜 선비의 습성[士習]을 바로잡는 것을 말한 것입니다.

○ 『주역』에서 말했다. "산 위에 나무가 있는 것이 점괘(漸卦)이다. 군자가 이것을 본받아 현명한 덕[賢德]에 머물러 풍속을 선하게 한다."

「점괘(漸卦)·상사(象辭)」입니다.

정자가 말했다. "산 위에 나무가 있는데, 그 때문에 나무가 높은 것이다. 이것이 점괘의 뜻이다. 군자는 점괘의 상(象)을 관찰하고서 현명하고 선한 덕에 머물면서 풍속을 아름답게 변화시킨다. 풍속을 바꾸는 것[移風易俗]은 짧은 시일에 이룰 수 있는 것이 아니다. 그러므로 선한 풍속은 반드시 점차 이루어가는 것이다."

성왕(成王)이 군진(君陳)에게 명했다. "백성이 태어날 때에는 성품이 두터운데 사물에 영향을 받아 바뀌는 것이다. 그래서 윗사람의 명령을 어기고 윗사람이 좋아하는 것만 따르려고 한다. 그대가 보편적인 도리를 경건하게 지켜〔敬典〕 덕을 몸에 드러낼〔在德〕 수 있다면 이에 곧 변하지 않는 사람이 없어 진실로 큰 도〔大猷〕에 오르게 될 것이다."

「주서·군진(君陳)」입니다.[137]

채씨(蔡氏)가 말했다. "이 말은 다음과 같은 뜻이다. 백성이 태어날 때에는 성품이 본래 두터웠는데 점차 엷어지는〔澆薄〕 까닭은 습속(習俗)에 영향을 받아 사물로 옮겨졌기 때문이다. 그러나 두터웠던 것이 바뀌어서 엷어졌다면 엷어진 것이 어찌 도로 두터워질 수 없겠는가? 엷어진 것을 돌이켜 두터워지게 하는 것은 따뜻하고 부드러운 말이나 웃는 얼굴〔聲音笑貌〕로만 되는 것이 아니다. 백성은 본래 윗사람의 명령을 따르지 않고 윗사람이 좋아하는 것만 따르는데, 『대학』에서[138] '그 명령하는 것이 그가 좋아하는 것과 반대되면 백성은 따르지 않는다.'라고 한 것도 이 뜻이다. 경전(敬典)이란 임금과 신하, 부모와 자식, 형과 아우, 남편과 아내, 벗과 벗 사이의 보편적인 도리〔常道〕를 경건하게 지키는 것이다. 재덕(在德)이란 보편적인 도리〔典常〕를 터득하여 몸에 드러나게 하는 것이다. 대체로 보편적인 도리를 경건하게 지킬 줄 알아도 덕을 몸에 지닐 줄 모르면 도리와 나는 별개의 것〔二〕이나 같다. 오직 보편적인 도리를 경건하게 지키고 덕을 지녀야만 경건하게 지키는 도리가 모두 실제로 나에게 있게 된다. 진실이 사람을 감동시키는 것은 채로 북을 울리는 것보다 빠르다. 이 때문에 이에 변화하지 않는 사람이 없어서 참으로 큰 도에 오르게 되는 것이다."

---

137 『書經』「周書·君陳」
138 『大學』傳 9章

대사도(大司徒)는 향(鄕)의 여덟 가지 형벌[八刑]을 가지고 만민을 바르게 한다. 첫째는 불효의 형벌이다. 둘째는 화목하지 않은 것[不睦]에 대한 형벌이다. 셋째는 인척간에 친하지 않은 것[不嫻]에 대한 형벌이다. 넷째는 공경하지 않는 것[不弟]에 대한 형벌이다. 다섯째는 벗에게 신의가 없는 것[不任]에 대한 형벌이다. 여섯째는 남을 구제하지 않는 것[不恤]에 대한 형벌이다. 일곱째는 유언비어를 퍼뜨리는 것[造言]에 대한 형벌이다. 여덟째는 백성을 어지럽히는 것[亂民]에 대한 형벌이다.

『주례』입니다.[139]

　주씨(朱氏)가 말했다. "세 가지 일[三物]에 관한 가르침을 따르지 않으면 여덟 가지 형벌[八刑]을 제정하여 바로잡는다."

도에는 오르내림[升降]이 있고, 정치는 풍속에 따라 바뀐다. 선한 것을 선하게 여기지 않으면 백성을 권면할 수 없다.

『주서·필명(畢命)』입니다. 아래도 같습니다.[140]

　채씨(蔡氏)가 말했다. "'오르내림이 있다.'라는 것은 융성할 때도 있고 쇠퇴할 때도 있다는 말과 같다. 정치를 하는 사람은 풍속에 따라 바꾸고 고친다."

선한 사람[淑]과 악한 사람[慝]을 표창하고 구별하여[族別] 선한 사람이 사는 마을을 특별히 드러내며[表], 선한 것을 표창하고[彰善] 악한 것을 병으로 여겨[癉惡] 선한 사람의 명성[風聲]을 세워주고, 교훈과 법도[訓典]를 따르지 않으면 마을의 경계[井疆]를 다르게 하여 그들로 하여금 악을 두

---

139 『周禮』「地官司徒」
140 『書經』「周書·畢命」

려워하며 선한 것을 사모하게 하라.

채씨가 말했다. "숙(淑)은 착한 것이고, 특(慝)은 악한 것이며, 단(癉)은 병이다. 선한 사람이 사는 마을을 특별히 드러낸다는 것〔表異〕은 성문이나 마을의 문〔門閭〕에 정표(旌表)를 세워주는 것과 같은 것이다. 선한 일을 하는 사람은 드러내고 선하지 않은 일을 하는 사람은 병으로 여겨 선을 행하는 사람의 명성〔風聲〕을 세워 당시에 드러내고 후세에 전해주는 것인데, 이른바 '착한 사람을 정표하는 것〔旌淑〕'이다. 교훈과 법도를 따르지 않는 사람은 마을〔井里〕의 경계〔疆界〕를 달리하여 선한 사람들과 함께 섞여 살지 못하게 하는 것이다. 『예기』에서[141] '변하지 않으면 교(郊)에 옮기고, 수(遂)에 옮긴다.'라고 한 것이 바로 이 법이다. 악한 일을 하여 얻는 재앙을 두려워하게 하고 선한 일을 하여 얻는 복을 사모하게 하는 것이 이른바 '악한 사람을 구별하는 것〔別慝〕'이다."

『주역』에서 말했다. "내가 한 일을 살펴보아서 군자다우면 허물이 없다."

「관괘(觀卦)」, 9·5효사」입니다.

정자가 말했다. "9·5효(九五爻)는 임금의 자리에 있다. 세상〔時〕이 다스려지고 혼란한 것〔治亂〕과 풍속이 아름답고 악한 것〔美惡〕이 나에게 달렸을 뿐이다. 만약 온 세상의 풍속이 모두 군자답다면 이것은 내가 행한 정치와 교화〔政化〕가 선한 것이므로 곧 허물이 없다. 만약 온 세상의 풍속이 군자의 도에 부합하지 않다면 이것은 내가 행한 정치가 선하지 않은 것이므로 허물을 면할 수 없다."

---

141 『禮記』「王制」

이상은 선한 것과 악한 것[淑慝]을 분별하여 풍속을 바로잡는 것을 말한 것입니다.

○ 천자는 하늘과 땅[天地]에 제사 지내고, 제후는 사직(社稷)에 제사 지내며, 대부는 집 안팎의 다섯 곳[五祀]에 제사 지낸다. 천자는 온 세상의 이름난 산[名山]과 큰 강[大川]에 제사 지내고, 제후는 자기 영토 안에 있는 산천에 제사 지낸다.

『예기』입니다.[142]

주자가 말했다. "천자가 하늘과 땅에 제사 지내고, 제후가 국내의 산천에 제사 지내는 것은 다만 이들이 나에게 속해 있기 때문이다. 그러므로 내가 그것에 제사를 지낼 수 있다. 만약 나에게 속해 있지 않다면 내 기운[氣]이 그것과 더불어 서로 감응하지 못하니 어찌 제사를 지낼 수 있겠는가?"

공자가 말했다. "관련 없는 귀신[非其鬼]에게 제사 지내는 것은 아첨[諂]하는 것이다."

『논어』입니다.

주자가 말했다. "관련 없는 귀신이라는 것은 마땅히 제사를 지내야 할 귀신이 아니라는 말이다. 아첨이란 잘 보이기를 구하는 것이다."

『시경』에서 말했다. "화락한[豈弟] 군자는 복을 구하는 데 간사하지[回] 않네!"

「대아 · 한록(旱麓)」입니다.

---

142 『禮記』「王制」

주자가 말했다. "회(回)는 간사한 것[邪]이다." ○ 정씨(鄭氏)가 말했다. "이 시는 문왕이 복을 구하되, 덕을 닦아서 기다렸을 뿐 간사한 행동으로 요구하지 않았다는 것을 말한다." ○ 주자가 「봉사(封事)」를 올려 말했다.[143] "신이 듣건대, '하늘에는 명확한 법도[顯道]가 있어서 그 보응[類]이 매우 밝다.'[144] 고 합니다. 선한 일을 한 사람에게는 온갖 상서[百祥]를 내려주고 악한 일을 한 사람에게는 온갖 재앙[百殃]을 내려줍니다. 이 때문에 사람의 재앙과 복[禍福]은 모두 자신이 취하는[自取] 것입니다. 선한 일을 하지 않고 아첨하여서 복을 얻는 사람은 없고, 악한 일을 하지 않고 바른 것을 지켜서 재앙을 얻는 사람은 없습니다. 하물며 제왕은 실로 하늘의 명[天命]을 받아서 교(郊)[145] ·종묘[廟]·사직(社稷)·신(神)·사람[人]의 주인이 되었으니, 만일 덕을 닦고 정치를 행하여 온 백성[兆民]을 편안하게 하고 구제한다면[康濟] 어찌 푸닥거리를 해야만 재해(災害)가 사라지고 빌어야만 복록(福祿)이 이르겠습니까? 만약 이와 반대로 하면 하늘에 죄를 얻어서 사람이 원망하고 신이 노여워할 것인데, 비록 악귀를 물리치고 품행이 단정한 사람[眞人][146]을 오게 하려고 해도 아무 소용이 없을 것입니다. 또 하물며 선왕이 예를 제정하여 천자로부터 서인에 이르기까지 근본에 보답하고[報本] 부모를 제사 지내는 것[享親]에 모두 보편적인 법도[常典]가 있고, 제사에 사용하는 제물과 제기[牲器], 시일(時日)을 정하는 것에도 모두 보편적인 법도[常度]가 있어서 이승에서[明] 예와 음악으로 제사 지내고 저승에서[幽] 귀신이 제사를 흠향하는 것 사이에 한 이치[一理]가 관통하여 애초에 간격이 없는 것이겠습니까? 참으로 예를 갖추지 않은 제사는 귀신이 흠향하지 않는 것입니다. 이 때문에 자기와 관련이 없는 귀신에게 제사를 지내면 곧 음사(淫祀)가 됩니다. 음사에 복이 없다

---

143 『朱子全書』「己酉擬上封事」
144 『書經』「周書·泰誓·下」
145 천자가 하늘과 땅에 지내는 제사. 郊祭를 지내는 궁실.
146 『朱子全書』의 원문에는 지조를 굳게 지키는 사람이라는 뜻의 貞人으로 되어 있다.

고 경전〔經〕에서 글로 밝혀놓은 것〔明文〕은 본래 이런 말을 내걸어서 음사를 금하려는 것이 아니라 이치가 저절로 그러하여 바꿀 수 없기 때문입니다. 음사에서 혹 황홀한 사이에 신의 내림〔影響〕이 있는 것도 같은 것은 곧 마음에 주관이 없어서 그런 것인데, 터무니없이 근심하고 의심하여 마침내 무당〔巫祝〕과 요사스런 사람〔妖人〕이 그 틈을 타고 기회를 엿보아〔乘間投隙〕 간사한 속임수를 마음대로 부리는 것입니다. 속이고 미혹하는 술수가 행해지면 그 재앙이 장차 이르지 않는 곳이 없게 될 것입니다. 옛날이나 지금이나 이 때문에 어지러움과 멸망〔亂亡〕을 앉아서 불러들인 경우를 어찌 이루 다 헤아릴 수 있겠습니까? 본보기로 삼을 것이 또한 멀리 있지 않습니다. 참으로 학문을 정밀하게 이루어 성명(性命)의 이치〔理〕를 밝혀 이 마음으로 하여금 환하여〔洞然〕 의심스럽고 미혹되는 것이 없어서 마땅히 있어야 할 것은 있고 없어야 할 것은 없게 하지 않는다면 또한 무엇에 근거하여 예를 굳게 잡고 법을 지켜서〔秉禮執法〕 요망함의 근원을 끊을 수 있겠습니까? 선왕의 정치는 옳지 못한 도〔左道〕를 잡고서 정치를 어지럽히거나〔亂政〕 귀신을 빌려서 대중을 의혹하게 하는 사람은 모두 반드시 처벌하고 봐주지 않았으니, 그 헤아림이 깊었던 것입니다. 그러나 『전(傳)』에 '천지의 본성〔性〕에 밝은 사람은 귀신이나 요괴〔神怪〕로써 미혹시킬 수 없고, 만물의 실정에 밝은 사람은 터무니없는 것〔非類〕으로써 가릴〔罔〕 수 없다.'[147]라는 말이 있는데, 망령된 것은 대체로 살피기가 그다지 어려운 것이 아닙니다. 폐하〔聖明〕께서 이 점에 유의하신다면 온 세상이 크게 다행할 것입니다."

이상은 제사의 법도〔祀典〕를 바로잡아 귀신과 요괴〔神姦〕를 끊는 것을 말한 것입니다.

---

147 『前漢書』 「郊祀志 · 下」. 전한서 등 대부분의 문헌에는 '만물의 실정에 밝은〔明〕'이 '만물의 실정을 깨달은〔知〕'으로 되어 있다. 『歷代名臣奏議』, 『經濟文衡』, 『大學衍義補』, 『晦庵集』 등에는 知로 되어 있다.

　　신이 생각건대, 하늘이 이 백성을 낳고 사목(司牧)을 세웠는데, 사목은 사실 임금과 스승[君師]을 겸하였습니다. 목자(牧者)로써 그들을 기르고, 임금으로써 그들을 다스리며, 스승으로써 그들을 가르친 뒤에야 이 백성이 삶을 편안히 누리고, 악을 고치며 선을 일으킬 수 있었습니다. 삼대 이전에는 이 셋이 저마다 자기의 도리를 다했으므로 정치가 이루어지고 교화가 행해져서 위에서는 다스림이 융성하며 아래에서는 풍속이 아름다웠습니다. 후세로 내려오면서부터 도학(道學)이 행해지지 않아 임금이 스스로 몸소 실천하는[躬行] 실상이 없어 본보기가 되어 사방을 바르게 하지[表正] 못하고 다만 법령으로 한 시대[一世]를 지탱했을 뿐입니다. 그 사이에 자애롭고 어진[慈仁] 임금이 있어서 혹 이 백성을 늘리고 가멸게[富庶] 한 일도 있었지만 교화에 대해서는 들어본 적이 없으니 인륜[彝倫]이 차례를 잃고 풍속이 퇴패(頹敗)한 것이 어찌 이상한 일이겠습니까? 옛 도[古道]가 행해지지 않은 지 오래되어 보통 사람은 귀에 익고 눈에 익은 것만 모두 당연하게 생각하고 도리어 옛 도를 깜짝 놀랄 만한 것으로 여겨 지사(志士)가 분개하고 한탄하여 마지않는 것입니다. 이른바 저 옛 도는 태산을 끼고 북해를 건너뛰며[挾山超海] 하늘에 오르고 허공을 달리는 것[陵空駕虛]과 같은 것을 말하는 게 아닙니다. 다만 부모와 자식 사이에는 사랑[仁]을 다하고, 임금과 신하 사이에는 의리[義]를 다하고, 남편과 아내 사이에는 분별[別]을 다하고, 어른과 어린이 사이에는 예[禮]를 다하고, 벗들 사이에는 믿음[信]을 다하는 것을 말합니다. 이것은 모두 타고난 본성[天性]에 뿌리를 두고 나와 아름다운 덕[懿德]이 된 것이지 본래 행하기 어려운 것은 아닙니다. 오직 앞으로는 기품(氣稟)에 얽매이고, 뒤로는 물욕(物欲)에 빠진 데다 생업[産業]에는 일정한 대책[恒]이 없어서 이리저리 뒹굴며 살 곳을 잃고, 죽음을 면하는 것조차 부족하여 양심을 잃어버리며, 형벌[刑辟]이 두렵다는 것만 알 뿐 명예와 절개[名節]를 지켜야 한다는 것은 근심하지 않아 간사함을 더하고 거짓을 늘려서 교묘하게 법망을 피할 뿐입니다. 이에 윗사람은 교화의 방법이 있다는 것을 생각하지 않고 다만 형법(刑法)이 세밀하지 못한 것만 걱정하여 조항이나 조목[科條]을 더 첨가하여 속이는 것을 막으려 하는데, 법이 세밀할수록 간사함은 더욱 심해집니다. 그래서 풍속이 날로 무너지고 세상의 도리[世道]가 날로 상스러워 구제할 수 없게 되는 것입니다. 혹 분을 내어 세상의 악습을 바로잡을 생각을 하는 사람이 있지만 그들도 가르침을 베푸는 데는 근본[因]이 있고, 백성을 교화하는 데는 차례[漸]가 있다는 것을 알지 못하고 다만 명분만 떠받들고 실상을 얻지 못하며, 근본을 뒤로 하고 말단을 먼저하여 가르침은 있어도 효과가 없습니다. 이에 세상 사람 가운데 마음대로 방종하기를 즐기고 바로잡고 단속하기[繩撿]를 꺼리는 사람이 틈을 타 힘써 공격하여 옛 도는 진실로 회복할 수 없는 것이라고 합니다. 이것은 물 한 잔으로 수레 한 채의 섶에 붙은 불을 끄려다가 물은 불을 이길 수 없는 것이라 하는 것과 무엇이 다르겠습니까? 반드시 임금이 먼저 몸소 실천하기에 힘쓰고 현명한 이를 얻어 함께 다스리며, 조정의 명령이 인심을 기꺼이 복종시키고[悅服], 어렵고 의탁할 곳 없는[顚連無告] 백성으로 하여금 모두 떨쳐 일어날 생각을 품게 한 뒤에 폐단[弊瘼]을 제거하여 괴로움을 해결해주며, 마을[田里]을 정해 살길을 이루어주고, 학교를 설립하여 가르쳐서 갈 길을 가리켜주며, 예를 제정하여 단속해서 절도[撿節]를 지키게 하고, 향사(鄕射)와 향음주(鄕飮酒)의 의례(儀禮)를 만들어 화락하게 이끌며, 선을 표창하여[旌善] 권장함으로써 나아갈 곳을 결단하게 하고, 악을 미워하여 징계함으로써 돌아서야 할 것에서 결단코 돌아서게 하면 학교에서는 교육이 성대하게 이루어지고, 지역사회[鄕黨]에서는 공경하고 사양하는 풍속이 일어나 한 시대에 큰 도[大猷]가 융성해지고 형법을 버려두고 쓰지 않으며 예와 음악이 성대할 것입니다. 어찌 참으로 옛 도를 오늘날에 실시할 수 없겠습니까? 어떤 사람이 "이렇게 하기만 하면 그런 결과를 얻을 수 있겠지만 반드시 임금이 몸소 실천하여 먼저 백성을 늘리고 가멸게 하기를 기다린 뒤에야 가르침을 베풀 수 있다면 임금이 몸소 실천하는 날이 없고, 백성을 늘리고 가멸게 할 기약이 없을 때에는 끝내 가르침을 베풀 날이 없지 않겠는가?" 하고 물어서 신은 이렇게 대답하였습니다. "임금이 만일 몸소 실천할 줄 모르고 백성을 기르는 데 힘쓰지 않으면 이것은 앉아서 망하기를 기다리는 것이라 구제할 방책이 없을 것이니 어찌 옛 가르침을 베풀 수 있겠는가? 또한 만약에 반드시 임금이 덕을 이루고, 이 백성〔斯民〕이 늘어나고 가멸기를 기다린 뒤에야 가르침을 베풀겠다고 하면 이 또한 하나에만 집착하여 변통할 줄 모르는〔執一〕 주장이다. 오로지 임금이 바야흐로 몸소 실천할 뜻을 세우고, 바야흐로 사랑을 베푸는 정치〔仁政〕를 펼치며, 차츰차츰 가르침을 베풀어 나가면 기르는 것과 가르치는 것이 병행하여 함께 이루어질 수 있을 것이다. 백성을 교화하는 도리는 그 요령이 이와 같다." 엎드려 바라건대 전하께서는 힘써 노력하십시오.

제10장 위정공효 (爲政功效, 정치를 행함의 효과)

　신이 생각건대, 임금이 이미 가르치고 기르는 도리를 다하면 반드시 영향을 받아 감동하는〔風動〕 교화가 있어서 만세에까지 미칠 것입니다. 그러므로 여기에 그 공적과 효과를 밝혔습니다.

　큰 도〔大道〕가 행해진 때에는 온 세상이 공평무사하였다. 현명한 사람과 유능한 사람을 선발하여 일을 맡기고, 신의〔信〕를 말하며 이웃과 화목한 것을 중시했기 때문에 사람들은 자기 어버이만 어버이로 여기지 않고 자기 자식만 자식으로 여기지 않았다. 늙은이는 편안히 삶을 마칠〔終〕 수 있고 젊은이는 일할 곳이 있으며, 어린이는 양육을 받을 수 있고 홀아비나 과부·고아·자식이 없는 사람과 불구자도 모두 부양을 받았다. 이 때문에 간사한 꾀가 막혀서 일어나지 않고〔謀閉〕, 도적이 일어나지 않아서 대문을 열어놓고 닫지 않았다. 이것을 대동(大同)이라고 한다.

진씨(陳氏)가 말했다. "모폐(謀閉)는 간사한 꾀가 꽉 막혀서 일어나지 않는 것이다. 대동(大同)은 공평무사한 도〔公道〕가 크게 같아지는〔大同〕 세상이다."

맹자가 말했다. "패자(覇者)의 백성은 기뻐하고 즐거워하는〔驩虞〕 듯하고, 왕자(王者)의 백성은 드넓고 크게 스스로 만족하는〔皞皞〕 듯하다."

주자가 말했다. "환우(驩虞)는 몹시 즐거워하는 것〔歡娛〕과 같다. 호호(皞皞)는 스스로 크게 만족하는〔廣大自得〕 모습이다." ○ 정자가 말했다. "환우(驩虞)는 의도적으로 조작하여〔造爲〕 그렇게 된 것이니 어찌 오래갈 수 있겠는가? '밭을 갈아 밥을 먹고〔耕田〕, 우물을 파서 물을 마시니〔鑿井〕 임금의 힘이 나에게 무슨 관계가 있겠는가?'라고 하였다. 이것은 하늘이 저절로 그러함과 같은 것이니, 바로 왕자(王者)의 정치이다."

죽여도 원망하지 않고, 이롭게 해주어도 공〔庸〕으로 여기지 않는다. 백성이 날마다 선한 데로 옮겨 가면서도 누가 그렇게 만드는지 알지 못한다.

주자가 말했다. "이것이 이른바 호호(皞皞)하다는 것이다. 용(庸)은 공(功)이다." ○ 풍씨(豐氏, 豐稷)가 말했다. "백성이 미워하는 것을 근거로 하여 제거하는 것이지 죽이려는 데 마음을 둔 것이 아닌데 무슨 원망이 있겠는가?

---

148 『禮記』「禮運」
149 『孟子』「盡心 · 上」

백성이 이롭게 여기는 것을 근거로 하여 이롭게 해주는 것이지 이롭게 해주려는 데 마음을 둔 것이 아닌데 무슨 공으로 여길 것이 있겠는가? 저절로 그러한 성품을 도와서 스스로 만족하게 한다. 그러므로 백성은 날마다 선한 데로 옮겨 가면서도 누가 그렇게 만드는지를 알지 못한다.”

저 군자가 지나가는 곳은 교화되고[所過者化], 마음에 두는 것은 신묘해진다[所存者神]. 위아래가 천지와 함께 흘러가니, 어찌 도움이 적다고 하랴!

　　주자가 말했다. “군자는 성인(聖人)을 통틀어 말한 것이다. 지나가는 곳이 교화된다는 것은 성인이 몸소 지나가는 곳마다 교화되지 않는 사람이 없다는 것이다. 예를 들어, 순(舜)이 역산(歷山)에서 밭을 갈고 있을 때에는 밭을 가는 사람들이 모두 밭두둑을 양보하고, 하빈(河濱)에서 질그릇을 구울 때에는 그릇이 거칠고 찌그러진 것[窳] 窳는 음이 유(愈)입니다. 이 없었다는 것과 같다. 마음에 두는 것이 신묘해진다는 것은 성인이 마음을 두고 있는 것은 곧 신묘하여 헤아릴 수 없게 된다는 것이다. 예를 들어, 공자가 세우면 곧 서고, 이끌면 곧 따르고, 편안히 해주면 곧 이르고, 움직이면 곧 화답하는 것과 같은데,[150] 아무도 어떻게 해서 그렇게 되는지 알지 못하지만 그렇게 되는 것이다. 이것은 그 성대한 덕과 사업[德業]이 바로 천지의 변화 생성[化育]과 함께 운행하여 온 세상을 모두 도야[甄陶]하는 것이다. 패자(覇者)가 단지 자질구레하게 틈을 메우고 새는 곳을 땜질하듯이 하는 것과 다르다. 이것이 바로 왕도(王道)가 위대한 까닭이며, 배우는 사람이 마땅히 마음을 다해야 할 것이다.”

이 때문에 명성[聲名]이 중원[中國]에 넘치고 오랑캐[蠻貊]에까지 미쳐 배와

---

150 『論語』「子張」

수레가 이르는 곳, 사람의 힘이 통하는 곳, 하늘이 덮고 있는 곳, 땅이 싣고 있는 곳, 해와 달이 비추는 곳, 서리와 이슬이 내리는[隊] 隊는 음이 추(墜)입니다. 곳의 혈기(血氣)를 지닌 모든 것이 존경하고 사랑하기[尊親] 때문에 하늘에 짝한다[配天]고 한다.

『중용』입니다.[151]

주자가 말했다. "하늘에 짝한다는 것은 그 덕이 미치는 것이 하늘만큼 넓고 크다는 것을 말한다."

이상은 인(仁)이 온 세상을 덮는 효과를 말한 것입니다.

○ 『시경』에서 말했다. "아름답고[假] 가(假)는 아름다울 가(嘉)로 써야 합니다. 즐거운 군자(君子)여! 아름다운 덕[令德]이 드러나고 드러나네[顯顯]! 백성을 합당하게 대하고 벼슬아치를 합당하게 대하여 하늘로부터 녹(祿)을 받았네. 하늘이 거듭[申] 보호하여 돕고[保右] 명을 내려주네!"

「대아 · 가락(假樂)」입니다.

주자가 말했다. "군자(君子)는 임금을 가리킨다. 민(民)은 뭇 백성[庶民]이다. 인(人)은 벼슬에 있는[在位] 사람이다. 신(申)은 거듭하는 것이다. 임금의 덕이 이미 백성과 벼슬아치를 돌보아줌으로써 하늘의 녹[天祿]을 받았는데, 하늘이 임금에게 싫증을 내지 않고 거듭하여 돌보아주며[眷顧], 이미 보호하여 돕고 명하기를 거듭했다는 것을 말한다."

또 말했다. "문왕(文王)이 위에 있으니[在上], 오[於] 於는 음이 오(烏)입니다. 하늘

---

151 『中庸』31章

에서 밝게 살피네. 주나라는 비록 오래된 나라지만 그 명(命)은 새롭네[維新]!"

「대아 · 문왕」입니다.

주자가 말했다. "문왕은 이미 죽었으나 그의 영혼[神]이 위에 있어서 하늘에서 밝게 비추는데, 이 때문에 주나라가 비록 후직(后稷)이 처음 봉해진 때로부터 천여 년이 지났으나 천명을 받은 것은 이제부터 비롯되었다는 것을 말한다." ○ 동양 허씨(東陽許氏)가 말했다. "문왕은 밝은 덕[明德]을 밝혀 백성에게 미치게 하여서 정치와 교화[政敎]가 날마다 새로워져 처음으로 천명을 받았다." ○ 맹자가 등문공(滕文公)에게 말했다.[152] "『시경』에서 '주나라는 비록 오래된 나라지만 그 명은 새롭다!'라고 한 것은 문왕을 일컬은 것입니다. 그대도 힘써 행하면 또한 그대의 나라를 새롭게 할 수 있을 것입니다."

이상은 덕이 천심(天心)과 부합하는 효과를 말한 것입니다.

○『시경』에서 말했다. "막강한 사람이라 사방이 그를 따르네[訓]. 더할 나위 없이 드러난 덕을 모든 제후[百辟]가 본받네[刑]. 오호라[於乎]! 於는 음이 오(烏)입니다. 이전의 왕[前王]을 잊을 수 없네!"

「주송(周頌) · 열문(烈文)」입니다.

주자가 말했다. "이 사람보다 강한 사람이 없고, 이 덕보다 드러나는 덕이 없다. 전왕의 덕을 사람들이 잊지 못하는 까닭은 이 도를 썼기 때문이다. 이전의 왕[前王]은 문왕과 무왕을 말한다."

---

152 『孟子』「滕文公 · 上」

군자(君子)는 그들의 현명함을 현명하게 여기고 그들이 친하게 대하던[親] 이를 친하게 여기며, 소인은 그들이 즐겁게 해준 것을 즐거워하고 그들이 이롭게 해준 것을 이롭게 여겼다. 이 때문에 그들이 세상을 떠났지만 잊지 못하는 것이다.

『대학』입니다.[153]

주자가 말했다. "군자는 후세의 현자와 임금을 말하고, 소인은 후세의 백성을 말한다. 이것은 이전의 왕들이 백성을 새롭게 하여 지극한 선[至善]에 머물러서 후세의 온 세상 사람들로 하여금 자기 살 곳을 얻지 못한 사람이 한 사람[一物]도 없게 했기 때문에 그들이 이미 세상을 떠났지만 사람들이 그들을 사모하여 더욱 오래도록 잊지 못한다는 것을 말한다." ○ 또 말했다. "그들의 현명함을 현명하게 여긴다는 것은 전왕의 현명함을 들어서 알고 그 성대한 덕과 사업을 우러러보는 것이다. 그들이 친하게 대하던 이를 친하게 여긴다는 것은 전왕의 자손들이 그들의 덕을 보존하여서 후세의 군자가 전왕이 길러준[覆育] 은혜를 생각하는 것이다. 그들이 즐겁게 해준 것을 즐긴다는 것은 배불리 먹고 배를 두드리며 그 즐거움을 편안히 누리는 것이다. 그들이 이롭게 해준 것을 이롭게 여긴다는 것은 밭을 갈아 밥을 먹고 샘을 파서 물을 마시며 그 이로움을 누리는 것이다. 이것은 모두 선왕의 성대한 덕과 지극한 선의 남은 혜택[餘澤]이다."

이상은 혜택[澤]이 후세에까지 흘러가는 효과를 말한 것입니다.

신이 생각건대, 정치[爲政]의 효과는 인(仁)이 온 세상을 덮어 혜택이 후세에까지 흐르게 하는 것입니다. 성인으로서 할 수 있는 일[能事]이 여기에 더

---

153 『大學』 傳 3章

할 것이 없으니 높고도 원대〔高遠〕하여 거의 미치기 어렵다고 할 수 있습니다. 비록 그러하나 몸소 실천하는 데 근본을 두고 차례에 따라 차츰차츰 해나가면, 마치 길 가는 사람이 물러서지 않으면 반드시 집에 이르게 되고 밥 먹는 사람이 먹기를 그만두지 않으면 반드시 배부른 데 이르는 것과 같아서 애초부터 바람이나 그림자를 붙잡는〔捕風捉影〕 것처럼 효과를 얻을 수 없는 것에 견줄 것이 아닙니다. 다만 임금이 참으로 이것을 높고 원대하다고 여겨 아무것도 하지 않는 것만 걱정일 뿐입니다. 성왕(聖王)의 정치는 갖가지 책〔方冊〕에 다 기록되어 있어서 마치 그림쇠와 곱자〔規矩〕가 손에 있으면 모와 동그라미를 그릴 수 있는 것과 같습니다. 처음에는 비록 비뚤비뚤하더라도〔齟齬〕 나중에는 차츰 깔끔하고 익숙하게 그릴 수 있는데, 어찌 왕도정치를 시행할 수 없다고 근심하겠습니까? 임금의 병에는 모두 두 가지가 있습니다. 하나는 많은 욕심에 끌려 왕도정치를 행할 수 없다고 여기는 것이고, 다른 하나는 세상의 습속〔流俗〕에 빠져 왕도정치를 행하지 못한다고 여기는 것입니다. 많은 욕심에 끌리는 사람은 늘 개인적인 이해관계에 가려 공정하게 시비(是非)를 판단하지 못하고, 세상의 습속에 빠진 사람은 성현의 말씀보다 늘 거칠고 촌스러운〔鄙俚〕 담론에 굽힙니다. 후세에 다스려지는 날〔治日〕이 늘 적었던 것은 오직 이 때문입니다. 저 어짊과 의로움〔仁義〕을 몸소 실천하는 것은 천부의 덕〔天德〕이고, 백성〔生民〕을 가르치고 기르는 것은 왕도(王道)입니다. 후세의 임금들은 늘 "나 같은 소자(小子)가 어찌 감히 옛 도를 바라겠는가?" 하고 말하며 천부의 덕과 왕도에 관한 설은 옛사람들의 일이므로 나와는 관계가 없다고 생각하고, 신하 가운데 말씀을 올리는 사람이 있으면 번번이 손가락질하고 비웃으며 이상만 높고 실상은 없다고〔高談無實〕 여깁니다. 이는 내 마음이 공명정대하고 공평무사〔正大無私〕한 것이 바로 천부의 덕이고, 일 처리가 마땅하여 인심에 따르는 것이 바로 왕도인 것을 도무지 알지 못하는 것입니다. 왕도가 행해지는 때는 옛날과 오늘날이 따로 없고 도는 고상하고 원대한 것이 아니라 바로 일상생활〔日用之常〕에 있는 것인데, 다만 생각하지 못하는 것이 문제일 뿐입니다. 욕심이 많은 임금은 자포자기[暴棄]하는 것을 편안히 여기므로 아예 말할 것이 못 됩니다. 드문드문 선을 행하려는 임금이 있어도 또한 세상의 습속에 이끌리는 것을 면하지 못하는 경우가 많으니 더욱 원통하고 안타까운 일입니다. 세상의 습속에 빠진 사람들은 반드시 이렇게 말합니다. "옛 도는 결코 회복해서는 안 된다. 지금 만약 묵은 것을 개혁하여 다시 새롭게 바꾸면 인심이 불안하여 장차 위태로워지고 어지러워질[危亂] 것이다." 임금이 이런 주장을 깊이 받아들이기 때문에 유학자[儒者]들의 말은 달갑게 여기지 않고 버성기게 대하니[邁邁落落] 끝내 서로 부합될 리가 없습니다. 어찌해서 다음과 같은 것을 깊이 생각해보지 않으십니까? 곧 오늘날 기강이 확립되어 있는가, 퇴폐해 있는가? 선비의 기풍[士習]이 올바른가, 구차한가? 재상이 나라를 잘 다스리고[經邦] 있는가, 빈자리만 채우고[尸位] 있는가? 모든 관리[百僚]가 자기 직책을 다하고 있는가, 일을 게을리하고 있는가? 백성은 세금이 가벼워 살림살이가 넉넉한가[休養], 곤궁하고 고달픈가[困瘁]? 만약 기강이 확립되어 선비의 기풍이 올바르고, 재상이 나라를 잘 다스리고 있으며, 모든 관리가 직책을 잘 감당하고 있고, 백성이 세금 부담이 없이 살림살이가 넉넉하다면 이것은 거의 왕도정치에 가깝습니다. 한 번 변하면 도에 이를 수 있을 것인데 옛 도를 어찌 회복할 수 없겠습니까? 만일 기강이 퇴폐하여 선비의 기풍이 구차하고, 재상은 빈자리만 채우며, 모든 관리는 자기 직책을 게을리하고, 이 백성이 곤궁하고 고달프다면 이것은 장차 망하려는 현상이어서 마땅히 급히 고치고 바로잡아야 할 것인데 낡은 방식[姑息]만 편안히 여기고 도리어 일을 해보려는 것[有爲]을 그르다고 생각하는 것은 어찌된 일입니까? 이는 보통 사람들의 지혜와 사려[智慮]가 천박하고 짧아서 앞날의 큰 근심을 생각하지 못하고 다만 눈앞의 무사함만을 구하는 것이 아닙니까? 아니면 실로 백성의 뜻은 아니지만 현자가 초야에 있고 불초한 사람들이 조정에 있으면서 이구동성으로 임금을 속이고 있어서 그런 것이 아닙니까? 아니면 요직에 있는[當路] 사람이 재주와 지혜가 부족하여 이미 스스로 일을 할 수도 없으면서 또한 현자를 천거할 줄도 모르고 다만 구차하게 죄책(罪責)만 모면하려는 것이 아닙니까? 이와 같이 생각하여 그 까닭을 알면 세속의 떠들썩한 비방〔群喙〕도 한번 휘둘러 안정시킬 수 있습니다. 예로부터 무도한 나라에서는 선한 사람을 받아들이지 않았기 때문에 신하로서 선을 행하다가 죽임을 당한 사람은 본래 있었지만 임금이 도를 행하다가 화를 당했다는 소리는 들어본 적이 없습니다. 대체로 임금이 나라의 운명을 장악하고서〔造命〕 어지러움을 만회하여 다스림을 이루어내는 것은 다만 한마음〔一心〕에 있을 뿐입니다. 한마음이 도를 향하여 쉬지 않고 힘써 나아가면 곧 정치에 베풀어져서 세상의 도〔世道〕가 일변할 것인데 어찌 기강을 세우며, 선비의 기풍을 바로잡고, 재상에게 정사를 맡기며, 온갖 공인〔百工〕에게 실적을 쌓게〔熙〕 하고, 백성을 안락하게 하여 선왕의 도를 좇는 데도 도리어 재앙을 당하고 실패할 리가 있겠습니까? 아! 생각하지 않는 것이 문제일 뿐입니다. 어떤 사람이 "정치를 하는 데는 반드시 선왕을 좇아야 할 것인데 임금이 몸소 실천하여 아직 덕을 이루지 못했다면 어떻게 해야 하는가?" 하고 물어서, 신은 이렇게 대답했습니다. "자신을 수양함〔修身〕이 나라를 다스림〔治國〕보다 앞선다는 것은 다만 순서가 마땅히 그러함을 말한 것일 뿐이다. 만약에 반드시 몸을 닦음이 지극해지기를 기다린 뒤에 정치를 할 수 있다고 한다면 아직 덕성을 다 함양하지〔允德〕 못했을 경우 나라를 장차 어디에 두어야 하겠는가? 정자가 '후세의 왕〔後王〕이 『춘추』의 대의(大義)를 알면 비록 우왕·탕왕과 같은 덕을 갖추지 않았더라도 오히려 삼대(三代)의 정치를 본받을 수 있다.'라고 하였는데, 정자가 어찌 함부로 말하여 사람을 속였겠는가? 다만 임금이 취하고 버릴 것을 알고, 좋아하고 미워하는 것을 참되게 하며, 반드시 다스려보겠다는 의지를 분발하여 현명한 이를 구하여 믿고 맡기면, 덕이 비록 아직 이루어지지 않았더라도 다스림의 도〔治道〕를 시작할 수 있다. 이로부터 나아가 차츰 학문이 날마다 나아가고 덕이 날마다 진보하며, 정사가 날마다 다스려지고 교화가 날마다 넓어지면 몸을 닦음과 나라를 다스림이 함께 궁극적인 목표에 나란히 이를 수 있을 것이다." 엎드려 바라건대 전하께서는 높은 하늘의 명〔命〕을 두려워하시고, 부모의 꾸짖음〔責〕을 생각하시며, 백년 사직의 중함을 염두에 두시고, 핏덩이 같은 백성〔赤子〕이 도탄에 빠져 있는 고통을 불쌍히 여기시며, 차마 하지 못하는 마음〔不忍人之心〕을 확충하여 차마 하지 못하는 정치〔不忍人之政〕를 시행하셔서 널리 온 백성〔黎元〕을 구제하고, 예와 악을 빛나게 일으키며, 세상의 도를 일신하고, 삼황오제(三皇五帝)처럼 융성하게〔比隆〕 하여 조상〔祖宗〕들의 업적〔前烈〕을 빛내시고, 전하의 후손〔文子文孫〕에게 모범을 드리우시기 바랍니다. 그러면 만세에 매우 다행할 것입니다.

성학집요
8

⌈ **제5절 성현도통**(聖賢道統, 성현의 계통과 진리의 전승) ⌉

신이 생각건대, 아득한 옛날 성스럽고 신령한 사람들이 하늘의 뜻을 이어서 만백성의 표준을 세우면서〔繼天立極〕부터 도통(道統)의 전승이 시작되었습니다. 문자로 뜻을 나타내기〔書契〕 이전에는 너무 아득하여 상고할 수 없고, 팔괘(八卦)를 처음 사용한 뒤부터 인류의 문화〔人文〕가 비로소 펼쳐졌습니다. 그러므로 조심스럽게 성현들의 계책과 훈계의 글〔謨訓〕에 의거하고 아울러 역사기록을 고찰하여 여기에 간략하게 기록하였습니다. 그 내용은 복희씨(伏羲氏)에서부터 시작하여 주자(朱子)에게서 끝나는데, 자기를 수양하고 남을 다스리는〔修己治人〕 실제 자취를 드러냈으니, 먼저 공적과 효과를 관찰하고 나중에 실제 자취를 상고하면 무엇을 따라야 할지 분명히 알 수 있을 것입니다.

옛날에 포희씨(包犧氏) 포(包)는 포(庖)입니다. 가 온 세상에 왕 노릇 할 때 위로는 하늘에서 상(象)을 관찰하고 아래로는 땅에서 법칙〔法〕을 관찰하며, 새와 짐승의 무늬〔文〕와 (하늘과) 땅〔與地〕의 법도〔宜〕를 관찰하고, 가까이에서는 자기 몸에서 취하며 멀리에서는 사물에서 취하여 처음으로 팔괘(八卦)를 만들어 신명(神明)의 덕과 통하고 만물의 정황〔情〕을 분류하였다.

『주역』「계사전」입니다. 아래도 같습니다.[1]

왕소소(王昭素)가 말했다. "'～와 땅〔與地〕'이 '～와 하늘과 땅〔與天地〕'처럼 하늘 천(天)자가 들어 있는 판본이 많다." ○ 주자가 말했다. "아래를 굽어보고, 위를 올려보며, 멀리에서 취하고, 가까이에서 취한 것이 한결같지 않으나 취한 것은 모두 음양의 기운이 끊임없이 변화하고 순환하는〔消息〕 두 끝에서 체험한 것일 뿐이다. 신명의 덕이란 씩씩하고〔健〕 순종하며〔順〕 움직

---

1 『周易』「繫辭下傳」

이고〔動〕 멈추는〔止〕 자연의 성질 같은 것이다. 하늘〔乾〕은 씩씩하고 땅〔坤〕은 순종하며 우레〔震〕는 움직이고 산〔艮〕은 멈추어 있습니다. 만물의 정황이란 우레 · 바람 · 산 · 못의 형상〔象〕 같은 것이다." 진괘(震卦)는 우레, 손괘(巽卦)는 바람, 간괘(艮卦)는 산, 태괘(兌卦)는 못을 상징합니다. ○ 『사략(史略)』에서 말했다.[2] "태호(太昊) 복희씨(伏羲氏)는 성(姓)이 풍(風)이다. 처음으로 팔괘를 그리고 문자〔書契〕를 만들어 새끼줄의 매듭으로 뜻을 나타내는 방식으로 다스리던 정치〔結繩之政〕를 대체하고 시집가고 장가드는 혼인〔嫁娶〕제도를 제정하여 가죽 한 쌍〔儷皮〕을 폐백의 예물로 삼았고, 그물을 엮어 사냥과 고기잡이를 가르치며 신에게 바칠 짐승〔犧牲〕을 길러 푸줏간〔庖廚〕을 채워두었기 때문에 그를 포희(庖犧)라고 불렀다."

포희씨가 죽고 신농씨(神農氏)가 일어났다. 그는 나무를 깎아 보습〔耜〕을 만들고 나무를 구부려 쟁기〔耒〕를 만들어 밭을 갈고 김을 매어〔耨〕 살아가는 방법을 온 세상에 가르쳤다.

절재 채씨(節齋蔡氏)가 말했다. "보습은 쟁기의 날이다. 쟁기는 보습의 틀〔柄〕이다." ○ 한상 주씨(漢上朱氏)가 말했다. "염제(炎帝) 때 백성이 물고기를 잡아먹는 것〔鮮食〕에 물렸기 때문에 비로소 쟁기와 보습을 만들어 온 세상에 농사를 가르쳤다. 그러므로 그를 신농이라고 불렀다. 누(耨)는 김매는 것〔除草〕이다." ○ 『사략』에서 말했다.[3] "염제 신농씨의 성은 강(姜)이다. 처음으로 밭을 가는 것을 가르치고 온갖 풀을 맛보아 비로소 의약(醫藥)이 있게 되었다. 또 사람들에게 낮〔日中〕에 저자를 열어 물건을 바꾸어가는 것〔交易〕을 가르쳤다."

---

2 『十八史略』 「太昊伏羲氏」
3 『十八史略』 「炎帝神農氏」

신농씨가 죽고 황제(黃帝)·요(堯)·순(舜)이 차례로 일어났다. 이들은 시대의 변화에 대응하여 백성이 게을러지지 않도록 이끌고, 신령한 방법으로 교화하여 백성이 도리를 지키도록 하였다. 그래서 옷〔衣裳〕을 늘어뜨리고 가만히 앉아 있어도 온 세상이 다스려졌다.

건안 구씨(建安丘氏)가 말했다. "복희씨, 신농씨 때는 사람들이 비록 재해를 입는 일은 사라졌으나 인류의 문화〔人文〕가 아직 뚜렷이 드러나지 않았다. 비록 옷과 음식은 풍족했으나 예의(禮義)가 아직 일어나지 않았다. 이에 세 성인이 황제와 요·순 임금입니다. 위아래로 관찰하여 하늘과 땅〔乾坤〕의 상을 몸으로 터득하여 복식의 제도를 바로잡고, 군신의 분수와 의리를 높은 하늘과 낮은 땅 사이에 확연하게 나누었으니 온 세상이 다스려지지 않음이 있겠는가? 이때는 세상의 질서〔世道〕가 일신하는 기회였고, 백성이 변화하는 기회였다!" ○『사략』에서 말했다.[4] "황제 헌원씨(黃帝軒轅氏)의 성은 공손(公孫)인데 희(姬)라고도 한다. 그는 해·달·별·별자리〔日月星辰〕[5]의 상을 보고 처음으로 천문을 기록하는〔星官〕 서적을 두었고,[6] 대요(大撓)에게 명하여 북두성이 가리키는 곳〔斗建〕을 점쳐 간지〔甲子〕를 만들게 했으며, 용성(容成)에게 달력을 만들게 하고, 예수(隷首)에게 셈법〔算數〕을 만들게 하고, 영륜(伶倫)에게 음률〔律呂〕을 만들게 했다." ○『주역』「계사전」에서 말했다. "나무를 쪼개어 배를 만들고 나무를 깎아 노를 만들어 건너지 못하던 곳을 건너게 하

---

4 『十八史略』「黃帝軒轅氏」
5 星은 사방의 中星, 辰은 해와 달이 만나는 곳을 가리킨다. 사방의 中星을 총칭하여 28宿라고 한다. 해는 더디게 운행하고 달은 빨리 운행하는데 매달 초하루〔朔〕에 달이 운행하면서 해와 마주쳐서 만나는 곳에 반드시 해당하는 宿分이 있다. 28宿는 모두 해와 달이 만나는 곳이다. 辰은 時인데 해와 달이 만나는 시간이 있으므로 그 시간을 辰이라고 한다. 해와 달이 만나는 곳과 사방의 中星은 모두 28宿이므로 사람의 눈에 보이는 천문현상을 들어 星이라고 하고 해와 달이 만나는 것을 논하여 辰이라고 했다. 사실은 하나이다. 그러므로 星과 辰은 같은 天文이다.
6 『聖學輯要』에는 始有星官之書로 되어 있는데 『十八史略』 원문에는 始占星官之書로 되어 있다. 占은 기록하다는 뜻이 있으므로 위와 같이 옮겼다.

고, 소를 길들여 무거운 짐을 나르고 말을 타고 멀리까지 갈 수 있게 하였다. 이렇게 하여 온 세상 사람들을 편리하게 살도록 하였다. 문을 겹으로 세우고 딱따기를 쳐서 난폭한 사람이 오지 못하도록 대비하며, 나무를 잘라 공이를 만들고 땅을 파 절구를 만들어서 절구와 공이를 편리하게 사용하도록 하여 온 백성을 구제하였다. 나무를 휘어서 활〔弧〕을 만들고 나무를 깎아 화살을 만들어 활과 화살을 이용하여 온 세상에 위세를 떨쳤다. 아득한 옛날에는 굴에 살거나 들판에 살았는데 후세의 성인이 집〔宮室〕을 지어 살도록 하였다. 위에는 들보를 올리고 아래로 처마를 내어 비바람을 막게 하였다. 옛날에는 장사를 지낼 때 섶을 두텁게 덮어 들판 가운데 매장하되 봉분도 만들지 않고 나무도 심지 않았는데, 후세의 성인이 속 널과 겉 널〔棺槨〕을 짜서 매장하도록 하였다. 아득한 옛날에는 새끼로 매듭을 지어〔結繩〕 다스렸는데 후세의 성인이 문자〔書契〕를 만들어 모든 관리는 문자를 가지고 다스리고 백성은 문자를 가지고 정치를 살피게 하였다.”

신이 생각건대, 황제 뒤에 소호(少昊)·전욱(顓頊)·제곡(帝嚳) 세 임금이 있었는데 이들은 모두 성스럽고 현명한 임금이었습니다만 「계사전」에서 황제·요·순 임금만 말하였기 때문에 이제 요임금을 황제 다음에 붙였습니다. 선현들이 도통을 논할 때도 세 임금을 언급한 적이 없습니다.

공자가 말했다. “위대하도다, 요의 임금 됨됨이여! 높고도 높은〔巍巍〕 하늘이 오직〔惟〕 위대한데 요임금만이 그와 같았다〔則〕. 그 덕이 넓고도 넓어서〔蕩蕩〕 백성은 무어라고 부를 수도 없었다.”

『논어』입니다. 아래도 같습니다.[7]

---

7 『論語』「泰伯」

주자가 말했다. "유(惟)는 홀로(獨)와 같고, 칙(則)은 평준한 것(準)과 같다. 탕탕(蕩蕩)은 넓고도 원대한 것을 일컫는 말이다. 사물이 높고 크더라도 하늘보다 더한 것은 아무것도 없다. 그러나 오직 요임금의 덕은 하늘과 같을(準) 수 있었다. 준(準)은 하늘과 같다는 말입니다. 그러므로 그 넓고 원대한 덕이 또한 하늘처럼 말로써 형용할 수 없다는 말이다." ○ 『사략』에서 말했다.[8] "요임금 도당씨(陶唐氏)의 성은 이기(伊祁)이다. 제곡의 아들이며 황제의 현손(玄孫)입니다. 그는 하늘처럼 어질고 신(神)처럼 지혜로워서 백성이 그를 해처럼 따르고 구름처럼 바라보았다."

높고도 높구나, 그가 이룬 공적이여(成功)! 빛나는구나(煥), 그가 이룬 문장(文章)이여!

주자가 말했다. "이룬 공적이란 그가 한 일(事業)이다. 환(煥)은 빛나고 밝은 모습이다. 문장(文章)은 예악(禮樂)과 법도(法度)이다." ○ 윤씨(尹氏, 尹焞) 가 말했다. "위대한 하늘의 도리(天道)는 하는 일이 없어도 이루어진다. 오직 요임금이 이것을 본받아서(則) 이 칙(則)자는 법칙의 칙입니다. 세상을 다스렸다. 그러므로 백성은 무어라고 말로 형용할 수 없었다. 다만 그의 공적과 문장이 높고 빛난다고 형용할 수 있을 뿐이었다."

요임금이 말했다. "아(咨)! 너, 순(舜)이여! 하늘의 역수(曆數)가 네 몸에 있으니, 진실로(允) 그 가운데(中)를 잡으라. 세상(四海)이 곤궁해지면 하늘이 내린 녹(祿)이 영영 끊어질 것이다."[9]

주자가 말했다. "이것은 요임금이 순임금에게 명하여 임금의 자리를 물

---

8 『十八史略』「帝堯陶唐氏」
9 『論語』「堯曰」

려주면서 한 말이다. 자(咨)는 감탄하는 소리이다. 역수(曆數)는 제왕이 서로 이어가는 차례인데, 해마다 돌아가는 시간〔歲時〕과 절기〔氣節〕의 앞뒤 순서와 같다. 윤(允)은 진실로〔信〕라는 뜻이다. 가운데〔中〕는 지나침도 모자람도 없는 것을 말한다." ○『사략』에서 말했다.[10] "순임금 유우씨(有虞氏)는 성이 요(姚)이다. 역산(歷山)에서 농사를 지었는데 백성이 모두 그에게 밭둑을 양보했고, 뇌택(雷澤)에서 고기를 잡았는데 사람들이 모두 그에게 좋은 자리를 양보했으며, 하빈(河濱)에서 그릇을 구웠는데 그릇이 못생기고 비뚤어진 것 〔苦窳〕 窳는 음이 유(愈)입니다. 이 없었다. 그가 사는 곳에서는 어디서든지 마을이 이루어지고 이태가 되면 읍(邑)이 되고 삼 년이 되면 도시〔都〕가 되었다. 요임금을 도와 섭정(攝政)을 하면서 환두(驩兜)를 추방하고 공공(共工)을 유배하였으며, 곤(鯀)을 죽이고 삼묘(三苗)[11]를 쫓아내었으며, 재능이 뛰어난 팔원(八元)[12]과 팔개(八凱)[13]를 들어 썼다."

공자가 말하였다. "억지로 하지 않으면서 다스린〔無爲而治〕 사람은 아마도 순임금일 것이다. 그가 대체 무엇을 했단 말인가? 몸가짐을 공손하게〔恭己〕 하고 임금의 자리〔南面〕에 반듯하게 앉아 있었을 뿐이다."[14]

주자가 말했다. "억지로 하지 않고 다스렸다는 것은 성인의 덕이 성대하여 백성이 감화되어 임금이 무슨 일을 하기를 기다리지 않고 저절로 자기 일을 다했다는 것이다. 순임금만 칭송한 것은 그가 요임금의 뒤를 잇고 또 인

10『十八史略』「帝舜有虞氏」
11 중국 요순 시대에 江, 淮, 荊州에 자리 잡고 있었던 蠻族의 이름.
12 고대 중국의 전설에 나오는 高辛氏의 여덟 才子. 伯奮, 仲堪, 叔獻, 季仲, 伯虎, 仲熊, 叔豹, 季狸를 이른다. 元은 善을 뜻한다.
13 고대 중국의 전설에 나오는 高陽氏의 여덟 才子. 蒼舒, 隤敳, 檮戭, 大臨, 尨降, 庭堅, 仲容, 叔達을 이른다. 凱는 和를 뜻한다.
14『論語』「衛靈公」

재를 얻어 여러 직책〔衆職〕을 맡겼으므로 더욱더 무슨 일을 한 자취가 보이지 않았기 때문이다. 몸가짐을 공손하게 한다는 것은 성인의 경건한 덕을 묘사한 것인데 이미 그가 하는 일이 없었기 때문에 사람이 볼 수 있는 것은 이런 것뿐이었다."

순임금〔帝〕이 우에게 명했다.[15] "땅이 다스려지고〔地平〕 하늘이 이루어졌으며〔天成〕 육부(六府)와 삼사(三事)가 참으로 잘 다스려져서 만세(萬世)에 영원히 의지하게 되었다. 이것은 너의 공이다."

「우서(虞書)·대우모(大禹謨)」입니다. 아래도 같습니다.[16]

채씨(蔡氏)가 말했다. "물과 땅이 다스려진 것을 평(平)이라고 한다. 물과 땅이 이미 다스려져서 만물이 이루어지게 된 것을 말한다. 육부(六府)는 물〔水〕, 불〔火〕, 쇠〔金〕, 나무〔木〕, 흙〔土〕, 곡식〔穀〕이다. 이 여섯 가지에서 쓸 수 있는 재물〔財用〕이 나오므로 부(府)라고 한다. 삼사(三事)는 덕을 바르게 함〔正德〕, 용도를 이롭게 함(利用), 살림살이를 두텁게 함〔厚生〕이다. 이 세 가지는 사람의 일 가운데 마땅히 해야 할 일이므로 사(事)라고 한다. 순이 우에게 공적을 미루어서 찬미하였다." ○『사략』에서 말했다.[17] "우임금 하후씨(夏后氏)는 성이 사(姒)이며 곤(鯀)의 아들이다. 곤이 홍수를 막으려고 했으나〔湮〕[18] 성공하지 못하였다. 순은 우를 들어서 곤을 대신하게 했다. 우는 온몸과 마음으로 노력하여 8년 동안이나 밖에서 살았고 집 앞을 지나가면서도 들어가지 않았다. 그리하여 아홉 주〔九州〕[19]를 개척하고 주로 아홉 도로〔九道〕를 통

---

15 『書經』의 원문에는 命이라는 글자가 없다.
16 『書經』「虞書·大禹謨」
17 『十八史略』「夏后氏」
18 둘 다 홍수를 막는다는 뜻을 가진 글자이나 『史略』과 『書經』에는 陻으로 되어 있고 『莊子』에는 湮으로 되어 있다.

하게 하고 아홉 못(九澤)[20]에 제방을 쌓고 아홉 산(九山)[21]을 측량하여 일을 마친 뒤 순에게 보고했다. 순은 그의 성공을 칭찬하고 모든 관리를 거느려 천자의 일을 대행하게 했다. 그래서 그의 말은 율법이 되고 그의 몸은 법도가 되었다. 마치 그가 왼손에는 먹줄(準繩)을, 오른손에는 곱자와 그림쇠(規矩)를 가지고 있는 듯했다.”

인심(人心)은 오직 위태롭고 도심(道心)은 오직 은미하니 오직 정성스럽고 한결같이 하여 진실로 그 중심을 잡으라.

　이 말의 주석은 이미 앞에서 나왔다. ○ 채씨(蔡氏)가 말했다. “옛 성인은 장차 온 세상을 남에게 전해줄 때 다스리는 방법도 함께 전해주지 않은 적이 없었다. 경전에 이와 같이 나와 있으니 후세의 임금들이 깊이 생각하고 경건하게 지키지 않을 수 있겠는가?”

공자가 말했다. “높고도 높다(巍巍). 온 세상을 차지하고서도 관여하지 않은 순임금, 우임금이여!”

『논어』입니다.[22]

　주자가 말했다. “외외(巍巍)는 높고 큰 모양이다. 관여하지 않는다(不與)는 것은 상관하지 않는다는 말과 같다. 왕의 자리에 있는 것을 즐거움으로 삼지 않았다는 말이다.” ○ 신안 진씨(新安陳氏)가 말했다. “순임금, 우임금은 온

---

19 중국 대륙을 아홉으로 나눈 명칭. 요·순시대에는 冀州, 兗州, 靑州, 徐州, 揚州, 荊州, 豫州, 梁州, 雍州로 나누었다.
20 중국의 아홉 못. 곧 具區, 雲夢, 圃田, 望諸, 大野, 弦浦 猴養, 楊紆, 昭養祁
21 중국의 아홉 산. 『史記』 「夏本紀」의 注에 인용된 「索隱」에 의하면 곧 汧山, 壺口山, 砥株山, 太行山, 西傾山, 熊耳山, 播冢山, 內方山, 崎山이다.
22 『論語』 「泰伯」

세상을 차지하는 것에도 마음이 흔들리지 않았다. 관여하지 않았다는 말에서 그의 높고 높음을 알 수 있다."

탕왕[成湯]이 온 세상 모든 나라[萬方]에 크게 알렸다. "너희가 선한 일을 하면 나는 결코 숨기지 않을 것이다. 나에게 죄가 있다면 나 스스로 죄를 용서하지 않겠다. 오직 보는 것은[簡] 하느님의 마음에 있다. 너희 온 세상의 모든 나라에 죄가 있다면 그것은 나 한 사람에게 책임이 있다. 나 한 사람에게 죄가 있다면 너희 온 세상의 모든 나라에는 아무런 책임이 없다."

「상서(商書)·탕고(湯誥)」입니다.[23]

채씨가 말했다. "간(簡)은 열람[閱]하는 것이다. 잘잘못을 열람하는 것은 한결같이 하늘을 따른다. 그러나 하늘이 온 세상을 나에게 맡겼으니 백성에게 죄가 있다면 사실은 임금인 내가 저지른 것이며, 임금에게 죄가 있다면 그것은 백성이 저지른 것이 아니다. 이는 다만 성인이 자기 잘못을 책망하는 데 엄격하고 남을 책망하는 데 가볍게 한다는 것일 뿐만 아니라, 바로 여기에 이치가 있으며, 이것이 바로 임금의 도리이다." ○ 『사략』에서 말했다.[24] "은(殷)나라 임금 탕왕은 성이 자(子)이고 이름이 이(履)이다. 그의 선조는 설(契)인데 제곡(帝嚳)의 아들이다. 탕은 처음에 박(亳)에 도읍을 정했다. 사람을 시켜서 폐백을 가지고 신(莘)에서 이윤(伊尹)을 초빙하여 하나라 걸왕에게 다섯 번이나 추천하였으나 걸왕이 한 번도 쓰지 않고 탕에게 돌려보냈다. 걸왕이 탐욕스럽고 포학하여 백성의 민심[國人]이 크게 무너졌다. 이윤이 탕을 도와 걸왕을 정벌하고 남소(南巢)에 추방하였다. 제후가 탕을 받들어 천

---

23 『書經』「商書·湯誥」
24 『十八史略』「殷」

자로 삼았다."

『시』에서 말했다. "그윽하고 그윽하신[穆穆] 문왕(文王)이여! 아[於], 밝음[熙]과 경건[敬]에 계속하여[緝] 머무셨네[止]." 임금이 되어서는 어짊에 머무셨고, 신하가 되어서는 경건에 머무셨고, 자식이 되어서는 효에 머무셨고, 어버이가 되어서는 자애로움에 머무셨고, 백성과 사귈 때에는 믿음에 머무셨다.

『대학』입니다.[25]

주자가 말했다. "시란 「대아·문왕」편이다. 목목(穆穆)은 깊고 멀다는 뜻이다. 덕이 있는 모습을 말한 것입니다. 오(於)는 아름다움을 감탄한 말이다. 집(緝)은 계속하는 것이다. 희(熙)는 빛나고 밝은 것이다. 경건에 머물렀다[敬止]는 것은 경건하지 않은 것이 없고 머문 곳에서 편안히 여겼다는 것이다. 이 시를 인용하여 성인의 머묾은 지극한 선이 아님이 없다는 것을 말하였다. 다섯 가지는 큰 조목을 든 것이다." ○『사략』에서 말했다.[26] "주나라 고공(古公) 후직(后稷)의 후예입니다. 의 막내아들[少子] 계력(季歷)이 태임(太任)에게 장가들어 창(昌)을 낳았다. 창에게는 성스러운 덕[聖德]이 있어 그를 추대하여 서백(西伯)으로 삼았다. 제후가 모두 그에게 귀순하였다. 온 세상을 셋으로 나누어 그 가운데 둘을 차지하였다. 무왕(武王)은 천자가 되자 서백을 추존하여 문왕이라고 하였다."

공자가 말했다. "온 세상을 셋으로 나누어 그 가운데 둘을 차지하고서도 은나라에 복종하여 섬겼으니 주나라의 덕은 지극한 덕이라고 할 수

---

25 『大學』傳 3章
26 『十八史略』「周」

있다."

『논어』입니다.[27]

『춘추전』에서 말했다.[28] "문왕은 상(商)에 반역한 나라들을 거느리고[率] 상의 주왕(紂王)을 섬겼다." ○ 범씨(范氏. 范祖禹)가 말했다. "문왕의 덕은 충분히 상을 대체할 만하여 하늘이 그에게 세상을 맡기고 사람이 그에게 귀순했으나 세상을 취하지 않고 상에 복종하여 섬겼다. 이런 점에서 그의 덕은 지극한 덕이다." ○ 주자가 말했다. "문왕이 주왕(紂王)을 섬긴 것은 오직 신하가 임금을 섬겨야 한다는 것만 알았을 뿐 다른 것은 도무지 아랑곳하지 않았기 때문이다. 이런 점에서 그의 덕은 지극한 덕이다."

무왕이 문왕의 왕업[緒]을 계승하여[纘] 한 번[壹] 갑옷[戎衣]을 입고 일어나서 온 세상을 차지하였다. 그러나 자신은 온 세상에 드러난 명성을 잃지 않았다.

『중용』입니다. ○ 역시 공자의 말씀입니다.[29]

주자가 말했다. "찬(纘)은 잇는 것이다. 서(緒)는 왕업[業]이다. 융의(戎衣)는 갑옷과 투구[甲冑] 따위를 일컫는 말이다. 한 번 갑옷을 입었다는 것은 한 번 갑옷을 입고 일어나 주왕을 정벌했다는 것이다." ○ 『사략』에서 말했다.[30] "주왕은 달기(妲己)를 총애하여 그의 말이라면 무엇이든지 들어주었다. 세금[賦稅]을 무겁게 매기고 정원과 누각[苑臺]을 넓혀서 술로 못을 만들고 고기로 숲을 이루어[酒池肉林] 밤새도록 마시고 놀았다. 형벌[刑辟]을 무겁게 내

---

27 『論語』「泰伯」
28 『春秋左氏傳』「襄公 4年」. 『春秋左氏傳』 원문에는 率이 帥로, 商이 殷으로 되어 있다.
29 『中庸』 18章
30 『十八史略』「殷」

리고 포락(炮烙)이라는 형벌을 시행하여 반역하는 제후가 많았다. 서백이 죽고[31] 아들 발(發)이 일어났는데 이 사람이 무왕이다. 그는 서백의 왕업을 이어받아 발전시켰다. 13년째 되는 해에 제후가 약속을 하지 않고서도 800명이나 모여들어서 모두들 '주왕을 쳐야 한다.'라고 하였다. 무왕이 '그렇게 할 수 없다.'라고 하자 제후는 군사를 거느리고 돌아갔다. 주왕이 끝내 뉘우치지 않아 무왕이 마침내 토벌하였다. 주왕은 목야(牧野)에서 패하여 보옥(寶玉)을 안고 스스로 불에 타 죽었다. 무왕은 은을 멸망시키고 천자가 되었다."

맹자가 말했다. "요·순은 본성대로 하였고[性者], 탕왕과 무왕은 본성을 돌이켰다[反之]."

『맹자』입니다. 아래도 같습니다.[32]

주자가 말했다. "본성대로 했다는 것은 하늘로부터 온전히 받은 본성을 조금도 더럽히지 않고 허물어뜨리지 않아서 수양할 필요가 없었던 것이니 성인의 지극한 점이다. 본성을 돌이켰다는 것은 수양을 하여 본성을 회복한 것이니 성인의 경지에 이른 것이다." ○ 정자가 말했다. "요와 순은 우열을 가릴 수 없지만 탕왕과 무왕에게서는 구별이 된다. 맹자는 '본성대로 하였다. 본성을 되찾았다.'라고 하였는데 옛날부터 이렇게 말한 사람은 없었다. 다만 맹자가 구별한 다음부터 요·순은 나면서부터 안 사람[生而知之]이고, 탕왕과 무왕은 배워서 할 수 있었던 사람[學而能之]이라는 것을 알게 되었다. 문왕의 덕은 요·순과 같고 우임금의 덕은 탕왕·무왕과 같다. 요컨대 이들은 모두 성인이다."

---

31 『十八史略』「周」
32 『孟子』「盡心·下」

우임금은 향기로운 술을 미워하고 선한 말을 좋아하였다.[33]

『전국책(戰國策)』에서 말했다.[34] "의적(儀狄)이 술을 빚었다. 우임금이 마셔보니 달콤하였다. 그래서 이렇게 말했다. '후세에 반드시 술 때문에 나라를 망칠 사람이 있을 것이다.' 그리하여 마침내 의적을 멀리하고 향기로운 술을 끊어버렸다." ○『서경』에서 말했다. "우임금은 좋은 말을 들으면 그 사람에게 절을 했다."[35]

탕왕은 중도[中]를 잡고[執] 현명한 사람을 들어 쓰는 데 부류[方]를 따지지 않았다[無方].

주자가 말했다. "집(執)은 지켜서 잃지 않는다는 것이다. 중(中)은 지나침도 모자람도 없는 것을 가리키는 말이다. 방(方)은 부류[類]와 같다. 현명한 이를 들어 쓰는 데 부류를 따지지 않았다는 것은 오직 현명한 사람이면 벼슬자리에 세우고 그 부류를 묻지 않았다는 것이다." ○ 또 말했다. "여기서 '중도를 지킨다.'라는 것은 자막(子莫)의 집중(執中)과 다르다. 탕왕은 다만 일마다 꼭 알맞게 처리하고 지나침도 모자람도 없었을 뿐이다."

문왕(文王)은 아픈 사람을 돌보듯이 백성을 돌보았고 도를 바라보면서도 아직 못 본 듯이[而] 여겼다. 이(而)는 여(如)로 읽습니다. 옛날에는 이 두 글자를 서로 통용했습니다.

주자가 말했다. "백성이 이미 편안하게 사는데도 그들이 마치 다치기라도

---

33 『孟子』 「離婁·下」
34 『戰國策』 「魏策」
35 『書經』 「虞書·大禹謨」

한듯이 돌보았다. 도가 이미 지극한데도 마치 아직 못 본 듯이 바라보았다. 이처럼 성인은 백성을 깊이 사랑하고 도를 간절히 구하였다. 이것은 스스로 만족하지 않고 종일 부지런히 애쓰는〔終日乾乾〕 마음이다."

무왕(武王)은 가까운 사람이라 하여 가까이 부닐지도〔泄〕 않았고 멀리 있는 사람이라 하여 잊어버리지도 않았다.

　주자가 말했다. "설(泄)은 가까이 부니는 것〔狎〕이다. 가까운 사람은 부닐 기 쉬우나 따로 친하지 않고, 멀리 있는 사람은 잊어버리기 쉬우나 잊어버리 지 않은 것은 덕이 성대하고 인이 지극한 것이다."

주공(周公)은 세 왕의 덕을 겸하여 네 가지 일〔四事〕을 시행하려고 생각하 였다. 부합하지 않은 것이 있으면 우러러 생각하면서 밤을 지새고 다 음날까지 생각하였는데, 다행히 터득한 것이 있으면 앉아서 날이 새기 를 기다렸다.

　주자가 말했다. "세 왕은 우왕·탕왕·문왕과 무왕이다. 네 가지 일은 위 의 네 가지 조목의 일이다. 시대가 다르고 상황이 바뀌어 일이 혹 부합하지 않은 것이 있으나 생각하여 터득하면 그 이치가 애초에 다르지 않다. 앉아서 날이 새기를 기다린 것은 빨리 실행하려는 것이다. 이것은 여러 성인들의 일 가운데 각각 한 가지씩을 들어서 서술하여 근심하고 부지런하며 두려워하 고 위태롭게 여기는〔憂勤惕厲〕 뜻을 나타낸 것이다. 대체로 이것이 천리가 늘 존재하고 인심이 죽지 않는 까닭이다." ○ 정자가 말했다. "맹자가 칭송한 것은 여러 성인들의 일 가운데 한 가지씩만 들어서 말한 것이지 무왕이 중도 를 잡지 못하고 가까이 부닐고 현명한 사람을 등용하지 못했다거나 탕왕이 가까운 사람을 친근히 여기고 멀리 있는 사람을 잊었다는 것은 아니다. 어떤 사람은 '성인들의 일 가운데 뛰어난 점만 들었다.'라고 하는데 그런 것도 아니다. 성인은 뛰어나지 못한 것이 없다."

공자가 말했다. "무왕과 주공은 아마도 모든 사람들이 인정한[達] 효자일 것이다."

『중용』입니다 아래도 같습니다.[36]

주자가 말했다. "달(達)은 통한다[通]는 것이다. 온 세상 사람들이 모두 그를 효자라고 하였다. 맹자가[37] 모든 사람들로부터 존경받는다[達尊]고 한 것과 같다."

효라는 것은 조상[人]의 뜻을 잘 이어가고[繼] 조상의 일을 잘 받들어 나아가는[述] 것이다.

신안 진씨(新安陳氏, 陳櫟)가 말했다. "조상과 아비[祖父]가 하려고 한 뜻을 다 이루지 못하였으면 자손이 그 뜻을 잘 이어받아 성취한다. 조상과 아비가 이미 이루어 놓은 일 가운데 본받을 만한 것이 있으면 자손이 그 일을 바탕으로 잘 받들고 발전시켜 나아간다." ○ 서산 진씨(西山眞氏, 眞德季)가 말했다. "유지하고 지켜야 할 것을 유지하고 지키는 것은 본래 이어받고 발전시키는 것이지만 변통해야 할 때 변통하는 것도 역시 이어받고 발전시키는 것이다."

그[其]의 지위에 오르고[踐] 그의 예를 행하며 그의 음악을 연주하고 그가 존경했던 사람을 따르며 그가 친했던 사람을 사랑하고 죽은 이[死]

---

36 『中庸』19章
37 『孟子』「公孫丑 · 下」

를 산 사람 섬기듯 섬기며, 돌아가신 이[亡]를 살아계신 사람 섬기듯 섬기면 지극한 효이다.

주자가 말했다. "천(踐)은 밟는 것[履]과 같은 것이다. 그[其]란 선왕을 가리킨다. 존경하고 친했던 사람이란 선왕의 조상[祖考]을 비롯하여 자손과 신하, 백성[臣庶]들이다. 죽은 지 얼마되지 않을 때에는 사(死)라 하고 장사를 지낸 뒤에는 장례를 마치고 '돌아와보니[反] 아무 데도 안 계신다[亡].[38]'고 하는 것이다. 이는 모두 선왕을 가리킨다. 이것은 뜻을 이어받고 일을 발전시켜 나아간다는 뜻이다."

주나라는 두 왕조[二代]를 보고[監] 절충하였으니 빛나고 빛나는구나[郁郁]! 그 문화여[文]! 나는 주나라를 따르겠다.

『논어』입니다. ○ 또한 공자의 말씀입니다.[39]

주자가 말했다. "감(監)은 본다[視]는 것이다. 두 왕조[二代]는 하나라와 상나라이다. 두 왕조의 제도[禮]를 보고 더할 것은 더하고 뺄 것은 뺐다는 말이다. 욱욱(郁郁)은 문화가 성대한 모습이다." ○ 윤씨(尹氏, 尹焞)가 말했다. "세 왕조[三代]의 제도는 주나라에 이르러 크게 갖추어졌다. 공자는 그 문화를 아름답게 여겨 따른 것이다."

이상은 도통(道統)이 복희(伏羲)에서 주공(周公)에게까지 전해진 것입니다. 이들은 성인의 덕을 가지고 군주와 스승의 자리에 올라 자기를 수양하고 남을 다스려 저마다 지극한 경지에 이르렀습니다. 비록 주공은 임금 자리에 오르지는

---

38 『禮記』「檀弓·下」
39 『論語』「八佾」

않았지만 온 세상을 다스리는 도리를 다 발휘하셨습니다.

공자가 말했다. "나는 열다섯에 학문에 뜻을 세웠다〔志于學〕!"[40]

『논어』입니다. 아래도 같습니다.

주자가 말했다. "옛날에는 열다섯에 대학(大學)에 들어갔다. 여기서 말한 학문은 바로 대학의 진리〔道〕이다. 여기에 뜻을 세웠다면 생각이 온통 여기에 있어서 이것을 하는 데 싫증을 내지 않았을 것이다."

서른에 자립〔立〕했다.

주자가 말했다. "자립(自立)하면 그것을 단단히 지키기 때문에 뜻을 세우려고 일삼을 것이 없다."

마흔에 의혹하지 않았다〔不惑〕.

주자가 말했다. "사물의 당연한 이치에 대해 모든 의심이 없으면 앎이 분명하여 지키려고 일삼을 것이 없어진다."

쉰에 천명을 알았다〔知天命〕.

주자가 말했다. "천명은 바로 천도(天道)가 흘러 작용하여〔流行〕 사물에 주어진〔賦〕 것인데, 바로 사물이 당연히 그렇게 되는 까닭이다. 천명을 알았다면 앎이 지극히 정확하게 되니 의혹을 하지 않는다는 것은 말할 것도 없다."

---

40 『論語』「爲政」

예순에 귀가 순해졌다〔耳順〕.

주자가 말했다. "소리가 들려오면 마음으로 통하여 어긋나거나 거스름이 없었다는 것이다. 앎이 지극하여 생각하지 않아도 터득한다는 것이다."

일흔에 마음에 원하는 대로 해도 법도를 넘지 않았다〔從心所欲 不踰矩〕.

주자가 말했다. "종(從)은 따르는 것이다. 구(矩)는 법도(法度)의 도구〔器〕로서 모〔方〕가 나게 하는 것이다. 마음에 원하는 대로 따라서 해도 저절로 법도를 넘지 않았다는 것은 편안히 행하고 힘쓰지 않아도 중도에 맞았다는 것이다." ○ 또 말했다. "성인은 나면서부터 사리를 알았고 편안히 선을 행했지 본래 점점 쌓아서 그런 경지에 이른 것은 아니다. 그러나 스스로 이미 그 경지에 이르렀다고 생각한 적은 없었다. 이것은 일상생활〔日用之間〕에서 반드시 혼자만 진보를 깨닫고 남들은 알지 못하는 점이 있다는 것이다. 그러므로 가까운 것을 가지고 자신이 진보한 과정의 명목으로 삼아서 배우는 사람이 이것을 법칙으로 삼아 스스로 힘쓰게 하려고 한 것이지 마음속으로는 실제로 자신을 성인이라고 여기면서 잠시 자기가 성인이라는 것을 사양하려고 한 것은 아니다." ○ 호씨(胡氏, 胡寅)가 말했다. "성인의 가르침에는 역시 많은 방법이 있다. 그러나 그 요령은 사람으로 하여금 본래 마음〔本心〕을 잃어버리지 않게 하는 것일 뿐이다. 이 본래 마음을 얻으려고 하는 사람은 오직 성인이 보여준 학문에 뜻을 두고 차례를 따라 나아가야 한다. 그래서 한 가지 흠도 없고 모든 이치가 다 밝혀지면 일상생활〔日用之間〕에서 본래 마음이 환하게 밝아져 의지와 욕구〔意欲〕를 따라서 해도 모두 지극한 이치에 맞게 된다. 마음은 본체〔體〕이고 욕구는 작용〔用〕인데 본체는 곧 도(道)이고 작용은 곧 의(義)이다. 소리를 내면 법칙〔律〕이 되고 몸을 움직이면 법도〔度〕가 된다." 또 말했다. "성인이 이 말씀을 하신 것은, 첫째로는 배우는 사람에게 배움에 푹 젖어들어야지〔優游涵泳〕차례를 건너뛰어〔躐等〕나아가려고 해서는 안 된다는 것을 보여주고, 둘째로는 배우는 사람이 날마다 나아가고 달마다 진보해야지〔日就月將〕중도에 그만두어서는 안 된다는 것을 보여주려고 한 것이다." ○『사기』「세가(世家)」[41]에서 말했다. "공자는 이름이 구(丘)이고 자(字)가 중니(仲尼)이다. 그의 선조는 송(宋)나라 사람이다. 아버지는 숙량흘(叔梁紇)이고 어머니는 안씨(顏氏)이다. 어릴 적에 늘 제기〔俎豆〕를 벌여 놓고 예법을 갖추는 놀이를 하면서 놀았다. 성인(成人)이 되어 주(周)나라에 가서 노자(老子)에게 예(禮)에 대해 물었다. 고국에 돌아와서는 제자가 더욱 많이 모여들었다. 제(齊)나라에 갔다가 노(魯)나라로 돌아오니 정공(定公)이 중도(中都)의 읍재(邑宰)로 삼았다. 1년 만에 사방에서 그를 본받았다. 마침내 사공(司空)[42]을 거쳐 또 대사구(大司寇)[43]가 되어 재상의 직무〔相事〕를 겸하여 국정에 참여하였는데 석 달 만에 노나라가 아주 잘 다스려졌다. 이에 제나라는 여자 악사를 보내 공자의 활동을 방해하였는데 실권자인 계환자(季桓子)가 이를 받아들였다. 또 교제(郊祭)[44]를 지내고 대부(大夫)들에게 나누어 주는 고기〔膰俎〕를 나눠 보내지 않았다. 그래서 공자는 노나라를 떠나 위(衛)나라와 진(陳)나라에 갔다가 채(蔡)나라와 섭(葉)나라에까지 갔다. 초(楚)나라 소왕(昭王)이 공자에게 영지를 주어 봉(封)하려고 했으나 영윤(令尹)인 자서(子西)가 반대하여 그만두었다. 그래서 다시 위나라를 거쳐 노나라로 돌아왔다. 이때 그의 나이가 68세였다. 노나라에서는 끝내 공자를 등용하지 못했고, 공자도 벼슬을 구하지 않았다. 이에『서경』과『예기』를 편차(編次)[45]하고『시경』을 산정(刪定)[46]하며 음악을 바로잡고,『주역』의「단전(彖傳)」,「계사전(繫

---

[41]『史記』「孔子世家」

[42] 건설 · 토지 등을 담당하는 관리

[43] 국가의 법 집행과 치안을 담당하는 관리

[44] 천자가 수도 백 리 밖에서 행하던 제천의식

[45] 순서에 따라 편집함

[46] 쓸데없는 글자나 구절을 깎고 다듬어 정리함

辭傳)」, 「상전(象傳)」, 「설괘전(說卦傳)」, 「문언전(文言傳)」을 서술하며 『춘추』
를 지었다. 그의 제자는 대략 3,000명에 이르렀는데 그 가운데 육예(六藝)에
통달한 사람이 72인이었다."

봉황(鳳鳥)이 날아오지 않고, 황하[河]에서 그림[圖]이 나오지 않으니 나도
이만 그만둬야[已] 할까 보다.[47]

　주자가 말했다. "봉(鳳)은 신령한 새이다. 순임금 때 날아와서 춤을 추었
고[來儀] 문왕 때에는 기산(岐山)에서 울었다. 하도(河圖)는 복희씨 때에 황하
에서 용마(龍馬)가 짊어지고 나온 그림이다. 이들은 모두 성왕의 상서로운
조짐[瑞]이다. 이(已)는 그만둔다는 것이다." ○ 장자(張子, 張載)가 말했다.
"봉황새가 날아오고 신비한 그림이 나온 것은 문화가 밝아진다는 상서로운
조짐이다. 복희씨, 순임금, 문왕 때와 같은 상서로운 조짐이 나타나지 않았
으므로 공자의 문장(文章)이 끝났다는 것을 알았다."

중니(仲尼)는 요임금과 순임금의 도를 조술(祖述)하고 문왕과 무왕의 도
를 헌장(憲章)하였다. 위로는 천시(天時)를 본받고[律] 아래로는 물과 땅[水土]
의 이치를 따르셨다[襲].

『중용』입니다. 아래도 같습니다.[48]

　주자가 말했다. "조술(祖述)이라는 것은 멀리 그들의 도를 근본으로 삼는
다는[宗] 것이고, 헌장(憲章)이란 가까이 그들의 법을 지킨다는 것이다. 천시
를 본받는다는 것[律天時]은 자연의 운행을 본받는 것이다. 물과 땅을 따른다

---

47 『論語』「子罕」
48 『中庸』30章

는 것[襲水土]은 물과 땅의 일정한 이치를 따른다는 것이다. 이것은 모두 안팎을 겸하고 본말을 갖추어서 말한 것이다." 진씨(陳氏, 陳埴)가 말했습니다. "세밀한 도리는 근본이며 안이고, 거친 도리는 말단이며 밖이다."

비유컨대, 하늘과 땅이 싣지 않는 것이 없고 덮지 않는 것이 없는 것과 같다. 비유컨대, 사계절이 번갈아 돌아가는 것[錯行]과 같고 해와 달이 교대로 비추는 것과 같다.

주자가 말했다. "착(錯)은 번갈아드는[迭] 것과 같다. 이것은 성인의 덕을 말한 것이다."

만물은 함께 자라지만 서로 해치지 않으며 도는 함께 작용하지만 서로 어긋나지[悖] 않는다. 작은 덕[小德]은 시내가 흐르는 것[川流]과 같고 큰 덕[大德]은 조화를 두텁게 하는 것[敦化]과 같다. 이것이 하늘과 땅이 위대한 까닭이다.

주자가 말했다. "패(悖)는 어긋남[背]과 같다. 하늘이 덮어주고 땅이 실어주어서 만물이 그 가운데 함께 자라며 서로 어긋나지 않는다. 서로 해치지 않고 서로 어긋나지 않는 까닭은 작은 덕이 시내가 흐르는 것 같기 때문이고, 함께 자라고 함께 작용하는 까닭은 큰 덕이 조화를 두텁게 하는 것과 같기 때문이다. 작은 덕은 전체가 나누어진 것이며 큰 덕은 온갖 다른 것[萬殊]의 근본이다. 시내가 흐르는 것과 같다는 것은 냇물의 흐름처럼 맥락이 분명하고 쉼 없이 흘러간다는 것이다. 조화를 두텁게 한다는 것은 그 조화를 두텁게 하여 근본이 성대하여 끝없이 흘러나온다는 것이다. 이것은 하늘과 땅의 도를 말하여 윗글에서 취한 비유의 뜻을 보여준 것이다." ○ 황씨(黃氏, 黃淵)가 말했다. "천명(天命)의 본성은 큰 덕이 조화를 두텁게 하는 것이고, 솔성(率

性)의 도는 작은 덕이 시내처럼 흐르는 것이다. 큰 덕이 조화를 두텁게 하는 것은 본체이고 작은 덕이 시내처럼 흐르는 것은 작용이다."

자공(子貢)이 말했다. "선생님[夫子]께서는 나라를 다스릴 기회를 얻으신 다면, 이른바 세우면[立之] 이에 서고, 이끌면[道] 이에 따르고[行], 편안히 하면[綏] 이에 따라오고[來], 격동하면[動] 이에 화답하여[和] 살아계시면 모두 떠받들어 영화로울 것이며, 돌아가시면 애통하게 여길 것이다."

『논어』입니다.[49]

주자가 말했다. "세운다는 것은 백성의 생계를 세우는 것이다. 도(道)는 이끄는 것인데, 가르친다는 말이다. 행(行)은 따르는 것이다. 수(綏)는 편안 히 해주는 것이다. 따라온다[來]는 것은 귀순하여 붙는 것[歸附]이다. 격동한 다[動]는 것은 고무하는 것이다. 화답[和]은 이른바 '아! 변화하여 이에 화목 하게 된다[於變時雍].'[50]는 것이니, 신묘한 감응이 이처럼 신속하다는 말이다. 영화롭다[榮]는 것은 존경하고 친애하지 않는 사람이 아무도 없다는 것이다. 애통하게 여긴다[哀]는 것은 어버이[考妣]를 잃은 것처럼 슬퍼하는 것이다." ○ 정자가 말했다. "이것은 성인의 신묘한 교화[神化]가 위아래로 천지와 함 께 흐른다는 말이다."

"그의 예(禮)를 보면 그의 정치를 알고, 그의 음악을 들어보면 그의 덕 을 안다. 백세 뒤에서 백세 이전의 왕들을 평가해보면[等] 아무도 실정 을 숨길 수 없다. 사람이 생겨난 이래 공자와 같은 이는 없었다."

『맹자』입니다. 아래도 같습니다. ○ 역시 자공의 말씀입니다.[51]

---

49 『論語』「子張」
50 『書經』「虞書·堯典」
51 『孟子』「公孫丑·上」

주자가 말했다. 이 말은 다음과 같다. "대체로 어떤 사람의 예를 보면 그의 정치를 알 수 있고 어떤 사람의 음악을 들어보면 그의 덕을 알 수 있다. 이 때문에 내가 백세 뒤에 태어나서 백세 이전의 왕에 대하여 등급을 매겨 보건대 그 실정을 숨길 수 있는 사람은 없었으니 아무도 공자와 같이 성대한 이가 없었다."

재아(宰我)가 말했다. "내가 보기에 공자는 요·순보다 훨씬 훌륭하다 〔賢〕."

정자가 말했다. "성스러움으로 말하면 다르지 않으나 일의 업적〔事功〕으로 말하면 다름이 있다. 공자가 요·순보다 훌륭하다고 한 것은 일의 업적을 말한 것이다. 요·순은 세상을 다스렸고, 공자는 또 그 도를 미루어 후세에 영원히 가르침을 드리웠다. 요·순의 도가 만약 공자를 얻지 못했더라면 후세에 또한 어디에 의거했겠는가?"

맹자가 말했다. "공자를 일컬어 집대성(集大成)한 분이라고 한다. 집대성했다는 것은 쇠를 울려 퍼뜨리고 옥을 울려 거두어들여 전체 음악을 이루는 것을 말한다. 쇠를 울려 퍼뜨리는 것은 음악을 시작하는 것〔始條理〕이고 옥을 울려 거두어들이는 것은 음악의 조리를 마치는 것〔終條理〕이다. 조리를 시작하는 것은 지혜의 일이고 조리를 마치는 것은 성스러운 일이다.[52]

주자가 말했다. "성(成)은 음악이 한 차례 끝나는 것이다. 『서경』에서 '순 임금의 음악인 소소(蕭韶)를 아홉 차례 연주하였다〔九成〕.'[53]라고 한 것이 그

---

[52] 『孟子』「萬章·下」

예이다. 음악에는 여덟 가지 악기의 음[八音]이 있는데, 만약에 한 악기의 음만 독주할 때에는 그 한 음이 독자적으로 처음부터 끝까지 연주되는데 이것이 한 소성(小成)이다. 여덟 음 가운데 쇠와 돌[金石]의 소리가 중요한 것이므로 여덟 음을 함께 연주[並奏]할 때에는 먼저 작은 종과 큰 종[鎛鐘]을 울려서 소리를 퍼뜨리고 그 음이 끝난 뒤에 특경(特磬)을 쳐서 여운을 거둬들인다. 소리를 퍼뜨려 연주를 시작하고 거두어들여서 마치는 것이다. 이 둘 사이에 맥락이 관통하여 남김없이 연주되면 여러 소성(小成)을 합하여 한 대성(大成)이 되는 것이다. 이것은 마치 공자의 지혜가 끝까지 미치지 않음이 없고 덕이 완전하지 않음이 없는 것과 같다.”

이상은 도통(道統)이 공자에 이르러 집대성되고 공자가 영원한 인류의 스승[萬世之師]이 된 것을 말한 것입니다. 공자 이후로는 도가 자기에게서만 이루어지고 한 시대에 행해지지 못했습니다.

○ 안연(顏淵)이 ‘아[喟]!’ 하고 탄식하며 말했다. “우러러볼수록[仰] 더욱 높고, 뚫을수록[鑽] 더욱 견고하다. 앞에 있는 것을 보았는데[瞻] 어느새[忽] 뒤에 있다.”

『논어』입니다. 아래도 같습니다.[54]

주자가 말했다. “위(喟)는 탄식하는 소리이다. 우러러볼수록 더욱 높다는 것은 거기에 미칠 수 없다는 것이다. 뚫을수록 더욱 견고하다는 것은 거기에 들어갈 수 없다는 것이다. 앞에 있고 뒤에 있다는 것은 황홀하여 표현할 수 없다는 것이다. 이것은 안연이 공자의 도가 한도 끝도 없고 장소도 모습도

---

53 『書經』「虞書 · 益稷」
54 『論語』「子罕」

없다는 것을 깊이 알고서 탄식한 것이다. 성인은 다만 중용의 도리를 가지고 있을 뿐이며 높고 견고하며 앞에 있고 뒤에 있다는 것은 다만 '중용은 할 수 없다.'[55]는 것이다."

선생님께서는 사람을 순순히[循循然] 잘 이끌어주신다[誘]. 글로써 나를 넓혀주시고[博我以文], 예로써 나를 단속해주신다[約我以禮].

　주자가 말했다. "순순히[循循然]라는 말은 차례가 있는 모습이다. 유(誘)는 이끌어서 나아가게 하는 것이다. 글로써 넓히고 예로써 단속하는 것[博文約禮]은 가르치는 차례이다. 이것은 공자의 도가 비록 높고 오묘하나 사람을 가르치는 데 차례가 있었음을 말한 것이다." ○ 후씨(侯氏, 侯仲良)가 말했다. "글로써 나를 넓혀준다는 것은 격물치지(格物致知)이고, 예로써 나를 단속한다는 것은 극기복례(克己復禮)이다." ○ 정자가 말했다. "이 말은 안자(顏子)가 성인을 가장 적절하게 칭송한 것이다. 성인이 사람을 가르친 것은 오직 이 두 가지뿐이었다."

그만두고 싶어도 그만둘 수가 없어서 내가 가진 재주를 다해보았지만 무엇인가 우뚝[卓] 서 있는 듯하다! 좇아가려고 해도 연유할 곳이 없다[末].

　주자가 말했다. "탁(卓)은 서 있는 모습이다. 말(末)은 없다는 말이다. 이것은 안자가 자신의 학문이 도달한 정도를 말한 것이다. 대체로 깊이 기뻐하고 힘을 다 써서 그가 본 것이 더욱 친근하나 또한 힘을 쓸 곳이 없다는 뜻이다." ○ 오씨(吳氏, 吳域)가 말했다. "이른바 우뚝하다[卓爾]는 것은 일상생활에서 그러하다는 것이지 이른바 '심오하며 깊고 어둡고 아득하여 알 수 없다

---

55 『中庸』 9章

는 것〔窈冥昏默〕'[56]은 아니다." ○ 양씨(楊氏, 楊時)가 말했다. "바람직한 이를 선한 사람이라고 하는 데서부터 확충하여 대인에 이르기까지는 힘써 행함〔力行〕을 쌓아 나아가는 것이다. 대인이면서 사람들을 변화시키는 것〔大而化之〕은 힘써 행함으로써 이루어지는 것이 아니다. 이것이 안자가 성인에 미치지 못하는 까닭이다." ○ 호씨(胡氏, 胡寅)가 말했다. "안자의 학문은 이미 터득한 바가 있기 때문에 먼저 학문이 어려운 까닭과 터득하는 과정을 기술하여 성인에게 공을 돌렸다. 높고 견고하며 앞에 있다가 뒤에 있다는 것〔高堅前後〕은 도의 본체를 말한 것이고, 우러러보고 뚫으며 쳐다보고 문득 느끼는 것〔仰鑽瞻忽〕은 아직 그 요체를 깨닫지 못한 것이다. 오직 공자는 순순히 이끌어주는데 먼저 글로써 나를 넓혀서 나로 하여금 옛날과 오늘날을 알고 일의 변화를 통달하게 한 뒤에 예로써 나를 단속하여 나로 하여금 들은 것을 존중하고 안 것을 실천하게 하니 마치 길을 가는 사람이 집에 도착하거나 밥을 먹는 사람이 배부르기를 바라는 것과 같았다. 이 때문에 배움을 그만두고 싶어도 그만둘 수 없으며, 온 마음과 힘을 다하여 조금도 쉬지 않고 그만두지 않은 뒤에야 공자가 이룩해 놓은 것이 얼마나 우뚝한지 알게 되었다. 비록 좇으려고 해도 연유할 곳이 없었다. 이것은 대체로 좇는 데 게으르지 않고 반드시 우뚝 서는 경지에 이르기를 추구한 것이다. 어쩌면 이 탄식은 '이 말씀을 따르겠습니다.'[57] 극기복례를 말합니다. 라고 한 뒤의 일이요, '석 달 동안 인(仁)을 어기지 않는다.'라고 하던 때의 일일 것이다." 공자가 말했습니다. "안회[58]는 그 마음에 석 달 동안 인을 어기지 않는다."

안연(顏淵)이 나라를 다스리는 방법〔爲邦〕을 물었다.[59]

---

56 『莊子』「在宥」至道之精 窈窈冥冥, 至道之極 昏昏默默.
57 『論語』「顏淵」
58 『論語』「雍也」
59 『論語』「衛靈公」

주자가 말했다. "안자(顔子)는 왕을 보좌할〔王佐〕 재능이 있었기 때문에 온 세상을 다스리는 방법을 물었던 것이다. 그런데 '나라를 다스리는 방법'이라고 한 것은 겸손한 말이다."

공자가 말했다. "하나라의 역법〔時〕을 쓴다."

주자가 말했다. "하의 역법은〔夏時〕 북두칠성의 자루〔斗柄〕[60]가 초저녁에 인방(寅方)[61]을 가리키는 달을 정월〔歲首〕로 삼았다. 하늘은 자시(子時)에 열리고, 땅은 축시(丑時)에 열리고, 사람은 인시(寅時)에 생겨났다. 그러므로 북두칠성의 자루가 이 세 방위〔三辰〕를 가리키는 달은 모두 정월로 삼을 수 있다. 그러나 역법은 때에 맞게 농사를 짓기 위해 필요한 것이므로 세월은 마땅히 사람을 기준〔紀〕으로 삼아야 한다. 대체로 이것은 올바른 역법과 바람직한 절기〔時令〕를 취하여 안자에게 알려준 것이다."

"은나라의 수레〔輅〕를 탄다."

주자가 말했다. "상(商)나라의 수레는 나무로 만든 수레〔木輅〕이다. 노(輅)는 큰 수레의 이름이다. 옛날에는 나무로 수레를 만들었을 뿐인데 상에 이르러 노라는 이름이 생겼다는 것은 아마도 수레를 만드는 제도가 달라지기 시작했기 때문일 것이다. 주나라의 사람들은 금과 옥으로 수레를 꾸몄는데 이것은 지나치게 사치스럽고 또 부서지기 쉬웠다. 주나라의 수레는 소박하면서도 아주 튼튼하며 등급〔等威〕에 따른 위엄이 이미 나뉘어 있어서 바탕을 숭상하면서도 중도를 얻은 상나라의 수레만 못하다."

---

60 북두칠성의 별 가운데 자루에 해당하는 세 별
61 북동에서 남쪽으로 15도 기운 방위를 중심으로 한 15도 각도 안의 방향

"주나라의 면류관﹙冕﹚을 쓴다."

　주자가 말했다. "주나라의 면류관은 다섯 등급이 있었다. 면류관은 제례복에 갖춰 쓰는 관이다. 황제﹙黃帝﹚ 이래로 있던 것이지만 제도﹙制度﹚나 모양과 등급﹙儀等﹚은 주나라에 이르러 비로소 갖추어졌다. 공자가 주나라의 면류관을 취한 것은 꾸밈﹙文﹚이 있으면서도 중도를 얻었기 때문이다."

"음악은 소무﹙韶舞﹚를 쓴다."

　주자가 말했다. "완벽하게 선하고﹙盡善﹚ 완벽하게 아름다운 것﹙盡美﹚을 취한 것이다." ○ 물었다. "안자가 나라를 다스리는 방법을 물었는데 공자가 다만 4대﹙四代﹚의 예와 음악만 가지고 말하고 나라를 다스리며 온 세상을 평화롭게 하는 방법에 대해 말하지 않은 것은, 이 일이 안자가 평소에 본래부터 연구하던 것이어서 공자가 다시 말하기를 기다릴 필요가 없었기 때문이 아닙니까?" 주자가 대답했다. "옳다. 그 말과 같다."

"정나라의 음악﹙鄭聲﹚을 금하고 아첨하는 사람을 멀리 쫓아버린다. 정나라의 음악은 음란하고 아첨하는 사람은 위태롭기 때문이다."

　이 말의 주석은 이미 앞에 나왔다. ○ 정자가 말했다. "많은 사람이 정치를 물었는데 오직 안자에게만 이렇게 알려주었다. 대체로 삼대의 제도는 모두 시대에 따라 덜고 보태고 했는데 오랫동안 전해지면서 폐단이 생기지 않을 수 없었다. 주나라가 쇠퇴하면서 성인이 일어나지 않았기 때문에 공자는 선왕의 예를 참작하여 영원히 세상에 보편적으로 행할 수 있는 도를 세웠는데, 이것을 말하여 조짐으로 삼았을 뿐이다. 이로 말미암아 추구하면 나머지는 모두 고찰할 수 있다."

안연이 죽자 공자가 이렇게 말했다. "아[噫]! 하늘이 나를 버리셨구나!
하늘이 나를 버리셨구나!"[62]

   주자가 말했다. "희(噫)는 마음이 아파서 부르짖는 소리이다. 도를 전할
사람이 없는 것이 마치 하늘이 자기를 버리는 것 같음을 슬퍼한 것이다." ○
운봉 호씨(雲峯胡氏, 胡炳文)가 말했다. "공자가 위로 문왕의 전통을 이어받았
을 때에는 '하늘이 아직 이 문화를 버리지 않았다.'라고 하였고,[63] 아래로 안
연에게 전해줄 수 없게 되었을 때에는 '하늘이 나를 버렸다.'라고 하였으니
도통이 끊어지거나 이어지는 것은 모두 하늘에 달렸다." ○ 애공(哀公)이 물
었다.[64] "제자 가운데 누가 배움을 좋아합니까?" 공자가 대답하였다. "안회
라는 제자가 있었는데 회(回)는 안연의 이름입니다. 배움을 좋아하여 분노를 다른
사람에게 옮기지 않고 같은 잘못을 거듭하지 않았습니다. 그런데 불행히도
목숨이 짧아서 죽고 지금은 없습니다. 그리고 아직 배움을 좋아하는 사람이
있다는 말을 듣지 못했습니다." ○ 증자(曾子)가 말했다.[65] "유능하면서도 무
능한 사람에게 묻고, 많이 알고 있으면서도 조금밖에 모르는 사람에게 물었
다. 있어도 없는 것 같았고 꽉 차 있으면서도 텅 빈 것같이 하였으며, 자기에
게 잘못을 범해도 따지지 않았다. 옛날에 내 벗이 이런 일을 일삼았다." 마씨(馬
氏, 馬融)는 벗[友]을 안연이라고 하였습니다.

삼(參, 증자의 이름)은 둔하다[魯].

공자의 말씀입니다.[66]

---

62 『論語』「先進」
63 『論語』「子罕」
64 『論語』「雍也」
65 『論語』「泰伯」
66 『論語』「先進」

주자가 말했다. "노(魯)는 둔한 것이다." ○ 정자가 말했다. "삼은 궁극적으로 노둔한 것을 통해 성취했다." 또 말했다. "증자의 학문은 성실하고 독실한 것일 뿐이다. 성인의 문하에서 배우는 사람들 가운데 총명하고 재주가 있으며 말을 잘하는 사람이 적지 않았지만 끝내 그 도를 전승한 사람은 바로 바탕이 둔한 사람이었다. 그러므로 배움은 성실한 것을 귀하게 여긴다." ○ 윤씨(尹氏, 尹焞)가 말했다. "증자의 재능은 둔했다. 그러므로 그 배움이 확고했다. 이 때문에 도에 깊이 나아갈 수 있었다."

증자가 말했다. "나는 날마다 세 가지로 나 자신을 반성한다. 남을 위하여 일을 꾸미는 데 충실하지[忠] 않았는가? 벗들과 사귈 때 믿음직하지[信] 않았는가? 가르침 받은 것[傳]을 익히지[習] 않았는가?"[67]

주자가 말했다. "스스로 최선을 다하는 것을 충(忠)이라 하고, 실제로 그렇게 하는 것을 신(信)이라 한다. 전(傳)이란 스승에게서 받은 것을 말하고, 습(習)이란 자기에게서 익숙해지는 것을 말한다. 증자는 이 세 가지로 날마다 자신을 반성하여 이런 문제가 있으면 고치고 이런 문제가 없으면 더욱 노력하였다. 이처럼 그는 성실하고 절실하게 자신을 다스렸으니 학문을 하는 근본을 터득했다고 할 수 있다. 그런데 이 세 가지의 차례는 또한 충(忠)과 신(信)으로써 가르침 받은 것을 익히는 것의 근본으로 삼는다." ○ 윤씨(尹氏, 尹焞)가 말했다. "증자는 자신을 지키는 것이 간략했기 때문에 행동을 하면 반드시 자신에게서 따져보았다." ○ 사씨(謝氏, 謝良佐)가 말했다. "여러 제자의 학문은 모두 성인에게서 나왔지만 시대가 멀어짐에 따라 더욱 그 진실을 잃어버렸다. 그러나 오직 증자의 학문은 오로지 안으로 마음을 쓰는 것이었기 때문에 전해진 것에 폐단이 없었다. 자사(子思)와 맹자(孟子)를 보면 이

---

67 『論語』「學而」

점을 알 수 있다. 아름다운 말과 선한 행실이 세상에 모두 전해진 것은 아니므로 그것이 안타까울 뿐이다. 다행히 그나마 사라지지 않은 것이 있으니 배우는 사람이 어찌 마음을 다하지 않을 수 있겠는가?"

공자가 말했다. "삼아! 내 도는 하나로 관통했다." 증자가 말했다. "예, 그렇습니다."[68]

이 말의 주석은 앞에 나와 있다.

공자가 밖으로 나가자 제자들이 물었다. "무슨 뜻입니까?" 증자가 말했다. "선생님의 도는 충서(忠恕)일 뿐이다[而已矣]."

주자가 말했다. "스스로 최선을 다하는 것을 충(忠)이라 하고 남에게 자기의 마음을 미루어가는 것을 서(恕)라고 한다. 이이의(而已矣)는 남김 없이 모두 다했다는 말이다. 공자의 한 이치[一理]는 전체로 하나여서 모든 것에 대응하여 꼭 들어맞았다. 비유컨대, 하늘과 땅이 지극히 성실하고 쉼이 없어서 만물이 저마다 제자리를 얻는 것과 같다. 이 밖에 본래 다른 법도가 없으며 또한 미루어갈 것도 없다. 증자는 이것을 알았으나 말하기 어려웠기 때문에 배우는 사람은 자기에게 최선을 다하고 자기 마음을 미루어간다는 항목을 빌려 드러내어 밝혀서 깨닫게 하고자 하였다. 대체로 지극히 성실하고 쉼이 없다는 것은 도의 본체이며, 수만 가지 현상[萬殊]의 근본이 하나[一本]인 까닭이다. 만물이 저마다 제자리를 얻는다는 것은 도의 작용이며, 한 근본이 수만 가지 현상으로 나뉘는 까닭이다. 이것으로 보면 하나로 관통하는 실상을 알 수 있다." ○ 정자가 말했다. "성인이 사람을 가르칠 때에는 각각 재능에 따라 가르친다. '내 도는 하나로 관통했다.'라는 것은 오직 증자만 통달할 수 있었기 때문에 공자가 그에게 알려주었다. 증자가 제자들에게 '선생님의 도는 충서일 뿐이다.' 하고 말해준 것도 또한 공자가 증자에게 알려준 것과 같다."

자사는 증자에게 배워 『중용』을 지었다.

『사기』입니다.[69]

『사기』에서 말했다.[70] "공자는 이(鯉)를 낳았다. 이의 자(字)는 백어(伯魚)이다. 그는 공자보다 먼저 죽었다. 백어는 급(伋)을 낳았다. 급의 자는 자사(子思)이다." ○ 주자가 말했다.[71] "『중용』은 무엇을 위해 지었는가? 자사는 도학(道學)의 전통이 끊어질까 근심하여 이 책을 지었다. 아득한 옛날에 성스럽고 신령한 사람들〔聖神〕이 하늘을 이어 사람의 표준을 세우면서〔立極〕부터 도통(道統)의 전승이 시작하였다. 경전에서 도통의 전승을 보면 '진실로 그 중심을 잡으라〔允執厥中〕!'라고 한 것은 요임금이 순임금에게 전해준 것이고, '인심은 오직 위태롭고〔人心惟危〕 도심은 오직 미미하니〔道心惟微〕 오직 정밀하게 한결같이 함으로써〔惟精惟一〕 진실로 그 중심을 잡으라!'라고 한 것은 순임금이 우임금에게 전해준 것이다. 요임금의 한마디 말이 지극하고 극진한데 순임금이 다시 세 마디를 덧붙인 것은 요임금의 한마디 말이 반드시 이렇게 해야만 거의 실천할 수 있다는 것을 밝히기 위해서이다. 요임금·순임금·우임금은 온 세상의 위대한 성인이고 온 세상을 서로 주고받은 것은 온 세상의 위대한 일이다. 온 세상의 위대한 성인으로서 온 세상의 위대한 일을 하되 주고받을 즈음에 자세하고 친절하게 깨우치고 경계한 것이 이러한

---

69 『史記』「孔子世家」
70 『史記』「孔子世家」
71 『朱子全書』「中庸章句序」

말에 지나지 않았으니 온 세상의 이치가 어찌 여기에 더할 것이 있겠는가? 그 이래로 성인과 성인이 서로 이어왔다. 예컨대 탕왕·문왕·무왕 같은 이는 임금이 되고, 고요(皐陶)·이윤(伊尹)·부열(傅說)·주공·소공(召公) 같은 이는 신하가 되어 모두 이것으로 도통의 전승에 접했다. 공자는 비록 그와 같은 지위를 얻지 못했으나 과거의 성인을 계승하고〔繼往聖〕 미래의 학문을 연〔開來學〕 공은 도리어 요임금이나 순임금보다 훌륭하다. 그러나 당시에 공자를 보고서 안 사람 가운데 오직 안자와 증자가 전해받은 것이 종지(宗旨)를 얻었고, 증자에게 거듭 전승되었는데 다시 공자의 손자인 자사를 얻음에 이르러서는 성인과 거리가 멀어지고 이단이 일어났다. 자사는 오랜 시간이 지날수록 도통의 진수(眞髓)를 잃어버릴까봐 두려워 이에 요임금과 순임금 이래로 서로 전승해온 뜻을 미루어 그것을 바탕으로 삼고, 평소 조부와 스승〔父師〕에게서 들은 말씀으로 질정(質正)하여 번갈아 연역(演繹)하여 이 책을 지어 후세의 배우는 사람에게 알려주었다.”

맹자가 말했다. “요·순 시대부터 탕왕에 이르기까지의 사이가 500여 년인데 우임금이나 고요와 같은 이는 직접 보고서 알았고, 탕왕은 들어서 알았다.”

『맹자』입니다.[72]

조씨(趙氏, 趙岐)가 말했다. “500년마다 성인이 나오는 것은 정상적인 천도(天道)이다. 그러나 빠를 수도 있고 느릴 수도 있으므로 꼭 500년이라고 할 수는 없다. 그러므로 ‘~여 년’이라고 한 것이다.” ○ 윤씨(尹氏, 尹焞)가 말했다. “안다는 것은 그 도를 안다는 것이다.”

---

[72] 『孟子』「盡心·下」

탕왕 때부터 문왕에 이르기까지가 500여 년인데 이윤이나 내주(萊朱)와 같은 이는 직접 보고서 알았고, 문왕 같은 이는 들어서 알았다.

조씨(趙氏)가 말했다. "내주는 중훼(仲虺)라고도 하는데 탕왕을 보좌한 좌상(左相)이었다."

문왕에서부터 공자에 이르기까지의 사이가 500여 년인데 태공망(太公望)이나 산의생(散宜生)과 같은 이는 직접 보고서 알았고, 공자는 듣고서 알았다.

주자가 말했다. "자공(子貢)이 말하기[73]를 '문왕과 무왕의 도가 아직 땅에 떨어지지 않고 사람들에게 있었으니 현명한 이는 그 큰 것을 기억하고 있었고 현명하지 못한 이는 그 작은 것을 기억하고 있었다. 이처럼 문왕과 무왕의 도를 소유하지 않은 이가 없었으니 선생님께서 어디에서든 배우지 않으셨겠는가?'라고 하였다. 이것이 이른바 듣고서 안 것이다."

공자로부터 지금까지의 사이가 100여 년이다. 이처럼 성인의 시대와 거리가 멀지 않고 성인이 살던 곳과 매우 가깝다. 그런데도 공자의 도를 아는 이가 없으니 앞으로도 또한 없을 것이다.

임씨(林氏, 林之奇)가 말했다. "맹자가 말하기를 '시간상으로 공자가 살던 때는 오늘날에서 그리 멀지 않고, 거리상으로도 추(鄒)나라는 노나라에서 서로 가까운데 이미 공자의 도를 보고 아는 사람이 없었으니 500년 뒤에는 어찌 들어서 아는 사람이 다시 있겠는가?'"라고 하였다. ○ 주자가 말했다.

---

73 『論語』「子張」

"이 말은 비록 공자의 도를 자기가 전승했다고 감히 자신할 수는 없지만 후세에 마침내 도가 이어지지 않을까 근심한 것인 듯하다. 그러나 바로 사양할 수 없는 것이 있음을 스스로 드러내고 또 천리(天理)와 백성의 떳떳한 도리[民彝]는 결코 소멸시킬 수 없으므로 백세(百世) 뒤에는 반드시 정신적으로 통하여 마음으로 터득할 사람이 있을 것이라는 생각을 드러냈다. 그러므로 여러 성인들의 도통을 차례대로 서술하고 이 말로써 끝을 맺었는데, 이로써 도의 전승이 있는 곳이 있음(자기에게 있음)을 밝히고 또한 후세에 무궁토록 성인을 기다린 것이다. 그 뜻이 깊다."

나는 공자의 제자가 될 수는 없었지만 다른 사람을 통하여 사숙(私淑)하였다.[74]

주자가 말했다. "사(私)는 가만히[竊]와 같다. 숙(淑)은 선함[善]이다. 이씨(李氏, 李郁)는 사숙을 방언이라고 하였는데 그 말이 옳다. 남[人]은 자사의 제자이다. 맹자의 말은 '내가 비록 공자의 문하에서 직접 수업을 받지는 못했지만 그의 학문을 전하는 사람이 있었기 때문에 그에게서 공자의 도를 듣고 스스로 가만히 나 자신을 선하게 할 수 있었다.'는 것이다. 대체로 공자를 추존하고 자신을 겸손하게 낮춘 말이다." ○『사기』에서 말했다. "맹가(孟軻) 자(字)는 자거(子車)인데 자여(子輿)라고도 합니다. 는 추(鄒)[75]나라 사람이다. 자사(子思)의 문인에게서 가르침을 받았다. 도가 이미 통하자 제나라 선왕[齊宣王], 양나라 혜왕[梁惠王]을 찾아다니며 섬겼는데, 그들로부터 비현실적이고 실정에 맞지 않다는 평가를 받았다. 당시는 온 세상이 바야흐로 합종(合從), 연횡(連衡)에 힘을 써서 서로 치고 빼앗는 것을 능사로 알던 때였다. 그런데 맹

74『孟子』「離婁 · 下」
75『史記』「孟子列傳」에는 鄒가 騶으로 되어 있다.

가는 요〔唐〕·순〔虞〕과 삼대(三代)의 덕을 진술하였기 때문에 가는 곳마다 의견이 맞지 않았다. 그래서 물러나 만장(萬章, 맹자의 제자)의 무리와 함께 『시경』, 『서경』을 정리하고 공자〔仲尼〕의 뜻을 서술하여 『맹자』 7편을 지었다.

옛날에 우임금이 홍수를 막아〔抑〕 세상이 평온해졌고, 주공이 오랑캐를 아우르고〔兼〕 맹수를 몰아내어 백성이 평안해졌다. 공자가 『춘추(春秋)』를 완성하자 반란을 일으키는 신하와 부모를 해치는 자들〔亂臣賊子〕이 두려움에 떨었다.[76]

주자가 말했다. "억(抑)은 그치게 하는〔止〕 것이다. 겸(兼)은 아우르는 것이다." ○ 맹자가 말했다. "주공이 무왕을 도와 주(紂)를 베고 엄(奄)나라를 정벌한 지 3년 만에 그 나라 군주를 치고, 비렴(飛廉)을 바다 구석으로 쫓아내 죽였다. 멸망시킨 나라가 쉰 곳이고 호랑이·표범·코뿔소·코끼리와 같은 맹수를 멀리 몰아내어 온 세상이 크게 기뻐하였다."

나 또한 사람들의 마음을 바로잡고 사악한 이론〔邪論〕을 사라지게 하며, 치우친 행위를 막고 음란한 말을 몰아내어 세 성인을 계승하려고 하는 것이다.

한씨(韓氏, 韓愈)가 말했다.[77] "요임금은 이것을 순임금에게 전하였고, 순임금은 이것을 우임금에게 전하였고, 우임금은 이것을 탕왕에게 전하였고, 탕왕은 이것을 문왕·무왕·주공에게 전하였고, 문왕·무왕·주공은 공자에게 전하였고, 공자는 맹가에게 전하였는데 맹가가 죽은 뒤로는 전해지지

---

76 『孟子』「滕文公·下」
77 『昌黎文集』「原道」

못했다." ○ 정자가 말했다. "공자[仲尼]는 원기(元氣)이고, 안자는 봄의 생기[春生]이며, 맹자는 가을의 살기[秋殺]가 함께 다 보인다. 공자는 포용하지 않는 것이 없고 안자는 어리석은 사람처럼 반대할 줄 모르는[不違如愚] 학문을 후세에 전하였다. 그는 자연스러운 온화한 기운[和氣]이 있어서 말없이도 이루는 사람이다. 맹자는 재능을 드러냈으니 대체로 시대가 그러했기 때문일 뿐이다. 공자는 하늘과 땅[天地]이고 안자는 온화한 바람[和風]과 상서로운 구름[慶雲]이며 맹자는 높고 높은 태산[泰山巖巖]의 기상이다. 그들의 말을 보면 이 모든 것을 알 수 있다. 공자는 자취가 없고, 안자는 자취가 미세하게 있으며, 맹자는 그 자취가 뚜렷하다. 공자는 참으로 명쾌하고 안자는 참으로 화락[豈弟]하며 맹자는 씩씩하게 변론[雄辯]을 하였다." 섭씨(葉氏)가 말했습니다. "공자는 몸에 맑고 밝은 기운이 있어서 마치 푸른 하늘의 밝은 해[靑天白日]와 같았다. 그러므로 지극히 명쾌하였다. 안자는 있어도 없는 것 같고 꽉 차 있어도 빈 것같이 하였으며 남이 자기를 범하여도 따지지 않았기 때문에 지극히 화락하였다. 맹자는 사악한 이론을 그치게 하고 치우친 행위를 막고 음란한 말을 몰아냈기 때문에 지극히 씩씩하게 변론하였다. 이 단락에서는 위대한 성인과 위대한 현인의 기상을 반복하여 그려내었는데 저마다 오묘하게 들어맞았다. 고금을 통틀어 성현을 언급한 말 가운데 이보다 나은 것이 없다. 배우는 사람은 이 말을 마음에 깊이 새겨야 한다."

이상은 도통의 전승이 맹자에게서 중단된 것을 말한 것입니다.

신이 생각건대, 도통의 전승은 복희씨에서부터 시작하여 맹자에게서 그치고 마침내 전해지지 않았습니다. 순경(荀卿), 모장(毛萇), 동중서(董仲舒), 양웅(揚雄), 제갈량(諸葛亮), 왕통(王通), 한유(韓愈)와 같은 사람들이 이론을 제시하고 업적을 남겨 세상의 교화에 도움된 것이 있었지만 순경과 양웅은 치우치고 잡스러웠으며[偏駁], 모장은 뚜렷한 공적이 없고, 왕통은 식견이 좁은 데다가 급히 이루려고 했으니 모두 볼 만한 것이 별로 없습니다. 오직 동중서는 정의(正誼)와 명도(明道)에 관한 이론을 말하였으며 제갈량은 유학자의 기상을 갖추고 있었고, 한유는 불교와 도가[佛老]를 배척하였으니 다른 학자들에 견주어 뛰어납니다. 다만 동중서는 재이(災異)의 학설에 흘렸고 제갈량은 신불해(申不害), 한비(韓非)의 학설에 가까웠으며, 한유는 실제로 몸소 행동하는 자세[實踐躬行]가 부족했습니다. 이 때문에 이들은 맹자의 도통을 이어받을 수 없었습니다.

주무숙(周茂叔, 周敦頤)은 인품이 매우 고결하고 가슴에 품은 생각이 맑고 깨끗하여[灑落] 마치 맑은 바람과 밝은 달[光風霽月] 같다.[78]

황정견(黃庭堅)의 「염계시서(濂溪詩序)」입니다.

연평 이씨(延平李氏, 李侗)가 말했다. "이 말은 도를 지닌 사람의 기상을 잘 묘사한 것이다." ○ 「염계선생사장(濂溪先生事狀)」에서 말했다.[79] "선생의 집안은 대대로 도주(道州) 영도현(營道縣)에서 살았다. 성은 주(周)씨이고 이름은 돈실(惇實)이다. 나중에 영종(英宗)의 옛 이름을 피하여 돈이(惇頤)로 고쳤다. 널리 배우고 힘껏 실천하였으며, 매우 일찍 도를 들었다. 일을 처리할 때에는 굳세고 과단성이 있어서 옛 사람[古人]의 풍모를 지녔다. 정치를 하는 데에는 정확하고 치밀하며, 엄격하고 너그러웠으며, 모든 도리를 다 힘써 하였다. 일찍이 「태극도(太極圖)」, 「역설(易說)」, 「역통(易通)」 등 수십 편을 지었다."

도를 잃어버린 지 천 년, 성인의 시대와 아득히 멀고 말씀은 사라져버렸다. 선각자가 없다면 누가 우리를 열어주겠는가? 글은 말을 다 나

---

78 『山谷集』「濂溪詩序」
79 『朱子全書』「濂溪先生事實記」

타내지 못하고 그림은 뜻을 다 나타내지 못한다. 바람과 달은 가없고 뜰의 풀은 다투어 푸르다.

주자가 지은 「염계선생화상찬(濂溪先生畫像贊)」입니다.[80]

　주자가 말했다. "선생은 스승에게서 전수받지 않고 혼자서 마음속으로 도의 본체를 파악하여 그림을 그리고 글을 덧붙여 중요한 핵심[領要]을 끝까지 파헤쳤다. 당시에 그것을 보고 안 사람으로는 정씨(程氏, 程顥와 程頤)가 있었다. 그들은 마침내 이것을 확대하고 미루어 밝혀서 천리의 미묘함, 인륜의 뚜렷함, 사물의 다양함, 귀신의 그윽함[幽]이 어느 것 하나 환하게 통하지 않음이 없어서 필경에는 하나로 관통하였으며 주공·공자·맹자의 전승을 당대에 다시 환하게 밝혔다. 뜻있는 선비가 마치 성인들이 다스리던 삼대 전의 세상에 태어나기라도 한듯 도를 얻어 탐구하고 토론하며 실천하여 바른 것을 잃지 않을 수 있었으니, 아! 성대하다." ○ 또 말했다. "선생의 말은 고원하기로는 태극(太極)과 무극(無極)의 오묘한 이치를 끝까지 추구했으나 실제로는 일상생활에서 벗어나지 않았으며, 그윽하기로는 음양과 오행의 조화의 자취를 탐구했으나 실제로는 인의예지(仁義禮智)와 강유선악(剛柔善惡)을 벗어나지 않았으며, 본체와 작용의 근원이 하나이고, 드러난 것과 은미한 것 사이에 간격이 없는 이치에 대해 진·한 이래로 아무도 그와 같이 도달한 사람이 없었으나 그가 전한 것은 실제로 육경(六經)과 『논어』, 『중용』, 『대학』, 『맹자(七篇)』에서 벗어나지 않았다." ○ 또 말했다. "선생이 위로는 천 년 전의 공자와 맹자[洙泗]의 전통을 잇고, 아래로는 정씨 형제[河洛]를 거쳐 오랜 세대[百世]에 이어질 전통을 열어주었으니 그 맥락이 분명하고 규모가 굉장히 원대하다. 여러 유학자들이 차례로 주고받은 것을 두루 가려 뽑아 부흥시키고 개창하였으며, 이단을 깨끗이 쓸어내고 여러 학설을 하나로 평정한 공을

---

80 『朱子全書』「六先生畫像贊」

논한다면 그보다 더 높은 사람이 없다.”

하남 정씨(河南程氏) 두 분 선생님[兩夫子, 정호와 정이 두 형제]은 맹자의 전승을 접하였다.

주자가 지은 「대학서(大學序)」입니다. [81]

주자가 말했다. “왕단명(汪端明)이 예전에 ‘두 분 정 선생의 학문은 전적으로 주(周) 선생의 학문에 바탕을 둔 것이 아니다.’라고 말한 적이 있다. 이 말은 아마도 사람들이 대부분 「통서(通書)」를 대수롭잖게 여겨 자세하게 연구하지 않았기 때문에 나온 말일 것이다. 지금 「통서」를 살펴보니 모든 내용이 「태극도」를 밝힌 것이다. 글은 비록 많지 않지만 계통과 체계[統紀]는 이미 다 갖추어져 있다. 두 분 정 선생은 대체로 그의 전승을 얻었지만 두 분 정 선생의 업적이 더 넓을 뿐이다.”

봄기운처럼 끝없이 만물을 길러주며[揚休][82] 산처럼 우뚝하여라[山立].[83] 옥 같은 빛깔[玉色]과 쇠 같은 소리로다[金聲]. 원기(元氣)가 한덩이로 모여 천성으로 이루어졌다. 좋은 날씨와 상서로운 구름, 따뜻한 바람과 단비로다. 용의 덕[龍德]이 바르고 가운데 자리[正中]에 있으니 그 덕을 널리 펼치네.

주자가 지은 「명도선생화상찬(明道先生畵像贊)」입니다. [84]

「명도선생행장(明道先生行狀)」 이천(伊川) 선생이 지었습니다. 에서 말했다. “선

---

81 『朱子全書』「大學章句序」
82 『禮記』「玉藻」, 盛氣顚實揚休
83 『禮記』「玉藻」, 頭頸必中, 山立時行
84 『朱子全書』「六先生畵像贊」

생의 이름은 호(顥)이고 자(字)는 백순(伯淳)이다. 하남(河南) 사람이다. 자질과 인품이 특이하고 충실하게 수양을 하여 도를 지녔다. 정금(精金)같이 순수하고 좋은 옥〔良玉〕같이 따뜻하고 윤택하다. 너그러우면서도 절제가 있고, 온화하면서도 감정이 지나치게 흐르지 않았다. 충직함과 성실함은 쇠나 돌이라도 뚫을 듯하고, 효성과 우애는 신명에게도 통했다. 그의 안색을 살펴보면 따뜻한 봄볕과 같이 사물을 대했고, 그의 소리를 들어보면 때맞춰 내리는 비처럼 윤택하게 들렸다. 가슴속에 품은 뜻은 깊어서 철두철미하게 대상을 꿰뚫어 보았다. 쌓인 것을 헤아려보면 마치 가없는 바다〔滄溟〕처럼 드넓고, 덕의 아름다움을 다 나타내려 해도 말로써는 충분히 그려낼 수 없다. 선생이 몸소 실천한 것은 안으로는 경건을 주로 하고 서(恕)를 실천하여 선한 것을 보면 자기가 한 것처럼 좋아하였으며, 자기가 원하지 않는 것은 남에게도 시키지 않았다. 어짊〔廣居. 仁〕을 유지하였으며 큰 도리〔大道〕를 실천했다. 말을 하면 반드시 실행했고〔物〕 행동은 언제나 떳떳하였다〔恒〕. 선생의 학문적인 측면은 다음과 같다. 15~16세 때부터 여남(汝南)의 주무숙(周茂叔. 周惇頤)이 도를 강론하는 것을 듣고, 마침내 과거를 위한 공부를 싫어하고 분을 내어 진리를 추구하려는 뜻을 품었다. 아직 진리의 요체를 알지 못하여 여러 학파〔諸家〕의 이론을 닥치는 대로 넘나들고 도가와 불교〔老釋〕에 드나든 지 거의 10년 만에 돌이켜 육경(六經)에서 진리를 추구한 뒤에 터득하였다. 주자가 말했습니다. "돌이켜 육경에서 진리를 구한 뒤에 터득했다는 것은 다만 공부의 효용이 크고 온전해졌다는 것을 말한 것일 뿐이다. 학문에 들어간 계기가 주렴계로부터였다는 것은 속일 수 없는 사실이다." 모든 사물〔庶物〕의 이치에 밝았고 인륜을 분명하게 깨달았다. 본성을 끝까지 실현하여서 사명을 다 실현하는 데까지 이르는 것이 반드시 효도와 우애에 근본을 둔다는 것과 신명을 끝까지 탐구하고 변화를 아는 것이 예와 음악에 통달하는 데서 말미암는다는 것을 알았다. 이단과 사이비 학문을 분별하고 오랜 세월 동안〔百代〕 밝혀지지 않았던 의혹을 밝혔다. 진ㆍ한 이래 이 진리에 이른 사람은 없었다. '맹자가 죽고 나서 성인의 학문〔聖學〕이

전해지지 않는다.'라고 하여 우리 학문〔斯文〕을 일으키는 것을 임무로 삼았다. 나아가서는 이 세상 사람〔斯人〕을 깨우치려고 하였고, 물러나서는 경전을 밝히려고 하였다. 그러나 불행하게도 일찍 세상을 떠나 결실을 보지 못했다. 정확하고 미묘하게 분별하고 분석한 것이 세상에 조금이나마 보이는 것은 그에게서 배운 사람들이 전한 것들뿐이다. 선생의 문하에서 배운 사람이 많았는데 선생의 말씀이 평이하고 알기 쉬워서 현명한 사람이나 어리석은 사람이나 모두 유익한 것을 얻었다. 마치 여러 사람이 강에서 물을 마시는데 저마다 자기 양대로 마실 수 있는 것과 같았다. 선생이 사람을 가르치는 데에는 앎을 끝까지 추구함〔致知〕에서 머물 곳을 앎〔知止〕에 이르기까지, 뜻을 성실하게 함〔誠意〕에서 세상을 평화롭게 함〔平天下〕에 이르기까지, 집 안팎을 깨끗이 하고 응답하고 접대하는〔灑掃應對〕 데서부터 진리를 탐구하고 본성을 실현하는〔窮理盡性〕 데 이르기까지 하나하나 질서가 있었다. 세상의 배우는 사람들이 가까운 것을 버리고 먼 것을 추구하며, 아래에 있으면서 높은 것만 엿보아서 경솔하게 스스로를 대단하게 여기며 끝내 아무것도 터득하지 못하는 것을 병폐로 여겼다. 선생은 사물을 접함에 변별하되 주저함이 없었고, 대상을 접하면 그것에 통달하였다. 남을 가르치면 그들이 쉽게 좇고, 성을 내도 그들이 원망하지 않았다. 현명한 사람이나 어리석은 사람, 선한 사람이나 악한 사람이 모두 자기 마음을 터득하여 교활하고 거짓된 사람도 자기의 정성을 바쳤고, 사납고 게으른 사람도 공경을 다하였으며, 명성을 전해 들은 사람은 성심껏 감복하였고 덕을 눈으로 본 사람은 마음으로 취하였다〔心醉〕. 비록 지향하는 것이 달라서 이해(利害)만 고려하는 소인이라도 당시에는 배척을 하였으나 물러나 혼자 있을 때 자신을 돌이켜봄으로써 선생을 군자라고 여기지 않는 사람이 없었다. 선생이 정치를 하였을 때 악을 다스리는 데에는 너그러웠고, 번거로운 일에 처해서도 여유가 있었다. 번잡하고 치밀한 법령을 적용해야 할 때에는 다수의 의견에 따라 법조항에만 맞추고 책임을 회피하는〔應文逃責〕 일이 없었다. 남들이 모두 구애받는 것을 병으로 여겨

도 선생은 태연하게 대처하였으며, 뭇 사람이 매우 어렵다고 근심을 하는 일도 선생은 시원하게 해치웠으며, 비록 갑자기 시급한 일을 당하여도 목소리나 얼굴빛이 변하지 않았다. 선생이 만든 법의 강령·조문·법도는 남들이 본받아 실행할 수 있었다. 그리하여 이끌면 따라오고 격동을 하면 화답하였다. 사물[物]은 추구하지 않아도 사물이 반응하고, 믿음을 보이려고 노력하지 않아도 백성이 믿었다. 남들은 이런 경지에 이를 수 없었다." ○「묘표(墓表)」에서 말했다.[85] "노국태사(潞國太師) 문언박(文彦博)입니다. 가 정호의 묘에 제(題)를 써서 '명도(明道) 선생'이라 하였고, 아우 정이(程頤)가 서(序)를 썼다. '주공(周公)이 죽고 나서 성인의 도가 행해지지 않으며, 맹가(孟軻)가 죽고 나서 성인의 학문이 전해지지 않았다. 도가 행해지지 않으면 오랜 세대에 걸쳐서[百世] 잘 다스려지지 않으며, 학문이 전해지지 않으면 오랜 세월 동안[千載] 참된 학자[眞儒]가 나오지 않는다. 잘 다스려지지 않는 것은 선비가 오히려 잘 다스릴 수 있는 방법을 밝힐 수 있고 앞선 세대에게서 배워 후대에 전해줄 수 있지만, 참된 학자가 없으면 세상 사람들이 흐리멍덩하여[貿貿焉] 갈 곳을 알지 못하며, 인욕(人欲)이 제멋대로 날뛰고 천리(天理)가 사라질 것이다. 선생은 1,400년 뒤에 태어나서 남아 있던 경전을 통해 전해지지 않던 학문을 터득하여 이 도로써 백성을 깨우치려는 뜻을 품었다. 이단을 변별하고 거짓 학설을 막아[86] 성인의 도가 세상에 다시 환하게 밝아지도록 하였으니 맹자 뒤로 이 한 사람이 있을 뿐이다. 그러나 배우는 사람이 도에 대하여 향할 곳을 알지 못한다면 누가 이 사람이 공을 세웠다는 것을 알겠으며, 도달할 곳을 알지 못한다면 누가 이 이름이 실정에 걸맞다는 것을 알겠는가?'"

"그림쇠[規]처럼 둥글고 곱자[矩]처럼 모나며, 먹줄[繩]처럼 곧고 저울[準]

---

85 『二程文集』「明道先生墓表」
86 『二程集』에서는 이 아래의 내용이 『聖學輯要』에서 인용한 내용과 조금 다르다.

처럼 평평하다. 참으로 군자요, 크게 이루었네. 비단[布帛] 같은 문장, 콩과 조[菽粟] 같은 맛이로다. 덕을 아는 사람이 드문데 누가 그 귀함을 알랴."

주자가 지은 「이천선생화상찬(伊川畵像贊)」입니다.[87]

이천 선생의 「연보(年譜)」에서 말했다.[88] "선생은 이름이 이(頤)이고 자가 정숙(正叔)이다. 명도 선생의 아우이다. 어려서부터 식견이 높았고 예가 아니면 행동하지 않았다. 나이 14~15세 때 형인 명도와 함께 주무숙 선생에게서 학문을 배웠다. 나이 18세 때 대궐에 글을 올려 인종(仁宗)에게 왕도(王道)를 마음으로 삼고 백성[生靈]을 늘 염려하며 세속의 무분별한 주장을 물리치고 비상한 공을 세우도록 기약할 것을 권유하였으나 답을 듣지 못했다. 철종(哲宗) 초에 사마광(司馬光), 여공저(呂公著)가 함께 「차자(箚子)」를 올려 '하남(河南)의 처사(處士) 정이는 배움에 힘쓰고 옛 전통을 좋아하며, 가난한 것을 편안히 여기고 절개를 지킵니다. 반드시 충직하고 신실한 말을 하고 예의를 좇아서 행동합니다. 나이가 50이 넘도록 벼슬에 나아가기를 구하지 않으니 참된 유학자로서 높은 경지에 올랐고, 성인이 다스리는 세상[聖世]의 드러나지 않은 백성[逸民]입니다.'라고 하였다. 간관(諫官) 주광정(朱光庭)이 정이를 두고 이렇게 말했다. '정이는 도덕을 순수하게 갖추었고 학문이 깊고 넓으며 재질과 바탕이 굳세고 발라서 가운데 굳게 서서 한쪽으로 기울지 않는 기풍을 지니고 있고, 지식과 사려가 밝고 투철하여 기미를 아는 것이 신묘하다[知幾其神]는 경지에까지 이르렀습니다. 말과 행실이 서로 일치하여 가릴 것이 없고 인의(仁義)를 몸에 지니고 있으나 자랑하지 않습니다.' 또 이렇게 말했다. '선왕의 심오한 도리를 탐구하고 현실[當世]의 시무(時務)에 통달하였으

---

87 『朱子全書』「六先生畵像贊」
88 『二程遺書』「伊川先生年譜」

니, 하늘이 낳은 백성〔天民〕 가운데 선각자이며, 성인이 다스리는 시대〔聖代〕의 참된 학자입니다.' 또 이렇게 말했다. '하늘과 땅을 마름하는〔經天緯地〕 재주가 있고, 예와 음악을 제정하고 지을 만한 자질이 있습니다. 그의 도를 말하자면 하늘과 땅과 사람〔三才〕을 꿰뚫되 털끝만 한 틈도 없고, 덕을 말하자면 온갖 아름다움을 아울러 포괄하되 한 가지 선한 것도 남김이 없으며, 학문을 말하자면 고금을 널리 통달하였으되 한 가지도 알지 못하는 것이 없고, 재능을 말하자면 만물의 이치에 통달하여 세상의 임무를 성취하되〔開物成務〕 한 가지 이치라도 총괄하지 않은 것이 없습니다. 이 때문에 성인의 도가 여기에 이르러 전해지고 있는 것입니다. 하물며 천자께서 처음 배움에 나아가시면서 참된 학자로 하여금 경연〔經席〕을 전담하게 하신다면 어찌 성대하지 않겠습니까?'" ○ 『송사(宋史)』에서 말했다.[89] "정이는 읽지 않은 글이 없었다. 그의 학문은 성실〔誠〕에 근본을 두고 『대학』, 『논어』, 『맹자』, 『중용』을 지표로 삼아 육경에 이르렀다. 행동할 때와 멈출 때, 말할 때와 침묵할 때〔動止語默〕 한결같이 성인을 스승으로 삼아서 성인에 이르지 않으면 그만두지 않았다. 그는 이렇게 말한 적이 있다. '지금 농부들이 매서운 추위와 무더운 장맛비에도 밭을 깊이 갈고 김을 매어 오곡의 씨를 뿌렸기 때문에 내가 얻어먹을 수 있고, 온갖 공인과 기술자들이 기물(器物)을 만들어내기 때문에 내가 그것들을 사용할 수 있으며, 투구를 쓰고 갑옷을 입은〔介胄〕 무사들이 무장을 한 채로 날카로운 무기를 들고 나라〔土宇〕를 지키기 때문에 내가 안전하게 살 수 있다. 나는 남들에게 공로와 혜택을 미치지도 못하고 세월만 보내고 있으니 한심하게도 하늘과 땅 사이에 한 마리 좀이다〔一蠹〕. 오직 성인이 남긴 글을 모아 엮는다면 조금이라도 세상에 도움이 될 것이다.' 이에 『역전(易傳)』과 『춘추전(春秋傳)』을 지었다. 그는 평생 남을 가르치는 데 게으르지 않았기 때문에 그의 문하에서 학자들이 가장 많이 나왔다. 점차 연원(淵源)

---

[89] 『宋史』 「道學傳·程頤」. 이하 『宋史』에서 인용한 것들은 『宋史』의 본래 내용과 出入이 있는 경우가 있다.

이 깊어지면서 이들은 모두 유명한 학자[名士]가 되었다. 유현(劉絢), 이유(李
顓), 사량좌(謝良佐), 유작(游酢), 장역(張繹), 소병(蘇昞), 여대림(呂大臨), 여대
균(呂大鈞), 윤돈(尹焞), 양시(楊時)가 특히 덕을 이룬 사람으로 유명하다."

횡거(橫渠)의 학문은 고심을 하여 터득한 것이니 바로 한 분야에서 지극
히 노력한 것[致曲]이다.

『주자어록(朱子語錄)』입니다.[90]

주자가 말했다. "횡거를 정자에게 견주면 마치 백이(伯夷)와 이윤(伊尹)을
공자에게 견주는 것과 같다."

젊은 시절에는 『손자(孫子)』, 『오자(吳子)』를 말하는 것을 즐겼으나 만년
에는 불교와 도교에서 도망쳐 나왔네. 용감하게 호랑이 가죽[皐比]을 걷
어치우고[91] 일변하여 도에 이르렀도다. 정밀하게 생각하고 힘써 실천
하여 도리를 깨달아 즉시 글로 써냈다. 정완(訂頑, 西銘)의 가르침은 우리
에게 인[廣居, 仁]를 보여주었다.[92]

주자가 지은 「횡거선생화상찬(橫渠先生畵像贊)」입니다.

『송사』에서 말했다.[93] "장재(張載)는 진사에 급제하고 운암의 수령[雲巖令]
으로 발탁되어 근본을 힘쓰고[敦本] 풍속을 선하게 하는 것을 급선무로 삼았
다. 황제 신종(神宗)입니다. 가 처음 즉위하여 온갖 제도를 일신하며 재능이 있

---

90 『朱子語類』「孔孟周程」(可學錄)
91 張橫渠가 호랑이 가죽을 깔고 앉아 『周易』을 강의하다가 二程 형제를 만나본 뒤 자신의 자질이 그들만
못함을 알고 자리를 걷고 강의를 그만 둔 일을 말한다. 『宋史』「道學傳」참고
92 『朱子全書』「六先生畵像贊」
93 『宋史』「道學傳・張載」

고 명철한 선비[才哲之士]를 얻을 생각으로 여러 계책을 세웠다. 여공저(呂公著)가 장재를 옛 성현의 학문[古學]을 했다고 추천하여, 황제가 불러서 만나보고 정치의 도리를 물었다. 장재가 '정치를 하면서 삼대를 본받지 않는 사람은 끝내 도에 구차해집니다.' 하고 대답하였다. 황제가 기뻐하여 숭문교서(崇文校書)로 삼았다. 왕안석(王安石)과 함께 신법(新法)을 토론하였는데, 견해가 맞지 않았다. 병을 핑계로 벼슬에서 물러나[移疾] 남산 아래에 은거하였다. 그의 학문은 예를 존중하고 덕을 귀하게 여기며, 하늘의 이치를 즐기고 운명을 편안히 받아들이는 것[樂天安命]이었다. 『주역』을 종지[宗]로 삼고, 『중용』을 본체[體]로 삼으며, 공자와 맹자를 본보기[法]로 삼았다. 괴상하고 거짓된 것을 물리치고 귀신을 변별하였다. 집안의 혼례 · 상례 · 장례 · 제례는 모두 선왕의 뜻을 좇아 사용하였고, 지금의 예를 참작하였다. 저서로는 『정몽(正蒙)』과 「서명(西銘)」, 「동명(東銘)」이 세상에 떠돌아다닌다." 어떤 사람과 정자가 다음과 같이 묻고 대답하였습니다. "「서명」은 어떤 것입니까?" "그것은 횡거의 글 중에서 가장 순수한 것이다." "그대로 다 실천하면 어떻게 됩니까?" "성인이 된다." "횡거는 다 실천할 수 있었습니까?" "말이 여러 가지다. 유덕한 말도 있고 도에 나아간[造道] 말도 있다. 유덕한 말이란 자기의 일을 말한 것으로서 성인이 성인의 일을 말한 것과 같다. 도에 나아간 말이란 그 지혜가 충분히 이것을 아는 것으로서 현인이 성인의 일을 말한 것과 같다." ○ 「행장(行狀)」에서[94] 여여숙(呂與叔)이 지었습니다. 말했다. "선생의 이름[諱]은 재(載)이고, 자(字)는 자후(子厚)이다. 그의 집안은 대대로 대량(大梁)에서 살았다. 강정(康定, 1040년) 연간에 서하(西夏)의 침입에 대항하여 군대를 동원할 때 선생은 나이 18세였는데, 분발하여 공명을 떨칠 수 있다고 자부하고 범문정공(范文正公)에게 편지를 올려 만나보았다. 문정공은 범중엄(范仲淹)입니다. 그의 그릇이 원대하다는 것을 알고 그를 성취시키기 위해 '유학자에게는 본래 인륜 도덕의 가르침[名敎]이 있는데 어째서 병사[兵]를 일삼으려고 하는가?' 하고 꾸짖고

---

94 『張子全書』「呂大臨橫渠先生行狀」

『중용』을 읽도록 권유하였다. 선생은『중용』을 읽고 좋아하기는 하였으나 그것만으로는 아직 부족하다고 여겼다. 그래서 또 불교, 도교와 관련된 여러 책을 두루 찾아보았다. 여러 해에 걸쳐 그 학설을 다 연구하고서 얻은 것이 없다는 것을 알고 육경으로 돌아와 도를 구했다. 가우(嘉祐, 인종의 연호) 초에 수도〔京師〕에서 정백순(程伯淳, 程顥), 정정숙(程正叔, 程頤) 형제를 만나 함께 도학의 요체를 토론하였다. 선생은 환하게 깨닫고 자신감을 얻어 이렇게 말했다. '우리 유학의 진리〔吾道〕로 충분한데 어찌 여기저기 다른 데서 추구하겠는가?' 그래서 이단의 학문을 버리고 순수하게 되었다. 『송사』에서 말했습니다. "장재가 이전에 호랑이 가죽을 깔고 앉아『주역』을 강의하였다. 듣고 따르는 사람이 매우 많았다. 어느 날 저녁에 정호와 정이가 찾아와 함께『주역』을 토론했다. 다음날 장재는 사람들에게 이렇게 말했다. '근래에 두 분 정씨를 보니『주역』의 도리를 매우 분명하게 파악하고 있어 나는 견줄 수가 없습니다. 여러분들은 그 두 분을 스승으로 섬기는 것이 좋겠습니다.' 그러고 나서 즉시 자리를 걷고 강의를 그만두었다." 만년에 병을 구실로 숭문원(崇文院)의 벼슬에서 물러나 서쪽에 있는 횡거(橫渠)로 돌아갔다. 온종일 한 방에 꿇어앉아서 좌우에 책〔簡編〕을 쌓아두고 고개를 숙여 글을 읽고 머리를 들고 생각을 하였다. 터득한 것이 있으면 그것을 기록했다. 어떤 때에는 한밤중에 일어나 앉아 촛불을 밝히고 생각난 것을 쓰기도 하였다. 그는 도에 뜻을 두고 깊이 생각을 하였는데 애초에 잠시도 쉰 적이 없고 잠시도 잊은 적이 없었다. 배우는 사람이 물으면 대부분 예를 알고 본성을 완성하여 기질을 변화시키는 도리로써 알려주고 배움은 반드시 성인과 같이 된 뒤에 그만둔다고 하였다. 이 말을 듣고 마음에 감동을 받아 배움에 나아가지 않는 사람이 없었다. 선생은 일찍이 문인에게 이렇게 말했다. '내가 학문을 하여 마음에 터득하였다면 말〔辭命〕을 잘 할 수 있도록 닦아야 한다. 말에 차질이 없어야 일을 판단할 수 있고, 일을 판단하는 데 실수가 없어야 내가 당당해진다〔沛然〕. 미묘한 의리를 자세히 탐구하여 신묘한 경지에 이르는 것〔精義入神〕은 미리 예비된 것일 뿐이다.' 선생은 기질이 굳세고 꼿꼿하며 덕이 성대하고 모습이 엄숙하였으나 남들과 함께 있을 때에는 오래될수록 날마다 더 친해졌다. 집안을 다스리고 사물을 대하는 원칙은 자신을 바로잡아 남을 감동시키는 것이었다. 남이 아직 믿지 않으면 자기 몸으로 돌이켜 자신을 다스리고 남에게 말을 하지 않았고 비록 남들이 깨닫지 못하더라도 편안히 행동하고 후회하지 않았다. 그러므로 그를 아는 사람이나 모르는 사람이나 그의 기풍을 듣고 두려워하여 옳지 않은 일은 털끝만 한 것이라도 감히 그에게 언급하지 못했다.”

신이 생각건대, 강절 소씨(康節邵氏, 邵雍)는 안으로 성인이 되고 밖으로 왕이 되기를 추구하는[內聖外王] 학문을 편안하게 여기고 또 성취하였습니다. 그러나 선현들은 그가 도통의 바른 줄기를 이은 것으로 인정하지 않았습니다. 그러므로 감히 여기에 싣지 못했습니다. 정자 문하의 제자 가운데 우리 도를 도운 사람이 많았지만 도를 계승하는 임무를 맡을 수 있는 사람은 볼 수 없습니다. 그러므로 정자와 장횡거 뒤에는 주자로 이었습니다. 다만 귀산(龜山, 楊時)은 정자에게서 배웠고, 예장(豫章, 羅從彦)은 귀산에게서 배웠으며, 연평(延平, 李侗)은 예장에게서 배웠습니다. 이 세 분 선생의 업적은 비록 넓지 않더라도 주자의 학문이 흘러나온 원류이기 때문에 그들의 행적을 다음과 같이 간략하게 기록합니다.

귀산 선생(龜山先生) 양시(楊時)의 자는 중립(中立)이다.[95] 타고난 자질이 어질고 너그러워서 모든 것을 포용하였다. 남다르게 굴거나 풍속에서 벗어난 행동을 하여 세속의 명예를 추구하지도 않았으며, 남들과 사귀는 데는 처음부터 끝까지 한결같았다. 뿐만 아니라 성품은 지극히 효성스러웠다. 어려서 어머니를 여의었는데 어른처럼 슬퍼하여 몸이 상할 지경이었다. 하남의 두 분 정 선생의 도를 듣고 곧장 그에게 가서 그를 따라 배웠다. 이때 두 분

선생을 따라 배우는 사람이 매우 많았는데 선생만이 여러 해에 걸쳐 홀로 조용하게 거하면서 경서(經書)에 깊이 잠겨 연구하고 스승의 학설을 널리 유추하여 끝까지 탐구하고 힘껏 탐색하며 그 취지를 끝까지 추구하여 함축하고 넓고 크게 발전시켰으나 경솔하게 제멋대로 하지는 않았다. ○ 예장 선생(豫章先生) 나종언(羅從彦)은 자가 중소(仲素)이다. 어려서부터 재주가 빼어나고 총명하였으며, 말이나 글귀를 다듬는 학문을 하지 않았다. 커서는 고생을 참고 견디며 부지런히 힘쓰고 굳은 의지로 진리를 추구하였다. 처음에는 오국화(吳國華)에게서 배웠는데, 얼마 뒤에 귀산 선생이 이락(伊洛, 정이천)의 학문을 얻었다는 말을 듣고 마침내 그에게 가서 배우고서 이전에 배운 것이 그르다는 것을 알고 놀라 사흘이나 등이 젖도록 식은 땀을 흘리면서 '일생을 거의 그르칠 뻔했다.'라고 하였다. 귀산이 동남쪽에서 도를 제창하였는데(倡道) 따라 배우는 사람이 천여 명이나 되었다. 그러나 깊이 생각하고 힘써 행하며 무거운 책임을 지고 깊은 경지에 이른 사람을 말하자면 선생 한 사람뿐이라고 하겠다. ○ 연평 선생(延平先生) 이통(李侗)은 자가 원중(愿中)이다. 나면서부터 남달리 뛰어난 자질을 가지고 있었으며 어려서부터 재주가 빼어나고 총명하였다. 조금 자라면서 효성과 우애가 독실했다. 같은 고을(郡) 사람인 나중소(羅仲素) 선생이 이락의 학문을 얻었다는 말을 듣고 그에게 가서 배웠다. 나종언은 청렴하고 지조가 굳으며(淸介), 세속을 떠났으므로 그를 잘 아는 마을 사람들은 별로 없었다. 그래서 선생이 그를 따라 학업을 배우는 것을 보고 적잖이 비웃었다. 선생은 못들은 체하고 여러 해를 따라 배웠다. 『춘추』, 『중용』, 『논어』, 『맹자』의 학설을 배워서 조용히 깊이 음미하여 마음에 깨달은 바가 있었고 그 전수받은 오묘한 진리를 모두 깨우쳤다. 나종언은 인정을 하는 일이 적었는데 그에게만은 자주 칭찬을 하였다. 그는 물러나와 산 속에 은거하여 밭을 일구며, 맑고 그윽한 곳(水竹之間)에 띠로 집을 엮어 세상과 관계를 끊고 40여 년 동안 보잘것없는 먹을거리(簞瓢)로 늘 곤궁하였지만(屢空) 스스로 마음 내키는 대로 즐겁게 살았다. 선생은 타고난 자질이 굳세고 특이하였으며 기개와 절조가 호탕하고 고매하였다. 또한 덕성을 확충하고 기르는 데 완전하고 순수하여 모난 데〔圭角〕가 없었다. 얼음을 담은 항아리나 가을 달처럼〔冰壺秋月〕 맑고 깨끗하며 투명하고 흠이 없었다. 그 정(精)하고 순수한 기운이 얼굴에까지 어려 낯빛이 온화하고 말이 엄격하였다. 정신은 안정되고 기운은 조화로웠으며, 말할 때와 침묵할 때, 행동할 때와 멈출 때가 모두 반듯하고 법도에 맞으며 조용하고 침착하였다. 젊은 나이에 도를 듣고 초연히 멀리 떠나 마치 현실에 아무 뜻이 없는 듯하였다. 그러나 시국(時局)을 걱정하여 시사(時事)를 논할 때에는 남을 감동시켰고 정치의 도리를 말할 때에는 반드시 천리를 밝히고 인심을 바로잡으며 절의를 숭상하고 염치에 힘쓰는 것을 우선시하며, 근본과 말단을 모두 갖추었다. 그래서 그의 말은 그대로 실천할 수 있었으며 단지 헛된 말에 지나는 것이 아니었다.

이방자(李方子)가 주자를 이렇게 칭송하였다. "공자와 맹자〔洙泗〕 이래로 널리 글을 배우고 예로써 요약하는 두 가지 모두 그 지극한 곳에까지 이른 사람은 선생 한 사람뿐이다."

『이락연원속록(伊洛淵源續錄)』입니다.[96]

「주자행장(朱子行狀)」 면재 황씨(勉齋黃氏. 黃榦)가 지었습니다. 에서 말했다.[97] "선생의 성은 주씨(朱氏)이고 이름〔諱〕은 희(熹)이며 자는 중회(仲晦)이다. 부계의 주씨는 무원(婺源)의 저명한 성씨이며, 선비〔儒〕로서 명망이 높은 집안으로 대대로 위인을 배출하였다. 이부공(吏部公) 주자의 부친으로 이름은 송(松)입니다. 은 문장과 의로운 행실로 배우는 사람의 사표가 되었으며, 호는 위재 선생(韋齋先生)이다. 주자는 어릴 때부터 재주가 빼어나고 총명했으며 의젓하고 무

---

96 『閩中理學淵源考』 권16
97 『勉齋先生文集』 「朱先生行狀」

게가 있었다. 스승에게 나아가니 스승이 『효경(孝經)』을 가르쳐주었는데 한 차례 죽 읽고 나서 책을 덮고 책 위에 이렇게 썼다. '이렇게 하지 않으면 사람이 아니다.' 일찍이 여러 아이들과 함께 놀 때 모래 위에 혼자 반듯하게 앉아서 손가락으로 모래 위에 그림을 그렸다. 사람들이 보니 팔괘(八卦)였다. 조금 자라서 성현의 학문에 뜻을 굳게 다지고 경전을 널리 탐구하였으며, 당대의 학식 있는 선비를 두루 사귀었다. 연평(延平) 이 선생〔李侗〕은 위재와 동문수학한 벗이었다. 선생은 수백 리를 멀다 않고 걸어가서 배웠다. 그때부터 여러 해를 따르며 배웠는데 깊이 생각하고 실제로 체험하여〔實體〕 학문이 더욱 깊은 경지에 이르렀다. 선생이 학문을 하는 방법은 이치를 탐구하여 앎을 끝까지 추구하고 자기 몸에 돌이켜 실천하였는데, 거경(居敬)은 그의 학문의 시작과 끝을 이루는 것이었다. '앎을 끝까지 추구하는 데〔致知〕 경건으로 하지 않으면 어리석고 미혹되며 어지러워서 의리가 귀결되는 곳을 살필수가 없고, 몸으로 실천하되〔躬行〕 경건으로 하지 않으면 게으르고 나태하며 제멋대로 하여 의리의 실상에 이를 수가 없다.'라고 하였다. 엄숙하고 장중하며 고요하고 한결같은 가운데에서 이 마음을 보존하고, 배우고 묻고 생각하고 따져보는 사이에서 이 이치를 탐구하였다. 그렇게 하여 그만둘 수 없는 당위적인 법칙〔所當然〕과 바꿀 수 없는 필연적인 이치〔所以然〕를 파악하였다. 보이지 않고 들리지 않는 데서 경계하고 두려워하는 것이 더욱 엄격하고 경건하였으며, 은밀하고 미미하며 그윽하게 홀로 있을 때 성찰하는 것이 더욱 자세하고 치밀하여 사려가 아직 싹트지 않았을 때에도 지각이 어둡지 않았고, 사물과 접촉한 뒤에도 사물에 대한 평가와 판단〔品節〕이 어긋나지 않았다. 사사로운 인욕(人欲)을 용납하지 않았고, 올바른 천리(天理)를 온전하게 하였다. 치우친 견해를 가질까봐 불안해 하였고, 작은 성취에 급급해 하지 않았으니 도의 정통이 그에게 있었다. 그가 도로써 추구한 것은 다음과 같다. 태극에서 음양으로 나뉘고, 음양이 있어서 오행이 갖추어진다. 하늘이 부여한 것이 명(命)이고 사람이 받은 것이 성(性)이며, 사물에 자극을 받아서 나온 것이 정(情)이고 성과 정을 통괄하는 것이 마음[心]이다. 사람에게서 찾으면 다른 사람의 이치가 나의 이치와 차이가 없고, 사물에서 참조하면 사물의 이치가 사람의 이치와 차이가 없으니 분석해보면 지극히 정밀하여 어지럽지 않고, 합해서 보면 큰 것을 다 포괄하여 남음이 없는 것이다. 선생이 도에 오른 경지는 하늘과 땅에 세워도 어그러지지 않고, 성현에게 따져보아도 의심이 없다고 할 수 있다. 그러므로 그가 자기에게서 터득하여 덕으로 삼은 것은 다음과 같다. 한마음으로 조화의 근원을 탐구하고 본성과 감정의 오묘한 이치를 다하며, 성현의 심오한 가르침에 통달하였다. 한 몸으로 천지의 운행을 체득하고 사물의 이치를 갖추었으며, 인륜[綱常]의 책임을 졌다. 그는 미세한 것을 살필 수 있을 만큼 충분히 명료하였고, 무거운 책임을 질 수 있을 만큼 충분히 강단이 있었으며, 그 광대함을 다할 수 있을 만큼 충분히 뜻이 컸고, 그 보편적인 도리를 끝까지 추구할 만큼 충분히 굳세었다. 보존한 마음은 텅 비고 고요하였으며 마음을 표현할 때에는 과감하고 확실하였다. 그 마음을 쓰는 것은 일에 대응하고 사물에 접하여서도 막힘이 없었고, 마음을 지키는 것은 변화를 겪고 위험한 일을 당해서도 바뀌지 않았다. 근본적인 것이거나 지엽적인 것이거나[本末], 정교한 것이거나 거친 것이거나[精粗] 하나도 남김이 없었고, 겉이든 속이든, 처음이든 끝이든 조금도 차이가 없었다. 그 성정을 깊이 수양하고 학문을 두텁게 쌓아 긍지는 순수하게 익었고 준엄함은 화평하였다. 마음은 잡으려고 하지 않아도 보존되었고, 의리는 찾으려고 하지 않아도 자세해졌다. 그런데도 오히려 의리는 무궁하고 세월은 유한하여 다 탐구하지 못한다고 늘 불만스러워하며 부족하게 여기는 뜻이 있었으니 대체로 날마다 새로워지고 또 새로워져서 저절로 그만둘 수 없는 것이 있어서 후세의 배우는 사람들이 견주거나 비평할 수 있는 것이 아니었다. 그의 볼 만한 행실로는 몸에서 수양한 것은 낯빛이 장중하고, 말이 엄격하며, 행동이 느긋하고 공손하고, 앉은 모습이 반듯하고 곧았다. 평상시에 거처할 때에는 해가 뜨기 전에 일어나서 심의(深衣)를 입고 복건(幅巾)을 쓰고 모가 난 신발[方履]을 신고 가묘(家廟)와 이전의 성인에게 절을 하였으며, 물러나서 서실(書室)에 앉으면 반드시 책상을 반듯하게 놓고 서적과 문방 기물을 가지런하게 모아두었다. 음식을 먹을 때에는 국과 밥을 차리는 데 정해진 자리가 있었고, 수저를 들고 놓는 데에도 정해진 자리가 있었다. 피곤하여 쉴 때에는 눈을 감고 반듯하게 앉아 있었고, 쉬다가 일어나면 발걸음을 가지런하게 떼어놓고 천천히 걸어다녔다. 한밤중에 자다가도 잠에서 깨어나면 이불로 아랫도리를 덮고 앉아서 아침을 맞이하기도 하였다. 위엄이 있고 법도에 맞는 행동거지는 어려서부터 늙을 때까지 이어져서 몹시 춥거나 무덥거나, 위급한 때나 넘어지려고 하는 순간[造次顚沛]에라도 잠깐이라도 벗어난 적이 없었다. 집에서의 행실은 부모를 지극한 효도로 봉양하였고, 아랫사람을 극진한 사랑으로 어루만졌으며, 내실[閨庭之間]에서는 안팎의 구분이 엄정하였으나 은혜와 의리가 두터워 온 가족이 화락하였다. 제사를 지낼 때에는 크고 작은 일을 막론하고 반드시 정성을 다하고 경건하되 조금이라도 법도에 맞지 않으면 하루종일 즐거워하지 않았고, 제사가 끝날 때까지 예를 어김이 없으면 그제야 기뻐하였다. 사람이 죽어서 장사를 지낼 때의 몸가짐은 슬픔과 애도를 다하였고, 음식과 상복[衰絰]은 저마다 감정에 맞게 최선을 다하였다. 손님이 드나들 때에는 나아가 맞이하지[延遇] 않은 적이 없었고, 집안의 형편에 맞게 대접하여 늘 환대를 극진히 하였다. 친척과 친구[親故]는 비록 소원한 사이라도 반드시 사랑을 다하였고 마을[鄕閭]에서는 비록 미천한 사람이라도 반드시 공경을 다하였다. 길흉과 경조사에는 예를 빠뜨리는 일이 없었고 구제하고[賙恤] 안부를 물으며 물품을 보내는 일[問遺]에도 은혜를 빠뜨리는 일이 없었다. 그러나 자신의 생계는 이와 달랐다. 옷은 몸을 가릴 정도였고, 음식은 배를 채울 정도였으며, 거처는 비바람을 막는 정도로 만족했다. 이런 형편을 남들은 견디지 못했지만 선생은 느긋하게[裕如] 지냈다. 그가 조치한 일들을 살펴보면 고을[州縣]에서 공식적인 업무를 처리[設施]한 것이나, 조정에서 정책에 관해 의견을 제시한[言論] 것에서 공명정대하고 위대한 정치적인 견해와 계책[經綸規畫]의 대강을 볼 수 있었다. 비록 벼슬을 하여 도를 실천한다는 점에서는 한 시대에 시행하지 못했지만 물러나 도를 밝힌다는 점에서는 충분히 만대에 전할 수 있었다. 그래서 '성현이 전승한 도통이 갖가지 책[方册]에 흩어져 있는데, 경전[聖經]의 뜻[旨]이 밝지 못하니 도통의 전승이 비로소 어두워졌다.'라고 하여, 이에 온 정력을 기울여 성현이 남겨놓은 경전과 주석[經訓]을 연구하였다. 깊이 숨은 뜻을 끝까지 밝히고 미세한 이치를 탐구하며, 심오한 이치를 찾고 은밀한 의미를 끄집어내어 그 취지를 남김없이 밝혔다. 선생은 사람을 가르칠 때 『대학』, 『논어』, 『맹자』, 『중용』의 차례에 따라 도에 들어가고 그 뒤에 여러 경전들을 보게 하였다. 글을 읽을 때에는 반드시 글자의 소리와 풀이[音釋]를 분별하고 문장과 구절[章句]을 바로잡아 말을 깊이 곱씹어보고 뜻을 탐구하게 하였다. 정밀하게 연구하고 깊이 생각하여 알기 어려운 것을 탐구하고, 마음을 평온하게 하고 기운을 편안히 하여 스스로 터득한 것을 살피게 하였다. 그러나 자기의 수양을 위하여 실질에 힘쓰고 의리와 이익을 변별하며 자신을 속이지 말고 홀로 있을 때 삼가라는 경계를 재삼 강조하지 않은 적이 없었다."

신이 생각건대, 공자는 뭇 성인을 집대성하였고 주자는 여러 현인을 집대성하였습니다. 성인은 나면서부터 알고 편안히 도리를 행하여 전체적으로 하나가 되어 자취가 없으니[渾然無迹] 갑자기 성인을 배우기는 어렵습니다. 오직 주자는 오래도록 공부를 쌓은 분이라 모범을 삼을 수 있기 때문에 먼저 주자를 배운 뒤에 공자를 배울 수 있습니다. 그러므로 여기에 「행장」을 상세히 기록하였습니다. 「명도선생행장」을 보면 타고난 자질이 높음을 상상해볼 수 있고 「주자행장」을 보면 공부가 치밀했음을 깊이 체득해야 합니다.

공자 이후에는 증자와 자사가 미묘한 진리를 계승하였고 맹자에 이르러 비로소 그 진리가 드러났다. 맹자 이후에는 주자(周子), 정자, 장자(張

子)가 끊어진 것을 이었고 선생에 이르러 비로소 드러났다.

면재 황씨(勉齋黃氏)가 말했다.[98] "천여 년 동안 공자와 맹자의 문도(門徒)가 이 도를 밝혔지만 그것은 이미 불에 타버려서 재만 남거나 이지러져 빠져버리고 갈가리 흩어지거나 구멍이 뚫려 미묘한 말이 거의 끊어져버렸다. 주자(周子), 정자, 장자(張子)가 우리 학문〔斯文〕이 막히고 남은 데서, 인심이 좀먹고 무너진 뒤에 우뚝 일어나서 붙잡아 반듯하게 세웠으니〔扶持植立〕그 공이 위대하나 100년이 못되어 더욱 심하게 어두워지고 잡된 것이 섞였다. 선생이 나와서 마치 태양이 하늘 한가운데 떠오르면 모든 것이 분명하게 드러나듯이 주(周) 이래로 성현이 서로 전해준 도를 하루아침에 환하게 밝혔다. 선생이 돌아가시고 난 뒤 그의 글을 전하고 그의 도를 믿는 학자들이 더욱 많아졌는데 이로써 이치와 의리가 사람을 깊이 감동시킨다는 것을 충분히 알 수 있다. 과거 성인들의 미미해진 실마리를 잇고 이전 현인들이 아직 밝혀내지 못했던 기틀을 열어서 여러 학자들의 득실을 변별하고 이단의 그릇된 학설을 물리쳐서 천리를 밝히고 인심을 바로잡았으니 이보다 더 커다란 업적을 남긴 사람이 누가 있겠는가?" ○ 북계 진씨(北溪陳氏)가 말했다. "선생은 도가 우뚝하고 덕이 높으며, 의리가 정밀하고 인이 무르익었다. 주장한 말〔立言〕은 고르고 바르며 따뜻하고 윤택하여 인심에 투철하고 천리를 꿰뚫었으며, 뭇 철인에 통달하고 온갖 성인들의 가르침을 깨달았으며, 공자와 맹자, 정자〔洙泗伊洛〕의 연원에 정통하였다. 이전에 단서만 드러났을 뿐 결론이 나지 않았던 것이 이제 모두 완비되었고, 이전에 의심스러워 변별하였으나 아직 밝아지지 않았던 것이 이제 더욱 믿음직하고 명백하게 되어서 대강〔宏綱〕과 대의(大義)가 손바닥을 가리키듯이 분명해졌다. 1,100년간의 오류를 쓸어

---

98 『勉齋先生之集』「朱先生行狀」

버리고 뒷날의 배우는 사람들을 위해 고정불변한 준칙을 정하였으니 말은 간략하나 이치는 다 표현하였으며, 취지는 명료하고 의미는 깊었다. 도량〔心度〕은 맑고 깨끗하여 아무런 찌꺼기도 없었으며, 공부는 치밀하여 물샐 틈도 없었는데 이것을 말씨 가운데서 더욱 상상해볼 수 있다. 그러므로 공자, 맹자, 주자(周子), 정자의 도가 선생에 이르러 더욱 밝아졌으니 이른바 '이 세상의 맹주〔主盟斯世〕'는 오직 선생 한 사람일 뿐이다." ○ 초려 오씨(草廬吳氏)의 「찬」에서 말했다.[99] "명주실이나 쇠털처럼 의리가 신비하고 미묘하며, 마음은 바다처럼 넓고 하늘처럼 높았다. 호걸스러운 재능과 성현의 학문을 지녔다. 빛나는 별〔景星〕과 상서로운 구름〔慶雲〕 같고 태산의 높은 봉우리〔泰山喬嶽〕 같다."

이상은 도통의 전승이 끊어졌던 것이 주자(周子)에게서 이어지고 주자(朱子)에 이르러 크게 드러난 것입니다.

신이 생각건대, 주자 뒤에 도통의 정맥(正脈)을 얻은 사람으로 누구라고 꼭 집어 가리킬 만한 사람이 없습니다. 장남헌(張南軒, 張栻)은 주자와 도의로써 교제를 한 사람이라 강론의 공이 있으며, 채서산(蔡西山, 蔡元定) 이하 여러 선생들은 모두 주자의 학문에서 터득하였기 때문에 다음과 같이 행적을 간략하게 기록합니다.

『송사』에서 말했다.[100] "장식의 자는 경부(敬夫) 남헌 선생입니다. 이며 승상 장준(張浚)의 아들이다. 재주가 빼어나고 영리하며 숙성하여 아버지 준이 그를 아꼈다. 어려서부터 학문을 하였는데 교육을 받은 것이 인 · 의 · 충 · 효의 실제적인 가르침이 아닌 것이 없었다. 자라나서 호굉(胡宏) 오봉 선생(五峯先

99 『元文類』「贊 · 晦庵先生畵像贊」
100 『宋史』「道學傳」

生)입니다. 을 스승으로 삼았다. 호굉이 그를 한 번 보고 곧 공자 문하에서 친절하고 절실하게 인을 논한 취지로써 그에게 일러주었다. 장식이 물러나 생각해보고서는 터득한 것이 있는 것 같았다. 호굉이 '성인의 문호〔聖門〕에 전승할 사람이 있구나!' 하고 칭찬하였다. 장식이 스스로 더욱 분발하고 힘써 옛 성현과 같이 되기를 기약하였다. 그래서 「희안록(希顔錄)」을 지었다. 주자가 이렇게 말했다. '공은 어려서부터 장년이 될 때까지 집 안에서 나오지 않고 공부를 하여 참으로 충과 효의 전통적인 가르침을 이미 터득하였다. 또 오봉(五峯)의 문하에서 강학하여 귀결점을 이해하였으니 이것은 마음에서 묵묵히 깨달았는데 남들은 알지 못하는 것들이었다. 다만 논설에 나타난 것을 보면 의리와 이익 사이에서 털끝만 한 것이라도 분간을 해내었는데 이는 대체로 이전의 철인들이 말은 하고자 했지만 미처 탐구하지 못했던 것에서 나온 것이었다. 일을 조치하는 데서는 큰 줄기〔宏綱〕와 큰 쓰임〔大用〕, 큰 일과 작은 일〔巨細〕, 뚜렷한 일과 미미한 일〔顯微〕 중에 어느 것 할 것 없이 마음속에서 툭 트여 털끝만큼이라도 이익을 추구하는〔功利〕 잡스러움이 없었다. 이 때문에 집에서 도를 논하니 사방에서 공부하는 사람들이 다투어 그에게로 몰려왔다. 들어가서는 경연〔經帷〕에서 모시고 나가서는 외직〔藩屛〕에 임하니 천자도 그가 한 말을 음미하였고 그의 업적을 칭찬하였다. 또 장차 큰 일을 맡기려고 하였는데 경부(敬夫)가 불행하게도 죽었다.'" ○ 채원정(蔡元定)의 자는 계통(季通)이다. 이 아래는 모두 『송사』에서 나온 내용입니다. 나면서부터 재주가 빼어나고 영리하였다. 아버지 채발(蔡發)은 여러 책을 널리 보았는데 그의 호는 목당노인(牧堂老人)이다. 그는 채원정에게 정씨(程氏, 程子)의 『어록(語錄)』, 소씨(邵氏, 邵雍)의 『황극경세(皇極經世)』, 장씨(張氏, 張載)의 『정몽(正蒙)』을 주면서 "이것이 공자와 맹자의 정맥이다."라고 하였다. 채원정은 그 의미를 깊이 새겼고, 자라서 그 내용을 더욱 자세하게 따지고 분석하였다. 서산(西山) 꼭대기에 올라가 굶주림을 참고 냉이〔薺〕를 먹으며 글을 읽었다. 주희의 이름을 듣고 찾아가서 스승으로 삼았다. 주희가 그의 학문을 알아보고 나서 크게 놀라 "이 사람은 내 벗〔老友〕이다. 제자의 자리에 두어서는 안 된다." 하고 말했다. 마침내 자리를 마주하고 앉아서 늘 한밤중〔夜分〕까지 여러 경전의 심오한 뜻을 강론하였다. 사방에서 공부하는 사람이 오면 주희는 반드시 먼저 채원정에게 물어보아 시비를 바로잡게〔質正〕 하였다. 채원정이 죽자 주희가 글을 지어 애도〔誄〕하였다. "정교하고 조예가 깊은 학식, 탁월한 자질, 굽히지 않는 의지, 막히지 않는 변론을 다시는 볼 수 없구나!" 공부하는 사람들은 그를 서산 선생(西山先生)이라고 높여 불렀다. ○ 황간(黃榦)의 자는 직경(直卿)이다. 유청지(劉淸之)를 만났을 때 유청지가 그를 기특하게 여겨 "그대가 바로 원대한 그릇〔遠器〕이로다!" 하고 주희에게 수업을 받으라고 하였다. 황간은 주희를 만난 뒤로부터 밤에는 자리를 깔지 않고 허리띠도 풀지 않으며 공부를 하다가 조금 피곤하면 잠깐 의자에 앉아 쉬었는데 어떤 때는 날이 밝을 때까지 그렇게 하였다. 주희가 사람들에게 "직경은 의지가 견고하고 생각이 간절하여 그와 함께 있으면 매우 유익하다."라고 하였다. 주희가 병이 위독하여 심의(深衣)와 지은 책을 황간에게 주고 손수 글을 써서 "내 도〔吾道〕를 여기에 맡기니 내가 전혀 유감이 없다." 하고 영결하였다. 황간의 제자가 날로 성하여 파촉(巴蜀)과 장강〔江〕, 동정호〔湖〕 일대의 선비들이 모두 그에게 와서 의문 나는 것을 묻고 유익한 것을 가르쳐달라고 청하였는데 주희가 있을 때와 마찬가지였다. ○ 이번(李燔)의 자는 경자(敬子)이다. 주희를 따라 배웠는데 주희가 증자의 "그릇이 넓고 뜻이 굳세어야 한다〔弘毅〕."라는 말[101]로 가르치니 이번이 물러나서 자기 서재의 이름에 홍(弘)이라는 글자를 넣어 붙이고 스스로 경계하였다. 주희가 사람들에게 이렇게 말했다. "이번은 유익한 사람과 교재를 하고 무서울 만큼 학문의 진보가 빠른 데다가 정직하고 믿음직하며 순박하고 착실하며 일 처리가 구차스럽지 않으니 뒷날 유학의 도를 책임질 사람은 반드시 이번이다." 사미원(史彌遠)이 황태자 횡(竑)을 폐하

---

101 『論語』「泰伯」

였다. 이번은 그 일이 삼강(三綱)에 관련된 일이라 하여 그때부터 다시는 세상에 나가지 않았다. 집에서 거처하며 도를 강의하니 배우는 사람들이 그를 존숭하여 황간과 함께 나란히 일컬어 '황 선생과 이 선생[黃李]'이라고 하였다.

신이 생각건대, 주자 뒤에는 진덕수(眞德秀)와 허형(許衡)이 유학자로 세상에 이름났으나 출처(出處)의 절개를 살펴보면 논란의 여지가 있습니다. 그러므로 여기에 실을 수가 없었습니다. 명[皇朝]의 유명한 신하들도 이학(理學)에 깊이 마음을 쏟은 사람이 많았지만 도통의 정맥에 접할 만한 사람은 아직 보지 못했습니다. 그러므로 또한 기록할 수가 없었습니다.

신이 가만히 생각건대, 태초의 사람들[生民]은 사람의 꼴[風氣]을 비로소 갖추어 나무 위에서 살고[巢居] 날고기를 먹으며[血食] 생활의 바탕[生理]이 아직 갖추어지지 않았습니다. 머리를 늘어뜨리고 발가벗은 몸으로 살며 인류의 문화가 아직 구비되지 않아 무리를 지어 살았지만 지도자가 없어 물어뜯고 할퀴며 다투었습니다. 원시적인 순박함이[大朴] 흩어져 큰 혼란이 일어나려고 할 무렵, 성인이 나타났는데 뭇사람들 가운데 가장 빼어나고[首出庶物] 총명하며 지혜로워 자기의 타고난 본성을 온전히 실현할 수 있었기 때문에 수많은 무리[億兆]들이 저절로 그에게 귀의하였습니다. 다툼이 일어나면 판결을 구하였고 의심스러운 것이 있으면 가르침을 구하였습니다. 그래서 그를 받들어 군주로 삼았습니다. 민심이 향하는 곳이 곧 천명이 돌아보는 곳입니다. 이 때문에 성인은 스스로 수많은 무리가 자기에게 귀의한다는 것을 알고서 어쩔 수 없이 군주와 스승[君師]의 책임을 자기 임무로 삼았습니다. 그러므로 하늘의 때를 따르고 땅의 이치를 근거로 삼아 삶의 수단을 제정하였습니다. 이에 집과 의복, 음식과 기물이 점차 갖추어졌고 백성들은 삶에 필요한 것들을 얻어 즐겁게 살고 자기 일을 편안히 하였습니다. 그러나 편안하게 살고 가르침이 없으면 짐승과 가까워지리라는 것을 염려하여 인심을 근거로 하고 천리를 바탕으로 삼아 교화의 기구[敎化之具]를 제정하였습니다. 이에 부모와 자식, 군주와 신하, 남편과 아내, 어른과 어린이, 벗과 벗의 도리가 갖추어져 천부적인 질서가 밝아지고 행해졌습니다. 또한 시대가 같지 않으면 제도를 시대에 맞게 고쳐야 하고, 현명하거나 어리석음이 한결같지 않기 때문에 바로잡고 다스리는 데 저마다 다른 방법이 있다는 것을 고려하여 사람의 감정에 절도를 부여하고 시대적인 업무를 헤아려 덜고 보태는 규범을 제정하였습니다. 이에 꾸밈과 본바탕[文質], 법령[政令], 표창[爵賞], 형벌이 저마다 합당하게 이루어졌습니다. 지나친 것은 억누르고 미치지 못하는 것은 끌어당기고, 선한 사람은 떨쳐 일으키고 악한 사람은 징계하고 다스려서 끝내 대동(大同)의 세계로 돌아가게 하였습니다. 성인이 하늘을 계승하여 표준을 세워 한 시대[一世]를 잘 다스린[陶甄] 것도 이러한 것에 지나지 않으며, 도통이라는 명칭도 이렇게 하여 생겼습니다. 성인이 위대한 지도자[大君]가 될 수 있었던 것은 그의 도덕이 한 시대를 복종시킬 수 있었기 때문이지 위세와 힘[勢力]을 빌릴 수 있었기 때문이 아닙니다. 그러므로 성인이 죽으면 반드시 또 다른 성인이 나와서 그를 대신하여 온 세상에 군림하며 때에 따라 변통을 하여 백성이 곤궁하지 않도록 했기 때문에 이른바 '인심을 근거로 하고 천리를 바탕으로 삼는다.'라는 것은 조금도 변한 적이 없었던 것입니다. 변하지 않는 것은 하늘과 땅의 보편적인 원리[常經]이고 변통하는 것은 옛날과 오늘날의 공통된 의리[通誼]입니다. 시대가 점차 내려오면서 기풍[風氣]이 예스럽지 않아서 성인이 드물게 나오면서 성인에서 성인으로 전승되지 못하여 대통(大統)이 정해지지 않아 도리어 간사한 영웅들이 분수를 넘어서 틈을 엿보게 되었습니다. 그러므로 성인이 이것을 근심하여 세습하는 법도를 세웠는데 자식에게 전해주게 된 뒤로부터 도통이 반드시 지도자[大君]에게 있지는 않았습니다. 그래서 반드시 아래에 있는 현자와 성인을 얻어 재량하여 성취하고[裁成] 도와서 이루는[輔相] 도를 도움받음으로써 우리 도의 전승을 잃지 않았던 것입니다. 이것이 바로 삼대 이상은 임금이 반드시 모두 성인이 아니어도 온 세상이 잘 다스려지고 평화로울 수 있었던 까닭입니다. 시대가 더욱 내려오면서 기풍이 어지러워지고 엷어져서 백성의 거짓이 날로 자라나고 교화를 이루기가 어려워졌으며, 임금은 이미 자기를 수양하는 덕이 없고 또한 현자를 좋아하는 정성이 결핍되어 온 세상을 자신의 즐거움을 위한 수단으로 삼고 온 세상을 잘 다스리려고 근심하지 않았습니다. 덕으로써 사람을 등용하지 않고 도로써 세상을 다스리지 않아 아래에 있는 현자와 성인이 스스로 조정에 설 수가 없어서 재능을 깊이 감추고 팔지 않으며, 보배를 간직한 채로 삶을 마치게 되었습니다. 그리고 의를 버리고 이익을 좇는 사람들이 서로를 배척하고 앞을 다투어 위아래가 서로 이익을 쟁취하니, 도통의 전승이 비로소 골목에 사는 보통 사람〔匹夫〕에게로 돌아갔습니다. 도통이 임금과 재상에게 있지 않게 된 것은 참으로 온 세상의 불행입니다. 이후로 교화가 점차 무너지고 풍속이 쇠퇴하며, 게다가 이단의 학설이 함부로 날뛰고 권모술수와 거짓이 치열하게 일어나 날로 달로 어두워지고 고질이 점점 깊어지며, 삼강이 도탄에 빠지고 구법(九法)이 문드러져서 마침내 도통의 전승이 골목에서도 끊어졌으니 온세상의 깊고 깊은 밤〔乾坤長夜〕이 여기에서 극도에 이르렀습니다. 그 사이에 임금이 혹 재능과 지혜로 잠정적인 평화〔小康〕를 이루는 데 그치고 대개는 이익을 추구하는 학설에 빠져 도덕의 실마리를 찾을 수 없었습니다. 이를 비유하자면 어둡고 긴 밤에 깜박이는 횃불일 뿐이니 어찌 우주를 지탱하며 해와 달을 밝게 씻어 도를 전하는 책임을 맡을 수 있겠습니까? 아! 도는 높고 원대한 것이 아니라 다만 일상생활 사이에 있을 뿐이니, 일상생활에서 동정(動靜)의 사리를 자세히 관찰하며 참으로 그 중도를 얻으면 이것이 바로 도를 떠나지 않는 방법입니다. 이것으로써 덕을 완성하는 것을 자기 수양〔修己〕이라 하고 이것으로써 교육을 베푸는 것을 남을 다스림〔治人〕이라 하며 수기와 치인의 실상을 다하는 것을 도를 전하는 것〔傳道〕이라 합니다. 이런 까닭에 도통이 임금과 재상에게 있으면 도가 한 시대〔一時〕에 행해져 혜택이 후세에까지 흘러가고, 도통이 보통 사람에게 있으면 도가 한 세상[一世]에 행해지지 못하여 다만 후학에게 전해질 뿐입니다. 만약 도통이 전해지지 않고 아울러 도를 전할 수 있는 필부마저도 일어나지 않는다면 온 세상이 어둡고 어두워져서 무엇을 좇아야 할지 알 수 없게 될 것입니다. '주공이 죽고 나서 1백 세대[百世] 동안 좋은 정치가 없었고, 맹가(孟軻)가 죽고 나서 천 년 동안 참된 유학자가 없었다.'라는 것은 이를 두고 말하는 것입니다. 이제 신은 조심스럽게 선배 유학자의 학설에 의지하여 도통의 전승을 서술하였는데 복희씨로부터 시작하여 주자에게서 마쳤습니다. 주자의 뒤에는 또한 확실한 전통이 없습니다. 이 때문에 신은 길게 한숨을 쉬며 탄식하고 전하에게 깊이 바라는 것입니다. 요즘 사람들은 도학이 높고 원대하여 행하기 어렵다고 여기고, 또한 옛날과 오늘날은 당위적인 원칙이 다르다는 것[異宜]을 바꿀 수 없는 확정된 이론으로 여깁니다. 개벽 이래로 오늘날에 이르기까지 얼마나 많은 세월이 지나갔는지 모르나 하늘과 땅이 뒤엉키고 뒤섞인 모습은 오히려 옛 모습 그대로이며, 산이 솟아 있고 내가 흐르는 모습은 옛 모습 그대로이며, 풀과 나무, 날짐승과 길짐승의 모습도 옛 모습 그대로이며, 심지어 사람의 집과 의복, 음식과 기물이 모두 성인이 제작하여 삶의 수단이 되는 것으로서 없앨 수 없는 것입니다. 그러나 오직 인심을 근거로 하고 천리를 바탕으로 삼아 만고에 이르도록 변할 수 없는 천부적인 질서에 대해서는 퇴폐한 것을 편안히 여기고 끝내 옛 모습을 회복할 수 없다고 여기는 것은 무슨 생각에서입니까? 아! 그 또한 생각하지 않기 때문입니다. 엎드려 바라건대 전하께서는 도에 뜻을 두고 게을리하지 마시고 요와 순을 본받아 배움으로써 선을 밝히고 덕으로써 몸을 성실하게 하여 자기를 수양하는 공부를 다하고 남을 다스리는 가르침을 베풀어서 겁을 먹고 물러나려는 생각에 흔들리지 마시며, 이로움과 해로움을 따지는 학설에 움직이지 마시고, 인습을 따르자는 이론에 얽매이지 마시며, 반드시 우리 도를 크게 밝히고 크게 행하셔서 도통의 전승에 접하신다면 영원히 매우 다행할 것입니다.

성학집요 부록

가의(賈誼, B.C. 201~B.C. 169)_ 하남성(河南省) 낙양(洛陽) 출신. 전한 문제 때의 문인이자 학자. 시문에 뛰어나고 제자백가에 정통하여 문제의 총애를 받아 약관에 최연소 박사가 되었다. 1년 만에 태중대부(太中大夫)가 되어 진(秦) 때부터 내려온 율령, 관제, 예악 등의 제도를 개정하고, 전한의 관제를 정비하기 위한 많은 의견을 상주했다. 그러나 주발(周勃) 등 당시 고관들의 시기로 장사왕(長沙王)의 태부(太傅)로 좌천되었다. 자신의 불우한 운명을 굴원(屈原)에 비유하여 「복조부(鵩鳥賦)」와 「조굴원부(弔屈原賦)」를 지었다. 『초사(楚辭)』에 수록된 「석서(惜誓)」도 그의 작품이다. 4년 뒤 복귀하여 문제의 막내아들 양왕(梁王)의 태부가 되었으나 왕이 낙마하여 급서하자 이를 슬퍼하다 1년 뒤인 33살의 나이로 죽었다. 저서에 『신서(新書)』가 있고, 진(秦)이 멸망한 원인을 추구한 「과진론(過秦論)」이 널리 알려져 있다.

각헌 채씨(覺軒蔡氏)_ 송대 사람. 침(沈)의 아들. 이름은 모(模). 자는 중각(仲覺). 은거하며 학문에 힘썼다. 순우(淳祐) 중기 적공랑(迪功郞)에 임명되어 본부교수(本府敎授)가 되었다. 일찍이 『속근사록(續近思錄)』을 엮었다. 각헌선생(覺軒先生)이라고 부른다. 저서에 『역전집해(易傳集解)』, 『대학연설(大學衍說)』, 『논맹집소(論孟集疏)』 등이 있다.

강왕(康王)_ 주나라 제3대 왕이며 성왕의 아들. 성왕부터 강왕으로 이어지는 주나라 초기 40여 년을 '성강지치(成康之治)'라고 한다. 형벌을 사용할 필요가 없을 정도로 태평했다고 한다.

강원(姜嫄)_ 고대 유태씨(有邰氏)의 딸. 제왕(帝王) 고신씨(高辛氏)인 제곡(帝嚳)의 비(妃). 일찍이 한 거인의 발자취를 보고 이것을 밟았더니 후직(后稷)을 낳았다고 한다.

강후(姜后)_ 주나라 선왕(宣王)의 후(后). 제나라 출신. 왕이 늦게 일어나는 습관이 있어 강후는 스스로 그 죄를 지고 장신구를 빼고는 영항(永巷)에 갇혔다. 이에 왕이 마침내 정사를 열심히 돌보았다.

거백옥(蘧伯玉)_ 위(衛)나라 대부(大夫). 이름은 원(瑗). 나이 오십에 49년 동안의 잘못을 알았으니, 현대부(賢大夫)라고 했다. 영공이 부인과 야좌(夜坐)할 때 궐(闕) 아래를 지나면 언제나 수레를 멈춘 뒤 절하고 떠났다.

건안 구씨(建安丘氏)_ 송 건안(建安) 출신. 이름은 부국(富國). 자는 행가(行加). 주자의 문인으로 수업을 받았다. 관직은 단양(端陽) 첨판을 지냈다. 송이 망하자 은거하고 벼슬하지 않았다. 저서에 『주역집해(周易集解)』, 『역학설약(易學說約)』, 『경세유서(經世遺書)』가 있다.

건안 섭씨(建安葉氏, 1168~1226)_ 송 건안 출신. 이름은 식(湜). 자는 자시(子是). 벼슬은 안인령(安仁令). 장년에 주자의 문인이 되었다. 진덕수(眞德秀)는 그가 벼슬을 할 때 빼어난 절개를 지녔다고 했다.

경원 보씨(慶源輔氏)_ 송대 사람. 규(逵)의 아들. 이름은 광(廣). 자는 한경(漢卿). 호는 잠암(潛菴). 여조겸과 주자에게 배웠다. 경원(慶元) 초기 위학(僞學)을 금하는 일이 일어나 학자들이 대부분 흩어졌지만 보광은 홀로 움직이지 않았다. 주희가 그를 매우 아꼈다. 전이서원(傳貽書院)을 세워 학자들을 가르쳤다. 당시 사람들이 전이 선생(傳貽先生)이라고 불렀다. 저서에 『사서찬소(四書纂疏)』, 『육경집해(六經集解)』, 『통감집의(通鑑集義)』, 『시동자문(詩童子問)』, 『일신록(日新錄)』이 있다.

계맹 씨(季孟氏)_ 노나라의 대부들이다. 둘 다 노환공(魯桓公)의 자손으로서 막내아들의 자손이 계손씨(季孫氏)이고, 큰아들의 자손이 맹손씨(孟孫氏)이다. 둘 가운데 계손씨가 더 권력이 강했다. 또 둘째아들의 자손은 숙손씨(叔孫氏)인데 이들을 삼환(三桓) 또는 삼가(三家)라고도 했다.

계문자(季文子)_ 춘추시대 노나라의 대부. 시호는 문(文). 계우(季友)의 손자. 계손행보(季孫行父)를 말한다. 문공(文公) 초기에 경이 되어 선공(宣公), 성공(成公), 양공(襄公) 세 군주를 도왔다. 일은 반드시 신중하게 3번을 생각한 뒤 행했다. 또한 검소하여 첩에게는 비단옷을 입지 못하게 하고, 말에게는 곡식을 먹이지 않았다.

고소자(高昭子)_ 춘추시대 노나라 사람. 표(豹)의 서자. 성명은 숙손야(叔孫婼). 시호는 소자(昭子). 표가 죽자 수우(豎牛)가 소자를 세우고 재상이 되었다.

고요(皐陶)_ 유우씨 시대의 사람. 구요(咎陶), 구요(咎繇)라고도 쓴다. 순(舜)의 신하.

법의 원리에 뛰어나 법을 만들고 형벌을 제정했다. 또 감옥을 만들었다.

곤(鯀)_ 『서경(書經)』, 『사기(史記)』에서는 하(夏)나라 우왕(禹王)의 아버지로 요(堯)임금의 명령을 받고 홍수를 다스리려고 하였으나 실패하여 마침내 순(舜)임금에 의해 우산(羽山)으로 추방당하여 죽은 것으로 되어 있다. 『좌씨전(左氏傳)』에 의하면 곤은 죽어서 그 혼이 황웅(黃熊)이 되어 우연(羽淵)에 가라앉았다고 한다. 춘추전국시대에 이 신을 제사지낸 형적이 있고, 이보다 훨씬 후세인 진(晉)나라 시대에 쓴 『습유기(拾遺記)』에도 산동 해안의 촌민들이 그 묘에 제사지냈다고 한다. 『설문(說文)』에는 곤이 물고기 이름으로 되어 있다.

공공(共工)_ 제위(帝位)를 놓고 전욱(顓頊)과 다투다가 부주산(不周山)의 천주(天柱)를 꺾어 쓰러뜨렸다. 이 때문에 하늘은 서북으로, 땅은 동남으로 기울고, 해와 달과 별은 서쪽으로 이동하고, 강물은 동쪽으로 흐르게 되었다고 한다. 중국인의 천문학에 관한 관심과 자연 관찰에서 나온 전설이다. 공공에 관한 전설은 이 밖에도 많다. 또 공공은 관명(官名)이라는 설도 있고, 두 사람이라는 설도 있는 등 내용이 일정하지 않고 이설(異說)이 많다.

공자(孔子, B.C. 551~B.C. 479)_ 중국 춘추시대의 교육자 · 철학자 · 정치사상가, 유교의 개조(開祖). 노(魯)나라 창평향 추읍(昌平鄕 郰邑, 山東省 曲阜의 남동)에서 출생하였다. 자는 중니(仲尼). 이름은 구(丘). 공자의 '자(子)'는 신분이 높은 남자에 대한 미칭, 또는 존칭이다. 춘추 말기 사람으로 주나라의 봉건질서가 쇠퇴하여 사회적 혼란이 심해지자, 주왕조 초의 제도로 복귀해야 한다고 생각했다. 아버지는 숙량(叔梁)이라고 불리는 흘(紇)이고 어머니는 안징재(顏徵在)이다. 3세 때 아버지를 여의고 빈곤 속에서 자랐다. 노나라의 시조이며 주왕조(周王朝) 건국의 공신이었던 주공(周公)을 흠모하여 그 전통적 문화습득에 노력했으며, 수양을 쌓아 점차 유명해졌다. 처음에는 말단 관리였으나, 50세가 지나서 노나라의 정공(定公)에게 중용(重用)되어, 정치가로서의 탁월한 수완을 발휘하였다. 노나라의 실력자인 3중신의 세력을 눌러 공실(公室)의 권력을 회복하고, 주공의 정신을 살린 질서 있는 문화국가를 건설하려고 하였으나 실패하고 56세 때부터 14년간 문하생들을 데리고 여러 나라를 돌아다니면서, 유세(遊說)를 계속하며 이상실현을 꾀하였다. 69세 때 이상실현이 불가능함을 깨닫고 고향에 돌아가 제자들의 교육에 전념하였다. 이 무렵 아들 이(鯉)와, 고제자(高弟子) 안회(顏回) 및 자로(子路)가 잇달아 죽는 불행을 겪었고, 74세로 자공(子貢), 증삼(曾參) 등 뛰어난 제자들이 지켜보는 가운데 타계하였다. 제자는 모두 3,000명이며,

특히 육예(六藝:禮·樂·射·御·書·數)에 통달한 문인(門人)이 72명이라고 한다. 그는 이상을 미래에 건 위대한 교육자였다. 그의 언행은 『논어(論語)』를 통해서 전해지고, 그의 사상을 알아보기 위한 확실한 자료도 『논어』밖에 없다. 이 책은 제자나 제자의 제자들이 기록한 것이지 공자의 저술은 아니다. 오경(五經)을 편찬하였다고 전하나, 이는 교육목적에 따라서 『시경(詩經)』, 『서경(書經)』 등의 고전을 정리했던 것으로 생각된다.

관영(灌嬰)_ 한 휴양(睢陽) 출신. 시호는 의(懿). 어려서 그림을 팔아서 먹고 살았다. 나중에 한에서 벼슬하여 중연(中涓)이 되어 고조를 따라 천하를 평정했다. 영음후(潁陰侯)에 봉해졌다. 여태후가 죽은 뒤 여록(呂祿) 등이 난을 일으키자 주발 등과 함께 여 씨 일가를 죽이고 문제를 세웠다. 벼슬은 태위(太尉). 주발을 대신하여 승상이 되었다.

관중(管仲, ?~B.C.645)_ 제(齊)나라 환공(桓公)이 즉위할 무렵 환공의 형인 규(糾)의 편에 섰다가 패전하여 노(魯)나라로 망명했다가 포숙아의 진언으로 환공에게 기용되어 국정(國政)에 참여했다. 그는 환공을 도와 군사력을 강화하고, 상업과 수공업을 육성하여 부국강병을 꾀하였다. 대외적으로는 동방이나 중원의 제후와 9번 회맹(會盟)하여 제후들이 환공을 신뢰하게 하고, 남쪽에서 세력을 떨치기 시작한 초(楚)나라를 누르려고 하였다. 저서로 알려진 『관자(管子)』는 후세 사람들이 가필한 것으로 여겨진다.

광평 유씨(廣平游氏, 1053~1123)_ 이름은 작(酢). 자는 정부(定夫), 자통(子通). 호는 치산(廌山), 광평(廣平). 시호는 문숙(文肅)이다. 건양(建陽, 福建省) 사람이다. 북송 때 경학가이다. 1083년에 진사가 되어 태학박사(太學博士), 감찰어사(監察御使) 등을 지냈다. 형 유순(游醇)과 함께 학문과 행실로 알려져서 당시 지부구현(知扶溝縣)으로 있던 정호(程顥)의 부름을 받아 학사(學事)를 맡게 되었고, 그때부터 정호 형제를 사사하였다. 사량좌(謝良佐), 양시(楊時), 여대림(呂大臨)과 함께 '정문사선생(程門四先生)'으로 일컬어졌다. '도'를 천지 만물 속에 있는 보편적 존재로 인식하여 자연의 도가 바로 인륜의 이치라고 주장하였다. 『주역』을 중시하여 그 책 속에 우주 만물의 이치가 포함되어 있다고 보았다. 만년에 선(禪)에 몰입하여 유가가 불가를 배척할 것이 아니라 서로 보완적인 관계가 되어야 한다고 주장하여 후대 학자인 호굉(胡宏)으로부터 '정자 문하의 죄인'이라고 혹평을 받기도 하였다. 저술로 『역설(易說)』, 『중용의(中庸義)』, 『논어맹자잡해(論語孟子雜解)』, 『시이남의(詩二南義)』 등이 있었지만 모두 잃어버렸고, 남은 글을 모아 후세 사람이 엮은 『유치산집(游廌山集)』이 남아 있다.

광형(匡衡)＿ 전한(前漢) 시대의 학자이자 정치가. 자는 치규(稚圭). 『시경(詩經)』에 밝았고, 태자소부(太子少傅)와 승상을 지냈다. 직언(直言)을 잘하여 면직되기도 했다.

교봉 방씨(蛟峯方氏, 1221~1291)＿ 송 말기 역학가(易學家). 이름은 봉신(逢辰). 자는 군석(君錫). 교봉선생(蛟峰先生)이라고 불렸다. 방용(方鎔)의 아들로 벼슬은 병부시랑(兵部侍郎)에 이르렀다. 원래 이름은 범괴(梵魁)였는데 순우(淳祐) 9년(1249)에 장원으로 벼슬길에 오를 때 임금이 친필로 이름을 바꿔주었다. 원에 이르러 벼슬을 버리고 학문 연구에 전념했다. 저서에 『역외전(易外傳)』, 『상서석전(尙書釋傳)』, 『격물입문(格物入門)』, 『효경해(孝經解)』, 『학용주석(學庸註釋)』, 『교봉문집(蛟峰文集)』 등이 있다.

구사량(仇士良)＿ 당 흥녕(興寧) 출신. 자는 광미(匡美). 무종 때 관군용사(觀軍容使)가 되어 좌우군을 통솔했다. 일찍이 왕 2명, 비 1명, 재상 4명을 죽였다. 그의 탐혹함은 20여 년 동안 미쳤다.

구산 양씨(龜山楊氏, 1053~1135)＿ 송 복건성(福建省) 남검(南劍) 장락(將樂) 출신. 이름은 시(時). 자는 중립(中立). 학자들은 구산선생(龜山先生)이라고 부른다. 시호는 문정(文靖). 희녕(熙寧) 때 진사가 되었다. 민학(閔學)의 창시자이자 정문 4대 제자 가운데 한 사람이다. 정호(程顥), 정이(程頤)의 제자. 관직은 고종(高宗) 때 용도각직학사(龍圖閣直學士)에 이르렀다. 벼슬을 그만둔 뒤 책을 쓰고 강학(講學)하는 일을 하여, 동남(東南)의 학자들이 받들어서 이정(二程) 학문의 정종(正宗)이 되었다. 그의 학파를 도남학파(道南學派)라고 한다. 주자와 장식(張栻)의 학문은 모두 이 사람에게서 연원한다. 저서에는 『이정수언(二程粹言)』, 『구산집(龜山集)』, 『구산어록(龜山語錄)』이 있다.

구양수(歐陽修, 1007~1072)＿ 자는 영숙(永叔). 호는 취옹(醉翁). 시호는 문충(文忠). 가난한 집안에서 태어나 4살 때 아버지를 여의고 문구를 살 돈이 없어 어머니가 모래 위에 갈대로 글씨를 써서 가르쳤다고 한다. 10살 때 한유(韓愈)의 전집을 읽은 것이 문학의 길로 들어선 계기가 되었다. 1030년 진사가 되고, 한림원학사(翰林院學士)와 참지정사(參知政事) 등의 관직을 거쳐 태자소사(太子少師)가 되었다. 인종(仁宗)과 영종(英宗) 때 범중엄(范仲淹)을 중심으로 한 새 관료파에 속하여 활약했으나 신종(神宗) 때 동향 후배인 왕안석(王安石)의 신법(新法)에 반대하여 관직에서 물러났다. 송 초기의 미문조(美文調) 시문인 서곤체(西崑體)를 개혁하고, 당의 한유를 모범으로 하는 시문을 지었다. 시로는 매요신(梅堯臣)과 겨루고, 문(文)으로는 당송(唐宋) 8대가(八大家)의 한 사람이었으며, 후배들에게 많은 영향을 주었다. 특히 송대에 고문(古文)의 위치를 확고부동한 것으로 만들었다. 저서에 『구양문충공집』이 있다.

국혜자(國惠子)_ 춘추시대 위나라 대부. 영식(甯殖)을 말한다. 정공(定公)이 병에 걸려 혜자와 공승서(孔丞鉏)에게 명하여 헌공(獻公)을 세우도록 했다. 하지만 헌공이 예가 없기에 혜자는 손문자(孫文子)와 그를 제나라로 쫓아내고 상공(殤公)을 세웠다. 나중에 그 일을 후회하여 죽음에 임박해서 도자(悼子)에게 부탁하여 오명을 가리도록 했다.

금화 응씨(金華應氏)_ 송 난계(蘭谿) 사람. 이름은 용(鏞). 자는 자화(子和). 경원(慶元) 연간에 박학굉사과(博學宏詞科)에 등과했다. 벼슬은 태상시경(太常寺卿), 지개주(知開州)에 이르렀다. 저서에 『상서약의(尚書約義)』, 『예기찬의(禮記纂義)』가 있다.

급암(汲黯)_ 전한 무제 때의 간신(諫臣). 자는 장유(長孺). 무제 때 주작도위(主爵都尉)가 되었으며, 9경(九卿)의 한 사람이 되었다. 승상(丞相) 장탕(張湯)과 어사대부(御史大夫) 공손홍(公孫弘) 등을 법률 만능주의자이자 천자에게 아첨하는 교활한 무리라 비난하고, 황로지도(黃老之道), 무위(無爲)의 정치를 주장하며 왕에게 간(諫)하였으나 받아들여지지 않자 회양태수(淮陽太守)를 마지막으로 관직에서 물러났다.

나중소(羅仲素, 1072~1135)_ 북송 말기 남송 초기의 유학자. 복건성(福建省) 남검(南劍) 출신. 이름은 종언(從彦). 자는 중소(仲素). 시호는 문질(文質). 예장선생(豫章先生)이라고 불렸다. 동향의 선배 양시(楊時)의 가르침을 받고, 두 정자(程子)의 학문을 동향의 후배 이연평(李延平)에게 전하여 주자에 이르러서 남검의 세 선생이라고 불렸다. 1130년 광동(廣東) 박라(博羅)의 주부(主簿)로 임명되었으나 관직에서 퇴직한 뒤에는 나부산(羅浮山)에 들어가 온종일 단정히 앉아 학문에 정진하여 마침내 구산문하(龜山門下)의 제1인자가 되었다. 저서에 『예장문집(豫章文集)』, 『준요록(遵堯錄)』 등이 있다.

남당 진백(南塘陳柏)_ 명 면양(沔陽) 출신. 자는 자견(子堅) 또는 헌경(憲卿). 호는 소산(蘇山). 가정(嘉靖) 때 진사가 되었다. 정덕(程德), 추수익(鄒守益) 등과 정학(正學)을 창명(倡明)하여 믿고 따르는 사람이 많았다. 관직은 병부직방사주사(兵部職方司主事). 엄숭(嚴嵩)에게 거슬러서 정형(井陘)의 병비부사(兵備副使)로 쫓겨났다. 시에 뛰어났다. 서실을 내청헌(來靑軒), 견남강각(見南江閣), 퇴락헌(退樂軒), 복중루(復中樓),

차산정(借山亭)이라고 했다. 저서에『소산집(蘇山集)』이 있다.

남자(南子)_ 춘추시대 위령공(衛靈公)의 부인. 송나라 출신. 송의 공자 조(朝)와 통정하여 태자 괴외(蒯聵)가 그를 미워했다. 이에 남자가 태자를 공에게 모함하여 태자는 송으로 도망쳤다. 태자는 나중에 귀국하여 즉위한 뒤 마침내 남자를 죽였다.

노선공(魯宣公)_ 춘추시대 노나라 군주. 문공(文公)의 서자(庶子). 이름은 왜(倭). 시호는 선(宣). 선공의 어머니는 은밀히 양중(襄仲)을 섬겼다. 양중이 제나라 혜공(惠公)에게 청하여 문공의 적자(嫡子)인 오(惡)와 시(視)를 죽여서 공이 되었다. 이때부터 공실(公室)은 낮아지고, 삼환(三桓)이 강해졌다. 재위기간 18년.

노성공(魯成公)_ 춘추시대 노나라 군주. 선공(宣公)의 아들. 이름은 흑굉(黑肱). 시호는 성(成). 제나라 군대를 안(鞍)에서 무찔렀다. 재위기간 18년.

노재 허씨(魯齋許氏, 1209~1281)_ 원 하내(河內) 출신. 이름은 형(衡). 자는 중평(仲平). 호는 노재(魯齋). 정주학자(程朱學者)로 노재선생(魯齋先生)이라고 불린다. 시호는 문정(文正). 경학(經學), 자사(子史), 예악(禮樂), 명물(名物), 성력(星曆), 병형(兵刑), 식화(食貨), 수리(水利)에 널리 통달했다. 특히 정주(程朱)의 학을 받들었다. 유인(劉因)과 함께 원의 두 대가(大家)라고 불렸다. 세조(世祖) 때 벼슬에 나아가 국자좨주(國子祭酒), 중서좌승(中書左丞)을 지냈다. 아합마특(阿哈馬特)의 천권(擅權)을 논하고 관직을 떠났다. 가르치기를 잘하여 따라서 배우는 사람이 많았다. 저서에『독역사언(讀易私言)』,『노재심법(魯齋心法)』,『노재유서(魯齋遺書)』가 있다.

단주(丹朱)_ 요(堯)임금의 아들로서 오만하고 게으르며 불초하여 요의 제위를 물려받지 못했다. 불초한 아들의 대표적인 인물이다.

달기(妲己)_ 은나라 주왕(紂王)의 비. 유소씨(有蘇氏)의 딸. 자는 달(妲). 성은 기(己). 주왕은 학정을 간(諫)하는 현신(賢臣)의 말은 듣지 않고, 달기의 말만 잘 들었다. 주왕과 달기는 구리 기둥에 기름을 발라 숯불 위에 걸쳐 놓고 죄인들에게 그 위를 걷게 하여 미끄러져서 타 죽게 하는 포락(炮烙)의 형을 구경하면서 웃고 즐겼다고 한다. 충신 비간(比干)이 죽음을 당한 일도 달기의 교사(教唆) 때문이라고 한다. 주(周)나라의 무왕(武王)이 주왕을 토벌했을 때 달기도 함께 살해했다. 달기가 실재 인물인지 아닌지는 확실하지 않으나 주나라 유왕(幽王)의 애비(愛妃)인 포사(褒姒)와 함께 중국

역사상 음란하고 잔인한 대표적인 독부이다.

당 태종(唐太宗)_ 본명은 이세민(李世民). 아버지는 이연(李淵)이고, 어머니는 두(竇) 씨이다. 중국 역사상 유수의 영주(英主)로 알려져 있으며, 북방 민족의 피가 섞인 무인 귀족 집안에서 태어났다. 천성이 총명하고 사려 깊으며, 무술과 병법에 뛰어난 동시에 결단력과 포용력도 갖추어 소년 시절부터 사람들의 신망이 두터웠다. 수양제(隋煬帝)의 폭정으로 내란의 양상이 짙어지자 수 타도의 뜻을 품고 태원(太原) 방면 군사령관이던 아버지를 설득하여 군사를 일으켜 장안을 점령하고 당을 수립하였다. 그 뒤 군웅을 평정하고 국내 통일을 실현시킨 것은 20살 안팎인 그의 활동에 힘입었다. 이를 질투한 형 건성(建成)과 동생 원길(元吉)과 다투어 마침내 그들을 쓰러뜨리고, 626년 아버지의 양위를 받아 즉위했다. 이어서 돌궐을 비롯한 사방의 이민족을 제압하고, 여러 민족의 추장들에게 천가한(天可汗)이란 존호를 받았다. 당은 번한(蕃漢)의 양 사회를 포용하는 세계 제국이 되었다. 양제의 실패를 거울삼아 명신 위징(魏徵) 등의 의견을 받아들여, 사심을 누르고 백성을 불쌍히 여기는 지극히 공정한 정치를 하기에 힘썼다. 그러므로 그의 치세는 '정관(貞觀)의 치(治)'라 칭송받았다.

당 현종(唐玄宗, 685~762)_ 본명은 이융기(李隆基). 예종(睿宗)의 셋째 아들. 명황(明皇)이라고도 한다. 조모 측천무후(則天武后) 시대에 낙양에서 태어나 9살에 임치왕(臨淄王)에 봉해졌다. 26살 때 위후(韋后)가 딸 안락공주(安樂公主)와 짜고 중종(中宗)(현종의 백부)을 암살, 중종의 아들 온왕(溫王)을 제위에 앉히고 정권을 농단하기 위해 현종의 아버지 상왕(相王)까지도 해치려 하였다. 그는 심복 장병을 인솔하여 위후와 안락공주 일당을 친 뒤 아버지를 제위에 옹립하고, 자신은 황태자가 되어 실권을 잡고 28살에 아버지의 양위로 즉위했다. 당시 권세를 누린 태평공주(太平公主) 일파를 타도하여 측천무후 이래 반세기에 걸친 부인의 정권 개입을 근절시킨 새로운 전기를 마련했다. 현종의 치세는 요숭(姚崇), 송경(宋璟), 장열(張說), 장구령(張九齡) 등 명상의 도움을 얻어 안으로는 민생 안정을 꾀하고, 조운(漕運) 개량과 둔전(屯田) 개발 등으로 경제를 충실히 하며, 부병제(府兵制)의 붕괴에 대처하여 신병제를 정비했다. 밖으로는 동돌궐, 티베트, 거란(契丹) 등의 국경 지대를 튼튼히 방비하여 개원(開元), 천보(天寶) 시대 수십 년의 태평천하를 구가했다. 그러나 노년에 접어들자 정치를 등한히 하며 도교에 빠져 막대한 국비를 소비하고, 35살이나 연하인 양귀비(楊貴妃)를 궁 안으로 끌어들인 뒤 정사를 포기하다시피 하여 권신 이림보(李林甫)가 국정을 대신 맡아보았다. 755년 안녹산의 난이 일어나 사천(四川)으로 난을 피했다가 이듬해 아들 숙종(肅宗)에게 양위하고, 상황(上皇)으로 은거하다가 장안으로 돌아온 뒤 죽었다.

그는 다재다능하여 특히 음악에 뛰어나 스스로 작곡까지 하고, 이원(梨園)의 자제 남녀를 양성하였다. 서도에도 능하여 명필이라는 칭호를 들었다.

대요(大撓)_ 상고시대 사람. 황제(黃帝)의 스승이었다. 또 처음으로 갑자(甲子)를 만들어 간지를 배합한 사람이다.

도산씨(塗山氏)_ 우(禹)의 비(妃). 계(啓)의 어머니.

동래 여씨(東萊呂氏, 1137~1181)_ 송 금화(金華) 출신. 대기(大器)의 아들. 이름은 조겸(祖謙). 자는 백공(伯恭). 호는 동래(東萊). 시호는 성(成). 나중에 충량(忠亮)이라고 고쳤다. 상서우승(尙書右丞) 호문(好問)의 손자로 태어나 어려서부터 아버지와 할아버지의 책을 접할 수 있었다. 융흥(隆興) 때 진사가 되었다. 관직은 직비서각(直秘書閣) 저작랑(著作郎) 국사원편수(國史院編修). 주자, 장식(張栻)과 이름을 나란히 하여 동남(東南)의 삼현(三賢)이라고 불렸다. 그의 문사(文詞)는 넓고 곧아 세상에 영향을 두루 미쳤다. 시서춘추(詩書春秋)에 대하여 많은 고의(古義)를 궁구했다. 또 칠십사(七十史)에 정통했다. 학자들은 동래선생(東萊先生)이라고 부른다. 주자와 육상산 두 사람이 아호사(鵝湖寺)에서 만나도록 주선하기도 했다. 그 뒤 주자와 함께 북송(北宋) 도학자의 어록을 편집하여 『근사록(近思錄)』을 찬하였다. 저서에 『고주역(古周易)』, 『춘추좌씨전설(春秋左氏傳說)』, 『동래좌씨박의(東萊左氏博議)』, 『대사기(大事紀)』, 『역대제도상설(歷代制度詳說)』, 『소의외전(少儀外傳)』, 『여씨가숙독시기(呂氏家塾讀詩記)』, 『동래집(東萊集)』이 있다.

동방삭(東方朔)_ 염차(厭次) 출신. 자는 만천(曼倩). 막힘이 없는 유창한 변설과 재치로 한 무제(漢武帝)의 사랑을 받아 측근이 되었다. 그러나 단순한 시중꾼이 아닌 무제의 사치를 간언하는 등 근엄한 일면도 있었다. '익살의 재사'로 많은 일화가 전한다. 부국강병책(富國强兵策)을 상주하였으나 받아들여지지 않자 이를 자조(自嘲)한 문장 『객난(客難)』과 『비유선생지론(非有先生之論)』을 비롯하여 약간의 시문을 남겼다. 이미 한(漢) 때부터 황당무계한 문장을 그의 이름에 가탁(假託)하는 일이 많아 『신이경(神異經)』, 『십주기(十洲記)』 등의 저자라고 전하지만 모두 진(晉) 이후의 위작으로 추측된다. 속설에 서왕모(西王母)의 복숭아를 훔쳐 먹어 장수했다 하여 '삼천갑자 동방삭'이란 말이 '오래 사는 사람'이라는 표현으로 쓰인다.

동양 허씨(東陽許氏, 1270~1337)_ 송 말기 금화(金華) 출신. 이름은 겸(謙). 자는 익

지(益之). 늙어서는 호를 백운산인(白雲山人)이라고 했다. 시호는 문의(文懿). 김이상(金履祥)의 제자이고, 송이 망하자 학문에만 전념하여 박학하다는 칭송을 들었다. 저서에 『독사서총설(讀四書總說)』, 『독서총설(讀書總說)』과 시집인 『전명물초(傳名物鈔)』, 『백운집(白雲集)』 등이 있다.

동중서(董仲舒, B.C. 179~B.C. 104)_ 한 광천(廣川) 출신. 어려서 『공양춘추(公羊春秋)』를 익히고, 경제(景帝) 때 박사가 되었다. 장막을 치고 강의하며 3년이나 정원에 나가지 않았다고 한다. 무제(武帝) 때 천인삼책(天人三策)을 올리고, 강도상(江都相)이 되었다. 중도에 폐출되어 중대부(中大夫)가 되었고 재이(災異)를 말한 일로 옥에 갇혔다. 나중에 서왕(西王)의 상(相)이 되었다가 병에 걸려 사면을 받고 돌아와 노년에 집에서 죽었다. 무제는 유학을 국교로 삼을 때 동중서에게 많이 의지하였으며 조정에서 중요한 논의를 할 때마다 사자를 그의 집에 보내서 묻곤 했다. 학문에 원류(源流)가 있으며 한의 순유(醇儒)이다. 유향(劉向)이 그를 일컬어 왕을 보좌할 재주가 있어 이윤(伊尹)이나 여상(呂尙)이라도 더할 것이 없고, 관중(管仲)이나 안영(晏嬰)의 무리도 미칠 수 없는 것이 있다고 했다. 저서에 『춘추번로(春秋繁露)』, 『동자문집(董子文集)』이 있다.

두후(竇后)_ 한 관진(觀津) 출신. 문제의 후(后). 여태후(呂太后) 때 양가(良家)의 아들을 데리고 궁에 들어왔다. 태후는 그녀를 대왕(代王)(나중에 문제)에게 내려 경제(景帝)를 낳았다.

등애(鄧艾)_ 삼국시대 위의 장수. 자는 사재(士載). 본디 어려서부터 집안이 가난해 소를 치며 살았다. 촉장 강유(姜維)의 공격을 번번이 막고, 뒤에 정예병을 이끌고 험준한 촉의 산맥을 넘어가 촉을 함락시킨 일등공신이었다. 나중에 그를 의심한 사마소(司馬昭)에게 반역죄로 사로잡혀 호송당하다가 자신의 부하들이 구출하나 종회(種會)를 죽인 감군 위관(衛瓘)이 사주한 전속(田續)에 의해 아들 등충(登忠)과 함께 죽는다.

류공권(柳公權, 778~865)_ 당대 사람. 공작(公綽)의 동생. 자는 성현(誠懸). 원화(元和) 때 진사가 되었다. 경술(經術)에 통달하고, 서예에 뛰어났다. 목종(穆宗) 때 시서학사(侍書學士)가 되었다가 사봉 원외랑(司封員外郎)으로 옮겼다. 황제가 일찍이 글씨 쓰는 법을 물어 마음이 바르지 않으면 글씨도 바르지 않다고 답하여, 글씨 쓰는 법에 기탁하여 간함으로써 황제를 일깨웠다. 문종(文宗) 때에는 벼슬이 중서사인(中書

숨人)이 되었다. 뒤에 하동군공(河東郡公)에 봉해졌다. 함통(咸通) 초기에 태자의 태보(太保)가 되었다.

마존량(馬存亮)_ 당 하중(河中) 출신. 자는 계명(季明). 원래 환관. 벼슬은 원화(元和) 때 좌신책(左神策) 중위(中尉). 소현명(蘇玄明)의 난을 평정한 공이 가장 컸다. 실봉(實封) 200호. 태화(太和) 중기 우령군위장군(右領軍衛將軍)을 지냈다. 충성스럽고 조심성이 많았다.

매희(妹姬)_ 하나라 걸왕(桀王)의 비(妃). 유시씨(有施氏)의 딸. 밤낮으로 걸과 함께 향락을 즐겼다. 탕왕이 걸을 역산(歷山)에서 물리치자 걸은 매희와 강에 뛰어들어 남소(南巢)의 산에서 죽었다. 말희(末喜), 매희(妹喜)라고도 한다.

맹자(孟子, B.C. 372?~B.C. 289?)_ 중국 전국시대의 유교 사상가. 이름은 맹가(孟軻). 자는 자여(子輿) 또는 자거(子車)라고 하지만 확실하지 않다. 지금의 산동성(山東省) 추현(鄒縣)의 추(騶)에서 출생하였다. 어릴 때 현모(賢母)의 손에서 자라났다. 공자의 손자인 자사(子思)의 문인에게서 배웠다. 제후가 유능한 인재들을 찾는 전국시대에 배출된 제자백가(諸子百家)의 한 사람으로서 맹자도 B.C. 320년경부터 약 15년 동안 각국을 유세하고 돌아다녔으나, 자기의 주장이 채택되지 않자 고향에 은거하였다. 제후가 찾는 것은 부국강병(富國強兵)이나 외교적 책모(策謀)였으나, 맹자가 내세우는 것은 도덕정치인 왕도(王道)였으며, 따라서 이는 현실과 동떨어진 지나치게 이상적인 주장이라고 생각되었다. 만년에는 제자교육에 전념하였고, 저술도 하였다. 『맹자』 7편은 맹자의 말을 모은 후세의 편찬물이지만, 내용은 맹자의 사상을 그대로 담은 것이다. 주자학(朱子學) 이후로 『맹자』는 『논어』, 『대학』, 『중용』과 더불어 '사서(四書)'의 하나로서 유교의 주요한 경전이 되었다. 맹자의 사상을 알 수 있는 유일한 책이며, 또 전국시대의 양상을 전하는 흥미 있는 내용으로 가득 차 있다. 문장은 변론조이며, 예부터 명문으로 여겨진다.

맹헌자(孟獻子)_ 춘추시대 노나라의 현대부(賢大夫). 중손멸(仲孫蔑)을 말한다.

면재 황씨(勉齋黃氏, 1152~1221)_ 남송의 성리학자. 이름은 간(幹). 자는 직경(直卿). 호는 면재(勉齋). 주자의 제자이자 사위이다. 민현(閩縣) 장계(長溪) 출신으로 안경부(安慶府)에서 벼슬하고, 뒤에 직학사(直學士)를 지냈다. 주자가 죽은 뒤 심상(心喪) 3년을 지냈다. 주자의 학설을 터득했다고 한다. 그는 주자가 편찬한 『의례경전통해(儀

禮經傳通解)』가운데 『상(喪)』과 『제(祭)』 2편을 집필하고, 나중에 이를 바탕으로 『의례경전통해속편(儀禮經傳通解續編)』을 편찬했다. 그 밖에 저서로는 『주자행장(朱子行狀)』, 『오경통의(五經通義)』, 『사서기문(四書記聞)』, 『면재문집(勉齋文集)』, 『계사전해(繫辭傳解)』 등이 있다.

명덕 마황후(明德馬皇后)_ 후한 사람. 마원(馬援)의 딸. 명제(明帝)의 후(后). 시호는 덕(德). 정숙하고 정직했다. 자기 집안일로 황제에게 번거로움을 주지 않았다. 명제가 죽자 스스로 명제의 기거주(起居注)를 지었다. 장제(章帝)가 즉위하여 외삼촌들에게 봉작을 주려고 했지만 외척이 끼어들어 어지럽힐 수 있다고 단호히 반대했다.

목강(繆姜)_ 춘추시대 노나라 사람. 제나라 출신. 시호는 유(謬). 노선공(魯宣公)의 아내가 되어서 성공(成公)을 낳았다. 총명하고 지혜로웠지만 음란하여 숙손교여(叔孫僑如)와 통정하고 그와 함께 계맹(季孟)을 제거하려고 모의했지만, 노나라 사람들이 교여를 쫓아내고 목강은 동궁(東宮)에 가두었다.

무왕(武王)_ 이름은 발(發). 아버지 문왕(文王)의 뜻을 이어받아 은(殷)나라 서부 제후의 맹주로서 은나라를 토벌하는 전쟁을 일으켜 하남성(河南省) 목야(牧野)에서 주왕(紂王)의 대군을 격파하고 은나라를 멸망시켰다. 지금의 섬서성(陝西省) 서안(西安) 부근인 당시의 호경(鎬京)에 서울을 정하여 주나라를 창건하고, 아우인 주공(周公) 단(旦)과 공신 여상(呂尙) 및 소공(召公) 석(奭) 등의 보필을 받아 나라의 기초를 공고히 하였다. 한편 아들인 무경(武庚)을 은나라의 옛땅에 제후로 봉한 다음 관숙(管叔)과 채숙(蔡叔) 등에게 이를 감시하게 하고, 전국을 여러 지방으로 나누어 각 지방에 제후를 봉하는 등 봉건제도를 시행하였다. 무왕은 문왕과 함께 성왕(聖王)으로 추앙되며, 그가 은나라를 친 군사행동은 포악한 군주를 응징하고 시달리는 백성들을 구제하기 위한 성전(聖戰)으로 평가된다.

무이 채씨(武夷蔡氏, 1167~1230)_ 채침(蔡沈). 송 건주(建州) 건양(建陽) 사람. 자는 중묵(仲黙). 원정(元定)의 둘째아들이며 항(沆)의 아우. 가학(家學)을 잇고 주자의 문하에서 주자의 명에 따라 『서집전(書集傳)』을 완성하였다. 유배된 아버지를 따라 도주(道州)에서 살다가 아버지가 죽은 뒤 구봉(九峯)에 은거하여 구봉선생(九峯先生)이라 불렸다.

무측천(武則天, 625~705)_ 이름은 조(曌). 대목재상으로 당의 창업에 공헌한 무사

확(武士彠)의 딸. 일설에는 630년에 태어났다고도 한다. 14살 때 태종(太宗)의 후궁이 되었으나 황제가 죽자 비구니가 되었는데, 고종의 눈에 띄어 총애를 얻었다. 그 뒤 간계를 써서 황후 왕(王) 씨를 모함하여 쫓아내고 655년 스스로 황후가 되었다. 몇 년 뒤 고종의 건강을 핑계 삼아 스스로 정무를 맡아보며 독재 권력을 휘두르고, 문예와 이무(吏務)에 뛰어난 신흥 관리를 등용하여 세력을 구축하여 구 귀족층을 배척했다. 683년 고종이 죽자 자신의 아들 중종(中宗), 예종(睿宗)을 차례로 즉위시키고, 그녀에게 반항하여 난을 일으킨 서경업(徐敬業)과 당의 황족 등을 무력으로 탄압했다. 뿐만 아니라 어사(御史)와 밀사를 이용하여 대규모 탄압을 자행하는 한편, 불경을 위조하고 부서(符瑞)를 날조하여 무(武) 씨의 천하를 합리화시켰다. 690년 국호를 주(周)로 개칭하고 스스로 황제라 칭하며 중국 역사상 유일한 여제(女帝)로서 약 15년 동안 전국을 지배했다. 주나라의 전통을 따라 역법(曆法)과 관명(官名)을 새로 정하는 한편, 북문학사(北門學士)들에게 명하여 『신궤(臣軌)』, 『백료신계(百寮新誡)』 등을 찬하게 하고, 각지에 특사를 파견하여 인재를 모았다. 또 인심을 얻기 위하여 관작(官爵)을 마구 뿌리고, 명당(明堂) · 천당(天堂) · 천추(天樞) · 대불(大佛)과 같은 큰 건축물을 세워 국위 선양에 힘썼다. 적인걸(狄仁傑), 위원충(魏元忠) 등의 명신을 적절하게 등용했으나 말기에는 장역지(張易之) 형제 등 총신들이 정사를 그르쳤고, 705년 장간지(張柬之) 등이 정변을 일으켜 중종이 복위되고 당 왕조가 부흥했다.

물헌 웅씨(勿軒熊氏, 1253~1312)_ 송 말기 역학가(易學家). 건주(建州) 건양(建陽) 출신. 이름은 화(禾). 자는 거비(去非). 나중에 이름을 화(鉌)로, 자를 위신(位辛)으로 바꿨다. 호는 물헌(勿軒) 또는 퇴재(退齋)이고, 물헌선생(勿軒先生)이라고 불렸다. 함순(咸淳) 10년(1274)에 벼슬길에 올랐으나 송이 망하자 벼슬을 버리고 후학을 가르치는 데 전념했다. 저서에 『주역집소(周易集疏)』, 『시경집소(詩經集疏)』, 『서경집소(書經集疏)』, 『춘추집소(春秋集疏)』, 『춘추논고(春秋論考)』, 『경서학해(經序學解)』, 『물헌집(勿軒集)』 등이 있다.

방현령(房玄齡, 578~648)_ 당의 명재상. 제주(齊州) 임치(臨淄) 출신. 대대로 북조(北朝)를 섬기고, 18살에 수(隋)의 진사(進士)가 되었다. 당이 일어나자 태종(太宗)의 세력에 가담하여 측근으로 활약했다. 태종이 즉위하자 중서령(中書令)이 되고, 이어 상서좌복야(尙書左僕射)가 되었다. 정치에 밝고, 공평한 태도로 일관하였기 때문에 두여회(杜如晦)와 더불어 현상(賢相)이라는 칭송을 받았다. 정관지치(貞觀之治)는 그들에게 힘입은 바가 컸다. 태종의 신임이 지극하여 고구려 공격 때에는 장안(長安)에 남아 성을 지키기도 하였다. 태종의 소릉(昭陵)에 배장(陪葬)되었다.

백기(伯奇)_ 주나라 선왕(宣王)의 중신 윤길보(尹吉甫)의 맏아들. 계모가 자기 소생인 백봉(佰封)을 태자(太子)로 세우려고 아버지에게 참소하여 쫓겨났다. 금(琴)의 곡조인 이상조(履霜操)를 지어 죄없이 쫓겨난 자신의 처지를 읊자 아버지가 감동하여 다시 찾았다고 한다.

번굉(樊宏)_ 후한 사람. 중(重)의 아들. 광무(光武)의 외삼촌. 자는 미경(靡卿). 시호는 공(恭). 왕망 말기에 종친(宗親)과 영참(營塹)을 만들어 지켰다. 광무가 즉위한 뒤 벼슬이 광록대부에 이르렀다. 수장후(壽張侯)에 봉해졌다.

범양 장씨(范陽張氏, 1092~1159)_ 송 전당(錢塘) 사람. 이름은 구성(九成). 자는 자소(子韶), 호는 횡포거사(橫浦居士), 무구거사(無垢居士). 추시(追諡)는 문충(文忠). 양시(楊時)의 제자. 소흥(紹興) 연간에 정대(廷對)에서 1등을 하였다. 벼슬은 예부시랑(禮部侍郎). 태사(太師)에 증직되었으며, 숭국공(崇國公)에 봉해졌다. 저서에 『상서설(尚書說)』, 『중용설(中庸說)』, 『대학설(大學說)』, 『효경설(孝經說)』, 『어맹설(語孟說)』, 『맹자전(孟子傳)』, 『횡포집(橫浦集)』이 있다.

범조우(范祖禹, 1041~1098)_ 북송의 문인. 자는 순부(淳夫) 또는 몽득(夢得). 시호는 정헌(正獻). 진사에 합격한 뒤 사마광을 좇아 『자치통감』을 편수했다. 책을 만든 뒤 비서정자(秘書正字)에 추천되어 벼슬을 받고, 철종 때에는 급사중(給事中)이 되었다. 나중에 무고를 입어 소주별가(昭州別駕)로 폄적되었다가 죽었다. 저서에 『당감(唐鑑)』 등이 있다.

범준(范浚, 1102~1151)_ 난계(蘭溪) 출신. 자는 무명(茂明). 영리를 멀리하고, 성현의 학문에 뜻을 두어 마음을 다스리고 기를 기르는 근본으로 삼았다. 학자들은 그를 향계선생(香溪先生)이라고 부른다. 저서에 『향계집(香溪集)』 등이 있다.

범중엄(范仲淹, 989~1052)_ 북송 강소성(江蘇省) 소주(蘇州) 출신. 자는 희문(希文). 시호는 문정(文正). 인종(仁宗)의 친정(親政)이 시작되자 부름을 받아 중앙에서 간관(諫官)이 되었다. 그러나 그 무렵 곽황후(郭皇后)의 폐립 문제를 놓고 찬성파인 재상 여이간(呂夷簡)과 대립했기 때문에 다시 지방으로 쫓겨났다. 그 뒤로 구양수(歐陽修), 한기(韓琦) 등과 함께 여이간 일파를 비난하고, 자기들 스스로 군자의 붕당이라고 자칭하여 경력당의(慶曆黨議)를 불러일으켰다. 1038년에 이원호(李元昊)가 서하(西夏)에서 제위에 오르자 섬서경략안무초토부사(陝西經略安撫招討副使)가 되어 서하 대책을 맡고, 그 침입을 막았다. 그 공으로 추밀부사(樞密副使)가 되고, 이어 참지정사(參知政事)로 승진하여 내정 개혁에 힘썼다. 하지만 그를 미워하는 하송(夏悚) 일파의 저항이 강하여 다시 지방관을 역임하다가 병으로 죽었다. 저서에 『범문정공집(范文正公集)』이 있다.

범 휴(范雎)_ 전국시대 위(魏)나라 사람. 자는 숙(叔). 제후에게 유세했다. 먼저 위나라의 중대부 수가(須賈)를 섬기고, 그를 따라서 제나라에 사자로 갔다. 제나라 양왕(襄王)이 그의 구변을 듣고 금과 소, 술을 내렸기에 그가 위나라의 비밀스런 일을 고했다고 의심을 샀다. 제나라에서 위나라로 돌아오자 볼기를 맞고 갈비뼈와 이가 부러지는 고문을 받았다. 죽은 체하여 그 상황을 모면하고는 진(秦)나라로 들어가 성명을 장록(張祿)이라 바꾸고, 소왕(昭王)에게 원교근공(遠交近功) 책략을 올리고 객경(客卿)이 되었다. 끝내 재상이 되어 응후(應侯)에 봉해졌다.

부 견(符堅, 338~385)_ 전진(前秦)의 제3대 왕. 자는 영고(永固) 또는 문옥(文玉). 묘호는 세조(世祖). 국도 장안(長安)에서 왕위에 오르자 저족(氐族)계 호족의 횡포를 누르고 한인(漢人)들을 중용했다. 태학(太學)을 정비하여 학문을 장려하고 농경을 활발히 일으켰다. 특히 한인 학자 왕맹(王猛)의 보필에 힘입어 국세를 크게 떨쳤다. 370년 전연(前燕)을 공격하여 낙양(洛陽)에서 승리하고, 업(鄴)을 공략하여 연왕(燕王)을 잡아 선비족(鮮卑族) 4만 호와 함께 장안으로 이주시켰다. 이어서 전량(前凉)을 멸하여 감숙 지방을 얻고, 철불부(鐵弗部)와 탁발부(拓跋部)를 공략하여 내몽골 남부도 장악했다. 또 장군 여광(呂光)에게 명하여 타림분지의 서역 여러 나라를 정복하게 하여 전진의 위세는 동쪽 고구려로부터 서쪽 타림 남서부 호탄까지 미쳤다. 강남(江南)까지 병합하고자 383년 대군을 거느리고 동진(東晉)을 공략했지만 비수(淝水) 전투에서 대패했다. 이어 항복한 장수 가운데 모용수(慕容垂) 등이 등을 돌리고, 385년 후진(後秦)의 요장(姚萇)에게 붙잡혀 살해되었다.

부 열(傅說)_ 은나라 고종의 재상. 고종이 꿈에 성인을 얻었기에 백공(百工)에게 그런 사람을 야(野)에서 찾아오게 했지만 부암(傅巖)에 은거하여 미천한 죄인과 함께 성을 쌓고 길을 닦던 열(說)을 찾았다. 이에 열은 고종에게 나아가 재상이 되었다. 명에 따라 부(傅)를 성으로 삼았다. 『열명(說命)』3편을 지었다.

북계 진씨(北溪陳氏, 1159~1223)_ 송 용계(龍溪) 출신. 이름은 순(淳). 자는 안경(安卿). 호는 북계(北溪). 주자의 제자. 1190년 무렵 주자가 장주(漳州)에 있을 때 학문을 듣고, 1199년 다시 주자를 만나 그의 뛰어난 제자가 되었다. 그는 주자의 학설을 추숭하고 육구연(陸九淵)의 심학을 배격했다. 가정(嘉定) 때 안계주부(安溪主簿)에 은수(恩授)되었지만 취임하지 못하고 죽었다. 저서에 『논맹학용의(論孟學庸義)』, 『자의상강(字義詳講)』, 『예시여학(禮詩女學)』, 『북계대전집(北溪大全集)』이 있다.

북궁문자(北宮文子) _ 춘추시대 위(衛)나라의 대부. 이름은 타(佗). 성공(成公)의 자손. 양공을 도와 초(楚)나라에 갔는데, 정(鄭)나라를 지나다가 행인(行人) 자우(子羽)를 보고 정나라에 예가 있다고 했다. 초나라에 이르러 영윤(令尹) 위(圍)의 위의(威儀)를 보고 딴 마음이 있다고 했다.

비릉모용씨(毗陵慕容氏) _ 송 의흥(宜興) 출신. 이름은 언달(彦達). 자는 숙우(淑遇). 시호는 문정(文定). 원우(元祐) 때 진사가 되었다. 다시 소성(紹聖) 때 홍사과(弘詞科)에 붙었다. 휘종(徽宗)이 그의 학식을 알고 잘 대우해줘 가까이 두었다. 시종이 되어 15년, 당시 전책(典冊)은 대부분 그의 손에서 나왔다. 나중에 형부상서(刑部尚書)가 되었다. 서실을 이문당(摛文堂)이라고 불렀다. 저서에 『이문당집(摛文堂集)』이 있다.

사마 온공(司馬溫公, 1019~1086) _ 산서성(山西省) 하현(夏縣) 속수향(涑水鄉) 출신. 이름은 광(光). 자는 군실(君實). 호는 우부(迂夫) 또는 우수(迂叟). 시호는 문정(文正). 속수선생(涑水先生)이라고도 하며, 죽은 뒤 온국공(溫國公)에 봉해져 사마 온공(司馬溫公)이라고 한다. 20살에 진사가 되고, 1067년 신종(神宗)이 즉위한 해에 한림학사(翰林學士), 이어서 어사중승(御史中丞)이 되었다. 신종이 왕안석(王安石)을 발탁하여 신법(新法)을 단행하자 이에 반대하여 추밀부사(樞密副使)를 사퇴하고 지방으로 나갔다. 1085년 신종이 죽고 어린 나이의 철종(哲宗)이 즉위하여 할머니인 선인태후(宣仁太后)가 섭정하자, 신법을 싫어하는 태후에게 발탁되어 중앙에 복귀하여 재상이 되었다. 그리고 왕안석의 신법을 하나하나 폐지하고 구법(舊法)으로 대체하여 구법당(舊法黨)의 수령으로서 수완을 발휘하는가 싶었지만 몇 달 안 되어 죽었다. 저서에 『자치통감(資治通鑑)』, 『속수기문(涑水紀聞)』, 『사마문정공집(司馬文正公集)』 등이 있다.

사마의(司馬懿, 179~251) _ 삼국시대 위의 대신. 하내군(河內郡) 온현(溫縣) 출신. 자는 중달(仲達). 진 왕조 건국 뒤에 고조선제(高祖宣帝)라고 추존되어 사마선왕(司馬宣王) 또는 진의 고조선제라고도 한다. 처음에 조조(曹操)의 청으로 그의 부하가 되고, 조조의 아들 조비(曹조)가 위를 세운 뒤에는 명제(明帝), 제왕(齊王) 등 3대 황제를 섬겼다. 그동안 대도독(大都督)이 되어 위의 군사를 통솔하고, 위와 진의 유일한 권신이 되어 그의 손자 사마염(司馬炎) 때 제위를 빼앗아 진을 일으키는 터전을 닦았다. 주요 업적은 조비의 유언을 받아 명제 및 제왕을 보좌하였을 뿐만 아니라 삼국 정립의 위기에 처하여 외적을 물리친 일이다. 특히 촉한(蜀漢)의 제갈공명(諸葛孔明)을 오장원(五丈原)에서 막아 그의 의도를 꺾었다. 또 요동(遼東)을 정벌하여 요동태수 공손연(公孫淵)을 멸망시키고, 요동을 위의 영토로 삼았다. 그 밖에 남방의 오(吳)나라에 대처하여 회하(淮河) 유역에 광대한 군둔전(軍屯田)을 설치하여 국방을 튼튼히 한 일도 큰 업적이다.

사마천(司馬遷, B.C. 145?~B.C. 86?)_ 『사기(史記)』의 저자. 자는 자장(子長). 용문(龍門, 현재 韓城縣) 출생. 사마담(司馬談)의 아들. 7세 때 아버지가 천문 역법과 도서를 관장하는 태사령(太史令)이 된 이후 무릉(武陵)에 거주하며 고문을 독서하던 중, 20세경 낭중(郎中)이 되어 무제를 수행하여 강남(江南)·산동(山東)·하남(河南) 등의 지방을 여행하였다. B.C. 111년에는 파촉(巴蜀)에 파견되었고, B.C. 110년에는 무제의 태산 봉선(封禪) 의식에 수행하여 장성 일대와 하북(河北)·요서(遼西) 지방을 여행하였다. 이 여행에서 크게 견문을 넓혔고,『사기』를 저술하는 데 필요한 귀중한 자료를 수집하였다. 기원전 110년 사마 담이 죽으면서 자신이 시작한『사기』의 완성을 부탁하였고, 그 유지를 받들어 B.C. 108년 태사령이 되면서 황실 도서에서 자료 수집을 시작하였다. B.C. 104년(무제 태초 원년) 천문 역법의 전문가로서 태초력(太初曆)의 제정에 참여한 직후『사기』저술에 본격적으로 착수하였다. 흉노에 투항한 이릉(李陵) 장군을 변호하다 무제의 노여움을 사서, B.C. 99년 궁형(宮刑)을 받았다. 옥중에서도 저술을 계속하여 B.C. 95년 황제의 신임을 회복하여 환관의 최고직인 중서령(中書令)이 되었으며, 기원전 91년에 마침내『사기』를 완성하였다.『보임안서(報任安書)』라는 명문에서 당시『사기』의 완성을 위하여 죽음을 선택할 수 없었던 심정을 술회하였다.

사미원(史彌遠)_ 남송의 정치가. 자는 동숙(同叔). 시호는 충헌(忠獻). 호(浩)의 셋째 아들. 영종(寧宗)이 죽은 뒤 조서를 고쳐 황태자 횡(竑)을 폐위하고 이종(理宗)을 세웠다. 벼슬은 태사좌승상(太師左丞相).

사안(謝安)_ 동진(東晋) 중기의 재상. 동진 명문인 진군(陳郡) 양하(陽夏) 출신. 자는 안석(安石). 오랫동안 회계(會稽)에서 은둔생활을 하면서 왕희지(王羲之), 지둔(支遁) 등과 교우하며 풍류를 즐기다가 마흔이 넘은 중년에 비로소 중앙 정계에 투신했다. 처음 정서대장군(征西大將軍) 환온(桓溫)의 휘하에서 활약하다가 이부상서의 요직으로 진급하고, 제위를 찬탈하려는 환온의 야망을 저지했다. 환온이 죽은 뒤 재상이 되었을 때 전진왕(前秦王) 부견(符堅)이 100만 대군을 이끌고 남하하는 것을 막고, 383년 형의 아들 사현(謝玄)과 부견의 군대를 비수(淝水)에서 격파했다. 국초(國初)의 왕도(王導)와 함께 명재상으로 칭송이 높았으며, 또 당시의 손꼽는 문화인이기도 했다. 비수에서 승리를 거둔 지 2년 만에 병사했다.

사현(謝玄)_ 동진(東晉)의 장군. 자는 환도(幻度). 사안(謝安)의 조카. 부견(符堅)이 비수(淝水)에 진을 쳤을 때 사안의 명으로 숙부인 사석(謝石)과 함께 이를 무찔렀다.

삼산 진씨(三山陳氏)_ 송 후관(侯官) 출신. 이름은 공석(孔碩). 자는 부중(膚仲). 호는 북산선생(北山先生). 주자가 그의 할아버지 희(禧)와 아버지 형(衡)을 모두 칭송했다. 젊어서부터 장식, 여조겸과 어울리고 나중에 형과 함께 주자의 제자가 되었다. 효종(孝宗) 때 진사가 되었고, 벼슬은 비각수찬(秘閣修撰)에 이르렀다. 저서에 『대학중용해(大學中庸解)』, 『북산집(北山集)』이 있다.

상곡(桑穀)_ 은(殷)나라 태무(太戊) 때 조정에 뽕나무와 닥나무 두 그루가 났는데, 하루 저녁에 한 아름이나 되었다. 임금이 이를 두려워하여 재상 이척(伊陟)의 말에 따라 덕(德)을 닦았더니 두 그루의 나무가 말라 죽었다는 고사가 있다.

상채 사씨(上蔡謝氏, 1050~1103)_ 북송의 정주학자. 이름은 양좌(良佐). 자는 현도(顯道). 호는 상채(上蔡). 유작, 양시, 여대림과 함께 정문 4대 제자로 꼽힌다. 그는 우주의 근원적 이법(理法)을 직관적으로 파악하여 따른다는 정호학설을 이어받아 발전시켜서 남송 육상산(陸象山) 심학(心學)의 선구가 되었다. 저서에 『논어설(論語說)』, 『상채어록(上蔡語錄)』이 있다.

서산 진씨(西山眞氏, 1178~1235)_ 송 포성(蒲城) 출신. 이름은 덕수(德秀). 호는 서산(西山). 자는 경원(景元). 나중에 경희(景希)라고 고쳤다. 시호는 문충(文忠). 경원(慶元)에 진사가 되었다. 벼슬은 참지정사(參知政事)까지 올랐다. 학자들은 서산선생(西山先生)이라고 부른다. 58살이던 단평(端平) 2년에 죽었다. 명 정통(正統) 때 공묘에 종사(從祀)되고, 성화(成化) 3년 포성백(蒲城伯)에 추봉(追封)되었다. 그의 학문은 주희를 종(宗)으로 한다. 서실(書室)을 희채당(戱綵堂)이라고 했다. 저서에 『대학연의(大學衍義)』, 『당서고의(唐書考疑)』, 『독서기(讀書記)』, 『문장정종(文章正宗)』, 『서산갑을고(西山甲乙稿)』, 『서산문집(西山文集)』, 『사서집편(四書集編)』 등이 있다.

서치(徐穉)_ 후한 남창(南昌) 출신. 자는 유자(孺子). 징벽(徵辟)에 응하지 않았다. 남주의 고사(高士)라고 불렸다. 태수 진번(陳蕃)이 존중했다.

선인황후(宣仁皇后)_ 송 영종(英宗)의 비(妃)이자 철종(哲宗)의 모후(母后)인 선인태후(宣仁太后)를 말한다. 성은 고(高)이다. 철종이 어릴 때 수렴청정하면서 왕안석(王安石)을 물리치고 사마광(司馬光) 등 많은 유현(儒賢)을 등용했다. 세상 사람들은 이 시기를 원우(元祐)의 치(治)라 하며 여자 중의 요순(堯舜)이라고 칭송했다.

설(契)_ 은(殷)나라의 시조라고 하는 전설상의 인물. 황제의 증손 제곡(帝嚳)의 둘째 부인인 간적(簡狄)이 제비 알을 삼키고 설을 낳았다고 하여 현왕(玄王)이라고도 한다. 우(禹)의 치수(治水)를 도와준 공이 있어 제순(帝舜)은 설에게 사도(司徒)라는 벼슬을 주어 백성을 다스리게 하고, 상(商)에 봉하여 자(子)라는 성(姓)을 주었으므로 은나라를 자성(子姓)의 나라라고도 한다. 설의 정치로 백성은 평화를 찾고, 성탕(成湯) 시대에 은(殷)은 하(夏)나라를 멸하여 천하를 통일했다.

성왕(成王)_ 주나라 제2대 왕으로 이름은 송(誦). 무왕(武王)의 아들이다. 무왕이 죽었을 때는 아직 어려 무왕의 아우 주공(周公) 단(旦)이 섭정했다. 이를 계기로 은(殷)나라의 왕족 무경(武庚)과 무왕의 아우인 관(管), 채(蔡) 형제의 반란이 일어났다. 주공은 이를 진압하고 다시 성왕과 함께 동이(東夷)로 원정했다고 한다. 성왕은 귀환한 뒤 하남(河南)의 낙읍(洛邑)에 새로 동도(東都)를 정하고, 동방제국(東方諸國) 지배의 중진으로서 주공을 그곳에 있게 했다. 주공은 섭정 7년에 성왕에게 정사를 넘겨주었다고 한다. 성왕은 미자계(微子啓)를 송(宋)에, 강숙(康叔)을 위(衛)에 봉하는 등 기초를 다지고, 주공 단과 소공(召公) 석(奭)의 보좌를 받아 치세에 힘썼기에 그때부터 강왕(康王) 시대까지 주나라의 성시(盛時)를 실현했다고 한다.

성재 양씨(誠齋楊氏, 1127~1206)_ 송 길수(吉水) 출신. 이름은 만리(萬里). 자는 정수(廷秀). 시호는 문절(文節). 학자로서 성재선생(誠齋先生)이라고 불린다. 소흥(紹興) 때 진사가 되었다. 영릉승(零陵丞)이 되었다. 때마침 영주(永州)에서 귀양살이하는 장준(張浚)에게 정심성의의 학을 공부했다. 양만리는 그의 가르침에 감복하여 책 읽는 방을 성재라고 불렀다. 효종 때 국자감박사가 되었고, 보문각대제(寶文閣待制)에서 벼슬을 사양하고 물러났다. 개희(開禧) 2년 보모각(寶謨閣) 학사에 나아갔다. 한탁주(韓侂胄)의 전참(專僭)에 분개하다 병이 나서 죽었다. 광종(光宗)이 성재라는 두 글자를 써서 내렸다. 시문에 뛰어났다. 저서에 『성재역전(誠齋易傳)』, 『당언(唐言)』, 『성재집(誠齋集)』,『천려책(千慮策)』,『성재시화(誠齋詩話)』가 있다.

소강절(邵康節, 1011~1077)_ 이름은 옹(雍). 자는 요부(堯夫). 호는 안락선생(安樂先生). 시호는 강절(康節). 하남(河南)에서 살았으며, 주렴계(周濂溪)와 같은 시대 사람으로, 이지재(李之才)로부터 도서(圖書)·천문(天文)·역수(易數)를 배워 인종(仁宗) 가우(嘉祐) 연간(1056~1063)에 장작감주부(將作監主簿)로 추대 받았으나 사양하고, 일생을 낙양(洛陽)에 숨어 살았다. 사마 광(司馬光) 등의 구법당(舊法黨)과 친교하면서 시정(市井)의 학자로서 평생을 마쳤다. 남송(南宋)의 주자(朱子)는 주렴계, 정명도(程明道), 정이천(程伊川)과 함께 강절을 도학(道學)의 중심인물로 간주하였다. 강절은 도가사상의 영향을 받아 유교의 역철학(易哲學)을 발전시켜 특이한 수리철학(數理哲學)을 만들었다. 곧, 역(易)이 음과 양의 2원(二元)으로서 우주의 모든 현상을 설명하고 있음에 대하여, 그는 음(陰)·양(陽)·강(剛)·유(柔)의 4원(四元)을 근본으로 하고, 4의 배수(倍數)로서 모든 것을 설명하였다. 이 철학은 독일의 G. W. F. 라이프니츠의 2치논리(二値論理)에 힌트를 주었다고 전한다. 그는 『황극경세서(皇極經世書)』 62편을 저술하여 천지간 모든 현상의 전개를 수리로서 해석하고 그 장래를 예시하였으며, 또 『관물내외편(觀物內外編)』에서 허심(虛心), 내성(內省)의 도덕수양법을 설명하였다. 또한 자유로운 시체(詩體)의 시집(詩集) 『이천격양집(伊川擊壤集)』이 있고, 『어초문답(漁樵問答)』 등이 있어 후세에 많은 영향을 끼쳤다.

소공(召公)_ 이름은 석(奭). 주나라 무왕(武王)의 동생이다. 형제인 주공(周公)과 함께 어린 성왕(成王)을 보필하여 주나라 왕조의 기반을 확립시켰다. 주나라 초기의 금문(金文)이나 『상서(尚書)』 등에서 '대보(大保)'라고 일컫는 것은 왕의 후견인이라는 뜻이고, 또 '황천윤대보(皇天尹大保)'라고도 일컫는 것은 소공이 사관(史官)의 장관으로서 성직(聖職)에 있었기 때문이다. 무왕이 죽자 무왕이 멸망시킨 은(殷)나라 왕조의 후손 무경(武庚)이 동남방의 이민족인 이(夷) 등과 짜고 반란을 일으켜 은 왕조를 부흥시키려고 하였다. 이에 소공은 주공과 함께 젊은 성왕을 옹립하고 출정하여 반란을 진압하고, 다시 동쪽의 산동 반도에 있는 이족의 본거지까지 원정하여 동방 경략의 대업을 완성했다. 소공은 다음 왕인 강왕(康王) 때까지 살아서 고령에도 불구하고 정치를 보살폈다.

소광(疏廣)_ 한의 학자. 『춘추(春秋)』에 정통하여 선제(宣帝) 때 박사(博士)에 등용되고, 뒤이어 태부(太傅)가 되었다. 벼슬로 이름을 얻는 것을 후회하여 벼슬을 그만 둔 것을 많은 사람들이 칭찬했다.

소병(蘇昞)_ 송 무공(武功) 출신. 자는 계명(季明). 처음에는 장재(張載)에게 배우고, 나중에는 이정(二程)에게 배웠다. 원우(元祐) 말기에 여대충(呂大忠)의 천거로 태상박사가 되었다.

숙손교여(叔孫喬如)_ 노나라 대부. 표(豹)의 형. 목강과 함께 통정하고 일을 꾀하다가 위태로워지자 제나라로 도망갔다.

순자(荀子, B.C. 298?~B.C. 238?)_ 성은 순(荀), 이름은 황(況)이다. 조(趙)나라 사람이다. 순경(荀卿)·손경자(孫卿子) 등으로 존칭된다. 『사기(史記)』에 전하는 그의 전기는 정확성이 없으나, 50세(일설에는 15세) 무렵에 제(齊)나라에 유학(遊學)하고, 진(秦)나라와 조나라에서 유세(遊說)하였다. 제나라의 왕건(王建, 재위 B.C. 264~B.C. 221) 때 다시 제나라로 돌아가 직하(稷下)의 학사(學士) 가운데 최장로(最長老)로 존경받았다. 세 차례나 직하학궁의 좨주(祭酒)를 지냈다. 뒤에 그곳을 떠나 초(楚)나라의 재상 춘신군(春申君)의 천거로 난릉(蘭陵, 山東省)의 수령이 되었다. 춘신군이 암살되자(B.C. 238), 벼슬자리에서 물러나 그 고장에서 문인교육과 저술에 전념하며 여생을 마쳤다. 순자의 사상은 공자(孔子)·자궁(子弓)을 스승으로 하고 유가(儒家)의 실천 도덕을 바탕으로 하지만, 그들보다 한층 합리적이며, 더욱이 전국사상(戰國思想)의 여러 유형을 지양한 체계적이고 종합적인 것이었다. 순자의 저술은 당시 이미 성문(成文) 부분이 있었으나, 현존『순자』20권 32편은 한의 유향(劉向)이 당시 있었던 322편을 편집하여 『손경신서(孫卿新書)』32편으로 편찬한 것을, 당(唐)의 양경(楊倞)이 편(編)의 순서를 바꾸고 주(註)를 붙여 『손경자(孫卿子)』라 하였고, 뒤에 간단히 『순자』라 불리게 된 것이다. 순자의 문인(門人)의 설(說)도 포함되어 있는 것으로 추측된다. 또『순자』에는 부(賦) 10편이 있었는데 지금은 2편으로 줄여서 수록되어 있다.

신도가(申屠嘉)_ 한의 양(梁) 출신. 시호는 절(節). 고조를 따라서 항우를 격파했다. 문제 때 승상이 되었다. 고안후(故安侯)에 봉해졌다. 청렴하고 정직하여 청탁을 받지 않았다. 경제 때 조조(晁錯)의 일 때문에 피를 토하고 죽었다.

신도반(申屠蟠)_ 후한 진류(陳留) 출신. 자는 자룡(子龍). 집이 가난하여 칠공(漆工)이 되었다. 은거하며 학문에 힘써 오경과 도위(圖緯)에 통달했다. 한실이 쇠퇴할 것을 알고 양석(梁碩)에서 자취를 감췄다.

신백(辛伯)_ 주나라 사람. 환왕(桓王) 때의 대부. 환왕이 자의(子儀)를 총애하여 주공(周公) 혹견(黑肩)에게 돌보게 했다. 신백은 첩이 후와 동등하게 지내고, 서자와 적자가 동등하게 대우받고, 총신과 대신이 함께 정사에 관여하고, 제후국의 도성이 천자의 서울과 맞먹으면 나라를 어지럽히는 근본이 된다고 간했다. 나중에 주공이 장왕(莊王)을 시해하고 자의를 세우자, 신백은 왕에게 고하고 마침내 왕과 함께 주공을 죽였다.

신생(申生)_ 춘추시대 진헌공(晉獻公)의 아들. 헌공이 여희(驪姬)를 총애하여 그의 아들 해제(奚齊)를 세우려고 신생을 곡옥(曲沃)으로 내쫓았다. 여희가 그를 헐뜯어 결국 신생은 자살했다.

신안 진씨(新安陳氏, 1252~1334)_ 원 신안(新安) 출신. 이름은 력(櫟). 자는 수옹(壽翁) 또는 정우(定宇). 스스로 동부(東阜)라고 불러서 만년의 호는 동부노인(東阜老人)이다. 거실을 정우당(定宇堂) 또는 근유당(勤有堂)이라 하여 정우선생(定宇先生)이라고도 불렸다. 주자를 자기 학문의 조종으로 삼았다. 송이 망하자 은거하고 책을 저술하다가 83살에 죽었다. 저서에 『역략(易略)』, 『사서발명(四書發明)』, 『서전찬소(書傳纂疏)』, 『예기집의(禮記集義)』, 『근유당수록(勤有堂隨錄)』, 『역조통략(歷朝通略)』, 『정우집(定宇集)』 등이 있다.

신유(辛有)_ 주나라의 대부. 평왕(平王)이 동천할 때 신유는 이천을 지나다가 들에서 머리를 풀고 제사지내는 사람을 보았다. 그 사람을 보고 말하기를 100년도 안 지나서 이곳은 오랑캐의 땅이 되어 예가 사라질 것이라고 했다. 그 뒤에 진(秦)과 진(晉)이 육혼(陸渾)의 융(戎)을 이천으로 옮겼다.

신후(申后)_ 유왕(幽王)의 비. 포사에 밀려 폐위되었다.

신후(申侯)_ 주나라 유왕 때 사람. 성은 강(姜). 신후의 딸은 유왕의 후가 되어 태자 의구(宜臼)를 낳았다. 유왕이 포사를 매우 귀여워해 포사가 백복을 낳자, 신후(申后)를 폐하고 태자를 쫓은 뒤 포사를 후(后)에 앉히고 백복(伯服)을 태자에 올렸다. 이에 신후(申侯)가 노하여 서이(西夷)와 견융(犬戎)과 함께 유왕을 공격하여 마침내 유왕을 여산(驪山)의 아래에서 죽이고, 제후와 함께 태자 의구를 세워서 왕이 되도록 했다. 그를 평왕(平王)이라고 한다.

쌍봉 요씨(雙峯饒氏)_ 송 여간(餘干) 출신. 이름은 로(魯). 자는 백여(伯興) 또는 중원(仲元). 호는 쌍봉(雙峯). 어려서부터 성학(聖學)에 전념하여, 사방에서 강의를 부탁했다. 면재선생 황간에게 학문을 배웠다. 평생 벼슬하지 않아 그가 죽은 뒤 문인들이 그에게 사시(私諡)를 문원(文元)이라 올렸다. 저서에 『오경강의(五經講義)』, 『논맹기문(論孟紀聞)』, 『춘추절전(春秋節傳)』, 『학용찬술(學庸纂述)』, 『근사록주(近思錄註)』, 『태극삼도(太極三圖)』, 『용학십이도(庸學十二圖)』, 『서명도(西銘圖)』 등이 있다.

악래(惡來) _ 은나라 주왕의 신하. 비렴(飛廉)의 아들. 힘이 장사였다.

악의(樂毅) _ 위(魏)나라 초기의 무장 악양(樂羊)의 자손. 현자(賢者)이면서 전쟁을 좋아했다. 연(燕)나라의 소왕(昭王)이 현자를 초빙한다는 말을 듣고 위에서 연으로 가 아경(亞卿)이 되고, 나중에 상장군(上將軍)이 되었다. 조(趙), 초(楚), 한(韓), 위, 연의 군사를 이끌고 당시 강대국임을 자랑하던 제(齊)를 토벌하여 수도 임치(臨淄)를 함락시켰다(B.C. 284). 그 뒤 5년에 걸쳐 제나라의 70여 성(城)을 함락시키고, 이들을 모두 군현(郡縣)으로 하여 연에 소속시켰다. 소왕이 죽고 혜왕(惠王)이 즉위하자 제나라 전단(田單)의 이간책으로 죽을죄를 덮어쓰고 조나라로 달아나 관진(觀津)에 봉해졌다. 그러나 혜왕이 그를 잃은 것을 후회하여 사죄했기 때문에 연과 조 두 나라의 객경(客卿)이 되었다.

안고경(顔杲卿) _ 낭야군(琅邪郡) 출신. 자는 흔(昕). 유명한 안지추(顔之推)의 5대손이며, 서도(書道)의 대가인 안진경(顔眞卿)의 종형(從兄)이다. 755년 안녹산(安祿山) 밑에서 영전판관(營田判官)으로 있다가 하북성(河北省) 상산군(常山郡) 태수(太守)로 발탁되었다. 그러나 755년 안녹산이 반란을 일으키자 종제(從弟)인 안진경과 호응하여 현종(玄宗)을 위한 의병을 일으켜 반란군의 배후를 위협했다. 이듬해 사사명(史思明)에게 포위되어 고전 끝에 체포된 뒤 안녹산 앞에 끌려갔으나 끝까지 굴하지 않고 안녹산의 반역을 힐난하다가 처형되었다.

안연(顔淵) _ 춘추시대 노(魯)나라의 현인. 이름은 회(回). 자는 연(淵). 공자가 가장 신임한 제자로 공자보다 30살 어렸지만 먼저 죽었다. 학문과 덕이 특히 높아서 공자도 그를 가리켜 학문을 좋아하는 사람이라고 칭송했고, 또 가난한 생활을 이기고 도(道)를 즐긴 것을 칭찬했다. 은군자적(隱君子的)인 성격 때문인지 공자의 가르침을 지킨 사람임에도 불구하고 장자(莊子)와 같은 도가(道家)에게도 높이 평가되었다. 젊어서 죽었기 때문에 저술이나 업적은 남기지 못했으나 『논어(論語)』에 「안연(顔淵)」편이 있고, 그 밖에 몇몇 서적에도 그를 현자(賢者)와 호학자(好學者)로서 덕행(德行)이 뛰어난 사람이라고 전하는 구절이 보인다.

안진경(顔眞卿, 709~785)_ 산동성(山東省) 낭야(琅邪) 임기(臨沂) 출신. 자는 청신(淸臣). 노군개국공(魯郡開國公)에 봉해져서 안노공(顔魯公)이라고도 부른다. 북제(北齊)의 학자 안지추(顔之推)의 5대손이다. 진사(進士)에 급제하고, 여러 관직을 거쳐 평원태수(平原太守)가 되었을 때 안녹산의 반란이 일어나 의병을 거느리고 조정을 위하여 싸웠다. 나중에 중앙에 들어가 헌부상서(憲部尙書)에 임명되었으나 당시 권신(權臣)에게 밉보여 번번이 지방으로 좌천되었다. 784년 덕종(德宗)의 명으로 회서(淮西)의 반장(叛將)인 이희열(李希烈)을 설득하러 갔다가 감금당하고, 곧 살해되었다. 그의 글씨는 남조(南朝) 이래 유행하던 왕희지(王義之)의 전아(典雅)한 서체에 대한 반동이라고도 할 수 있을 만큼 남성적이면서 균제미(均齊美)를 충분히 발휘하여, 당 이후의 중국 서도(書道)를 지배했다.

양구거(梁丘據)_ 춘추시대 제(齊)나라의 대부. 경공(景公)이 1년 넘게 학질을 앓자 담당 관원을 사형시킬 것을 주장한 일이 있다. 노(魯)나라와 회맹할 때 경공을 수행하였다. 『좌전(左傳)』「소공(昭公) 20년 · 26년」, 「정공(定公) 10년」에 관련 기사가 보인다.

양국충(楊國忠, ?~756)_ 본명은 소(釗). 산서성 예성현(芮城縣) 출신. 측천무후(則天武后)의 총신인 장역지(張易之)의 사위. 학문은 없었으나 계수(計數)에 밝았다. 양귀비(楊貴妃)의 친척으로 등용되어 재상 이림보(李林甫)와 결탁해 재정적 수완을 발휘하여 현종(玄宗)에게 중용되었다. '국충'이란 이름도 이 무렵 현종이 내렸다. 752년 이림보가 죽자 재상으로서 제1의 실권자가 되었다. 그러나 뇌물로 인사(人事)를 어지럽히고, 중앙 정계를 그의 일파로 독점하며, 백성에게 재물을 수탈하는 등 실정을 계속하였다. 또 남조(南詔) 원정에 실패했으면서도 이를 황제에게 숨겼고, 안녹산(安祿山)과의 반목으로 '안사의 난'을 자초했다. 난이 일어나자 현종을 따라 사천(四川)으로 달아나다가 마외역(馬嵬驛)에서 군사에게 살해되었다.

양귀비(楊貴妃, 719~756)_ 아버지의 임지인 사천성(四川省)에서 태어나 17살 때 현종의 제18왕자 수왕(壽王)의 비(妃)가 되었다. 그러나 현종의 무혜비(武惠妃)가 죽자 황제의 뜻에 맞는 여인이 없어 물색하던 중 수왕비의 아름다움을 진언하는 자가 있어 황제가 온천궁(溫泉宮)에 행행(行幸)한 기회에 총애를 받았다고 전한다. 그래서 수왕의 저택을 나와 태진(太眞)이란 이름의 여도사가 되어 세인의 눈을 피하면서 차차 황제와 결합하다가 27살에 정식으로 귀비(貴妃)가 되었다. 여러 해 동안의 치세로 정치에 싫증이 난 황제의 마음을 사로잡아 궁중에서는 황후와 다름없는 대우를 받았고, 세 자매까지 한국(韓國), 괵국(虢國), 진국부인(秦國夫人)에 봉해졌다. 또한 친척 오빠인 국충(國忠)과 많은 친척이 고관으로 발탁되고, 여러 친척이 황족과 통혼했다. 755년 양국충과의 반목이 원인이 되어 안녹산이 반란을 일으키자 황제, 귀비 등과 더불어 사천으로 도주하다가 장안(長安)의 서쪽 지방인 마외역(馬嵬驛)에서 양 씨 일문에 대한 불만이 폭발한 군사가 양국충을 죽이고 그녀에게도 죽음을 강요하였다. 현종도 이를 막을 방법이 없자 그녀는 길가의 불당에서 목을 매어 죽었다.

양생(陽生)_ 춘추시대 제나라의 군주. 제도공(齊悼公)을 말한다. 경공(景公)의 아들. 이름은 양생(陽生). 시호는 도(悼). 처음에 도망하여 달아나 노나라에 있다가 계강자(季康子)의 누이를 아내로 맞이했다. 그 뒤 제나라로 돌아와서 즉위하여 사자에게 그녀를 맞이하게 했다. 그러나 계희(季姬)는 계방후(季魴侯)와 사통했다. 계희가 그의 정(情)을 계강자에게 말하자 감히 노나라에서 보내지 못했다. 이에 제나라는 노나라를 공격하여 계희를 맞이했다. 계희는 다시 사랑을 받고, 제나라는 빼앗은 노나라의 땅을 돌려줬다. 포자(鮑子)와 제도공 사이에 마찰이 생겨 그가 마침내 공을 시해했다. 재위기간 4년.

엄릉 방씨(嚴陵方氏)_ 송 동려(桐廬)사람. 이름은 각(愨). 자는 성부(性夫). 선화(宣和) 연간의 진사(進士). 벼슬은 예부시랑(禮部侍郎). 강직하고 청렴하였다. 저서에『예기집설(禮記集說)』이 있다.

여공저(呂公著, 1018~1089)_ 송대 사람. 자는 회숙(晦叔). 시호는 정헌(正獻). 공필(公弼)의 동생. 벼슬은 상서우복야(尚書右僕射) 겸 중서시랑(中書侍郎). 사마광과 뜻을 함께하여 정치를 도왔다. 사마광이 병으로 죽을 때 그에게 국사를 맡겼다. 나라 일을 맡은 지 3년 만에 죽어 신국공(申國公)에 봉해졌다.

여대림(呂大臨)_ 송대 사람. 대균(大鈞)의 동생. 자는 여숙(與叔). 처음에는 장재(張載)에게 배웠지만 장재가 죽은 뒤 이정(二程)을 스승으로 섬겼다. 사량좌(謝良佐), 유초(游酢), 양시(楊時)와 함께 정문(程門) 4대 제자라고 부른다. 박학하여 여러 책을 읽고 문장에 뛰어났다. 원우(元祐) 때 비서성(秘書省)의 정자(正字)가 되었다. 저서에는『고고도(攷古圖)』10권이 있다.

여릉 나대경(盧陵羅大經)_ 남송 여릉(盧陵) 출신. 자는 경륜(景倫). 저서에『학림옥로(鶴林玉露)』등이 있다.

여형공(呂滎公, 1039~1116)_ 북송의 학자. 이름은 희철(希哲), 자는 원명(原明). 시호는 형공(滎公). 여공저(呂公著)의 아들이다. 어려서 초천지(焦千之), 손복(孫復), 석개(石介), 호원(胡瑗)에게 배우고, 다시 정호, 정이 형제와 장재에게서 배웠다. 원우(元祐) 중기 숭정전설서(崇政殿說書)가 되어 황제가 정심성의(正心誠意)에 힘쓰도록 이끌었다. 저서에『여씨잡기(呂氏雜記)』가 있다.

연평 이씨(延平李氏, 1093~1163)_ 송 남검주(南劍州) 검포(劍浦) 출신. 이름은 통(侗). 자는 원중(愿中). 시호는 문정(文靖). 나종언(羅從彦)에게 배웠다. 나중에 물러나서 산속에 오두막을 짓고 세상과 교류를 끊기를 40여 년, 음식이 없어 때때로 궁핍할 때도 있었지만 흔들림 없이 자득했다. 일찍이 주자가 제자의 예를 지켰다. 세상에서는 연평선생(延平先生)이라고 한다. 명 만력(萬曆) 때 공자묘에 종사되었다. 저서에『연평문답(延平問答)』과『어록(語錄)』이 있다.

염유(冉有)_ 춘추시대 노나라 출신. 이름은 구(求). 자는 자유(子有) 또는 염유(冉有). 공자보다 13살 어렸다. 공문십철(孔門十哲)의 한 사람으로 정사(政事)에 뛰어났다. 공자가 죽은 뒤 그가 공자를 닮아 문인들이 그를 스승으로 삼았다고 한다.

영가 정씨(永嘉鄭氏, 1127~1181)_ 송 영가(永嘉) 사람. 이름은 백웅(伯熊). 자는 경망(景望). 시호는 문숙(文肅). 일찍부터 덕행(德行)이 두드러졌고 경학(經學)에 정통하였다. 소흥(紹興) 때 진사. 관직은 종정소경(宗正少卿). 직용도각(直龍圖閣), 영국부지(寧國府知)가 되었다가 죽었다. 설계선(薛季宣)과 함께 학행(學行)으로 소문이 났고, 특히 옛 사람의 경제치법(經制治法)에 정밀하였다. 아우 백영(伯英), 백해(伯海)와 함께 이락(伊洛)의 학문을 부흥시켰다. 저서에『정경망집(鄭景望集)』,『정부문서설(鄭敷文書說)』이 있다.

영가 주씨(永嘉周氏, 1067~1129)_ 송 영가(永嘉) 출신. 이름은 행기(行己). 자는 공숙(恭叔). 호는 부지선생(浮沚先生). 정이(程頤)의 문인. 원우(元祐) 때 진사가 되었다. 관직은 본주교수(本州教授). 이낙(伊洛)의 학을 근본으로 하여 그 뜻을 서술했다. 저서에『주박사집(周博士集)』이 있다.

영고숙(穎考叔)_ 춘추시대 정(鄭)나라 사람. 효자. 영곡(穎谷)의 읍리였던 그는 정 장공(鄭莊公)이 어머니 강(姜) 씨와 불화하다는 소문을 듣고 장공을 찾아가 그를 설득하여 화해시키고 대부를 받았다. 이후 여러 번의 군사와 외교에서 활약하다가 허 나라를 정벌할 때 그를 미워하던 공손알(公孫閼)이 쏜 화살에 맞고 죽는다.

영윤(伶倫)_ 황제의 신하 이름. 해곡(嶰谷)의 대나무를 가져다가 악률(樂律)을 만든 사람이다. 『한서(漢書)』에는 영윤(泠綸)이라고 씌어 있다.

예수(隸首)_ 황제 때 사람. 처음으로 산수(算數)를 정하고 도량형을 만들었다.

오거(伍擧)_ 춘추시대 초나라의 대부. 참(參)의 아들. 식읍이 초(椒)라서 초거(椒擧) 라고도 한다.

오국화(吳國華, ?~1107)_ 송 검포(劍浦) 출신. 이름은 의(儀). 자는 국화(國華). 수 신과 학문에 힘쓰고, 영리를 마음에 두지 않고 초연히 유유자적했다. 특히 양시가 그 를 중요한 인물로 여기고, 나종언은 일찍이 그를 스승으로 삼았다. 스스로 심률(審律) 이라 부르고, 세상사람들은 심률선생(審律先生)이라고 불렀다.

오봉 호씨(五峰胡氏, 1106~1162)_ 이름은 굉(宏). 자는 인중(仁仲). 어려서부터 스 스로 큰 도에 뜻을 두어 일찍이 양구산을 만나 그를 따르고, 장남헌은 그를 스승으로 섬겼다. 아버지 호안국(胡安國)의 학문을 계승하여 입설하고, 유작(游柞)을 깊이 비판 하여 '성무선악설(性無善惡說)'을 제창했다. 학자들은 그를 오봉선생(伍峰先生)이라 고 부른다. 저서에 『지언(知言)』, 『황왕대기(皇王大紀)』 등이 있다.

옥계 노씨(玉溪盧氏)_ 송 민현(閩縣) 사람. 이름은 효손(孝孫). 자는 신지(新之), 호 는 옥계(玉溪). 부모를 효도로 봉양하고 돈독하게 뜻을 세워 학문을 좋아하였다. 이 락(伊洛)의 책을 연구하여 취지를 깊이 깨달았다. 영종(寧宗) 가태(嘉泰) 2년(1202)에 진사(進士), 서안승(西安丞)이 되었다가 지옥산현(知玉山縣)으로 발탁되었고 태학박 사(太學博士)를 지냈다. 이종(理宗) 순우(淳祐) 초에 태학에서 어전 강연을 하였고 주 자의 『어류(語類)』, 『문집(文集)』의 설을 취하여 편집한 『사서집의(四書集義)』 1백 권 을 바쳤다. 황제가 중와(中瓦)에 용상사(龍翔寺)를 세워 감생제(感生帝)를 제사지내려 고 하자 당시 재상에게 글을 올려 황제의 잘못된 생각을 바로잡지 못한다고 극언하였다. 벼슬을 버리고 돌아가 문을 닫고 제자를 가르치는 데 전념하였으며 자주 부름을 받았으나 나아가지 않았다. 학자들이 옥계선생(玉溪先生)이라고 불렀다.

왕근(王根)_ 한대 사람. 원후(元后)의 서제. 자는 치경(稚卿). 시호는 양(煬). 곡양후(曲陽侯)에 봉해졌다. 벼슬은 표기장군(驃騎將軍). 성제에게 권하여 정도왕(定陶王)을 태자에 세웠다.

왕길(王吉)_ 한 낭야(琅邪) 고우(皐虞) 출신. 자는 자양(子陽). 오경(五經)에 정통하였다. 창읍왕(昌邑王)의 중위(中尉)를 지내고 선제(宣帝) 때 박사(博士)가 되었다. 벼슬은 간대부(諫大夫)에 이르렀다.

왕망(王莽, B.C. 45~A.D. 25)_ 산동(山東) 출신. 자는 거군(巨君). 한 원제(漢元帝)의 왕후인 왕(王) 씨 서모의 동생인 왕만(王曼)의 둘째 아들. 갖가지 권모술수를 써서 사실상 최초로 선양(禪讓) 혁명으로 전한의 황제 권력을 빼앗았다. 왕왕후의 아들 성제(成帝)가 즉위하자 왕망의 큰아버지 왕봉(王鳳)이 대사마대장군영상서사(大司馬大將軍領尙書事)가 되어 정치를 한 손에 쥐었다. 왕망은 불우하게 자랐으나 유학을 배우고 어른을 잘 섬겨 왕봉의 인정을 받았다. B.C. 33년 황문랑(黃門郞)이 되고, B.C.16년에는 봉읍 1,500호를 영유하는 신야후(新野侯)가 되었다. 그 뒤 왕 씨 일족의 두령으로서 지위를 굳히고 B.C. 8년에는 대사마(大司馬)가 되었다. 다음의 애제(哀帝) 때에 신흥 외척의 압박을 피하여 한때 정계에서 물러났으나 애제가 1년 만에 아들 없이 죽자 태황태후 왕 씨와 쿠데타에 성공하여 대사마에 복귀했다. 9살의 평제(平帝)를 옹립하여 자기 딸을 왕후로 삼고, 스스로 안한공(安漢公), 재형(宰衡)이라는 칭호를 붙였다. A.D. 5년에는 평제를 독살한 뒤 2살의 유영(劉嬰)을 세워 당시 유행하던 오행참위설(伍行讖緯說)을 교묘히 이용하며 인심을 모았다. 스스로 가황제(假皇帝)라 하고, 신하들에게는 섭황제(攝皇帝)라 부르게 하였다. A.D. 8년에는 유영을 몰아내 한을 멸망시키고 국호를 '신'이라 하며 황제가 되었다. 그는 복고적 색채를 띤 여러 번잡한 정책을 폈다. 주(周)나라의 정전법(井田法)을 모방하여 토지개혁을 단행하는데, 이것은 지방 호족의 대토지 소유를 제한하고 자영 농민의 빈민화를 막으려는 것이었다. 또 가난한 농민에게 싼 이자의 자금을 융자하는 사대(賖貸) 제도를 두기도 했다. 하지만 한 말기의 여러 모순과 사회문제를 해결하지 못한 채 모두 실패했다. 내외 정세가 악화된 속에서 18년 '적미(赤眉)의 난'이 일어나고, 각지에서 잇달아 반란이 일어났다. 22년에는 한 황족의 한 사람인 남양(南陽)의 호족 유수(劉秀)가 군대를 일으켜 이듬해 곤양(昆陽)에서 왕망의 군대를 크게 무찔렀다. 왕망은 장안(長安)의 미앙궁(未央宮)에서 부하에게 찔려 죽었다.

왕봉(王鳳)_ 한 황실의 외척. 제남(濟南) 동평릉(東平陵) 사람. 자는 효경(孝卿). 시호는 경성(敬成). 금(禁)의 아들로, 원제(元帝)의 황후 왕정군(王政君)의 오라비이다. 성제 때 대사마(大司馬)·대장군 영상서사(大將軍領尙書事)를 지냈다. 왕씨 독재의 길을 열어 훗날 그의 조카 왕망의 찬탈을 가능하게 하였다.

왕상(王商)_ 한 여오(蠡吳) 출신. 자는 자위(子威). 시호는 여(戾). 아버지의 악창후(樂昌侯) 무(武)를 물려받았다. 벼슬은 승상(丞相). 흉노의 선우가 조정에 올 때 그를 매우 두려워했다. 나중에 왕봉에게 무고를 당했다.

왕소소(王昭素, 894~982)_ 송 산조(酸棗) 출신. 열심히 공부하고 지조 있던 선비 무리를 모아 가르쳐서 자급했다. 구경(九經)과 노장에 모두 통달했다. 특히 시와 역에 정통했다. 태조(太祖) 때 국자박사(國子博士)가 되었다. 저서에 『역론(易論)』 23편이 있다.

왕씨(汪氏)_ 명 대종(代宗)의 정혜경황후(貞惠景皇后) 왕씨(汪氏). 대종이 성왕 시절일 때 비(妃)로 책립되어 대종이 즉위하자 황후가 되었다. 대종이 영종의 아들 견심(헌종)을 폐태자하고 자신의 유일한 아들 견제를 황태자로 책립하려 하자, 종통에 어긋난다 하여 끝까지 반대했다. 이후 대종의 미움을 받아 소생이 없다는 이유로 폐위되었다. 대종이 폐위되고 영종이 복위한 이후에도 위와 같은 사정이 참작되어 영종의 보호를 받았고, 헌종은 자신을 보호해준 왕 씨의 고마움을 잊지 않고 그를 복권시켰다.

왕음(王音)_ 한대 사람. 시호는 경(敬). 벼슬은 대사마(大司馬), 거기장군(車騎將軍). 안양후(安陽侯)에 봉해졌다.

왕장(王章)_ 한 거평(鉅平) 출신. 자는 중경(仲卿). 집이 가난하여 소가죽을 걸치고 병으로 누워 울면서 아내와 헤어지자 했지만, 아내가 독려하여 열심히 공부했다. 관직은 성제(成帝) 때 경조윤(京兆尹)을 지냈다. 강직하고 바른 말을 잘하는 선비였다. 왕봉(王鳳)에게 천거되었지만 추종하지 않았기 때문에 탄핵받아 죽었다.

왕통(王通, 584~617)_ 수 강주(絳州) 용문(龍門) 출신. 자는 중엄(仲淹). 시호는 문중자(文中子). 당의 시인 왕발(王勃)의 할아버지. 어려서부터 머리가 좋아 시, 서, 예, 역에 통달했다. 20살 때 문제(文帝)에게 '태평10책(太平十策)'을 상주하였으나 채택되지 않고, 양제(煬帝)에게 부름을 받았으나 응하지 않고 고향에서 저술과 교육에 전념

했다. 스스로 유자(儒者)임을 자부하며 강학에 힘써 문하에서 당의 명신 위징(魏徵),
방현령(房玄齡) 등을 배출했다. 불교나 도교의 교리보다 유교가 지닌 경세치민(經世
治民) 사상을 존중했다. 송의 정자(程子)나 주자(朱子) 등은 그를 견유(犬儒)로 평가했
다. 저서에 『원경(元經)』, 『문중자(文中子)』가 있다.

왕희지(王羲之, 307~365)_ 오늘날의 산동성(山東省) 임기현(臨沂縣) 낭야(琅琊) 출
신. 자는 일소(逸少). 우군장군(右軍將軍)이란 벼슬을 하여 세상 사람들이 왕우군이라
고도 불렀다. 동진 왕조를 세우는 데 공적이 큰 왕도(王導)의 조카이고, 왕광(王曠)의
아들이다. 중국에서 첫째가는 서성(書聖)으로 존경받고 있다. 처음에 서진(西晉)의
여류 서예가인 위부인(衛夫人)의 서풍(書風)을 배웠고, 나중에 한(漢)과 위(魏)의 비
문을 연구하여 해서, 행서, 초서를 완성하여 서예의 지위를 예술로 확립했다. 벼슬길
에 나아가 비서랑(秘書郎)부터 출발하여 유량(庾亮)의 장사(長史)가 되고, 351년에는
우군장군 및 회계(會稽)의 내사(內史)에 이르렀다. 그러나 일찍이 속세를 피하려는
뜻을 품고 있다가 왕술(王述)이 중앙에서 순찰을 오자 그 밑에 있는 것을 부끄럽게 여
겨 355년에 벼슬을 그만두고 경치가 아름다운 회계에서 사안, 손작(孫綽), 이충(李充),
허순(許詢), 지둔(支遁) 등과 청담(淸談)을 나누며 유유자적한 생활을 즐기다가 한평
생을 마쳤다.

요자회(廖子晦)_ 송 순창(順昌) 출신. 이름은 덕명(德明). 자는 자회(子晦). 주자의
제자. 건도(乾道) 때 진사가 되었다. 벼슬은 이부(吏部) 좌선랑관(左選郎官)을 지냈다.
저서에 『문공어록(文公語錄)』, 『춘추회요(春秋會要)』, 『사계집(槎溪集)』이 있다.

요진경(廖晉卿)_ 주자의 문인.

용성씨(容成氏)_ 황제(黃帝)의 사관(史官). 처음으로 율력(律曆)을 만들었다. 장생
술을 아는 사람으로서 도가의 채음보양술(採陰補陽術)은 용성에서 시작한다. 『한서(漢
書)』「예문지(藝文志)」에 용성음도(容成陰道) 26권이 보인다.

용천 섭씨(龍泉葉氏)_ 송 처주(處州) 용천(龍泉) 출신. 이름은 도(濤). 자는 치원(致
遠). 희녕(熙寧) 때 진사가 되고, 을과(乙科)에 급제했다. 왕안석에게 문사(文詞) 짓는
법을 배웠다. 벼슬은 용도각대제제거숭희관(龍圖閣待制提擧崇禧觀)을 지냈다.

우문사급(宇文士及)_ 당대 사람. 술(述)의 셋째 아들. 자는 인인(仁人). 시호는 종(縱).

수양제의 딸에게 장가갔다. 당에서 벼슬하여 전중감(殿中監)이 되었다. 영국공(郢國公)에 봉해졌다.

우세기(虞世基)_ 수대 사람. 려(荔)의 아들. 자는 무세(茂世). 박학하고 재능이 뛰어났다. 방득(枋得)이 죽자 그를 익양(弋陽)의 동쪽에 제사지내고 관청에 고하여 첩산서원(疊山書院)이라는 이름을 내려 받았다.

우세남(虞世南, 558~638)_ 여요(餘姚) 출신. 자는 백시(伯施). 육조(六朝)의 진(陳)나라 때부터 서와 학재로 알려지기 시작하여 수 양제(隋煬帝)를 받들었으나 그리 중용되지는 않았다. 그러나 당 태종의 신임을 받아 홍문관 학사와 비서감을 거쳐 638년에는 은청광록대부(銀靑光祿大夫)가 되었다. 왕희지의 서법을 익혀 구양순(歐陽詢), 저수량(褚遂良)과 함께 당 초기의 3대가로 불리며, 특히 해서(楷書)의 1인자로 알려졌다.「공자묘당비(孔子廟堂碑)」가 유명하고, 행서로는『여남공주묘지고(汝南公主墓誌稿)』가 있다. 시에서도 당시 궁정시단의 중심을 이루었다.

원앙(袁盎)_ 한 문제(漢文帝) 때의 명신.

위개(衛玠)_ 진(晉) 안읍(安邑) 출신. 항(恒)의 아들. 자는 숙보(叔寶). 풍채가 남보다 뛰어났고, 현리(玄理)를 즐겨 이야기했다. 벼슬은 태자세마(太子洗馬). 나중에 집을 지어 이사하자 서울의 인사들이 그 소식을 듣고 그를 보러간 사람들이 줄을 섰다고 한다.

위령공(衛靈公)_ 춘추시대 위나라 군주. 헌공(獻公)의 손자. 이름은 원(元). 재위기간 42년. 공자에게 진 치는 법을 물었다가 면박을 받은 일이 있다. 부인인 남자(南子)가 음란하였는데 공자가 만나본 일이 있었다.

위료옹(魏了翁, 1178~1237)_ 자는 화보(華父), 호는 학산(鶴山), 시호는 문정(文靖)이다. 사천성 공주(邛州) 포강(蒲江) 사람이다. 장식(張栻)의 문인인 범자장(范子長), 범자해(范子該) 형제와 설불(薛紱)에게서 배웠으며, 중원에 나아가 벼슬할 적에 주희의 문인인 보광(輔廣), 이번(李燔)과 교유하며 주자학을 접하였다. 육구연(陸九淵)의 심학(心學)도 일정하게 존신하였다. 1199년에 진사가 되어 촉(蜀) 땅에서 지가정부(知嘉定府) 등을 지낸 뒤, 조정에 들어가 예부상서(禮部尙書), 단명전학사(端明殿學士) 등을 지냈다. 경전 가운데 특히『예기』를 좋아하였는데,『예기』의 요지를 천인(天人)의 도를 말한 것으로 보았다. 진덕수(眞德秀)와 함께 이학(理學)을 통치 이념으로 확립하는 데 큰 공헌을 하였다. 촉 땅의 백학산(白鶴山) 밑에 집을 짓고 강학을 하였는데 배우는 사람들이 많았다. 저술에 『구경요의(九經要義)』, 『역거우(易擧隅)』, 『경외잡초(經外雜抄)』, 『사우아언(師友雅言)』, 『학산전집(鶴山全集)』 등이 있다.

위징(魏徵, 580~643)_ 당의 현신(賢臣). 곡성(曲城) 출신. 자는 현성(玄成). 시호는 문정공(文貞公). 수(隋) 말의 혼란기에 이밀(李密)의 군대에 참가했으나 곧 당 고조(唐高祖)에게 귀순하여 고조의 장자 이건성(李建成)의 유력한 측근이 되었다. 황태자 건성이 아우 세민(世民)과의 경쟁에서 패했으나 위징의 인격에 끌린 태종의 부름을 받아 간의대부(諫議大夫) 등의 요직을 역임한 뒤 재상으로 중용되었다. 특히 굽힐 줄 모르는 직간(直諫)이 유명하며, 주(周) · 수 · 오대(五代) 등의 정사편찬(正史編纂) 사업과 『유례(類禮)』, 『군서치요(群書治要)』 등의 편찬에도 크게 공헌했다.

유강공(劉康公)_ 주(周)나라 사람. 정왕(定王)의 동복아우. 왕계자(王季子)라고도 부른다. 채읍을 유(劉)에 받아 관리가 되었다.

유비(劉備, 161~223)_ 자는 현덕(玄德). 묘호는 소열제(昭烈帝). 전한(前漢) 경제의 황자(皇子) 중산정왕(中山靖王)의 후손. 일찍 아버지를 여의고 신발과 돗자리를 팔아 생계를 잇는 어려운 환경에서 자랐다. 15살 때 노식(盧植)에게 사사하여, 동문 공손찬(公孫瓚)과 교의를 맺었다. 그러나 학문을 즐기지 않고 호협(豪俠)들과 교유해 휘하에 관우(關羽)와 장비(張飛)를 두었다. 황건적의 난이 일어나자 무리를 모아 토벌에 참가하여 벼슬길에 오르고, 그 뒤 공손찬에게 의탁하여 원소(袁紹)와의 대전에서 공을 세웠다. 196년 원술(袁術)에게 공격을 받자 조조의 구원으로 원술을 물리치고, 진동장군의성정후(鎭東將軍宜城亭侯)에 임명되어 조조에게 의탁하였다. 그러나 조조 모살 계획에 참가했다가 사전에 계획이 누설되자 하비로 탈주하였다. 관도대전(官渡對戰)에서 원소와 동맹하고, 이에 패하자 형주목(荊州牧) 유표(劉表)에게 가서 객장(客將)이 되었다. 이 무렵 삼고초려로 제갈량(諸葛亮)을 맞아들여 그의 계략으로 형주를 확보하고, 촉을 수중에 넣었다. 그러나 형주의 영유권을 놓고 손권과 대립하여 관우가 패사하고 형주는 손권에게 넘어갔다. 이때 유비는 한중을 공격하여 한중왕이 되고, 220년 조비(曹丕)가 한 헌제의 양위를 받아 위(魏)의 황제가 되자 221년 그도 제위에 올라 한의 정통을 계승한다는 명분으로 국호를 한(漢)이라 하였다. 다음해 형주 탈환과 관우의 복수를 위해 오를 공격하다가 이릉(夷陵)에서 대패하고, 백제성(白帝城)에서 후사를 제갈량에게 위탁하고 병사했다.

유신(有莘)_ 은(殷)나라 주왕(紂王) 때의 나라 이름. 동주(同州) 하서현(河西縣) 남쪽에 있다.

유융씨(有娀氏)_ 은나라의 시조 설(契)의 어머니인 간적(簡狄).

유 충정공(劉忠定公, 1048~1125)_ 송대 사람. 항(航)의 아들. 이름은 안세(安世). 자는 기지(器之). 시호는 충정(忠定). 사마광의 제자. 벼슬은 간의대부(諫議大夫). 강직하여 전상호(殿上虎)라고 불렸다. 저서에 『진언집(盡言集)』이 있다.

유향(劉向, B.C. 77~B.C. 6)_ 처음 이름은 경생(更生). 자는 자정(子政). 한 고조(高祖)의 배다른 동생 유교(劉交)의 4세손. 젊었을 때부터 재능을 인정받아 선제(宣帝)에게 기용되어 간대부(諫大夫)가 되어 수십 편의 부송(賦頌)을 지었다. 신선방술(神仙方術)에도 관심이 많았고, 황금 주조를 진언하고 이를 추진하다가 실패하여 투옥되었으나 부모 형제의 도움으로 죽음을 면하였다. 다시 선제에게 기용되어 석거각(石渠閣)에서 오경을 강의했다. 다음 황제인 원제(元帝), 성제(成帝) 때에는 유(劉) 씨의 족장으로서 외척과 환관의 횡포를 막으려고 노력했다. 성제 때에 이름을 향(向)으로 고쳤다. 이 무렵 외척의 횡포를 견제하고 천자의 감계(鑑戒)가 되도록 하기 위하여 예로부터 진(秦), 한(漢)에 이르는 부서재이(符瑞災異)의 기록을 집성하여 『홍범오행전론(洪範五行傳論)』을 저술했다. 그 밖의 저서로는 『설원(說苑)』, 『신서(新序)』, 『열녀전(烈女傳)』, 『전국책(戰國策)』, 『별록(別錄)』이 있다.

육상산(陸象山, 1139~1193)_ 절강성(浙江省) 출신. 이름은 구연(九淵). 호는 존재(存齋) 또는 상산(象山). 시호는 문안(文安). 어려서부터 재능이 뛰어나 관직에 올랐으나 곧 물러나 귀계(貴溪)의 상산에 강당을 짓고 후학 양성에 전념하였다. 당시 유일한 석학이던 주희와 대립하여 중국 전체를 둘로 나누는 학문 세력을 형성했지만 사상적 계보로는 모두 정호(程顥), 정이(程頤)의 학문을 계승했다. 다만 주자가 정이천의 학통에 따라 도문학(道問學)을 더 존중한 데 반하여, 상산은 정명도의 존덕성(尊德性)을 존중했다. 이 때문에 주자는 격물치지(格物致知)의 성즉리설(性卽理說)을 제창하고, 상산은 치지(致知)를 주로 한 심즉리설(心卽理說)을 제창했다. 주자와 육상산의 교유는 1175년 여조겸(呂祖謙)의 권고로 아호사(鵝湖寺)에서 처음 이루어져 평소의 강학(講學) 요점에 대한 논변을 벌였으나 의견 일치를 보지 못하고 헤어졌다. 두 사람은 서로의 학문을 존중하여 도의적 교유는 변하지 않았다. 상산의 학문은 그의 제자 양자호(楊慈湖) 등에 의하여 강서(江西)와 절강(浙江) 각지에서 계승되었다. 한때 주자학에 압

도되기도 했으나 명 때의 왕양명(王陽明)에 이르러 다시 발전했다. 저서에 어록과 서간(書簡), 문집(文集)을 수록한 『상산선생전집(象山先生全集)』이 있다.

은 고종(殷高宗)_ 성명은 무정(武丁). 은나라의 제20대왕으로서, 소을(小乙)의 아들이다. 반경(盤庚) 이후 은나라가 다시 쇠약해지자 고종은 즉위하여 나라를 부흥시키려 했지만 보좌할 현인을 얻지 못했다. 3년 동안 몸소 정령을 펴지 않은 채 정사는 모두 재상에게 위임하고, 자신은 국풍(國風)을 즐겼다. 뒤에 현신(賢臣) 부열을 들에서 찾아 은나라는 잘 다스려졌다. 또 무정이 성탕(成湯)을 제사지낸 다음날 꿩이 날아와 정(鼎)의 귀에 앉아서 울기에 무정이 괴이하고 불길하게 여겼는데, 현신 조기(祖己)의 말을 듣고 정사를 닦아 덕을 행했다. 이에 천하가 크게 기뻐하고, 은나라가 부흥했다. 재위기간은 59년.

은호(殷浩)_ 진(晉) 진군(陳君) 장평(長平) 출신. 선(羨)의 아들. 자는 연원(淵源). 『노자』와 『주역』을 좋아하여 청담(淸談)의 인사들 사이에서 존경을 받았다. 건원(建元) 초기에 징소되어 건무장군(建武將軍)이 되고, 영화(永和) 6년에 중군장군(中軍將軍)이 되어 양(揚), 예(豫), 서(徐), 연(連), 청(靑) 다섯 주(州)의 군사를 도독했다. 요양(姚襄)의 반란을 진압하려다가 패하고, 폐위되어 서인이 되었다. 서인이 되어서도 전혀 원한의 말을 하지 않고, 오로지 하루 종일 '돌돌괴사(咄咄怪事)'라는 네 글자만 쓰면서 지내다가 영화(永和) 시기에 죽었다.

이려(伊戾)_ 춘추시대 송(宋)나라 사람. 성은 혜장씨(惠牆氏). 이려는 그의 이름. 송의 역신(逆臣)이다. 태자내사(太子內師)가 되었지만 총애를 받지 못하자 원한을 품고 태자를 참소하여 죽음에 빠뜨렸다.

이림보(李林甫, ?~752)_ 당대 사람. 사해(思誨)의 아들. 어릴 때 이름은 가노(哥奴). 호는 월당(月堂). 아첨을 잘하고 교활하며 권모술수를 잘 부렸다. 현종 때 벼슬은 병부상서(兵部尙書), 동중서문하(同中書門下) 3품 겸 중서령(中書令). 간사한 환관, 비빈(妃嬪)과 결탁하여 황제의 동정을 감시했다. 때문에 황제의 물음에 모두 듣기 좋게 답하며 조정에 있던 19년 동안 정사를 마음대로 전횡했다. 그 결과 마침내 안사의 난을 불러왔다.

이방자(李方子)_ 자는 공회(公晦), 호는 과재(果齋). 복건성(福建省) 소무(邵武) 사람. 주자의 제자이다. 성품이 단정하고 삼가고 순수하고 돈독하여 과단성을 가지라는 뜻으로 주자가 호를 '과재'로 지어주었다. 1214년에 과거에 합격하여 천주관찰추관(泉州觀察推官)으로 나가서 수령으로 있던 진덕수(眞德秀)와 도의(道義)로 교유하였다. 저서에 『전도정어(傳道精語)』 · 『우공해(禹貢解)』 · 『주자연보(朱子年譜)』 등이 있다.

이사(李斯, B.C. 280~B.C. 208)_ 초(楚)나라 상채(上蔡) 출신. 순자(荀子)에게 배운 법가류(法家流)의 정치가로서, 진(秦)나라로 가 승상(丞相) 여불위(呂不韋)에게 발탁되어 객경(客卿)이 되었다. 정국거(鄭國渠)라는 운하를 완성하는 데 노력하고, 시황제(始皇帝)가 6국을 통일한 뒤에는 봉건제에 반대하고 군현제(郡縣制)를 진언하여 정위(廷尉)에서 승상(丞相)으로 진급하였다. 통일시대 진나라의 정국을 담당한 실력자로서 획기적인 정치를 추진했다. 시황제가 죽은 뒤 환관 조고(趙高)와 공모하여 막내아들 호해(胡亥)를 2세 황제로 옹립하고, 시황제의 장자 부소(扶蘇)와 장군 몽염(蒙恬)을 자살하게 했다. 얼마 뒤 조고의 참소(譖訴)로 투옥되어 함양(咸陽)의 시장터에서 처형되었다.

이윤(伊尹)_ 은나라의 현명한 재상. 이름은 지(摯). 처음에는 신야(莘野)에서 농사지었지만 탕(湯)이 세 번 초빙하여 출사했다. 그는 탕의 재상이 되어서 걸(桀)을 토벌하여 마침내 탕을 천하의 왕으로 세웠다. 탕은 그를 높여서 아형(阿衡)이라고 불렀다. 탕이 죽고 그의 손자 태갑이 무도했기 때문에 이윤은 그를 동궁(桐宮)에 가뒀다. 그리고 3년 뒤 태갑이 뉘우치자 박(亳)에 돌아오도록 했다.

임천 오씨(臨川吳氏, 1249~1333)_ 원 숭인(崇仁) 출신. 이름은 징(澄). 자는 유청(幼淸). 시호는 문정(文正). 벼슬은 한림학사(翰林學士). 태정(泰定) 초기 강관(講官)에 임명되고, 『영종실록(英宗實錄)』 편수를 총괄했다. 자선대부(資善大夫)라는 이름을 하사받았다. 저서가 두루 많아 『역(易)』, 『서(書)』, 『춘추(春秋)』, 『예기(禮記)』 등을 찬언(纂言)하는 외에 『학기(學基)』, 『학통이편(學統二篇)』을 저술했다. 또한 『황극경세서(皇極經世書)』, 『노자(老子)』, 『장자(莊子)』, 『태현경(太玄經)』, 『팔진도(八陣圖)』, 『곽박장서(郭璞葬書)』를 교정했다. 정거부(程鉅夫)가 그의 초당을 초려(草廬)라고 이름하여 세상 사람들이 그를 초려선생이라고 불렀다.

자계 황씨(滋溪黃氏, 1213~1280)_ 이름은 진(震), 자는 동발(東發), 호는 유월(兪越) · 오월(於越), 문인이 붙여준 사시(私諡)는 문결선생(文潔先生)이다. 절강성(浙江省) 자계(慈谿) 사람이다. 주자의 삼전제자(三傳弟子) 왕문관(王文貫)을 사사하였으며, 하기(何基) 등과 함께 절강성 지역의 주자학을 계승, 발전시킨 주요 인물이다. 1256

년 진사가 되어 지무주(知撫州) · 절동제거상평(浙東提擧常平)을 역임했다. 도종(度宗) 때 사관검열(史官檢閱)이 되어 영종(寧宗) · 이종(理宗)의 국사와 실록을 편수하였다. 송이 망하자 보당(寶幢)에 은거하였다. 저술에 『동발일초(東發日鈔)』, 『고금기요(古今紀要)』, 『고금기요일편(古今紀要逸編)』, 『무진수사전(戊辰修史傳)』 등이 있다. 『동발일초』는 여러 유학자의 학설을 절충한 것이지만 스스로 터득한 내용도 많이 들어 있다.

자공(子貢)_ 성은 단목(端木). 이름은 사(賜). 자는 자공(子貢). 공문십철(孔門十哲)의 한 사람으로 재아(宰我)와 더불어 언어에 뛰어났다고 한다. 제(齊)나라가 노(魯)나라를 치려고 할 때 공자의 허락을 받고 오(吳)나라와 월(越)나라를 설득하여 노나라를 구함과 동시에 월을 패왕(覇王)으로 하여 네 나라의 세력 관계에 새로운 국면을 열었다. 이재가(理財家)로서도 알려져 공문의 번영은 그의 경제적 원조에 의한 바가 컸다고 한다. 공자가 죽은 뒤 노나라를 떠나 위나라에 가서 벼슬하다가 제나라에서 죽었다.

자로(子路)_ 춘추시대 변(卞) 출신. 성은 중(仲). 이름은 유(由). 자는 자로(子路). 공자(孔子)의 문인이다. 공자보다 9살 아래로 제자 중에서는 가장 나이가 많은 중심인물이었다. 본디 무뢰한이었으나 공자의 훈계로 입문했다. 그는 곧고 순진하여 헌신적으로 공자를 섬겼다. 성미는 거칠었으나 꾸밈없고 소박한 인품으로 용기가 있어 가르침을 받으면 실천에 옮기는 인물이었다. 나중에 위(衛)나라에서 벼슬했는데, 내란이 일어났을 때 스스로 도의적 입장에서 전사(戰死)를 택하였다.

자막(子莫)_ 춘추시대 노(魯)나라의 현자이다. 『맹자』 「진심(盡心) · 하(下)」에는 자막이 중을 지켰는데, 하나를 고집하여 변통할 줄 몰랐다고 하였다.

자사(子思)_ 공자의 손자. 이름은 급(伋). 자사는 그의 자. 노(魯)나라 출신. 공자의 제자 증삼(曾參)에게 수업하였고, 그의 학문은 맹자에게 전승되어 사맹학파(思孟學派)를 형성했다. 장년 시절에 위(衛)나라에서 벼슬하다가 나중에 노나라로 돌아가 노목공(魯繆公)의 스승이 되었다. 공자의 전(傳)을 이어서 『자사자(子思子)』 23편을 지었다. 『중용(中庸)』도 자사가 지었다고 한다. 후세 사람들은 그를 술성공(述聖公)이라고 부른다.

잠실 진씨(潛室陳氏)_ 남송의 영가(永嘉) 출신. 이름은 식(埴). 자는 기지(器之). 호는 잠실(潛室). 벼슬은 통직랑(通直郎)에 이르렀다. 처음에는 섭적(葉適)에게 배운 뒤 나중에 주자의 제자가 되어 한결같이 주희의 사상을 묵수했다.

장남헌(張南軒, 1133~1180)_ 남송의 사천성(四川省) 면죽(綿竹) 출신. 이름은 식(栻). 자는 경부(敬夫) 또는 낙재(樂齋). 호는 남헌(南軒). 나중에 호남성(湖南省) 형양(衡陽)으로 이사했다. 주자, 여조겸(呂祖謙)과 함께 '남송의 삼현'이라고 불렸다. 아버지 장준(張浚)이 송의 승상을 지내고 위국공(魏國公)에 봉해져 그도 일찍이 출사하여 이부시랑(吏部侍郎) 겸 시강(侍講), 비각수찬(秘閣修撰) 등을 지냈으나, 잦은 직언 때문에 퇴직했다. 금과 화의하는 일을 반대하고 항전할 것을 주장했다. 그는 마음이 모든 일과 이치를 관통하여 이학(理學)에서 심학(心學)으로 전향하는 데 선구자 역할을 했다. 저서에 『남헌집(南軒集)』, 『남헌역설(南軒易說)』, 『계사논어해(癸巳論語解)』 등이 있다.

장락 유씨(長樂劉氏, 1017~1086)_ 송 복주(福州) 출신. 이름은 이(彛). 자는 집중(執中). 어렸을 때 호원(胡瑗)에게 배웠다. 경력(慶曆) 중기에 진사가 되었다. 구산(朐山)의 영(令), 나중에 처주(處州)의 장관이 되어 잘 다스렸다. 저서에 『칠경중의(七經中議)』, 『명선집(明善集)』, 『거역집(居易集)』이 있다.

장량(張良, ?~B.C. 189)_ 자는 자방(子房). 시호는 문성공(文成公). 한(韓)나라의 명문 출신으로 B.C. 218년 박랑사(博浪沙)에서 시황제(始皇帝)를 습격했으나 실패하고 하비에 은신하고 있을 때 황석공(黃石公)에게 『태공병법서(太公兵法書)』를 물려받았다고 한다. 진승(陳勝)과 오광(吳廣)의 난이 일어났을 때 유방의 진영에 속했다. 뒷날 항우(項羽)와 유방이 만난 '홍문의 회(會)'에서는 유방을 위기에서 구했다. 선견지명이 있는 책사(策士)로서 한의 서울을 진(秦)의 고지(故地)인 관중(關中)으로 정하고자 한 유경(劉敬)의 주장을 지지했다. 소하(蕭何)와 함께 책략에 뛰어나 한의 창업에 힘쓰고, 그 공으로 유후(留侯)에 책봉되었다.

장사숙(張思叔)_ 송 수안(壽安) 출신. 이름은 역(繹). 자는 사숙(思叔). 정이(程頤)의 문인.

장순(張巡)_ 당 남양(南陽) 출신. 많은 책에 박학하고, 병법에 훤했다. 개원(開元) 때 진사가 되었다. 벼슬은 청하령(淸河令), 뒤에 진원령(眞源令)으로 옮겼다. 천보(天寶) 때 안록산의 난에 병사를 일으켜 그를 토벌하고, 휴양(睢陽) 태수 허원과 함께 성을 지키며 적장 윤자기(尹子琦)와 싸웠다. 조서를 받아 어사중승(御史中丞)이 되었다. 계속하여 적을 무찌르고 고수하기를 몇 개월, 임치의 절도사 하난진명(賀蘭進明)에게 구원을 요청했지만 그는 장순의 성위(聲威)를 싫어하여 좌시하고 구원하지 않아, 마침내 성이 함락되어 적에게 죽임을 당했다. 그는 죽음에 임하여 적을 크게 꾸짖었다. 나중에 양주대도독(揚州大都督)에 추증됐다.

장양(張讓)_ 후한 영천(穎川) 출신. 벼슬은 영제(靈帝) 때 중상시(中常侍). 열후(列侯)에 봉해졌다. 황제가 죽고 원소가 환관을 잡아들일 때 장양은 소제(少帝)를 위협하여 하상(河上)으로 도망갔다가 강에 투신자살했다.

장횡거(張橫渠, 1020~1077)_ 중국 송대(宋代)의 철학자. 이름은 재(載). 자는 자후(子厚). 장안(長安) 출신. 38세 때 진사시(進士試)에 급제한 뒤 기주(祁州)의 사법참군(司法參軍)에서 시작하여, 12~13년간 관직에 있었으나 불우하였다. 그러나 학자로서는『경학이굴(經學理窟)』,『정몽(正蒙)』,『서명(西銘)』등의 저서로 이름을 떨쳤다. 성리학의 형이상학적·인식론적인 기초를 세웠다. 관리의 아들로서 불교와 도가철학을 공부했으나 자신의 진정한 영감은 유가경전에서 찾았다. 주요 저작인『정몽』에서 우주는 여러 가지 측면을 가지고 있으나 결국은 통일되어 있고, 모든 존재는 영원한 통합·분산의 연속이라고 주장했다. '기(氣)'는 궁극적 실재인 '태허(太虛)'로 정의된다. 기가 양(陽)의 영향을 받으면 표면으로 떠올라 그 기운을 퍼뜨리며, 음(陰)의 요소가 강하면 기는 침잠하여 물질세계의 구체적인 것들을 응축·형성한다. 윤리학에서 기본적인 덕은 '인(仁)'이다. 인은 여러 가지 다양한 인간관계에서 부모에 대한 효도나 형제에 대한 존경으로 나타난다. 인간도 우주의 다른 모든 부분들처럼 천지의 기를 받아 생겨난 것으로, 세상의 모든 것과 함께 하나로 통일되려는 본성을 가지고 있다. 그러나 인간의 육체적 본질은 기가 퍼져 이루어진 육체적 형태로부터 온다. 도덕적 자기수양은 사회와 우주의 한 구성원으로서 자신의 임무를 스스로 이행하려고 노력할 때 비로소 이루어진다. 인간은 자신의 생명을 연장하려 애쓰지 않는다. 현인(賢人)에게는 인생에서 얻는 것도 없으며, 죽는다고 하여 어떤 것도 잃는 것이 아니다. 장재는 후대의 뛰어난 성리학자들에게 영향을 주었다. 정호(程顥)·정이(程頤) 형제에게 영향을 미쳤다. '심(心)'에 관한 그의 이론은 주희(朱熹)가 이어받아 발전시켰으며, 왕부지(王夫之, 1619~1692)는 그의 철학을 체계적으로 계승·발전시켰는데, 이는 최근 중국사상에서 주요한 업적 가운데 하나로 여겨지고 있다.

장희백(臧僖伯)_ 춘추시대 노나라의 대부. 이름은 구(彄). 자는 자장(子藏). 시호는 희백(僖伯). 효공(孝公)의 아들이다. 은공(隱公)이 당(棠)에 가서 고기잡이 도구를 볼 때 그에 대해 간했다.

재아(宰我)_ 춘추시대 노(魯)나라 사람. 자는 자아(子我). 보통 재아라고 한다. 공자의 뛰어난 제자로서 언변에 뛰어났다. 제나라에서 벼슬하고, 임치(臨菑)의 대부가 되었다.

절재 채씨(節齋蔡氏, 1156~1236)_ 송대 사람. 원정(元定)의 아들. 이름은 연(淵). 자는 백정(伯靜). 호는 절재(節齋). 몸소 농사짓고 벼슬하지 않았다. 역(易)에 통달했다. 저서에 『주역훈해(周易訓解)』, 『역상의언(易象意言)』이 있다.

절효 서씨(節孝徐氏, 1028~1103)_ 송 산양(山陽) 출신. 이름은 적(積). 자는 중거(仲車). 시호는 절효처사(節孝處士). 효자(孝子). 호원(胡瑗)의 제자. 원우(元祐) 초기에 초주교수(楚州敎授)가 되었다. 저서에 『절효어록(節孝語錄)』, 『절효집(節孝集)』이 있다.

접여(接輿)_ 초광(楚狂)이라 불리던 춘추시대 초나라의 은자. 공자와 같은 때 사람이다. 거짓으로 미친 척하여 세상을 피했다. 일찍이 노래하며 공자의 옆을 지난 적이 있다. 『고사전(高士傳)』에 성은 육(陸), 이름은 통(通)이라고 되어 있다.

정명도(程明道)_ 이름은 호(顥). 자는 백순(伯淳). 호는 명도(明道). 시호는 순(純). 하남성(河南省) 낙양(洛陽) 출신. 존칭으로 명도선생(明道先生)이라 불리고, 동생 정이(程頤, 伊川)와 함께 이정자(二程子)로 알려졌다. 아버지 정향(程珦)이 남안(南安, 江西省 大庾縣)의 판관이었을 때 주돈이(周敦頤, 濂溪)를 한번 보고 아들 형제를 그의 제자로 입문시켰다고 한다. 26세 때 진사가 되고, 섬서성(陝西省) 호현(鄠縣)의 주부(主簿)로 출발하여 지방관을 역임하였다. 그가 택주(澤州, 山西省) 진성현(晉城縣)의 수령으로 있을 때는 '시민여상(視民如傷)'이라는 네 글자를 좌우명으로 삼고 큰 치적을 올렸으므로, 백성들이 그를 부모처럼 따랐다. 신종(神宗)의 부름을 받아 저작좌랑(著作佐郎)이 되었으나, 왕안석(王安石)과 뜻이 맞지 않았으므로 자청하여 지방관이 되었다. 철종(哲宗)이 즉위하고 사마광(司馬光)이 재상이 되자, 조정에 등용될 번하였으나 그 일이 이루어지기 전에 병사하였다. 그의 학문적 태도는 만물일체관(萬物一體觀)에 입각하여 혼일적(渾一的)으로 천지의 생의(生意)를 체험하는 데 있었다. 그는 제자(諸子)·노장(老莊)·불교도 공부하였으나, 결국 유학으로 복귀하여 자신의 학설을 확립하였다. 그는 다양한 자연현상을 질서지우는 우주의 근본원리를 '이(理)'라 부르고, 사람은 모름지기 이를 직관적으로 파악하여 순응하여야 한다는 '이기일원론(理氣一元論)', '성즉리설(性卽理說)'을 주창하였는데, 그의 사상은 동생 정이를 거쳐 주자(朱子)에게 큰 영향을 주어 송대 신유학의 기초가 되었고, 정주학(程朱學)의 중핵을 이루었다. 저서에 『정성서(定性書)』, 『식인편(識仁篇)』, 시에 『추일우성(秋日偶成)』 등이 있다. 주자의 『이락연원록(伊洛淵源錄)』에서 전기적인 사실을 찾아볼 수 있고, 유저에 『이정전서(二程全書)』가 있다.

정이천(程伊川, 1033~1107)_ 이름은 이(頤). 자는 정숙(正叔). 호는 이천(伊川). 시호는 정공(正公). 하남성(河南省) 낙양(洛陽) 출신. 이천백(伊川伯)에 봉하여졌으므로 이천선생(伊川先生)이라 존칭된다. 형 정호(程顥, 程明道)와 함께 주돈이(周敦頤)에게 배웠고, 형과 아울러 '이정자(二程子)'라 불리며 정주학(程朱學)의 창시자로 알려졌다. 철종(哲宗) 초에 사마광(司馬光)·여공저(呂公著) 등의 추천으로 국자감 교수가 되었고, 이어서 비서성 교서랑(校書郎)·숭정전설서(崇政殿說書)로 발탁되었다. 그러나 왕안석(王安石)·소식(蘇軾) 등과 뜻이 맞지 않았고, 당화(黨禍)를 입어 사천성(四川省) 부주(涪州)로 귀양 간 일도 있다. 그는 『역경(易經)』에 대한 연구가 특히 깊었고, '이기론(理氣論)'의 철학을 수립하여 큰 업적을 남겼다. 그의 사상은 "지미(至微, 隱)한 것은 이(理, 本體)요 지저(至著, 顯)한 것은 상(象, 氣·用)이라 하여 일단 양자를 구별하고, 체(體)와 용(用)은 근원이 같으며 현(顯)과 미(微)에 사이가 없다."고 상관관계를 설명한 점에 특색이 있다. 그의 철학은 주자(朱子)에게 계승되어, 『태극도설(太極圖說)』과 『태극도설해(太極圖說解)』에 나타나 있다. 학문의 방법도 형은 오직 정좌(靜坐)를 주장하였으나, 그는 '경(敬)'을 중히 여겨 '거경궁리(居敬窮理)'에 힘썼다. 이와 같은 방법론도 주자에 의하여 집대성되었고, 송대(宋代)의 신유학인 정주학의 주축이 되었다. 저서에 『역전(易傳)』 4권이 있으며, 그의 학설은 형의 학설과 함께 『이정전서(二程全書)』에 수록되었다. 또 그의 전기는 주자가 지은 『이락연원록(伊洛淵源錄)』에 실려 있다.

정현(鄭玄, 127~200)_ 북해(北海) 고밀(高密) 출신. 자는 강성(康成). 끝까지 재야의 학자로 지내고, 제자들에게는 물론 일반인들에게서도 훈고학(訓詁學)과 경학의 시조로 깊은 존경을 받았다. 젊었을 때부터 학문에 뜻을 두고, 경학의 금문(今文)과 고문(古文) 외에 천문(天文), 역수(曆數)에 이르기까지 광범한 지식욕의 소유자였다. 처음에 향색부(鄕嗇夫)라는 지방의 말단 관리가 되었으나 그만두고, 낙양(洛陽)에 올라가 태학(太學)에 입학하였다. 그 뒤 마융(馬融) 등에게 사사하여 『역(易)』, 『서(書)』, 『춘추(春秋)』 등의 고전을 배운 뒤 40살이 넘어서 귀향했다. 귀향한 뒤 가난하게 생활하면서 학문을 가르쳤으나 44살 때에 환관들이 학자 등 반대당을 금고한 '당고(黨錮)의 화'를 입고 집안에 칩거하여 연구와 저술에 몰두했다. 14년 뒤에 금고가 풀리자 하진(何進), 공융(孔融), 동탁(董卓), 원소(袁紹) 등의 초빙과 만년에는 황제가 대사농(大司農)

의 관직을 내렸으나 모두 사양하고, 연구와 교육에 한평생을 바쳐 수천 명의 제자를
거느리는 일대 학파를 형성했다. 그는 고문과 금문에 모두 정통하고, 가장 옳다고 믿
는 설을 취하여『주역(周易)』,『상서(尙書)』,『모시(毛詩)』,『주례(周禮)』,『의례(儀禮)』,
『예기(禮記)』,『논어(論語)』,『효경(孝經)』등의 경서에 주석하고,『의례』와『논어』의
정본을 만들었다. 또 하휴(何休)가『공양묵수(公羊墨守)』,『좌씨고황(左氏膏肓)』,『곡
량폐질(穀梁廢疾)』3부작을 펴내자 그는『발묵수(發墨守)』,『침고황(鍼膏肓)』,『기폐질
(起廢疾)』3부작을 지어 반박하여 하휴를 경복시켰다. 그의 저서 가운데 완전하게 현
존하는 것은『모시』의 전(箋)과『주례』,『의례』,『예기』의 주해뿐이고, 나머지는 단편
적으로 남아 있다.

제갈량(諸葛亮, 221~263/264)_ 낭야군(琅句郡) 양도현(陽都縣) 출신. 자는 공명(孔
明). 시호는 충무(忠武). 호족(豪族) 출신이었으나 어릴 때 아버지와 사별하여 형주(荊
州)에서 숙부 제갈현(諸葛玄)의 손에서 자랐다. 후한 말의 전란을 피하여 벼슬하지 않
았으나 명성이 높아 와룡선생(臥龍先生)이라 불렸다. 207년 위(魏)의 조조(曹操)에게
쫓겨 형주에 와 있던 유비(劉備)가 '삼고초려(三顧草廬)'의 예로 초빙하여 '천하삼분
지계(天下三分之計)'를 진언하고, 군신 관계를 맺었다. 이듬해 오(吳)의 손권(孫權)과
연합하여 남하하는 조조의 대군을 적벽에서 대파하고, 형주와 익주를 유비에게 안겼다.
그 뒤에도 수많은 전공을 세우고, 221년 한(漢)의 멸망을 계기로 유비가 제위에 오르
자 재상이 되었다. 유비가 죽은 뒤에는 어린 후주(後主) 유선(劉禪)을 보필하여 오(吳)
와 연합해 위(魏)와 항쟁하며, 생산을 장려하여 민치(民治)를 꾀하고, 운남(雲南)으로
진출하여 개발을 도모하는 등 촉(蜀)의 경영에 힘썼다. 그러다가 위의 장군 사마의(司
馬懿)와 오장원(五丈原)에서 대진하다가 병으로 죽었다.

제경공(齊景公)_ 춘추시대 제나라의 군주. 영공(靈公)의 아들. 장공(莊公)의 동생.
이름은 저구(杵臼). 시호는 경(景). 곧잘 궁실을 짓고, 구마(狗馬)를 모으고, 부(賦)를
많이 거두고, 형벌을 무겁게 했다. 혜성을 보고는 경공이 백침(柏寢)에 앉아 탄식하
며 말하기를, "아름답도다! 그 흐르는 모양이여, 떳떳한 모습이여. 누가 이것을 만들
었는가!" 이에 군신은 모두 눈물을 흘리고, 안영(晏嬰)이 간했다. 뒤에 노정공(魯定公)
과 협곡에서 만났는데, 그때 공자가 노나라에서 벼슬하고 있었다. 그는 공자가 도와
노정공이 패(覇)가 될 것을 두려워하여 여서(黎鉏)의 계략에 따라 만나는 자리에서
내악(萊樂)을 울리게 했다. 이에 공자가 예를 따져서 공을 꾸짖고, 공은 부끄러워서
노나라에게 빼앗은 땅을 돌려주었다. 재위기간 58년.

조고(趙高, ?~B.C. 207)_ 시황제를 따라 여행하다가 시황제가 평대(平臺)에서 병사하자 승상 이사(李斯)와 짜고 조서(詔書)를 거짓으로 꾸며, 시황제의 맏아들 부소(扶蘇)와 장군 몽염(蒙恬)을 자결하게 만들었다. 그리고 시황제의 우둔한 막내아들 호해(胡亥)를 2세 황제로 삼아 마음대로 조종했다. 이어 진의 공자(公子), 공녀(公女) 24명을 죽이고, 2세 황제에게 참소하여 B.C. 208년 이사를 처형시킨 뒤, 각지에 반란이 일어난 와중에서 승상이 되어 모든 권력을 한손에 쥐었다. 천하의 군웅이 쳐들어와 진의 형세가 위태로워지자 B.C. 209년 2세 황제마저 모살(謀殺)하고 부소의 아들 자영(子嬰)을 옹립하여 진왕이라 부르게 하였으나 곧 자영에게 죽임을 당한다. 그리고 그의 3족도 함께 처벌되었다.

조비(曹丕, 187~226)_ 자는 자환(子桓). 시호는 문제(文帝). 조조(曹操)의 둘째 아들. 한(漢)의 헌제를 옹립하고 화북을 평정한 조조는 제위에 오르지 않았으나 조비는 헌제에게서 양위 받는 형식으로 황제가 되어 도읍을 낙양(洛陽)에 두고, 국호를 위(魏)라고 했다. 즉위한 뒤 한의 제도를 개혁하고 구품관인법(九品官人法)을 시행하여 위의 세력을 증강시켜 오(吳)와 촉한(蜀漢)과 대항했다. 동생 조식(曹植)과 함께 그 시대의 유수한 문인(文人)으로 명성이 높았다. 저서에 『전론(典論)』, 『시부(詩賦)』 등 100여 편이 있다.

조조(鼂錯)_ 조조(晁錯)라고도 한다. 한 영천(潁川) 사람. 신상형명(申商刑名)의 학을 배우고, 문학으로 태상장고(太常掌故)를 제수 받았다. 복생(伏生)에게서 『상서(尙書)』를 배우고, 태자가령(太子家令)에 자주 옮겼다. 변론(辯論)으로 태자에게 총애를 받았으며, 지낭(智囊)으로 불렸다. 경제(景帝) 때 어사대부(御史大夫)가 되어 제후의 지군(枝郡)을 깎기를 청하여 오초칠국(吳楚七國)의 난을 초래하였다. 원앙(袁盎)이 상주하여 조의(朝衣)를 입은 채로 동시(東市)에서 참형을 당했다.

조충(趙忠)_ 후한 사람. 벼슬은 영제 때 중상시. 양기(梁冀)를 죽인 공으로 도향후(都鄕侯)에 봉해졌다. 사람됨이 탐욕스럽고 잔혹했다. 원소에게 죽임을 당했다.

조치도(趙致道)_ 송대 사람. 이름은 사하(師夏). 사옹(師雍)의 동생. 자는 치도(致道). 호는 원암(遠菴). 소희(紹熙) 때 진사가 되었다. 벼슬은 조봉대부(朝奉大夫). 주자에게 배우고, 끝까지 궁구하여 깊은 뜻을 얻었다.

주광정(朱光庭, 1037~1094)_ 송대 사람. 경(景)의 아들. 자는 공염(公掞). 가우(嘉祐)

때 진사가 되었다. 철종이 즉위한 뒤 사마광의 추천으로 좌정언이 되었다. 제거(提擧), 상평관(常平官), 보갑(保甲), 청묘(靑苗) 등의 법을 없애자고 소원하고, 또 장돈(章惇), 채확(蔡確)의 죄를 탄핵했다. 이윽고 좌사간(左司諫)으로 옮겼다. 나중에 지노주(知潞州)로 폄적되었다. 손복(孫復)과 이정(二程)의 문인이다.

주렴계(周濂溪, 1017~1073)_ 이름은 돈이(敦頤). 자는 무숙(茂叔). 호는 염계(濂溪). 도주(道州, 湖南省 道營縣) 출신. 지방관으로서 각지에서 공적을 세운 후 만년에는 여산(廬山) 기슭의 염계서당(濂溪書堂)에 은퇴하였기 때문에 문인들이 염계선생이라 불렀다. 북송의 사마광(司馬光)·왕안석(王安石)과 동시대 인물이다. 그는 도가사상(道家思想)의 영향을 받고 새로운 유교이론을 창시하였다. 곧, 우주의 근원인 태극(太極=無極)으로부터 만물이 생성하는 과정을 도해(圖解)하여 '태극도(太極圖)'를 그리고 태극→음양(陰陽)의 이기(二氣)→오행(伍行, 金·木·水·火·土의 伍元素)→남녀→만물의 순서로 세계가 구성되었다고 논하고, 인간만이 가장 우수한 존재이기 때문에 중정(中正)과 인의(仁義)의 도를 지키고 마음을 성실하게 하여 성인(聖人)이 되어야 한다는 도덕과 윤리를 강조하고, 우주생성의 원리와 인간의 도덕원리는 본래 하나라는 이론을 제시하였다. 저서에는 『태극도설(太極圖說)』, 『통서(通書)』가 있으며, 「애련설(愛蓮說)」에는 그의 고아한 인품이 표현되었다. 남송의 주자(朱子)는 염계가 정호(程顥)·정이(程頤) 형제를 가르쳤기 때문에 도학(道學)의 개조라고 칭하였다.

주발(周勃)_ 한의 패(沛) 출신. 시호는 무(武). 고조(高祖)를 따라 병사를 일으켜 천하를 평정했다. 위후(緯侯)에 봉해졌다. 여(呂) 씨 일가를 죽이고 한실(漢室)을 편안하게 하여 문제 때 벼슬이 우승상(右丞相)에까지 올랐다.

주 선왕(周宣王)_ 이름은 정(靜). 주나라 11대 왕. 아버지 여왕(厲王)이 백성에게 쫓겨났을 때 현신(賢臣) 소공(召公)의 보호를 받아 10여 년이나 자리를 비웠다가 즉위했다. 소공과 주공(周公)을 재상으로 삼고, 조상인 문왕(文王)과 무왕(武王)의 유풍을 이어받아 선정을 베풀어 국위를 회복하여 제후들이 다시 주나라의 주권을 인정했다. 그러나 만년에는 정치를 게을리 하여 천자가 가장 중히 여겨야 할 적전(籍田)을 가는 일도 하지 않고, 북서(北西) 만족(蠻族)의 침입을 막아내지도 못하며, 남방에서 징집해 온 군대를 잃고 다시 군병을 뽑아 백성을 괴롭혀서 제후들이 등을 돌렸다. 이 때문에 나라는 쇠퇴하고, 다음의 유왕(幽王) 때 북서 만족에게 쫓기어 도읍을 동쪽인 낙양(洛陽)으로 옮겼다.

주이(朱异)_ 양(梁)대 사람. 선(選)의 아들. 자는 언화(彦和). 예와 역에 정통했다. 벼슬은 산기상시(散騎常侍), 시중(侍中). 재물을 탐내 뇌물을 받았다. 나중에 후경(侯景)이 주이를 꾸짖자 부끄러워하며 분해하다가 죽었다. 저서에『예역강소(禮易講疏)』,『의주(義注)』,『문집(文集)』이 있다.

주자(朱子, 1130~1200)_ 중국 남송(南宋) 때의 유학자. 신유학을 집대성하여 중국 사상계에 가장 큰 영향을 미쳤다. 이름은 희(熹). 자는 원회(元晦)·중회(仲晦), 호는 회암(晦庵)·회옹(晦翁)·운곡노인(雲谷老人)·둔옹(遯翁). 지방 관리의 아들로 태어나 아버지로부터 유교 교육을 받았다. 18세 때 대과(大科)에 급제했다. 그가 맡은 첫 번째 관직은 복건성(福建省) 동안(同安)의 주부(主簿)였다. 이곳에서 조세·감찰 업무를 개혁하고, 지방에 있는 서원의 서고(書庫)와 학칙을 개선했다. 동안으로 부임하기 전에 이통(李侗)을 찾아가 가르침을 받았다. 그 뒤 몇 번 더 방문하고 함께 지내기도 하면서 가르침을 받았다. 동안에서 주부를 역임한 뒤 1179년까지 다른 관직을 맡지 않았다. 그러나 황제에게 보낸 상소문을 통해 자신의 정치적 견해를 꾸준히 발표했다. 1175년에 육구연(陸九淵)과 유명한 철학논쟁을 벌였으나 서로 상대방을 설복시킬 수는 없었다. 육구연은 내재성(內在性)의 절대가치를 강조한 반면, 주희는 책을 통해 배우는 것과 함께 격물치지의 가치를 강조했다. 정호(程顥)와 정이(程頤), 주돈이(周敦頤), 장재(張載) 등의 글을 편찬하면서 이들의 철학을 집대성하여 자신의 철학을 완성시켰다. 1175년 친구 여조겸(呂祖謙, 1137~1181)과 함께 이들의 저작에서 뽑은 문장을 집대성한『근사록(近思錄)』을 편찬했다. 또한『논어』와『맹자』등 사서의 집주(集注)를 저술하여 자신의 철학적 사상을 확립하였다. 역사에도 깊은 흥미를 보여 사마광(司馬光)의 역사서인『자치통감(資治通鑑)』을 재편집하여『자치통감강목(資治通鑑綱目)』을 완성하였다. 1179~1181년 강서성(江西省) 남강(南康)의 지사(知事)로 근무하면서 9세기에 건립되어 10세기에 번성했다가 폐허가 된 백록동서원(白鹿洞書院)을 재건했다. 만년에 이르러 정적(政敵)인 한탁주(韓侂冑)의 모함을 받아 죽을 때까지 정치활동이 금지되고 그의 학문이 거짓 학문으로 폄훼를 받다가 그가 죽은 뒤에 곧 회복되었다.

증자(曾子, B.C. 506~B.C. 436)_ 이름은 삼(參). 자는 자여(子輿). 산동성(山東省)에서 출생하였다. 증점(曾點)의 아들이다. 공자(孔子)의 고제(高弟)로서 효심이 두텁고 내성궁행(內省躬行)에 힘썼으며, 노(魯)나라 지방에서 제자들의 교육에 주력하였다. 공자가 제자들을 모아 놓고 "나의 도는 하나로써 일관한다(吾道一以貫之)."고 말했을 때 다른 제자들은 그 말의 참뜻을 몰라 생각에 잠겼으나, 증자는 선뜻 '부자(夫子)의 도는 충서(忠恕)일 뿐'이라고 해설하여 다른 제자들을 깨우쳤다. 『효경(孝經)』의 작자라고 전해지나 확실한 근거는 없으며, 현재 전하는 『효경』은 진한시대(秦漢時代)에 개수한 것이라는 설도 있다. 증자의 사상은 『증자(曾子)』18편(篇) 가운데 10편이 『대대례기(大戴禮記)』에 남아 전하는데, 효(孝)와 신(信)을 도덕행위의 근본으로 한다. 그는 공자의 도(道)를 계승하였으며, 그의 가르침은 공자의 손자 자사(子思)를 거쳐 맹자(孟子)에게 전해져 유교사상(儒敎思想)의 역사에서 중요한 위치를 차지한다.

첩산 사씨(疊山謝氏, 1226~1289)_ 강서성(江西省) 출신. 이름은 방득(枋得). 자는 군직(君直). 호는 첩산(疊山). 문절선생(文節先生)이라고도 한다. 기개 있고 직언(直言)을 잘하여 보유(寶祐) 시기(1253~1258)에 진사로 추대되었으나 사퇴했다. 당시 송은 이미 국운이 기울어 원군(元軍)의 침공을 받았다. 그는 송조(宋朝) 회복에 힘썼으나 성공하지 못하고, 복건성(福建省) 건양(建陽)으로 망명했다. 뒷날 원조(元朝)의 부름을 받고 억지로 북경(北京)으로 끌려갔으나 두 조정을 섬길 수 없다며 거절하고 단식하여 죽었다. 저서에 『첩산집(疊山集)』, 『문장궤범(文章軌範)』이 있다.

추양(鄒陽)_ 한 임치(臨菑) 출신. 경제 때 매승(枚乘), 엄기(嚴忌)와 더불어 오(吳)에서 벼슬했다. 오왕 비(濞)가 반란을 일으키려 하여 간했으나 듣지 않자 그곳을 떠나 양으로 가서 효왕(孝王)을 따랐다. 양승(羊勝) 등이 모함하여 옥에 갇혀 스스로 상서를 적어 올려 상객(上客)이 되었다.

추호(鄒浩, 1060~1111)_ 송 진릉(晉陵) 출신. 자는 지완(志完). 호는 계과재(計過齋). 도추선생(道鄒先生). 시호는 충(忠). 원풍(元豐) 때 진사가 되었다. 벼슬은 철종(哲宗)의 조정에서 우정언(右正言). 장돈(章惇) 때문에 일단관(一旦官)이 깎였다가 휘종(徽宗)이 즉위한 뒤에 복위되었다. 병부시랑(兵部侍郎)으로 누천(累遷)하고, 이도령표(二度嶺表)에 유배되었다. 직용도각(直龍圖閣)에 복귀했다.

탕왕(湯王)_ 이름은 이(履) 또는 천을(天乙), 태을(太乙). 탕은 자이며 성탕(成湯)이라고도 한다. 『사기(史記)』에 의하면 시조 설(契)의 14세에 해당한다. 당시 하(夏) 왕조의 걸왕(桀王)이 학정을 하여서 제후들의 대부분이 유덕(有德)한 성탕에게 복종했다. 걸왕은 성탕을 하대(夏臺)에 유폐하여 죽이려 했지만 재화와 교환하여 용서했다. 탕왕은 현상(賢相) 이윤(伊尹) 등의 도움을 받아 곧 걸왕을 명조(鳴條)에서 격파하여 패사시켰다. 그리고 박(亳)에 도읍하여 국호를 상(商)이라 정하고, 제도와 전례를 정비하고 13년 동안 재위했다. 그가 걸왕을 멸한 행위는 유교에서 주(周)나라 무왕(武王)

이 은나라 주왕(紂王)을 토벌한 일과 함께 올바른 '혁명'의 군사행동이라 불린다. 『서경(書經)』의 「탕서(湯誓)」편 그때의 군령(軍令)이라고 한다.

태갑(太甲)_ 상(商)나라의 제2대 왕인 태종(太宗). 은왕 중임(仲壬)이 죽자 이윤(伊尹)이 성탕(成湯)의 적장손인 태정(太丁)의 아들 태갑을 세웠다. 태갑이 즉위하고 3년이 지나 욕망을 억제하지 못하고 포학해지며 탕의 법을 존중하지 않고 덕을 어지럽혔기 때문에 이윤은 그를 동궁(桐宮)에 가두었다. 그곳에서 3년 뒤 태갑이 잘못을 뉘우치고 스스로 선해지고자 노력했다. 이에 이윤은 태갑을 맞이하여 정사를 맡겼고, 태갑은 덕을 닦았다. 그러니 제후가 모두 그에게 돌아오고, 백성이 안녕하여 은나라가 흥했다. 이윤이 이를 기뻐하며 『태갑(太甲)』 3편을 지었다고 한다. 재위기간은 33년. 일설에는 13년이라고 한다. 태종이라고도 부른다.

태공(太公)_ 여상(呂尙). 본명은 강상(姜尙). 그의 선조가 여(呂)나라에 봉해져 여상(呂尙)이라고도 부른다. 속칭 강태공으로 알려져 있다. 주나라 문왕(文王)의 초빙으로 그의 스승이 되고, 무왕(武王)을 도와 은(殷)나라 주왕(紂王)을 멸망시켜 천하를 평정하여 그 공으로 제(齊)나라에 봉해져 그 시조가 되었다. 동해(東海)에 사는 가난한 사람이었으나 위수(渭水)에서 낚시질하다가 문왕을 만났다는 전설적인 전기가 전한다. 병서(兵書)『육도(六韜)』를 그가 지었다고 한다.

포사(褒姒)_ 주나라 유왕(幽王)이 총애하던 비(妃). 포(褒) 사람이 바쳐서 포사라고 부른다. 왕이 지나치게 귀여워하였고 아들 백복(伯服)을 낳았다. 왕은 신후(申后)와 태자 의구(宜臼)를 폐한 뒤, 포사를 후에 앉히고 백복을 태자로 삼아 싫증내는 일 없이 연회를 열며 정사를 돌보지 않았다. 포사가 웃는 걸 좋아하지 않아 유왕은 그녀가 웃는 것을 보기 위해 여러 가지 방법을 강구했다. 아무 일이 없어도 봉화를 올려 제후들을 모으자 포사가 그것을 보고 크게 웃었다. 나중에 견융이 쳐들어왔는데, 봉화를 올려서 제후를 모으려고 했지만 제후들이 오지 않아 유왕은 견융에게 여산(驪山) 아래에서 죽임을 당하고, 백복도 죽고, 포사는 포로가 되었다.

풍성 주씨(豊城朱氏)_ 명 풍성(豊城) 사람. 이름은 선(善). 자는 비만(備萬). 호는 일재(一齋). 시호는 문각(文恪). 벼슬은 홍무(洪武) 연간에 남창교수(南昌敎授), 문연각 태학사(文淵閣太學士)를 지냈다. 저서에 『시경해이(詩經解頤)』, 『사집(史輯)』, 『일재집(一齋集)』, 『요해집(遼海集)』이 있다.

풍이(馮異)_ 후한의 부성(父城) 출신. 자는 공손(公孫). 시호는 절(節). 책읽기를 좋아하여 『좌씨춘추(左氏春秋)』, 『손자병서(孫子兵書)』에 정통했다. 한 말기 왕망(王莽)에게서 한을 지켰다. 나중에 광무제(光武帝)에게 속했다. 주부(主簿)의 관직에 오르고, 나중에 맹진장군(孟津將軍)이 되었다. 양하후(陽夏侯)에 봉해졌다.

하궤(荷蕢)_ 춘추시대의 은자. 『논어』「헌문(憲問)」에 관련 기록이 나온다. 공자가 위(衛)나라에서 경쇠를 치고 있는데 삼태기를 짊어진 사람이 공자의 문 앞을 지나가다가 경쇠의 소리를 듣고 말했다. "마음에 담고 있는 것이 있구나!" 얼마 후 또 이렇게 말했다. "비루하다. 세상을 향한 확고한 마음이 담겨 있구나. 나를 알아주지 못하면 그만둘 뿐이다. 물이 깊으면 옷을 벗어 들고 건너고 물이 얕으면 가랑이를 걷고 건널 뿐이다." 이 말을 듣고 공자가 이렇게 말했다. "세상을 잊어버리는 데 과단성이 있도다! 그렇게 할 수만 있다면 어려울 것이 무엇이 있겠는가?" 하였다.

한 무제(漢武帝, B.C. 156~B.C. 87/86)_ 전한(前漢) 제7대 황제. 성명은 유철(劉徹). 묘호는 세종(世宗). 즉위한 뒤 전대의 권신들을 면직시키고 어질고 겸손한 선비를 등용하여 관리의 자질을 향상시켰다. 오경박사(五經博士)를 두어 유학에 중점을 두고, B.C. 127년부터 제후 왕국을 왕의 여러 아들에게 분봉하여 중앙집권화했다. 나중에 전국을 13주(州)로 나누고, 주마다 자사(刺史)를 두어 군수를 감독시켰다. 또 운하를 파서 농지의 관개와 운송을 도왔다. 대외적으로는 장건(張騫)을 대월지국(大月氏國)으로 파견하고, 장군 위청(衛靑), 곽거병(霍去病), 이광(李廣) 등에게 흉노를 토벌시켜 오르도스 지방을 회복하여 2군을 두었다. B.C. 119년에는 위청이 흉노를 외(外)몽골로 내쫓았다. 하서(河西)에 있던 흉노 혼야왕(渾邪王)도 항복하여 그곳에 4군을 두어 중앙아시아와의 교통로를 확보하고 서역 제국의 입공(入貢)이 계속되었으나, B.C. 104년에는 이광리(李廣利)에게 명해 파미르 고원 북서에 있는 대완국(大宛國)을 정벌하게 했다. 흉노의 방위와 서역 유지를 위해 요지로 한인을 이주시키고 둔전(屯田)을 두었다. 남방에서는 지금의 복건성(福建省)에 있던 민월(閩越), 동월(東越) 두 왕국을 합치고, B.C. 111년에는 번우(番禺)에 도읍한 남월 왕국을 멸망시켜 9군을 두고, 사천성(四川省) 변경에서 운남(雲南), 귀주(貴州) 방면에 이르는 염방(冉駹), 수(嶲), 작(筰), 야랑(夜郎), 전(滇) 등의 종족을 귀순시켜 그곳에 6군을 두었다. 동으로는 조선을 공격하여 왕검성을 함락했다. 외적으로는 성공한 반면, 궁전과 이궁을 짓고 불로장생을 믿어 방사(方士)를 모아 태산(泰山)에서 봉선(封禪)하고 각지를 순행하여 군사비를 압박했다. 그래서 증세와 신세(新稅)에다 소금(鹽)과 철(鐵)을 전매하고, 균수(均輸) · 평준법(平準法)을 제정하며, 무공작(武功爵)을 팔기도 했다. 결국 관리의 부정이 심해지고, 국민의 생활도 궁핍해져 황태자의 반란[巫蠱의 亂]이 일어났다. 만년에는 외정을 중지하고, 다시 먼 거리에 있는 윤대(輪臺)의 둔전(屯田)을 폐지, 백성을 다스리는 데 힘썼다.

한 문제(漢文帝, B.C. 202~B.C. 157)_ 이름은 항(恒). 묘호는 태종(太宗). 고조의 넷째 아들. 여(呂) 씨의 난이 평정된 뒤 태위(太尉) 주발(周勃), 승상 진평(陳平) 등 중신의 옹립으로 즉위했다. 고조의 군국제(郡國制)를 계승하고, 전조(田租)와 인두세(人頭稅)를 감면했다. 가혹한 형벌을 폐지하고, 흉노에 대한 화친 정책 등으로 민생 안정과 국력 배양에 힘을 기울였다.

한 선제(漢宣帝, ?~B.C. 49/48)_ 휘는 순(詢). 자는 차경(次卿). 무제(武帝)의 증손이며, 여태자(戾太子)의 손자이다. 조부 여태자가 무고의 난에서 죽었기 때문에 태어나서부터 민가에서 자랐다. B.C. 74년 소제(昭帝)가 죽은 뒤 한때 영립된 창읍왕(昌邑王) 하(賀)가 곽광(霍光)에 의해 폐위되자 18세로 황위를 이었다. 처음에는 곽광이 섭정하였으나 B.C. 68년 곽광이 병들어 죽은 뒤에는 곽 씨 일족을 멸망시키고 친히 정사를 맡았다. 지방 행정제도를 정비하고, 처음으로 상평창(常平倉)을 설치하여 빈민 구제를 도모하는 한편, 대외적으로는 흉노의 쇠퇴함을 틈타 오손(烏孫)과 손잡고 흉노를 격파했다. 그리고 정길(鄭吉)을 서역도호(西域都護)로 하여 이른바 서역 36국을 복속시켜 마침내 흉노는 분열되고, B.C. 51년 남흉노도 한(漢)에 복속하기에 이르렀다.

한 성제(漢成帝, B.C. 52~B.C. 27)_ 자는 태손(太孫). 휘는 오(鶩). 제10대 황제 원제(元帝)의 아들로 어머니는 왕황후(王皇后)이다. 원제(元帝) 무렵부터 가뭄과 홍수가 계속되고, 외척과 환관의 횡포가 심했다. 학문을 좋아하던 성제도 이윽고 주색에 빠져 가끔 대궐을 빠져나가 시중에서 놀기도 하였다. B.C. 14년 농민과 형도(刑徒) 등의 반란이 일어나 황제의 지배 체제가 무너지기 시작하여 궐 안에서도 왕(王), 허(許), 조(趙)의 외척이 권력을 잡았다. 특히 왕 씨는 고관 자리를 독점하여 왕망(王莽)의 출현을 불러오는 계기를 만들었다.

한 현종(漢顯宗, 28~75)_ 명제(明帝). 이름은 유장(劉莊). 광무제(光武帝)와 음황후(陰皇后)의 넷째 아들. 환영(桓榮)에게 사사(師事)하여 『춘추(春秋)』, 『상서(尙書)』에 통달했다. 즉위한 뒤 유학자를 고관에 임명하여 예교주의(禮敎主義)에 힘쓰고 빈민 구제, 농업 진흥, 조부(租賦) · 형여자(刑餘者)의 감면에 힘쓰는 등 내정을 충실히 했다. 또 소당강(燒當羌)을 토벌하고, 북흉노를 격퇴하는 등 외정에도 관심이 컸다. 반초(班超)에게 서역 제국을 귀순시켜 서역도호(西域都護), 무기교위(戊己校尉)를 부활시켰다.

67년 꿈을 꾸고 불교에 귀의하고, 서역에서 승려를 불러 낙양(洛陽)에 사원을 세웠다는 전설이 있다.

한휴(韓休)_ 당 장안 출신. 시호는 문충(文忠). 대민(大敏)의 제자. 문사(文辭)에 뛰어났다. 현량(賢良)에 천거되고, 현종 때 조동희(趙冬曦)와 함께 을과에 붙었다. 벼슬은 좌보궐(左補闕), 개원(開元) 중기에 황문시랑(黃門侍郎), 동중서문하평장사(同中書門下平章事)를 받았다. 사람됨이 날카로운 생선뼈 같아서 반드시 그 당시 정사의 득실을 끝까지 논했으니, 송경(宋璟)은 그가 인자(仁者)의 용기를 지녔다고 불렀다. 나중에 공부상서(工部尙書), 태자소사(太子少師)에 이르렀다. 의양현자(宜陽縣子)에 봉해졌다. 머리가 뾰족하여 당시 사람들이 필두공(筆頭公)이라고 불렀다.

허원(許遠)_ 당대 사람. 경종(敬宗)의 증손. 이치(吏治)에 밝았다. 구겸경(仇兼瓊)이 검남(劍南)에 진을 치자 불려 와서 종사(從事)가 되어, 검경에게 거슬러서 고요위(高要尉)에 좌천되었다. 안녹산의 난이 일자 현종이 불러서 휴양(睢陽) 태수를 받고, 방어사(防禦使)를 거듭 받았다. 현종 때 장순과 군대를 합하여 안록산의 군대를 막으며 포위된 지 몇 개월, 군량이 다 떨어져 참새와 쥐를 잡아먹었다. 성이 마침내 함락되어 장순과 함께 잡혀서 절개를 굽히지 않자 죽임을 당했다.

형서(邢恕)_ 송대 사람. 자는 화숙(和叔). 정명도의 문하에 드나들며 일찍이 이름을 얻었다. 벼슬은 어사(御史)를 거쳐 어사중승(御史中丞)에 이르렀다. 그러나 일관성이 없어 사마광(司馬光)의 객(客)이 되고, 이어 장돈(章惇)에게 붙었다가 다시 채경(蔡京)의 심복이 되기도 했다. 나중에는 선(禪)에 심취했다고 한다.

호계수(胡季隨)_ 송대 사람. 굉(宏)의 아들. 이름은 대시(大時). 자는 계수(季隨). 장식(張栻)에게 배웠다. 호상(湖湘) 제일의 학자라고 부른다. 장식이 죽은 뒤 다시 진부량(陳傅良)에게서 수업했다.

호원(胡瑗, 993~1059)_ 송 해릉(海陵) 사람. 자는 익지(翼之). 시호는 문소(文昭). 오중(嗚中)에서 경술(經術)을 가르치다가 범중엄(范仲淹)의 천거로 교서랑(校書郎)을 받았다. 호주교수(湖州敎授)가 되어 제자가 수백 명이 있었다. 경의(經義)와 치사(治事)를 이재(二齋)로 나누고, 여러 학생을 그의 뜻에 따라서 나누어서 딸리게 했다. 나중에 태상박사(太常博士)에 이르렀다. 학자들은 안정선생(安定先生)이라고 부른다. 가우(嘉祐) 4년에 67살로 죽었다. 저서에 『주역구의(周易口義)』, 『홍범구의(洪範口義)』

가 있다.

호해(胡亥)_ 진(秦)의 2세. 시황제(始皇帝)의 둘째 아들. 시황제가 죽자 이사(李斯), 조고(趙高) 등이 맏아들인 부소(扶蘇)를 죽이고, 호해를 황제로 삼았다. 나중에 재위 기간 3년 만에 조고에게 살해당한다.

화정 윤씨(*和靖尹氏*, 1071~1142)_ 송 낙양(洛陽) 출신. 이름은 돈(焞). 화정(和靖)은 그의 호이다. 원(源)의 손자. 자는 언명(彦明). 호는 삼외재(三畏齋). 정이(程頤)의 문인. 평생 벼슬에 나아가지 않았다. 정강(靖康) 초기 충사도(种師道)의 추천에 따라 부름을 받았지만 거절하고 산에 들어갔다. 호를 화정처사(和靖處士)라고 하사받았다. 소흥(紹興) 초기 숭정전설서(崇政殿說書) 겸 시강(侍講)이 되었다. 저서에 『맹자해(孟子解)』, 『화정집(和靖集)』이 있다.

환두(驩兜)_ 요순(堯舜)시대의 세족(世族). 요임금이 미천한 서민 중에서 순을 추천하여 왕위를 물려주자 환두가 이 일에 불복했다. 이에 순임금이 환두를 숭산(崇山)에 유배시켰다. 공공(共工)과 함께 요순시대의 악인(惡人)으로 꼽힌다.

황권(黃權)_ 촉한(蜀漢)의 낭중(閬中) 출신. 자는 공형(公衡). 시호는 경(景). 유장(劉璋)의 주부(主簿)였다..유장이 유비(劉備)를 맞이하려 의논하자 힘써 간하며 따르지 않아, 광한(廣漢)을 관리하도록 보내졌다. 유비가 익주(益州)를 취하고 항복을 권했지만 그는 문을 닫고 굳게 지켰다. 유장이 복종하자 이에 항복했다. 황권은 편장군(偏將軍)을 받았다. 유비가 오(吳)를 칠 때 진북장군(鎭北將軍)이 되어 군대를 거느리고 위(魏)를 막았다. 유비가 오에 패하자 군대를 이끌고 위에 항복하여 동기장군(東騎將軍)이 되었다. 육양후(育陽侯)에 봉해졌다.

[성학집요에 대하여]

1. 제왕의 스승

노(魯)나라 목공(繆公)이 자사(子思)를 국가의 원로로 대우하여 자주 문안을 하고 고기를 비롯한 식료품을 예물로 하사하였다. 당시 예법에는 군주가 사자를 통해 예물을 보내면 두 번 절을 하고 머리를 조아리고서 받아야 했다. 그런데 자사는 번번이 목공이 보내는 예물을 받을 때마다 두 번 절을 하고 머리를 조아리며 받아야 한다는 것에 굴욕을 느꼈다. 이를 견디다 못한 자사는 마침내 사자가 예물을 가지고 방문하였을 때 손을 휘저어 사자를 대문 밖으로 내보내고 북쪽을 향해 두 번 절을 하고 머리를 조아리고는 예물을 받지 않고서 불편한 심정을 이렇게 토로했다.

"이제야 임금께서 저〔급(伋), 자사의 이름〕를 개나 말처럼 기른다는 것을 알았습니다."

그 뒤로 다시는 사자가 예물을 가져오지 않고 식료품의 공급을 맡은 관리가 정기적으로 제공하였다. 목공은 자사에게 번번이 자신의 이름으로 예물을 보내면서 자기야말로 나라의 원로, 현자를 잘 공경한다는 것을 보이고 싶었던 것이다. 그러나 자사는 군주가 보낸 고기가 자기로 하여금 번번이 절을 하게 만드는 것에서 자긍심에 손상을 받아 군자를 기르는 도리가 아니라고 하였던 것이다. 맹자는 목공과 자사 사이의 이 일화를 이렇게 해석했다.

"현자를 좋아한다고 하면서도 들어 쓰지 못하고 제대로 봉양도 하지 못한다면 현자를 좋아한다 할 수 없다."

곧 현자를 초빙하여 기왕 국가의 원로로 대접한다면 정책 자문에 참여시켜서 정당한 보수를 지급하든지 아니면 봉양을 받는 사람이 굴욕감을 느끼지 않도록 제대로 봉양해야 한다는 것이다. 현자를 제대로 봉양하는 방법을 맹자는 이렇게 설명한다. 처음 군주가 자신의 이름으로 예물을 보내면 받는 사람은 두 번 절하고 머리를 조아리고 받는다. 그 뒤로는 창고지기는 계속 곡식을 보내고 푸줏간을 맡은 사람은 고기를 정기적으로 보내되 군주의 이름을 내세우지 않아야 한다. 왜냐하면 작은 벼슬이라도 맡겨서 봉급을 주는 것이 아닌 한 현자를 봉양할 때는 아무런 조건 없이 그가 지닌 덕을 존중한다는 것을 보이는 것이 중요하기 때문이다. 현자는 그의 존재 자체로 나라에 큰 도움이 된다.

한번은 노목공이 자사에게 이렇게 물었다.

"옛날 제후의 나라에서 선비를 벗으로 삼았다고 하는데, 어떻게 벗 삼은 것입니까?"

그러자 자사는 불쾌한 기색으로 대답했다.

"옛날 사람이 말하기를 '선비를 섬긴다고 말할 수는 있어도 어찌 벗한다고 하는가.' 하였습니다."

이 말을 맹자는 이렇게 해석했다.

"자사가 기뻐하지 않은 것은, '지위로 말하자면 그대는 군주이고 나는 신하이니 내가 어찌 감히 그대를 벗으로 삼을 수 있겠는가? 덕으로 말하자면 그대는 나를 섬기는 자이니 그대가 어찌 나를 벗으로 삼을 수 있겠는가?' 하는 뜻이다."

노목공은 현자를 존경하고 봉양함으로써 힘만 내세우는 폭군이 아니라 덕을 존중하는 어진 군주라는 것을 내보이려 하였고, 자사는 지위에 굴복하지 않고 선비로서 자긍심을 지킴으로써 군주의 스승이며 덕의 수호자라는 자부심을 내세웠던 것이다.

공자에게는 이런 일화가 전한다. 양호(陽虎)라는 실력자가 광(匡)이라는 곳에서 포악한 일을 자행하여 광 사람들이 원한을 품고 있었다. 그때 마침 공자가 광 땅을 지나가게 되었다. 공자의 모습이 양호와 흡사하여 광 사람들은 공자를 양호로 착각하고 보복하려고 하였다. 공자 일행은 광 사람들에게 경계를 하면서 조심하고 있었다. 공자는 이를 두고 이렇게 술회했다.

"문왕이 이미 죽고 난 지 오래고 이 문화가 나에게 있지 않은가? 하늘이 장차 이 문화를 없애려고 했다면 내가 이 문화에 관여할 수 없었을 것이다. 그러나 나는 이미 이 문화에 관여하고 있다. 그러니 하늘이 이 문화를 없애려고 하지 않는 것이다. 하늘이 이 문화를 없애려고 하지 않는데 광 사람들이 나를 어찌하겠는가?"

공자는 자칫 목숨이 위태로운 위급한 순간에도 문왕이 전승한 서주의 인문 문화를 계승하고 있다는 자긍심을 조금도 잃지 않았다. 제왕의 스승, 덕의 수호자, 진리의 전승자라는 공자와 자사의 이 놀라운 자부심은 어디서 비롯된 것인가?

1568년. 선조 1년. 즉위한 지 1년 반을 지난 열일곱 어린 선조에게 예순여덟 이황은 생애 마지막 벼슬인 대제학을 사직하고 그해 12월, 성리학의 핵심 이념을 열 폭으로 그린 『성학십도(聖學十圖)』를 지어 올렸다. 그리고 7년 뒤 선조 8년, 홍문관 부제학 이이는 『성학집요』를 지어서 올렸다. 이황과 이이. 조선 유학의 쌍벽, 조선 성리학이 이룩한 가장 높은 성취. 이 두 홍유(鴻儒), 석학(碩學)은 후사를 정하지 못한 채 갑자기 승하한 명종의 뒤를 이어 아무런 준비도 없이 왕이 된 젊은 선조에게 군주로서 갖춰야 할 유교적 정치 이념을 핵심을 따서 밝혀주었다. 이황이 선조에게 『성학십도』를 올리게 된 까닭을 진술한 글 가운데 이런 내용이 있다.

"도는 형상이 없고 하늘은 말이 없습니다. 그런데 하도낙서(河圖洛書)가 출현하자 성인이 이를 근거로 괘와 효를 그리면서 도가 비로소 온 세상에 드러난 것입니다. 그러나 도는 넓고 넓어서 어디에서부터 손을 대야 할지 모르며, 옛 교훈은 천만 가지나 되어서 어디서부터 들어가야 하겠습니까? 성인의 학문은 큰 단서와 핵심적인 법이 있으며 지극한 요점이 있는데 그림으로 드러내 보이고 말씀으로 가리켜서 도로 들어가는 문, 덕을 쌓는 기초를 사람들에게 보여준 것입니다. 이 또한 후대의 현인이 부득이 지은 것입니다. 하물며 임금의 한 마음은 온갖 기틀이 유래하는 바이고 온갖 책임이 모인 바이며, 뭇 욕구가 서로 공격하고 뭇 사악함이 차례로 뚫는 것이니 한 번이라도 태만하고 소홀하며 계속하여 방종하면 산이 무너지는 것 같고 바다가 풍랑이 이는 것 같아 누가 막을 수 있겠습니까? 옛날 성스럽고 현명한 제왕이 이런 점에 근심하여 날마다 조심조심하고 두려워하며 근신하면서도 아직 그러하지 못한 듯이 하였습니다. 사부(師傅)의 관직을 세우고 간쟁하는 직책을 늘어놓아 앞뒤에서 임금의 마음을 헤아리고 도우며, 왼쪽과 오른쪽에서 돕고 보필하였습니다. 임금이 수레에 있으면 여분(旅賁, 임금의 수레를 호위하는 직책)의 법규가 있고 자리에 있으면 관사(官師)의 법전이 있으며, 궤안에 의지하고 있으면 교훈을 외어 간하는 것이 있고 침실에 있으면 설어(褻御, 근시)가 잠언을 읽어주며, 일에 임하면 고사(瞽史, 시를 읊고 풍자하는 벼슬과 천문을 맡은 벼슬)가 교도하고 사사로이 거처할 때는 공사(工師, 백관의 우두머리)가 교훈을 읊조립니다. 대야, 사발, 궤안, 지팡이, 칼과 검, 문과 창문 등 눈길이 가는 곳과 몸이 처한 곳에 교훈과 경계의 글을 새겨놓지 않은 곳이 없습니다. 이 마음을 유지하고 이 몸을 법도대로 지키게 한 수단이 이처럼 지극했던 것입니다. 그러므로 덕이 날마다 새로워지고 사업이 날마다 넓어져서 사소한 잘못도 없고 커다란 명예가 있었던 것입니다."

이황의 이 글을 읽어보면, 어느 학자의 말처럼, 한마디로 군주를 꼼짝도 하지 못하게 '길을 들이는' 것이다.

유가 문화의 전통에서는 덕이 있는 사람이 제왕이 되어 정치와 교화를 담당한다는 신화가 있었다. 주희는 『대학집주』 서문에서 이 신화를 이렇게 정리한다. "하늘이 백성을 생겨나게 하고서는 모두 인의예지라는 본성을 부여하였다. 그러나 타고난 기질이 저마다 가지런하지 못하기 때문에 본성을 알고 온전하게 실현할 수가 없다. 총명과 예지가 있어서 본성을 다 실현할 수 있는 사람이 있어서 백성 사이에서 나오면 하늘은 반드시 그에게 억조창생의 군사(君師)를 삼아 그들을 다스리고 가르쳐서 모두 본성을 회복하게 하였다. 복희 · 신농 · 황제 · 요 · 순이 하늘을 이어서 백성의 표준을 세우고 직책과 관직을 설치하여 백성을 이끈 것이 바로 이런 예이다. 그런데 점차 시대가 변하고 문화가 타락하면서 마침내 공자와 같은 성인이 나왔지만 군사의 지위를 얻지 못하여 실제 정치와 교화를 통해 덕을 펼칠 수 없었다. 그래서 선왕(성인)들이 남겨 놓은 법도를 모아서 정리하여 후세에 전해주었다." 그래서 주희는 『중용집주』 서문에서 이와 같이 옛 성인을 계승하고 후대의 학문을 열어준 공자의 업적은 오히려 요 · 순보다 뛰어난 점이 있다고 하였던 것이다.

고대에는 덕(능력) 있는 자가 제왕이 된다고 생각했다. 그러나 시대가 타락하고 군주의 지위가 세습되면서 유덕자가 제왕이 된다는 소박한 믿음은 사라졌다. 그렇다면 이제 남은 길은 군주에게 덕을 갖도록 요구하는 길밖에 없었다. 그래서 유가의 지식인은 공자, 자사, 맹자 이래로 시대에 대한 우환의식, 도덕적 책임의식에 불타올라 끊임없이 군주의 권력을 견제하고 군주를 교육하려고 하였던 것이다.

2. 성학(聖學)이란 무엇인가?

성학이란 성인이 되기 위해 배우는 학문이며 제왕을 성인으로 만들기 위한 제왕(성인)의 학문이라는 뜻이다. 유학의 교학 이념을 흔히 내성외왕(內聖外王) 또는 수기치인(修己治人)이라 한다. 『장자(莊子)』의 「천하편(天下篇)」에서는 유학자들이 부분적인 이치에 치우쳐 천지의 아름다움을 두루 갖추고 신명의 모습을 지니지 못함으로써 내성외왕의 도가 어두워 밝지 못하고 막혀서 드러나지 못했다고 하였는데, 내성외왕이란 안으로 성인이 되고 밖으로는 제왕이 되어 천지만물의 도를 실현하고 인간의 세상을 이상적인 사회로 만드는 것을 말한다. 수기치인이란 자기를 수양하여 갈고 닦은 학문과 덕성으로 남을 다스려 태평한 세상을 만드는 것을 말한다. 한마디로 자신의 인격을 수양하여 완성하고 남의 인격을 완성하도록 이끌어가는 것이다. 이런 사람을 성인이라 한다. 북송의 도학자 장재는 성인의 포부를 이렇게 선언한다.

"천지를 위하여 마음을 확립하고, 인민을 위하여 도를 확립하고, 과거의 성인을 위하여 끊어진 학문의 계통을 잇고, 미래의 세대를 위하여 태평을 연다."

왕의 도덕적 자질이 나라의 안녕과 백성의 복리에 직결된 사회에서는 왕의 수양이 무엇보다도 중요하다. 정치와 도덕의 일체화를 꾀하는 유교에서는 정치마저도 교화(敎化)에 포섭된다. 정치의 세계는 냉혹한 권력투쟁, 힘의 대결, 객관적 법의 질서가 아니라 문화(예)와 도덕이 표현되는 세계이며 인간의 지고한 본연의 가치를 실현해가는 장소이다. 따라서 이런 정치를 주도해가는 군주는 그 자체 성인이거나 성인이 되기를 요구받는다. 성인은 고대부터 이상적 인격으로서 인간성을 완전히 구현한 인간으로 여겨졌다. 그런데 사람은 누구나 학문을 함으로써 성인이 될 수 있다는 믿음은 송대의 독특한 성취 가운데 하나이다. 배워서 도달할 수 있는 성인은 더 이상 추상적, 상징적 존재가 아니라 수양을 통한 인간 완성의 가능성을 보여주는 모델이다. 주돈이의 글에는 배워서 성인이 될 수 있다는 것을 다음과 같이 주장한다.

"성인은 배움을 통해서 도달할 수 있는 것인가?"

"그렇다."

"그렇다면 성인이 되기 위한 요령이 있는가?"

"성인이 될 수 있는 요건은 하나〔一〕이다. 하나란 바로 무욕(無欲)이다. 무욕하면 고요할 때는 텅 비고 움직일 때는 곧다. 고요할 때 텅 비면 사리에 밝으며, 사리에 밝으면 모든 일에 통한다. 움직일 때 곧으면 공평하고, 공평하면 탁 트인다. 밝고 통하며, 공평하고 탁 트이면 거의 성인이라 할 수 있다."

　감정의 동요를 막고 마음의 본래 자리로 돌아가는 무욕의 배움을 통해 누구나 성인에 도달할 수가 있다는 것이다.

　송대에 이르러 지식인들이 성인을 모범으로 삼고 성인을 목표로 삼았다는 것은 성인을 현실적 인간세 안으로 포섭했다는 데서 커다란 의미가 있다. 불교와 도교를 허학(虛學)이라고 끊임없이 공격한 것은 바로 불교와 도교에서는 궁극적 경지를 인간세를 초월하는 데서 찾았기 때문이다. 그런데 새로운 유학은 인간세 안에서 성인이 될 수 있는 가능성을 발견하였다. 성현이란 더 이상 고대의 신화적 존재가 아니라 당대의 자신들의 삶의 체험 속에서 구체적으로 연관을 갖는 존재임을 확신하였다. 그러므로 성인은 인간의 보편적 가치를 지닌 존재이면서 동시에 개인이 독자적인 체험에서 얻는 가치를 먼저 획득한 존재이다. 성인되기를 열망하는 나는 성인이 될 수 있다는 확신을 갖고 쉬지 않고 닦아 나아가기만 하면 성인에 도달할 수 있다. 성인이 되는 길은 바로 배움에 있는 것이다. 성인이 되기 위한 배움의 체계를 『중용』에서는 이렇게 천명한다. 하늘이 모든 존재에게 천부적으로 부여한 것을 본성이라 하고 본성을 실현해 나아가는 것을 도라 하고 도를 개별적 존재자의 상황에 맞게 마름질하여 놓은 것을 가르침이라 한다. 이 가르침이란 예악형정(禮樂刑政)과 같은 인간 사회의 모든 문화의 총체를 가리킨다. 군주는 이와 같은 성인되기의 열망을 한시도 버려서는 안 되며, 조금이라도 포기해서는 안 된다. 이황과 이이의 '성학'은 바로 군주를 이와 같은 성인으로 만들기 위한 '군주 교육'의 지침이었다.

3. 선조의 경우

선조는 사전의 학습도 준비도 권력의 기반이 될 세력의 뒷받침도 없이 왕이 된 군주였다. 후사도 없고 왕세자도 책봉하지 않은 상태에서 갑자기 명종이 승하하자 명종의 비 인순왕후(仁順王后) 심씨(沈氏)와 구신들은 평소에 명종의 총애를 받던, 중종의 일곱째 왕자인 덕흥군(德興君)의 아들 하성군 연(河城君 昖)을 왕으로 옹립하였는데 그가 바로 선조이다. 선조의 재위기간은 조선의 역사에서 여러 모로 의미가 있는 시대이다. 태조의 건국 이후 수차례 일어난 왕권 다툼과 수차례 거듭된 관료집단의 내분이 차차 봉합되어가면서 힘과 폭력을 내세운 '정글의 법칙'이 이 사회를 지배해서는 안 된다는 합의가 암묵적으로 자리 잡아가던 시기에 선조는 등극하였다. 바로 사림파가 정치의 전면에 부상하게 된 것이다. 그러나 선조는 정식 후계자나 공식적인 왕세자의 자리에서 왕위를 승계한 것이 아니라 명종의 비와 구신들에 의해 추대되었기 때문에 새로이 정치의 전면에 등장하여 개혁을 추구하는 사림파와 훈구척신의 세력 사이에서 국정을 운영하고 대립된 이해관계를 조율해야 했다. 이이가 선조의 처신에 대해 기대와 실망을 번갈아 토로한 것은 바로 선조의 이와 같은 자세 때문이었다. 더 근본적으로, 권력의 기반이 약하건 강하건 군주는 왕권강화를 지향하게 되어 있다. 이에 반해 관료는 신권을 강화하고 군주의 권력을 견제하려는 본능적 태도를 갖고 있다. 군주와 관료 사이의 팽팽한 줄다리기에 유가 정치의 미학이 들어 있다. 이 긴장의 추가 한쪽으로 기울면 반드시 군주독재나 관료의 부패가 결과로 나타난다.

선조는 경연에서 자주 정치의 어려움을 이렇게 토로했다.

"나라의 일은 참으로 하기가 어렵다. 한 가지 폐단을 고치려 하면 또 한 가지 폐단이 생겨서 없애지 못하고 도리어 해로움만 더하게 되니 수족을 놀릴 수 없다고 하겠다."

건국된 지 200년 가까이 된 조선은 이미 사회의 기강이 해이해지고 정치가 문란하여 나라의 명운이 심각한 위기에 직면해 있었다. 새로 정계에 진출한 신진 사림은 개혁의 이상과 열정은 있었으나 경륜과 식견이 부족했고 훈구, 척신의 선배 관료집단은 자기 부정을 촉구하는 개혁의식 없이 현실에 안주하고 기득권 유지에만 힘썼다. 이이가 당시 상황을 진단한 내용을 살펴보면 조선 사회가 얼마나 심각한 위기에 직면해 있는지 짐작할 수 있다.

1574년 정월에 흰 무지개가 해를 관통하는 재변이 있었다. 그것을 목격한 선조는 매우 놀라서 널리 다스림의 도를 구하는 전교를 내렸다. 이에 당시 39세인 이이는 현실의 폐단을 진단하고 개혁의 방법을 논하여 「만언봉사」를 올렸다. 여기에는 이이의 현실에 대한 우환의식이 선명하게 나타나 있다.

"오늘날 상황은 선조들이 남겨 놓은 은택이 이미 다하고 권력을 차지한 간신이 남겨 놓은 해독이 바야흐로 나타나고 있다. 그러므로 비록 올바른 의론이 시행된다 하더라도 백성의 힘은 이미 바닥이 나버렸다. 비유하자면, 어떤 사람이 한창 젊었을 때 술에 빠지고 여색을 탐하여 해독이 될 단서가 많았으나 혈기가 한창 강하여 몸이 상하는 것을 느끼지 못하고 있다가 만년에 이르러 해독이 노쇠함에 따라 갑자기 나타나 비록 근신하고 조섭하며 몸을 보양한다고 하더라도 원기가 이미 쇠퇴하여 지탱할 수 없게 된 것과 같다. 오늘날의 상황이 참으로 이와 같다. 10년을 못가서 난리가 반드시 일어날 것이다."

조선사회의 총체적 모순을 드러낸 임진왜란은 이이가 「만언봉사」를 올리고 나서 20년 뒤에 현실이 되었다.

1569년, 34세에 올린 「동호문답」에도 이이의 날카로운 현실 인식이 드러나 있다.

"지금 세상의 폐단을 모두 말하려고 한다면 하루 종일 말해도 부족할 것이다. 오늘의 도리로써 오늘의 정사를 변혁하지 못한다면 요, 순과 같은 임금이 위에 있고 고요(皐陶)나 기(夔)와 같은 신하가 아래에 있더라도 어지러움을 다스리는 데는 무익할 것이다. 이대로 간다면 몇 년을 못가서 백성은 반드시 생선같이 문드러지고 흙처럼 무너질 것이다. 크게 근심되는 일이 있다. 지금 백성의 힘을 헤아린다면 마치 거의 죽게 된 사람이 곧 숨이 끊어질 것과 같아서 평일에 지탱하는 것도 보장하기 어려운데 만일 남북에서 난리가 일어난다면 장차 회오리바람이 낙엽을 쓸어버리듯이 할 것이니 백성은 말할 것도 없고 나라는 어디에 의존할 것인가? 말과 생각이 여기에 미치면 나도 모르게 통곡을 하게 된다."

이이는 경연에서 선조와 엎치락뒤치락하고 밀고 당기면서, 때로는 구슬리고 때로는 격려하고 때로는 짐짓 멀리하면서 선조가 가진 군주로서의 자존심을 격발하고 이상정치를 이루고 말겠다는 포부를 자극하였다. 그러나 선조는 이이의 충고처럼 영특한 기질을 쉽게 드러내어 남의 선을 잘 받아들이는 도량이 넓지 못하고 남을 이기기를 좋아하는 사심을 극복하지 못했다. 개혁을 추진하려고 하다가도 수구적인 태도를 보인다고 비판하면 일부러 개혁을 거부하고 옛것을 고집하며, 여자와 근시에게 엄격한 태도를 지니고 있지만 편벽되게 옹호하는 경향이 있다고 비판하면 일부러 여자와 근시를 옹호하는 객기를 부렸다. 왕권이 절대적이었던 중국과 달리 대부분 신권이 주도했던 조선에서 군주들은 신권에 맞서서 늘 왕권을 강화하려고 하였다. 선조와 이이의 갈등과 알력은 바로 왕권과 신권의 줄다리기를 사실적으로 보여준다. 선조는 물론 이이를 신임했다. 그러나 선조가 이이를 신임한 것은 한창 왕성하게 기세를 올리는 동인을 견제하기 위한 정치적 행위라고 할 수 있다. 이이 또한 조제보합론(調劑保合論)이라는 정치적 책략을 들고 나옴으로써 오히려 동인으로부터 서인을 옹호하는 것으로 지목받고 결국에는 서인의 영수로 되어버린다. 이런 점에서 선조는 이이를 신임하면서도 그의 정책을 채택하지는 않았다. 이이가 선조에게 기대를 품다가도 결정적으로 실망하곤 했던 것은 바로 이런 사정을 반영한다. 이이가 「만언봉사」를 올린 1574년 3월에 선조는 의영고(義盈庫)에 비축한 황랍(黃蠟) 500근을 궁중에 들여오게 하였다. 불상(佛像)을 조성하려 한다는 소문도 있었고, 불사(佛事)를 일으키려 한다는 소문도 있었다. 이때 이이는 사간원 간관으로서 왕이 마음대로 황랍을 남용하는 것은 부당하다고 간언을 하였다. 선조는 신하들이 사사로운 행동 하나하나 간섭한다고 불쾌하게 여겨 구차한 변명을 하였다. 이에 이이는 여러 차례 간언을 하였고 그해 5월에 결국 선조는 황랍을 의영고에 돌려주었다. 그러나 이 과정에서 이이는 선조가 선비들을 무시하려 한다는 것을 알고서 실망을 하고 물러날 뜻을 품었다. 이 황랍은 귀인 김씨가 아들의 복을 빌기 위해 불사를 일으키려 했던 것이다. 선조와 이이가 서로를 비판하는 긴장 관계는 단순히 이이의 직선적인 태도가 문제가 되었던 것은 아니다. 그것은 왕권강화라는 군주의 이념과 왕권제약이라는 유가 지식인의 이념 충돌이 그런 긴장관계를 낳았던 것이다. 이이가 『성학집요』를 올린 것은 구체적인 사안에 따라 왕을 견제하고 교도하는 것이 어렵다는 것을 알고 왕도의 본질을 유교적 이념에 입각하여 근본적이고 체계적으로 제시하려 한 것으로 생각할 수 있다.

4. 도통-진리의 전승

　『성학집요』에서 가장 많은 분량을 차지하는 것이 「성현도통」이다. 어쩌면 이이가 가장 공을 들여 정리한 것일지도 모르겠다. 「성현도통」이란 한마디로 인류 사회에 유가적 이상을 구현했던 고대의 위대한 성현의 계통과 진리, 곧 도(道)의 전승을 서술한 것으로서, 그 이면에는 미래사회에서 그 이상이 부활하기를 바라는 염원이 들어 있다. 성현이 전승해온 도의 정신은 주희가 『중용집주』서문에서 인용한 『서경』 「대우모(大禹謨)」의 이른바 '16자 심법(心法)'이다. 16자 심법이란 "인심유위(人心惟危), 도심유미(道心惟微), 유정유일(惟精惟一), 윤집궐중(允執厥中)."이다. 곧 "사람의 마음은 오직 위태롭고 도의 마음은 오직 미묘하니 오직 정성스럽고 오직 한결같아야 진실로 그 중심을 잡으리라."라고 한 가르침이다. 고대의 성인이 서로 전수한 이 심법을 탐구하고 실천하는 학문이 곧 도학이고, 이 도를 전승한 계보가 곧 도통이다.

원래 도학이란 말은 도교나 불교에서도 널리 쓰인 용어였지만 북송에 들어와 신유학파 가운데에서도 유교를 중심으로 한 강렬한 문화적 정통의식과 유교적 가치를 이상화하려는 이데올로기와 결부된 특수한 학파의 학문을 가리키는 용어가 되었다. 『송사(宋史)』 「도학전(道學傳)」에서는 도학과 도통의 형성과정을 이렇게 설명한다.

도학이라는 명칭이 옛날에는 없었다. 삼대의 이상시대에는 천자가 도를 수단으로 삼아 정치와 교화를 실시하였고, 대신과 백관, 유사는 도를 전범으로 삼아 관직, 제도, 학교를 설치했다. 스승과 제자는 도를 강론하고 익혔으며 사방의 백성은 일상생활에서 도를 따라 살면서도 그게 도인지 알지 못했다. 이 때문에 하늘과 땅 사이에서 살아가는 모든 인간과 사물은 모두 도의 혜택을 입으면서 자기 본성을 이루었다. 이런 때에 도학이라는 이름은 생겨날 까닭이 없었다. 다시 말해 유교의 이상시대에는 도를 따로 일컬을 필요가 없었다. 왜냐하면 자연의 이법과 인간의 도리가 하나로 조화를 이루고 있었기 때문에 인간과 사물의 존재방식이 곧 도가 실현되는 방식이었던 것이다. 그러나 시대가 타락하고 쇠퇴하면서 도의 회복과 계승을 담보하는 도학이 필요하게 되었다. 이 역할을 맡은 이가 바로 공자이다. 위에서도 언급했듯이 공자는 제왕의 덕을 갖추고 있었지만 제왕의 지위를 얻지 못했기 때문에 이 도를 가지고 이 세상에 펼치지 못했다. 그래서 물러나 제자들과 함께 예악을 정비하고 선왕의 법도를 밝히고 『시』를 비롯하여 『춘추』, 『역』을 정리하고 편찬하였으며 갖가지 고대 문헌을 탐구하여 고대 성인들의 도가 세상에 영원히 밝혀질 근거를 마련하였다. 공자 이후 증자-자사-맹자로 도가 전승되다가 맹자 이후 도의 전승이 끊어졌고, 마침내 한, 당에 이르러 도를 논의하는 사람은 있어도 도의 본질을 깊이 이해하지 못했고 상세히 밝히지 못하여 도교, 불교와 같은 이단이 일어나고 도의 가르침은 파괴되었던 것이다. 그러다가 북송 때 주돈이가 나와 오랫동안 끊어진 학문의 전승을 잇고 장재를 거쳐서 정호, 정이가 나옴으로써 도학의 체계가 완성되고 도통의 전승이 이어지게 되었다.

도통의 담론을 주도하는 자는 도통의 계보를 만듦으로써 자신이 내세우는 자를 통해 자기가 도통 전승의 담지자임을 드러낸다. 앞에서도 언급했듯이 유가적 인문 문화의 전승을 면면히 이어온 도통 관념으로 형상화한 사람은 맹자이다. 맹자는 요, 순의 신화를 계발하고 여러 성현을 공자에 견주어 비평함으로써 성인으로서 공자의 탁월성, 공자의 집대성을 줄기차게 강변한다. 그리하여 공자를 정점으로 하는 도통의 계보를 만든다. 그리고 자신은 공자를 사숙(私淑)하였다고 공언함으로써 요-순-우-탕-문왕·무왕-주공-공자로 이어온 문화의 정통을 계승하고 있다고 선언하였다. 맹자의 공자 성인화를 본받아 주희는 주돈이를 부각시키고 정호와 정이 형제를 도통의 적전(嫡傳)으로 선언한다. 주희의 이 도통론은 바로 정이의 학문을 계승한 자기야말로 도통의 전승자임을 선언하는 것이다. 이이가『성학집요』에서 성현의 도통을 공들여 정리한 것은 자기가 주자학의 정통 계보를 잇고 있음을 자임하는 것이 아닐까?

5.『성학집요』의 구성과 체제

『성학집요』는 크게 「통설(統說)」과 『대학』의 팔조목을 재배열한 「수기(修己)」, 「정가(正家)」, 「위정(爲政)」의 본론, 그리고 유가의 진리를 인간세에 실현했던 성현의 계통과 그들이 전수한 진리의 전승을 집약한 「성현도통(聖賢道統)」의 세 부분으로 이루어져 있다. 「통설」은 수기치인의 이념을 전체적으로 논한 부분으로서 『중용』의 치중화의 이념과 함께 『대학』의 삼강령, 곧 '명명덕(明明德, 명덕을 밝힘)', '신민(新民, 백성을 새롭게 함)', '지어지선(止於至善,

지극한 선에 머묾)'을 전체적으로 제시한 부분이다.「수기」는 삼강령에서는 '명명덕', 팔조목에서는 '격물(格物, 사물의 이치를 탐구함)', '치지(致知, 앎을 끝까지 추구함)', '성의(誠意, 뜻을 성실하게 함)', '정심(正心, 마음을 바르게 함)', '수신(修身, 몸을 닦음)'에 해당한다.「정가」와「위정」은 삼강령에서는 '신민', 팔조목에서는 각각 '제가(齊家, 집안을 다스림)'와 '치국(治國, 나라를 다스림)', '평천하(平天下, 온 세상을 평화롭게 함)'에 해당한다. 그리고「수기」,「정가」,「위정」의 끝부분에는 각각 삼강령의 '지어지선'을 배치함으로써 각각의 이상적인 경지를 제시하였다.「성현도통」은『대학』의 이념이 실현된 실제 자취를 밝힌 것이다.

유가의 진리를 담고 있는 사서육경과 진리 실현의 성패를 기록한 역사서는 그 양이 너무나 방대하여 학문에 매진하는 학자라도 요령을 잡기 어려운데, 하루에도 수만 가지 일을 처리해야 하는 제왕으로서는 도무지 이들 문헌을 통해 이치를 탐구하여 현실에 적용할 수가 없다. 그러므로 제왕의 학문을 위해서는 유학의 가르침 가운데 핵심을 잘 가려 뽑아 일목요연하게 제시해야 한다. 이런 문제의식을 가지고 여러 문헌과 전적에서 유학의 요체를 가려 뽑아 정리한 책으로는 송대 진덕수(眞德秀)의『대학연의(大學衍義)』가 있지만 이 책은 분량이 너무 많고 문장이 핵심을 잡지 못하여 단순히 사실을 나열해 놓은 것과 같을 뿐 제왕을 위한 실학(實學)이 되지는 못한다. 그래서 이이는 수기치인의 이념을 제시하기 위하여『중용』의 치중화(致中和)와『대학』의 삼강령(三綱領)을 근간으로 삼아 팔조목(八條目)의 체계에 따라 유교적 정치 이념과 도덕 이상을 집약하여『성학집요』를 편찬하였다. 주자학에서는『대학』을 초학자가 덕으로 들어가는 문으로,『중용』을 학문이 정밀해지는 완성의 도정으로 여긴다. 특히『중용』은 옛 성왕의 심법을 재해석하여 그 정신을 온전히 담고 있는 책으로서 사서(四書) 가운데서도 가장 수준 높은 형이상학적 진리를 담고 있는 문헌이라고 여겨졌다. 이에 반해『대학』은 주자학의 방법론의 근간을 이루는 문헌이다. 이이는『중용』과『대학』의 이념을 절묘하게 결합하여, 중화(中和)의 공효가 한 집안에 머물면 한 집안의 천지가 제자리를 잡고 만물이 자라나며 명덕이 한 집안에서 밝아지고, 한 나라에 머물면 한 나라의 천지가 제자리를 잡고 만물이 자라나며 명덕이 한 나라에서 밝아지고, 온 세상에 머물면 온 나라의 천지가 제자리를 잡고 만물이 자라나며 명덕이 온 세상에서 밝아진다고 함으로써 유가적 이상정치의 실현을 군주에게 촉구한다.

참고문헌

손영식, 『조선의 역사와 철학의 모험』, 울산대학교출판부, 2005년.
이승환, 『유교 담론의 지형학』, 푸른숲, 2004.
이용주, 『주희의 문화 이데올로기』, 이학사, 2003.
장숙필, 『이이 · 율곡전서』, 울산대학교출판부, 1999.
전세영, 『율곡의 군주론』, 집문당, 2005.
황준연, 『율곡 철학의 이해』, 서광사, 1995년.
윌리엄 시어도어 드 배리(표정훈 옮김), 『중국의 '자유' 전통』, 이산, 1998.
고지마 쯔요시(신현승 옮김), 『사대부의 시대』, 동아시아, 2004.
조남호, 「善治 혹은 "길들이기"(서평, 『율곡의 군주론』. 전세영. 집문당. 2005)」, 교수신문, 2005. 5. 17.

$$\left[\ \text{옮기고 나서}\ \right]$$

2003년 겨울께인가, 당시 청어람미디어 출판사의 김장환 편집주간으로부터 전화가 왔다. 율곡 선생의 『성학집요』를 번역해서 내고 싶은데, 적임자를 찾던 중 나를 소개 받았노라는 것이다. 왜 『성학집요』를 내고 싶으냐고 물었더니 한국적 지식인상과 한국적 리더십에 대해 고민을 하고 있으며, 그 모델의 하나로 율곡에 관심을 갖게 되었다고 하였다. 기왕 번역되어 나온 것도 두어 종이 있고, 또 나는 자신 없으니 다른 사람을 알아보라고 했으나 인맥까지 동원하며 부탁하는 바람에 떠맡고 말았다. 그로부터 거의 3년 만에 탈고하였다.

기존에 번역되어 나온 『성학집요』로는 민족문화추진회의 『국역 율곡집』과 정신문화연구원에서 나온 『국역 율곡전서』에 포함된 두 종이 있으나 동일본이며, 이 밖에 장숙필 · 김기현 두 사람이 함께 번역한 을유문화사 문고본 『성학집요』가 있다. 그리고 최근에 최영갑이 일부를 발췌하여 옮기고 풀이한 풀빛의 『성학집요』가 있다. 위의 두 종은 완역된 것이나 전서의 한 권으로 포함되어 있어서 따로 구해서 보기가 어려운 데다 을유문고의 『성학집요』는 절판되어 일부 도서관에나 가야 볼 수 있다. 또 풀빛의 『성학집요』는 청소년용으로 다듬은 것이라 완역은 아니다. 더욱이 민족문화추진회본과 을유문고본은 각각 조금씩 불편한 점이 있다. 민족문화추진회본은 나온 지 20년이 되어 요즘 젊은 세대가 이해하기 어렵고, 을유문고본은 본문에 나오는 한자의 글자풀이를 반영하는 방식에 문제가 있다. 곧 글자풀이는 원문에 따라 번역되어 있으나 그 원래 한자가 노출되어 있지 않아서 생뚱맞은 느낌이다. 이런 흠을 제외하면 깔끔하고 이해하기 쉽게 번역되어 있다.

이번에 새로 번역본을 내면서 기존 번역본의 사소하지만 눈에 띄는 이런 문제를 해결하고자 하였다. 따라서 새로 『성학집요』를 번역하여 낸다고 해서 안 될 것은 아니라는 생각이 든다. 하물며, 『성학집요』는 한국의 대표적 명저에 반드시 선정되는 책이니만큼 내용은 이해하기 어려워 읽건 읽지 않건 간에 적어도 쉽게 손으로 집어 볼 수는 있어야 하지 않겠는가?

이 책이 나오기까지 기획을 하고 격려를 아끼지 않은 김장환 씨, 원고 입력에 도움을 준 김남희, 유소연 씨, 『성학집요』에 나오는 인물목록을 작성해 준 김석기 씨, 그리고 청어람미디어의 식구들에게 고마운 마음을 드린다.

亡弟 學生 英陽 金泰盛을 추모하며

2007. 8. 15 김태완

성학집요

1판 1쇄 펴낸날 2007년 9월 5일
1판 22쇄 찍은날 2025년 10월 24일

지은이 율곡 이이
옮긴이 김태완
펴낸이 정종호
펴낸곳 ㈜청어람미디어

마케팅 강유은·박유진
제작·관리 정수진
인쇄 (주)성신미디어

등록 1998년 12월 8일 제22-1469호
주소 04045 서울 마포구 양화로 56(서교동, 동양한강트레벨), 1122호
이메일 chungaram@naver.com
전화 02) 3143-4006~8
팩스 02) 3143-4003

ISBN 978-89-92492-12-6 03150
잘못된 책은 바꾸어 드립니다. 값은 뒤표지에 있습니다.